Kein Kinderkram!

Erzieherinnen- und Erzieherausbildung

Band 1

Berufliche Identität
Lebenswelten und Beziehungsgestaltung
Handlungskonzepte
Planung pädagogischer Prozesse
Lern- und Entwicklungsprozesse
Sprache und Sprachförderung
Spiel

von
Anja Berkemeier
Dietmar Böhm
Stefanie Dreißen
Kurt-Helmuth Fimuth
Volker Fischer
Gabriele Holler
Anita Hüseman
Margret Kern-Bechtold
Martina Lambertz
Lutz-Walter Müller-Till
Michael Ott
Ingrid Rauner
Bianca Ribic

unter Mitarbeit der Verlagsredaktion

westermann

Bildquellenverzeichnis

action press, Hamburg: 162 (CREAPS), 419 (OREDIA SARL)
akg-images, Berlin: 230 rechts, 308 rechts, 336, 341
Albarello Verlag GmbH, Wuppertal: 370 oben
alimdi.net, Deisenhofen: 97
allOver - galérie photo, Plourivo: 161 unten (B. Kirchhof)
argum Fotojournalismus, München: 267 Mitte unten (Thomas Einberger), 321 (Bert Bostelmann)
argus Fotoagentur, Hamburg: 284 rechts oben (Mike Schroeder)
Association Amis de Freinet - www.amisdefreinet.org: 346 unten
aus: Rowling, Joanne K.: Harry Potter und die Kammer des Schreckens, Carlsen, 2006: 376 rechts
Becker, Jörg, Ditzingen: 417
Bundesvereinigung Lebenshilfe für Menschen mit geistiger Behinderung e. V., Marburg: 176 (Wichert), 396 (Beyer)
Caro Fotoagentur, Berlin: 68 (Oberhaeuser), 147 (Trappe)
Cecilie Dressler Verlag GmbH, Hamburg: 370 unten rechts, 373 oben rechts
Cinetext Bildarchiv, Frankfurt: 375 links
Commerzbank, Frankfurt: 333 oben
Corbis, Düsseldorf: 52 (Ralph A. Clevenger)
ddp images, Hamburg: 375 rechts
die bildstelle, Hamburg: 196 (Creaps), 297
Dreißen, Stefanie, Mesekenhagen: 33
Druwe & Polastri, Cremlingen/Weddel: 70, 84 unten
Eimuth, Kurt-Helmuth, Frankfurt: 279 beide
foto-present Agentur für internationale Bilddokumentation, Essen: 84 Mitte
fotolia.com: 19 rechts unten (micromonkey), 66 (Peter Atkins), 107 links (somenski), 157 (Brebca), 267 Mitte oben (Sven Böhren), 358 (Anna M.)
Getty Images, München: 84 oben (Taxi/Camille Tokerud), 201 oben (IFA)
Glammeier, Ulrich, Hannover: 218
Graefe-Gasior, Claudia, Ottobrunn: 371
Helga Lade Fotoagenturen, Frankfurt: 355 (BAV)
Hild, Claudia, Grafikdesign Angelburg: 39, 51, 89, 141, 194, 195, 201, 261, 283, 286, 287, 288, 289, 293, 305, 388
Horwarth: 237
Hörverlag GmbH, München: 376 links
IKEA Deutschland GmbH & Co. KG, Hofheim-Wallau: 19 links
imagebroker.net, Grünwald: 399 (Ulrich Niehoff)
iStockphoto: 10 (René Mansi)
JOKER: Fotojournalismus, Bonn: 94 (Martin Magunia), 267 oben, 308 links, 348 links
jump Fotoagentur, Hamburg: 82 (K. Vey)
Kindergarten der Pfarre St. Georg-Kagran, Wien: 294
Kirch, Peter, Koblenz: 124
Klett-Cotta Verlag, Stuttgart: 230 links
Kohn, Klaus G., Braunschweig: 74, 106, 107 rechts, 161 oben, 184 rechts, 268 links unten, 311 unten, 392
Konopka, Hans-Peter, Herne: 127
Kottmann, Corinna, Lage-Hörste: 27
Köcher, Ulrike, Hannover: 414
Lantelmé, Jörg, Kassel: 152 links
Loewe Verlag GmbH, Bindlach: 373 oben links (Osborne, Mary Pope: Das magische Baumhaus, Der Schatz der Piraten, Loewe, Bindlach, 2000)
mauritius images, Mittenwald: 284 links unten (age fotostock)
Minkus IMAGES Fotodesignagentur, Isernhagen: 268 oben rechts
Ott, Michael, Freiburg: 184 links
Peter Wirtz Fotografie, Dormagen: 60, 75, 88, 115, 151, 152 rechts, 153, 158, 159, 264, 267 unten, 268 links oben, 273 beide, 274, 282, 287 unten, 288, 292, 298, 323, 382 alle, 389, 402, 409, 422
Peukert, Michael: 50
Philipps-Universität Ethnologisches Institut, Marburg: 98
photothek.net, Radevormwald: 16, 133 (U. Grabowsky)
Picture-Alliance, Frankfurt: 19 rechts oben, 72 (Everett Collection), 83, 99, 102 links (dpa-Infografik), 109 (Becker&Bredel), 119, 136 (Francois Destoc), 140 unten (Weyer), 284 rechts unten (ZB/S. Füssek), 325 (Wolfgang Thieme), 346 oben (Stefan Biestmann dpa/lni), 373 unten (388 (Waltraud Grubitzsch), 400, 413 (Peter Förster/ZB), 426 (ZB/Wolfgang Thieme)
Plainpicture, Hamburg: 11 (Maskot)
PLAYMOBIL, geobra Brandstätter GmbH & Co. KG, Zirndorf: 411
Rauner, Ingrid, Hagen: 203
richter-publizistik, Bonn: 110, 110, 111
Rowohlt Verlag GmbH, Reinbek: 54
Senatsverwaltung für Bildung, Jugend und Wissenschaft, Berlin: 384
Sinus Sociovision GmbH, Heidelberg: 131
Studio Schmidt-Lohmann, Hannover: 183 beide
Thüringer Ehrenamtsstiftung, Erfurt: 268 rechts unten
ullstein bild, Berlin: 77 (Imagno), 231 (The Granger Collection), 313 (Archiv Mehrl)
vario images, Bonn: 85 (Profimedia)
Verlag Friedrich Oetinger GmbH, Hamburg: 369, 372
Verlag Herder GmbH, Freiburg: 387
Verlagsgruppe Beltz, Weinheim: 370 unten links
Visum Foto, Hamburg: 331 (Martin Leissl)
Weisflog, Rainer, Cottbus: 284 Mitte
Westend 61, München: 201 unten (Sarah Monte)

Coverfoto: Heidi Velten, Agentur Kunterbunt
Alle anderen Fotos: Fotodesign Heinz Hefele, Darmstadt

Für die Mitarbeit an den Fotos danken wir der Kindertagesstätte „Wilde Wiese“ in Bergisch-Gladbach, der Caritas-Kindertagesstätte Dormagen-Nievenheim, dem Kindergarten Ober-Roden, Potsdamer Straße und der Kita in Rodgau-Rollwald sowie allen beteiligten Kindern und Erwachsenen.

3., neu bearbeitete und erweiterte Auflage, 2013
Druck 2, Herstellungsjahr 2013

Westermann Schroedel Diesterweg Schöningh Winklers GmbH, Braunschweig
www.westermann.de
Redaktion: Amira Sarkiss
Satz und Layout: Ottomedien, Hanhofen
Druck und Bindung: westermann druck GmbH, Braunschweig
ISBN 978-3-14-**239635**-4

Vorwort

Erzieherinnen handeln in komplexen Situationen, ihre Arbeit ist immer wieder von Überraschungen oder Unterbrechungen gekennzeichnet. Manchmal sind Kehrtwendungen erforderlich, oft lässt sich nicht voraussehen, ob die eigenen pädagogischen Planungen auch wirklich zu einem angemessenen Resultat führen werden.

Die Anforderungen an pädagogische Fachkräfte in den Kindertagesstätten, Horten und Einrichtungen der Kinder- und Jugendhilfe sind enorm. „Kein Kinderkram!“ ist ein Lehrwerk, das nun in einer völlig überarbeiteten Neuauflage vorliegt und sich diesen vielfältigen Aufgaben in aktualisierter Form stellt.

Hierfür wurden die Lehrpläne der einzelnen Bundesländer und auch länderübergreifende Entwicklungen berücksichtigt. Ebenso wurden Fachthemen ergänzt oder aktualisiert.

Das zweibändige Kompendium orientiert sich in seiner Grundstruktur an dem Qualifikationsprofil, das die Kultusminsterkonferenz für die Ausbildung von Erzieherinnen an Fachschulen und Fachakademien beschlossen hat. „Kein Kinderkram!“ nimmt auch Bezug auf den länderübergreifenden (Rahmen-)Lehrplan, der auf der Basis des Qualifikationsprofils erarbeitet wird.

Deshalb wird dem Lehrwerk ein grundlegend einführendes Kapitel vorangestellt; die übrigen Kapitel werden innerhalb von sechs beruflichen Handlungsfeldern aufgegliedert. Beispiele aus der pädagogischen Praxis leiten die verschiedenen Themen jeweils ein und vermitteln anhand von ersten Fragen die Bedeutung jedes Handlungsfeldes. Vier Formen von Aufgaben tragen dazu bei, die unterschiedlichen Aspekte eines beruflichen Handlungsfeldes kompetenzorientiert zu erarbeiten und zu vertiefen.

Es geht in jedem Kapitel um

- Wissen und Verstehen
- Analyse und Bewertung
- Planung und Konzeption
- Reflexion

Diese Grundstruktur zielt darauf ab, die berufliche Handlungskompetenz einer angehenden Erzieherin aufzubauen, zu erweitern und zu festigen. Die „Tipps zum Weiterlesen“ verstehen sich als Hinweis, die eigene Ausbildung zur Erzieherin als lebenslanges Lernen zu begreifen und fortzuführen.

„Kein Kinderkram!“ wurde in der Neuauflage wiederum durch Themen ergänzt, die sich in den sozialpädagogischen Arbeitsfeldern entwickeln und etablieren. So wurde beispielsweise dem konstruktivistisch-pädagogischen Denken ein eigenes Kapitel gewidmet, in weiteren Abschnitten spiegelt sich diese Grundhaltung ebenfalls wider. Neu ist auch das Anliegen, Erziehungs- und Bildungsprozesse in den Kindertagesstätten und Einrichtungen der Jugendhilfe unter ethisch und religiös orientierten Gesichtspunkten einzuordnen.

In Folge der Gestaltung nach beruflichen Handlungsfeldern ergab sich die Notwendigkeit, die verschiedenen Themen den zwei Bänden von „Kein Kinderkram!“ neu zuzuordnen. Das umfangreiche Handlungsfeld „Entwicklungs- und Bildungsprozesse anregen, unterstützen und fördern“ wurde in diesem Zusammenhang auf beide Bände aufgeteilt.

Das Autorenteam freut sich über Rückmeldungen aus Schule und Praxis.

Im Januar 2013

Lutz-W. Müller-Till
im Namen des Autorenteams

Aus Gründen der besseren Lesbarkeit wird bei der Verwendung der weiblichen Form der Begriffe Erzieherin und Schülerin die männliche Form mitgedacht.

BERUFLICHE IDENTITÄT UND PROFESSIONELLE PERSPEKTIVE ENTWICKELN

Inhaltlicher Überblick

Grundlage zu Beginn der Ausbildung ist, dass sich die Gruppe näher kennenlernt, gegenseitiges Vertrauen aufbaut und sich jede Studierende mit ihrer Biografie und der Frage auseinandersetzt, warum sie Erzieherin werden will und nicht etwas anderes. Diese Bewusstmachung biografischer und persönlicher Merkmale fördert die Entwicklung einer **beruflichen Identität.**

Es folgt die Auseinandersetzung mit den Anforderungen des Erzieherberufs, die einem ständigen gesellschaftlichen Wandel unterworfen sind und sich je nach Arbeitsfeld unterscheiden. Um diesen Beruf auf einem qualitativ hohen Niveau ausüben zu können, ist der Erwerb **fachlicher und personaler Kompetenzen** erforderlich. Diese beinhalten u.a. die Entwicklung einer **professionellen Haltung** und einer damit verbundenen Reflexionsbereitschaft. Diese Professionalität beinhaltet auch das Bewusstsein, sich ständig weiterzuentwickeln und regelmäßig an Maßnahmen der Fort- und Weiterbildung teilzunehmen.

Die Identifikation mit dem Beruf der Erzieherin verlangt, sich über seine Geschichte zu informieren. Auch ist es zu Beginn der Ausbildung wichtig, Einblick in mögliche Arbeitsfelder der Erzieherin zu erhalten.

Um ein realistisches Bild vom Erzieherberuf zu zeichnen, findet eine enge Verknüpfung von Lernort Schule und Praxis statt: Die Studierenden leisten in unterschiedlichen pädagogischen Einrichtungen der Kinder- und Jugendhilfe Praktika ab. Für die Auswahl dieser Einrichtungen werden hier Kriterien aufgestellt, die einen reibungslosen Ablauf des Praktikums unterstützen sollen. In den Einrichtungen werden die Studierenden von Erzieherinnen betreut, den sogenannten Praxisanleiterinnen. Die Vorbereitung eines ersten Treffens liegt in der Verantwortung der angehenden Erzieherinnen, um sich mit den eigenen Erfahrungen, Fähigkeiten und Erwartungen auseinandersetzen zu können.

1 Berufsrolle und Gesellschaft

1.1 Eine neue Gruppe findet sich

Heute ist für Sie der erste Tag an der neuen Fachschule. Im Eingangsbereich finden Sie eine Stellwand mit einem Raumplan, auf dem Nummern eingetragen sind. Aber hinter jeder Nummer stehen nur Abkürzungen, mit denen Sie nichts anfangen können: FSP, BFS, FSH ... „Wo sind denn die Erzieherinnen?“, fragen Sie sich. Nach einigem Suchen finden Sie den Raum, in dem schon weitere Mitstudierende warten.

Sie schauen sich um: So viele neue Gesichter. „Einige sehen ja ganz nett aus. Aber manche scheinen schon deutlich älter zu sein. Warum die wohl Erzieher werden wollen?“, denken Sie vielleicht. „Hoffentlich komme ich mit allen gut klar. Bei miesem Klassenklima lässt sich nicht gut lernen.“

Als später der Aufbau der Ausbildung erklärt wird und die Anforderungen, die an Sie gestellt werden, sind Sie erschrocken. Das hört sich alles sehr viel an.

„Hm, hoffentlich wird's nicht zu schwer. Vielleicht hilft mir hier jemand, wenn ich das Gefühl habe, ich schaff‘ das alles nicht. Wir wollen doch alle Erzieher werden.“

Sie freuen sich, als von Projektarbeiten in Gruppen die Rede ist. Doch Sie fragen sich auch, wieso Sie Praktika in verschiedenen Arbeitsfeldern absolvieren müssen, wenn für Sie doch schon klar ist, in welchem Bereich Sie später tätig sein wollen. „Aber eigentlich freue ich mich darauf, mehr über Kinder und Jugendliche zu lernen.“

Eine neue Erzieherklasse!

↘ FRAGEN

- → *Wer sind meine Mitstudierenden?*
- → *Wie schaffen wir ein angenehmes Arbeitsklima?*
- → *Welche Erwartungen habe ich/haben die anderen?*
- → *Welche Anforderungen werden an angehende Erzieherinnen gestellt?*

1.1.1 Die erste Gruppenphase

Die Ausbildung zur Erzieherin findet zu einem Großteil in der Schule statt, also im Klassenverband und somit in Gruppen. Die Studierenden kennen sich meist noch nicht, und auch die Schule ist für viele neu. Deshalb bestehen am Anfang viele Fragen, Unsicherheiten, aber auch Erwartungen und Wünsche. Kennzeichnend für diese erste Gruppenphase ist daher ein gegenseitiges „Abtasten" und das Herausfinden von Gemeinsamkeiten und Unterschieden.

Wer sind die anderen? Was tun sie? Wer ist mir sympathisch – wem bin ich sympathisch? Wird man mich akzeptieren? Wie soll ich mich verhalten? Was wird von uns erwartet? Wer kann helfen? Einige werden sich in dieser Situation eher zurückzuhalten und beobachten, andere vielleicht extra unbekümmert drauflosplappern.

Für ein angenehmes, das Lernen förderndes Klima ist ein gegenseitiges Kennenlernen unerlässlich: Fremdheit kann Unsicherheiten und Ängste auslösen, die dem Lernen im Wege stehen. Hier bieten sich Kennenlernspiele an, wie sie auch von Erzieherinnen im Beruf eingesetzt werden können. Die Spiele dienen der Auflockerung, Information, dem Lernen der Namen und dem Abbau von Ängsten. Die Erfahrung, nicht allein unsicher und ängstlich zu sein, beruhigt. Außerdem kann es interessant sein, andere Sichtweisen kennenzulernen.

Erzieherinnen haben in ihrem Beruf mit unterschiedlichen Menschen und Gruppen zu tun: Sie leiten Gruppen, sind Teil einer Gruppe, beraten andere Menschen – sie handeln sozial. **Deshalb ist die Fähigkeit, in Gruppen zu arbeiten, eine Basiskompetenz für diesen Beruf.** Von Anfang an soll in der Ausbildung versucht werden, sich in Gruppenarbeit zu üben.

Basiskompetenz Teamfähigkeit

1.1.2 Kooperatives Lernen

In Gruppen zu lernen, hat viele Vorteile:

- → **Die Arbeit ist motivierender und anregender als das Lernen alleine.**
- → **Wenn alle ihr Vorwissen oder ihre Ideen einbringen, entsteht ein Gruppenvorteil hinsichtlich Qualität und Kreativität bei Problemlösungen. Man selbst wird auf neue Gedanken gebracht.**
- → **Die Einzelne lernt in der Gruppe zu argumentieren und zu diskutieren. Sie kann ihr Wissen überprüfen, ergänzen oder verändern.**
- → **Sie erkennt, dass es nicht immer nur eine richtige, sondern mehrere mögliche „Wahrheiten" gibt. So erweitert sie soziale Basiskompetenzen, die für den Erzieherberuf so unerlässlich sind. Zum Beispiel dadurch, dass Toleranz gegenüber anderen Standpunkten entsteht, Missverständnisse ausgeräumt und Konflikte geklärt werden.**

„Nicht schon wieder Gruppenarbeit ..." Oft haben die Studierenden keine Lust auf Gruppenarbeit: Manche lehnen sich dabei bequem zurück, andere beschweren sich, dass sie alles alleine machen müssen, und die Ergebnisse werden meist von denselben Personen präsentiert. Außerdem bleibt von den Ergebnissen der eigenen Gruppe und vor allem der anderen Gruppen oft nur wenig im Gedächtnis hängen. Auch wenn sich die Gruppen viel Mühe geben, sind die Präsentationen oft zu lang und komplex, sodass die Studierenden die Inhalte schnell wieder vergessen.

Wichtig für die Gruppenarbeit ist, sich auf eine kooperative Lernform einzulassen. Norm und Kathy Green haben die Methode des **kooperativen Lernens** in Deutschland bekannt gemacht. Dabei handelt es sich um eine sehr strukturierte Arbeitsform mit klaren Zeitvorgaben. Um effektiv in Gruppen arbeiten zu können, ist es unbedingt erforderlich, dass sich jede Studierende einbringt. Deshalb findet auch zu Beginn der eigentlichen Gruppenarbeit immer eine Phase der Einzelarbeit statt. Selbstständig arbeiten zu können, ist eine Schlüsselqualifikation, um fachliche, methodische und vor allem soziale Kompetenzen zu erwerben.

Prinzipien des kooperativen Lernens

Denken	Austauschen	Vorstellen
In dieser Phase arbeiten alle Studierenden allein. Vor einer Gruppenarbeit muss zunächst jede Studierende die Chance haben, sich selbst mit einemThema oder einer Aufgabe auseinanderzusetzen. Jede Studierende prüft für sich, was sie bereits über das Thema weiß, was sie denkt oder wissen möchte. So hat sie nachher auch etwas zu sagen.	Jetzt findet der Vergleich von Ergebnissen statt, entweder durch Diskussion in **Partnerarbeit** oder in der **Kleingruppe.** Die Kommunikation mit anderen steht jetzt im Mittelpunkt. Dabei kann jeder sein Wissen überprüfen, vergleichen und sich absichern. So können auch Schüchterne ermutigt sein, sich zu äußern oder eine Meinung zu vertreten. Die Gruppe stützt sich gegenseitig, und trotzdem trägt jeder die persönliche Verantwortung für seinen Lernzuwachs.	Die Gruppenergebnisse werden in der Klasse vorgestellt, diskutiert, verbessert, korrigiert usw. Am Ende sollte jede Gruppenteilnehmerin in der Lage sein, die Ergebnisse vorzustellen oder selbstständig damit weiterzuarbeiten. Deshalb sollte jede Studierende sowohl eigene als auch fremde Ideen und Gedanken stets notieren. Auch alle Zwischenergebnisse werden dokumentiert und Endergebnisse schriftlich im eigenen Heft festgehalten.

Bedingungen für kooperatives Lernen

Fünf grundlegende Bedingungen sind zu beachten, damit kooperatives Lernen gelingen kann *(vgl. Brüning, Saum, 2006):*

1. Soziale Kompetenzen
Leise reden, sich nicht von der Gruppe entfernen, Blickkontakt halten, Aufmerksamkeit zeigen, zuhören, die anderen ausreden lassen, alle Ergebnisse ernst nehmen, freundlich aufeinander eingehen, Rücksicht nehmen, sich gegenseitig unterstützen, Probleme gemeinsam klären.

Dieses Verhalten fördert Vertrauen und gelingende Kommunikation, Entscheidungsfreudigkeit in der Gruppe und die Bereitschaft, Verantwortung zu übernehmen.

2. Kleingruppenarbeit – direkte Interaktion
Eine Gruppe sollte höchstens aus vier Teilnehmern bestehen, innerhalb der Gruppe ist räumliche Nähe und eine zugewandte Sitzordnung wichtig. Möglichst keine Neigungsgruppen (von den Studierenden selbst gewählte Gruppen) bilden lassen.

In selbst gewählten Gruppen ist die Rollenverteilung meist schon unreflektiert festgelegt, und unter Freunden kritisiert man sich oft nachsichtiger oder gar nicht. Es ist sinnvoll, nur alle sechs Wochen neue Gruppen zu bilden – so spart man Zeit, da die Gruppenfindungsphase entfällt. Durch die längere Zusammenarbeit entwickelt sich außerdem gegenseitiges Vertrauen.

3. Positive wechselseitige Abhängigkeit
Die Gruppe steht gemeinsam vor einer Herausforderung, die sich in einer Gruppe schneller lösen lässt. Die Gruppe kann nur erfolgreich sein, wenn jede Einzelne erfolgreich ist. Deshalb fühlt sich jede für alle Gruppenmitglieder verantwortlich. Eventuell ist eine Arbeitsteilung erforderlich. Jedes Mitglied muss in der Lage sein, die Ergebnisse zu präsentieren oder die gestellte Aufgabe auch allein fortführen zu können.

4. Individuelle Verantwortung
Die Reihenfolge der Gruppenpräsentationen erfolgt nach dem Zufallsprinzip, sodass keine vorher weiß, wann sie an der Reihe ist. Der persönliche Lernerfolg kann durch weitere Aufgaben nachgewiesen werden, z. B. durch einen zusammenfassenden Bericht oder eine Übersichtsgrafik. Die Lehrkraft kann durch solche Stichproben eine Leistungskontrolle Einzelner zum Arbeits- und Lernprozess in der Gruppe durchführen.

5. Reflexion
Eine Reflexion der Inhalte und Ergebnisse macht den fachlichen Lernzuwachs bewusst. Die Reflexion der angewendeten Methoden, der Interaktion in der Gruppe sowie des eigenen Verhaltens dient dazu, die eigenen methodischen und sozialen Fähigkeiten zu überdenken.

Kriterien für die Reflexion

- → Geben Sie sich ein ehrliches Feedback, d. h., sprechen Sie von sich selbst in der Ich-Form, von Ihren Gefühlen, Wünschen und Bedürfnissen (nicht von „man“).
- → Suchen Sie nicht bei anderen nach Schuld, sondern überlegen Sie, was Sie an Ihrem Verhalten verbessern können.
- → Keine gegenseitigen Vorwürfe.

Leitfragen für die Reflexion:

- → Macht mir die Arbeit im Team Spaß?
- → Was finde ich gut an unserem Team?
- → Habe ich die Mitglieder bei der gemeinsamen Arbeit besser kennengelernt?
- → Ist die Arbeitsaufteilung gerecht oder hat jemand mehr gearbeitet als andere?
- → Wie schwer ist mir das selbstständige Arbeiten gefallen?
- → Hat jemand in der Gruppe unbewusst die Rolle des Bestimmers übernommen? Welche Gründe haben dazu geführt?
- → Über was/wen habe ich mich besonders geärgert oder gefreut?
- → Wird konzentriert gearbeitet?
- → Gibt es jemanden, der sich immer auf andere verlässt?
- → Ist die Kommunikation in der Gruppe offen und ehrlich?
- → Gibt es etwas, das wir gemeinsam verändern wollen?
- → Gibt es Regeln, an die wir uns gemeinsam halten wollen, damit alle mit dem Gruppenergebnis zufrieden sind?

↗ FAZIT

Ziele der ersten Orientierungsphase

- → Sie machen sich Ihre positiven, negativen oder ambivalenten Gefühle bewusst. Sie äußern diese Gefühle.
- → Sie nehmen Unsicherheiten wahr.
- → Sie finden sich im Klassenverband zurecht und kooperieren miteinander.

Kooperatives Lernen ermöglicht

- → das individuelle Verarbeiten von Informationen, indem eigenständig neues in vorhandenes Wissen integriert wird,
- → die Kommunikation mit anderen,
- → das bewusste Wahrnehmen des eigenen Lernens und die Reflexion desselben.

Ziele des kooperativen Lernens

Zufriedenheit und Motivation aller durch:

- → Aktivierung ALLER Studierenden
- → effektives Lernen und Steigerung der Qualität
- → Sicherheit und Angstreduzierung: sich in der Lernumgebung sicher fühlen
- → geistige Vertiefung durch Kommunikation
- → Förderung kommunikativer Kompetenzen

→·← AUFGABEN UND ANREGUNGEN

1 Partnerinterview

1.1 Suchen Sie sich eine Partnerin, die Sie bisher wenig kennen. Setzen Sie sich an einen Ort, an dem Sie sich ungestört unterhalten können. Nehmen Sie sich Papier und Stift mit, um sich eventuell Notizen machen zu können.

1.2 Interviewen Sie sich gegenseitig für jeweils etwa fünf Minuten. Sie bestimmen selbst, welche Fragen Sie stellen möchten bzw. was Sie von sich selbst erzählen möchten. Der Interviewer kann sich Notizen machen für die anschließende Vorstellung. Mögliche Gesprächsthemen: Wohnort, persönliche Lebenssituation, Hobbys und Interessen, berufliche und schulische Vorerfahrungen, Wünsche, Erwartungen und Befürchtungen usw.

1.3 Setzen Sie sich alle im Kreis zusammen. Stellen Sie sich gegenseitig in der Gruppe vor, indem Sie sich nacheinander hinter die vorherige Gesprächspartnerin stellen, sich in die Rolle Ihrer Partnerin versetzen und aus ihrer Sicht erzählen. (Sie stellen z.B. Anke vor, indem Sie beginnen: „Ich heiße Anke und bin ...") Abschließend sagt die Partnerin, ob sie noch etwas ergänzen möchte.

Diese Methode fördert das konzentrierte Zuhören, Interesse an der anderen Person sowie die Gedächtnisleistung, sich an die Informationen aus dem Interview zu erinnern.

2 Allgemeine Wünsche, Erwartungen und Befürchtungen

2.1 Überlegen Sie für sich: Welche Erfahrungen habe ich bisher in Klassenverbänden/Gruppen gemacht? Notieren Sie daraus entstandene Wünsche, Erwartungen und Befürchtungen.

2.2 Beschriften Sie drei große Plakate mit den Titeln: „Wünsche", „Erwartungen", „Befürchtungen". Wählen Sie aus Ihren Notizen die für Sie wichtigsten Aspekte und schreiben Sie diese auf das jeweilige Plakat.

2.3 Werten Sie die Ergebnisse in der Klasse aus.

2.4 Entwickeln Sie auf einem weiteren Plakat gemeinsam Vorschläge, wie Sie die genannten Wünsche und Erwartungen erfüllen und Befürchtungen abbauen können.

3 Selbstständige Regelentwicklung für die Gruppenarbeit

3.1 Brainstorming/Brainwriting:

- → **Überlegen Sie individuell: Wie kann ich in und mit der Gruppe gut lernen?**
- → **Halten Sie Ihre Überlegungen auf Karten stichwortartig fest.**
- → **Vergleichen Sie mit einem Partner Ihre Karten. Schreiben Sie die gemeinsamen Aspekte auf Karten und heften Sie sie an eine Pinnwand.**
- → **Ordnen Sie gemeinsam die Karten. Ergänzen Sie eventuell Einzelideen. Nummerieren Sie die genannten Aspekte von 1 bis 10.**

3.2 Entscheidungstorte aus großen, runden Moderationskarten:

- → **Bilden Sie Vierergruppen und nehmen Sie gemeinsam eine Gewichtung der Aspekte vor. Der für Sie wichtigste Aspekt wird als größtes Tortenstück ausgeschnitten usw. Nummerieren Sie die Stücke entsprechend der Aspekte.**
- → **Heften Sie die Tortenstücke der Gruppen an die Pinnwand nach Nummern sortiert und mit der Spitze nach innen zusammen.**

3.3 Vereinbarung und Vertragsunterzeichnung:

- → **Vereinbaren Sie gemeinsam einen Regelkatalog. Dazu führen Sie folgenden Satzanfang weiter: „Gute Gruppenarbeit verlangt, dass ..."**
- → **Überlegungen zum Regelverstoß können ebenso entwickelt werden.**
- → **Unterschreiben Sie alle den Kontrakt als Einwilligung, sich an diese Regeln zu halten, und bewahren Sie ihn gut sichtbar in der Klasse auf.**

4 Reflexion der Gruppenarbeit

- → **Reflektieren Sie in Ihrer Gruppe ab und zu, was Sie bisher bei der gemeinsamen Arbeit gut fanden und was Sie noch verbessern wollen.**
- → **Beachten Sie dabei die Kriterien aus dem Text und gegebenenfalls die Leitfragen.**

- Damit jede ihre Meinung offen äußern kann, benutzen Sie einen „Sprechball“. (Regel: „Niemand wird beim Sprechen unterbrochen, solange sie den Sprechball in der Hand hält.“)
- Halten Sie die wichtigsten Aspekte zur Überprüfung der Teamentwicklung schriftlich fest.

5 Patenschaft und Beratung

Studierende im 2. Ausbildungsjahr beraten die neuen Studierenden. Der Sinn für die Studierenden des 2. Jahres besteht darin, sich in die neuen Studierenden hineinzuversetzen und sich gleichzeitig der eigenen Rolle bei der Beratung bewusst zu werden. Inhaltlich wird damit an die Themen Wahrnehmung und Durchführung von Beratungsgesprächen angeknüpft.

Besprechen Sie vorab folgende Fragen und Kriterien:

- Welche Vorteile beinhaltet die Beratung?
- Wo liegen Gefahren?
- Welche Informationen sind zu Beginn der Ausbildung sowohl positiv als auch negativ?
- Tipps zu geben ist keine Beratung, aber es ist verführerisch, wenn man darum gebeten wird.
- Es geht nicht darum, etwas von sich selbst zu erzählen, sondern die Interessen der neuen Studierenden zu erkunden.
- Es ist notwendig, auf der emotionalen Ebene eine Beziehung herzustellen.
- Pausen zulassen und warten, bis die zu Beratenden selber ihre Gedanken äußern.

Für die Beratenden:

5.1 Üben Sie vorab im Rollenspiel die Beratungssituation.

5.2 Reflektieren Sie den Verlauf und das Verhalten anhand der genannten Fragen und Kriterien.

5.3 Führen Sie die Beratungen zu zweit oder in Kleingruppen durch.

5.4 Reflektieren Sie Ihre Erfahrungen ausführlich:

- Wie habe ich mich selber erlebt?
- Was ist mir leicht-/schwergefallen?
- Was nehme ich mir vor, wenn ich noch einmal eine Beratung durchführe?

Für die neuen Studierenden/zu Beratenden:

5.5 Sammeln Sie Fragen, die Sie zu der Schule, zur Ausbildung usw. interessieren.

5.6 Lassen Sie sich von den Studierenden des 2. Ausbildungsjahres informieren und beraten.

5.7 Wenn anschließend noch Fragen offen sind, überlegen Sie, wie Sie auf diese Fragen Antworten bekommen konnen.

TIPPS ZUM WEITERLESEN

- Kreativ mit allen Sinnen. Ganzheitliche Methoden für die Gruppenarbeit mit Kindern und Erwachsenen
  Heinrich Bahnen, Hedwig Geilen, Kösel, München 2004
- Gruppenentwicklung im Klassenraum und anderswo. Praktische Anleitungen für Lehrer und Erzieher
  Günter Schreiner, Gene Stanford, Hahner, Aachen 2002
- Gruppendynamik und soziales Lernen. Theorie und Praxis der Arbeit mit Gruppen
  Peter R. Wellhöfer, Lucius & Lucius, Stuttgart 2001
- Praxismappe. Spiele für Kinder, Jugendliche und Erwachsene
  Bundesjugendwerk der Arbeiterwohlfahrt, Bonn 2006
- www.kooperatives-lernen.de
- www.learn-line.nrw.de

1.2 Biografie und Berufswahl

Ihre Einrichtungsleiterin Frau Fiedler bietet Ihnen an, ein Vorstellungsgespräch im Kindergarten zu beobachten. Sie meint, dass dies eine gute Anregung sei, um anschließend mit Ihnen über Ihre eigenen Einstellungen zu diesem Beruf zu sprechen.

Ein 21-jähriger junger Mann (Oliver) stellt sich vor.

„Sie wollen also in unserer Einrichtung das Praktikum für Ihre Ausbildung als Erzieher machen. Wie kam es zu Ihrer Entscheidung?“, fragt Frau Fiedler zu Beginn. „Na ja, meine Mutter ist Erzieherin und mein Vater Sozialpädagoge. Ich habe von klein auf diese soziale Schiene mitbekommen, ist mir wohl in die Wiege gelegt“, erwidert Oliver.

„Warum haben Sie denn dann erst eine Optikerlehre begonnen?“, wundert sich Frau Fiedler.

„Ich wusste eigentlich gar nicht so richtig, was ich machen soll. Und manchmal ist mir das pädagogische Gerede meiner Eltern ganz schön auf die Nerven gegangen und ich dachte: Das machst du nie. Deshalb habe ich dann erst mal ganz was anderes versucht. Allerdings habe ich recht schnell festgestellt, dass Optiker auf jeden Fall nichts für mich ist. Meine Mutter sagte mal, dass ich gut mit Kindern umgehen könne. Ich mache es eigentlich so wie meine Eltern: So, wie sie mich erzogen haben, fand ich echt in Ordnung. Sie haben mir viele Freiheiten gelassen.“

Die Leiterin nickt: „Hm. Obwohl Sie als Erzieher ja nicht nur mit Kindern zu tun haben werden. Wie stellen Sie sich den Beruf vor? Es interessiert mich sehr, wissen Sie. Denn wir haben nur sehr selten Männer bei uns im Kindergarten. Die denken oft, das sei nur was für Frauen, die basteln, und der Beruf entspreche nicht ihren Gehaltsvorstellungen.“

Das Gespräch nimmt seinen Lauf ...

Beim Vorstellungsgespräch

↘ FRAGEN

→ *Warum entscheiden sich Menschen für den Erzieherberuf?*

→ *Warum will ich gerade Erzieher/Erzieherin werden?*

→ *Warum ist es wichtig, darüber nachzudenken?*

1.2.1 Der Begriff „Biografie“

Herbert Gudjons, Professor für Allgemeine Erziehungswissenschaft, hat sich in seinem Buch „Auf meinen Spuren“ ausführlich mit dem Lernen durch die eigene Biografie beschäftigt:

> **Biografie** bedeutet für Gudjons: „[...] eine in einem lebenslangen Prozess erworbene Aufschichtung von Erfahrungen, die bewusst oder unbewusst geronnen in unser Handeln eingehen.“ *(Gudjons, 1996, S. 11)*

Erfahrung wird dabei nicht nur als etwas angesehen, woran man sich erinnert. Erfahrung ist zugleich ein ganzheitlicher, den Körper und die Sinne ansprechender Vorgang, der auch unbewusst geschehen kann.

„Biografie ist keine ahistorische/ungesellschaftliche ‚Privatsache‘, vielmehr werden Erfahrungen in konkreten geschichtlichen und gesellschaftlichen Bezügen erworben. In der Lebensgeschichte des einzelnen Menschen spielen sich die historischen/gesellschaftlichen/kulturellen und familialen Bedingungen ab, vor deren Hintergrund sich die biografischen Erfahrungen aufgeschichtet haben.“ *(Gudjons u. a., 1996, S. 16)*

> Ein Beispiel ist die ehemalige Teilung Deutschlands, die eine politisch-gesellschaftliche Bedingung war und gleichzeitig unterschiedlichen Einfluss auf jeden Einzelnen und viele Familien hatte.

Biografische Selbstreflexion

Die eigene Biografie wird vielschichtig geprägt und beeinflusst gleichzeitig unser momentanes Handeln und Denken - sogar die ganze Persönlichkeit. Im Alltag denkt der Mensch meist selten darüber nach. Er ist sich dieser Einflussfaktoren wenig bewusst. Doch gerade in pädagogischen Berufen und bei der Arbeit mit anderen Menschen ist die **Bewusstmachung und Reflexion** dieser Einflüsse besonders wichtig. Denn sie lenken das eigene Handeln stark.

> „Unter **‚biografischer Selbstreflexion‘** verstehen wir eine (Wieder-)Aneignung der eigenen Biografie, den Versuch, die Erfahrungen, die unsere Identität geprägt haben und in unser heutiges Handeln eingehen, transparent zu machen. Durch rückschauendes Betrachten, durch das Aktualisieren der zu den vergangenen Erfahrungen gehörigen Gefühle, durch Vergegenwärtigung der damaligen Lebenssituation sollen die Erfahrungen, die unsere Persönlichkeit geformt haben, ins Bewusstsein gerufen und wiederbelebt werden. Die so gewonnenen Erinnerungen werden einer Reflexion unterzogen, die über die unhinterfragten Strukturen alltäglichen Denkens hinausgeht und theoriegeleitet ist.“ *(Gudjons u. a., 1996, S. 24)*

Es spielt keine Rolle, ob dies Erfahrungen einer „sorglosen“ Kindheit waren oder Trennungserfahrungen, Scheidung oder gar Tod.

Biografische Selbstreflexion zielt zum einen auf **Selbsterkenntnis:** Diese erfolgt durch das Verstehen der eigenen „Gewordenheit“. Gemeint ist damit,

- → zu verstehen, wie das momentane Handeln durch die eigene Lebensgeschichte geprägt ist,
- → sich an vergangene Erfahrungen zu erinnern und sie neu zu interpretieren,
- → den Gesamtzusammenhang zu erkennen,
- → sich wiederholende Verhaltens- und Beziehungsmuster zu verdeutlichen.

Eng damit verbunden ist die Möglichkeit zur **Identitätsfindung:** „Durch das Verstehen kann ein Annehmen/ein Versöhnen mit der eigenen Geschichte oder mit bestimmten Anteilen der Persönlichkeit gelingen. Darin liegt das Potenzial zur Weiterentwicklung, zum persönlichen Wachstum, zur Entfaltung der Persönlichkeit.“ *(Gudjons u. a., 1996, S. 11)*

Letztendlich ermöglicht die biografische Selbstreflexion ein Begreifen gesellschaftlicher Bedingungen: Werden diese mit den eigenen Erfahrungen in Verbindung gebracht, sind die Erkenntnisse eindringlicher, als dies über gesellschaftstheoretische Einsichten vermittelbar wäre.

Sie können „eine Motivation zur Veränderung der politischen Einstellung und zum Eingreifen in gesellschaftliche/politische Praxisfelder mit sich bringen." *(vgl. Gudjons u. a., 1996, S. 11).*

1.2.2 Auseinandersetzung mit den eigenen Berufswahlmotiven

Nicht nur bei Vorstellungsgesprächen, auch im Alltagsleben, in der Familie, unter Freunden wird man oft gefragt: „Warum willst du das machen? Warum hast du dich so und nicht anders entschieden?" Einigen fällt die Antwort dann gar nicht leicht: Es ergab sich einfach so. Sie haben bisher nicht bewusst darüber nachgedacht, wie es zu einer Entscheidung gekommen ist.

In pädagogischen Berufen ist es wichtig, sich die Gründe der eigenen Berufswahl zu verdeutlichen: Die eigene Berufsmotivation beeinflusst direkt das erzieherische Verhalten. Der Umgang mit anderen Menschen, durch den diese Berufe geprägt sind, ist immer beeinflusst durch die eigene Lebensgeschichte. Man kann sehr viel aus seinen eigenen Erfahrungen lernen.

Gerade in Situationen, in denen Änderungen bevorstehen, wie z. B. bei einer neuen Ausbildung, sollte klar sein: „Will ich diese Ausbildung? Brauche ich das noch? Stimmen meine Erwartungen? Wie kann ich Neues in bisherige Erfahrungen integrieren?" Die Gründe entscheiden über die **berufliche Identität.**

> **„Sicherlich hat der Wunsch, Erzieherin zu werden, immer etwas mit der Person selber zu tun, die sich aus ihrer besonderen Lebenssituation dafür entscheidet, in Zukunft mit Kindern gemeinsam zu leben und zu lernen."**
>
> *(Krenz, 1997, S. 10)*

Macht man sich diese Aspekte bewusst, können mögliche Beeinflussungen deutlich werden: „Wer oder was treibt mich?" Wichtig ist dann die Überlegung, ob man damit zufrieden ist oder doch gerne etwas anderes machen würde. Sonst bleibt das eigene Handeln unklar.

Das Verstehen der eigenen Geschichte hilft auch, andere Menschen zu verstehen, die eigenen Standpunkte zu relativieren und Toleranz zu üben. So werden voreilige Schlüsse und „Schubladen-Denken" verhindert.

Bei Berufswahlmotiven geht es um die Frage, warum sich jemand für einen bestimmten Beruf entscheidet. Eine Auseinandersetzung und Überprüfung ist wichtig, um Klarheit zu erhalten, ob die Berufswahl richtig war.

Armin Krenz geht ausführlich auf einzelne Motive ein. Dabei werden diese kritisch hinterfragt und auf ihre Tragfähigkeit hin überprüft *(nach Krenz, 1997, S. 10 ff.).*

1. Motiv: Abgrenzung

Wer z. B. nicht mit Maschinen arbeiten will, definiert den Berufswunsch aus der Abgrenzung heraus, was *nicht* infrage kommt. Der Berufswunsch Erzieherin könnte als Alternative zu etwas anderem gefunden werden, ohne sich genau *für* etwas zu entscheiden. Das kann zu Enttäuschungen führen, weil eigene Ziele nicht unmissverständlich formuliert wurden.

2. Motiv: Leben mit Kindern

Die Berufsmotivation, gerne mit Kindern zu spielen, zu werken oder zu musizieren, ist ein ganz wichtiger emotionaler Faktor lebendiger Pädagogik. Vergessen darf man aber nicht, dass die Arbeit mit Kindern immer auch bedeutet, sich mit Kolleginnen und Eltern, dem Träger und anderen Einrichtungen auseinanderzusetzen. Wer nur an die Arbeit mit den Kindern denkt, wird von den vielschichtigen Anforderungen überfordert sein.

3. Motiv: Selbstverwirklichung

Wer als zukünftige Erzieherin lediglich eigene Wünsche, Werte und Erwartungen in die Arbeit einbringt, lässt Kinder zu Randfiguren werden. Keinesfalls darf vergessen werden, dass Bedürfnisse von Erwachsenen Kindern nicht übergestülpt werden dürfen. Bei der Planung muss die Perspektive und Lebenssituation der jeweiligen Kinder im Vordergrund stehen.

4. Motiv: Aktivität

Viele Kinder leben heute in einem wahren Konsumrausch, in dem es vor allem darum geht, möglichst viel in möglichst kurzer Zeit zu erleben. Dabei kommen Kinder immer weniger zu Ruhe. Demgegenüber hat der Kindergarten die Aufgabe, Kindern dabei zu helfen, das, was erlebt wird, mit Ruhe und Zeit intensiv aufzunehmen: „Weniger das viele als vielmehr das wenige."

Aktivität um jeden Preis?

5. Motiv: Wiedergutmachung

Nicht selten haben Frauen den Wunsch, Erzieherin zu werden, um selbst erlebte Ungerechtigkeiten und bedrückende Erlebnisse auszugleichen: „Was mir passiert ist, soll anderen nicht passieren." Das Motiv der Berufswahl ist zwar verständlich, aber in der Entwicklung von Kindern nicht hilfreich. Häufig lässt sich beobachten, dass diese Erzieherinnen darauf bedacht sind, gefährliche Situationen schnell zu klären oder erst gar nicht entstehen zu lassen. Dadurch entstehen bei Kindern jedoch Pessimismus und Angst vor Gefahren.

6. Motiv: gefühlsbetonte Tätigkeit

Der Beweggrund, von Natur aus gut mit Kindern umgehen zu können, oder zu glauben, die Tätigkeit einer Erzieherin sei ein gefühlsbetontes Erleben mit Kindern, ist weit verbreitet. Dies ist aber eine sehr naive Vorstellung von Pädagogik. Wozu bräuchte man dann eine Ausbildung oder Fort- und Weiterbildung? Richtig ist wieder, dass Pädagogik etwas mit dem eigenen Mensch-Sein zu tun hat und nicht nur als Methodenorientierung verstanden werden sollte. Pädagogik braucht aber fachliche Kompetenzen und Hintergrundwissen, Didaktik *und* methodisches Wissen für eine professionelle Planung, Zielformulierung und die praktische Arbeit.

7. Motiv: Vorbereitung auf die eigene Familie

Wird der Beruf als gute Vorbereitung auf die eigene Mutterrolle gesehen, dient er vor allem der eigenen Rollenfindung. Beobachtungen in der Praxis zeigen, dass Erzieherinnen mit dieser Berufsmotivation sehr fürsorglich sind und Kinder eher führen als begleiten. Persönliche Enttäuschungen machen sich breit, wenn Kinder ihre eigenen Vorstellungen umzusetzen versuchen.

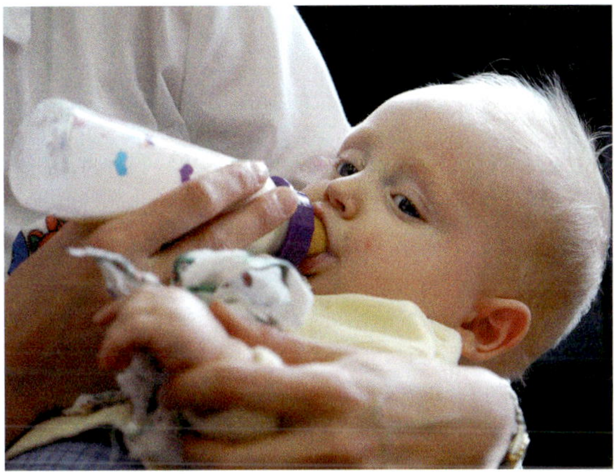

„Meine Kinder!?"

8. Motiv: Abwesenheit von Stress

Die Vorstellung vom Berufsbild der Erzieherin, dass es in diesem Beruf weniger Stress und Ärger gibt als in anderen Berufen, ist sehr unrealistisch. Immer mehr stellen Eltern an die Einrichtungen hohe Erwartungen, Kinder sollen Verhaltensweisen lernen, die in ihrer Entwicklung noch kaum oder zu wenig ausgeprägt sind. Gesellschaftlich und politisch gilt der Kindergarten als zweite „Sozialisationsinstanz" neben dem Elternhaus, und die Anforderungen steigen *(Krenz 1997, S. 10 ff.)*.

1.2.3 Berufsbezogene Persönlichkeitsentwicklung

Die berufsbezogene Persönlichkeitsentwicklung ist ein wichtiges Ziel der Ausbildung. Dazu gehört die berufliche, persönliche und soziale Entwicklung des Einzelnen. Es geht darum, sich selbst kennenzulernen, die eigenen Stärken und Schwächen zu erforschen, sich persönliche Eigenarten bewusst zu machen und die Wirkung auf andere zu erfahren und zu reflektieren.

In den folgenden Aufgaben werden Möglichkeiten vorgestellt, sich diese eigenen Erfahrungen und Eigenarten bewusst zu machen. Dadurch wird ein erster Schritt zur Reflexion getan. Möglicherweise werden ambivalente Gefühle deutlich. Manchen kann es auch schwerfallen, diese Gefühle anderen gegenüber zu äußern.

Nach einer solchen Bewusstmachung stellen sich jedoch folgende neuen Fragen:

→ Wie gehe ich mit diesen Ergebnissen um?
→ Was habe ich davon?
→ Wie möchte ich mich weiter entwickeln?

Beispiel:
Wenn die Gründe für die Berufsentscheidung geklärt sind, muss im nächsten Schritt überlegt werden, was man nun in der Ausbildung lernen möchte. Dadurch entstehen neue Ziele.

So bildet sich letztendlich eine eigene **berufliche Identität** heraus: Neben den biografischen und persönlichen Merkmalen gehören dazu fachliche und inhaltliche Aspekte, um den Berufsalltag mit einzelnen Menschen und Gruppen zielgerichtet gestalten zu können und Überforderungen zu vermeiden *(vgl. Kompetenzorientiertes Qualifikationsprofil, 2011, S. 7).*

↗ FAZIT

„Für die Praxis des pädagogischen Handelns ist **Selbstreflexion** schlechthin unverzichtbar. Es gibt keinen gefährlicheren Irrtum, als zu glauben, dass primär mithilfe von Techniken, Methoden oder Theorien erzieherische, beratende oder soziale Arbeit geleistet werden kann.“ *(Gudjons, 1996, S. 54)*

Mögliche Berufswahlmotive:

1. der Wunsch, mit Menschen und nicht mit „toter Materie“ arbeiten zu wollen,
2. der Wunsch, mit Kindern und nicht mit Erwachsenen arbeiten zu wollen,
3. die Hoffnung, sich in dem Beruf selbst zu verwirklichen,
4. die Vorstellung, mit Kindern viel zu erleben und aktiv zu sein,
5. der Wunsch, eigene schlechte Erfahrungen wiedergutmachen zu können: „Was mir passiert ist, soll anderen nicht passieren“,
6. die Vermutung, dass allein gefühlsmäßige Qualitäten für den Umgang mit Kindern entscheidend seien,
7. die Hoffnung, dass die Arbeit auf die eigene Mutterrolle vorbereitet,
8. die Annahme, dass der Kindergarten ein stressfreier Raum sei, der ein Gegengewicht zur „harten Außenwelt“ darstellt.

→·← AUFGABEN UND ANREGUNGEN

Gudjons hat selbst Übungen zur biografischen Selbstreflexion entwickelt. Hier wird eine Standardübung vorgestellt, die für verschiedene Fragestellungen und Problembereiche verwendet werden kann:

1 Lebenslinie

Ziel ist die Bewusstmachung von Ereignissen und Erfahrungen, die die individuelle Lebensentwicklung entscheidend beeinflusst und geprägt haben. Zudem unterstützt die Übung das gegenseitige Kennenlernen in einer Gruppe.

1.1 Zeichnen Sie auf einem querliegenden Blatt (DIN A4) eine Linie nach dem nebenstehenden Schema. Die Waagerechte symbolisiert Ihren Lebenslauf. Die Senkrechte dient als Skala für die individuelle Einschätzung.

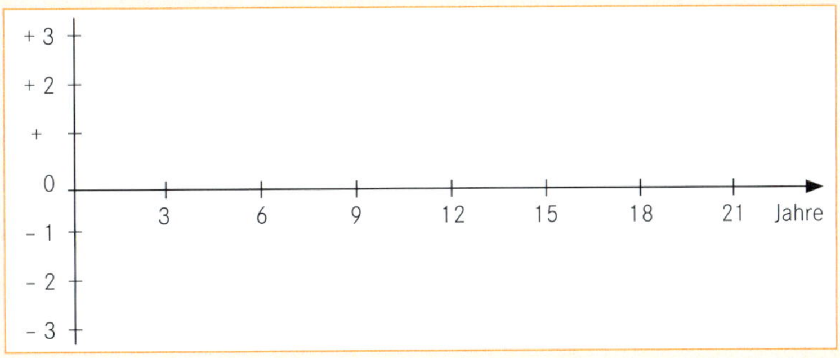

Tragen Sie nun für Sie wichtige Ereignisse in diese Zeitlinie ein, und geben Sie durch ein Kreuz an, wie Sie sich damals gefühlt haben (- 3 = miserabel, + 3 = sehr gut und zufrieden). Wichtig sind vor allem die Stationen, die „Wendepunkte" und prägende Erlebnisse für heutige Lebenssituationen bedeuten. Verbinden Sie die Kreuze dann mit einer Linie.

1.2 Die Lebenslinien werden mit dem Namen versehen und an die Wand gehängt. Die Teilnehmerinnen betrachten alle, können die betreffende Person befragen und ihre Eindrücke mitteilen.

1.3 Sprechen Sie abschließend über Ähnlichkeiten und Unterschiede in den Lebensläufen.

2 Berufsentscheidung

Ziel ist hierbei, herauszufinden, welche Personen oder Faktoren Einfluss auf Ihre Berufswahl hatten und wie wichtig sie im Einzelnen waren.

2.1 Zeichnen Sie in die Mitte eines DIN-A3-Blattes einen Kreis, in den Sie den Beruf „Erzieherin" eintragen. Verteilen Sie um den Kreis acht weitere Kreise nach nebenstehendem Schema:

2.2 Versetzen Sie sich in Gedanken zurück in die Zeit, als Sie entschieden haben, diesen Beruf zu wählen. Tragen Sie neben die Kreise ein, was Ihnen zu den einzelnen Bereichen einfällt. Wenn etwas Wichtiges fehlt, haben Sie einen freien Kreis zur Verfügung.

2.3 Zeichnen Sie Pfeile von den Kreisen ausgehend zur Mitte hin. Zeigen Sie durch die Dicke der Pfeile an, wie wichtig die einzelnen Bereiche für Ihre Entscheidung waren.

2.4 Nehmen Sie sich nun Zeit, das Gezeichnete zu betrachten. Decken Sie mit der Hand der Reihe nach jeden Bereich einmal zu und stellen Sie sich vor, was gewesen wäre, wenn dieser Einfluss nicht vorhanden gewesen wäre. Was wäre dann aus Ihnen geworden?

2.5 Reflektieren Sie in Kleingruppen nach folgenden Fragen:

- → **Wenn ich noch mal in der Situation wäre, wie würde ich mich dann entscheiden?**
- → **Was gefällt mir an meiner Entscheidung?**
- → **Wie geht es weiter? Wovon hängt das ab?**

3 Lesen Sie das Kapitel zu den Berufswahlmotiven (1.2.2).

3.1 Sehen Sie Übereinstimmungen mit eigenen Motiven? Welche Berufswahlmotive sind neu? Was halten Sie von den für Sie neuen Motiven?

3.2 Überlegen Sie, welche Motivation hilfreich bzw. weniger hilfreich ist, um auch in Zukunft zufrieden mit der Berufswahl zu bleiben.

Legen Sie eine Tabelle an und ordnen Sie zu. Begründen Sie Ihre Entscheidung.

Berufswahlmotiv	hilfreich	wenig hilfreich
...	...	...
...	...	...

3.3 Diskutieren Sie das Ergebnis.

4 Lernzielformulierung

Jeder nimmt ein DIN-A3-Blatt und unterteilt es in vier Spalten. Entwickeln Sie individuelle Ziele in Bezug auf folgende Fragen:

Name ...	Was möchte ich hier lernen?	Was kann ich selber dafür tun, dass ich diese Ziele erreiche?	Wodurch kann die Schule mich unterstützen, dass ich diese Ziele erreiche?
Umgang mit mir selbst	...	...	...
Umgang mit anderen	...	...	...
Fachliche Kenntnisse	...	...	...

Planen Sie erste Maßnahmen zur Erreichung Ihrer Ziele. Bewahren Sie das Blatt gut auf und nutzen Sie es für regelmäßige Reflexionen, z. B. nach dem ersten Halbjahr. Eventuell kann gemeinsam mit den Ausbildungslehrern über die Inhalte gesprochen werden.

1.3 Berufliche Anforderungen

1.3.1 Die Aufgaben in verschiedenen Arbeitsfeldern

Mit dem Erzieherberuf verbinden viele Menschen Dinge wie: spielen, basteln, Kaffee trinken. Anforderungen werden hauptsächlich im kreativen Bereich und in der Spielanimation gesehen, hinzu kommt die Betreuung der Kinder. Aber das ist natürlich nicht alles!

Die Tätigkeit einer Erzieherin ist im Wesentlichen durch pädagogische Arbeit bestimmt: Diese beginnt bereits mit einer Analyse der Bedingungen des sozialpädagogischen Handelns und der Beobachtung der Kinder. Auf dieser Grundlage wird dann die Erziehungsarbeit konkret geplant, in die alle Beteiligten einbezogen werden müssen: die Eltern, Kollegen, bei Schulkindern die Lehrer, bei Jugendlichen eventuell die Ausbilder, oder auch Therapeuten.

Zur **Erziehungspraxis** gehören: das Leiten von Gruppen, die Beobachtung der einzelnen Kinder, das Führen von

Gesprächen, die gezielte Planung des Tagesablaufs und von Aktivitäten, das Beherrschen hauswirtschaftlicher Tätigkeiten, die Koordination von Spiel- und Arbeitsprozessen, das Bilden, Versorgen und Anregen, ein Vorbild sein, das Singen, Geschichtenerzählen, Beaufsichtigen, Beraten, das Gestalten von Räumen, Sich-Fortbilden, das Durchführen von Experimenten, gemeinsames Staunen und noch vieles mehr. Dies gilt nicht nur für die Arbeit im Kindergarten, sondern auch im Heim und anderen Einrichtungen der Kinder- und Jugendhilfe sowie in der Jugendarbeit.

Hinzu kommen organisatorische Tätigkeiten wie Elternarbeit, Teamarbeit und Öffentlichkeitsarbeit. Diese Begriffe weisen auf Tätigkeiten außerhalb einer Kinder- und Jugendgruppe hin *(vgl. Bd. 2, Handlungsfelder 4–6)*. Auch Verwaltungsaufgaben gehören zur Tätigkeit einer Erzieherin.

Je nach **Arbeitsfeld** erfüllen Erzieherinnen vielfältige und unterschiedliche Aufgaben *(vgl. Kompetenzorientiertes Qualifikationsprofil, 2011, S. 5 f.)*:

In Tageseinrichtungen für Kinder
- → Auf Grundlage der Bildungspläne unterstützen Erzieherinnen Kinder, sich zu eigenverantwortlichen und gemeinschaftsfähigen Persönlichkeiten zu entwickeln.
- → Sie orientieren sich an Bedürfnissen von Kindern, Familien und gesellschaftlichen Anforderungen.
- → Sie berücksichtigen die soziale und kulturelle Vielfalt und besondere Bedürfnisse bei Migrationshintergrund oder physischen/psychischen Beeinträchtigungen.
- → Sie bilden Erziehungspartnerschaften mit den Eltern bzw. Erziehungsberechtigten und deren Beteiligung zum Wohle der Kinder.
- → Sie arbeiten im Team und mit anderen Fachkräften und Einrichtungen zusammen (Vernetzung).

In Schulen
- → Erzieherinnen arbeiten mit Lehrern, Sozialpädagogen, therapeutischen Fachkräften zusammen.
- → Sie unterstützen Lehrer im Unterricht.
- → Sie übernehmen Aufgaben im sozialpädagogischen Bereich.
- → Im Ganztagsangebot führen sie Betreuungsaufgaben, außerunterrichtliche Fördermaßnahmen und Angebote zur Freizeitgestaltung durch.

Bei den Hilfen zur Erziehung
- → Erzieherinnen haben Umgang mit vielschichtigen sozialen und individuellen Problemlagen: Schwierigkeiten in Familien, individuelle Orientierungs- und soziale Anpassungsschwierigkeiten Heranwachsender, Gefährdung ihrer psychischen und physischen Integrität und Entwicklung.
- → Sie fördern Selbstständigkeit.
- → Sie führen familienergänzende und -ersetzende Hilfen mit dem Ziel der Integration in die Gemeinschaft durch.
- → Sie sichern Reintegration in Familie, Schule, Beruf.

In der offenen Kinder- und Jugendarbeit
- → Erzieherinnen gestalten Angebote in gruppenbezogenen oder offenen, mobilen oder festen Einrichtungen für und mit Kindern und Jugendlichen.
- → Sie schaffen Bedingungen und Möglichkeiten (Zeit, Raum, Finanzen, Gelegenheiten), um ein subjektiv bedeutsames, anregendes Leben und Lernen zu ermöglichen.
- → Sie initiieren und begleiten Bildungs-, Partizipations- und Unterstützungsprozesse.

Ziel der Ausbildung ist es, angesichts dieser Vielfalt eine Grundqualifikation zu vermitteln, die Orientierung und Überblick in einem komplexen Berufsfeld bietet und Weiterentwicklungsmöglichkeiten aufzeigt.

1.3.2 Auswirkungen des gesellschaftlichen Wandels auf die beruflichen Anforderungen

Die Lebenssituation von Kindern und Jugendlichen hat sich in den letzten Jahren grundlegend verändert und somit auch die Anforderungen an sozialpädagogische Fachkräfte: Frühkindliche Entwicklung, U3-Betreuung, PISA, Dienstleistung, Familienzentren, kulturelle Vielfalt, Sprachförderung, Bildungspläne, Bildungsauftrag und Ganztagsangebote sind nur einige Schlagworte, die Erzieherinnen, Eltern und Kinder beschäftigen.

Die Anforderungen an Erzieherinnen unterliegen einem ständigen Wandel. Dies hat vielfältige Ursachen.

1. Durch den Wandel gesellschaftlicher, rechtlicher und sozialer Rahmenbedingungen bekommt die institutionelle Erziehung zunehmend Bedeutung.

Immer mehr Kinder verbringen immer mehr Zeit in öffentlichen Einrichtungen. Die Zahl der Ein-Kind-Familien steigt, immer mehr Frauen sind berufstätig. Es besteht ein erhöhter Bedarf an Ganztagsplätzen und flexiblen Öffnungszeiten. Situationsanalysen, Sozialraum- und Lebensweltanalysen sollen eine Arbeit an den Bedürfnissen und Bedingungen der Adressaten gewährleisten. Dadurch steigen die Anforderungen an Leistung und Mobilität, auch durch die Diskussionen und Maßnahmen zur Qualitätssicherung.

2. Zunehmende Probleme und Kinder mit mehr Förderbedarf

Scheidung, Armut, Arbeitslosigkeit, Vernachlässigung, Bewegungsmangel, hoher Medienkonsum, Konzentrationsprobleme, Sprachschwierigkeiten sind nur einige Beispiele dafür, dass pädagogische Fachkräfte auch therapeutische Aufgaben übernehmen müssen. In Jugendeinrichtungen kommen zusätzlich Probleme wie Drogenmissbrauch und Gewalt hinzu.

3. Steigende Erwartungen der Eltern und Übertragung von Verantwortung auf die Erzieherinnen

„Die Bildung, Erziehung und Betreuung von Heranwachsenden in öffentlichen Einrichtungen hat immer stärker ‚familienergänzenden' und nicht mehr nur ‚familienunterstützenden' Charakter, was u. a. Konsequenzen für die Rolle und Funktion des Personals als wichtige Erziehungsperson und Partner von Eltern und Heranwachsenden hat." *(Krüger u. a., S. 64 f.)* Gleichzeitig aber schwinden allgemein anerkannte und familiär vermittelte Wert- und Zielvorstellungen.

4. Gesellschaftliche Forderung nach mehr Bildung

Inzwischen hat sich die Erkenntnis durchgesetzt, dass Bildung schon mit der Geburt beginnt und nicht früh genug gefördert werden kann. Vorschulische Einrichtungen sollen einen Beitrag dazu leisten, dass Kinder zukünftig die gestiegenen gesellschaftlichen Anforderungen bewältigen können und sich am Leben in einer Wissensgesellschaft und demokratischen Gesellschaft beteiligen können.

5. Verschiedene Konzepte der Bundesländer zur Bildungsförderung: Kitazeit ist Bildungszeit.

Bundesweit wurde die „Nationale Qualitätsinitiative im System der Tageseinrichtungen für Kinder" gestartet. Jedes Bundesland hat Programme entwickelt, die zwar unterschiedliche Namen tragen, oft aber Gleiches oder zumindest Ähnliches beinhalten: Sie heißen Orientierungsplan, Bildungsprogramm, Rahmenplan für die Bildung und Erziehung, Bildungs- und Erziehungsplan oder nur Bildungsplan, Bildungsvereinbarung, Bildungs- und Erziehungsempfehlungen, Leitlinien. Diese Vorgaben gilt es in den Einrichtungen umzusetzen.

Pädagogische Fachkräfte sollen Bildungsprozesse fördern, unterstützen, initiieren. Dies geschieht nicht im Unterricht, sondern im Alltag, im Spiel, durch planvolle Pädagogik und in Zusammenarbeit mit den Eltern. Im Vordergrund stehen die individuellen Stärken des Kindes. Seine Entwicklung wird gemeinsam dokumentiert.

6. Schlechte Rahmenbedingungen

Zu große Kinder- und Jugendgruppen, schlechte Personalschlüssel, befristete Verträge, wenig Zeit für Vor- und Nachbereitung, Finanzkürzungen, Abbau von Fördermitteln: Dies sind nur einige Beispiele für schlechtere Bedingungen. Viele Heime haben Probleme mit häufig wechselndem Personal, wodurch keine kontinuierliche Beziehungsarbeit gewährleistet werden kann.

Kürzungen in der Jugendarbeit sind so gravierend, dass von einer Zerschlagung der gesamten Struktur gesprochen werden kann – trotz steigender Besucherzahlen.

Umbrüche in der Arbeitswelt, Arbeitslosigkeit und Arbeitsplatzmangel können berufliche Umorientierungen notwendig machen. Eine Erzieherin sollte sich nicht nur auf Kindergarten oder Heim festlegen und benötigt sogenannte „Innovationskompetenz": Sie muss lernen, mit offenen und wenig vertrauten Situationen umzugehen – ebenso wie mit altersgemischten, multikulturellen und inklusiven Bezugspersonen.

1.3.3 Erforderliche Kompetenzen

Um Menschen auf diese vielfältigen und sich ständig wandelnden Aufgaben vorzubereiten, wird in der Ausbildung zur Erzieherin zwischen verschiedenen Kompetenzbereichen unterschieden, die als wesentliche Qualifikationen für die Berufsausübung angesehen werden.

Kompetenz ist allgemein „die Fähigkeit und Bereitschaft des Einzelnen, Kenntnisse und Fertigkeiten sowie persönliche, soziale und methodische Fähigkeiten zu nutzen und sich in beruflichen, gesellschaftlichen und privaten Situationen durchdacht sowie individuell und sozial verantwortlich zu verhalten. Kompetenz wird in diesem Sinne als umfassende Handlungskompetenz verstanden".
(Deutscher Qualifikationsrahmen, 2011, S. 16)

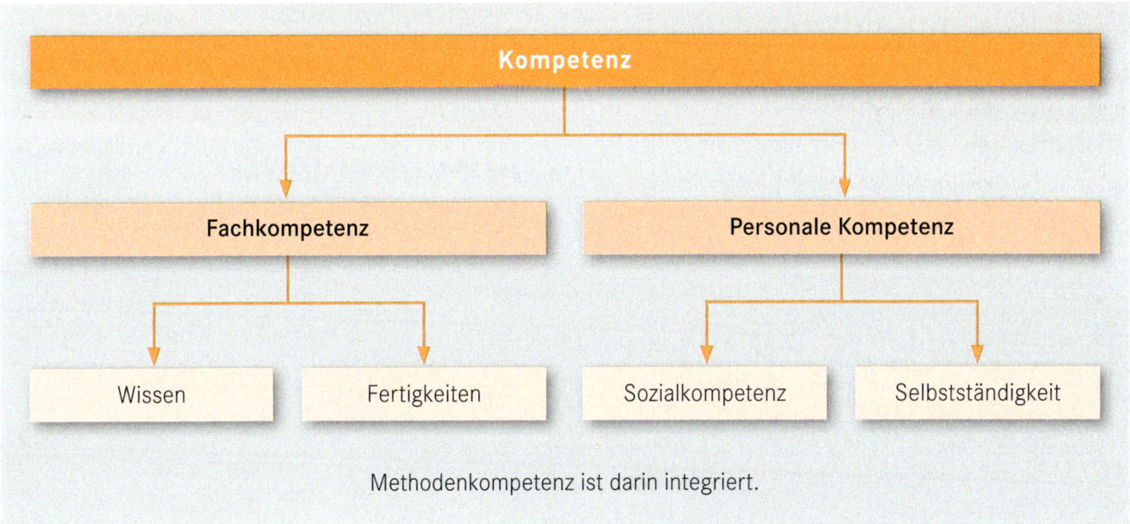

Kategorien des Deutschen Qualifikationsrahmens

Wissen meint hier die Gesamtheit der erlernten Fakten, Theorien und Praxis in einem Lern- oder Arbeitsbereich. Unter **Fertigkeiten** ist die Fähigkeit zu verstehen, dieses Wissen auch anzuwenden und einzusetzen, um Aufgaben auszuführen und Probleme zu lösen.

Personale Kompetenzen benennen, was eine Erzieherin als Person mitbringen sollte. Sie umfassen die **Sozialkompetenz** und **Selbstkompetenz,** worin die auszubildende **professionelle Haltung** der Erzieherin deutlich wird *(vgl. Kompetenzorientiertes Qualifikationsprofil, 2011, S. 10).*

Die Professionelle Haltung

Sozialkompetenz	Selbstständigkeit
Die Absolventinnen - sind der Welt, sich selbst und Mitmenschen gegenüber offen, neugierig, aufmerksam und tolerant. - akzeptieren Vielfalt und Komplexität gesellschaftlicher Lebenslagen in einer demokratischen Gesellschaft. - respektieren und beachten Diversität und Komplexität in sozialen Kontexten und bejahen diese als Quelle von Lernerfahrungen und als Möglichkeit der Initiierung und Mitgestaltung von Bildungsprozessen. - pflegen einen Kommunikationsstil auf der Grundlage wechselseitiger Anerkennung und Wertschätzung. - zeigen Empathie für Kinder, Jugendliche, ihre Familien und deren unterschiedliche Lebenslagen. - respektieren die Vielfalt von Zielen und Werten in der Bildung von Kindern und Jugendlichen. - handeln präventiv gegenüber den Tendenzen der Exklusion. - sind in der Lage, pädagogische Beziehungen aufzubauen und professionell zu gestalten. - berücksichtigen die Bedeutung emotionaler Bindungen und sozialer Beziehungen bei der pädagogischen Arbeit. - haben ein Bild vom kompetenten Kind als Leitlinie ihrer pädagogischen Arbeit. - sehen Kinder, Jugendliche und junge Erwachsene als Subjekte ihrer Entwicklung und begegnen ihnen mit einer ressourcenorientierten Grundhaltung. - unterstützen die Entwicklung der Kinder, Jugendlichen und jungen Erwachsenen. - unterstützen Kinder, Jugendliche und junge Erwachsene dabei, ein positives Selbstkonzept zu entwickeln. - fördern die Selbstbildungspotenziale von Kindern, Jugendlichen und jungen Erwachsenen. - fördern die Bereitschaft von Kindern, Jugendlichen und jungen Erwachsenen, produktiv und selbstständig Probleme zu lösen. - übernehmen die Verantwortung für die Leitung von pädagogischen Gruppen. - verfügen über die Fähigkeit, vorausschauend initiativ zu sein und selbstständig im Team zu arbeiten. - haben die Fähigkeit zur Kooperation mit allen Akteuren des Arbeitsfeldes.	**Die Absolventinnen** - reflektieren die eigene Sozialisation und Berufsmotivation. - sind sich bewusst, dass sie für Kinder, Jugendliche und junge Erwachsene eine Vorbildfunktion haben. - reflektieren und bewerten die Subjektivität eigener Wahrnehmungen im Spannungsfeld von Selbst- und Fremdwahrnehmung. - haben eine kritische und reflektierende Haltung zu Handlungen ihres beruflichen Alltags. - haben die Bereitschaft zur Überprüfung eigener Werte, Normen und Stereotype auf der Grundlage einer stetigen Reflexion und Auseinandersetzung mit den eigenen kulturellen und religiösen Prägungen. - reflektieren die biografischen Anteile des eigenen Handelns und ziehen entsprechende Schlussfolgerungen für die Entwicklung ihrer beruflichen Identität. - sind in der Lage, ein pädagogisches Ethos zu entwickeln, prozessorientiert zu reflektieren und Erkenntnisse argumentativ zu vertreten. - lassen sich auf offene Arbeitsprozesse ein und können mit Komplexität und häufigen Veränderungen im beruflichen Handeln umgehen. - haben die Fähigkeit, berufstypische Anforderungen zu erfüllen und Tätigkeiten in verschiedenen sozialpädagogischen Arbeitsfeldern nachhaltig zu gestalten. - verfügen über eine ausgeprägte Lernkompetenz, durch die sie die Entwicklung ihrer Professionalität als lebenslangen Prozess verstehen, um ihn nachhaltig zu gestalten. - haben die Fähigkeit, die Berufsrolle als Erzieherin weiterzuentwickeln.

(Kompetenzorientiertes Qualifikationsprofil, 2012, S. 11 ff.)

Die Tabelle verdeutlicht, dass sich pädagogische Fachkräfte an **ethischen Grundwerten** orientieren, eine demokratische Grundhaltung besitzen und sich ihrer umfassenden Verantwortung bewusst sind. Sie verinnerlichen in diesem Zusammenhang die Prinzipien der **Partizipation, Inklusion, Diversität** und **Prävention.**

Eine Erzieherin, die diese professionelle Haltung angenommen hat, weiß um die Notwendigkeit der ständigen Weiterentwicklung, damit eine qualitätsvolle Beziehungs- und Bildungsarbeit im Beruf gelingt. Denn ständig wird sie dort neuen und unvorhergesehenen sowie nicht planbaren Herausforderungen begegnen. Besondere Bedeutung haben deshalb professionelle kommunikative Kompetenzen und Reflexionsvermögen.

1.3.4 Umgang mit den Anforderungen

Das perfekte Erziehermodell!?

Die Auflistung der Anforderungen an den Beruf kann erschlagend wirken, vielleicht sogar in Angst umschlagen: „Das schaffe ich nie!“ Doch es sei auch auf einen anderen Aspekt verwiesen: Die Vielfalt des Berufs ist gerade das Spannende, für ausgebildete Erzieherinnen gibt es viele berufliche Möglichkeiten. Klar muss aber sein: Dieser Beruf erfordert mehr als nur Liebe zum Kind, Verständnis und Idealismus. Diese Eigenschaften bilden die Grundlage, müssen aber professionell in fachliches Wissen und Können eingebettet werden.

Viele, aber nicht alle Anforderungen und Aspekte können in der Ausbildung erlernt und im Unterricht bearbeitet werden. Wichtig ist die Überlegung, welche Anforderungen jeder persönlich in den Vordergrund stellen möchte. Jede Studierende hat einen eigenen Standpunkt, setzt sich eigene Ziele, verfolgt diese und überprüft sie immer wieder. So läuft sie nicht Gefahr, sich an den Erwartungen anderer Menschen zu zerreiben, sondern auf sich selbst zu vertrauen. Die Auseinandersetzung mit der eigenen Person in Bezug auf den zukünftigen Beruf ist unverzichtbar.

1.4 Professionalisierung des Berufsbildes

„Warum ist ein neues Berufsbild für Erzieherinnen wichtig? Zuerst einmal, weil ein Berufsbild nicht unwesentlich zum Selbstbild des in diesem Beruf arbeitenden Menschen beiträgt. Des Weiteren, weil Gleichgültigkeit gegenüber dem, was im Kindergarten geschieht, zu Konsequenzen in Rahmenbedingungen und gesetzlichen Vorgaben führt. Weil Verbesserungen in der Ausbildung ein der Realität angepasstes Berufsbild voraussetzen. Und nicht zuletzt: Weil gesellschaftliche und politische Entscheidungen pädagogische und psychologische Entwicklungen nicht länger ignorieren, weil sie nicht über die Köpfe von Erzieherinnen hinweg gefällt werden dürfen. [...] **Professionalität** meint die Qualität der Berufsausübung und darüber hinaus den gesellschaftlichen Rang des infrage stehenden Berufs überhaupt. Gütemaßstab für Professionalität sind die Kompetenz der Berufsausübenden, ihre in der Ausbildung erworbenen Kenntnisse, ihr Marktwert als Fachkräfte. Für den Beruf der Erzieherin heißt das, sowohl die Fähigkeiten wie das Handwerkszeug und die sozialpädagogischen Möglichkeiten zu haben, um den gesellschaftlichen Anforderungen positiv begegnen zu können. Das aber setzt eine höhere gesellschaftliche und politische Anerkennung eines Berufsstandes voraus, der die Zukunft entscheidend mitprägt.“

(Auszug aus einem Vortrag: Petra Adolph auf der Didacta zur Lage der Kindergarten-Diskussion)

Der Erzieherberuf ist interessant, vielseitig, anspruchsvoll und wichtig. Erzieherinnen mögen ihren Beruf und identifizieren sich mit ihrer Arbeit. Gleichzeitig leiden sie unter den schlechten Arbeitsbedingungen, der mangelnden gesellschaftlichen Anerkennung und ihren Verdienst- und Karrieremöglichkeiten *(vgl. Fuchs-Rechlin, 2010, Vorwort).* Erzieherinnen erleben ihren beruflichen Alltag und die Anforderungen oft als desillusionierend und demotivierend und fühlen sich ausgebrannt.

Erzieherinnen haftet oft noch das Klischee der „Basteltante" an, die zur Betreuung kleiner Kinder da ist. Wenn auch „Tante" und „Kindergärtnerin" weitgehend aus dem Sprachgebrauch verschwunden sind, bleibt die gesellschaftliche Anerkennung der Arbeit von Erzieherinnen noch mangelhaft. Gleichzeitig steigen die gesellschaftlichen Anforderungen: „Bildung ist ein wertvolles Gut, das Kindern von klein auf mitgegeben werden soll. Dazu braucht es besonders qualifizierte Bildungsexpert(inn)en, die die Bildungsprozesse und die Bildungsmöglichkeiten im Kleinkindalter erkennen und unterstützen" *(Burtscher, 2002, S. 51).* Daher sind die Weiterentwicklung eines **professionellen Berufsbildes** und ein neues berufliches Selbstverständnis unumgänglich. Die Professionalisierung hilft, dem Beruf der Erzieherin einen höheren Stellenwert zu geben.

Professionalisierung bedeutet, persönliche Lernprozesse zu fördern, sich mit dem beruflichen Selbstverständnis sowie den Grenzen und der Widersprüchlichkeit der eigenen Berufstätigkeit auseinanderzusetzen. Das bedeutet, sich aktiv und eigenverantwortlich an der Gestaltung des Arbeitsfeldes zu beteiligen, sich berufspolitischen Fragen zu stellen und den Beruf in der Öffentlichkeit zu vertreten. Der professionellen Fachkraft ist ein hoher Qualitätsanspruch bewusst. Voraussetzung: berufliche Identität mit einer professionellen Haltung.

„Pädagogisch professionell handelt eine Person, die gezielt ein berufliches Selbst aufbaut, das sich an berufstypischen Werten orientiert, sich eines umfassenden pädagogischen Handlungsrepertoires zur Bewältigung von Arbeitsaufgaben sicher ist, sich mit sich und anderen Angehörigen der Berufsgruppe Pädagogen in einer nichtalltäglichen Berufssprache verständigt, ihre Handlungen unter Bezug auf eine Berufswissenschaft begründen kann und persönlich die Verantwortung für Handlungsfolgen in ihrem Einflussbereich übernimmt."

(Bauer u. a., 1996, S. 15)

Erzieherinnen übernehmen Verantwortung – für die Kinder, für sich selbst und ihre Arbeit. Dafür ist es notwendig, gesellschaftlichen Einfluss zu nehmen. Deshalb bedeutet Professionalisierung auch, sich in Berufsverbänden zu organisieren. Es gibt verschiedene Verbände mit unterschiedlichen Zielen (Aushandeln von Löhnen, Entwicklung des Berufsbildes, Einflussnahme auf Entscheidungsträger). Bisher sind nur wenige Erzieherinnen in diesen Verbänden organisiert. Wären mehr von ihnen berufspolitisch aktiv, könnten sie lauter auf sich und ihren Beruf aufmerksam machen.

Um mehr Professionalität zu erreichen, haben viele Bundesländer die Zugangsvoraussetzung für die Ausbildung angehoben. Neben der Fachoberschulreife wird oft eine einschlägige Berufsausbildung verlangt. Außerdem sind vielfältige Studienmöglichkeiten geschaffen worden. Diese Maßnahmen können zu einer neuen gesellschaftlichen Wahrnehmung des Berufs beitragen.

↗ FAZIT

- → Die Aufgaben im Erzieherberuf sind vielseitig und abwechslungsreich. Sie unterscheiden sich je nach Arbeitsfeld.
- → Gesellschaftliche Veränderungen haben zu weiteren Anforderungen geführt, zunehmende Probleme und schlechte Rahmenbedingungen erschweren die Arbeit.
- → Fachkompetenzen und personale Kompetenzen in Verbindung mit einer professionellen Haltung sind unbedingt erforderlich, um den Herausforderungen zu begegnen.
- → Es gilt, das Berufsbild der Erzieherin zu professionalisieren, um mehr Arbeitszufriedenheit, gesellschaftliche Anerkennung und Wertschätzung sowie angemessene finanzielle Entlohnung zu erreichen.

→·← AUFGABEN UND ANREGUNGEN

1 Verschaffen Sie sich einen Überblick über die vielfältigen Anforderungen, die von verschiedenen Seiten an Erzieherinnen gestellt werden:

1.1 Betrachten Sie die genannten Kompetenzen: Welche Anforderungen und Aufgaben verbergen sich dahinter? Überlegen Sie sich jeweils Beispiele aus dem Berufsalltag dazu.

1.2 Beschaffen Sie sich das „Bildungsprogramm" Ihres Bundeslandes, und prüfen Sie es in Bezug auf darin enthaltene Anforderungen.

1.3 Stellen Sie Ihre Ergebnisse anschaulich in der Klasse dar. Diskutieren Sie Gemeinsamkeiten und Unterschiede. Entscheiden Sie sich, wie Sie ein gemeinsames Ergebnis erstellen können. Eventuell können Sie dies für ein Expertengespräch mit pädagogischen Fachkräften aus verschiedenen Arbeitsfeldern nutzen.

2 Welche „Erzieher" und „Erzieherinnen" sind mir schon begegnet?

2.1 Malen Sie eine Erzieherin, Lehrerin, die Sie als sehr unangenehm erlebt haben.
Auswertung: Welche Erfahrungen haben Sie gemacht? Welche sind bei allen ähnlich? Welche Bedeutung haben diese Erinnerungen/Erfahrungen für Ihr Leben?

2.2 Denken Sie an eine Erzieherin, die Sie in guter Erinnerung behalten haben.
Auswertung: Worin liegen die Unterschiede? Was ist entscheidend? Welche Eigenschaften hat eine gute Erzieherin Ihrer Meinung nach?

2.3 Fassen Sie die Ergebnisse der Diskussion zusammen: Zeichnen Sie eine Blume, in deren Blütenblätter Sie die guten Eigenschaften eintragen, und eine Blume (vielleicht mit verwelkten Blättern), in die Sie die schlechten Eigenschaften eintragen.

3 *„Erziehen kann doch jeder!"*
„Jede Mutter beherrscht die Kunst der Erziehung!"
„Erziehen ist eigentlich gar kein richtiger Beruf!"
Diskutieren Sie anhand dieser provokanten Aussagen folgende Fragen:

→ **Welchen gesellschaftlichen Auftrag nehmen Erzieherinnen in ihren Arbeitsfeldern wahr?**
→ **Welche Unterschiede bestehen zwischen elterlicher und professioneller Erziehung? Erläutern Sie die jeweiligen Vor- und Nachteile.**

4 Stimmen Ihre persönlichen Vorstellungen mit den realen Anforderungen an den Beruf überein?
Legen Sie ein Tagebuch an. Machen Sie sich darin Gedanken über folgende Fragen:

→ **Wie bin ich?**
→ **Wie möchte ich als Erzieherin sein?**
→ **Was ist realistisch?**
→ **Welche Schlussfolgerungen ziehe ich aus der Vielfalt der Erkenntnisse und Erlebnisse für mich persönlich?**

Das Tagebuch gibt Ihnen die Möglichkeit,

→ **mit sich selbst ins Gespräch zu kommen,**
→ **über sich selbst nachzudenken,**
→ **sich eigene Stärken und Schwächen bewusst zu machen**
→ **und so eine persönliche und berufliche Identität zu entwickeln.**

5 Überarbeiten Sie Ihre Lernzieltabelle (siehe Kapitel 1.2):
Nehmen Sie neue Aspekte auf, die Ihnen nach der Bearbeitung dieses Kapitels bewusst geworden sind. Ändern, ergänzen oder streichen Sie eventuell einige Punkte.

TIPPS ZUM WEITERLESEN →→

Internet

Auf den folgenden Internet-Seiten finden Sie Informationen über den Beruf und aktuelle Diskussionen und können mit anderen Erzieherinnen in Kontakt treten.

→ www.erzieherin.de
→ www.erzieherinnenausbildung.de
→ www.erzieherin-online.de
→ www.kindergartenpaedagogik.de
→ www.profis-in-kitas.de
→ www.dji.de
→ www.heimerziehung.de
→ www.aba-fachverband.org
→ www.socialnet.de

Zeitschriften

→ **kindergarten heute.**
Zeitschrift für Erziehung, Herder

→ **Klein und groß.**
Fachzeitschrift für Erzieherinnen und sozialpädagogische Fachkräfte, Beltz

→ **TPS.**
Theorie und Praxis der Sozialpädagogik, Kallmeyer

→ **Welt des Kindes.**
Kösel

Bücher

→ Handbuch Offene Kinder- und Jugendarbeit.
Ulrich Deinet, Sturzenhecker, Benedikt (Hrsg), VS Verlag für Sozialwissenschaften, Wiesbaden 2005

→ Praxis und Methoden der Heimerziehung. Entwicklungen, Veränderungen und Perspektiven der stationären Erziehungshilfe
Richard Günder, Lambertus Verlag, Freiburg 2011

Filme

→ Erzieherin: Beruf oder Berufung? Personale Kompetenzen für Beziehung und Bildung in der Elementarpädagogik und der Ausbildung von Erzieherinnen
Ein Film von Kurt Gerwig, AV1, Kaufungen 2010

→ Erzieherporträts. Profile von Erziehern in Frankreich, Italien, Schweden, USA. Berufsbiographien und Berufsverständnis, Lebensstile
Ein Film von Donata Elschenbroich, Otto Schweitzer, DJI, 2002

→ Lisette und ihre Kinder
Ein Film von Sigrid Klausmann-Sittler, www.lisette-film.de, 2010

1.5 Fort- und Weiterbildung

Lebenslanges Lernen

Bei vielen Erzieherinnen im Berufsalltag entsteht einmal der Wunsch nach einer Fort- oder Weiterbildung. In den meisten Fällen handelt es sich dabei um den Wunsch nach erweitertem Sach- und Fachwissen über Gesprächsführung, die Zusammenarbeit mit Eltern, den Umgang mit Verhaltensauffälligkeiten, konkrete Praxisanregungen, Persönlichkeitsbildung, den theoretischen Umgang mit Konzepten oder aber um den Wunsch nach einer Reflexion über den eigenen Beruf.

Warum Weiterbildungsberatung?

Zum Beispiel, um ...

... sich individuell weiterzubilden
... seine Karriere zu planen
... eigene Stärken zu erkennen und weiterzuentwickeln
... sich beruflich und persönlich (neu) zu orientieren
... (wieder) ins Berufsleben einzutreten
... sich besser präsentieren zu können

Die Zeit der linearen Arbeitsbiografien ist heute in den meisten Arbeitsfeldern vorbei. Berufliche Kompetenz wird nicht mehr nur einmalig durch eine abgeschlossene Ausbildung erlangt, sondern auch durch das Handeln in der beruflichen Alltagspraxis. Jeder hat nach dem Erwerb von beruflicher Erfahrung mehr Kompetenzen, als sein Zeugnis bescheinigt. Zudem befinden wir uns in einer Zeit, in der Arbeitsplatzsituationen permanenten Änderungen unterworfen sind und in der sich Arbeitnehmer ständig um- bzw. neu orientieren müssen. Vor dem Hintergrund des lebenslangen Lernens sollten sich Arbeitnehmerinnen über ihre Fähigkeiten, Kompetenzen und beruflichen Wünsche bewusst sein.

Gerade in einem Berufsfeld, das durch gesellschaftliche Veränderungen stark beeinflusst wird und damit einer ständigen berufsspezifischen Dynamik unterliegt, bekommt der Bereich Fort- und Weiterbildung einen hohen Stellenwert, um professionelle Erzieherarbeit ausüben zu können. Bei den Angeboten kann es sich sowohl um kurzfristige Schulungsmaßnahmen als auch um längerfristige Qualifizierungsmaßnahmen handeln.

Fünf Fortbildungstage im Jahr

Pädagogische Fachkräfte haben nach dem Bildungsurlaubsgesetz Anspruch auf jährlich fünf Tage Bildungsurlaub. In den meisten Einrichtungen ist dies auch gängige Praxis. Dennoch kommt es durch personelle Engpässe und Budgetkürzungen vor, dass Erzieherinnen wenig oder gar keine Zeit dafür aufwenden können.

Kurzfristige Fortbildungen

Zu den kurzfristigen Schulungen gehören ein- bis zweitägige Fortbildungen bei Weiterbildungsträgern, die inhaltlich vertiefende, spezielle Themenbereiche anbieten, wie z. B. Ernährung bei übergewichtigen Kindern, Kreativitätsförderung, Elterngespräche, Arbeit mit Kindern unter drei Jahren, Umgang mit ADHS oder die künstlerische Verwendung von Naturmaterialien.

Längerfristige Weiterbildungen

Wer sich intensiver weiterbilden und qualifizieren möchte, kann an einer zertifizierten Zusatzqualifikation teilnehmen, die berufsbegleitend über einen längeren Zeitraum hinweg und oft am Wochenende stattfindet, wie z. B. eine Weiterbildung zur Sozialfachwirtin, Spiel- oder Theaterpädagogin, Fachkraft für Frühpädagogik etc. Diese Weiterbildungen führen meist zu einer höheren oder anderen beruflichen (Zusatz-)Qualifikation.

Weiterführende Studiengänge

Eine weitere Möglichkeit ist eine ergänzende Berufsausbildung, beispielsweise zur Heilerziehungspflegerin oder Sozialpädagogin. Hierzu ist die Fach- bzw. Hochschulreife notwendig. Seit einigen Jahren gibt es frühpädagogische Studiengänge für Fachkräfte in Kindertageseinrichtungen. Hier können staatlich anerkannte Erzieherinnen Aufbaustudiengänge zur frühen Kindheit, Bildung und Sozialmanagement belegen.

Fachtagungen

Fortbildend können auch Tagungen, Kongresse oder Fachveranstaltungen zu bestimmten Themen sein. Hier kann man Vorträge pädagogischer Koryphäen bzw. Experten hören oder an deren Workshops und Seminaren teilnehmen.

Inhouse-Fortbildung

An diesen hausinternen Fortbildungen nimmt das gesamte Team einer Einrichtung gemeinsam teil.

Es handelt sich in der Regel um eintägige Seminare, zu denen eine Referentin in die Einrichtung kommt. Diese Art der Fortbildung hat den Vorteil, dass alle Mitarbeiterinnen das gleiche Wissen erwerben und dies in die Praxis umsetzen können.

Fachliteratur

Jede pädagogische Fachkraft sollte regelmäßig Fachzeitschriften *(s. S. 30)* und Bücher lesen und sich über aktuelle Themen informieren.

Wie finde ich geeignete Weiterbildungen?

Die Zahl der Anbieter ist sehr groß, das Angebot an Veranstaltungen unterschiedlichster Qualität unüberschaubar, die Trägerschaft vielfältig (es gibt allgemeine, betriebliche, politische, konfessionelle und private Weiterbildungsinstitutionen). Einen ersten Überblick über Fort- und Weiterbildungsangebote findet sich im Internet unter den unten genannten Adressen. Darüber hinaus informieren auch die Arbeitsagenturen und Volkshochschulen sowie der Weiterbildungsverbund in der Region über geeignete Weiterbildungsveranstaltungen.

Auf den ersten Blick lassen sich Qualitätsunterschiede oft kaum erkennen. Es lohnt sich, genauer hinzuschauen. Schöne Internetauftritte oder Broschüren sind kein ausreichender Hinweis auf eine hohe Professionalität des Anbieters oder die Qualität seiner Weiterbildungen.

Es sollte überprüft werden, ob die Weiterbildung wirklich den Bedürfnissen entspricht. Seriöse Institutionen bieten unverbindliche Informationsveranstaltungen oder Einstiegsseminare an. Dies ist eine gute Möglichkeit, mit dem Ausbildungsleiter zu sprechen und sich das Institut anzuschauen. Auch Erfahrungen von Kolleginnen mit Institutionen sind hilfreich. Empfehlenswert sind auch Anbieter, die auf eine „Staatliche Anerkennung als Träger der Weiterbildung" hinweisen können.

Sinnvoll ist auch, sich nach der beruflichen Ausbildung des Lehrpersonals zu erkundigen. Idealerweise bietet ein Träger nicht nur Weiterbildungen an, sondern verfügt als Träger von Kindertageseinrichtungen (wie beispielsweise Pädiko in Kiel) auch über Erfahrungen in der Praxis der Kinderbetreuung. Diese Kombination eröffnet praxisorientierte Fort- und Weiterbildungen. Erfragt werden sollte auch, ob das Weiterbildungsinstitut Bildungs- oder Prämiengutscheine annimmt.

WIFF – Weiterbildungsinitiative Frühpädagogische Fachkräfte

Seit einigen Jahren existiert die Weiterbildungsinitiative Frühpädagogische Fachkräfte (WIFF). Sie ist eine gemeinsame Unternehmung des Bundesministeriums für Bildung und Forschung und der Robert Bosch Stiftung in Zusammenarbeit mit dem Deutschen Jugendinstitut (DJI). WIFF möchte Impulse für mehr Qualität und Durchlässigkeit im System der frühpädagogischen Weiterbildung in Deutschland geben. Zentrales Anliegen ist dabei die systematische Vernetzung der Weiterbildungsanbieter sowie die Förderung der Qualität der Weiterbildungsinhalte und -strukturen.

↗ FAZIT

Fort- und Weiterbildungsmöglichkeiten:

- → ein- bis zweitägige Fortbildung
- → Zusatzqualifikation, längerfristige Weiterbildung
- → ergänzende Berufsausbildung
- → Inhouse-Seminare
- → Tagungen, Fachveranstaltungen
- → Fachliteratur

→·← AUFGABEN UND ANREGUNGEN

Finden Sie heraus, welche Weiterbildung Sie interessieren könnte. Beginnen Sie mit einer Internetrecherche. Suchen Sie entweder über eine Suchmaschine, indem Sie „Weiterbildung" und „Erzieherin" eingeben, oder gehen Sie direkt auf folgende Seiten:

TIPPS ZUM WEITERLESEN →→

- → www.bildungsserver.de
- → www.erzieherin.de
- → www.erzieherinnenausbildung.de
- → www.fruehpaedagogik-studieren.de
- → www.kursnet.arbeitsagentur.de
- → www.paediko.de
- → www.weiterbildungsinitiative.de

2 Arbeitsfelder und Institutionen

Im Rahmen der Ausbildung zur Erzieherin sind praktische Erfahrungen im Umfang von insgesamt 16 Wochen in Einrichtungen der Kinder- und Jugendhilfe vorgeschrieben.

Das erste längere Praktikum sollen Sie in einer Kindertagesstätte ableisten. Die Schule sieht vor, dass Sie sich Ihre Praktikumsstelle selbst suchen. In Ihrer Nachbarschaft befindet sich die AWO-Kindertageseinrichtung „Die kleinen Klabauter". Diese haben Sie selbst als Kind besucht. Sie öffnen ein „Telefonbuch" im Internet, um die Nummer herauszusuchen. Sie geben das Stichwort „Kindergarten" ein und sind erstaunt, wie viele Einrichtungen es in Ihrer Stadt gibt. Es gibt städtische, evangelische und katholische Kindertageseinrichtungen und Einrichtungen in Trägerschaft der Wohlfahrtsverbände, wie Deutsches Rotes Kreuz (DRK) und Arbeiterwohlfahrt (AWO). Dazu kommen noch drei Elterninitiativen.

Unter „A" wie AWO finden Sie den Eintrag der Kindertagesstätte „Die kleinen Klabauter" und wählen. Nach kurzem Klingeln meldet sich die Leiterin, Frau Fidler.

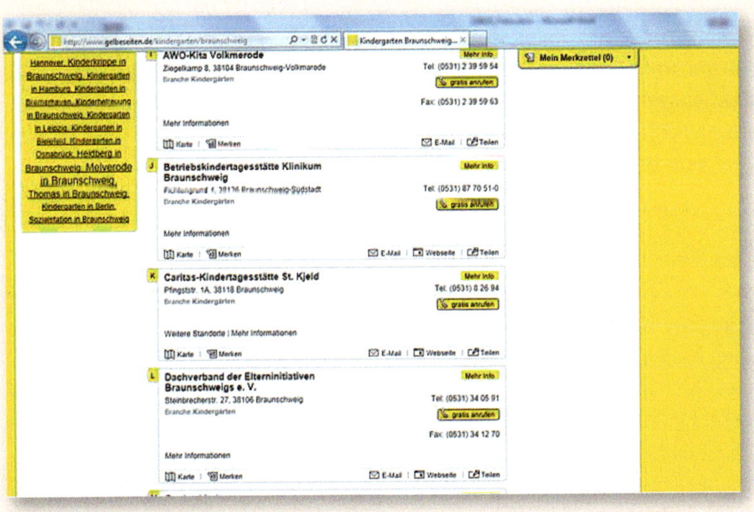

Die Auswahl ist groß.

„Hallo, ich heiße ... und möchte gerne Kindergärtnerin werden. Ich wollte mal fragen, ob bei Ihnen die Möglichkeit für ein Praktikum besteht?"

Zu Ihrer Überraschung antwortet Frau Fidler: „Nein, wir bilden hier keine Kindergärtnerinnen aus."

Sie wollen sich schon verabschieden und auflegen, als Frau Fidler weiterspricht: „Natürlich nehmen wir gerne Praktikanten! Aber der Beruf heißt ‚staatlich anerkannte Erzieherin'. ‚Kindergärtnerin' ist eine veraltete Bezeichnung, die früher üblich war. Die heutige Erzieherin darf nicht nur im Kindergarten arbeiten, die Ausbildung qualifiziert für eine Vielzahl an Arbeits- und Tätigkeitsfeldern. Wann soll das Praktikum denn stattfinden und gibt es vorab ein Praxisanleitertreffen in Ihrer Schule?"

Sie geben Frau Fidler die gewünschten Informationen. Sie ist jetzt doch ganz nett, erklärt Ihnen, dass sie gern Bewerbungsunterlagen hätte und Sie dann zu einem Vorstellungsgespräch und zu einer Hospitation einladen wird. Sie freuen sich und ergänzen: „Wir kennen uns übrigens schon! Ich bin selbst als Kind in diesem Kindergarten gewesen."

„Ach, deshalb kam mir der Name so bekannt vor. Was sagt denn Ihre Lehrerin dazu? Dürfen Sie das Praktikum überhaupt in der Einrichtung machen, die Sie selbst als Kind besucht haben? Wir haben damit eher schlechte Erfahrungen gemacht." Frau Fidler ist nicht besonders begeistert. Sie verabreden, dass Sie sich nochmal in der Schule erkundigen und sich dann gegebenenfalls wieder melden.

↘ FRAGEN

- → *Warum wird die Erzieherin heute immer noch gern als „Kindergärtnerin" bezeichnet? Was wissen Sie über die Geschichte des Berufs?*
- → *Was wissen Sie über die Wohlfahrtsverbände als Träger von Einrichtungen?*
- → *In welchen Arbeitsfeldern dürfen Erzieherinnen arbeiten?*
- → *Warum ist es nicht sinnvoll, ein Praktikum dort zu absolvieren, wo man selbst als Kind war? Welche Schwierigkeiten könnten sich ergeben?*

2.1 Geschichte des Berufs

2.1.1 Anfänge im Erziehungswesen

Die Gouvernante

Der Beruf der Gouvernante (lat. gubernare = lenken, leiten) entstand im 17. Jahrhundert in Frankreich. Eltern aus Adel und Großbürgertum übertrugen die Erziehung ihrer Kinder einer unverheirateten jungen Frau. Die Gouvernante wurde beschäftigt, um die Kleinkinder der Familie zu betreuen und zu erziehen oder auch die Töchter des Hauses zu unterrichten. Im Deutschland des 18. und 19. Jahrhunderts stammten sie in der Regel selbst aus gebildeten Familien. Der Beruf der Gouvernante stellte in dieser Zeit für Frauen aus der gebildeten Mittelschicht eine der wenigen Möglichkeiten dar, überhaupt einen standesgemäßen Beruf auszuüben.

Der Beruf wurde fast nur von unverheirateten Frauen ergriffen. Eine pädagogische Ausbildung hatten sie nicht, verfügten aber über Kenntnisse in Fremdsprachen, Kunst, Literatur oder Körperhaltung.

Mit dem wachsenden Bildungsbewusstsein erlebte der Beruf in der ersten Hälfte des 19. Jahrhunderts einen beachtlichen Aufschwung. Später nahmen häufig Lehrerinnen oder Kindergärtnerinnen diese Stellen ein, sodass der Beruf Mitte des 19. Jahrhunderts allmählich wieder verschwand.

2.1.2 Außerfamiliäre Kleinkindererziehung im 19. Jahrhundert

Beginn des erzieherischen Berufsstandes

Durch die Industrialisierung zerfiel zunächst in den Städten die Einheit von Wohnung und Arbeitsplatz, da Vater und Mutter eine Erwerbstätigkeit außerhalb der Wohnung annahmen. Da die Familie keine Produktionsgemeinschaft mehr war, wurde die Großfamilie immer seltener. Die außerhäusliche Erwerbstätigkeit machte eine Betreuung der Kleinkinder notwendig.

1827 empfahl die Preußische Regierung die Einrichtung von Verwahranstalten für die kleinen Kinder erwerbstätiger Eltern, „da sie dem Übel der Verwilderung der Armen im Ursprunge begegnen". Bis dahin wurden Kleinkinder nicht selten sich selbst überlassen. In den 30er Jahren des 19. Jahrhunderts entstanden zunehmend Einrichtungen für Kleinkinder. Dies geschah durch Einzelpersonen oder Wohltätigkeitsvereine. Die Einrichtungen hießen Verwahr- und Bewahranstalten, Vorschulen, Hüteschulen, Sitz-, Strick-, Warteschulen, Kleinkinderschulen, Kleinkinderpflegen.

Das Ziel der **Bewahranstalten** war, die Kinder berufstätiger Eltern vor Verwahrlosung zu schützen. Die Klientel stammte zum großen Teil aus der armen Bevölkerungsschicht, Tagelöhner, Berg- und Hüttenleute, Fabrik- und Feldarbeiter. Die Kinder wurden in der Regel den ganzen Tag über betreut und erhielten eine warme Mahlzeit und Kleidung. Im Vordergrund stand, Familien aus ihrer sozialen Notlage zu befreien und die Kinder vor körperlichen und geistigen Gefahren zu bewahren. Eine pädagogische Komponente war von geringerer Bedeutung. Die Beaufsichtigung erfolgte meist durch unausgebildete Frauen. Da sie keinen bestimmten Erziehungszielen oder -methoden folgen mussten, bestand kein Anlass für eine institutionalisierte Ausbildung.

Kleinkinderschulen verstanden sich schon in den 30er Jahren des 19. Jahrhunderts als familienergänzende Erziehungsanstalten. Sie waren offen für alle Bevölkerungsschichten, Betreuung wurde nur für wenige Stunden am Tag gewährleistet, um der Mutter die Möglichkeit eines eigenen Freiraumes zu geben. Ziel der Kleinkinderschule war einerseits die Erziehung und Versorgung der Kleinkinder, andererseits aber auch die Förderung ihrer geistigen Fähigkeiten. Sie wurde als Vorstufe von Schule und Arbeitswelt betrachtet und sollte darauf vorbereiten. Somit bestand die Notwendigkeit, das Personal pädagogisch zu qualifizieren. Bereits 1836 wurde von Theodor Fliedner ein Seminar zur Ausbildung von Kleinkinder-Schul-Lehrerinnen eingerichtet.

2.1.3 Die Kindergärtnerin

Der Beruf der Kindergärtnerin ist direkter Vorgänger der heutigen staatlich anerkannten Erzieherin. 1840 eröffnete der deutsche Pädagoge Friedrich Fröbel den ersten Kindergarten mit dem Ziel, eine Atmosphäre für Kinder zu schaffen, in der sie sich – wie Blumen in einem Garten – frei entwickeln können. Das Spielen der Kinder war für Fröbel ein wichtiger Aspekt, dem er besondere Beachtung schenkte. Seit 1830 versuchte er mit selbst entwickelten Spiel- und Arbeitsmaterialien, den Bedürfnissen der Kinder entgegenzukommen. Im Kindergarten stand nicht die Betreuung und Verwahrung im Mittelpunkt, sondern die **Bildung** – unabhängig von der Schichtzugehörigkeit. Fröbel richtete außerdem zwei „Bildungskurse zur Kindheitspflege" ein, in denen Frauen und Männer den Umgang mit den Spiel- und Arbeitsmaterialien erlernen sollten. Die Einrichtung dieser Kurse stellt den Beginn der Ausbildung in der „Kleinkinderführung und -beschäftigung" dar. Sie können daher als Vorreiter der späteren Kindergärtnerinnenseminare angesehen werden. Fröbel eröffnete 1849 in Bad Liebenstein eine erste Ausbildungsstätte für Kindergärtnerinnen. Kindergärten wurden auch zur Elternbildung geschaffen: Zukünftige Mütter sollten sich hier auf ihre Erziehungsaufgaben vorbereiten *(vgl. HF 2, Kap. 4.1)*.

„Die Zugangsvoraussetzungen zur Aufnahme in die Kindergärtnerinnenausbildung waren im Allgemeinen folgende: ein ständig neu bestimmtes Mindestalter, eine hohe Schulbildung – beispielsweise ein Abschlusszeugnis einer höheren Mädchenschule –, ein Lebenslauf, ein Attest über den gesundheitlichen Zustand und die Gesangsfähigkeit sowie die Bezahlung von Schulgeld. Die Ausbildung zur Kindergärtnerin dauerte ein Jahr und beinhaltete theoretische sowie praxisbezogene Unterrichtsfächer wie Pädagogik, Menschenkunde, Religion, Geschichte, Fremdsprachen, Zeichnen und Singen. Um die Kindergärtnerinnen außerdem in ihrer Berufstätigkeit durch Bildungsveranstaltungen unterstützen zu können, wurden zahlreiche Seminare und Fortbildungskurse angeboten. [...]" *(Nagel, in Kindergartenpädagogik)*

Im 19. Jahrhundert stieg die Zahl der Kindergärten und Kleinkinderschulen an. Die Ausbildung zur Kindergärtnerin und zur Kleinkinderschullehrerin war noch nicht staatlich geregelt. Die Kindergärtnerin wurde in Fröbelseminaren, die Kleinkinderschullehrerin meist in kirchlichen Lehranstalten ausgebildet. 1908 führte Preußen eine staatliche Anerkennung der Kindergärtnerinnenprüfung nach einem einjährigen Fachkurs ein. Dem schlossen sich auch kirchliche Ausbildungsstätten an.

In der Weimarer Zeit vereinheitlichten die Ausbildungsstätten die Lerninhalte und hießen nun alle „Kindergärtnerinnenseminar". Die Ausbildungszeit betrug zwei Jahre. 1926 wurde eine erste amtliche Prüfungsordnung erlassen. Zusätzlich konnte ein einjähriger Hortnerinnenkurs absolviert werden. Zu diesem Zeitpunkt prägte nicht mehr nur Fröbel die Kindergartenarbeit. Wesentliche Anstöße gaben auch die Reformpädagogen Maria Montessori und Rudolph Steiner. Der Kindergarten hatte sich als Institution etabliert, die sowohl den *Bildungs*auftrag als auch *Betreuungs*aspekte berücksichtigte.

Mit der Machtübernahme der Nationalsozialisten im Jahr 1933 wurde die reformpädagogische Entwicklung gestoppt und verboten. Die „Nationalsozialistische Volkswohlfahrt" (NSV) übernahm die Trägerschaft vieler Einrichtungen und spannte die Erziehung der Kinder und die Ausbildung des Personals für ihre Zwecke ein. Nach dem Zweiten Weltkrieg entwickelten sich die Kindergärten in Ost- und Westdeutschland unterschiedlich.

2.1.4 Die Ausbildung in der DDR

Schon 1946 wurden die Kindergärten in Ostdeutschland in das staatliche Bildungssystem einbezogen. Es gab ausschließlich staatlich finanzierte Einrichtungen mit gesetzlich verankertem Rechtsanspruch auf Betreuung. Die Kindergärten hatten den gesetzlichen Auftrag, zur Heranbildung der sozialistischen Persönlichkeit beizutragen und dadurch auch die konsequente Einbeziehung der Frauen in den Arbeitsmarkt zu ermöglichen.

Ganztags geöffnete Kindergärten waren nicht nur flächendeckend vorhanden; wegen der hohen Erwerbsquote junger Frauen besuchte auch fast jedes Kind den Kindergarten.

Für die Bereiche Krippe, Kindergarten und Hort gab es drei getrennte Ausbildungen zur Krippenerzieherin, Kindergärtnerin und Horterzieherin/Unterstufenlehrerin. Die Ausbildung zur Krippenerzieherin und Kindergärtnerin dauerte drei Jahre, die zur Horterzieherin/Lehrerin der unteren Klassen vier Jahre. Seit 1978 gab es eine integrierte Ausbildung zur „Lehrerin für die unteren Klassen/Horterzieherin". Die Absolventinnen wurden dabei sowohl zur Lehrtätigkeit im Unterricht (Klasse 1-4) als auch zur Erziehungsarbeit im Schulhort qualifiziert. Für alle Ausbildungen war ein mittlerer Bildungsabschluss Voraussetzung.

In allen Berufen bestanden gute Aufstiegsmöglichkeiten (nach Empfehlung von „oben"), sodass sie mit einem hohen Sozialprestige verbunden und für viele ein Wunschberuf mit lebenslanger Perspektive waren.

Nach der Wiedervereinigung im Jahr 1990 erhielten Bewerberinnen eine bundesweite Anerkennung für den Teilbereich, für den sie sich qualifiziert hatten. Um die Berufsbezeichnung „staatlich anerkannte Erzieherin" tragen zu dürfen, musste eine einjährige Anpassungsfortbildung mit Kolloquium absolviert werden.

2.1.5 Die Ausbildung im Westen

In Westdeutschland wurden Kindertageseinrichtungen nach dem 2. Weltkrieg zunächst als Einrichtungen für Familien in sozialen Notlagen gesehen. Nach der Zerstörung der Infrastruktur hatte der Wiederaufbau andere Prioritäten. Der Kindergartenbereich blieb dem Ermessen der Wohlfahrtsverbände überlassen, die kaum mit staatlicher finanzieller Unterstützung rechnen konnten. Entsprechend langsam ging der Ausbau voran. 1965 betrug der Versorgungsgrad im Bundesgebiet nur 32 % *(vgl. Erning, 2000)*. Inhaltlich wurde an die Kindergartenarbeit der Weimarer Zeit angeknüpft. Dies galt auch für die Ausbildung der Kindergärtnerinnen. Die Familien hatten die Verantwortung für die Erziehung der Kinder, und somit gehörte ein Kind zur Mutter, die in der Regel nicht berufstätige Hausfrau war.

Erst als sich im „Kalten Krieg" die Überlegenheit sozialistischer Länder zu erweisen schien, wurde das Bildungssystem reformiert. Schon die Vorschulzeit sollte zum Erwerb von Qualifikationen genutzt werden. Auch die Ausbildung wurde grundsätzlich verändert. Die früheren Ausbildungen zur Kindergärtnerin/Hortnerin und zur Heimerzieherin wurden zur „staatlich anerkannten Erzieherin". Die früheren Kindergärtnerinnenseminare und Heimerzieherschulen wurden zu „Fachschulen für Sozialpädagogik". Die Ausbildung in der heutigen Form basiert auf Rahmenvereinbarungen der Kultusministerkonferenz von 1967. Die Vereinbarungen schreiben eine dreijährige Ausbildung (zwei Jahre theoretische Ausbildung, ein Jahr Berufspraktikum) vor. Zugangsvoraussetzung ist ein mittlerer Schulabschluss und ein 12-monatiges Praktikum.

Bis 1982 hatten sich die Bundesländer in ihren Ausbildungs- und Prüfungsordnungen wieder stark auseinanderentwickelt. Die Kultusministerkonferenz beschloss daher eine neue Rahmenvereinbarung für die Ausbildung und Prüfung von Erziehern und Erzieherinnen. Sie bildete fortan die Grundlage. Statt des einjährigen Vorpraktikums wurde eine abgeschlossene Berufsausbildung oder eine mehrjährige Berufstätigkeit Zulassungsvoraussetzung. 2002 wurde die Rahmenvereinbarung wieder aufgehoben. Seither regelt die Rahmenvereinbarung über die Fachschulen sämtliche Fachschulausbildungen in den Bereichen Technik, Wirtschaft, Agrarwirtschaft, Gestaltung und Sozialwesen.

2.1.6 Nach der Wiedervereinigung

Ab 1990 setzte eine Debatte über die Erzieherinnenausbildung ein, hervorgerufen durch die Öffnung Europas. Außerhalb von Deutschland wird die Erzieherin universitär ausgebildet. Damit erwies sich die deutsche Ausbildung als wenig kompatibel und drohte, auf die unterste Ebene der europäischen Ausbildungspyramide abzusinken.

In den letzten Jahren wurde daher versucht, das Anforderungsniveau des Berufs zu erhöhen. Im Jahr 2011 wurde von der Kultusministerkonferenz der Länder ein neues „Kompetenzorientiertes Qualifikationsprofil für die Ausbildung von Erzieherinnen und Erziehern an Fachschulen/Fachakademien" beschlossen. Hier werden die beruflichen Handlungskompetenzen formuliert, über die „eine qualifizierte Fachkraft verfügen muss, um den Beruf [...] kompetent ausüben zu können" *(S. 3).* Das Qualifikationsprofil ermöglicht auch die Anrechnung von an Fachschulen erworbenen Qualifikationen auf ein Hochschulstudium und umgekehrt. Die einzelnen Bundesländer sind verpflichtet, die im Qualifikationsprofil beschriebenen Kompetenzen umzusetzen. Neue Richtlinien werden die Folge sein.

↗ FAZIT

- → Die Ausbildung zur Erzieherin ist eine **Breitbandausbildung.** Sie umfasst die früheren Berufe der Krippen-, Heimerzieherin, Kindergärtnerin und Hortnerin.
- → Die Anfänge der heutigen Ausbildung reichen bis in das 19. Jahrhundert zurück.
- → Die Erzieherinnen-Ausbildung in ihrer heutigen Form existiert in Westdeutschland seit 1967.

TIPPS ZUM WEITERLESEN →→

→ Der Erzieherberuf in seiner historischen Entwicklung.
Bernhard Nagel, aus: Textor, Martin R. (Hrsg.) Kindergartenpädagogik – Online Handbuch. www.kindergartenpaedagogik.de/95.html

2.2 Die Wohlfahrtspflege

Der Staat ist für vielfältige soziale Aufgaben verantwortlich. Diese werden in großem Umfang von der Freien Wohlfahrtspflege wahrgenommen. In manchen Arbeitsfeldern ist sie fast alleiniger Anbieter.

Unter **Freier Wohlfahrtspflege** sind **alle** Hilfen zu verstehen, die uneigennützig und in organisierter Form in der Bundesrepublik Deutschland geleistet werden. Sie leistet Hilfe bei sozialen und gesundheitlichen Gefährdungen und sieht ihre Aufgabe darin, zum Wohle des Einzelnen oder der Gesellschaft Not vorzubeugen oder zu heilen. Freie Wohlfahrtspflege ist uneigennützig, d. h. nicht auf Gewinnerzielung ausgerichtet.

Schwerpunkte der Arbeit sind:

- → Angebote für Kinder und Jugendliche durch Bildung, Beratung, Betreuung, pflegerische und sozialpädagogische Dienste in der Kinder- und Jugendsozialarbeit, Erziehungsberatung, Förderung in Tageseinrichtungen, Hilfen zur Erziehung außerhalb der Familie.
- → Hilfe für Mütter, Ehe und Familie durch Ehe- und Schwangerschaftskonfliktberatung, Lebensberatung, Mütter- und Erwachsenenbildung, Erholungsmaßnahmen (Müttergenesung), Haus- und Familienpflege.
- → Hilfen für alte Menschen durch Beratung, Angebote sozialer Begegnung, Altenbildung, Altenerholung, Mahlzeiten- und Besuchsdienste, Altenwohnungen, Wohnheime, Alten- und Pflegeheime, geriatrische Kliniken.
- → Dienste für geistig, körperlich oder seelisch behinderte Menschen durch Frühförderung, pädagogische, medizinische und soziale Hilfen in Häuslichkeit und Heimen, Sonderkindergärten und Förderschulen, Angebote medizinischer, beruflicher und sozialer Rehabilitation (Berufsbildungswerke, Werkstätten), Tageseinrichtungen, Wohnheime, Beratungsstellen, Fahrdienste.
- → Pflege von Kranken durch ambulante Dienste, gesundheits- und sozialpflegerische Dienste, Krankenhäuser, Tageskliniken, Tagespflegeein-

richtungen, Kurheime, Übergangseinrichtungen, Beratungsstellen.
- → Beratung von Menschen in besonderen sozialen Schwierigkeiten, Hilfen zur Wiedereingliederung von Gefährdeten, Straffälligen, Nichtsesshaften, Suchtberatung.
- → Maßnahmen zur Linderung von Arbeitslosigkeit durch berufsfördernde, -bildende Maßnahmen der Jugendsozialarbeit, Beschäftigungsprojekte, Hilfen für Langzeitarbeitslose, Beratung, Fortbildung und Umschulung.
- → Angebote der sozialen Beratung und Betreuung für Menschen aus der Fremde für ausländische Arbeitnehmer und deren Familien, für Aussiedler und Zuwanderer, Asylsuchende und Flüchtlinge.
- → Dienste am Menschen unterwegs durch Bahnhofsmissionen, Binnenschiffermission, Seemannsmission oder Ausbildung, Fort- und Weiterbildung durch Berufsausbildung in Fach- und Fachhochschulen sowie Fort- und Weiterbildungsangebote.
- → Schulung ehrenamtlicher Mitarbeiter.
- → Weltweite Not-, Katastrophen- und Aufbauhilfen. *(vgl. www.freiewohlfahrtspflege.de)*

Die Freie Wohlfahrtspflege ist ein bedeutsamer Bestandteil des Sozialstaats. In den Einrichtungen und Diensten der Wohlfahrtsverbände leisten allein in NRW eine Million Menschen hauptamtlich und mehr als eineinhalb Millionen ehrenamtlich engagierte Hilfe. Die Verbände sind in sechs Spitzenverbänden zusammengeschlossen:

1. Arbeiterwohlfahrt (AWO)
2. Deutscher Caritasverband (DCV)
3. Diakonisches Werk (DW)
4. Paritätischer Wohlfahrtsverband (Der PARITÄTISCHE)
5. Deutsches Rotes Kreuz (DRK)
6. Zentralwohlfahrtsstelle der Juden in Deutschland (ZWST)

In der „Bundesarbeitsgemeinschaft der freien Wohlfahrtspflege“ (BAGFW) werden auf Bundesebene gemeinsame Interessen koordiniert und vertreten. Vergleichbare Arbeitsgemeinschaften gibt es auch auf Landes-, Kreis- und Ortsebene, z. B. die „Freie Wohlfahrtspflege NRW“ usw.

Die einzelnen Wohlfahrtsverbände betreiben die oben genannten Dienste und Einrichtungen. In Deutschland sind weit über 50 % aller sozialen Einrichtungen in Trägerschaft eines Freien Wohlfahrtsverbands *(siehe auch Band 2, HF 5, Kapitel 4.5)*.

↗ FAZIT

Viele Einrichtungen sind in Trägerschaft eines Wohlfahrtsverbands, z. B.:
- **→ die Kindertagesstätte der AWO,**
- **→ die Außenwohngruppe der Diakonie,**
- **→ die Elterninitiative im Paritätischen,**
- **→ die Erziehungsberatungsstelle der Caritas,**
- **→ die Familienbildungsangebote des DRK.**

→·← AUFGABEN UND ANREGUNGEN

1 **1.1** Bilden Sie sechs Gruppen und losen Sie aus, welche Gruppe sich mit welchem Wohlfahrtsverband näher beschäftigt.

1.2 Erstellen Sie eine Präsentation. Berücksichtigen Sie dabei mindestens folgende Aspekte: Geschichte des Verbands, seine Ziele, Aufgaben, Einrichtungen und Dienste in Ihrer Stadt.

1.3 Nehmen Sie zur Informationsbeschaffung Kontakt mit dem zuständigen Ortsverband auf.

1.4 Präsentieren Sie in der Klasse. Teilen Sie ein kurzes Handout aus.

2.3 Tätigkeitsfelder

Die Erzieherinnenausbildung ist als **Breitbandausbildung** angelegt. Das bedeutet, Erzieherinnen können sowohl in Einrichtungen der Kleinkind- und Kindererziehung als auch in der pädagogischen Arbeit mit Schulkindern und Jugendlichen außerhalb der Schule bzw. des Ausbildungs- und Arbeitsplatzes tätig werden. Einige Erzieherinnen arbeiten auch in der Kinder- und Jugendpsychiatrie, in einer Beratungsstelle, in einem Spielmobil, in der Behindertenarbeit oder einer Förderschule. Eine Erzieherin kann sich sogar selbstständig machen, wenn sie z. B. eine „Kinderpension" eröffnet. Oder sie geht ins Ausland und arbeitet als Animateurin oder Au-pair. Nachfolgend werden die „klassischen" Arbeitsfelder vorgestellt.

Orte der Erziehung

2.3.1 Kindertagespflege

Ihre Klasse trifft Studierende aus dem 2. Ausbildungsjahr und interviewt sie zu ihren Erfahrungen in den verschiedenen Arbeits- bzw. Tätigkeitsfeldern.

Ihre Klasse trifft sich mit Eva Schmidt, um sie zu ihrem Praktikum bei einer Tagesmutter zu befragen:

Klasse: „Wie bist du an diese Praktikumsstelle gekommen?"
Eva: „Ich habe beim Jugendamt angerufen und nachgefragt. Das *Jugendamt* hat seit Inkrafttreten des TAG (Tagesstättenausbaugesetz) zum 01.01.2005 die Verpflichtung, Tagesmütter bei Bedarf an Eltern zu vermitteln. Dies habe ich mir zunutze gemacht. Das Jugendamt erteilt auch die notwendige *Pflegeerlaubnis."*

Klasse: „Was ist denn eine Pflegeerlaubnis?"
Eva: „Jeder, der ein Kind mehr als 15 Stunden außerhalb des Elternhauses, länger als drei Monate und gegen Entgelt betreut, benötigt eine Pflegeerlaubnis. Sie gilt dann gleich für bis zu fünf Kinder, sofern die Räumlichkeiten der Tagesmutter groß genug sind. Außerdem muss die Tagesmutter entsprechend qualifiziert sein, d. h. sie muss einen Qualifizierungskurs absolvieren."

Klasse: „Wie viele Kinder betreut denn die Tagesmutter, bei der du dein Praktikum gemacht hast?"
Eva: „Sie betreut drei Kinder unter drei Jahren, Maja, 2,4 Jahre, Moritz, 2,0 Jahre und Elias, zehn Monate. Außerdem hat sie selbst eine fünfjährige Tochter, Finja. Sie geht aber bereits in den Kindergarten und ist erst ab mittags zu Hause."

Klasse: „Wie sehen denn die Räumlichkeiten aus?"
Eva: „Die Tagesmutter betreut die Kinder bei sich zu Hause in einem Reihenhaus. Ein Kinderzimmer wurde speziell für die Tageskinder eingerichtet. Die Kinder dürfen sich aber auch im Wohnzimmer aufhalten, wo sich das Spielmaterial befindet. Außerdem gibt es einen kleinen Garten mit Sandkasten und Rutsche."

Klasse: „Warum gehen die Kinder zur Tagesmutter?"
Eva: „meist, weil beide Eltern berufstätig sind. Elias' Mutter z. B. ist Lehrerin und unterrichtet an drei Tagen in der Woche an einer Schule, sodass Elias auch nur an diesen drei Tagen kommt und spätestens um 15:00 Uhr schon wieder abgeholt wird. Moritz dagegen kommt an fünf Tagen von 8:00 Uhr bis 15:00 Uhr. Seine Mutter ist noch recht jung und holt zurzeit ihren Schulabschluss nach.

Majas Mutter ist Krankenschwester. Je nach Dienstzeit bringt sie sie schon um 6:00 Uhr und holt sie um 15:00 Uhr wieder ab oder Maja kommt um 13:00 Uhr und bleibt bis 23:00 Uhr. Majas Mutter ist allein erziehend und auf diese flexiblen Betreuungszeiten angewiesen."

Klasse: „Dann schläft Maja auch bei der Tagesmutter?"
Eva: „Ja, jedes Kind hat ein eigenes Bettchen hier. Moritz und Elias halten ja auch Mittagsschlaf."

Klasse: „Hat die Tagesmutter überhaupt noch Zeit für ihr eigenes Kind?"
Eva: „Klar, denn wenn Majas Mutter Frühdienst hat, sind alle Kinder um 15:00 Uhr weg. Und bei Spätdienst ist nachmittags nur noch Maja da. Da Finja ein Einzelkind ist, profitiert auch sie vom Job ihrer Mutter, da sie damit eine ‚Pflegeschwester' hat. Und für Maja ist ausgesprochen positiv, dass um 17:00 Uhr schon der Ehemann der Tagesmutter von der Arbeit nach Hause kommt. So hat sie einen ‚Vaterersatz', denn zu ihrem leiblichen Vater ist der Kontakt leider abgebrochen."

Klasse: „Hört sich trotzdem stressig an."
Eva: „Sicher. Die Tagesmutter muss ja gleichzeitig noch ihren Haushalt führen: Wäsche waschen, putzen, kochen. Auch zu Einkäufen nimmt sie die Kinder mit. Die Kinder werden komplett in den Familienalltag eingebunden."

Klasse: „Danke für das interessante Interview."

2.3.2 Kindertagesstätte

Ihre Klasse interviewt die Studierenden Jessica Reuschenbach und Katja Königsfeld zu ihrem Praktikum:

Klasse: „Zuerst interessiert uns, wie die Kindertagesstätte aussah."
Katja: „Die Kita ist eine Villa, die auf drei Etagen 55 Kindern Platz bietet. Vom Garten führt ein Tor direkt in den Park, der an einen Fluss grenzt. Bei der Villa handelt es sich um eine Einrichtung für Kinder von drei Monaten bis zum Schuleintritt."

Klasse: „In wie vielen Gruppen werden die Kinder betreut?"

Jessica: „Die Villa ist eine dreigruppige Einrichtung. Es gibt die ‚Regenbogengruppe'. Sie ist die sogenannte **Kleinstkindergruppe,** also eine Gruppe der Gruppenform II nach dem Kinderbildungsgesetz NRW. Sie umfasst zehn Kinder zwischen vier Monaten und drei Jahren, die von zwei Erzieherinnen betreut werden. Dann gibt es die ‚Sonnengruppe'. Hier werden 20 Kinder zwischen zwei Jahren bis zum Schuleintritt von zwei Erzieherinnen betreut. In der Gruppe ‚Sternschnuppen' ist eine Erzieherin und eine Kinderpflegerin für 25 Kinder zwischen drei Jahren bis zum Schuleintritt verantwortlich."

Klasse: „Wer arbeitet sonst noch hier?"
Jessica: „Die Villa verfügt noch über eine **Ergänzungskraft** für das gesamte Haus und eine Köchin. Außerdem gibt es natürlich eine freigestellte Leitung."

Klasse: „Welche Spielmöglichkeiten haben die Kinder?"
Katja: „Im Erdgeschoss befindet sich ein **Werkraum.** Er ist für entsprechende Bastelangebote oder Projekte mit genügend Werkzeugen und mit entsprechenden auffordernden Materialien ausgestattet. In der obersten Etage gibt es einen großen **Turnraum.** Dort steht auch ein Bällebad. Das **Außengelände** bietet eine Rutsche, einen Kletterberg, einen Sandkasten und ganz viele Rückzugsmöglichkeiten. Die Kinder dürfen Sandspielzeuge, Roller, Bälle und weitere Spielsachen benutzen. Ganz neu ist ein eigener **Spielbereich für die Kleinstkinder** mit Schaukeltieren und einer kleineren Rutsche. Demnächst wird noch ein **Bobbycarparcours** angelegt.

In der Sonnengruppe und bei den Sternschnuppen gibt es Gesellschaftsspiele, eine **Puppenecke,** eine **Kuschelecke** und eine **Bauecke.** Weil die Sonnengruppe von fünf zweijährigen Kindern besucht wird, gibt es in der Bauecke nur große Bausteine zum Spielen. Im gesamten Gruppenraum sind Spielzeuge mit Kleinteilen in die oberen Regalfächer eingeordnet, so dass die Kleinen allein nicht drankommen. Das ist wichtig, damit sie nicht unbemerkt Kleinteile verschlucken. Im Gruppenraum der Regenbogenkinder gibt es selbstverständlich überhaupt keine Kleinteile, sondern nur baby- und kleinkindgerechtes Spielmaterial."

Klasse: „Nach welchem **Konzept** arbeitet die Villa?"
Katja: „Die Villa arbeitet nach dem **situationsorientierten Ansatz,** d. h. die Kinder lernen und erleben das, was sie aktuell gerade interessiert und neugierig gemacht hat. Zu diesen Themen werden Bildungsangebote und

Projekte durchgeführt. Vor einiger Zeit haben wir uns z. B. mit dem Thema ‚Ameisen' beschäftigt, denn die Kinder hatten im Außengelände schon mehrfach Ameisenstraßen entdeckt und sich dafür sehr interessiert. Zum situationsorientierten Ansatz gehört auch, dass die Kinder voneinander lernen. Die Sonnengruppe und die Sternschnuppen liegen auf einer Etage nebeneinander. Die Kinder dürfen die Gruppe wechseln, wenn sie Bescheid sagen, und sich so ihren Spielraum und ihren Spielpartner frei wählen und gruppenübergreifend spielen. Angebote vom pädagogischen Personal werden ebenfalls gruppenübergreifend durchgeführt. Die Angebote werden von den Kindern stark und mit viel Freude und Motivation genutzt."

Klasse: „Könnt ihr etwas über den **Tagesablauf** sagen?"
Katja: „Um 07:00 Uhr wird die Einrichtung geöffnet. Bis 08:00 Uhr besuchen die Kinder die Frühgruppe, dann werden sie auch in den anderen Gruppen betreut. Um 09:00 Uhr treffen sich alle Kinder mit den Erzieherinnen zum Morgenkreis im Turnraum. Dort werden Lieder gesungen, Kreisspiele gespielt und der Tagesablauf besprochen. An jedem Tag findet ein besonderes Angebot für die Kinder statt. Bis 10:00 Uhr können die Kinder der Sonnengruppe und der Sternschnuppen ihr mitgebrachtes Frühstück im Krümelcafe in der ersten Etage essen. Kakao, Milch, Wasser und Tee wird den ganzen Tag über angeboten. Um 11:30 Uhr beginnt das Mittagessen. Danach machen die kleineren Kinder einen Mittagsschlaf. Wer nicht schlafen möchte, ruht sich z. B. bei einer Geschichte etwas aus oder beschäftigt sich ruhig. Der Nachmittag steht zur freien Verfügung. Um 17 Uhr endet der Tag in der Villa."

Klasse: „Hat die Villa so etwas wie **Ziele**?"
Katja: „Selbstverständlich. Einige Ziele kann ich euch aus dem mitgebrachten Prospekt direkt vorlesen:

> „In der ‚Kindertageseinrichtung Villa' wird jedes Kind in seiner Persönlichkeit angenommen und gestärkt. Durch genaues Beobachten setzen wir Erziehungsziele, um die individuelle, emotionale, soziale, motorische, sprachliche sowie körperliche Entwicklung jedes einzelnen Kindes zu fördern. Mit Einfühlungsvermögen möchten wir ein gegenseitiges Vertrauensverhältnis zwischen Kindern, Eltern und Erziehern aufbauen. Die ‚Kindertagesstätte Villa' fördert die größtmögliche Selbstständigkeit und Eigeninitiative, das Erlernen sozialer Verhaltensmuster sowie ein partnerschaftliches und gleichberechtigtes Miteinander. Wir betreuen die Kinder nach einem ganzheitlichen Erziehungsansatz, in dem Fürsorge, emotionale Wärme, erzieherische Begleitung und spielerisches Lernen zusammengehören. – Die Kinder fühlen sich wohl und geborgen, darum wird eine harmonische und entspannte Atmosphäre geschaffen."

Klasse: „Das klingt gut! Was hat euch besonders gefallen? Würdet ihr dort auf Dauer arbeiten wollen?"
Jessica: „Besonders gefiel mir, dass bei der Villa viel Wert auf die Mithilfe der Eltern gelegt wird. So finden Garten- oder Renovierungsaktionen statt, die von den Eltern organisiert und durchgeführt werden. Im Rahmen von Projekten können auch die Eltern Angebote für die Kinder anbieten. Als besonderes Angebot findet einmal im Monat ein Elterncafé statt. Ich würde dort immer wieder gerne arbeiten!"
Katja: „Ich auch!"

2.3.3 Offene Ganztagsgrundschule

Ihre Klasse interviewt die Praktikantin Tamara Seibold zu ihrem Praktikum in einer Ganztagsschule:

Klasse: „Ich habe überhaupt keine Vorstellung, was eine **offene Ganztagsgrundschule** ist. In meinem Bundesland habe ich davon noch nichts gehört. Bei uns gibt es eine Hortbetreuung für Schulkinder."

Tamara: „Die offene Ganztagsgrundschule gibt es in NRW seit 2003/2004. An der Gemeinschaftsgrundschule, an der ich mein Praktikum absolviert habe, wurde sie zum Schuljahr 2005/2006 eingerichtet. Abgekürzt sagen wir **OGS.** Dabei bedeutet ‚offen', dass sich die Eltern zusammen mit ihren Kindern freiwillig dazu entscheiden können, das Ganztagesangebot zu nutzen.

Sind sie einmal angemeldet, müssen die Kinder aber auch verpflichtend teilnehmen."

Klasse: „Ach so. Und wie viele kommen?"
Tamara: „Es gibt sechs Gruppen mit insgesamt 150 Kindern, die das Angebot nutzen. Das sind an unserer Schule etwa 50 % aller Kinder."

Klasse: „Welche Räumlichkeiten nutzt die OGS?"
Tamara: „Die OGS verfügt über ein eigenes Gebäude, das eigens dafür neu gebaut wurde. Es gibt sechs Gruppenräume und außerdem noch eine Art ‚Mensa', in der die Kinder ihr Mittagessen einnehmen. Nach Unterrichtsschluss können auch die Klassenräume im Schulgebäude genutzt werden. Hier findet auch die Hausaufgabenbetreuung statt."

Klasse: „Wie viele Personen arbeiten in der OGS?"
Tamara: „Es sind pro Gruppe zwei Mitarbeiter, eine davon ist eine Erzieherin. Darüber hinaus gibt es noch Honorarkräfte oder ‚1-€-Jobber', eine Person arbeitet ehrenamtlich. Eine pädagogische Ausbildung hat dieser Personenkreis nicht absolviert. Es handelt sich dabei um Studenten und Mütter, die ehrenamtliche Kraft ist eine pensionierte Realschullehrerin."

Klasse: „Wie sieht denn der **Tagesablauf** aus?"
Tamara: „Die Kinder sind morgens im Unterricht. Der Arbeitstag der Erzieherin beginnt um 11:00 Uhr. Kurze Zeit später kommen schon die ersten Kinder, meist Erstklässler, und fangen mit den Hausaufgaben an. Nach und nach, je nach Unterrichtsschluss, kommen die Kinder der anderen Klassen hinzu. Die Gruppe ist ja klassenübergreifend und wird von Kindern der Klassen 1–4 besucht. Zwischen 12:30 Uhr und 13:30 Uhr gibt es Mittagessen. Dieses wird in mehreren ‚Runden' eingenommen. Anschließend gibt es bis 15:00 Uhr eine feste Hausaufgabenzeit. Die Teilnahme ist verpflichtend. Die Kinder, die mit den Hausaufgaben fertig sind, können z. B. Übungsaufgaben erledigen. Dazu steht ein Ordner mit verschiedenen Aufgaben bereit. Nach den Hausaufgaben werden von den Honorarkräften verschiedene AGs angeboten, z. B. Theater, Computer, Karate, Basketball, Kunst und Werken. Es gibt auch Kooperationen, z. B. mit einem örtlichen Turnverein und der Musikschule. Die Kinder können sich freiwillig entscheiden, was sie machen möchten. Angebote von der Musikschule usw. müssen von den Eltern extra bezahlt werden."

Klasse: „Nimmt jedes Kind jeden Tag an einer AG teil?"
Tamara: „Nein. Jedes Kind schließt sich mindestens einer AG an, die dann einmal in der Woche stattfindet. An den übrigen Tagen können die Kinder nachmittags im Gruppenraum oder auf dem Schulhof spielen."

Klasse: „Und welche **Aufgaben** hat die Erzieherin?"
Tamara: „Sie begleitet zum Teil die Hausaufgaben mit. Es gibt aber eine Honorarkraft, die nur für die Hausaufgaben zuständig ist. Außerdem gibt es eine Fördergruppe für schwächere Schüler, genannt ‚Silentium", die von einer Lehrerin geleitet wird. Die Erzieherin hält sich meist im Gruppenraum auf oder bei schönem Wetter draußen und beaufsichtigt das Freispiel, manchmal leitet sie Aktivitäten an. Viele Kinder gehen nach den Hausaufgaben allerdings gleich nach Hause, denn die Eltern können wählen, ob sie eine Betreuungszeit bis 15:00 Uhr oder bis 16:00 Uhr wünschen. Um 16:00 Uhr ist dann aber auch Feierabend."

Klasse: „Heißt das, dass der Arbeitstag für die Erzieherin nach fünf Stunden schon wieder zu Ende ist?"
Tamara: „Im Prinzip ja, ihr Arbeitsvertrag geht nur über 25 Stunden. Übrigens hat selbst die Leiterin der OGS keine volle Stelle. Auch sie arbeitet nur 30 Stunden. Alles andere wird über die Honorarkräfte abgedeckt."

Klasse: „Hat dir denn dein Praktikum gefallen?"
Tamara: „Ja, sehr. Mir hat die Arbeit mit den Kindern großen Spaß gemacht. Das Problem war nur, dass es kaum Zeit gab, ein Projekt mit den Kindern zu realisieren. Dies war aber Praktikumsaufgabe. Es ging ja nur nach 15:00 Uhr, dann sind viele Kinder aber entweder schon weg oder in einer AG. Mir blieb nur der Freitag, um etwas auf die Beine zu stellen. Es hat aber trotzdem alles einigermaßen geklappt."

2.3.4 Kinder- und Jugendfreizeiteinrichtungen

Der Praktikant Andreas Braun berichtet Ihrer Klasse:

Klasse: „Du hast dein Praktikum in einem **Jugendzentrum** gemacht. Wer geht da hin?"
Andreas: „Jugendliche und junge Erwachsene bis 27 Jahre. Es kommen zwischen 40 und 150 Besucher am Tag, abhängig vom Wetter. Zwei Drittel der Besucher stammen aus Deutschland und der Türkei.

Die anderen kommen aus Italien, Spanien, Portugal, Griechenland, Serbien, Kroatien, Bosnien, Albanien oder sind Deutschstämmige aus Polen und Russland. Etwa 60 % der Besucher sind Jungen. Die meisten Mädchen, welche die Einrichtung besuchen, kommen aus Deutschland. Es sind auffällig wenige moslemische Mädchen in der Einrichtung."

Klasse: „Klingt nach einer problematischen Klientel. Gibt es da häufig Zoff?"
Andreas: „Ja, das kommt vor. Erschwerend kommt hinzu, dass sich der Jugendclub im Einzugsgebiet sozial schwacher Familien befindet. Die Arbeitslosenquote liegt dort über dem Durchschnitt, viele leben von Hartz IV. Es gibt sehr viele allein erziehende Mütter. Viele Eltern sind mit der Erziehung überfordert. Viele Kinder erfahren körperliche und seelische Gewalt von ihren Eltern, auch die Gewalt von Männern an Frauen. Alkoholprobleme in der Familie, mitunter auch Drogen, Langzeitarbeitslosigkeit und der finanzielle Ruin gehören für viele zum Alltag."

Klasse: „Wie sieht der **Tagesablauf** aus? Was wird den Kids angeboten?"
Andreas: „Der Jugendclub öffnet um 14:00 Uhr. Es kommen Kinder und Jugendliche ab zehn Jahren. Die älteren kommen meist erst ab 16:30 Uhr. Alle nutzen die fest installierten Angebote: Fußballspielen in der Turnhalle, den Medienraum, Billard, Kickerspiele oder die Brett- und Legespiele, die in der Spielausgabe angeboten werden. Als vor ein paar Jahren der Etat noch größer war, gab es auch Mädchenarbeit und Ausflüge, z. B. Kinobesuche, Schwimmen, Fußballturniere gegen andere Jugendeinrichtungen, Wochenendfahrten usw. Das musste aus Personalmangel leider eingestellt werden. Nun werden verschiedene Aktivitäten und AGs angeboten, z. B. Kicker-, Billard- oder Dartturniere, Computer AG, Foto AG, Werken usw. Ab 14:00 Uhr machen wir besondere Angebote für die jüngeren Besucher, ab 16.30 Uhr dann für die älteren. Der Jugendclub schließt um 22:00 Uhr."

Klasse: „Klingt, als wäre da immer sehr viel los."
Andreas: „Ja, das war auch so! Leider konnten Probleme der älteren Besucher nicht immer gelöst werden. Ein 17-jähriger Türke fragte mich um 19:00 Uhr, ob ich ihm bei seinem Bewerbungsschreiben für einen Ausbildungsplatz helfen könnte. Ich hatte aber im gesamten Bereich des Untergeschosses inklusive Turnhalle die Aufsicht. Da nur wenig Personal zur Verfügung steht, konnte ich der Bitte des Jungen erst nach Beendigung der Öffnungszeiten nachkommen."

Klasse: „Was hat dir an deinem Praktikum gefallen?"
Andreas: „Ich hatte immer das Gefühl, etwas Sinnvolles zu tun. Spaß gemacht hat mir, dass ich es in der letzten Woche des Praktikums endlich geschafft habe, einen Kurs im Schlagzeugspielen anzubieten. Bei meinen Vorbereitungen wurden einige Jugendliche neugierig und fragten, ob sie sich auch mal an das Schlagzeug setzen dürften. Mein Kurs wurde von mindestens 30 Kindern und Jugendlichen angenommen. Nach Abstimmung mit dem Team bekam ich an drei Tagen jeweils eine Stunde für mein Projekt. Mein Projekt wurde mit Begeisterung aufgenommen und alle zeigten sich sehr lernbegierig. Für die meisten von ihnen war dies der erste Kontakt mit einem Musikinstrument."

2.3.5 Heim-Außenwohngruppe

Ihre Klasse befragt Bernd Woltiri zu seinem Praktikum in einem Heim.

Klasse: „In der Pause hast du schon erwähnt, dass du hauptsächlich mit jungen **Flüchtlingen** zu tun hattest. Erkläre uns bitte, wie die in das Heim kommen und zu wem das Heim gehört."
Bernd: „Die Außenwohngruppe ist eine Einrichtung nach *§ 34 SGB VIII (Kinder- und Jugendhilfe).* Hilfe zur Erziehung wird über Tag und Nacht geleistet und wird auch **Heimerziehung** genannt. Der Träger ist die Diakonie. Die Wohngruppe bietet momentan neun Plätze für weibliche und männliche Jugendliche zwischen 14 und 18 Jahren. Jeder Jugendliche hat sein eigenes Zimmer. Der Schwerpunkt der Arbeit liegt in der Betreuung unbegleiteter minderjähriger Flüchtlinge (UMF). In ihren Herkunftsländern herrschen sehr unterschiedliche Lebensumstände. Die meisten Eltern und Familien der Jugendlichen sind in ihrem Land politisch aktiv und arbeiten gegen die dort amtierende Regierung. Deshalb werden diese in ihrem Land von den Soldaten oder Polizisten entweder verhaftet oder verschleppt. Verwandte und Freunde der Eltern schleusen deren Kinder aus dem Land, damit ihnen nicht das Gleiche widerfährt."

Klasse: „Das klingt ja wie ein Krimi! Was passiert, wenn die Jugendlichen in Deutschland ankommen?"
Bernd: „Wenn die Jugendlichen nach Deutschland flüchten, haben sie nach dem SGB VIII einen Anspruch auf Erziehungshilfe. Dies muss aber erst über das Ausländeramt geprüft werden. Können sie keine Heimatadresse angeben, erhalten sie den Status ‚Duldung' und können in Deutschland bleiben."

Klasse: „Wie viele Betreuer haben die neun Jugendlichen?"
Bernd: „Die Jugendlichen werden von drei Erziehern und einem Diplompädagogen betreut. Besonderheit: Ein Erzieher ist für zwei Jugendliche zuständig, d. h., er ist für sie die Bezugsperson. Man nennt das **Bezugspersonpädagogik.**"

Klasse: „... und das rund um die Uhr?"
Bernd: „Die Mitarbeiter beginnen um 12:00 Uhr mittags und beenden ihren Dienst am nächsten Morgen um 09:00 Uhr. Bei Dienstbeginn lesen sie als Erstes das Protokollbuch, um sich über das Tagesgeschehen der Jugendlichen zu informieren. Gleichzeitig wird von ihnen die Haushaltskasse überprüft. Danach bereiten sie das Mittagessen vor. Um ca. 13:15 Uhr kommen die ersten Jugendlichen von der Schule. Ein gemeinsames Mittagessen findet in der Woche nur selten statt, da die Jugendlichen zu unterschiedlichen Zeiten von der Schule bzw. Arbeit nach Hause kommen. Die Jugendlichen sollen bis 16:00 Uhr im Heim bleiben, um ihre Hausaufgaben zu machen. Nach 16:00 Uhr ist es den Jugendlichen freigestellt, ob sie fernsehen, Sport treiben, Freunde treffen oder anderes machen. Falls Termine für die Jugendlichen anstehen, können diese von 15:30 Uhr bis 17:00 Uhr wahrgenommen werden, z. B. Vormundsgespräche, Termine in der Schule oder Stadteinkäufe. Ab 17:30 Uhr können die Jugendlichen Abendbrot essen oder sich noch etwas selber kochen; das ist jedoch offen zu gestalten. Bis 22:00 Uhr müssen alle Jugendlichen wieder in der Einrichtung sein. Gleichzeitig werden die Gemeinschaftsräume abgeschlossen. Für die Mitarbeiter beginnt von 22:00 Uhr bis 06:00 Uhr der Bereitschaftsdienst. Ihnen steht ein Zimmer mit einer Schlafgelegenheit zur Verfügung. Ab 06:00 Uhr beginnt für die Mitarbeiter wieder der Dienst. Sie bereiten das Frühstück vor und wecken die Jugendlichen. Nach dem gemeinsamen Frühstück verlassen alle Jugendlichen die Einrichtung um 08:00 Uhr. Von 08:00 Uhr bis 09:00 Uhr protokollieren die Mitarbeiter Besonderheiten des Vortages. Danach wird ein Kassenabschluss durchgeführt und die Mitarbeiter haben Dienstschluss."

Klasse: „Verfolgt der Träger bzw. die Heimleitung besondere pädagogische **Ziele**?"
Bernd: „Sicher. Die Ziele der Einrichtung sind:

1. Die Jugendlichen werden an selbstständiges Handeln herangeführt.
2. Sie sollen berufliche Perspektiven entwickeln und diese auch umsetzen.
3. Die Jugendlichen und ihre Herkunftsfamilien sollen entlastet werden.
4. Förderung und Stabilisierung der persönlichen und sozialen Kompetenz.
5. Den Jugendlichen werden Werte und Normen unserer Gesellschaft vermittelt."

Klasse: „Gibt es noch Besonderheiten, die unsere künftige Arbeit in einem Heim betreffen könnten?"
Bernd: „Da fällt mir die Zusammenarbeit mit sehr vielen verschiedenen Stellen ein:

- Beratungsstellen für ausländische Flüchtlinge
- Caritas-Flüchtlingshilfe
- Jugendamt
- Vormund oder Eltern
- verschiedene Schulen sowie Arbeitgeber
- Jugendwerkstätten, Praktikumsstellen, Vereine."

Klasse: „Danke, Bernd, und euch anderen für diese geballte Ladung an Infos!"

↗ FAZIT

Erzieherinnen und Erzieher können in allen sozialpädagogischen Bereichen selbstständig und eigenverantwortlich tätig werden. Die meisten arbeiten

- **→ in einer Kindertageseinrichtung,**
- **→ in einem Jugendzentrum,**
- **→ in einer offenen Ganztagsgrundschule,**
- **→ im Arbeitsfeld Heimerziehung.**

Auch eine Tätigkeit als Tagesmutter ist nahe liegend, jedoch sind die Verdienstmöglichkeiten geringer. Die Erzieherausbildung qualifiziert für die Arbeit mit Kindern und Jugendlichen zwischen drei Monaten und 20 Jahren (je nach Arbeitsfeld). Manche Jugendzentren werden auch von jungen Erwachsenen bis 25 oder noch älter besucht. Dies bedeutet, dass eine angehende Erzieherin eine Vielzahl an Kenntnissen über die verschiedenen Altersstufen erwerben muss.

→·← AUFGABEN UND ANREGUNGEN

1 Erfahrungsaustausch
Sicher haben Sie selbst schon Praxiserfahrungen im Arbeitsfeld „Kindertageseinrichtung" sammeln können. Vergleichen Sie diese Erfahrungen mit den Interviews. Welche Gemeinsamkeiten/Unterschiede für die Arbeit/Aufgaben einer Erzieherin ergeben sich?

2 Arbeitsfelderkundung
Sinnvoll wäre es, die für Sie neuen Arbeitsfelder im Rahmen einer Arbeitsfelderkundung besser kennenzulernen und sich genau über sie zu informieren. Dies könnte als Gruppenarbeit, z. B. im Rahmen einer Projektwoche, geschehen. Hierbei ist sinnvoll, mit verschiedenen Einrichtungen Kontakt aufzunehmen, ein Interview mit den dort arbeitenden Erziehern zu führen und, falls möglich, einen Tag zu hospitieren.

2.1 Beschreiben Sie mit eigenen Worten den Berufsalltag der Erzieherin in dem von Ihnen gewählten Praxisfeld.

2.2 Erforschen Sie die Rahmenbedingungen des jeweiligen Praxisfeldes und beschreiben Sie diese exemplarisch am Beispiel der von Ihnen besuchten Einrichtung (Name, Träger, Mitarbeiter und Qualifikationsmerkmale, Adressaten, Öffnungszeiten, Räume/Gelände, Tagesablauf, verfügbare Spiel- und Freizeitmaterialien, nutzbare Medien, Kooperationsformen). Eventuell können Sie auch Fotos machen, um ein anschaulicheres Ergebnis zu erhalten.

2.3 Formulieren Sie in Ihrer Kleingruppe jeweils mindestens fünf Fragen zu dem gewählten Praxisfeld. Berücksichtigen Sie die Anforderungen der Adressatengruppe an die Erzieherin.

2.4 Suchen Sie nach Vorurteilen oder fragwürdigen Behauptungen, die in der Öffentlichkeit gegenüber des von Ihnen gewählten Praxisfeldes oder Erzieherinnen in diesen Einrichtungen existieren.

TIPPS ZUM WEITERLESEN →→

→ www.berufenet.arbeitsagentur.de

2.4 Praktikum und Anleitung

2.4.1 Auswahl einer Praktikumsstelle

Informationsquellen
In der Regel treffen die Studierenden selbst die Auswahl der Praxisstellen. So werden sie von Beginn an selber aktiv und übernehmen Mitverantwortung für ihre Ausbildung. Informationsquellen sind: Telefonbuch, Branchenbuch, Gelbe Seiten, Internet, Jugendamt, freie Träger wie z. B. Kirchen, Elterninitiativen, AWO.

Üblicherweise kann über einen ersten Telefonanruf die Möglichkeit eines Praktikums erfragt werden. Der zweite Schritt ist die Zusendung der Bewerbungsunterlagen, dann ein Bewerbungsgespräch, das oft verbunden ist mit der Möglichkeit, zu hospitieren. Die Schule benötigt die Zusage der Praktikumseinrichtung mit Adresse, Telefonnummer und Angabe des Ansprechpartners.

Anforderungen an die Praktikumsstelle
Das Praktikum bietet die Möglichkeit, vielfältige Erfahrungen in verschiedenen Einrichtungen und Arbeitsfeldern zu sammeln. Man bekommt die Gelegenheit, verschiedene pädagogische Ansätze kennenzulernen sowie deren unterschiedliche Umsetzung. Dies ist angesichts der vielen möglichen Einsatzgebiete im Beruf wichtig. Deshalb haben Schulen meist bestimmte Kriterien aufgestellt, die bei der Wahl der Praktikumsstelle zu berücksichtigen sind. Hier folgt ein Beispiel:

- → Um Einblicke in die Vielfalt der Arbeitsfelder des Erzieherberufs zu gewinnen, sollen die Studierenden sich in Einrichtungen bewerben, in denen sie noch kein Praktikum absolviert haben.
- → Es ist nicht erwünscht, dass in der Einrichtung den Studierenden privat vertraute Personen arbeiten.
- → Ebenso ist es nicht erwünscht, dass die Studierenden die Praxisstelle als Kind selber besucht haben. Dies ist wichtig, damit das Praktikum nicht durch eine Rollenkonfusion belastet wird.
- → Die Praxisanleiterin muss staatlich anerkannte Erzieherin sein bzw. über eine berufliche Qualifikation im sozialpädagogischen Arbeitsbereich verfügen. Es muss eine berufliche Tätigkeit von mindestens zwei Jahren vorliegen.
- → Die Anleiterin muss eine Vertreterin haben.
- → Gewünscht wird, dass die Anleiterin zur professionellen Anleitung qualifiziert ist.
- → Anleitungsgespräche müssen mindestens einmal wöchentlich zur Weiterentwicklung der sozialpädagogischen Handlungsmöglichkeiten der Praktikantin stattfinden. Dies ist durch den Dienstplan der Einrichtung zu gewährleisten.

Im 2. Schulhalbjahr beginnt die erneute Suche nach einer Praktikumsstelle für das 2. Ausbildungsjahr, diesmal für die Arbeit mit Schulkindern und Jugendlichen. Auch diesmal sollte keine schon bekannte Einrichtung gewählt werden. Sinnvoll sind Hospitationen in verschiedenen Arbeitsbereichen wie Tagesgruppe, offene Ganztagsgrundschule, Heim oder Freizeitbereich, um mehrere Arbeitsbereiche kennenzulernen und sich so bewusster für einen Bereich entscheiden zu können.

Die Praktika in verschiedenen Arbeitsbereichen sind wichtig für die eigene Orientierung: Was will ich jetzt? Was will ich später machen? Eine breit angelegte Ausbildung und Beziehungen in verschiedenen Arbeitsbereichen sind wichtig angesichts des Arbeitsmarktes.

Die dort gesammelten Erfahrungen bilden die eigene Persönlichkeit, sie fördern die Auseinandersetzung mit der eigenen Kindheit und Wert- und Normvorstellungen. Unterschiedliche Anforderungen werden gestellt und zeigen, welche Möglichkeiten in einem selbst stecken.

2.4.2 Praxisanleitertreffen

Das erste Praktikum
Das erste Praktikum führt, ebenso wie der Anfang der Ausbildung, häufig zu einer Verunsicherung. Die Studierenden wissen noch nicht, was von ihnen erwartet wird und ob sie dies überhaupt erfüllen können. Ein Praxisanleitertreffen stellt eine ideale Möglichkeit dar, um alle Vorstellungen, Wünsche, Ängste, Erwartungen vonseiten der Studierenden, aber auch der Praxisanleiterinnen zu besprechen und offene Fragen zu klären *(vgl. Bd. 2, HF 5, Kap. 4.3)*.

Die Aufgabe, ein Praxisanleitertreffen durchzuführen, regt an zum Nachdenken über Motive der Berufswahl und zur Auseinandersetzung mit eigenen und fremden Vorstellungen über den Beruf. Außerdem wird geübt, ein Projekt zu planen und durchzuführen.

Projektmethode
Hilfreich ist dabei die von Karl Frey, Professor für Pädagogik in Zürich, entwickelte „Projektmethode“:

- → Eine Gruppe von Lernenden bearbeitet ein Gebiet. Sie plant ihre Arbeiten selbst und führt sie auch aus. Oft steht am Ende ein sichtbares Produkt.
- → Die Projektgruppe besteht aus einer Klasse, einem Kurs oder der Schule. Das Projekt erstreckt sich über mehrere zusammenhängende Stunden.
- → Am Anfang des Projekts steht eine Projektinitiative.
- → Die Auseinandersetzung damit, die Auswahl des endgültigen Gebiets und die gemeinsame Entwicklung des Betätigungsgebiets sind Bestandteil des Projekts und wesentliche Lernprozesse.
- → In der Projektmethode spielen Bedürfnisse, Neigungen und Interessen der Teilnehmer eine Rolle. Sie fließen in die Entwicklung des Projekts ein.

↗ FAZIT

- → Die Studierenden suchen sich ihre Praktikumsstelle selbst. Um verschiedene Einsatzgebiete und unterschiedliche Konzepte und Arbeitsformen kennenzulernen, sollten Studierende Einrichtungen wählen, die sie noch nicht kennen und die sie nicht selbst als Kind besucht haben. Nur so ist eine effektive, anregende und entwicklungsfördernde Ausbildung gewährleistet.
- → Ein Praxisanleiterinnentreffen ist sinnvoll, um sich kennenzulernen und gegenseitige Erwartungen zu klären. Es kann im Rahmen eines Projekts vorbereitet werden.

→·← AUFGABEN UND ANREGUNGEN

1 Wenn Sie noch keine Praktikumsstelle haben, suchen Sie mithilfe der vorgeschlagenen Informationsquellen danach. Berücksichtigen Sie dabei die oben genannten Kriterien.

2 Diskutieren Sie Vor- und Nachteile eines Praktikums in Einrichtungen, die Sie schon kennen oder selbst als Kind besucht haben.

3 Präsentieren Sie sich als Klasse den Vertreterinnen und Vertretern der Praxis. Erarbeiten Sie dazu in Kleingruppen verschiedene Beiträge.

3.1 Lassen Sie sich bei den Vorbereitungen von den folgenden Fragen leiten:

- → **Wer sind wir?**
- → **Warum wollen wir Erzieher/-innen werden?**
- → **Was können wir?**
- → **Was befürchten wir?**
- → **Worauf freuen wir uns?**
- → **Wie sehen wir Kinder?**
- → **Wie sehen wir Erzieherinnen/Erzieher?**

3.2 Wählen Sie in Ihrer Gruppe eine Fragestellung und entwickeln Sie Ideen zur Bewältigung der Aufgabe. Sammeln Sie Ihre Ideen schriftlich (Auseinandersetzung mit der Projektinitiative)

3.3 Entscheiden Sie, in welcher Form Sie sich vorstellen wollen: mimisch, gestisch, szenisch, mit Gesang, mit Bildern, mit Text, durch Kleidung.

3.4 Stellen Sie einen Arbeitsplan auf. **(Gemeinsame Entwicklung des Betätigungsgebiets)**

3.5 Erarbeiten und proben Sie Ihren Beitrag zum Praxisanleitertreffen (Vorträge nicht länger als 15 Minuten). **(Projektdurchführung)**

3.6 Stellen Sie Überlegungen zum äußeren Rahmen des Treffens an.

3.7 Wahrscheinlich haben Sie Fragen an Ihre Praxisanleiter. Sammeln Sie diese und überlegen Sie, wie Sie eine Antwort darauf bekommen.

3.8 Präsentieren Sie Ihre Arbeitsergebnisse auf dem Praxisanleitertreffen! **(Abschluss des Projekts)**

4 Reflektieren Sie das Projekt „Praxisanleitertreffen“! Die folgenden Fragen beziehen sich auf Ihre persönlichen Erfahrungen bei der Erarbeitung und Präsentation der Aufgabe. Jede von Ihnen soll sich mithilfe der Leitfragen schriftlich Gedanken darüber machen, was bei dem Projekt gelernt wurde, was gut/weniger gut gelungen ist und ob die Durchführung hilfreich als Vorbereitung auf den 1. Praktikumstag war.

- → **Was habe ich bei dem Projekt über mich selbst gelernt?**
- → **Was kann ich davon in Zukunft gebrauchen?**
- → **Was habe ich über meine Mitschülerinnen erfahren? Kann ich etwas auf mich anwenden?**
- → **Wie gut konnte ich meine Vorstellungen, Interessen und Fähigkeiten einbringen?**
- → **Wann war mein Interesse am geringsten?**
- → **Wann war mein Interesse am größten?**
- → **Was betrachte ich als Erfolg bei der Präsentation der Ergebnisse, was als Misserfolg?**
- → **Welche Fragen sind bei dem Praxisanleiterinnentreffen für mich beantwortet worden bzw. offen geblieben?**
- → **Wie habe ich die Resonanz der Praxisanleiterinnen empfunden?**
- → **Mit welchen Gefühlen gehe ich jetzt in das Praktikum?**

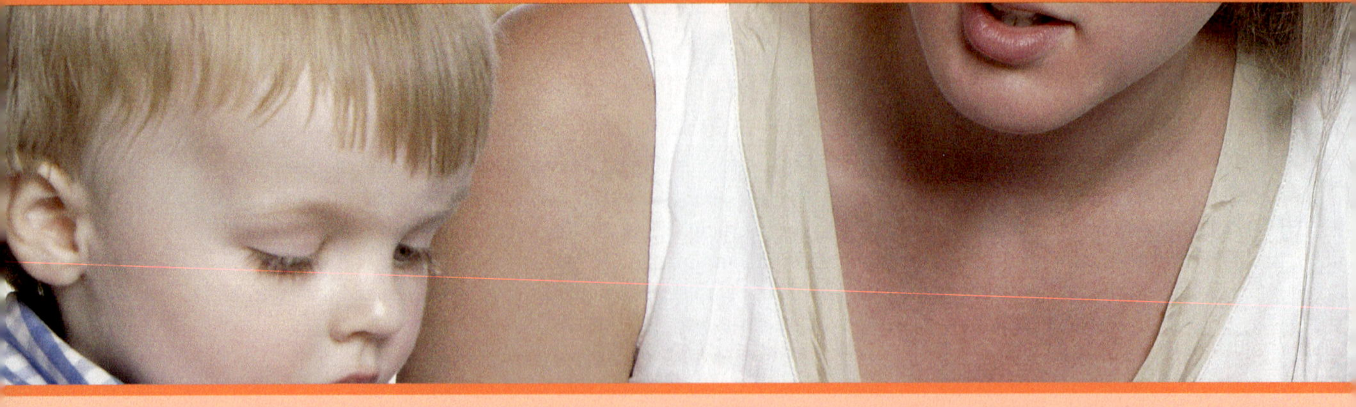

1 KINDER, JUGENDLICHE UND JUNGE ERWACHSENE IN IHRER LEBENSWELT VERSTEHEN UND BEZIEHUNGEN ZU IHNEN ENTWICKELN

Inhaltlicher Überblick

Kinder und Jugendliche wachsen in unterschiedlichen Lebenswelten auf. Diese sind von verschiedenen sozialen und ökonomischen Rahmenbedingungen bestimmt. Aber es spiegeln sich in ihnen auch viele andere Einflüsse wider, etwa die von Mehrsprachigkeit oder von kultureller und religiöser Vielfältigkeit.

Unabhängig von ihrer individuellen Lebenssituation soll jedoch allen Kindern und Jugendlichen die gleichberechtigte Teilhabe am gesellschaftlichen Leben ermöglicht werden.

Wer in Kindertageseinrichtungen oder in Einrichtungen der Jugendhilfe pädagogisch tätig ist, muss hierfür über ein differenziertes und fundiertes Wissen über die Entwicklung, Bildung und Sozialisation von Kindern, Jugendlichen und jungen Erwachsenen verfügen. Ebenso

müssen die Fachkräfte in der Lage sein, unterschiedliche Verhaltensformen und Situationen kompetent wahrzunehmen und in pädagogisch angemessenen Beziehungen darauf einzugehen.

Das Handlungsfeld vermittelt zunächst ein grundlegendes Wissen über Beobachtungs- und Kommunikationsformen und den erzieherischen Umgang mit Kindern und Jugendlichen. Ein besonderes Augenmerk fällt in diesem Zusammenhang auf die Bindungstheorie und das Konzept der Resilienz.

Weiteres Wissen bezieht sich auf die Bedeutung von Eltern und Familie, der Gruppe von Gleichaltrigen und der sozioökonomischen Gegebenheiten, in denen Kinder und Jugendliche heute leben. Ebenso geht es um erste Einschätzungen der rechtlichen sowie religiös und kulturell geprägten Vorgaben, die auf diese Lebensumstände ebenfalls einwirken.

Durch die Auseinandersetzung mit den genannten Themenbereichen sollen Beobachtungsverfahren und Kommunikationsmittel zukünftig zielorientiert angewendet werden können. Das Verständnis über die verschiedenen Entwicklungsverläufe bei Kindern und Jugendlichen vor dem Hintergrund höchst unterschiedlicher Einflussfaktoren befähigt dazu, Konsequenzen für das eigene pädagogische Handeln zu entwickeln. Demokratische Mitwirkungs- und Beteiligungsrechte, aber auch Konfliktthemen im Feld der Jugendhilfe werden in die Planung pädagogischer Prozesse und die Erarbeitung von möglichen Lösungsstrategien mit einbezogen.

1 Pädagogische Beziehungen gestalten

1.1 Grundlagen der Kommunikation

Sie sind Praktikantin in einer Kindertagesstätte. In Ihrem Kindergarten finden regelmäßige Dienstbesprechungen statt. Heute geht es um die Bildungspläne. Jede Erzieherin ist daran gebunden und bereitet zur Erfüllung des Bildungsauftrags Wochenpläne vor. „Da steckt viel Arbeit drin“, sagt eine Kollegin. Die Leiterin, Frau Emsig, möchte mit allen Kolleginnen über die Wochenpläne sprechen: „Es wird höchste Zeit, dass wir mal wieder über die Wochenpläne sprechen. Ich hoffe, Sie bringen Ihre Pläne mit.“ Die Art und Weise, wie sie das sagt, gefällt einigen Kolleginnen nicht. Sie fühlen sich verunsichert, weil sie bei der Leiterin Verärgerung spüren. Es gibt Gerede.

Sie fahren mit einer Kollegin frustriert nach Hause und trinken unterwegs in einem Bistro noch einen Kaffee. Dabei machen Sie Ihrem Ärger Luft: „Ich kann nicht verstehen, dass wir unter uns die Leitung des Kindergartens ständig kritisieren, aber auf der Dienstbesprechung alle so tun, als hätten wir keine Probleme mit ihr. Das ist doch ziemlich verlogen. Oder?“ Daraufhin meint Ihre Kollegin: „Ich weiß nicht, ich finde, auf einer Dienstbesprechung sollte die sachliche Ebene immer von der Person getrennt werden.“

Team und Leitung in einer Dienstbesprechung

↘ FRAGEN

→ *Welche Gründe könnten bei der Leiterin zur Verärgerung geführt haben?*

→ *Weshalb könnten die Erzieherinnen verunsichert sein?*

→ *Wie laufen Ihrer Meinung nach Kommunikationsprozesse ab, in welchen die Beteiligten gegenseitigen Respekt und Wertschätzung empfinden?*

1.1.1 Das einfache Kommunikationsmodell

Die kommunikativen Fähigkeiten und Fertigkeiten, die eine Erzieherin im beruflichen Alltag braucht, sind vielfältig. Sie reichen vom freien Sprechen auf Elternabenden bis hin zu manchmal schwierigen Einzel- und Gruppengesprächen mit Erwachsenen und Kindern. Daher gehört zur persönlichen Professionalisierung ein „breites und integriertes Wissen über Einflussfaktoren erfolgreicher Kommunikation" *(vgl. Qualifikationsprofil „Frühpädagogik" WiFF 2011, S. 18).*

Soziale Kommunikation ist der zwischenmenschliche Austausch von Informationen in Sprache, Schrift und Bild. Dabei werden Daten und Botschaften mit festgelegtem Bedeutungsinhalt wechselseitig übermittelt.

Der Vorgang der Kommunikation kann mit einem einfachen Grundmodell veranschaulicht werden. Es gibt zum einen den **Sender** (Sprecher), der etwas mitteilen möchte, und zum anderen den **Empfänger** (Zuhörer), der die **Nachricht** empfängt. Die Nachricht wird über einen Kanal (Übertragungsweg) gesendet und wird vom Sender kodiert (verschlüsselt). Der Empfänger muss sie dekodieren (entschlüsseln), was nur gelingen kann, wenn beide Gesprächspartner denselben Kode (Sprache, Zeichen) benutzen, andernfalls kommt es zu Kommunikationsstörungen.

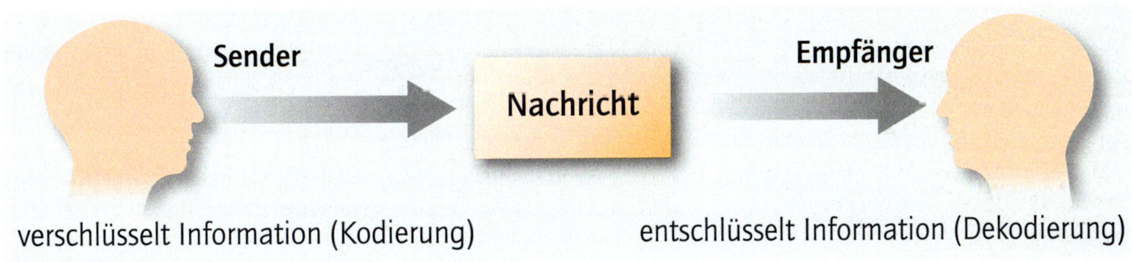

Eine Nachricht wird von einem Sender an einen Empfänger gesandt.

Kommunikationsmodelle versuchen zu erklären, warum eine Kommunikation erfolgreich bzw. erfolglos verlaufen kann und wie sich eine erfolgreiche oder eine gestörte Kommunikation auf zwischenmenschliche Beziehungen auswirken kann. Zwei der bekanntesten Kommunikationsforscher, **Paul Watzlawick** (1921–2007) und **Friedemann Schulz von Thun** (*1944), haben aufgrund ihrer Forschungsergebnisse **Kommunikationstheorien** entwickelt, die für pädagogische Prozesse von großer Bedeutung sind. Beide Modelle machen deutlich, wie durch ein verändertes **Kommunikationsverhalten** Vertrauen in Beziehungen wachsen oder aber gar nicht erst entstehen kann, und erklären das Phänomen, wie es z. B. zwischen Lebenspartnern oder Freunden ungewollt zu Verstimmungen kommen kann, weil nonverbale Signale falsch interpretiert wurden.

Die „Eisbergtheorie"
Wenn Erzieherinnen und Eltern aufeinandertreffen, dann können sie gar nicht anders: Sie kommunizieren miteinander. Nur ein Drittel unserer Kommunikation ist allerdings verbaler Art.

Nur ein Drittel unserer Kommunikation wird also davon bestimmt, was wir im Gespräch aussagen. Den weitaus größeren Teil aber drücken wir **nonverbal** aus. Das geschieht in der Regel unbewusst.

Eisbergtheorie - Nur ein Drittel unserer Kommunikation ist verbal.

Unter **nonverbaler Kommunikation** versteht man alles, was nicht sprachlich (= verbal) ausgedrückt wird. Da in diesem Fall sozusagen unser Körper spricht, nennt man dies **„Körpersprache"**.

Eltern empfangen nonverbale Signale schon dadurch, wie der Kindergarten beim Bringen und beim Abholen ihrer Kinder aussieht. Sind die Räume aufgeräumt, chaotisch oder geschmückt, hängen z. B. bunte Bilder oder Figuren an der Wand? Dies kann schon viele Botschaften enthalten: darüber, wie die Kinder den Tag verbringen, wie willkommen Kinder und Eltern sind usw.

Leider wird der Einfluss nonverbaler Kommunikation oft unterschätzt. Dies führt in Elternkontakten mitunter zu Missverständnissen. So traut sich beispielsweise die Mutter von Elina, die erst seit ein paar Tagen im Kindergarten ist, nicht, die Leiterin anzusprechen, da diese sich nie im Eingangsbereich zeigt und deshalb offenbar nicht ansprechbar ist. Die Leiterin wundert sich dagegen, warum die Mutter von Elina nie mit ihr spricht.

1.1.2 Grundsätze der Kommunikation nach Watzlawick

Paul Watzlawick hat zur Beschreibung seiner Theorie fünf pragmatische **Axiome** (Grundsätze, die keines Beweises bedürfen) aufgestellt.

1. Man kann nicht *nicht* kommunizieren.
Watzlawick versteht Kommunikation als ein Verhalten - mit oder ohne Worte. Bewusst oder unbewusst übermittelt jeder über Tonfall, Mimik, Gestik und Körpersprache Informationen. Auch Schweigen ist ein Ausdruck von Verhalten und demnach eine Form der Kommunikation. Wenn also alles Verhalten Mitteilungscharakter hat, folgt daraus, dass man nicht *nicht* kommunizieren kann.

Zu einer **Störung** in der Kommunikation kann es z. B. kommen, wenn der nicht ausgesprochene Wunsch nach Schweigen von der Umwelt nicht verstanden wird und der Betroffene in eine Situation gezwungen wird, die er eigentlich vermeiden wollte.

2. Jede Kommunikation hat einen Inhalts- und einen Beziehungsaspekt, wobei letzterer den ersteren bestimmt.
Jede Kommunikation enthält eine Sachinformation **(Inhaltsaspekt)**, die transportiert werden soll. Gleichzeitig wird dieser Inhalt immer auf eine bestimmte Art und Weise übermittelt. Darin drückt sich die Beziehung des Senders zum Empfänger aus **(Beziehungsaspekt)**. Dieser Beziehungsaspekt bestimmt, *wie* der Inhalt einer Mitteilung zu verstehen ist. Es kommt also nicht nur darauf an, *was* man sagt, sondern vor allem *wie* man etwas sagt. Das *Wie* bezieht sich immer auf die Beziehung zum Gesprächspartner, die sich durch Mimik, Gestik, Tonfall und Körperhaltung ausdrücken kann.

Wenn z. B. ein Kind gefragt wird: „Warum hast du das gemacht?", kann das Kind je nach Tonfall, Mimik, Gestik und Körpersprache der Frage entnehmen, ob eine Strafe oder eine sachliche Erklärung folgen wird. Dementsprechend wird es sich entscheiden, ob es die Wahrheit sagt oder sich eine Ausrede überlegt.

Daraus kann man folgern, dass es keine rein informative Kommunikation gibt, denn jede Äußerung enthält immer auch eine Beziehungsaussage. Kommunikation gelingt, wenn bei beiden Kommunikationspartnern Einigkeit über den Inhalts- und den Beziehungsaspekt herrscht. Eine **Störung** kann auftreten, wenn ein Kommunikationspartner unterschiedliche Botschaften sendet oder wenn einer der beiden Aspekte von den Kommunikationspartnern unterschiedlich interpretiert wird.

3. Ursache und Wirkung
Jeder **Kommunikationsprozess** unterliegt einer gewissen Struktur. Sender und Empfänger interpretieren ihr eigenes Verhalten immer als Reaktion auf das des anderen. Daraus ergibt sich ein System, in dem auf jeden Reiz eine Reaktion erfolgt. So kann später niemand mehr angeben, wer bei einem Streit „angefangen" hat. Jeder Gesprächspartner findet eine Ursache, die zum Streit geführt hat, und kann damit die eigene Reaktion erklären. Menschliche Kommunikation erfolgt aber nicht in Kausalketten, sondern kreisförmig. Anfänge werden nur subjektiv gesetzt.

Kommunikation wird **gestört,** wenn die Gesprächspartner sie nicht als kreisförmig ansehen, sondern an unterschiedlichen Punkten des Kommunikationsablaufs einhaken und für sich entscheiden, dass ein Streit „hier angefangen hat, das war die Ursache".

4. Menschliche Kommunikation bedient sich analoger und digitaler Modalitäten.
Mit **digitaler Kommunikation** ist die Informationsübermittlung durch Zeichen und Namen für bestimmte Objekte gemeint, in der Regel also durch Sprache. **Analoge Kommunikation** erfolgt nonverbal z. B. durch Lächeln, Wegschauen oder eine Zeichnung. Sie ist mehrdeutig und kann unterschiedlich entschlüsselt werden. Dabei kann es bei Fehlinterpretationen zwischen den Gesprächspartnern schnell zu Konflikten kommen. So können Tränen z. B. Schmerz, aber auch Freude bedeuten, ein Lächeln kann Sympathie, aber auch Verachtung ausdrücken.

Über die digitale Kommunikation werden Inhalte strukturiert und vermittelt (Inhaltsaspekt), während mit analogen Elementen häufig die Beziehungsebene vermittelt wird (Beziehungsaspekt). Die digitale Kommunikation besitzt nach Watzlawick kein ausreichendes Vokabular zur klaren Definition von Beziehungen. Die analoge Kommunikation neigt hingegen zu Mehrdeutigkeit und kann falsch interpretiert werden. Beides kann sich problematisch auf den Kommunikationsablauf auswirken. Wenn z. B. ein Kind ein Küsschen auf die Wange bekommt, so kann das bedeuten: „Ich mag dich sehr" – oder aber es bedeutet „Geh jetzt spielen und lass mich in Ruhe."

5. Zwischenmenschliche Kommunikationsabläufe sind entweder symmetrisch oder komplementär.
Zwischenmenschliche Beziehungen basieren entweder auf **Gleichheit (symmetrisch)** oder **Ungleichheit (komplementär).** Eine symmetrische Beziehungsform zeichnet sich dadurch aus, dass die Kommunikationspartner nach Gleichheit streben und sich bemühen, Ungleichheit zu minimieren. Eine komplementäre Beziehungsform dagegen zeichnet sich in der Interaktion durch unterschiedliche, aber sich ergänzende Verhaltensweisen aus. Der eine Partner hat eine übergeordnete Stellung, während der andere die ergänzende untergeordnete Stellung einnimmt, z. B. bei Schüler und Lehrer, Eltern und Kind usw. In einer harmonischen Beziehung sind Kommunikationsabläufe im Gleichgewicht vorhanden.

1.1.3 Das Vier-Seiten-Modell nach Schulz von Thun

Vielfältige Botschaften
Alle Interaktionen zwischen uns und unserer Umwelt beinhalten immer auch eine Aussage über uns selbst und unsere Absichten, auch wenn wir das bewusst vielleicht gar nicht gewollt haben. Das gilt sowohl für unsere verbale als auch unsere nonverbale Kommunikation. **Friedemann Schulz von Thun** hat die Erkenntnisse von Watzlawick erweitert und zu einem neuen Erklärungsmodell zusammengefasst (1992), nachdem er zahlreiche Gespräche analysiert hatte und zu der Erkenntnis gekommen war, dass eine Nachricht (mindestens) auf vier Ebenen gesendet oder empfangen werden kann.

Die vier Seiten einer Nachricht

Mithilfe des Modells kann bestimmt werden, wie zwei Personen, die miteinander kommunizieren, zueinander stehen. Zu Konflikten und **Störungen** kann es kommen, wenn Sender und Empfänger die vier Seiten einer Nachricht unterschiedlich deuten. Nach Schulz von Thun ist es möglich, jede Nachricht auf vier Botschaften hin zu **senden** und zu **entschlüsseln:**

Sachebene: Auf der Sachebene wird der rein sachliche Inhalt einer Nachricht übermittelt.
Sender: Worüber ich dich informiere.

Selbstoffenbarungsebene: Der Sender gibt persönliche Informationen (Gefühle, Gedanken) von sich preis. Dies sind meist Ich-Botschaften, also Äußerungen, die die eigenen Gefühle und Meinungen mitteilen.
Sender: Was ich von mir selbst mitteile.

Beziehungsebene: Auf der Beziehungsebene wird das Verhältnis zum Gesprächspartner zum Ausdruck gebracht. In jeder Mitteilung ist also immer ein Hinweis auf die Beziehung enthalten.
Sender: Was ich von dir halte und wie wir zueinander stehen.

Appellebene: Auf der Appellebene wird versucht, Einfluss auf den Gesprächspartner zu nehmen.
Sender: Wozu ich dich veranlassen möchte.

Der Empfänger nimmt unbewusst diese vier Seiten einer Nachricht wahr und kann die Botschaft des Senders auf vier Ebenen empfangen bzw. „hören“. Daher wird dieses Modell auch als **Vier-Ohren-Modell** bezeichnet.

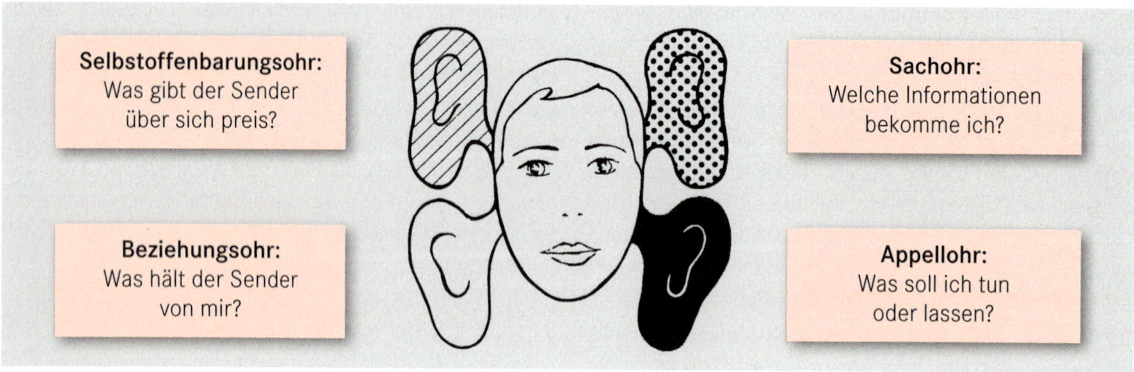

Die vier Seiten einer Nachricht aus Sicht des Empfängers

Von der Situation, der momentanen Verfassung des Empfängers und den Erfahrungen der Gesprächspartner hängt es ab, auf welcher Ebene die Botschaft empfangen bzw. vordergründig „gehört“ wird. Äußere Einflüsse, die dies beeinflussen, können z. B. sein:

→ In welchen Rollen befinden sich die Gesprächspartner?
→ In welcher Beziehung stehen sie zueinander?
→ Handelt es sich um eine Dienstbesprechung oder ein privates Gespräch?

Wird eine Nachricht mit dem Sachohr oder dem Appellohr aufgenommen, verläuft die Kommunikation meist unproblematisch. Auf diesen Ebenen werden die Nachrichten vom Empfänger meist richtig entschlüsselt. Hört der Empfänger jedoch vordergründig mit dem Beziehungs- oder Selbstoffenbarungsohr, kann es zu einer fehlerhaften Entschlüsselung und damit zu Missverständnissen kommen.

Die Leiterin einer Kita sagt zur Praktikantin: „Bitte kommen Sie vor der Dienstbesprechung in mein Büro. Ich muss kurz etwas mit Ihnen bereden.“
Die Praktikantin kann diese Botschaft mit „vier Ohren“ hören:

→ Sachohr: Sie will mit mir sprechen.
→ Appellohr: Es ist wichtig! Ich darf nicht zu spät kommen!
→ Beziehungsohr: Sie hat was gegen mich.
→ Selbstoffenbarungsohr: Sie klingt, als hätte sie schlechte Laune oder Ärger.

Jede Gesprächsmitteilung (Sendung) veranlasst den Gesprächspartner (Empfänger) dazu, bestimmte Dinge zu tun oder zu unterlassen bzw. etwas zu denken oder zu fühlen. Es ist nicht immer einfach, herauszufinden, ob es sich um eine offene oder eine versteckte Mitteilung handelt. In einer versteckten Mitteilung kann der Sender z. B. beabsichtigen, beim Empfänger ein Gefühl von Bewunderung oder Hilfsbereitschaft zu wecken. Der Empfänger hat nun aber die Möglichkeit, sich auf diesem „Ohr" der Selbstoffenbarung taub zu stellen. Er reagiert nur mit den anderen drei „Ohren". Diese freie Wahl, mit welchem „Ohr" der Empfänger auf eine Nachricht reagiert, macht die zwischenmenschliche Kommunikation so störungsanfällig.

Für pädagogische Fachkräfte gehört daher eine ausgewogene „Vierohrigkeit" zur kommunikations-psychologischen Grundausrüstung. Es kommt immer auf die spezifische Situation an, mit welchem „Ohr" auf das Gehörte zu reagieren ist.

Mithilfe dieses Kommunikationsmodells können nicht nur Kommunikationsstörungen aufgedeckt werden. Auch eine Charakterisierung von **Kommunikationsstilen,** die vom Sender ausgehen, kann vorgenommen werden. Schulz von Thun unterscheidet folgende acht Stile:

- → der bedürftig-abhängige („Ich bin hilflos")
- → der helfende („Ich stehe dir bei")
- → der selbstlose („Ich bin ganz für dich da")
- → der aggressiv-entwertende („Du bist schuld, du bist ...")
- → der sich beweisende („Ich bin ohne Fehler")
- → der bestimmend-kontrollierende („Das macht man so")
- → der sich distanzierende („Ich stehe darüber")
- → der mitteilungsfreudige-dramatisierende („Hoppla, hier komm ich")

Als pädagogische Fachkraft ist man für unterschiedliche Kommunikationsstile sensibilisiert. Diese stehen im engen Zusammenhang mit den **Erziehungsstilen** und haben großen Einfluss auf das Verhalten junger Menschen. Nach wissenschaftlichen Erkenntnissen lässt sich bei keinem Erwachsenen nur ein einziger Kommunikationsstil beobachten. Erst wenn pädagogische Fachkräfte ihr eigenes Kommunikationsverhalten reflektiert haben, können sie ihre Kommunikationsfähigkeit erweitern und professioneller gestalten.

Wie Menschen miteinander kommunizieren, hängt immer auch von der Persönlichkeitsstruktur des Einzelnen und seiner Sozialisation ab.

Das Vier-Seiten-Modell nach Schulz von Thun geht davon aus, dass jede Nachricht vier Aspekte hat: Sachinhalt, Selbstoffenbarung, Appell und Beziehung. Der Empfänger kann jede Nachricht mit vier Ohren hören: Sachohr, Selbstoffenbarungsohr, Appellohr und Beziehungsohr.

1.1.4 Transaktionsanalyse

Die von dem Psychoanalytiker **Eric Berne** (1910–1970) begründete Theorie der **Transaktionsanalyse (TA)** wurde ursprünglich als ein psychotherapeutisches Verfahren entwickelt, das auf einer erweiterten Theorie der menschlichen Persönlichkeit basiert. Seit einigen Jahren ist sie aber auch in der Pädagogik ein bekanntes Kommunikationsmodell mit einem hohen praktischen Handlungsbezug. Sie untersucht die Beziehungen zwischen Menschen und beschreibt den **Kommunikationsprozess.** Mit ihrer Hilfe lassen sich zwischenmenschliche Beziehungsebenen sowie die eigene Person und die inneren Prozesse besser verstehen. Sie hilft, persönliche Potenziale zu entwickeln und mit Menschen konstruktiv zu kommunizieren. Für viele pädagogische Fachkräfte ist sie ein bewährtes Mittel zur Verbesserung und Förderung der zwischenmenschlichen Kommunikation.

Mit der Transaktionsanalyse lassen sich typisches Rollenverhalten und Kommunikationsprozesse untersuchen.

Hauptkonzept der TA ist das Strukturmodell der **Ich-Zustände.** Dieses Ich-Zustands-Modell besagt, dass jeder Mensch aus drei Ich-Zuständen heraus handelt, die in unterschiedlichen Phasen der Kindheit entstehen: dem **Eltern-Ich-Zustand** (EL), dem **Erwachsenen-Ich-Zustand** (ER) und dem **Kind-Ich-Zustand** (K).

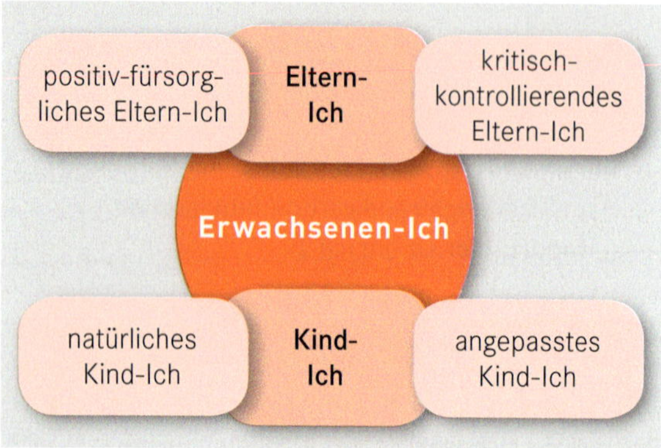

Die Ich-Zustände

Das Eltern-Ich lässt sich weiter in das **kritische** und das **fürsorgliche** Eltern-Ich unterscheiden, das Kind-Ich in das **natürliche** und **angepasste** Kind-Ich. Diese Ich-Zustände lassen sich im Verhalten eines Menschen in unterschiedlicher Weise beobachten und werden in der Transaktionsanalyse wie folgt definiert:

Das **Eltern-Ich** eines Menschen ist von frühkindlichen Erfahrungen und vom Erziehungsstil der Eltern geprägt. In diesem Zustand denkt und handelt man, wie es von Autoritätspersonen übernommen worden ist. Es kann zwei konträre Ausprägungen haben:

Das **positiv-fürsorgliche** Eltern-Ich, das die Hilfsbereitschaft und Ermutigungen übernommen hat und nun anderen hilft, die Verständnis benötigen.

Typisches Verhalten
In der U-Bahn älteren Menschen einen Platz anbieten oder einer Freundin/einem Freund in einer schwierigen Situation aus der „Patsche" helfen.

Typische Gesten
Jemanden in den Arm nehmen, streicheln, auf die Schulter klopfen und beruhigend auf ihn einreden (sehr wichtig bei Menschen, die einen Schock erlitten haben).

Typische Worte
Sei nicht traurig; das wird schon wieder; mach dir nichts daraus; ist nicht so schlimm usw.

Im **kritisch-kontrollierenden** Eltern-Ich-Zustand handelt man nach den Normen und Regeln, die von den Eltern übernommen worden sind. Je nachdem, wie und mit welchem konsequenten Verhalten sie eingehalten wurden, werden die eigenen Erfahrungen später an Kinder und Jugendliche weitergegeben.

Typisches Verhalten
Auf ein unerwünschtes Verhalten wird mit Konsequenzen reagiert.

Typische Gesten
Erhobener Zeigefinger, strenger Blick, laute Stimme, Kopfschütteln

Typische Worte
Wörter wie „müssen", „sollen" und eindeutige Antworten wie „ja" und „nein" sind typisch. „Das musst du noch mal machen"; „Streng dich mehr an" usw.

Das **Erwachsenen-Ich** ist auf die gegenwärtige Realität und das objektive Sammeln von Informationen gerichtet. Es ist geordnet, anpassungsfähig und intelligent. Es überprüft die Realität, schätzt Wahrscheinlichkeiten ein und verarbeitet alles mit Vernunft. Während das Eltern-Ich eines Menschen vor allem durch die Erziehung und die Erlebnisse in der Kindheit geprägt wird, entwickelt sich das Erwachsenen-Ich erst im Laufe des Lebens. Im Erwachsenen-Ich-Zustand handelt der Mensch also aus der eigenen Lebenserfahrung heraus.

Typisches Verhalten
Wenn Eltern z. B. einen Kindergartenplatz suchen, werden sie sich vorher mit den Qualitätskriterien befassen.

Typische Gesten
Sachliches, neutrales Verhalten, nüchternes Abwägen, selbstbewusste Haltung, klare Stimme, sicherer Auftritt.

Typische Worte
Sammeln von Argumenten und Informationen, wichtige Fragen zur Sache stellen.

Das **Kind-Ich** enthält die Sichtweisen aus der Kindheit einer erwachsenen Person und alle Impulse, die ein Kind von Natur aus hat. In ihm sind Gefühle wie Enttäuschungen und Hoffnungen, die man als Kind hatte, gespeichert. Deshalb handelt, wer sich gerade im Kind-Ich-Zustand befindet, auch nach Gefühl und Lust.

Dem Kind-Ich stehen zwei unterschiedliche Handlungskonzepte zur Verfügung:

1. Natürliches Kind-Ich
Das Natürliche Kind-Ich drückt die unbekümmerte, spontane und natürliche Art aus, die man als Kind oft zur Freude der Eltern gezeigt hat.

Typisches Verhalten
Benehmen, ohne auf etwas Rücksicht zu nehmen, spontane Wunscherfüllung usw.

Typische Gesten
Je nach Stimmung wird gelacht, getanzt, gesungen, geweint und auch „gealbert".

Typische Worte
Toll, super, geil, stark, juhu usw.

2. Angepasstes Kind-Ich
Das angepasste Kind-Ich drückt das gehorchende, sich den Eltern unterordnende Kind aus, das es einmal war und welches nicht aufgrund eigener Überlegungen gehandelt, sondern die Befehle der Eltern befolgt hat.

Typisches Verhalten
Wenn im Kindergarten die Gruppenleiterin über eine andere „lästert" und die Praktikantin mit dem Kopf nickt, obwohl sie anderer Meinung ist.

Typische Gesten
Beim Gespräch mit Vorgesetzten mit eingezogenem Kopf und Schultern dasitzen, zustimmend nicken, sich nichts zu sagen trauen. Mit der Clique ins Kino gehen, obwohl man den Film gar nicht mag.

Typische Worte
„Ich weiß nicht", „mach du das", „du kannst das besser", „ja, ich komm gleich", „das wollte ich nicht".

Die beschriebenen Ich-Zustände oder Haltungen kann jeder Mensch bei sich selbst und anderen wiederfinden. Grundsätzlich sind alle drei Ich-Zustände wichtig und sinnvoll und machen die Gesamtheit einer Person aus.

Haben Menschen mit einem bestimmten dominant ausgeprägten Ich-Zustand Erfolg in ihrem sozialen Umfeld, werden sie sich nicht verändern. Der Ich-Zustand kann sich zu einem Verhaltensmuster verfestigen. Wer jedoch in seinem Kommunikationsverhalten die Vorherrschaft des Erwachsenen-Ichs und die Integration der anderen Ich-Zustände anstrebt, bringt anderen mehr Akzeptanz und Wertschätzung entgegen und wird diese auch selbst erfahren.

Transaktionen
Um Kommunikationsprozesse zu untersuchen, werden in der Transaktionsanalyse sogenannte Transaktionen betrachtet. Als Transaktion wird die kleinste Kommunikationseinheit bezeichnet, die aus einer verbalen und nonverbalen Mitteilung (einem Stimulus) des Senders und einer darauf bezogenen verbalen oder nonverbalen Reaktion (Response) des Empfängers besteht. Anschließend wird analysiert, aus welchem Ich-Zustand der Sender gehandelt hat und aus welchem Ich-Zustand der Empfänger darauf reagiert hat. Möglich sind **parallele** oder **gekreuzte Transaktionen** sowie **verdeckte Kommunikation.**

Eine Mutter fragt beim Abholen ihrer zweijährigen Tochter die Gruppenleiterin:
„Hat Lisa heute Gemüse gegessen?"
(Kritisches Eltern-Ich)

Die Erzieherin antwortet ärgerlich:
„Natürlich hat sie heute Gemüse gegessen!"
(Trotziges Kind-Ich: Die Mutter muss doch wissen, dass ich darauf achte. Warum fragt sie?)

Eigentlich hat die Mutter bei der Erzieherin eine Reaktion aus dem *fürsorglichen Eltern-Ich* erwartet, z. B. „Heute hat sie ohne zu meckern auch Gemüse gegessen. Da habe ich sie sehr gelobt."
Auf die trotzige Reaktion der Erzieherin reagiert sie mit ihrem *Erwachsenen-Ich,* sachlich und ruhig: „Das freut mich. Wie sieht denn morgen der Speiseplan aus?"
Die Reaktion der Erzieherin (immer noch etwas ärgerlich): „Der Plan hängt an der Pinnwand."

Parallele und gekreuzte Transaktionen

Parallele Transaktionen liegen vor, wenn die Reaktion des Empfängers aus dem gleichen Ich-Zustand erfolgt wie die Aktion des Senders. Es liegt auch dann noch eine parallele Transaktion vor, wenn der Sender z. B. aus dem Eltern-Ich an das Kind-Ich vom Empfänger spricht und dieser aus dem angesprochenen Kind-Ich antwortet. Parallele Transaktionen, sowohl auf gleicher als auch auf verschiedener Ebene, sind in der Regel konfliktfrei.

Eine **gekreuzte Transaktion** findet dagegen statt, wenn der Empfänger aus einem für den Sender unerwarteten Ich-Zustand antwortet. Dies führt gewöhnlich zu einem Konflikt.

In unserem Beispiel antwortet die Erzieherin aus ihrem Kind-Ich statt – wie von der Mutter erwartet und angesprochen – aus einem fürsorglichen Eltern-Ich bzw. sachlichen Erwachsenen-Ich. Die Kommunikation ist gestört. Oft hängt die Reaktion auf eine Mitteilung auch stark von der emotionalen Stimmung ab, in der sich der Angesprochene gerade befindet.

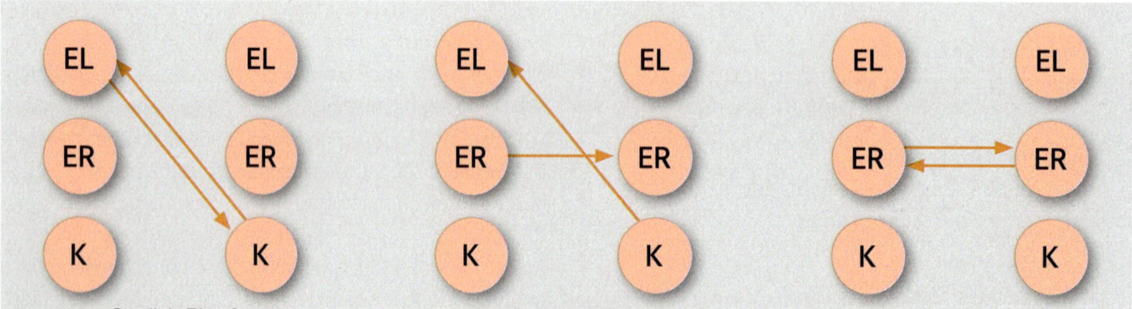

Parallele TA auf verschiedener Ebene — *Gekreuzte TA* — *Parallele TA auf gleicher Ebene*

Bei einer positiven parallelen Transaktion würden sich Mutter und Erzieherin beide im Erwachsenen-Ich-Zustand befinden und das Gespräch konfliktfrei führen können:

> Mutter (sachliches Erwachsenen-Ich):
> „Hat Lisa heute Gemüse gegessen?“
>
> Erzieherin (sachliches Erwachsenen-Ich):
> „Ja, heute hat es ihr richtig geschmeckt.“

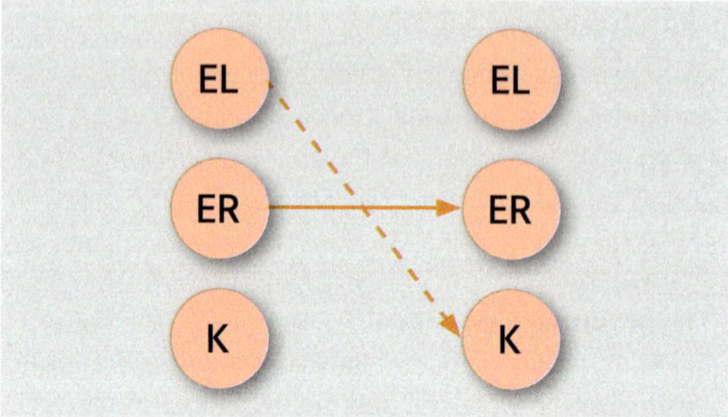

Verdeckte Transaktion

Bei einer **verdeckten Transaktion** liegt unter einer offenen Botschaft noch eine zweite, die meist nonverbal und aus einem anderen Ich-Zustand heraus vermittelt wird. Da die verbale Botschaft die nonverbale überdeckt, ist es häufig sehr schwierig, die verdeckte Botschaft zu erkennen.

Vier Grundpositionen der Transaktionsanalyse

Die Transaktionsanalyse geht von der Grundannahme aus, dass jeder Mensch wertvoll, autonom, ziel- und sinnorientiert ist und sich selbst verwirklichen möchte. Die Entwicklung einer positiven oder negativen Grundeinstellung gegenüber sich selbst und anderen Menschen geschieht bereits in frühen Entwicklungsphasen und wirkt sich unterschiedlich auf die zwischenmenschliche Kommunikation aus.

In der Transaktionsanalyse werden vier Arten von Grundeinstellungen unterschieden:

1. Ich bin o. k. – du bist o. k.:
Ich bin etwas wert und du auch.

Im Gegensatz zu den anderen Grundpositionen ist diese nicht schon in der Kindheit entstanden, sondern ist die bewusste Entscheidung einer erwachsenen Person. Menschen mit dieser konstruktiven und humanen Grundeinstellung billigen sich und anderen Personen die gleiche Bedeutung zu. Auf diesem Hintergrund fühlen sie sich anderen gegenüber weder unterlegen noch überlegen und begegnen ihnen offen und gelassen.

2. Ich bin nicht o. k. – du bist o. k.:
Ich bin weniger wert als du.

Menschen mit dieser Grundeinstellung des Selbstzweifelns leiden an Minderwertigkeitsgefühlen. Sie glauben, dass andere mehr können und wissen, und fühlen sich daher oft selbst nicht kompetent. Häufig verwenden sie mehr Energie darauf, von anderen Hilfe und Unterstützung zu erhalten, als darauf, ihre eigenen Kräfte und Fähigkeiten effektiv einzusetzen.

3. Ich bin o. k. – du bist nicht o. k.:
Ich bin mehr wert als du.

Menschen mit dieser überzogenen Grundeinstellung zeigen eine arrogante, überhebliche oder eine überzogen hilfreiche und fürsorgliche Haltung. Unter dem Eindruck, dass die anderen nicht so kompetent und mit Verantwortung belastbar sind und deshalb von ihnen erwarten, dass sie die Verantwortung übernehmen, machen solche Menschen lieber alles selber.

4. Ich bin nicht o. k. – du bist nicht o. k.:
Ich bin nichts wert und du auch nicht.

Personen mit dieser Grundeinstellung, können der menschlichen Existenz im Grunde keinen Sinn abgewinnen. „Es hat ja doch alles keinen Sinn" oder „Was soll das schon nützen?" sind daher typische Bemerkungen dieser Menschen *(vgl. Stewart/Vann)*.

1.1.5 Gesprächstechniken

Im Folgenden werden einige Gesprächstechniken beschrieben, die das Führen von Gesprächen erleichtern.

1. Beispiel:
Morgens, kurz vor acht. Die Erzieherin Hanna begrüßt Tim und seine Mutter. Tim ist ein lebhaftes Kind. Er weigert sich, die Gummistiefel auszuziehen. Die Mutter ist hilflos. Sie sagt zu Hanna: „Ich fühle mich derzeit total überfordert mit Tims Erziehung." Hanna antwortet: „Machen Sie sich nix draus, wird schon wieder." Die Mutter wirkt jetzt noch hilfloser, Hanna merkt, dass das, was sie gesagt hat, nicht hilfreich war, weiß aber auch nicht, was sie nun machen soll. Jetzt fühlt auch sie sich hilflos. Keiner sagt etwas.

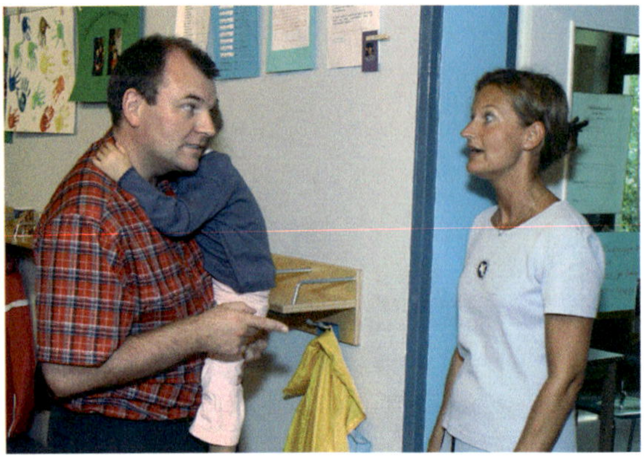

„Sie haben ja keine Ahnung!"

2. Beispiel:
Die Erzieherin Hanna hat sich schon öfter über Marthas Vater geärgert, der sie meist während oder nach dem Frühstück bringt. Eines Morgens platzt sie damit heraus: „Immer kommen Sie zu spät!" Der Vater wird sauer und blafft zurück: „Sie haben ja keine Ahnung!", und verschwindet. Hanna fühlt sich den ganzen Vormittag schlecht.

Zwei typische Alltagssituationen einer Erzieherin. Was ist falsch gelaufen? Wie gehen die Erzieherinnen und die Eltern miteinander um? Was hätte man anders machen können? Wie sollten sich alle Beteiligten verhalten? Gibt es bestimmte Methoden für Gespräche?

1. Aktives Zuhören

Erinnern wir uns an Tim. Er weigert sich, die Gummistiefel auszuziehen. Die Mutter ist hilflos und erwartet einen Rat von der Fachfrau, als sie sagt: „Ich fühle mich derzeit total überfordert mit Tims Erziehung." Die Erzieherin möchte der Mutter tröstliche Worte sagen, doch wie hilfreich ist ihre Antwort für die Mutter in dieser Situation? Das Resultat ist unbefriedigend. Die Mutter wirkt resigniert, Hanna ist verunsichert.

Auch zuhören will gelernt sein. Viele Missverständnisse und Kommunikations- oder Beziehungsprobleme lassen sich darauf zurückführen, dass die Gesprächspartnerinnen sich nicht richtig zuhören. In der Gesprächsführung nennt man das gesprächsfördernde Zuhören „Aktives Zuhören". Es geht, wie der Name schon sagt, über das reine Zuhören hinaus.

Aktives Zuhören ist eine gefühlsbetonte Reaktion des Zuhörers auf das, was er vom Sprechenden hört:
Aktiv, weil nicht nur schweigend zugehört wird, sondern der Zuhörer dem Gesprächspartner eine Rückmeldung gibt über seine Wahrnehmung des Gehörten. Damit bringt er Verständnis und Empathie zum Ausdruck.
Zuhören, weil der Zuhörer sich wirklich ganz auf die Gesprächspartnerin und ihre Perspektive konzentriert und eigene Meinungen zurückstellt.

Aktives Zuhören ist weder Zustimmung noch Widerspruch. Der Zuhörer gibt zu erkennen, dass er sich auf den anderen einlässt.

Aktives Zuhören bedeutet, eine positive Beziehungsebene zum Gesprächspartner aufzubauen. Der Zuhörer fühlt sich in den anderen ein und bestätigt dessen Aussagen durch kurze Wiederholungen. Zu den **Regeln** für aktives Zuhören gehören:

- → sich in den anderen hineinversetzen
- → Aufmerksamkeit zeigen
- → zuhören ohne Wertung und ohne Lösungsvorschläge
- → positive Körpersprache
- → Störfaktoren ausblenden
- → durch Wiederholung des Gehörten Verstehen zeigen

Ziel des Aktiven Zuhörens
Ziel des Aktiven Zuhörens ist es, sich zu versichern, die Gesprächspartnerin richtig verstanden zu haben, indem man das Gehörte wiederholt. Dabei geht es darum, das emotional Wichtige aus der Äußerung der Gesprächspartnerin herauszuhören und mit eigenen Worten wiederzugeben, sodass sich der Gesprächspartner verstanden fühlt und das Gesagte akzeptieren kann. So können Missverständnisse von Beginn an verhindert und Vertrauen aufgebaut werden.

Die Erzieherin aus dem ersten Beispiel hätte deutlich machen können, dass sie die Überforderung der Mutter wirklich wahrnimmt („Das ist ganz schön anstrengend mit Tim zurzeit, nicht wahr?"). Dadurch hätte sich die Mutter eher verstanden und unterstützt gefühlt.

2. Ich-Aussagen statt Du-Botschaften

Die Tätigkeit in sozialen Berufen erfordert Empathie. Das Sich-in-andere-Hineinversetzen ist ein wichtiger Bestandteil der sozialpädagogischen Arbeit. Das birgt aber auch die Gefahr, sich emotional zu sehr beim anderen und zu wenig bei sich selbst zu befinden. So können Missverständnisse und Konflikte entstehen.

Erinnern wir uns an die Erzieherin Hanna, die sich im zweiten Beispiel schon öfter über Marthas Vater geärgert hat, weil er sie immer zu spät bringt. Aus Ärger ist sie schließlich herausgeplatzt: „Immer kommen Sie zu spät!" Daraufhin war der Vater verärgert und Hanna fühlte sich schlecht. Was ist hier falsch gelaufen?

Hanna benutzt eine **Du-Botschaft.** Diese enthalten Wertungen und sind leider oft abwertend, auch wenn der Sprecher es vielleicht nicht so gemeint hat. Du-Botschaften verbergen die eigenen Bedürfnisse und verhindern eine deutliche Kommunikation.

Aber was hätte Hanna besser machen können?

Da es nicht darum geht, den Vater anzuklagen, sondern davon zu sprechen, wie Hanna die Situation erlebt und was sie sich wünscht, verwandeln wir ihre Du-Botschaft in eine **Ich-Aussage.** Eine Ich-Aussage als eine ehrliche Selbstaussage stellt eine deutliche Beziehung her. Sie verdeutlicht, wie der Sprechende die Situation erlebt. Dadurch kritisiert er den Gesprächspartner nicht, sondern spricht über sein eigenes Empfinden.

Ich-Aussagen sollten drei Komponenten enthalten:

1. Kurze Beschreibung des störenden Verhaltens meines Gegenübers ohne Wertung
2. Beschreibung der dadurch ausgelösten Gefühle (ehrlich, authentisch, kongruent)
3. Konsequenz des Verhaltens

Hanna könnte beispielsweise sagen:
„Martha kommt meist erst während des Frühstücks."
(= Kurze Beschreibung des störenden Verhaltens).
„Das ärgert mich, weil ich befürchte ..."
(= Beschreibung der bei Hanna ausgelösten Gefühle),
„... dass es ihr dann schwerer fällt, in der Gruppe anzukommen."
(= Konsequenz des väterlichen Verhaltens).

Weitere Beispiele für Ich-Aussagen statt Du-Botschaften:

DU ...	ICH ...
... zeigst zu wenig Einsatz ... nervst mich ... redest zu viel ... bist zu laut, zu blöd	... wünsche mir mehr Einsatz von dir ... brauche Ruhe ... möchte was sagen ... fühle mich überfordert

3. Die Kunst, Fragen zu stellen

Manchmal ist es nötig, Fragen zu stellen. Fragen spielen im Bereich der Gesprächsführung eine zentrale Rolle. Fragen können ein Gespräch strukturieren. Sie können ein Gespräch beeinflussen und lenken.

Fragen sind ein geeignetes Mittel, um:
→ Kontakt herzustellen
→ Interesse zu zeigen
→ Informationen hervorzurufen
→ ein Gespräch zu führen, zu lenken
→ Zeit für eine Antwort zu bekommen

Offene und geschlossene Fragen
Grundsätzlich werden zwei Arten von Fragen unterschieden: die offene und die geschlossene Frage. **Offene Fragen** öffnen. Das bedeutet, sie sind so formuliert, dass der Angesprochene seine Sichtweise frei und ausführlich darlegen kann, ohne Einschränkungen.

Beispiele für offene Fragen:
„Wie siehst du die Situation?"
„Welche Möglichkeiten kannst du dir vorstellen?"
„Was geht jetzt in Ihnen vor?"

Auch in bestimmten Gesprächssituationen kann eine offene Frage nützlich sein: „Sag mal, warum möchtest du das jetzt eigentlich wissen?"

Geschlossene Fragen nutzt man dagegen, um bestimmte, konkrete Informationen zu erhalten, z. B.:
„Aus welcher Stadt kommst du?"
„Sind Sie selbstständig?"

Geschlossene Fragen können auch als Gegenfrage genutzt werden, um sich kurz und knapp zu verständigen.

Oder um Quasselstrippen zu bremsen, da die Fragen meist mit ja oder nein beantwortet werden können: „Ist das jetzt so wichtig für dich?"

Der Nachteil geschlossener Fragen ist, dass man nur wenig von seinem Gesprächspartner erfährt.

Drei weitere wichtige Frageformen

1. Alternativfrage

Die Alternativfrage bietet zwei Antwortmöglichkeiten und verlangt eine Entscheidung.
„Möchtest du vor oder nach dem Essen aufräumen?"

2. Bestätigungsfrage

Eine Bestätigungsfrage fasst Aussagen zusammen. Sie hilft, Missverständnisse zu vermeiden, und ermuntert zu weiteren Ausführungen.
„Dir geht es also um Pünktlichkeit?"

3. Informationsfrage

Informationsfragen beginnen meistens mit wer, wie, was, wo, wann usw. Hier sind reine Informationen gefragt. Die Antwort soll zu mehr Klarheit verhelfen.
„Wie funktioniert das?" – „Wann kommst du?"
„An welchen Tagen arbeiten Sie?"

Die neun „Ws"

Um sich in festgefahrenen Gesprächssituationen schnell wieder einen Überblick zu verschaffen, kann die Beantwortung dieser neun „Ws" sehr hilfreich sein:

WER spricht mit und zu
WEM?
WORÜBER (Thema) wird
WARUM (aus welchem Anlass)
WOZU (mit welchem Ziel) gesprochen?
WANN (Zeit) und
WO (Ort) findet das (Eltern-)Gespräch statt?
WAS (Sachebene) wird
WIE (Beziehungsebene) ausgedrückt?

4. Umgang mit schwierigen Gesprächssituationen

Es gibt Gesprächssituationen, die trotz guter Vorbereitung, trotz erlernter Methoden, wie Ich-Aussage, Fragen und aktives Zuhören, völlig verfahren sind. Für diese Notfälle sind hier ein paar „Tricks" genannt, die in solchen unangenehmen Gesprächssituationen helfen können.

Glaswand

Auch in unangenehmen Gesprächssituationen ist es zwar wichtig, alles zu sehen und zu hören. Es kann aber helfen, das, was gesagt wird (z. B. Vorwürfe, Anschuldigungen) an sich abprallen zu lassen. Hierfür stellt man sich eine Glasscheibe vor, die zwischen der eigenen Person und dem Gesprächspartner steht und an der alles Unangenehme abprallt.

Eigene Körperhaltung

Die eigene Körperhaltung, aufrechtes Sitzen oder Stehen, tiefes Durchatmen, Blickkontakt mit dem Gegenüber und ein angenehmer Abstand zum Gesprächspartner können in unangenehmen Situationen helfen und den Spiel-Raum für die notwendigen Schritte, um das Gespräch wieder in Gang zu bringen oder in eine andere Richtung zu lenken, erweitern. Wichtig: innere Gelassenheit bewahren.

Humorbrille

Mit einer „Humorbrille" kann der Gesprächspartner vor dem inneren Auge vielleicht in ein kleines grünes Männchen verwandelt werden. Das kann helfen, aufsteigende Wut oder Ärger zu lindern.

Klarheit

Unter eine fruchtlose Diskussion sollte ein klarer Schlussstrich gezogen werden. („Auf dieser Ebene möchte ich mich nicht mehr mit Ihnen auseinandersetzen!"). Oder Eindeutigkeit und Klarheit vom Gesprächspartner gefordert werden („Was meinen Sie ganz genau damit?"). So kann eine ausweglose Debatte beendet werden.

Sprechpause

Wie bringt man sehr schweigsame Menschen zum Reden? Indem man sehr deutliche Sprechpausen einlegt, sich zurücklehnt, den Gesprächspartner erwartungsvoll anschaut oder direkt nachfragt: „Was wollten Sie dazu sagen?"

Quasselstrippenstop

Wie bringt man Quasselstrippen zum Zuhören? Hier muss deutlich signalisiert werden: Ich bin jetzt dran! Das kann geschehen durch ein Aufrichten des Körpers, tiefes Einatmen, nach vorne beugen, Blickkontakt aufnehmen und anfangen zu reden.

Wenn auch das nichts hilft, darf das Gegenüber auch unterbrochen werden („Halt! Stopp! Nicht so schnell!"). Man kann auch körperlichen Kontakt aufnehmen und z. B. sanft (!) den Arm berühren. Alles, was den anderen jetzt ablenkt oder irritiert, kann hilfreich sein.

Zeit gewinnen

Ist eine Gesprächssituation zu verfahren, ist vielleicht auch einfach eine Vertagung die Lösung: „Darüber muss ich noch mal nachdenken." Oder: „Darauf gebe ich Ihnen morgen eine Antwort."

↗ FAZIT

- → Das Wissen über Kommunikationstheorien und Modelle fördert das Bewusstsein für das eigene Kommunikationsverhalten und trägt zur Professionalisierung der Gesprächsführung im Erzieherberuf bei.
- → Wenn Menschen Beziehungen eingehen, tun sie das auf unterschiedliche Art und Weise. Einige neigen dazu, sich in der Kommunikation selbst herabzusetzen oder anderen die Verantwortung zuzuschieben. Oft heißt es dann später: „So habe ich das doch gar nicht gemeint."
- → Kommunikationspsychologische Erkenntnisse und das Vier-Seiten-Modell nach Schulz von Thun stellen Werkzeuge zur professionellen Gesprächsanalyse zur Verfügung. Indem Ursachen von Gesprächsstörungen schneller erkannt und bearbeitet werden können, ist das Modell bei Auseinandersetzungen hilfreich.
- → Wenn jede Nachricht auf vier Ebenen gesendet und empfangen wird, besteht immer die Möglichkeit einer erfolglosen bzw. einer erfolgreichen Kommunikation. Störungen können anhand des Modells von Schulz von Thun schneller analysiert und geklärt werden.
- → Die Transaktionsanalyse (TA) hilft beim Überprüfen und Einordnen des Menschenbildes, das über viele Jahre der persönlichen Entwicklung entstanden ist. Entspringt das erzieherische Handeln der Haltung „Ich bin o.k. – der andere ist auch o.k.", beeinflusst das den Ich-Zustand, aus dem heraus gehandelt wird.

→·← AUFGABEN UND ANREGUNGEN

1 Wenden Sie für folgende Aussage das „Vier-Ohren-Modell" an.
Sie planen mit Jugendlichen eine gemeinsame Fahrradtour. Ein Jugendlicher kommt mit seinem kaputten Fahrrad. Er guckt Sie wütend an und sagt:
„Ich kann wieder mal nicht mitfahren." Dabei schmeißt er sein Fahrrad auf den Boden.
Welche Botschaften könnte der Sender beabsichtigen? Erläutern Sie die Aspekte einer Nachricht.

2 Sie sind verärgert, weil Simone, fünf Jahre alt, so tut, als hätte sie nicht gehört, dass jetzt alle Kinder nach draußen gehen. Kein Kind darf ohne Aufsicht allein im Gruppenraum spielen. Aber Simone möchte drin bleiben und allein in der Puppenecke spielen, ohne dass sie von anderen Kindern gestört wird.
- → **Welchen Kommunikationsstil bevorzugen Sie in dieser Situation?**
- → **Was sagen Sie zu Simone?**
- → **Mit welchem „Ohr" könnte sie reagieren?**

Begründen und bewerten Sie aus kommunikationspsychologischer Sicht den von Ihnen bevorzugten Kommunikationsstil nach Schulz von Thun.

3 **Analysieren** Sie die Ich-Zustände, die Sie im Praktikum häufig an sich selbst bemerkt haben, und bewerten Sie Ihre Selbstreflexion mit einer Partnerin Ihrer Wahl. Folgende Kriterien dienen als Arbeitsgrundlage:

a) Praktikantinnen überwiegend im Eltern-Ich-Zustand:
- → halten starr an fixen Arbeitsplanungen fest
- → versuchen sich als perfekt darzustellen
- → solidarisieren sich in Konflikten mit den Stärkeren
- → können es schwer ertragen, wenn Kinder eigene Vorstellungen z. B. von Ordnung haben
- → moralisieren, wenn ihnen Argumente fehlen
- → sind fürsorglich
- → neigen zum Helfersyndrom
- → wollen andere mit eigenen Wahrheiten (z. B. über Erziehung) überzeugen
- → beharren auf Regeln, auch wenn sie sinnlos erscheinen

b) Praktikantinnen überwiegend im Erwachsenen-Ich-Zustand
- → haben ein hohes Interesse an Fachkompetenz
- → beziehen Stellung, um für sich Klarheit zu schaffen
- → lesen viel und regelmäßig
- → vermeiden Machtkämpfe
- → nehmen Kritik an, um sich weiterzuentwickeln
- → gehen auch mal ein Risiko ein
- → drücken ihre Gefühle in Ich-Botschaften aus
- → reflektieren ihr eigenes Verhalten und bitten die Gruppenleiterin um ein Feedback
- → stellen viele Fachfragen an die Gruppenleiterin

c) Praktikantinnen überwiegend im Kind-Ich-Zustand
- → sind eifrig, aber ohne selbst gesetzte Ziele
- → geben bei Misserfolgen anderen die Schuld, ohne dabei eigene Anteile zu beachten
- → suchen bei anderen Unterstützung, ohne es zunächst selber zu versuchen
- → übernehmen ungern Verantwortung für ihr Tun
- → vermeiden Risiken aus Angst vor negativen Rückmeldungen durch die Gruppenleiterin
- → lesen wenig
- → denken, dass ihr Gefühl ihnen recht gibt
- → lassen gerne andere für sich arbeiten
- → üben Kritik, wenn sie ihnen nicht gefährlich ist

4 **Planen** Sie ein Rollenspiel und führen Sie es anschließend mit Ihrer Lerngruppe durch. Schreiben Sie vorher für jede Person eine Rollenkarte mit einem bestimmten Ich-Zustand. Wählen Sie Themen aus der Praxis, z. B. „Ein Mitarbeiterteam plant ein Sommerfest“: Vorschläge für das Fest werden hauptsächlich von der Leitung vorgegeben. Die Mitarbeiterinnen fühlen sich wie Marionetten und reagieren in verschiedenen Ich-Zuständen.

Werten Sie Ihre Erfahrungen, die Sie im Rollenspiel mit den Ich-Zuständen gemacht haben, nach psychologischen Kriterien aus, z. B.

a) Wie habe ich mich in einem mir wenig vertrauten Ich-Zustand gefühlt?

b) Wie haben die anderen auf mich reagiert?

c) Welche unausgesprochenen Gefühle kamen in mir hoch?

d) Wie würde ich reagieren, wenn mir in diesem Ich-Zustand jemand begegnen würde?

e) Welche Ich-Zustände habe ich während meines Praktikums häufig bei Kolleginnen und Eltern beobachtet?

f) Welche Hilfe stellt das Wissen über Ich-Zustände für mich persönlich dar?

5 **Übung:** Aktives Zuhören

Bilden Sie Dreiergruppen und entscheiden Sie, wer A - B - C ist.

Schritt 1: A spricht, B hört zu, C beobachtet.

Schritt 2: B gibt das Gehörte sinngemäß wieder, A hört zu, C beobachtet.

Schritt 3: Feedback: Zu wie viel Prozent hat sich A verstanden gefühlt?

Schritt 4: Tauschen Sie danach die Rollen, sodass jede mal in jeder Rolle (A, B, C) war, und tauschen Sie sich nach der Übung über ihre Erfahrungen aus.

6 **Übung:** Du-Botschaften in Ich-Aussagen verwandeln
Schritt 1: Erinnern Sie sich an drei Menschen, die Sie kennen.
Schritt 2: Weisen Sie jeder Person je ein passendes positives und negatives Eigenschaftswort zu (das sind Ihre Du-Botschaften).
Schritt 3: Verwandeln Sie die Eigenschaftsworte in Ich-Botschaften.

7 **Übung** zur Körpersprache: Spiegeln
Bilden Sie Dreiergruppen und entscheiden Sie, wer A - B - C ist.
Schritt 1: A spricht, B hört zu, C beobachtet
Schritt 2: B spiegelt die nonverbalen Signale, Körpersprache, Atem, Sitzhaltung usw., A hört zu, C beobachtet
Schritt 3: Tauschen Sie danach die Rollen, sodass jede einmal in jeder Rolle (A, B, C) war, und tauschen Sie sich nach der Übung über Ihre Erfahrungen aus.

8 **Übung** zur Verbalisierung von Sachverhalten.
a) Setzen Sie sich Rücken an Rücken und beschreiben Sie Ihrer Gesprächspartnerin die folgenden Gegenstände: Fotoapparat, Segelboot, Rasenmäher, Teppich, Ausbildung, Welle, Eis, Frankreich, Kleinkind. Wechseln Sie die Rollen und tauschen Sie sich nach der Übung über Ihre Erfahrungen aus.
b) Setzen Sie sich Rücken an Rücken und beschreiben Sie Ihrer Gesprächspartnerin die folgenden Tätigkeiten: malen, Blumen pflücken, Fahrrad fahren, bergsteigen, entspannen, Auto fahren, Geschirr spülen, schwimmen, duschen. Wechseln Sie auch hier die Rollen und tauschen Sie sich nach der Übung über Ihre Erfahrungen aus.
c) Hierzu brauchen Sie Papier und einen Stift. Setzen Sie sich wieder Rücken an Rücken und beschreiben Sie Ihrer Gesprächspartnerin die folgende Zeichnung, sodass sie diese nachzeichnen kann:

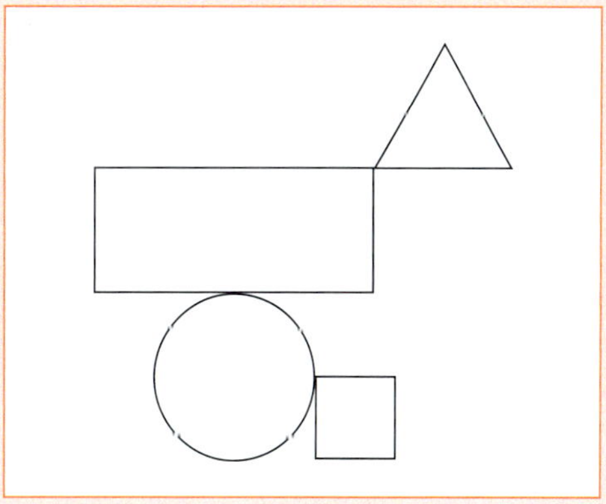

TIPPS ZUM WEITERLESEN →→

→ Grundlagen der Entwicklungspsychologie
Gabriele Haug-Schnabel/Joachim Bensel, Herder, Freiburg 2001

→ Beziehungen zu Kindern gestalten
Hedi Friedrich, Beltz, Weinheim 2003

→ Die neue Familienkonferenz
Thomas Gordon, (Hrsg.), Heyne, München 1993

→ Empathie und Spiegelneurone. Die biologische Basis des Mitgefühls.
Giacomo Rizzolatti und Corrado Sinigaglia, Suhrkamp Verlag, Berlin 2000

→ Praktische Selbst-Empathie
Gerlinde Ruth Fritsch, Junfermann, Paderborn 2008

1.2 Gespräche mit Kindern und Jugendlichen

Seit einem Jahr steht Kindern unter drei Jahren die Betreuungseinrichtung „Krabbelkiste“ offen. Jede Gruppe besteht aus sechs bis acht Kindern, die von einer Erzieherin und Ihnen, der Praktikantin, betreut werden. Seit fünf Wochen besucht auch Jakob, 15 Monate, die Kinderkrippe. Er trifft dort die Kinder aus der Nachbarschaft, die er auch vom Spielplatz kennt.

Heute bringt ihn sein Vater und übergibt ihn der Erzieherin. Sie begrüßt die beiden, geht in die Hocke und schaut Jakob in die Augen. Sie sagt: „Guten Morgen, Jakob. Ausgeschlafen?“ Er reagiert nicht darauf. Seine Augen wandern zu den spielenden Kindern. Er zeigt auf Laura, die gerade mit einem Ball spielt. Dabei blickt er zum Vater, zeigt mit dem Finger in Richtung Laura und ruft quietschend vor Freude: „Ball“. Der Vater lacht und schaut erwartungsvoll zur Erzieherin, die gerade von drei Kindern umringt wird, die von ihr ein bestimmtes Spielzeug haben möchten. Er beugt sich zu Jakob hinunter, sagt: „Ulli geht jetzt arbeiten. Tschüs mein Kleiner“, gibt ihm ein Küsschen, winkt ihm zu, geht ein paar Schritte rückwärts, dreht sich um und verlässt eilig den Kindergarten. Jakob schaut ihm noch kurz hinterher, schaut zur Erzieherin, die mit anderen Kindern beschäftigt ist, dreht sich zu Laura um, die in einer Ecke mit ihrem Ball spielt, und fängt plötzlich laut an zu weinen.

Der Vater bringt Jakob in die Krippe.

↘ FRAGEN

- → *Welche Kommunikationsarten können Sie zwischen Erzieherin, Vater und Kind beobachten?*
- → *Wie bewerten Sie das verbale und nonverbale Kommunikationsverhalten der Erzieherin?*
- → *Welche Begrüßungsrituale können Sie sich für das Ankommen der Kinder in einem Kindergarten vorstellen?*

1.2.1 Nonverbale Kommunikation

Körpersprache

Mitteilungen können nicht nur sprachlich übermittelt werden, sondern auch nichtsprachlich. Eine solche nonverbale Verständigung durch Körpersprache (Mimik, Gestik, Blickkontakt, Haltung) findet bereits von Geburt an statt. Sie hilft dem Säugling und Kleinkind, in der präverbalen Phase Gefühle zu äußern, auf Gefühle zu reagieren und die Grundbedürfnisse nach Zuwendung und Aufmerksamkeit zu befriedigen. Säuglinge schreien, strampeln, werden rot, schwitzen. Sie zeigen Gefühle, die von den sie betreuenden Personen richtig interpretiert werden müssen. Am Schreien und Strampeln erkennen sensible Eltern und auch Fachkräfte die Bedürfnisse des Kindes nach Hunger, Zuwendung und kognitiver Stimulation. Neben dem Austausch von Zärtlichkeit braucht das Kind eine kontinuierliche Ansprache. Im Normalfall reagieren Eltern oder Fachkräfte intuitiv richtig, indem sie versuchen, das Verhalten des Säuglings zu entschlüsseln (decodieren), ihm die Brust oder die Flasche reichen, beim Wickeln mit ihm kommunizieren, seine Mimik nachahmen und so von Beginn an mit dem Säugling in einen Dialog treten.

„**Körpersprache** ist nonverbale Kommunikation durch Zeichen oder Signale, Elemente des Verhaltens, der Erscheinung usw. eines Organismus, das von den Sinnesorganen eines anderen Organismus wahrgenommen wird und dessen Verhalten beeinflusst.“ *(Argyle, 1979, S. 14)*

Die Körpersprache und besonders die Verständigung über die Körpersprache bilden das Fundament für die Entstehung einer vertrauensvollen Beziehung. Der Säugling spürt die liebevolle Zuwendung durch die Art, wie er aufgenommen, getragen, gefüttert, gewickelt und wieder abgelegt wird. Über die Interaktion mit der Fachkraft spürt er durch Mimik, Gestik und Körperhaltung, aber auch über die Klangfarbe der Stimme, dass er angenommen und verstanden wird.

Alle Lebensäußerungen enthalten eine soziale Bedeutung. Der Säugling erfährt durch die Widerspiegelung seiner nonverbalen Kommunikation schon sehr früh die Sprache der Annahme oder auch der Ablehnung. An seinen Verhaltensweisen können Eltern und auch Fachkräfte ablesen, wie seine Fähigkeit zu sozialen Kontakten wächst. Es dauert nur wenige Monate, bis ein Säugling auf ein lächelndes Gesicht ebenfalls mit einem Lächeln reagiert *(s. HF 2, Kap. 1)*.

Das Lächeln wird erwidert.

Für pädagogische Fachkräfte ist es wichtig, die nonverbalen Signale des Kindes aufzunehmen, in fördernder Absicht zu interpretieren und darauf sowohl nonverbal als auch sprachbegleitend zu antworten.

Einfühlendes Verstehen

Jakob aus unserem Eingangsbeispiel hat auf einen Ball gezeigt und dabei freudig „Ball“ gerufen. Damit hat er vielleicht nicht nur ein Gefühl, nämlich Freude, ausdrücken wollen, sondern auch einen Wunsch, ein Bedürfnis oder eine Forderung. Über die nonverbalen Informationen, die seinen Ausruf begleiten, also seine Mimik, Gestik und den Klang seiner Stimme, kann die Fachkraft herausfinden, welche Botschaft das Kind ihr vermitteln will. Das gelingt ihr umso besser, je länger sie das Kind kennt.

Die große Leistung jedes Kindes im Prozess seiner Sprachentwicklung besteht darin, dass es sich mit nur einem Wort und zusätzlichen nonverbalen Informationen mit seiner Umwelt verständigen kann. Das Sprachverständnis und der passive Wortschatz sind bei den meisten Kindern in diesem Alter erheblich größer als ihr aktiver Wortschatz *(vgl. HF 2, Kap. 1.4.7)*.

Je präziser die nonverbale Kommunikation ausfällt, umso schneller stellt sich der Erfolg ein und führt beim Kind zu Wiederholungen einzelner Wörter mit begleitenden nonverbalen Informationen.

Es entstehen sogenannte nonverbale Kommunikationsstrategien, die die Interaktionspartner nach häufigem Wiederholen perfekt zu beherrschen gelernt haben. Diese Gewohnheiten in der Eltern-Kind-Interaktion können für kurze Zeit zu sprachlichen Verzögerungen führen.

Von manchen Erwachsenen wird ein Kind, das den bequemeren Weg über die Zeichensprache bzw. die nonverbale Kommunikation wählt, manchmal voreilig als sprechfaul bezeichnet, ohne zu berücksichtigen, dass das Sprachverhalten des Kindes auch äußeren Einflüssen unterliegt.

Wenn eine Fachkraft diese unbeabsichtigte Gewohnheit mancher Eltern bemerkt, sollte sie diese darauf aufmerksam machen und vorbildhaft die Sprachbegleitung für alle Tätigkeiten, die das Kleinkind ausführt, übernehmen. Zieht das Kind z.B. nach Ankunft im Kindergarten seine Schuhe aus, begleitet die Erzieherin diese Tätigkeit mit beschreibenden Worten: „... und jetzt zieht Jakob seine Schuhe aus, damit er seine Pantoffeln anziehen kann."

Jede Tätigkeit sprachlich begleiten

Je treffender die Bezugsperson die nonverbalen Begleitinformationen des Kindes zu seinem Ein-Wort-Satz interpretiert, umso vertrauensvoller wird die Beziehung zwischen dem Kind und ihr, gleichzeitig damit nimmt auch die Sprechfreude des Kindes zu.

1.2.2 Mit Stresssituationen umgehen

Werden Wünsche und Bedürfnisse des Kindes während eines Spiels von der Fachkraft falsch interpretiert, reagiert es häufig mit Weinen oder körperlicher Abwehr, da es noch nicht in der Lage ist, sich verbal zu verständigen. Es empfindet Wut und Ärger über die eigene Unfähigkeit, sich sprachlich mitteilen zu können.

Fachkräfte wissen, dass es sich bei einem solchen Verhalten nicht immer um eine Trotzreaktion handelt, da sich das Kind noch im Sprachentwicklungsprozess befindet. Sie knüpfen an die Erfahrungen des Kleinkindes an und bieten ihm verschiedene Möglichkeiten zur Auswahl. Damit hat das Kind die Möglichkeit, selbst zu entscheiden, womit es spielen möchte, ohne dies sprachlich artikulieren zu müssen.

Jakob hat zwar auf den Ball gezeigt, konnte sich verbal aber nicht dazu äußern, ob er mit Laura spielen wollte oder ob er nur Interesse an dem Ball hatte. Ein gemeinsames Ballspiel mit Laura würde beide Wünsche erfüllen und zur Zufriedenheit beider Kinder führen.

Kleinkinder geraten aber auch häufig in selbst herbeigeführte Stresssituationen, indem sie sich selbst überfordern. Das geschieht, wenn sie eine bestimmte Handlung ausführen wollen, aber über die dafür nötigen Fertigkeiten noch nicht verfügen. Das kann das Anziehen einer Jacke sein oder der Versuch, Perlen auf einer Kette aufzufädeln. Es gelingt noch nicht und das Kind gibt nach mehreren Versuchen frustriert wieder auf. Eine Fachkraft erkennt eine solche Situation und tröstet das Kind oder gibt ihm bei einem erneuten Versuch Hilfestellung. Sie kann dem Kind beispielsweise statt kleiner Perlen größere geben, die leichter aufzufädeln sind, um die feinmotorischen Prozesse zu fördern.

Stressbewältigungsmethode für Erzieherinnen
Im Umgang mit Stresssituationen ist die Methode der Selbsteinfühlung aus dem Bereich der **Gewaltfreien Kommunikation (GFK)** besonders hilfreich. Sie stärkt die Fähigkeit, Kontakt zu sich selbst herzustellen, um danach auf mitfühlende Weise wieder den Kontakt zum anderen zu suchen.

Der Prozess der Selbst-Empathie beinhaltet fünf Elemente:
→ Die Beobachtung
→ Die eigenen Gedanken oder Verhaltensimpulse
→ Die eigenen Gefühle
→ Die Bedürfnisse
→ Bitte/Strategie

Empathie beruht auf der Fähigkeit, die Perspektive eines anderen einnehmen zu können. Voraussetzung für empathisches Verhalten sind die zwischenmenschlichen Erfahrungen, die auf einer vertrauensvollen Beziehung aufbauen.

Beispiel: Fünf Schritte zur Selbsteinfühlung

Eine Sozialassistentin in der Krabbelkiste hat das Thema „Tiere im Winter" auf dem Wochenplan. Dafür hat sie ein geeignetes Bilderbuch ausgewählt, das sie mit den jüngeren Kindern anschauen möchte. Während sie die Texte vorliest, wird das jüngste Kind unaufmerksam und unruhig. Sie ermahnt es und liest weiter. Das Kind kann dem Text nicht mehr folgen und möchte sich entfernen. Die Sozialassistentin hält es an einem Arm fest und ermahnt es. Das Kind beginnt zu weinen. Die Situation eskaliert. Schließlich beendet sie ärgerlich die Vorlesestunde und entlässt die Kinder zum Spielen. Sie ist mit sich selbst über den Ausgang unzufrieden und beginnt mit einer Selbsteinfühlung, die sie für sich in einem persönlichen Tagebuch festhält.

1. Beobachtung
Das jüngste Kind hört nicht mehr zu und will aufstehen und fortgehen.

2. Gedanken/Verhaltensimpuls
Wenn ich das Kind weggehen lasse, wollen die anderen Kinder auch aufstehen und spielen. Ich halte das Kind spontan am Arm fest, weil ich denke, es könnte so noch etwas Geduld aufbringen. Aber es fängt an zu weinen. Nun werden noch mehr Kinder unruhig. Ich weiß mir keinen Rat mehr und habe Angst, dass noch mehr Chaos entsteht.

3. Gefühle
Ich bin ärgerlich und genervt, weil mein Plan, die Kinder mit dem Thema vertraut zu machen, nicht aufging. Es ärgert mich, dass ich das Kind falsch eingeschätzt habe.

4. Bedürfnisse
Mein Bedürfnis ist, die Kinder alters- und kindgerecht zu fördern, ihnen die Welt der Tiere näher zu bringen. Ich möchte dadurch auch ihren Wortschatz erweitern. Ich liebe Tiere, weil ich auf einem Bauernhof aufgewachsen bin. Ich möchte mich aber auch bei den Kindern durchsetzen können.

5. Bitte/Strategie
Ich werde mir für das nächste Mal Alternativen überlegen. Vielleicht kann ich mit den jüngeren Kindern erst einmal nur die Bilder ansehen und dazu etwas erzählen. Ich habe bemerkt, dass ich die Kinder nicht ausreichend beobachten kann, wenn ich den Text vorlese. Wenn ich ihnen über die Tiere etwas erzähle, kann ich besser beobachten und bemerken, wann ich damit aufhören sollte. Ich werde das jüngste Kind neben mich setzen, damit es merkt, dass es nicht zu früh aufstehen und weglaufen darf. Außerdem werde ich meinen Plan mit der Gruppenleiterin besprechen, um zu erfahren, was sie davon hält und wie sie in ähnlichen Situationen reagiert hat.

1.2.3 Beziehungen zu Jugendlichen aufbauen

Tanja, 15 Jahre, lebt seit einiger Zeit in einer Wohngruppe, die von Erzieherinnen und Erziehern betreut wird. Über ihre Erfahrungen mit ihnen berichtet sie:

„Also ich fand sie alle nett, alle vier. Über eine wurde mir dann gesagt: ‚Das ist deine Bezugsperson, wenn du was hast, dann kannste zu ihr gehen', und das war dann auch die Person, die ich am meisten mochte. Also mit der konnte ich über alles reden, mit den anderen Erziehern eben nicht. Ich konnte denen zwar auch sagen, wenn was los war, aber eben nicht die Kleinigkeiten, wo es echt drauf ankam. Aber wenn sie dann am nächsten Tag gegangen ist, ist jemand anders da und gerade dann, wenn man was hat, ist sie nicht da."

Die Betreuerin ist wichtige Bezugsperson.

Von anderen Betroffenen wird in einer Untersuchung berichtet, dass sie bei ihren Erzieherinnen und Erziehern das Gefühl hatten, ihnen ausgeliefert zu sein.
„Die geben nie zu, dass die auch einmal Schuld haben. Weil sie am längeren Hebel sitzen, geht man lieber hin und entschuldigt sich. Du kannst hier sonst rausfliegen."
„Ich soll kooperieren, sonst drohen sie mir, dass ich zu meinem Vater zurück muss, das ist doch Erpressung!"
„Wir sind ziemlich vorsichtig, denn wenn ein Erzieher sauer ist, dann sind alle sauer. Es ist schlimm, wenn man keinen Erzieher auf seiner Seite hat".
„Intensive Gespräche mit Erzieherinnen habe ich mir abgewöhnt. Ich rede lieber mit meinem Freund."

Auf die Frage, wie sich Jugendliche die ideale Erzieherin vorstellen, wurden folgende Antworten gegeben:
„Früher hatten wir eine Supererzieherin, die war so richtig Mami. Die hatte selbst Kinder und hat versucht, mütterlich zu uns zu sein. Das fehlt uns jetzt sehr."
„Als Supererzieherin müsste man so ein bisschen Muttergefühl haben oder Vatergefühl. Man kann nicht eiskalt einfach hier zur Arbeit kommen. Die hören einem zu und haben am nächsten Tag wieder alles vergessen. Man wird nicht ernst genommen."
„Meine frühere Lieblingserzieherin war locker, sie hat mit mir gesprochen wie eine gute Freundin, nicht wie eine Pädagogin."
„Erzieherinnen und Erzieher sollten vor allem einfühlsam sein, verlässlich und verschwiegen."
„Die Erzieherin ist nicht verpflichtet, die Verantwortung für die entfernte Zukunft auf sich zu nehmen. Aber sie ist voll verantwortlich für den heutigen Tag." *(Janusz Korczak: Von Kindern und anderen Vorbildern, Gütersloh 1996)*

↘ FRAGEN

- → *Nach welchen Kriterien wurden die Erzieherinnen/Erzieher von den Jugendlichen beurteilt?*
- → *Welche möglichen Sehnsüchte oder Wünsche und Bedürfnisse kommen in den Aussagen der Jugendlichen zum Ausdruck?*
- → *Spielen in den Aussagen der Jugendlichen Wert- und Normvorstellungen eine Rolle?*
- → *Welche Werte und Normvorstellungen könnten die Erzieherinnen/Erzieher vermitteln wollen?*
- → *Welche Erwartungen stellen die Betreuungspersonen an die Beziehungsfähigkeit der Jugendlichen?*
- → *Welche Ansprüche sollten Erzieherinnen/Erzieher an sich selbst stellen, wenn sie Beziehungsarbeit leisten müssen?*
- → *Wie sieht eine professionelle Beziehungsarbeit aus?*

Das Nähe-Distanz-Problem

Die befragten Jugendlichen, die einen subjektiv empfundenen Mangel an positiven Beziehungen zu ihren Erzieherinnen beklagen, fühlen sich teilweise nicht ernst- oder wahrgenommen. Sie verbinden dies schnell mit einem generellen Desinteresse an ihrer Person. Häufig haben sie schon in ihrer Herkunftsfamilie unter fehlenden, nicht tragfähigen oder verzerrten Beziehungen gelitten. Dadurch kann der Aufbau einer eigenen Identität erheblich beeinträchtigt werden. Um diesen Mangel zu kompensieren, wird für die Erziehung und Sozialisation in Heimen, Wohngruppen oder im Betreuten Wohnen von den pädagogischen Fachkräften eine intensive **Beziehungsarbeit** erwartet.

> **„Je intensiver das Gefühl der Annahme durch die Erzieherinnen und Erzieher bei den Heimkindern ausgeprägt ist, desto vertrauensvoller gestaltet sich die Beziehung, und der Einfluss der Heimerziehung ist bedeutend dauerhafter und eindringlicher."**
>
> *(Gehres, 1997)*

Eine professionelle Beziehung zwischen Erzieherinnen und Jugendlichen ist durch eine gesunde Balance zwischen Distanz und Nähe gekennzeichnet, wobei die Bedürfnisse der Jugendlichen höchst unterschiedlich sein können. Vor dem Hintergrund aktueller Missbrauchsfälle erhält das Nähe-Distanz-Problem eine besondere Bedeutung. Jede pädagogische Fachkraft hat die Aufgabe, individuell und je nach Bedürfnis des Kindes oder des Jugendlichen das richtige Maß an Nähe und Distanz in der **Beziehungsgestaltung** zu finden. Dabei ist zu beachten, dass Kinder und Jugendliche die Beziehung meist intuitiv selbst regeln, je nach Bedürfnis. Aber nicht jedes Bedürfnis nach physischer oder emotionaler Nähe kann von verantwortlichen Pädagogen erfüllt werden. Auch ein Zuviel an Nähe kann überfordern und persönliche Grenzen in Frage stellen. Bei zu großer Distanz hingegen leidet die Beziehung zum Kind oder Jugendlichen.

Eine „gesunde" Balance zwischen Nähe und Distanz kann sich daher nur entwickeln, wenn entsprechende Rahmenbedingungen gegeben sind. So ist es Aufgabe des Arbeitgebers (Träger), für Formen der Praxisberatung zu sorgen (z. B. Supervision, kollegiale Fallberatung etc.), damit in Konfliktfällen bei zu großer Nähe oder Distanz ein „Reflexionsraum" hergestellt werden kann, der den vorhandenen Emotionen Raum gibt und zur Entlastung beiträgt. Es muss nach den Ursachen geforscht werden, die ein Zuviel an Nähe oder Distanz ausgelöst haben könnten. Dabei dürfen auch die persönliche Einstellung zur Erziehungshaltung *(vgl. HF 1, Kap. 1.3)* und die in der Einrichtung akzeptierte Erziehungsatmosphäre sowie der Einfluss des Elternhauses nicht außer Acht gelassen werden.

In der pädagogischen und psychologischen Fachliteratur werden **Grundvoraussetzungen** für eine **professionelle Erzieherhaltung** genannt. Beispielsweise auch die folgende Empfehlung, die als Pendant zum hippokratischen Eid von Ärzten betrachtet werden kann:

> **„Als Lehrer und Erzieher verpflichte ich mich,**
> - **→ die Eigenart eines jeden Kindes zu achten**
> - **→ seine Gefühle und seine Erfahrungen zu respektieren**
> - **→ seine Stärken zu unterstützen und ihm zu helfen, seine Schwächen zu akzeptieren oder zu überwinden**
> - **→ seine Anlagen herauszufordern und zu fördern**
> - **→ es zur Erfüllung seiner Pflichten anzuhalten und zu versuchen, es von deren Notwendigkeit zu überzeugen**
> - **→ ihm zu helfen, sich durch Lernen weiterzuentwickeln und seine Probleme lösen zu können**
> - **→ meinen Erfahrungsvorsprung nicht zu missbrauchen, z. B. zu Agitation und Indoktrination**
> - **→ meine beruflichen Kenntnisse und Fähigkeiten ständig zu verbessern."**
>
> *(Giesecke, 1999, S. 272)*

Wertschätzung und Empathie

Die Gestaltung einer positiven emotionalen Beziehung zu Kindern und Jugendlichen ist Basis jeder pädagogischen Arbeit. Für ihre Herstellung sind vor allem drei Aspekte wesentlich: **Wertschätzung, Empathie** und **Echtheit.**

Wertschätzung ist eine positive gefühlsmäßige Grundhaltung und Einstellung der pädagogischen Fachkraft gegenüber dem Kind oder Jugendlichen.

Wertschätzung lässt sich auch mit Achtung, Wärme und Rücksichtnahme umschreiben.

Empathie bedeutet das Einfühlen in die innere Welt eines anderen.

Unter **Echtheit** versteht man eine erzieherische Grundhaltung und Einstellung, bei der der Erzieher dem zu Erziehenden gegenüber aufrichtig ist und sein Verhalten (Körpersprache, Mimik, Gestik) mit seinen Einstellungen und Haltungen übereinstimmt.

> **„Je besser ich mit mir in Kontakt bin und je klarer ich meine Botschaften sende, umso offener bin ich für mein Gegenüber und kann sicher sein, richtig verstanden zu werden."**
> *(Satir, Mein Weg zu dir, 1989)*

Der Aufbau positiver emotionaler Beziehungen bleibt in allen Erziehungssituationen und in jedem Alter wesentlicher Bestandteil der Erziehung.

Carl Rogers (1902–1987), der Begründer der **personenzentrierten Theorie** und der **Gesprächspsychotherapie,** spricht von einer bedingungslosen Akzeptanz (Wertschätzung). Sie besteht darin, dass Achtung, Wärme und Rücksichtnahme nicht mit Bedingungen oder Erwartungen, die der Erzieher hat, verknüpft oder davon abhängig gemacht werden darf. Eine an Bedingungen und Erwartungen geknüpfte Wertschätzung betrachtet Rogers als wesentliche Ursache für seelische Störungen.

Carl Rogers (1902–1987)

Die Erfahrung zeigt allerdings, dass die Fähigkeit, anderen Menschen bedingungslose Akzeptanz und Wertschätzung entgegenzubringen, nicht immer einfach zu verwirklichen ist. Ein wichtiges Instrument ist die Schaffung eines positiven Gesprächsklimas und das „Aktive Zuhören" *(vgl. HF 1, Kap. 1.1.5).*

Den Jugendlichen in Heimen und in der Jugendarbeit muss eine klare und vertraute Beziehung zwischen den Erzieherinnen und Erziehern ermöglicht werden. Dies geschieht im konkreten Alltagsbezug.

Pädagogik zum Anfassen

In einem Heim in Niedersachsen wurden 1980 die folgenden **20 Thesen** von der Heimleitung an Praktikanten verteilt:

Praktische **Pädagogik** zum Anfassen:

1. Die große Pädagogik, die wir alle machen wollen, fängt erst dann an, wenn die kleine Pädagogik zur Selbstverständlichkeit geworden ist.
2. Setze dich nicht mit dem Jugendlichen auf die gleiche Stufe, versuche ihm aber so nahe wie möglich zu sein und ihn in seiner persönlichen Situation zu verstehen.
3. Frage dich immer, warum der Jugendliche gewisse Reaktionen zeigt.
4. Beobachte Einstellung und Stimmung des Jugendlichen und frage dich nach möglichen Ursachen auch bei dir selbst.
5. Mache dem Jugendlichen die Notwendigkeit für gewisse Tätigkeiten und Pflichten klar, damit er sie verstehen kann.
6. Akzeptiere und respektiere ihn in seiner Eigenart, gib ihm Anregungen und Tipps zur weiteren Entwicklung (Motivation).
7. Wahre den Individual- und Intimbereich.
8. Interessiere dich für die Interessen und Neigungen des Jugendlichen, ohne dabei aufdringlich zu sein.
9. Übe keine Kritik ohne Lob.
10. Gegensätzliche Auffassungen über die Erziehungsarbeit müssen im Mitarbeiterkreis abgesprochen werden.
11. Diskutiere im Konfliktfalle nicht über Sinn oder Unsinn einer pädagogischen Maßnahme, bevor du nicht im Kreise der Mitarbeiter reflektiert hast.
12. Passe dich als Praktikant an die innerhalb der Gruppe gewachsenen Normen und äußere Situation an. Zwei-

fel, Kritik und Anregungen an der Erziehungsarbeit bitte nur im Mitarbeiterkreis besprechen.
13. Zeige dem Jugendlichen die Grenzen seines Handelns auf, denn die will er wissen.
14. Siehst du ein, dass du im Konfliktfall falsch reagiert hast, sprich mit dem Jugendlichen und versuche, ihm Gründe deines Verhaltens zu verdeutlichen.
15. Eine echt gemeinte Entschuldigung hebt sogar dein Ansehen.
16. Konflikte sollen normalerweise nicht mit ins Bett genommen werden, sie müssen spätestens auf der Bettkante aufgearbeitet werden.
17. Wende dich dem Jugendlichen als Individuum zu. Er ist kein Hordentier.
18. Du kannst nicht von einem Jugendlichen das erwarten, was du selbst nicht leisten kannst (Schlechtes Vorbild – Überzeugungskraft).
19. Erdrücke nicht durch deine Aktivität die Kreativität der Jugendlichen.
20. Erziehung ist kein abstrakter Vorgang, sondern ein dynamischer Prozess, der durch Interaktion getragen wird. *(Verfasser unbekannt)*

↗ FAZIT

→ Es gehört zum Berufsbild von pädagogischen Fachkräften, sich auf dem Gebiet der Kommunikation Kompetenzen anzueignen, die die eigene Haltung und das dahinterstehende Menschenbild im Erziehungsprozess bewusst wahrnehmen und reflektieren. Jeder Mensch ist durch seine Sozialisation geprägt und verfügt daher über verbale und nonverbale Sprachmuster, die den Erziehungsprozess positiv und auch negativ beeinflussen können. Sich dieser Tatsache bewusst zu werden heißt auch, die eigenen unbewussten Anteile in der Kommunikation zu entdecken, Stresssituationen wahrzunehmen und professionell zu bearbeiten.

→ Eine professionelle Beziehungsarbeit zeichnet sich dadurch aus, dass sich Jugendliche in Gruppen entfalten können und sich außerhalb der Schule und des Heimes (Vereine, offene Jugendgruppen usw.) selbst wählen können wo sie sich sicher und geborgen fühlen, wo sie in ihren Räumen Regeln und Normen einhalten, die mit ihnen gemeinsam erarbeitet wurden, die für sie überschaubar sind und Bedeutung haben, wo Entscheidungsprozesse transparent und nachvollziehbar sind und sie mitbestimmen und mitgestalten können, wo Erzieher und Erzieherinnen im Reden und Handeln übereinstimmen.

→ Nähe entsteht vor allem in einer Atmosphäre, in der Erzieherinnen und Erzieher und Jugendliche sich als Menschen begegnen: auf Ausflügen, Wochenendfreizeiten, beim Feste-Vorbereiten und -Feiern, beim gemeinsamen Zubereiten von Mahlzeiten oder bei der Begleitung zum Arzt usw.

→ Bei zu großer Nähe oder Distanz muss professionell und verantwortungsvoll gehandelt werden.

→·← AUFGABEN UND ANREGUNGEN

1 **Diskutieren** und **bewerten** Sie im Plenum die 20 Thesen „Pädagogik zum Anfassen" unter folgenden Fragestellungen:

→ Welche Grundhaltung der Erzieherinnen/Erzieher kommt in den Thesen zum Ausdruck?

→ Versetzen Sie sich in die zu erziehenden Jugendlichen: Wie würden Sie sich fühlen? Was würden Sie über die Erzieherinnen/Erzieher denken? Wie würden Sie über die Erzieherinnen und Erzieher urteilen?

→ Stellen Sie eigene Thesen auf und reflektieren Sie diese mit Ihrem Erzieherteam in Ihrem nächsten Praktikum mit Jugendlichen.

2 Das Bewerbungsgespräch

- Bilden Sie Kleingruppen.
- Zwei Personen spielen Erzieherinnen oder Erzieher, die sich für eine Stelle in einem Heim interessieren.
- Jeweils eine Gruppe wählt Heim A oder Heim B.

Im Heim A bemühen sich alle Erzieherinnen/ Erzieher um qualitativ ähnliche Beziehungen zu allen zehn Kindern der Gruppe, damit niemand übervorteilt oder benachteiligt wird. Jede Erzieherin und jeder Erzieher fühlt sich für jedes Kind gleichermaßen verantwortlich. Alle Erzieherinnen/Erzieher erledigen alle Aufgaben, die während ihrer Dienstzeit für die jeweils betroffenen Kinder gerade anfallen. Sie erarbeiten gemeinsam Erziehungspläne für jedes Kind und sind alle Ansprechpartner für Eltern und Lehrer.

In Heim B wurde ein „Bezugserziehersystem" eingeführt. Je einer Mitarbeiterin/einem Mitarbeiter wurden maximal drei Kinder besonders zugeordnet. Schon bei der Heimeinweisung hat sich die Bezugserzieherin/der Bezugserzieher besonders viel Zeit für die neuen Kinder genommen. Sie/er pflegt die Eltern- und Schulkontakte der ihr anvertrauten Kinder, sie/er fühlt sich für die Erziehungsplanung, Berichterstattung und Perspektiven besonders verantwortlich. Die Kinder bemerken nur die Aufgabenteilung der Erzieherinnen/Erzieher. Die Beziehungen in ihrer Intensität werden von Kindern und Erzieherinnen/Erziehern unabhängig von diesem System gestaltet.

Führen Sie in einem Rollenspiel ein Bewerbungsgespräch mit einem neuen Erzieher durch, der sich für eine Stelle in Heim A oder Heim B interessiert. Versuchen Sie den Bewerber für Ihr Heimerziehungssystem zu begeistern.

Diskutieren Sie anschließend im Plenum die Vor- und Nachteile beider Systeme aus der Sicht der Kinder, der Mitarbeiter und anderer Betroffener (Eltern, Lehrer).

Worauf müsste im Heim A und im Heim B jeweils unbedingt geachtet werden, damit Kindern aus dem jeweiligen System keinerlei Nachteile entstehen?

Wie könnte sich der Erzieherwechsel in beiden Systemen auswirken?

Wie kann es sich auswirken, wenn Kinder im Heim B über dieses System informiert werden und meinen, nur „ihre" Erzieherin sei für sie zuständig?

TIPPS ZUM WEITERLESEN →→

- Das zweite Zuhause
  Walter Gehres, Leske & Budrich, Opladen 1997
- Praxis und Methoden der Heimerziehung
  Richard Günder, Lambertus Verlag, Freiburg im Breisgau 2000
- Burnout und Stress. Praxismodell zur Bewältigung
  Ernst Meyer, Schneider Verlag, Hohengehren 1994
- Schülerjahre
  Remo H. Largo, Martin Beglinger, Piper, München 2009

1.3 Erziehungsstilkonzepte

Ein neues Kindergartenjahr hat begonnen. Heute werden neue Kinder in der Kindergruppe erwartet.

Sie stehen als Praktikantin an der Tür zum Gruppenraum und geben den Kindern zur Begrüßung die Hand. Ein Vater, der vor ein paar Tagen einen Platz für seine fünfjährige Tochter bekommen hat, hält sie an der Hand und fragt Sie nach der Gruppenleiterin. Diese kommt gerade aus dem Gruppenraum und begrüßt den Vater freundlich. Er stellt sich vor und sagt dann zu seiner Tochter, die schüchtern auf den Boden blickt: „Jetzt gib bitte Frau Keller die Hand und schau sie dabei an."

Das Mädchen tut, was ihm der Vater sagt. Dann verabschiedet sich der Vater mit den Worten: „... und wenn sie nicht pariert, dann geben Sie ihr ruhig eins hintendrauf". Die Gruppenleiterin antwortet daraufhin: „Bei uns wird nicht geschlagen. Da müssen Sie Ihr Kind woanders anmelden." Der Vater lächelt sie etwas verlegen an, sagt dann aber „Auf Wiedersehen" und verlässt eilig den Kindergarten.

Sie haben die Szene beobachtet und sind etwas irritiert.

Sind die Erziehungsmethoden kompatibel?

↘ FRAGEN

- → *Welche Erziehungsmethoden sind in unserer Gesellschaft verbreitet?*
- → *Sind die Erziehungsmethoden der Eltern kompatibel mit den Erziehungsmethoden der Erzieherinnen?*
- → *Welchen Einfluss haben Erziehungsmethoden auf die Entwicklung der Kinder?*
- → *Wie hätten Sie auf den Kommentar des Vaters reagiert?*

1.3.1 Kurzer historischer Rückblick

Der Umgang mit Kindern hat sich durch die Jahrhunderte ständig verändert. In der **Antike** wurden dem Kind, sobald es laufen und sprechen konnte, vor allem die von Generation zu Generation überlieferten gesellschaftlichen Werte, Traditionen und Einstellungen übertragen. Durch die Erziehung und Bildung sollten Kinder und Jugendliche körperlich, seelisch, geistig und charakterlich geformt werden. Der Zugang zu Wissen blieb jedoch lange Zeit dem Nachwuchs der herrschenden Klasse vorbehalten. Griechische Philosophen wie Sokrates, Platon und Aristoteles forderten dagegen eine umfassende Bildung für alle „freien Bürger" und legten so das Fundament für eine öffentliche Erziehung.

Durch die Ausbreitung des Christentums wurde im **Mittelalter** die Erziehung überwiegend von der Kirche übernommen. In den Dom- und Klosterschulen wurde neben den sogenannten „sieben freien Künsten" (Grammatik, Rhetorik, Dialektik, Arithmetik, Geometrie, Musik, Astronomie) vor allem der christliche Glauben gelehrt. Davon profitierten jedoch hauptsächlich die Mitglieder des Adels und des Klerus. In der Renaissance entstanden neben den kirchlichen Schulen sogenannte „Bürgerschulen", in denen Kinder von Kaufmannsfamilien Lesen, Schreiben und Rechnen lernen konnten.

Erst seit der Französischen Revolution (1789) ist die Erziehung ins Zentrum sozialen Handelns gerückt.

> **Das Kind erfährt [...] eine beträchtliche Aufwertung, es ist nicht länger Träger der Erbsünde, sondern der Menschenrechte und der gesellschaftlichen Zukunft. Das Kind [...] soll frei werden von Zwang und Unterdrückung, die Erziehung soll seine natürlichen Kräfte zur Entfaltung bringen.**
>
> *(Harten, 1993, S.44)*

Durch naturwissenschaftlichen und technischen Fortschritt setzten Gelehrte und Wissenschaftler auf eine gezielte Erziehung und Bildung besonders der jungen Generation, deren Seelen als „biegsam und formbar" galten. So beeinflusste der Gedanke von **John Locke** (1632-1704) die Pädagogik und Psychologie mit seiner Erkenntnis, dass der Mensch, wenn er geboren wird, ein unbeschriebenes Blatt Papier (tabula rasa) sei, da vor dem ersten Sinneseindruck das menschliche Bewusstsein leer sei *(Versuch über den menschlichen Verstand, John Locke Band 1., Nachdruck 2000).*

In den folgenden Jahrhunderten betrachtete man erstmals die Kindheit als eigenen Lebensabschnitt, der sich deutlich vom Zustand des Erwachsenenseins abgrenzt. Begünstigt durch die fortschreitende **Industrialisierung** führte das in der patriarchalischen Gesellschaft des Wilhelminischen Zeitalters (1890-1918) schnell dazu, dass bei der Erziehung der Kinder besonderer Wert auf Gehorsam gegenüber der Obrigkeit und auf Gottesfürchtigkeit gelegt wurde. Es wurde nach dem Motto erzogen: „Wer sein Kind liebt, der züchtigt es!" *(Altes Testament).*

Erst gegen Ende des 19. und Anfang des 20. Jahrhunderts begann eine neue Form der Erziehung, die sogenannte **Reformpädagogik,** die eine „Erziehung vom Kinde aus" forderte. Reformpädagogik im engeren Sinne meint jene Versuche, die sich gegen den bis dahin vorherrschenden unterwerfenden Autoritarismus der „Pauk- und Drillschule" wandten. Zu den wichtigsten Vertretern der Reformpädagogik zählen unter anderem Johann Heinrich **Pestalozzi** (1746-1827), Maria **Montessori** (1870-1952) und Rudolf **Steiner** (1861-1925). Ein neuer Erziehungsstil sollte das Kind als Individuum achten und seine kreativen Kräfte fördern.

Dieser Ansatz in der Erziehung konnte sich in Deutschland in der Zeit des **Nationalsozialismus** nicht weiter entwickeln und durchsetzen. Der in der NS-Zeit geprägte Erziehungsstil forderte bedingungslosen Gehorsam. Kindergärtnerinnen, Lehrer und Erzieher mussten sich dem Diktat der Machthaber beugen, Andersdenkende erhielten Arbeitsverbot, wenn sie sich der nationalrassistischen Propaganda in den Weg stellten. Wichtige Bücher durften nicht mehr gelesen werden und wurden verbrannt.

Erst in der **Nachkriegszeit** konnte sich langsam wieder eine positive Grundhaltung zum Kind und ein demokratischer Erziehungsstil durchsetzen. Im Jahr 2004 hat der Deutsche Kinderschutzbund den Tag der gewaltfreien Erziehung ausgerufen. Eltern konnten noch bis ins Jahr 2000 die Prügelstrafe anwenden. Seitdem gilt der geänderte **§ 1631** des Bürgerlichen Gesetzbuches:

Kinder haben ein Recht auf gewaltfreie Erziehung. Körperliche Bestrafungen, seelische Verletzungen und andere entwürdigende Maßnahmen sind unzulässig.

Damit wurde das „Gesetz zur Ächtung von Gewalt in der Erziehung“ verabschiedet.

Drill in der Schule

1.3.2 Typologisches Konzept der Erziehungsstile

Erziehungsstile sind Methoden und Grundsätze, die bei der Erziehung bewusst oder unbewusst angewandt werden.

Begründer der Erziehungsstilforschung war der Sozialpsychologe **Kurt Lewin** (1890–1947), der die Wirkungen unterschiedlicher Führungsstile auf das Leistungsverhalten von Jugendlichen untersuchte. Lewin verstand unter dem Begriff **Erziehungsstil** Verhaltensmuster, die ein Erzieher in der Regel bevorzugt.

Durch seine Experimente kam Lewin zu der Erkenntnis, dass sich Erziehungsstile typologisieren lassen und teilte seine beobachteten Erziehungsstile in Kategorien ein:

Erziehungsstile	Kennzeichen
Autoritärer Erziehungsstil	- Alle Aktivitäten werden vom Gruppenleiter (GL) bestimmt - GL befiehlt und kontrolliert - GL übernimmt Verantwortung für alle - GL lobt und tadelt personenbezogen und kollektiv - GL bestimmt die Gruppenzugehörigkeit - GL ist meist freundlich, aber auch unpersönlich
Demokratischer Erziehungsstil	- GL bestimmt das Ziel und die Art der Tätigkeit - Wichtige Entscheidungen werden in der Gruppe diskutiert - GL unterstützt und ermutigt die Kinder - GL übernimmt und überträgt einen Teil der Verantwortung, um ein Ziel zu erreichen - GL lobt und tadelt meist sachbezogen - GL sucht bei Problemen nach gemeinsamen Lösungen - GL beteiligt sich an der Gruppenarbeit
Laissez-faire-Erziehungsstil (französisch: lasst sie machen)	- GL verhält sich meist passiv - GL macht minimale Vorgaben - GL verspricht Hilfe bei Gefahr - GL beteiligt sich nicht an Gruppenarbeiten und bewertet diese auch nicht - GL verhält sich freundlich, aber „neutral“ - GL lobt und bestraft nicht

Auswirkungen der Erziehungsstile

Die Experimente von Kurt Lewin, die er mit Pädagogen und Kindergruppen durchführte, sollten zeigen, dass die Erziehungsstile auf die Kinder nicht ohne Wirkung bleiben, wenn sie dauerhaft auf sie einwirken.

In Lewins Experimenten zeigten die Kinder der **autoritär** geleiteten Gruppe untereinander ein aggressives und dominantes Verhalten, sobald die Gruppenleitung den Raum verlassen hatte. Schwächere Gruppenmitglieder hatten unter den Aggressionen besonders zu leiden. Die Arbeitsleistung stieg erst wieder an, wenn die Gruppenleitung in den Raum zurückkehrte.

Die Kinder der **demokratisch** geführten Gruppe reagierten bei Problemen kooperativ, freundlich und sachbezogen. Es herrschte eine entspannte Atmosphäre. Die Arbeit wurde auch fortgesetzt, wenn die Gruppenleitung nicht im Raum war. Probleme wurden kooperativ bewältigt. Anerkennung und Wertschätzung für geleistete Arbeit hing nicht allein von der Gruppenleitung ab. Auch Kinder bewerteten ihre Arbeiten gegenseitig positiv.

Die Kinder der **laissez-faire** geführten Gruppe verhielten sich wechselhaft und instabil gegenüber anderen Kindern. Es entstanden keine freundschaftlichen Kontakte. Sie handelten ziellos und unkontrolliert. Begonnene Arbeiten wurden oft nicht zu Ende geführt. Hilfe wurde immer wieder von der Gruppenleitung gewünscht, diese reagierte aber nur bei Gefahr.

Kritik an Lewins Erziehungsstilkonzept

Lewins typologisches Konzept der Erziehungsstile hatte unter Fachleuten eine kritische Diskussion ausgelöst. Kritisiert werden vor allem folgende zwei Punkte:

1. **Die Einteilung in drei Typen:**
   Es wird bezweifelt, dass bei der Einteilung in drei Typen das individuelle Verhalten der Erziehungsperson ausreichend berücksichtigt wird. Merkmale und Ausprägungen dieser Stile sind nicht präzise definiert und deshalb ist eine Verständigung über diese Stile und insbesondere eine Vergleichbarkeit in der empirischen Forschung nicht möglich *(Tausch/Tausch, 1991, S. 170)*.
   Andererseits kann es Vorteile haben, ein Erzieherverhalten systematisch zu beschreiben, auch wenn es selten nur einem bestimmtem Typ zugeordnet werden kann.

2. **Die Experimente**
   Bei seinen Experimenten handelte es sich um künstlich geschaffene Laborsituationen, die zu verfälschten Ergebnissen führen können.

Auch andere Pädagogen und Psychologen gingen der Frage nach, wie nachhaltig ein Erziehungsstil die Persönlichkeitsentwicklung eines Kindes beeinflusst. Wissenschaftlich lässt sich das allerdings nur schwer nachweisen.

Äußern sich z.B. Geschwister über die Erziehungsstile ihrer Eltern, so stellt man fest, dass jeder für sich die Erziehungspraxis der Eltern anders wahrgenommen hat. Daraus folgern Verhaltensbiologen, dass jedes Kind weit mehr an eigenem Persönlichkeitsprofil mit auf die Welt bringt, als man bisher angenommen hat. Sie gehen davon aus, dass das Kind seine Entwicklung aktiv mitgestaltet, wenn es die Voraussetzungen dafür in seiner Familie und der außerhäuslichen Betreuung vorfindet. Denn wie ein Kind auf die Welt zugeht, schüchtern und verzagt oder neugierig und selbstbewusst, hängt vom „Familiennest" ab, in das es hineingeboren wird. Die beste Voraussetzung für ein Kind ist es, wenn es ein Erziehungsklima aus **Liebe, Akzeptanz, Wertschätzung** und entwicklungsbegleitenden Anforderungen vorfindet.

1.3.3 Erziehungsstilforschung nach Diana Baumrind

Eine Bestätigung der Hypothese, dass jedes Kind mit einem eigenen Persönlichkeitsprofil auf die Welt kommt, liefert der Ansatz von **Diana Baumrind** (1989). Sie hat Erziehungsstile von Eltern untersucht und dabei zwei bedeutsame **Dimensionen** und vier **Erziehungsstile** herausgearbeitet.

1. Dimension: das Ausmaß an elterlicher Wärme, Unterstützung und Akzeptanz.
2. Dimension: das Ausmaß an elterlicher Kontrolle und Anforderungen

Außerdem unterscheidet sie vier idealtypische **Erziehungsstile:**

1. Der autoritäre Stil
Es wird vor allem Gehorsam und Unterordnung unter aufgestellte Regeln erwartet. Diese werden mit Tadel und Strafe durchgesetzt.
Auswirkungen: Kinder sind gehorsam und diszipliniert, passen sich in Schule und außerschulischen Einrichtungen an, entwickeln jedoch nur ein geringes Selbstbewusstsein und wenig Selbstwertgefühl.

2. Der autoritative(-partizipative) Stil
Er wird auch als demokratisch bezeichnet. Eltern stellen angemessene Anforderungen, setzen klare Regeln und Gebote, die den Kindern ihrem Entwicklungsalter entsprechend nachvollziehbar sind. Die Autonomie des Kindes wird gefördert, indem genügend Freiraum innerhalb der abgesprochenen Grenzen zugelassen wird. Hohe Wertschätzung, positive Zuwendung und Spielraum für eigene Entscheidungen gehören zur Grundhaltung der Eltern gegenüber den Kindern.
Auswirkungen: Mehrere Studien konnten nachweisen, dass die Kinder mit Abstand die höchsten Kompetenzen in verschiedenen Leistungsbereichen und einen höheren Selbstwert zeigten.

„Jungen erwiesen sich als sozial kompetenter, Mädchen als leistungsorientierter und durchsetzungsfähiger [...] Die Kinder zeigten auch hier bessere Schulnoten, eine höhere Selbstwirksamkeit, geringere Depressivität und deutlich geringere Delinquenzraten.“ *(Zinneker/Silbereisen, 1996 in: Rudolf Tippelt [Hrsg.] Handbuch Bildungsforschung, Leske + Budrich, 2002 S. 487)*

3. Der permissive (nachgiebige) Stil
Das Kind findet ein emotional warmes Familienklima vor, wird jedoch nicht in gesellschaftliches Rollenverhalten eingeführt. Es werden wenige Anforderungen an das Kind gestellt. Wünsche und Bedürfnisse werden weitestgehend erfüllt. Die Eltern sind sehr nachsichtig. Auf Grenzen und konsequente Strafen wird verzichtet.
Auswirkungen: Die Schulleistungen der Kinder sind häufig schlecht. Impulsivität und wenig Selbstregulation bzw. Selbstkontrolle sind das Ergebnis einer zu nachgiebigen Erziehung.

4. Der indifferente (vernachlässigende) Stil
Kinder leben in einem Familienklima, das insgesamt wenig Interesse an ihnen zeigt, d. h. beide Dimensionen sind gering ausgeprägt, sowohl das Ausmaß elterlicher Wärme als auch das Ausmaß elterlicher Kontrolle.
Auswirkungen: Daraus folgt häufig eine gestörte Bindungsfähigkeit, unsoziales Verhalten und wenig Selbststeuerung, was sich auch negativ auf die schulischen Leistungen auswirkt.

Baumrind entwickelte ihr Modell des elterlichen Erziehungsstils aus der Perspektive von Eltern, Kindern und Lehrern auf Beobachtungs- und Fragebogenebene.

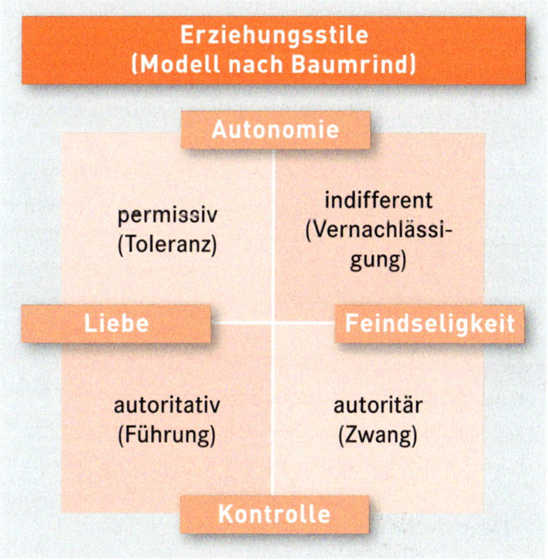

Erziehungsstile nach Diana Baumrind

„Weitere deutsche Befunde für die spätere Kindheit – die 10- bis 13-Jährigen – zeigen, dass ein unterstützender, akzeptierender und liebevoller Erziehungsstil zu geringer Ausprägung von Ängstlichkeit, aber hohen Kompetenzgefühlen, ausgeprägter Explorationsbereitschaft und stärkerer Kreativität, also vermutlich auch höherer Bildungsbereitschaft der Kinder führt, weil diese weniger negative Bewertungen der Eltern fürchten müssen und mehr Zuspruch erhalten.“
(Krohne/Kohlmann/Leidig 1986 in Tippelt Hsg. Handbuch Bildungsforschung, 2002, S. 487)

1.3.4 Das Modell nach Thomas Gordon: Familienkonferenz

Thomas Gordon (1918–2002) hat in seinem Buch „Die neue Familienkonferenz" (1993) internationale Fachliteratur ausgewertet und kam zu dem Ergebnis, dass Erziehung, die ihr Ziel überwiegend durch Bestrafung erreichen will, ineffektiv ist und daher nicht zu den erwünschten Zielen wie Selbstständigkeit, Leistungsfähigkeit und Verantwortungshaltung führt.

Seine Methode entwickelte er zur Verbesserung von Beziehungen und dem gewaltfreien Lösen von Konflikten **(Niederlagslose Methode).** Gordon betont, dass das Kind ein Recht auf ein eigenes Leben mit eigenen Wertvorstellungen und Überzeugungen hat. Er favorisiert den demokratischen Erziehungsstil, zu dem die Techniken des Aktiven Zuhörens und der Ich-Botschaften gehören *(vgl. Kap. 1.1.5).* Eine „echte" Ich-Botschaft sollte keine verdeckte Du-Botschaft sein, z. B. „Ich empfinde dich im Moment als sehr störend", anstatt „Mich stört es, wenn ich ständig unterbrochen werde."

In Konflikten empfiehlt Gordon Eltern und Erzieherinnen die Anwendung der **niederlagslosen Methode,** die er in sechs Schritten beschreibt:

1. den Konflikt identifizieren und definieren
2. mögliche Alternativlösungen entwickeln
3. die Alternativlösungen kritisch bewerten
4. sich für die beste annehmbare Lösung entscheiden
5. Wege zur Ausführung der Lösung ausarbeiten
6. Lösung später überprüfen

Gordon unterscheidet beim Kommunizieren mit Kindern die **Sprache der Annahme** von der **Sprache der Nichtannahme.**

Er benennt zwölf sogenannte **„Straßensperren",** die Erzieherinnen und Eltern vermeiden sollten, da Kinder sich nicht angenommen fühlen können und dies zu einer Beziehungsstörung führen kann:

1. Befehlen, kommandieren, anordnen: „Mach das jetzt fertig, sonst ..."
2. Warnen, ermahnen, drohen: „Wenn ich dich noch einmal dabei erwische ..."
3. Moralisieren, predigen, z. B. du solltest, du müsstest
4. Raten, Lösungen oder Vorschläge anbieten: „Das geht anders, guck mal, so macht man das."
5. Vorhaltungen machen, belehren, mit logischen Argumenten kommen: „Als ich so alt war wie du, wäre das niemals durchgegangen."
6. Verurteilen, kritisieren, widerspiegeln, beschuldigen: „Das hättest du vorher wissen können, dass das so nicht geht."
7. Loben, schmeicheln: „Ich finde dich so o. k. Das gefällt sicher allen."
8. Beschimpfen, lächerlich machen, beschämen: „Na du Rotznase? Mit dir kann man sich ja nirgendwo sehen lassen."
9. Interpretieren, analysieren, diagnostizieren: „Du bist wieder einmal neidisch, weil sie es besser kann."
10. Bemitleiden, trösten, nicht ernst nehmen: „Das haben alle schon mal erlebt. Damit musst du nicht so prahlen."
11. Ausfragen, forschen, verhören: „Wer hat dir das denn erzählt? Wo ist das gewesen?"
12. Ablenken, zurückziehen, ausweichen: „Denk nicht mehr daran. Geh spielen."

Diese zwölf „Straßensperren" drängen Kinder in die Defensive und lassen sie ihre Unzulänglichkeit spüren.

Gordon stellt ihnen sogenannte **„Türöffner"** entgegen, die dem Kind echte Anteilnahme, Entgegenkommen und Interesse vermitteln, z. B.

→ **„Erzähl mehr darüber."**
→ **„Das interessiert mich."**
→ **„Möchtest du mehr erzählen?"**
→ **„Wie kann ich dich unterstützen?"**

↗ FAZIT

→ Erziehungsstile sind Methoden, die bewusst, oft aber auch unbewusst angewendet werden. Einflussfaktoren wie z. B. die Persönlichkeitsstruktur und der Lebensstil der Erzieherin, sowie die erworbene und meist unbewusste Auffassung von Erziehung wirken sich nachweislich auf den eigenen Erziehungsstil aus. Daher treten häufig Mischformen auf, z. B. kann eine Erzieherin mit überwiegend demokratischem Stil in einigen Situationen autoritäre Methoden anwenden.

→ Die große Zahl von Forschungsergebnissen hat gezeigt, dass ein autoritativer Erziehungsstil (Baumrind) im Elternhaus und auch in Erziehungseinrichtungen die Entwicklung der Kinder zu selbstbewussten, emotional stabilen, sozial kompetenten, leistungsfähigen Personen fördert. Eine Hilfe, den eigenen Erziehungsstil zu reflektieren und zu verändern, bietet das Gordon-Modell, das in vielen Trainingskursen eingeübt werden kann.

→·← AUFGABEN UND ANREGUNGEN

1 Erarbeiten Sie den Unterschied zwischen autoritärem und autoritativen Erziehungsstil heraus. Spielen Sie im Rollenspiel die Erziehungsstile nach.

2 Setzen Sie sich mit Ihrem eigenen Erziehungsstil und dem Erziehungsstil Ihrer Eltern auseinander. Nehmen Sie die Beschreibung der angeführten Erziehungsstile zur Hilfe und begründen Sie Unterschiede und Gemeinsamkeiten.

3 Entwickeln Sie einen Handlungsplan für eine Erziehungssituation, die Sie häufig erlebt haben, z. B. ein Kind in Ihrer Gruppe, fünf Jahre alt, ist nicht bereit, seine Spielsachen aufzuräumen.

4 Erklären Sie im folgenden Text den Unterschied zwischen den Begriffen Sprachverzögerung und Sprachstörung. Suchen Sie in „Kein Kinderkram“ nach Definitionen dieser Begriffe.
„Es entstehen sogenannte nonverbale Kommunikationsstrategien, die die Interaktionspartner nach häufigem Wiederholen perfekt zu beherrschen gelernt haben. Diese Gewohnheiten in der Eltern-Kind-Interaktion können für kurze Zeit zu sprachlichen Verzögerungen führen.“

TIPPS ZUM WEITERLESEN →→

→ Versuch über den menschlichen Verstand John Locke, Band 1
Nachdruck der Neubearbeitung der C. Wincklerschen Ausgabe (1911–1913). Felix Meiner Verlag, Hamburg 2000

→ Grundlagen der Entwicklungspsychologie
Gabriele Haug-Schnabel/Joachim Bensel, Herder, Freiburg 2010

→ Beziehungen zu Kindern gestalten
Hedi Friedrich, Beltz, Weinheim 2003

→ Die neue Familienkonferenz.
Thomas Gordon, (Hrsg.), Heyne, München 1993

→ Die pädagogische Beziehung
Hermann Giesecke, Juventa Verlag, Weinheim 1997

1.4 Bindungstheorien

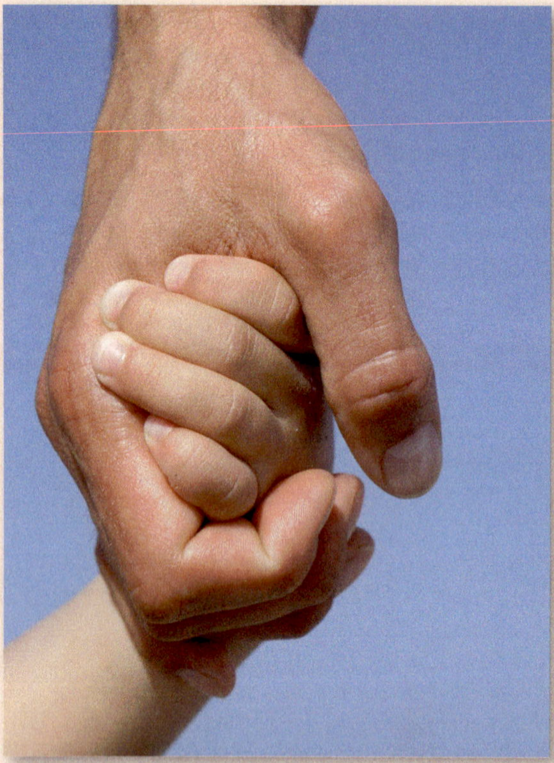

„Ich fühle mich bei dir sicher!"

Seit einer Woche besucht Marie (1;2 Jahre) die Krippe, in der Sie als Berufspraktikantin tätig sind. Marie ist das jüngste von drei Geschwisterkindern. Maries Eltern sind noch sehr jung und die Familie ist seit einigen Jahren mit chronischer Armut konfrontiert. Beide Elternteile sind arbeitslos. Die Mutter beginnt in wenigen Wochen eine Ausbildung zur Bäckereifachverkäuferin. Marie wird während der Eingewöhnung von ihrem Vater begleitet. Schon Maries Geschwister haben die Einrichtung besucht. Bei beiden Kindern gestaltete sich der Übergang in die Einrichtung schwierig. Ihre Gruppenleiterin befürchtet ähnliche Reaktionen bei Marie.

In der ersten Phase der Eingewöhnung beobachten Sie, dass Marie sich kaum von ihrem Vater trennt. Sobald er sich von seinem Stuhl erhebt, wendet sich Marie ihm zu und unterbricht ihr Spiel. Sie klammert sich an ihn und weint massiv. Auf einige Kollegen wirkt Maries Verhalten stark übertrieben. Der Vater reagiert sehr unterschiedlich auf Maries Verhalten. In einigen Situationen nimmt er sie scheinbar liebevoll auf den Schoss und albert mit ihr herum, wobei Marie dann schnell wieder heruntergelassen werden möchte. Nur einige Minuten später aber reagiert er abweisend und mürrisch. Marie scheint kaum ins Spiel zu finden und eher damit beschäftigt zu sein, ihren Vater zu beobachten. Sie wirkt unruhig. Selbst die interessante Murmelbahn fasziniert sie nur ein paar Minuten. Nach dem ersten kurzen und sehr tränenreichen Trennungsversuch am vierten Tag beruhigt sich Marie kaum auf dem Arm des Vaters.

Im Reflexionsgespräch mit Ihrer Praxisanleiterin teilen Sie Ihre Beobachtungen mit. Sie sind erstaunt über Maries Verhalten. Max (2;2 Jahre) hatte gar keine Trennungsprobleme. Er kam in den Gruppenraum, verabschiedete sich nicht von seiner Mutter und setzte sich auf den Bauteppich – alles ohne Tränen. Nora (4 Jahre) braucht dagegen bis heute sehr viel Zuwendung von den Erzieherinnen und spielt selten längere Zeit alleine oder mit anderen Kindern.

↘ FRAGEN

- *Was ist Bindung?*
- *Warum reagieren Kinder so unterschiedlich auf neue Situationen und Personen?*
- *Wie viel Nähe und Bindung braucht ein Kind?*
- *Gibt es eine gute Bindung, eine zu enge Bindung oder gar Bindungsunfähigkeit?*
- *Können sich Bindungsmuster verändern?*
- *Verkraften junge Kinder die Trennung von ihren Eltern?*
- *Welche Bedeutungen haben frühe Bindungserfahrungen auf das spätere Leben?*
- *Welche Konsequenzen ziehen Erzieher aus den Ergebnissen der Bindungsforschung?*

1.4.1 Ein guter Start ins Leben

Der Mensch braucht für eine gesunde psychische Entwicklung Personen, denen er vertrauen kann, die in belastenden Situationen für ihn da sind und ihn ermutigen, neugierig die Welt kennenzulernen. Jeder weiß, wie wichtig einem die liebsten Personen sind, bei denen man sich wohlfühlt, die man liebt, mit denen man zusammenlebt, die einen gut kennen und sich liebevoll um einen kümmern. Werden Menschen interviewt und nach wichtigen Personen in ihrem Leben gefragt, werden häufig folgende Aussagen getroffen.

> „Meine Eltern sind immer für mich da, wenn ich sie brauche - egal wann und warum."
>
> „Meine Oma hat mich immer nur in den Arm genommen, wenn es mir nicht gut ging, und nichts gefragt."
>
> „Meine Freundin hatte ich Jahre nicht gesehen und beim ersten Treffen war wieder alles so schön wie früher."
>
> „Wenn ich meine Erzieherin wiedersehe, fallen mir viele schöne Erinnerungen ein."

Bindung wird oft als „emotionales Band" beschrieben, das, wenn es einmal gewachsen ist, über Ort und Zeit hinweg bestehen bleibt. **Bindungsbeziehungen** sind durch tiefe Verankerung, Stabilität, Emotionalität, Verbundenheit, gemeinsame Erlebnisse gekennzeichnet. Das Besondere ist, dass sie dem Menschen Halt, Sicherheit, Unterstützung und Geborgenheit bieten. Diese sicherheitsspendende Beziehung hilft, schwierige Situationen zu meistern, zu lernen und zu wachsen.

1.4.2 Feinfühligkeit - Begegnung mit einem Troll

Unterschiedliche Bindungserfahrungen in der frühen Kindheit prägen den Menschen und haben großen Einfluss auf die gesamte weitere Entwicklung und die Bindungsbeziehungen. Bereits im ersten Lebensjahr lernt ein Kind, ob es sich auf seine primären **Bezugspersonen** verlassen kann. Der Aufbau zu einem oder einigen wenigen Bezugspersonen (primäre Bezugspersonen die das Kind ständig betreuen) ist eine große sozial-emotionale Entwicklungsaufgabe für den Säugling. In der Regel sind dies Eltern, Großeltern, Tagesmütter oder pädagogisches Fachpersonal.

Übung: Stellen Sie sich vor, ein Troll hätte Sie mit einem Zauberspruch belegt. Der Zauber bewirkt, dass es Ihnen unmöglich ist zu sprechen oder sich zu bewegen. Sie können nur noch mit einem kleinen Schellenkranz läuten *(aus: Farrell/Egeland, 2006, S. 134).*

- → **Was empfinden Sie, wenn jemand Ihnen hilft, sobald Sie die Schellen läuten?**
- → **Was empfinden Sie für eine Person, die zu verstehen versucht, was Sie ihr mitteilen wollen?**
- → **Was empfinden Sie, wenn Sie erst eine Ewigkeit läuten müssen, bevor man Ihnen hilft?**
- → **Was empfinden Sie, wenn die Person, die Ihnen hilft, jedes Mal wütend reagiert, wenn Sie läuten?**
- → **Wie reagieren Sie, wenn niemand auf Ihr Läuten reagiert?**

„Wirst du mich hören? Weißt du, was ich brauche?"

Diese Übung verdeutlicht die Hilflosigkeit ganz junger Kinder, die nur mithilfe von körperlichen Signalen (Temperatur, Körperspannung, Geruch etc.) und nonverbalen Signalen (Schreien, Weinen, Mimik etc.) ihre Bedürfnisse nach Hunger, Schlaf, Nähe, Interaktion mitteilen können.

Kleinstkinder und jüngere Kinder brauchen deshalb einfühlsame Begleiter. Die große Bedeutung einer **empathischen Haltung** dem Kind gegenüber muss an dieser Stelle besonders hervorgehoben werden. Es geht darum, körperliche und nonverbale und verbale Signale und Bedürfnisse der Kinder wahrzunehmen, richtig zu deuten und zeitnah und adäquat zum Wohl des Kindes darauf zu antworten bzw. zu reagieren. **Mary Ainsworth** (Mitarbeiterin von John Bowlby, Arzt und Psychoanalytiker, Begründer der Bindungstheorien) prägte Mitte der 1970er Jahre für dieses Verhalten den Begriff der **Feinfühligkeit** *(Feinfühligkeit. Kindergarten heute. Spezial, 2008, S. 2 f.).*

Zu **feinfühligem Verhalten** gehören folgende Aspekte:
- → Signale des Kindes **richtig wahrnehmen,**
- → diese Signale **richtig interpretieren,**
- → auf diese Signale **prompt**
- → und angemessen **reagieren.**

Ein Säugling, sogar ein Neugeborenes, verfügt über eine ganz eigene Sprache. Er benutzt noch keine Worte, vermittelt aber durch Signale, was er empfindet und was ihm behagt oder nicht. Entscheidend für den Aufbau einer **sicheren Bindung** des Kindes und damit auch für sein Erkundungsverhalten **(Exploration)** ist deshalb ein gutes Einfühlungsvermögen der Bezugsperson in seine Bedürfnisse, liebevolle Zuwendung und aufmerksame Fürsorge.

Die Reaktionen der Bezugspersonen sollten dem Entwicklungsstand des Kindes angemessen sein. Es sollte keine Über- bzw. Unterforderung stattfinden. Auf kindliches Weinen sensibel zu reagieren, zeigt feinfühliges Verhalten und darf nicht als Verwöhnen des Kindes missverstanden werden. Auch wenn nicht vollständig verhindert werden kann, dass ein Säugling gelegentlich weint, kann die Bezugsperson sehr viel zu seiner Zufriedenheit beitragen, wenn sie versucht, auf seine Signale einzugehen.

Ich nehme dich wahr!
Ich wertschätze dich!
Ich respektiere deine Gefühle!
Ich möchte dich kennenlernen!
...

Jede Bezugsperson wird (besonders in den ersten Lebenswochen) auch Signale des Kindes missverstehen bzw. nicht angemessen darauf reagieren. Für eine sichere Bindung sind die Haltung der Bezugsperson und die Menge der Erfahrungen positiver Interaktion wichtig.

Diese Botschaften integriert das Kind in seine Selbstwert- und Identitätsentwicklung. **Positive Bindungserfahrungen** in frühester Kindheit sind die beste Voraussetzung dafür, dass ein Kind ein positives Selbstbild entwickelt und sich sowohl sozial-emotional als auch in seinem Bewegungs- und Forschungsdrang optimal entwickeln kann. Je älter ein Kind wird, desto besser kann es sich und seine Gefühle dann selbst regulieren **(emotionale Selbststeuerung).** Die Fähigkeit, die Signale des Säuglings zu deuten, entwickelt sich mit der Zeit. Dieses Kennenlernen ist ein langsamer und stetiger, wechselseitiger Prozess.

Die früheste Bindung, die ein Mensch eingeht, ist die Bindung an seine **primäre Bezugsperson** – in der Regel an seine Mutter. Der Säugling kommt mit einer angeborenen Bereitschaft, Verhaltensweisen und Fähigkeiten auf die Welt, Beziehungen bzw. Bindungen mit anderen Menschen eingehen zu können. Diese Verhaltensweisen, die auf das Herstellen sowie auf die Aufrechterhaltung von Nähe zu einer Bezugsperson ausgerichtet sind, nennt man **Bindungsverhaltensweisen.** Dazu zählen z.B. Anlächeln, Weinen, Rufen, Nachlaufen, Anklammern, Arme ausstrecken usw.

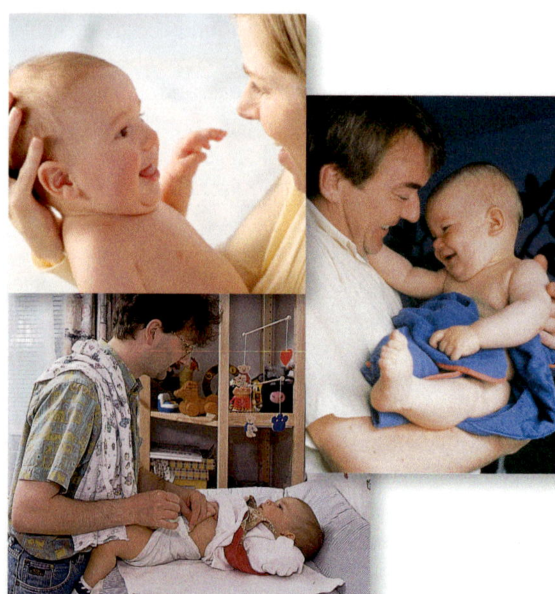

Verhaltensweisen zum Aufbau sicherer Beziehungen

Diese Bereitschaft ist existenzsichernd, da Säugling und Kleinkinder in den ersten Lebensjahren auf die Unterstützung, Zuwendung und Nähe eines Erwachsenen angewiesen sind. Sichere Bindungen geben Schutz, Sicherheit und Wohlbefinden sowie das Gefühl des Dazugehörens und der Wertschätzung. Bindung dient dem Schutz des Kindes, nicht zu weit weg zu gehen.

> Ein Ergebnis der frühen Bindungsforschung von Bowlby und Ainsworth ist, dass das Bindungssystem ein primäres, genetisch verankertes System ist, welches wechselseitig die Emotionen, Motivation und das Verhalten von der Bezugsperson und dem Kind beeinflusst.

Neben den Signalen des Kindes liegen auf der Seite der Erwachsenen ebenfalls bestimmte angeborene Verhaltensbereitschaften bzw. genetisch bedingte hormonelle Prozesse vor, die auf die Äußerungen des Kindes im besonderen Maße reagieren. Bei einer Mutter werden z.B. bereits während der Schwangerschaft und zusätzlich auch bei der Geburt bestimmte Hormone ausgeschüttet, die sie emotional an ihr Kind binden. Der Schrei eines Neugeborenen löst bei allen Erwachsenen automatisch einen Schutzmechanismus aus. Große „Kuller-Augen" berühren emotional und führen häufig zu Verhaltensweisen der Zuwendung und Nähe. Durch die vom Säugling ausgehenden Signale wenden sich die Eltern bzw. Bezugspersonen in den ersten Lebensmonaten des Kindes spontan und intuitiv dem Säugling zu.

Die Verhaltenspsychobiologen Papousek und Papousek prägten dafür den Begriff der **intuitiven Kompetenzen.** Diese intuitiven Verhaltensweisen sind universell, kultur-, alters- und geschlechtsunabhängig bzw. haben – wenn überhaupt – nur minimale Variationen. Die Reaktionszeiten der Bezugspersonen auf die kindlichen Signale bewegen sich zu Beginn im Millisekundenbereich (200–600 Millisekunden). Diese Verhaltensweisen können höchstens für kurze Zeit bewusst unterdrückt werden, geschehen aber eigentlich unwillkürlich. Frühkindliches Lernen ist auf Wiederholung aufgebaut. Intuitive Verhaltensweisen können beinahe endlos wiederholt werden, ohne dass sie für den Ausführenden ermüdend werden *(vgl. Papousek, 2006).*

> **Ammensprache** (höhere Stimmlage mit spezifischem Sprechgesang und Mienenspiel)
> **Biologischer Spiegel** (Nachahmen der Mimik und Laute des Kindes)
> **Dialogabstand** (Abstand zwischen beiden Gesichtern in den ersten Lebenswochen 20–30 cm)
> **Berührung** (um die Spannungsverhältnisse im kindlichen Körper „zu begreifen")
> **Rhythmisches Tragen etc.**

Beispiele für intuitive Verhaltensweisen von Erwachsenen

Biologischer Spiegel und Dialogabstand

Eine feinfühlige Interaktion ist geprägt von nonverbaler und verbaler Kommunikation.

Vier Ausdruckskanäle von Feinfühligkeit
Sprache: wertschätzende und anerkennende Wortwahl – interessiertes und stimulierendes Fragen
Stimme: liebevoller, ruhiger Tonfall – geduldiges, langsames und deutliches Sprechen
Gesicht/Mimik: interessierter Gesichtsausdruck – anteilnehmender und wertschätzender Gesichtsausdruck – Stimmungen und Äußerungen der Kinder durch eigene Mimik aufgreifen
Körper: ruhige, gelassene, den Kindern zugewandte Körperhaltung – sich auf Augenhöhe der Kinder befinden – Körperkontakt mit Kindern zulassen
(Feinfühligkeit, Kindergarten heute. Spezial, 2008, S. 6)

1.4.3 Bindungsentwicklung

Die frühesten Bindungserfahrungen legen den Grundstein dafür, wie die weiteren Erfahrungen während der individuellen Entwicklung wahrgenommen und in die eigene Identität integriert werden. Sie stellen aber auch im Bereich der sozial-emotionalen Entwicklung die Basis für einen späteren Aufbau von Beziehungen zu Gleichaltrigen, zum Lebenspartner und auch zu den eigenen Kindern dar.

Im Alter von **0 bis 3 Monaten** zeigt ein Säugling bereits Verhaltensweisen, die die Nähe zu Erwachsenen sicherstellen sollen. Er ist jedoch noch nicht auf bestimmte Personen festgelegt. In diesem Alter könnte demnach im Grunde jeder Erwachsene die Betreuung und Pflege ausüben. Allerdings haben Forschungen gezeigt, dass Säuglinge den vertrauten Geruch oder die Stimme der Mutter erkennen und diese vor fremden Gerüchen bzw. Stimmen bevorzugen. In dieser Phase ist es sehr wichtig, dass auf die Signale des Kindes unmittelbar reagiert wird. Der Säugling erlebt allererste **Selbstwirksamkeitserfahrungen.** Über die Interaktionen lernt das Kleinstkind mit der Zeit auch, seine Interaktionspartner zu unterscheiden.

Ab ca. 4 Monaten beginnt der Säugling sich an einer bzw. wenigen Personen zu orientieren. Er sendet seine Signale bevorzugt vertrauten Personen zu. Das Erinnerungsvermögen ist noch nicht entwickelt, daher gilt noch: „Aus den Augen aus dem Sinn“, sodass Säuglinge nicht unmittelbar auf kurze Trennungen von der Bezugsperson reagieren. In dieser Altersspanne erweitert das Kind sein Repertoire an Bindungsverhaltensweisen.

Ungefähr im Alter **zwischen 7 bis 9 Monaten** beginnt der Säugling eine Bindung zu einer deutlich von anderen unterschiedenen Person aufzubauen und zu dieser die Nähe aufrechtzuerhalten, indem es probiert, über die eigene Fortbewegung in die Nähe der Bindungsperson zu gelangen bzw. über Signale, die es an die Bindungsperson sendet (Rufen, Weinen, Klammern etc.), die Nähe herzustellen. Das Kind kann sich langsam an Dinge und Personen, die nicht unmittelbar im Blick sind, erinnern **(Objekt-/Personenpermanenz).** Daher setzt das Kind nun auch verstärkt Energien in die Aufrechterhaltung der Nähe zu dieser Bindungsperson ein. Das Gefühl des Vermissens entsteht. Auf der anderen Seite entwickelt sich nun aber auch immer stärker der Drang zum Erkundungsverhalten. Damit einher geht das zu beobachtende Phänomen der **sozialen Rückversicherung.** Das Kind, das einerseits Nähe und Kontakt zu der Bindungsperson aufrechterhalten will, wird bei seinen Versuchen, die Welt zu erobern, immer wieder den Blickkontakt mit der Bindungsperson suchen, um sich zu versichern: „Es ist ok, dass du die Welt eroberst ... ich bin da und passe auf, dass dir nichts dabei passiert!“

Im Alter **von 10 bis 12 Monaten** wird das Kind immer mobiler und zeitgleich steigt sein Interesse an der Umwelt und der Wunsch, diese neugierig zu erkunden, immer stärker an. Gleichzeitig beginnt sich aber auch die in der vorherigen Phase beginnende Bindung zu intensivieren. Je stärker die Bindung an die Bezugsperson entwickelt ist, umso mehr beginnt das Kind Trennungs- sowie Fremdenangst **(Fremdeln)** zu zeigen. Ebenso steht das Kind im Spannungsfeld zwischen **„Abhängigkeit“** (da es die Nähe der Bindungsperson braucht) und dem Wunsch nach **„Autonomie und Selbstständigkeit“** (da es unbedingt die Umgebung entdecken will). Die Bindung verhindert, dass es sich zu weit entfernt bzw. dass es über die soziale Rückversicherung immer wieder Situationen und Hindernisse mithilfe der Bezugsperson einschätzen lernt, die es selber noch nicht realistisch abschätzen kann.

Im Alter **von 13 bis 18 Monaten** bleiben weiterhin die Themen **Nähe – Distanz** *sowie* **Abhängigkeit – Selbstständigkeit** aktuell und werden geübt. Daher sind sowohl das „Alleine-Machen-Wollen“ als auch anklammerndes Verhalten ein großes Thema. Versteckspiele und wiederholende Verabschiedungsspiele helfen dem Kind in dieser Phase, Trennung und Wiederkehr einzuüben und damit umgehen zu lernen. Mit zunehmendem Alter tritt nun die **Autonomie-Entwicklung** immer stärker in den Vordergrund. Die Bindungsperson hat nach wie vor eine ganz wichtige und unterstützende Funktion. Die Bindung ist aufgebaut und die Qualität der Bindung zwischen Kind und Bindungsperson ist klassifizierbar (was nicht heißen soll, dass die Qualität sich nicht verändern kann; ein sehr wichtiger Grundstein, auf den zukünftig gebaut wird, ist jedoch gelegt).

Ab ca. 3 Jahren fängt das Kind an, sein Verhalten nicht mehr nur an seinen Zielen auszurichten, sondern es entwickelt langsam die Fähigkeit, die Interessen und Ziele der Bindungsperson mit einzubeziehen und zu berücksichtigen („zielkorrigierte Partnerschaft“). Die Peergruppe wird ebenfalls immer bedeutender und das Interesse an anderen Kindern immer ausgeprägter *(vgl. Viernickel/Sechtig, 2003, S. 14 ff.).*

1.4.4 Qualität der Bindungsbeziehungen

Die **Feinfühligkeit,** die **Verfügbarkeit** und die **Vorhersagbarkeit** der Reaktionen der Bezugsperson bestimmen im großen Maße die **Bindungsqualität.** Diese frühen Interaktionserfahrungen sind ausschlaggebend für die ersten Bindungserfahrungen. Das Ausmaß der Feinfühligkeit nimmt den größten Einfluss auf die Qualität der entstehenden Bindung.

Ainsworth und Bowlby entwickelten eine standardisierte Beobachtungsmethode, die sogenannte „Fremden-Situation". Das **Bindungs- und Explorationsverhalten** junger Kinder zwischen 12 und 20 Monaten wurde in einer Laborsituation untersucht. Ainsworth und ihr Team gingen davon aus, dass Kinder in einer belastenden Situation (Trennung von der Mutter) Bindungsverhalten zeigen, in Anwesenheit der Mutter dagegen das Umfeld erkunden. Es wurde deutlich, dass nicht alle Kinder dieses Verhalten zeigten. Es kristallisierten sich drei Verhaltenstypen heraus. Diese Ergebnisse sind die Grundlage heutiger Bindungstheorien. Bei späteren Hausbesuchen stellten die Forscher fest, dass nicht nur die Kinder, sondern auch die Mütter sich unterschiedlich verhielten.

Es werden in der Bindungstheorie mittlerweile **vier Bindungsqualitäten** bzw. **Bindungstypen** unterschieden, die in der Fachliteratur durch die Buchstaben A–D gekennzeichnet werden *(in Anlehnung an Zweyer, 2010).*

Bindungsqualität A = **unsicher-vermeidend**
Bindungsqualität B = **sicher-gebunden**
Bindungsqualität C = **unsicher-ambivalent**
Bindungsqualität D = **desorganisiert**

Bindungsqualität A: unsicher-vermeidend

Verhalten des Kindes:
- → zeigt kein offenes und eindeutiges Bindungsverhalten (wie z. B. Suchen von Nähe, Weinen und Rufen nach der Bezugsperson etc.)
- → zeigt keinen offenen Ausdruck von Gefühlen (z. B. weint nicht bei Trennung von der Bezugsperson bzw. wirkt eher gleichgültig bei ihrer Wiederkehr), minimiert den Gefühlsausdruck
- → wirkt eher unbeteiligt, mit seinem Spiel beschäftigt, selbstständig und souverän
- → zeigt aktive Vermeidung der Bindungsperson in einer Stresssituation, ignoriert z. T. die Bezugsperson
- → kann sich auf die Unterstützung der Bindungsperson nicht verlassen
- → hinter dem nach außen offensichtlichen Gefühlszustand steckt auch ein Bedürfnis nach Bindung
- → etwas ältere Kinder zeigen negative Lebenshaltung in schwierigen Lebenslagen und häufig Zweifel an den eigenen Fähigkeiten

Verhalten der Bezugsperson:
- → zeigt einen Mangel an Feinfühligkeit (Über- oder Unterstimulation, Zurückweisung der Wünsche des Kindes nach Nähe und Trost)
- → mag keine starken Gefühlsausbrüche
- → kann vom Kind nicht als sichere Basis genutzt werden, daher muss es aus eigener Kraft versuchen, emotional belastende Situationen zu bewältigen

Bindungsqualität B: sicher-gebunden

Verhalten des Kindes:
- → zeigt offenes und eindeutiges Bindungsverhalten, sucht Kontakt und Nähe zur Bezugsperson
- → zeigt positives Verhalten gegenüber Bezugsperson
- → zeigt offen seine Gefühle (z. B. Protest, Trauer bei Trennung von Mutter)
- → beruhigt sich schnell in der Nähe/im Körperkontakt mit seiner Bindungsperson
- → nutzt die Bezugsperson als „sichere Basis"
- → hat innere Sicherheit über Erreichbarkeit, Verfügbarkeit und Vorhersagbarkeit der Bindungsperson
- → kann sich auf die Unterstützung der Bezugsperson verlassen
- → ältere Kinder haben ein gutes Selbstwertgefühl und eine positive Lebenshaltung auch in schwierigen Lebenssituationen

Verhalten der Bezugsperson:
- → reagiert in hohem Maße feinfühlig auf die Signale des Kindes
- → reagiert für das Kind vorhersehbar und zuverlässig
- → steht dem Kind als sichere Basis zur Verfügung
- → hilft die Gefühle zu regulieren

Sicher gebundene Bindungsqualität

Bindungsqualität C: unsicher-ambivalent

Verhalten des Kindes:
- → zeigt sich ambivalent: sucht und hält mäßig bis starken Kontakt, d. h., es äußert den Wunsch nach Nähe zu der Bezugsperson, gleichzeitig zeigt es aber auch ärgerliche Zurückweisung in der Form von Widerstand gegen entstehenden Kontakt (z. B. wenn es auf den Arm genommen wird, dann drückt es sich weg, haut, macht sich steif oder schaut weg etc.)
- → hat keine innere Sicherheit über Erreichbarkeit, Verfügbarkeit, Vorhersagbarkeit seiner Bindungsperson
- → zeigt passives Verhalten oder aber Ausdruck von Ärger und Zorn gegenüber der Bindungsperson
- → reagiert häufig sehr emotional, lautstark
- → leise Signale werden oft „überhört"
- → zeigt eine übermäßige Anhänglichkeit
- → lässt sich nur schwer von der Bindungsperson beruhigen
- → lässt sich schwer ablenken

Verhalten der Bezugsperson:
- → verhält sich gegenüber dem Kind widersprüchlich
- → reagiert mal sehr feinfühlig, mal ignorierend oder auch feindselig, d. h., die Reaktionen der Bezugsperson sind für das Kind nicht vorhersehbar
- → unterbricht z. B. das kindliche Spiel, weil ein eigener Wunsch nach Zärtlichkeit Priorität hat
- → Beziehung zum Kind bzw. Interaktionen mit ihm sind abhängig von der eigenen Befindlichkeit und für das Kind kaum planbar

Bindungsqualität D: desorganisiert-hoch unsicher

Verhalten des Kindes:
- → kann auf keine organisierte Bindungsstrategie zurückgreifen
- → kann stereotype Verhaltensweisen, Verhaltenskollaps, Furcht vor der Bindungsperson oder Erstarrung in der Körperhaltung zeigen
- → zeigt zum Teil weder ein Bindungs- bzw. Explorationsverhalten
- → zeigt widersprüchliches Verhalten
- → führt begonnenes Verhalten nicht zu Ende
- → zeigt für kurze Zeit keine organisierten Verhaltensweisen

Verhalten der Bezugsperson:
- → löst z. B. Angst aus oder ist selber sehr ängstlich
- → Bezugsperson wird als „sichere Basis" gesucht, ist aber auf der anderen Seite auch die Quelle der Gefahr (Misshandlungen, Missbrauch, Gewalt usw.)
- → Bezugsperson ist u. U. selber traumatisiert oder psychisch krank

Eine sichere Bindung ist ein Schutzfaktor für die Entwicklung eines Kindes. Bei diesen Kindern findet man häufiger:
- → ein positives Selbstwertgefühl
- → prosoziales Verhalten
- → Empathiefähigkeit
- → Selbstständigkeit
- → Erkundungsverhalten
- → Beliebtheit usw.

Das Bindungsverhalten kann sich auch über die Jahre verändern. Die Bindungsqualitäten zu verschiedenen Personen sind unabhängig voneinander zu sehen. So kann ein Kind z. B. eine sichere Bindung zu seinem Vater und eine unsicher-ambivalente Bindung zu seiner Mutter haben. Das Kind entwickelt seine eigenen Arbeitsmodelle und kann Bindungshierarchien zulassen.

Um die Eltern-Kind-Bindung zu stärken, gibt es seit vielen Jahren nationale und internationale Programme (z. B. Starke Eltern/starke Kinder, SAFE, STEEP u. a.). In Deutschland wurde zu diesem Thema vor einigen Jahren ein Netzwerk gegründet. „‚Frühe Hilfen' bilden lokale und regionale Unterstützungssysteme mit koordinierten Hilfsangeboten für Eltern und Kinder ab Beginn der Schwangerschaft und in den ersten Lebensjahren mit einem Schwerpunkt auf der Altersgruppe der 0- bis 3-Jährigen [...] Sie zielen darauf ab, Entwicklungsmöglichkeiten von Kindern und Eltern in Familie und Gesellschaft frühzeitig und nachhaltig zu verbessern. Neben alltagspraktischer Unterstützung wollen ‚Frühe Hilfen' insbesondere einen Beitrag zur Förderung der Beziehungs- und Erziehungskompetenz von (werdenden) Müttern und Vätern leisten. Damit tragen sie maßgeblich zum gesunden Aufwachsen von Kindern bei und sichern deren Rechte auf Schutz, Förderung und Teilhabe." *(www.fruehehilfen.de 04.06.2012).*

Hebammen, Kinderkrankenschwestern, -ärzte, Gynäkologen, Spielgruppenleiter und pädagogische Fachkräfte versuchen, so früh wie möglich Eltern und Kinder zu erreichen und ihnen zu helfen „einen guten und sicheren Start in ein gemeinsames Leben" zu finden. Fast in jeder Großstadt gibt es mittlerweile sogenannte Schreiambulanzen. Sie bieten Hilfestellung und Begleitung für Familien mit Kindern mit Regulationsstörungen, sogenannten „Schrei- oder 24-Stunden-Babys".

1.4.5 Bindung versus Exploration

Kinder haben von Anfang an neben dem Bedürfnis nach Bindung, Nähe und Sicherheit, das Bedürfnis, ihre Umwelt zu erkunden. Ziel einer sicheren Bindung ist es daher, beide Bedürfnisse (Bindung und Exploration) in einer angemessenen Balance leben zu können. Die Bezugsperson wird z. B. als **sichere Basis** genutzt, wenn Kinder etwas verunsichert oder ängstigt. Sie aktivieren das Bindungsverhalten zur Bindungsperson und hören auf, die Welt zu erkunden. Haben sie sich beruhigt, können sie von dieser Basis aus wieder die Welt erforschen.

Ein Bergsteiger errichtet bei einem neuen Bergabenteuer sein Basislager auf einer sicheren geschützten Stelle im Gebirge. Das Basislager wird als Standort zur Bergbesteigung genutzt. Hier wird der Proviant aufgefüllt, die Wunden können gepflegt werden, Sauerstoff wird „getankt", Aufstiegspläne „geschmiedet" etc. Dieses Bild verdeutlicht die Notwendigkeit eines Basislagers. Aber der Bergsteiger kann nur eins – sich im Basislager aufhalten *oder* den Berg besteigen. Ebenso verhalten sich die beiden Systeme des Menschen:

Das **Bindungs-System** sorgt dafür, dass die Nähe und An-Bindung des Kindes zur Bezugsperson hergestellt wird und so das Überleben gesichert wird. Es befriedigt aber auch ein menschliches Grundbedürfnis nach Zuneigung, liebevoller Zuwendung, Zugehörigkeit.

Das **Explorations-System** sorgt dafür, dass ein Kind erstens die Dinge lernt, die es zum Überleben wissen und kennen muss; dass es zweitens aber auch sein menschliches Grundbedürfnis nach Spielen, Entdecken, Fragen klären und beantworten, Forschen sowie Experimentieren stillen kann.

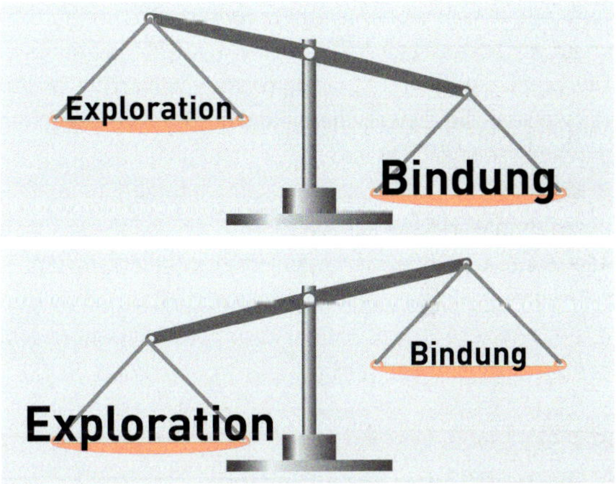

Bindung versus Exploration

Das ständige Wechselspiel zwischen Bindungs- und Explorationsverhalten findet in den ersten Lebensjahren sehr häufig statt. Das **Bindungsverhalten** wird aktiviert sobald das Kind sich unsicher/ängstlich fühlt oder primäre Bedürfnisse nach Hunger, Schlaf etc. im Vordergrund stehen und das Erkundungsverhalten sinkt. Das **Erkundungsverhalten** steigt dagegen, wenn es sich sicher fühlt und alle primären Bedürfnisse gestillt sind. Entdeckt das Kind zum Beispiel ein neues Spielzeug, schaut es kurz zu seiner Bindungsperson, wartet auf ein Nicken bzw. auf Zustimmung und untersucht dann den neuen Gegenstand. Dieses Verhalten nennt man soziale Rückversicherung (social-referencing).

Junge Kinder im zweiten Lebensjahr entfernen sich zum Beispiel mit großer Sicherheit über weite Strecken von ihren Bezugspersonen - bleiben aber in Sichtkontakt. Verschwindet die Bezugsperson, wird in der Regel „blitzartig" das Bindungsverhalten aktiviert und sie beginnen zu weinen bzw. zu schreien, bis die Bezugsperson sich ihnen wieder nähert und sie auf den Arm nimmt. Häufig ist zu beobachten, dass die Kinder sich dann an die Bezugsperson anschmiegen und sich beruhigen. Kurze Zeit später laufen sie wieder los.

Auch unsicher-vermeidende Kinder, die kein offensichtliches Bindungsverhalten zeigen, wenn sie ihre Bezugsperson in unvertrauten Situationen nicht finden, aktivieren ihr Bindungssystem. Ein hormonell messbarer Stressanstieg und ein schneller Puls sind bei den Kindern deutlich. Das als Stresshormon bekannte Kortisol kann im Speichel dieser Kinder nachgewiesen werden.

1.4.6 Konsequenzen für die pädagogische Arbeit

„Kinder übertragen ihre bisherigen Bindungserfahrungen auf die Beziehung zu Erzieherinnen und Gleichaltrigen. Die große Chance von Erzieherinnen liegt darin, korrigierende und nicht Bindungsunsicherheit bestätigende Erfahrungen zu ermöglichen und damit eine sichere Basis für den Aufbruch ins Leben zu schaffen." *(Suess, 2005, S. 8).*

Die Feinfühligkeit von pädagogischen Fachkräften ist Voraussetzung für eine sichere Bindungsqualität zwischen den Kindern und ihnen und der Grundstein für qualitätsvolle Bildungsarbeit. „Durch einfühlsame Interaktion und fein abgestimmte Hilfestellungen sollen die pädagogischen Fachkräfte die Kinder ermutigen, ihre eigenen Ideen umzusetzen, ihren Handlungsspielraum zu erweitern sowie Herausforderungen zu kreativem und komplexem Denken und Lernen anzunehmen." *(Feinfühligkeit a. a. O. 2008, S. 13)*

Keine Bildung ohne Bindung.

Nur in einem **positiven Klima** und durch die Begleitung einer **feinfühligen Bezugsperson** können Kinder mithilfe ihrer Selbstbildungspotenziale die Umwelt erkunden und explorieren. „Die Qualitäten des Miteinanders sind der Schlüssel zum Verständnis geringer oder großer Bereitschaft zu anspruchsvollem Lernen." *(Grossmann/Grossmann, 2008, S. 5).*

Sicher gebundene Kinder reagieren mit größerer Widerstandskraft auf belastende, verunsichernde und stressauslösende Situationen. Sie sind resilienter als unsicher gebundene Kinder.

Wenn das Kind sich unsicher und womöglich verängstigt fühlt, dann wird es sich nicht auf Lern- sowie Spielerfahrungen einlassen können, da es damit beschäftigt ist, sein inneres Gleichgewicht zu stabilisieren und unter Kontrolle zu halten. Das heißt, dass die zur Verfügung stehende Aufmerksamkeit und Energie nicht für die Erkundung der Umgebung, das Lernen und Spielen verwendet werden kann. In schwierigen Lebenssituationen fehlen diesen Kindern häufig psychische Widerstandskräfte, diese Krisen oder Übergänge zu meistern.

Dieser Zusammenhang hat bedeutungsvolle Konsequenzen für den jeweiligen Lern- und Bildungserfolg des Kindes! Der Aufbau einer neuen sicheren Beziehung zu den pädagogischen Fachkräften kann für das Bindungs- und Erkundungsverhalten unsicher gebundene Kinder kompensatorische Wirkung haben. Dies scheint besonders bei jüngeren Kindern leichter zu sein. Kinder sind offen für neue Bindungen, die anders sein können als die bisherigen Bindungserfahrungen.

Fragen eines Kindes an die pädagogische Fachkraft:

Nimmst du mich und meine Signale wahr?
Reagierst du prompt und angemessen und entwicklungsfördernd auf meine Signale?
Interessierst du dich für mich? Kennst du meine Bedürfnisse und Interessen?
Gehst du fürsorglich und respektvoll mit mir um?
Kann ich dir vertrauen? Bist du für mich da?
Hörst du mir zu? Sprichst du mit mir?

> Hast du Zeit und Ruhe für mich?
> Darf ich auch Fehler machen?
> Hilfst du mir? Unterstützt du mich, wenn ich dich brauche?
> Versuchst du mich zu verstehen?
> Ermutigst du mich, Neues zu entdecken und auszuprobieren? Auch mit anderen Kindern zusammen?
>
> *Hinweise zum Nachdenken über das eigene Erzieherverhalten. (Feinfühligkeit, Kindergarten heute, Spezial, 2008, S. 45 ff.)*

In den „Eckpunkten guter Qualität in der Krippe" der *Deutschen Liga für das Kind* wird im Bereich der Prozessqualität sehr deutlich die Bedeutsamkeit der sicheren Bindung hervorgehoben.

„Jedem Kind wird ein(e) Bezugserzieher(in) zugeordnet. Die Erzieher(innen) gehen auf die Bindungsbedürfnisse der Kinder ein. Sie sind bereit und werden darin unterstützt, in Ergänzung zu den Eltern sekundäre Bindungen zu den Kindern aufzubauen und für sie zu vertrauten Bezugspersonen zu werden. [...] Die Erzieher(innen) sind bereit und in der Lage, die Bedürfnisse und Signale der Kinder wahrzunehmen, sie richtig zu interpretieren und darauf angemessen zu reagieren. Aufmerksamkeit, Feinfühligkeit und Wertschätzung der Kinder sind Kennzeichen der Bildung, Erziehung und Betreuung." Der Übergang eines Kindes von der Familie in eine außerfamiliäre Betreuung ist mit großen Entwicklungsanforderungen verbunden. Diese Phase steckt voller Chancen aber auch Belastungen. Eine neue und fremde Umgebung, fremde Personen und neue Regeln lösen große Unsicherheit aus. Das Bedürfnis nach Sicherheit und Schutz steigt an. Je sicherer ein Kind gebunden ist, desto besser bewältigt es diesen Schritt und lässt sich nach und nach durch eine sanfte Eingewöhnung auf neue Bezugspersonen ein.

Besonders Kinder mit unsicher-vermeidendem Bindungsverhalten benötigen in diesen Phasen intensive Zuwendung und Begleitung. Pädagogische Fachkräfte müssen darauf vorbereitet sein, dass sie von unsicher gebundenen Kindern zuerst einmal abgelehnt werden könnten. Diese Kinder erwarten in der Regel Zurückweisung und teilweise Feindseligkeit in der Interaktion mit Erwachsenen oder Kindern. „Vor allem bei Spannungen, bei Antipathie, Aggressionen, Gleichgültigkeit usw. sind Verständnis und Feinfühligkeit wegweisend, um Kindern positive Bindungserfahrungen zu ermöglichen." *(Grossmann a. a. O., 2008, S. 8).*

In der Eingewöhnungsphase übersehen Fachkräfte diese Kinder häufig, weil sie sich ohne Tränen und Schreien von der Bezugsperson trennen. Viel Aufmerksamkeit und Zuwendung wird dagegen Kindern mit lautstarkem Trennungsschmerz entgegengebracht. Grundsätzlich gilt, dass unsicher-gebundene Kinder sich schlechter auf Lern- und Spielerfahrungen einlassen können, weil sie damit beschäftigt sind, ihr inneres Gleichgewicht zu stabilisieren und zu kontrollieren. Im Handlungsfeld 3 Kapitel 2 wird ausführlicher auf die Konsequenzen der Bindungsforschung für die Eingewöhnung der Kinder eingegangen.

↗ FAZIT

→ Die frühen Erfahrungen, die ein Kind mit seinen Bindungspersonen sammelt, haben einen großen Einfluss auf sein späteres Erleben und Wahrnehmen der Welt sowie der Gestaltung von Beziehungen. Welche Qualität die Bindung der Kinder an ihre Eltern hat, hängt vom jeweiligen Bindungssystem ab. Eine gelungene und sichere Bindung mit der Erfahrung, sich lösen zu dürfen, ist ein „guter Start ins Leben" und ein Schutzfaktor für die kindliche Entwicklung. Ein einmal erworbenes Bindungsmuster bleibt nicht notwendigerweise bestehen. Neue Erfahrungen und neue Beziehungen können Bindungsmuster im Leben eines Menschen verändern.

→ Pädagogische Fachkräfte wissen deshalb um die Bedeutung:
– der Verfügbarkeit für das Kind
– der Feinfühligkeit gegenüber dem Kind
– der Kooperation mit dem Kind

→·← AUFGABEN UND ANREGUNGEN

1 Erinnern Sie sich an Ihre Kindheit bis heute! Welche Personen waren/sind für Sie persönlich sehr wichtig? Wen zählen Sie zu Ihrem persönlichen „Basislager"? Begründen Sie Ihre Entscheidungen. Was macht in Ihren Augen eine Person des Vertrauens aus? Was verstehen Sie unter einer „sicheren Basis"?

2 Nennen Sie Gründe, warum ein Säugling schreien könnte. Überlegen Sie angemessene Reaktionen der Bezugsperson auf die kindlichen Signale.

3 Erstellen Sie eine Liste an Maßnahmen, um einen Säugling zu trösten. Ordnen Sie sie nach dem Grad des Engagements der Bezugsperson. Die beruhigende Reaktion mit dem geringsten Engagement gibt dem Säugling die Chance, sich selber zu beruhigen (Selbstregulation).

4 Erläutern Sie in einem Vortrag alle Vorteile einer sicheren Bindung für die menschliche Entwicklung.

5 Recherchieren Sie, welche „Frühen Hilfen" es für junge Familien in Ihrer Stadt gibt.

6 Schreiben Sie einen Brief an eine pädagogische Fachkraft aus Sicht eines Kindes (1,6 Jahre). Stellen Sie in diesem Brief dar, wie das Kind sich eine einfühlsame Erzieherin vorstellt.

7 Führen Sie die Troll-Übung aus Kapitel 1.4.2 in einer Gruppe durch. Ein Studierender übernimmt die Rolle des Trolls. Werten Sie Ihre Gefühle, Gedanken etc. im Anschluss an die Übung gemeinsam aus und ziehen Sie ein Fazit.

8 Entwickeln Sie Ideen, um das Selbstwertgefühl junger Kinder in den ersten drei Lebensjahren in einer Tageseinrichtung für Kinder zu fördern.

9 Nehmen Sie Stellung zur den Aussagen: „Manchmal schreien Babys nur, um ihre Mutter zu ärgern", „Das Baby wird verwöhnt, wenn immer auf sein Weinen reagiert wird", „Schreien macht die Lungen frei".

10 Arrangieren Sie eine Situation, in der Sie in Einzelarbeit eine Videoaufnahme einer Bezugsperson mit einem Säugling in verschiedenen Pflegesituationen aufnehmen dürfen. Alternativ schauen Sie sich aus dem Film: „Nähe zulassen" einzelne Filmsequenzen an. Analysieren Sie, welche kindlichen Signale Sie wahrnehmen und beschreiben Sie die Reaktionen der Bezugsperson. Tauschen Sie sich über Ihre Ergebnisse im Unterricht aus. Achten Sie bei Videomaterial auf den Datenschutz der Personen.

11 Versetzen Sie sich in die Lage von Eltern eines Neugeborenen. Welche Veränderungen erleben sie durch die Geburt eines Kindes, die u. U. einen „guten Start" für eine sichere Bindung erschweren können? Entwickeln Sie Ideen, um junge Eltern in dieser Phase unterstützen zu können.

12 Schreiben Sie eine Bildungs- und Lerngeschichte über ein Kind im ersten Lebensjahr mit dem Blick auf Bindung und Exploration.

13 Ziehen Sie Konsequenzen für die pädagogische Arbeit aus den gewonnenen Erkenntnissen zum Thema Bindung, Feinfühligkeit etc.
- → **Auswirkungen auf den Tagesablauf**
- → **Auswirkungen auf das Raumkonzept**
- → **Auswirkungen auf die Erzieher-Kind-Interaktion**

TIPPS ZUM WEITERLESEN →→

- Wie viel Mutter braucht ein Kind? Bindung - Bildung - Betreuung: öffentlich und privat.
  L. Ahnert (Hrsg.), Spektrum, Heidelberg 2010
- Feinfühligkeit und Beziehungsqualität. Ergebnisse aus der empirischen Forschung.
  F. Becker-Stoll, in: TPS, 3/2009, S. 14 ff.
- Die Stärkung der Eltern-Kind-Bindung. Frühe Hilfe für die Arbeit mit Eltern von der Schwangerschaft bis zum zweiten Lebensjahr des Kindes durch das STEEP ™ Programm.
  Farrell Erickson, Martha Egeland, Byron, Klett-Cotta, Stuttgart 2006
- Feinfühligkeit im Umgang mit Kindern. Kindergarten heute. Spezial.
  Herder, Freiburg 2008
- Bindungen - das Gefüge psychischer Sicherheit.
  Karin Grossmann, Klaus E. Grossmann, Klett-Cotta, Stuttgart 2004
- Gut gebunden lernt sich's leichter. Warum sichere Bindungen für Kinder so wichtig sind.
  Karin Grossmann, Klaus E. Grossmann, in: Das Leitungsheft. Kindergarten heute 2/2008, S. 5 ff.
- Regulationsstörungen der frühen Kindheit: Frühe Risiken und Hilfen im Entwicklungskontext der Eltern-Kind-Beziehungen.
  Mechthild Papoušek, M. Schieche, & H. Wurmser (Hrsg.), Huber, Bern 2004
- Ein guter Start ins Leben. Neue Antworten auf neue Herausforderungen
  Mechthild Papoušek, Vortrag von Mechthild Papoušek, Interdisziplinärer Kongress der Deutschen Liga für das Kind, Bertelsmann-stiftung und BZgA, 30. Mai 2006
- Grundlagen der Bindungstheorie (2008)
  S. Stegmaier, Kindergarten Online-Handbuch, 05.06.2012
- Sicherer Halt für den Aufbruch ins Leben. Neueste Erkenntnisse der Bindungsforschung
  G. Suess, in: Kindergarten heute, 11-12/2005, S. 6 ff.
- Krippenkinder aufnehmen (1). Aufbau und Entwicklung von Bindungen
  Susanne Viernickel, Jutta Sechtig, in: Kindergarten heute, 1/2003, S. 14 ff.
- Bindung im Kindergartenalter
  Karen Zweyer, in: Das Familienhandbuch des Staatsinstituts für Frühpädagogik, www.familienhandbuch.de, 17.11.2010

Film zum Thema

- Bindungstheorie und Bindungsforschung
  Rüdiger Kißgen, Teil 1: Grundlagen. Netwerk Medien Universität Köln
- Nähe zulassen
  www.naehe-zulassen.de

1.5 Resilienz

Sie treffen sich mit Fachkräften aus dem Hort zu einer Auswertung der Beobachtungen, die Sie im Laufe des letzten Praktikums gemacht haben, und berichten von zwei Kindern, Laura, zehn Jahre, und Till, sechs Jahre, die sie während des Praktikums im Hort beobachtet haben. Es handelt sich um ein Geschwisterpaar. Laura geht ins vierte Schuljahr und Till besucht seit einem Monat die erste Klasse. Immer wenn der kleine Bruder in den Hort kommt, fragt er zuerst nach Laura. Sie kommt meistens später und schaut zuerst nach, ob Till schon da ist. Dann fragt sie ihn, ob er Hausaufgaben auf hat und ob er sein Frühstück gegessen hat. Sie putzt ihm die Nase und schimpft mit ihm, wenn seine Jacke oder Hose schmutzig ist. Beide essen zu Mittag und erledigen danach ihre Hausaufgaben. Anschließend können sie zwischen verschiedenen Angeboten wählen, z. B. Drachen für das Drachenfest basteln oder eine kleine Radtour durch den großen Stadtpark planen usw. Beide wählen immer eine Aktivität, an der sie gemeinsam teilnehmen wollen. Selten gelingt es der Gruppenleiterin, Till von seiner Schwester zu trennen.

Laura gehört in ihrer Klasse zu den guten Schülerinnen. Sie interessiert sich besonders für Physik und mag Experimente. In einem Gespräch mit der Gruppenleiterin wird deutlich, warum die Kinder sich so verhalten. Sie gehen allein nach Hause und sind oft sich selbst überlassen, weil die allein erziehende Mutter im Schichtdienst in einer Firma außerhalb der Stadt arbeitet. Auf dem Heimweg müssen die Kinder oft noch Lebensmittel einkaufen, die ihnen die Mutter aufgeschrieben hat. Laura achtet beim Einkauf auf das Haltbarkeitsdatum und darauf, dass Till nicht alles nimmt, was er möchte. Zuhause packen die Kinder gemeinsam die Lebensmittel aus und verstauen sie an den richtigen Orten im und außerhalb des Kühlschranks.

Laura und Till essen zu Mittag.

↘ FRAGEN

- → *Wie unterscheidet sich der Tagesablauf dieser Kinder von anderen Kindern, die von Vater und Mutter unterstützt werden?*
- → *Wie unterstützt die Schule die Kinder von Alleinerziehenden, damit sie nicht benachteiligt werden?*
- → *Stellen Sie sich Laura und Till in fünf Jahren vor. Welche Kompetenzen werden sie entwickeln und was könnte ihnen fehlen?*
- → *Seit PISA hört man öfter den Satz: „Der Schulerfolg darf nicht vom Elternhaus abhängen." Welche Rahmenbedingungen sorgen dafür, dass arme Kinder die gleichen Chancen haben wie wohlhabendere?*

1.5.1 Widerstandskräfte stärken

In der Arbeit mit Kindern kann das Phänomen beobachtet werden, dass Kinder trotz widrigster Lebensumstände einen hohen Grad an Widerstandsfähigkeit **(Resilienz)** zeigen und sich im Gegensatz zu weniger resilienten Kindern erstaunlich gut von Krisen und Niederlagen erholen können.

Die **Resilienzforschung** versucht der Frage nachzugehen, was diese Kinder derartig stark macht, dass sie Belastungen wie Armut, Arbeitslosigkeit, Trennung der Eltern, Umzüge oder Migration bewältigen können, ohne dabei psychisch beeinträchtigt zu sein.

Die amerikanische Resilienzforscherin Emmy E. Werner ging der Frage nach, welche Eigenschaften resiliente Kinder aufweisen, und fand vier gemeinsame **Merkmale:**

„1. Das Kind übernimmt selbstständig Verantwortung in der jeweiligen Lebenssituation und bemüht sich aktiv um eine Problemlösung.
2. Resiliente Kinder sind in der Lage, ihre Erfahrungen in positiver und konstruktiver Weise aufzufassen oder zu interpretieren. Dies ist selbst dann der Fall, wenn es sich um negative oder schmerzhafte Erfahrungen handelt.
3. Resiliente Kinder sind in der Lage, die verbalen und nonverbalen Ausdrucksformen anderer Menschen richtig zu interpretieren. Sie zeigen sich ihren Mitmenschen gegenüber interessiert und offen. Sie haben zu mindestens einer Bezugsperson ein enges Beziehungsverhältnis während der frühen Kindheit aufbauen und aufrechterhalten können. Diese Person kann auch eine Nachbarin, Freundin, ein Lehrer oder Trainer sein.
4. Resiliente Kinder entwickeln sehr früh eine Eigenschaft, die der amerikanische Medizinsoziologe Aaron Antonovsky als **‚Kohärenz‘** bezeichnet hat: Den grundlegenden Glauben daran, dass das Leben einen Sinn macht und die eigene Person jede Lebenssituation meistern kann.“
(Emmy Werner zitiert nach Fthenakis, 2005)

Unter **resilienten** Verhaltensweisen werden bestimmte Einstellungen, Bewältigungsformen und persönliche Stärken verstanden. Die zentralen Charakteristika, die resiliente Individuen aufweisen, sind nach Wassilios E. Fthenakis (2005) **Kontrollvermögen, Belastbarkeit** und **Pflichtgefühl.**

1.5.2 Resilientes Verhalten fördern

Pädagogische Fachkräfte kennen Kinder, die sich resilient verhalten. Durch ihre Kreativität versuchen sie, sich einer schwer erträglichen Realität zu entziehen und für eine Weile negative Gefühle wie Einsamkeit, Angst, Wut, Ohnmacht, Verwirrung und Verzweiflung zu vermeiden, indem sie sich z. B. in die Welt von Harry Potter versenken. Oft sind diese Kinder nicht anfällig für Bewertungen von außen. Sie rechnen sich den Erfolg eigener Handlungen selber an, denn hinter ihnen stehen keine ehrgeizigen Eltern, die alles danach bewerten, ob die erbrachten Leistungen durch Förderkurse noch gesteigert werden können. **Resiliente Kinder** übernehmen Verantwortung, weil sie wissen, dass sie gebraucht werden und funktionieren müssen.

Aus den Ergebnissen der Resilienzforschung lassen sich **Forderungen** ableiten, die für alle Kinder zur Bewältigung schwieriger Lebensumstände von präventiver, also vorbeugender Bedeutung sein können. Dazu gehören z. B. **die Förderung**

- → positiver Konfliktbearbeitungsstrategien,
- → der Eigenaktivität und Eigeninitiative,
- → persönlicher Verantwortungsübernahme,
- → positiver Selbsteinschätzung,
- → kindlicher Selbstregulationsfähigkeiten,
- → sozialer Kompetenzen, insbesondere sozialer Perspektivenübernahme,
- → von Stressbewältigungsmethoden und körperlichen Gesundheitsressourcen.

Erziehungspersonen, die resilientes Verhalten in der Kindertagesstätte fördern, verhalten sich Kindern und Eltern gegenüber **wertschätzend:**

- → Sie beteiligen Kinder frühzeitig an wichtigen Entscheidungsprozessen, damit sie ein Gefühl für Selbstwirksamkeit und Kontrolle über das eigene Leben bekommen.
- → Sie übertragen Kindern alters- und entwicklungsgemäße kleine, realisierbare Verantwortlichkei-

ten, damit sie Vertrauen in ihre eigenen Fähigkeiten entwickeln und lernen, selbstbestimmt zu handeln.
- Sie unterstützen Kinder in Problemsituationen, indem sie ihnen vermitteln, wie man sich soziale Unterstützung holt.
- Sie leben ihnen vor, wie nach Stresssituationen Erholung, Entspannung und Ruhepausen als Maßnahmen eingesetzt werden können, um eigenen Anforderungen besser gerecht zu werden.
- Sie stärken die Erziehungskompetenzen der Eltern (und anderer Erziehungspersonen), insbesondere im Hinblick auf die Förderung eines autoritativen Erziehungsstils.

FAZIT

- Resiliente Kinder sind immer häufiger Kinder, die in Armut aufwachsen oder unter erschwerten Bedingungen leben müssen. Sie sind mehr Risiken und Frustrationen ausgesetzt als Gleichaltrige. Daher entwickeln sie Fähigkeiten und Kompetenzen, die Kindern z. B. aus überbehütenden Elternhäusern fehlen.
- **Resilienzförderung** heißt deshalb, bei **jedem** einzelnen Kind besondere Fähigkeiten und Talente als spezifische Kompetenzbereiche zu identifizieren und immer wieder zu stärken. Es bedeutet, die eigene Sichtweise zu hinterfragen und den Blick für die Stärken jedes einzelnen Kindes zu schärfen.

AUFGABEN UND ANREGUNGEN

1 Prüfen Sie Ihr Wissen über Ergebnisse der Vorurteilsforschung und der „sich selbst erfüllenden Prophezeiung“ und stellen Sie Ihre Erkenntnisse in einen Zusammenhang mit der Resilienzforschung.

2 Analysieren Sie Ihre eigenen Lebensbedingungen, unter denen Sie aufgewachsen sind, und unterziehen Sie sich einem „Resilienzcheck“. Stellen Sie sich dafür aus der Resilienzforschung Kriterien zusammen und beurteilen Sie anschließend Ihre eigene Resilienz. Integrieren Sie Ihre persönlichen Erkenntnisse in ein Kurzreferat über Ergebnisse zur aktuellen Resilienzforschung.

3 Planen Sie ein Projekt zum Thema „Vorurteile“. Zur Vorbereitung nehmen Sie Stellung zu der Aussage: „Die Kinder gehen allein nach Hause und sind oft sich selbst überlassen“. Überprüfen Sie Ihre persönlichen Vermutungen, wenn Sie mit dieser Aussage konfrontiert werden: z. B. was tun Kinder vermutlich, wenn sie in diesem Alter sich selbst überlassen bleiben? Was vermuten Sie über die Eltern, die ihre Kinder sich selbst überlassen? Welche Ihrer Vermutungen könnten evtl. auf Laura und Till zutreffen bzw. nicht zutreffen? Welche Schlussfolgerungen ziehen Sie aus Ihren Überlegungen?

TIPPS ZUM WEITERLESEN

- Von den Stärken der Kinder ausgehen – das Konzept der Resilienz und seine Bedeutung für das pädagogische Handeln
Corina Wustmann in: Unsere Jugend, Reinhardt; München, 56 (2004); Nr. 10; S. 402 ff.
- Die Bedeutung der Resilienzforschung für die Sozialpädagogik, Simone Sauer-Stricker, GRIN Verlag, München 2007
- Das Resilienz-Buch. Wie Eltern ihre Kinder fürs Leben stärken – das Geheimnis der inneren Widerstandskraft.
Robert Brooks, Sam Goldstein, Ulrike Stapfel, Klett-Cotta, Stuttgart 2011
- Mit Leib und Seele: wie wir Krisen bewältigen, Boris Cyrulnik, Hoffmann und Campe, Hamburg 2007

2 Lebenswelten von Kindern und Jugendlichen

2.1 Familie als primäre Sozialisationsinstanz

Familie als Sozialisationsinstanz

Sie machen seit einer Woche das Blockpraktikum in einer Tageseinrichtung. Sie haben sich bereits gut eingelebt und kennen alle Kinder mit Namen. Gestern haben Sie die Abholsituation der Kindergartenkinder begleitet und konnten schon viele Kinder den unterschiedlichen Müttern zuordnen. Die Mütter begrüßen Sie freundlich und fragen nach dem Verlauf des Praktikums. Es freut Sie, bereits nach so kurzer Zeit mit den Eltern ins Gespräch zu kommen.

Bei den Tageskindern haben Sie noch etwas Schwierigkeiten, Kontakt mit den Eltern aufzubauen. Nicht immer waren Sie da, wenn die Eltern die Kinder abgeholt haben. Manchmal nahmen auch befreundete Mütter ein Kind mit, oder Sie hatten schon Feierabend, wenn die letzten Kinder abgeholt wurden.

Den ganzen Tag über haben Sie mit Rebecca (3;6 Jahre) gespielt und einen sehr guten Kontakt zu ihr hergestellt. Rebecca ist ein Kind, das morgens sehr früh gebracht wird und fast immer als Letzte abgeholt wird. Heute wollen Sie nachmittags ein paar Worte mit der Mutter wechseln und ihr vom gemeinsamen Spielen berichten. Sie haben gestern gesehen, dass Rebecca von ihrer Mutter abgeholt wurde. Es ist mittlerweile 16:20 Uhr und gerade räumen Sie das Teegeschirr in die Küche. Als Sie wieder in den Flur gehen, sehen Sie, wie Rebecca abgeholt wird. Der ältere Mann, Sie schätzen ihn auf Anfang sechzig, zieht Rebecca gerade die Straßenschuhe an.

„Hallo, Rebecca, das ist ja toll! Heute holt dich ja mal der Opa ab!“, sagen Sie erfreut.
„Das ist nicht mein Opa – das ist mein Papa!“, ruft Rebecca laut.

Sie werden ganz rot vor Scham, entschuldigen sich leise und gehen schnell in den Gruppenraum.

Am nächsten Tag erzählen Sie die Situation Ihrer Anleiterin. Diese erklärt, dass Rebeccas Eltern ein großer Altersunterschied trennt und der Vater von Rebecca auch schon ein dreijähriges Enkelkind von seinem Sohn aus erster Ehe hat.

Na so was, denken Sie sich. Wie sind denn da die verwandtschaftlichen Verhältnisse? Rebecca ist doch die Tante von dem Enkelkind, oder?

↘ FRAGEN

- → *Welche Familienformen kennen Sie?*
- → *Welche Folgen haben die hohen Scheidungszahlen und die Ein-Eltern-Familien für die Fachkräfte in der Elementarpädagogik?*
- → *Was wird in Deutschland unter Familienpolitik verstanden?*
- → *Welche Angebote und Hilfen gibt es für Familien?*
- → *Wie werden Eltern in Deutschland finanziell unterstützt?*
- → *Wie unterscheidet sich eine deutsche Familie von einer Familie aus anderen Ländern?*
- → *Wie wird die Zukunft der Lebensform Familie aussehen?*

2.1.1 Geschichte einer Patchworkfamilie

„2009 lernten wir beide uns auf einer Fortbildung kennen. Adrian war 35 Jahre alt und gefiel mir auf den ersten Blick. Ich traute mich relativ schnell, ihn in der Pause anzusprechen, und wir verbrachten viel Zeit in der Fortbildung miteinander. Wir verabredeten uns für ein Treffen in der Woche nach der Fortbildung - aus gutem Grund zunächst in einem Café. Mein guter Grund heißt Emma und war knapp vier Jahre alt. Meine Tochter ist aus erster Ehe. Sie wohnt bei mir und besuchte ihren Vater am Wochenende. In meiner Wohnung wäre sofort aufgefallen, dass ich ein Kind habe, und ich war mir unsicher, wie Adrian darauf reagieren würde. Im Nachhinein frage ich mich immer noch, warum ich mir solche Gedanken gemacht habe. Zwei Stunden und zwei Milchkaffee später zeigte mir Adrian das Foto von Marius (sieben Jahre) bei seiner Einschulung. Auch Adrian hatte ein Kind aus erster Ehe und kümmerte sich jedes Wochenende um ihn.

Mittlerweile wohnen Adrian, Emma und ich zusammen. Jedes Wochenende kommt Marius zu uns. Wir haben ihm ein eigenes Zimmer eingerichtet. Er soll sich bei uns wohlfühlen. Marius und Emma verstehen sich heute gut. Es ist mehr ein freundschaftliches als ein geschwisterliches Verhältnis. Aber bald wird sich etwas ändern in unserer Patchworkfamilie. Adrian und ich heiraten nächsten Monat, noch rechtzeitig vor der Geburt unseres gemeinsamen Kindes.

Es ist nicht einfach mit einer Familie, die eigentlich aus drei Familien besteht. Die Erziehung von Marius wird von Adrian und seiner geschiedenen Frau bestimmt. Am Wochenende bin ich auch Ansprechpartnerin bzw. Stiefmutter für Marius.

Emma erziehen mein ehemaliger Mann, Adrian und ich gemeinsam. Manchmal weiß ich schon nicht mehr, wem ich Bescheid sagen muss, wenn ein Fest im Kindergarten stattfindet. Es gibt ja nicht nur mehrere Väter und Mütter für die Kinder, sondern auch viele Großeltern!“

2.1.2 Veränderung der Familienformen

Die Unterrichtsaufgabe, ein Referat über die „normale Familie“ zu halten, ist heute keine leichte Aufgabe mehr. Im letzten Jahrhundert wäre ein solches Referat einfach gewesen. Noch zur Zeit der Industrialisierung galt die bäuerliche Großfamilie als normal.

Der bäuerliche Betrieb konnte im 19. und 20. Jahrhundert nur überleben, wenn er genügend Arbeitskräfte hatte. Deshalb galt die Ehe für die landwirtschaftliche Bevölkerung auch als eine Arbeits- und Lebensgemeinschaft. Der Bauer heiratete eine Frau, um Hilfe im Haushalt und bei der Landwirtschaft zu haben sowie als Gewährung der Altersvorsorge und natürlich als Mutter der Kinder, die wiederum für die Versorgung der Eltern im Alter aufkommen mussten. Die Ehe stellte immer die Grundlage der Familie dar *(vgl. Volk 1995, S. 39)*.

Kinderarbeit war zu dieser Zeit ebenso selbstverständlich wie ein achtzehnstündiger Arbeitstag. Ein Familienleben, wie es heute üblich ist, gab es im 19. Jahrhundert nicht. Familie hieß, sich beim Kampf ums Überleben gegenseitig zu stützen.

Eine deutsche Bauernfamilie 1904

Mit der Industrialisierung und dem Aufkommen der Städte unterlag die Familie einem Wandel. Sie wurde unabhängiger vom Besitz landwirtschaftlicher Güter oder eines Handwerksbetriebs. Das Entstehen von Fabriken ermöglichte den Menschen eine neue Einkommensquelle.

Ein gesunder Mensch arbeitete in einer Fabrik. Das Einkommen dort war gering und die Kinderarbeit wurde gesetzlich verboten. Somit waren Kinder keine hilfreiche Geldeinnahme mehr, sondern nur zusätzliche Esser.

Anfang des 20. Jahrhunderts wurde ein gesetzliches Rentensystem eingeführt und die Sozialgesetzgebung immer mehr ausgebaut. Die Kinderzahl in einer durchschnittlichen Familie reduzierte sich in dieser Zeit deutlich. Die Familie bestand überwiegend nur noch aus Vater, Mutter und Kindern, ohne Großeltern oder weitere Verwandte. Auch die Notwendigkeit, die eigenen Eltern zu versorgen, nahm wegen der Renten- und Sozialsysteme immer mehr ab *(vgl. Volk, Bianca 1995, S. 42).*

In den Siebzigerjahren des letzten Jahrhunderts fand mit der Pille ein zuverlässiges Verhütungsmittel Verbreitung und ermöglichte Familien eine bewusste Familienplanung, wodurch sich die Kinderzahl weiter reduzierte. Eine „normale" Familienkonstellation gibt es nicht mehr. Die klassische Familie des 19. Jahrhunderts ist zur Ausnahme geworden. Eheliche Gemeinschaften, Scheidungsfamilien und auch nichteheliche Lebensgemeinschaften existieren heute nebeneinander. Auch allein erziehende Eltern, Patchworkfamilien, gleichgeschlechtliche Beziehungen oder eingetragene Lebensgemeinschaften und Pflegefamilie lassen sich in der Gesellschaft finden.

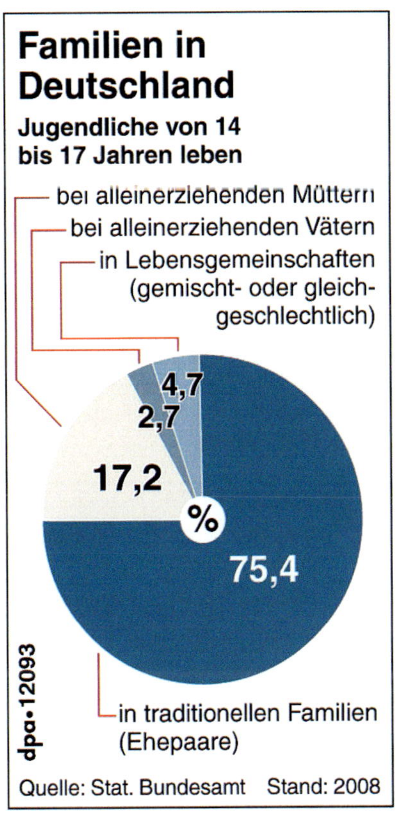

Veränderung der Lebensformen mit Kindern

Mittlerweile werden in der Literatur sieben **primäre Lebensformen** der Familie benannt.

Sieben primäre Lebensformen	
Familienform	**Beispiel**
normale Kernfamilie	traditionelle Vater-Mutter-Kind-Beziehung
Familie als normatives Ideal	Alleinstehende mit Orientierung an einem normativen Familienideal
kinderlose Paarbeziehung	unfreiwillig oder aufgrund eigener Entscheidung kinderlose Paare
nichteheliche Beziehung mit Kindern (aber mit normativem Familienideal)	moderne Doppelverdiener-Familie mit Kind(ern)
postmoderne Ehebeziehung ohne Kinder	auf Berufskarriere und intime Partnerschaft bezogene Ehe ohne Kinder
nichteheliche Elternschaft ohne Orientierung an einer Idealnorm	Wohngemeinschaften mit Kindern, Ein-Eltern-Familien
verheiratete Paare mit Kindern (aber ohne normatives Ideal)	alternativ orientierte Eltern, die dennoch verheiratet sind

Familienformen (vgl. M. Petzold, Familien heute, IZI, 2001)

2.1.3 Die Aufgaben der Familie

Die Familie ist die erste soziale Instanz, in die wir hineingeboren werden. Die Bedingungen und die Menschen, mit denen wir aufwachsen, prägen unser weiteres Leben stark. Sogar bis hin zu Bildungschancen, Wertvorstellungen und Zielsetzungen werden wir durch die Familie und ihre Konstellation beeinflusst. Die Familie gilt in der Literatur als die erste und ursprünglichste Form des Zusammenlebens. Sie wird definiert als eine kleine Gruppe von Menschen, die zusammenleben und eine starke gefühlsmäßige Bindung zueinander haben. Die Mitglieder einer Familie pflegen in der Regel einen gleichmäßigen und regelmäßigen Kontakt.

„Die **Familie** wird als eine soziale Institution angesehen, die für ihre Mitglieder und die Gesellschaft bestimmte Aufgaben erfüllen soll. Die Individuen erwarten von der Familie, dass sie ihrem Wohlbefinden dient und zur Befriedigung von Bedürfnissen beiträgt, die so von keinem anderen Teil der Gesellschaft übernommen werden können."
(Information zur politischen Bildung, Heft 301)

Kinder erwerben von ihren Bezugspersonen und Vorbildern in der Familie Verhaltensweisen, die charakteristisch für diese Familie sind. Anders als früher werden Stereotype heute hinterfragt und auch bewusst vermieden. Ein Kind erlernt Geschwisterbeziehungen in der Familie, Rangfolgen in der Familienhierarchie, Rivalitäten, aber auch Fürsorge für einen anderen. Die Ausbildung der eigenen Identität und der Handlungsfähigkeit eines Kindes werden durch ein familiäres Zusammenleben ermöglicht und gefördert. Dem Kind werden in der Familie Werte und Wertvorstellungen vermittelt, die sich von Familienform zu Familienform und je nach gesellschaftlichem Status deutlich unterscheiden können.

Für den Staat ist die Familie als Lebensform unersetzlich. Die Aufgaben, die in der Regel die Familie übernehmen, wie z. B. die Pflege von älteren Angehörigen und die Betreuung junger Kinder, sind wichtige ökonomische Funktionen, bei denen die Sozialleistungen des Staates nur bedingt greifen. 2011 wurde z. B. ein Anspruch auf „Pflegezeit" gesetzlich verankert. Pflegebedürftige Angehörige können jetzt durch Familienangehörige für eine bestimmte Zeit gepflegt werden.

Immer mehr Familien sind heute von finanzieller Armut betroffen und bieten dadurch als Sozialinstanz auch immer weniger Möglichkeiten der Entwicklung.

„Dabei sind besonders die Auswirkungen auf die Bildungschancen von hoher gesellschaftspolitischer Brisanz: Kinder aus armen Familien besuchen seltener oder erst sehr spät einen Kindergarten, 30 % werden nicht regulär eingeschult. 69 % der bei den AWO-Studien einbezogenen Kinder waren schulisch auffällig, und vor allem die Kinder, deren Familien seit längerer Zeit in Armut lebten und bei denen gleich mehrere Problemsituationen zusammentrafen, zeigten sehr starke aggressive Verhaltensauffälligkeiten." *(Deutscher Familienverband, „Armut in der Familie", 2004)*

In den Armuts- und Reichtumsberichten der Bundesregierung wird auch deutlich, dass der gesellschaftliche Status und das Einkommen sehr von der Familienform abhängig sind.

„In Deutschland wächst die Kinderarmut nach einer Studie des UN-Kinderhilfswerks Unicef stärker als in den meisten anderen Industriestaaten. Jedes zehnte Kind in der Bundesrepublik lebe in Armut, sagte der Vorsitzende von Unicef Deutschland, Reinhard Schlagintweit, am Dienstag in Berlin. Die Zahl der armen Kinder und Jugendlichen sei seit 1990 um 2,7 % auf 1,5 Millionen gestiegen und wachse damit schneller als die Armut unter Erwachsenen. Betroffen seien vor allem Kinder aus Zuwandererfamilien und von allein Erziehenden. Auch in den übrigen Industriestaaten steigt der Unicef-Studie zufolge die Kinderarmut." *(www.stern.de/panorama/unicef-studie, 08.01.2011)*

Die Aufgaben, die in den letzten Jahrhunderten traditionell die Großfamilie bzw. die Kernfamilie übernommen haben, verändern sich. Der Staat muss familiäre Belange übernehmen und Familien finanziell und sozial stützen *(siehe auch Kapitel 2.1.6)*.

2.1.4 Die Patchwork- oder Stieffamilie

Die Zahlen der letzten Jahrzehnte belegen es deutlich: Fast jede dritte Ehe wird geschieden. Das heißt jedoch nicht, dass Geschiedene dann immer unverheiratet bleiben. Zweit- und Drittehen sind heute nicht mehr selten. Scheidungen wurden im Laufe des 20. Jahrhunderts einfacher und gesellschaftlich akzeptierter. Die Zahl der geschiedenen Ehen nimmt seitdem stark zu. Geschiedene heiraten häufig in zweiter oder auch dritter Ehe. Mit der Wiederheirat eines oder beider geschiedenen Partner entsteht die sogenannte Stieffamilie, heute besser unter dem Begriff der **Patchworkfamilie** bekannt. Beide Lebenspartner können Kinder aus einer Vorehe mit in die Lebensgemeinschaft einbringen. Der Begriff der Stiefmutter ist bekannter als der der Stieffamilie. Im 19. und noch zu Beginn des 20. Jahrhunderts war die Müttersterblichkeit im Kindbett hoch und aus ökonomischen Gründen heiratete der Vater häufig eine neue Frau, die sogenannte Stiefmutter. Im Laufe der Zeit entstand daraus eine neue Familienform.

Einige Formen der Stieffamilie
Frau oder Mann bringt leibliche Kinder mit in die Ehe.
Beide Partner bringen leibliche Kinder mit und bekommen ein gemeinsames Kind.
Ein Partner hat ein Adoptiv- oder Pflegekind.
Die Kinder eines Partners leben nicht in der neuen Gemeinschaft und kommen nur zu Besuch.
Einer der leiblichen Elternteile ist verstorben.

Dies sind nur einige Beispiele für die möglichen Formen einer Stieffamilie. Aufgrund der Vielfalt dieser Familienstruktur wird die Stieffamilie auch als „Patchworkfamilie" bezeichnet. Das Zusammenleben in einer Patchworkfamilie ist mit vielen Möglichkeiten, aber auch mit Problemen verbunden. Durch die Wiederheirat ist in der Regel eine bessere finanzielle Absicherung der Familie verbunden, neue soziale Beziehungen werden möglich, Geschwisterkinder und auch eine neue Verwandtschaft kommen für die Familie hinzu. Neue Möglichkeiten der Alltags- und Freizeitgestaltungen werden für viele Familien eröffnet. Doch es entstehen auch negative Seiten bei der Gründung einer Patchworkfamilie. Der Vater oder die Mutter müssen mit neuen Geschwistern „geteilt" werden. Eifersucht und Fremdheit der neuen Lebensform müssen erst überwunden werden.

„Von dir lasse ich mir nichts sagen" - auch die Kompetenzen und die Erziehungsmöglichkeiten des Stiefelternteils müssen erst besprochen und akzeptiert werden. Wer darf wen erziehen? Gerade ältere Kinder verweigern sich zunächst dem neuen Partner.

Auch rechtlich bestehen heute noch viele Probleme für die Patchworkfamilie. Bereiche des Namensrechts, des Sorgerechts, des Umgangsrechts und des Erbrechts werfen immer wieder Fragen auf. Das am 1. Juli 1998 in Kraft getretene Kindschaftsrecht hat wichtige Veränderungen für die Patchworkfamilie gebracht. Beispielsweise ist es möglich geworden, dass Kinder in der Stieffamilie den Ehenamen der neuen Familie annehmen können, die sogenannte Einbenennung nach § 1618 Abs. 1 Satz 1 BGB. Mit jeder Wiederheirat ist eine neue Einbenennung möglich *(vgl. Nolte-Schefold, Rechtsratgeber für Stieffamilien, 2003).*

Die Patchworkfamilie ist eine moderne Familienform und wird gesellschaftlich und rechtlich weiter an Akzeptanz gewinnen.

2.1.5 Scheidung und ihre Folgen

Im Jahr 2010 wurden in Deutschland elf von 1 000 Ehen geschieden. Tendenziell halten die Ehen mit rund 14 Jahren Dauer aber wieder länger *(vgl. Stat. Bundesamt).*

Mehr als jede dritte Ehe wird geschieden. Die Zahl der Ehescheidungen in Deutschland nahm 2010 zwar wieder leicht ab, aber 187 027 Paare beendeten ihre Ehe vor dem Familienrichter.

51,1 % der Scheidungsverfahren in 2010 betrafen Ehen ohne Kinder, während 48,9 % der Ehen mit minderjährigen Kindern geschieden wurden. Von der Scheidung der Eltern waren 145 146 minderjährige Kinder betroffen *(vgl. www.destatis.de).* Hinter diesen nüchternen Zahlen stecken viele Familienschicksale. Gerade bei Familien mit minderjährigen Kindern bedeutet eine Scheidung ein unterschiedliches Maß an Schmerz und Leid.

Folgen einer Scheidung sind häufig Familien- bzw. Kinderarmut, soziales Abseits und Krankheit. Die Kosten einer Scheidung und der Streit um Unterhaltsleistungen können zu erheblichen Belastungen und Beeinträchtigungen des alltäglichen Lebens führen. Minderjährige Kinder sind häufig die Leidtragenden. Die Herabsetzung von Vater oder Mutter durch den jeweils anderen Elternteil ist manchmal eine (schlechte) Strategie, das

Kind für sich zu gewinnen und den ehemaligen Partner zu treffen. Auch der Streit um das Sorgerecht bzw. das Aufenhaltsrecht des Kindes wird nicht selten über das Kind ausgetragen. Dennoch ist eine Scheidung auch für das Kind oft die bessere Lösung, wenn Streit und Auseinandersetzung in der Familie überhand nehmen. Das Ende einer Ehe kann auch ein neuer Anfang für die Erziehungspartnerschaft der Eltern sein.

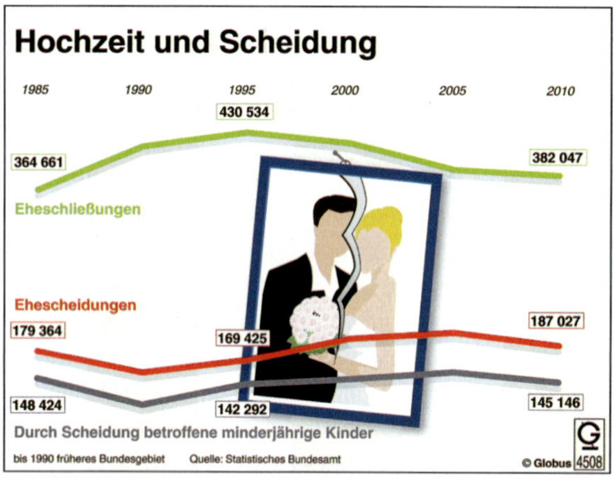

Eheschließungen und Scheidungen

Verlust einer Bezugsperson

Nach einer Scheidung verliert jeder vierte Vater den Kontakt zu seinen Kindern. Das hat eine Studie des Instituts für Geschlechter- und Generationenforschung der Universität Bremen ergeben, für die seit dem Jahr 2001 rund 3 600 Scheidungsväter befragt wurden.

Es gebe zwar auch Fälle, in denen Väter die Beziehung von sich aus abbrechen, so Professor Gerhard Amendt, Leiter der Studie. „Die Regel ist aber, dass die Männer versuchen, ihre ‚Väterlichkeit' aufrechtzuerhalten."

Diese Bemühungen würden aber in manchen Fällen von der Exfrau zunichte gemacht, die sich nicht an vereinbarte Besuchsrechte halte. Oft wollen die Frauen ihre Exmänner bestrafen, indem sie ihnen den Kontakt zu den Kindern verweigern. In anderen Fällen bräuchten Gerichte sehr lange, bis sie Entscheidungen treffen. Bis dahin lassen sie im Grunde rechtswidrig vorgehende Exfrauen folgenlos handeln.

Vater = Bezugsperson

Etliche Väter wollen nach der Scheidung nicht nur den Kontakt zu den Kindern wahren, sondern auch an ihrem Alltag teilhaben, lautet ein weiteres Ergebnis der Studie. „Viele Väter wollen kein Schönwetter- oder Legovater mehr sein", sagt Amendt. Vor allem jüngere Männer hätten sich entsprechend geäußert.

Auch wenn bei drei Viertel aller befragten „Scheidungsväter" der Kontakt zu den Kindern weiterbesteht, hält Amendt die Entwicklung für bedenklich: „Kinder, die ohne Vater aufwachsen, stellen gesellschaftlich ein Problem dar." Diese Kinder hätten größere Schwierigkeiten, mit Aggressionen und Enttäuschungen umzugehen. Auch falle es ihnen oft schwer, sich in andere Menschen hineinzuversetzen, wie andere Studien gezeigt hätten. „Das ist ein massives Problem, das sich unter anderem in Kindergärten und Schulen zeigt." Insofern sollten sich die Mütter, schon im Interesse ihrer Kinder, bemühen, den Kontakt des Vaters zu den gemeinsamen Kindern zu fördern. *(Rheinische Post, Familienrecht extra vom 13. Mai 2004)*

Rechte eines Scheidungskindes

Das Familiengericht von Milwaukee (Wisconsin, USA) hat in einer Petition die Rechte eines Scheidungskindes zusammengefasst und für Familien und Gerichte als Hilfestellung veröffentlicht.

Rechte eines Scheidungskindes
Das Recht, als eine interessierte und betroffene Person behandelt zu werden und nicht als Spielball, Besitz oder bewegliche Habe des einen oder beider Elternteile.
Das Recht, in dem Heim aufzuwachsen, das dem Kind am ehesten die Möglichkeit bietet, ein reifer und verantwortlicher Bürger zu werden.
Das Recht auf tägliche Liebe, Pflege, Erziehung und Schutz durch den sorgeberechtigten Elternteil.
Das Recht, den nicht sorgeberechtigten Elternteil zu kennen und durch regelmäßige Besuche dessen Liebe und Anleitung zu genießen.
Das Recht auf eine positive und konstruktive Beziehung zu beiden Elternteilen, die einander nicht vor dem Kind herabsetzen oder verächtlich machen dürfen.
Das Recht auf moralische und ethische Werte, die durch Vorbild und Erziehungspraktiken gefördert werden sollen, und auf das Setzen von Grenzen, sodass das Kind schon früh im Leben Selbstdisziplin und Selbstkontrolle entwickeln kann.
Das Recht auf die bestmöglichen ökonomischen Lebensbedingungen, die durch die intensiven Bemühungen beider Elternteile geschaffen werden können.
Das Recht auf dieselben Bildungschancen, die das Kind haben würde, wenn seine Familie nicht zerbrochen wäre.
Das Recht auf periodische Überprüfung der Sorgerechts- und Unterhaltsregelungen, wenn dieses die Lebensumstände der Eltern und das Wohl des Kindes als notwendig erscheinen lassen.
Das Recht auf Anerkennung, dass von einer Scheidung betroffene Kinder immer benachteiligte Parteien sind und dass das Gesetz ihr Wohl bejahende Schritte unternehmen muss, die unter Umständen eine Untersuchung zur Bestimmung ihrer Interessen und die Benennung eines Beistands zu deren Schutz umfassen müssen.

Textor, M., Scheidungszyklus und Scheidungsberatung, Vandenhoeck & Ruprecht, Göttingen, S. 169 f.

Angesichts dieser Forderungen stellt sich die Frage: Welche Bedeutung können diese Thesen für Scheidungskinder in Deutschland haben?

In Deutschland wird in den meisten Fällen nach einer Scheidung das gemeinsame Sorgerecht durch beide Elternteile ausgeübt. Nur in strittigen Fällen wird das Sorgerecht überprüft und gegebenenfalls verändert. Doch auch das gemeinsame Sorgerecht kann nicht verhindern, dass Kinder nur von einem Elternteil betreut werden und manchmal den anderen Elternteil lange nicht sehen. Das Aufrechterhalten von bestehenden Beziehungen ist nicht immer möglich. Eine Scheidung hat in vielen Fällen unabsehbare und zum Teil unvermeidbare Folgen für Kinder.

Auch Fachkräfte in Tageseinrichtungen werden zunehmend mit Ein-Eltern-Familien und Scheidungsproblemen konfrontiert. Fachkräfte sollten sich deshalb in den Bereichen der Beratung und des Konfliktmanagements weiterbilden.

2.1.6 Familienpolitik heute

Der Ausbau von Kinderbetreuungsangeboten ist der Schlüssel für mehr Kinder in Deutschland. Dies haben die Ergebnisse der größten Onlinebefragung in Deutschland verdeutlicht: Fehlende Betreuungsangebote und erschwerte Vereinbarkeit von Beruf und Familie gelten als wichtigste Gründe für die niedrige Geburtenrate. Laut Umfrage wünschen sich auch die meisten Bürgerinnen und Bürger die Abkehr von einseitiger materieller Förderung und höherem Kindergeld und dafür eine stärkere Verbesserung der Infrastruktur für Familien.

Nur ein Fünftel beklagte 2004 eine zu geringe finanzielle staatliche Unterstützung. Für die meisten Befragten ist ein besseres Umfeld für das Leben mit Kindern wichtiger als weitere materielle Leistungen.

Die Bundesregierung hat auf diese Forderungen in den letzten Jahren reagiert und Innovationen geschaffen.

1. Elterngeld

Das Elterngeld gleicht Einkommensverluste weitgehend aus, wenn Mütter oder Väter im ersten Jahr nach der Geburt eine berufliche Auszeit für ihr Neugeborenes nehmen wollen. Mittlerweile nimmt auch fast jeder vierte Vater das Elterngeld in Anspruch.

2. Ausbau der Kinderbetreuung

Ab 2013 besteht ein Rechtsanspruch auf Kinderbetreuung für Kinder ab dem vollendeten ersten Lebensjahr. Der Bund investiert dazu vier Milliarden Euro in den Ausbau und die Qualität des Betreuungsangebots für unter Dreijährige und unterstützt die Länder auch bei den Betriebskosten.

3. KiföG-Bericht

Der Zweite Zwischenbericht zur Evaluation des Kinderförderungsgesetzes (KiföG) von Mai 2011 zeigt, dass das Ausbauziel von 750 000 Betreuungsplätzen bis 2013 erreicht werden kann (ca. 38 %). Der Bedarf liegt nach der aktuellen AID: A-Studie des Deutschen Jugendinstituts bei 39 %.

4. Bundeskinderschutzgesetz

Das Bundeskabinett hat den Entwurf zum Bundeskinderschutzgesetz im März 2011 beschlossen. Das neue Bundeskinderschutzgesetz basiert auf einem intensiven Austausch mit Fachleuten aus Praxis und Wissenschaft, aus Ländern, Kommunen und Verbänden und greift wichtige Ergebnisse der Runden Tische „Heimerziehung in den 50er und 60er Jahren“ und „Sexueller Kindesmissbrauch“ auf. Es ist ein Meilenstein für einen aktiven, umfassenden und wirksamen Kinderschutz und im Januar 2012 in Kraft getreten. Es verbessert Prävention und Intervention in sechs Regelungsbereichen:

- → gesetzliche Verankerung früher Hilfen und bundesweiter Ausbau der Unterstützung durch Hebammen in den Familien nach der Geburt
- → gesetzliche Grundlagen für eine bessere strukturelle Vernetzung im Kinderschutz auf der örtlichen Ebene
- → größere Handlungs- und Rechtssicherheit für die Akteure im Kinderschutz
- → Qualifizierung des staatlichen Schutzauftrags bei Kindeswohlgefährdung
- → gesetzliche Verankerung einer kontinuierlichen Qualitätsentwicklung in der Kinder- und Jugendhilfe
- → Erweiterung der statistischen Datenbasis zum Kinderschutz

5. Nationales Zentrum Frühe Hilfen

Familien und Kinder, die ihren Alltag unter schwierigen Bedingungen und Belastungen meistern, benötigen ganz besondere Aufmerksamkeit und Unterstützung. Deshalb wird das Nationale Zentrum Frühe Hilfen (NFZH) *(www.fruehehilfen.de)* vom Bund gefördert.

Aufgabe des NZFH ist es, die Mitarbeiterinnen und Mitarbeiter vor Ort dabei zu unterstützen, Familien mit Problemen frühzeitig zu erreichen und ihnen passende Hilfe anzubieten – möglichst schon ab der Schwangerschaft. Dabei erhalten Hebammen und Familienhebammen eine wichtige Mittlerfunktion im Netzwerk Frühe Hilfen. Das NZFH berät und unterstützt deutschlandweit lokale und regionale Einrichtungen, die das Risiko von Kindesvernachlässigung und Kindesmisshandlung minimieren *(vgl. www.bmfsfj.de/familie-zuerst.de)*.

Familien erhalten in Zukunft finanzielle aber auch soziale und beratende Unterstützung durch Institutionen. Darüber hinaus wird bis 2013 ermöglicht, dass Kinder unter drei Jahren einen Betreuungsplatz in der Tagespflege oder in der Tageseinrichtung für Kinder erhalten können und die Berufstätigkeit der Elternteile möglichst sorgenfrei ermöglicht wird.

↗ FAZIT

- → Lebensentwürfe und Bedürfnisse der Menschen in Deutschland mit Kindern sind unterschiedlich.
- → Es bedarf qualitätsorientierter und bedarfsgerechter Bildungs- und Betreuungsangebote zum Wohl des Kindes.
- → Dies ist vordringliches und zentrales Ziel der Familienpolitik.

→·← AUFGABEN UND ANREGUNGEN

1 Erstellen Sie einen Familienstammbaum und visualisieren Sie ihn mit Fotos. Wer gehört Ihrer Meinung nach alles dazu? Wer ist Ihnen wichtig? Wie hat sich Ihr Familiensystem im Laufe der Jahre verändert?

2 Erstellen Sie eine eigene Statistik, indem Sie die Daten der Klasse erheben (Alter, Geschlecht, Herkunftsland, Zahl der Familienmitglieder usw.). Finden Sie weitere Kategorien und diskutieren Sie die Ergebnisse.

3 Besuchen Sie die Website des Bundesministeriums für Familie, Senioren, Frauen und Jugend. Was sind die aktuellen Themen der Homepage? Wie ist der Stand des Ausbaus der Kinderbetreuungsangebote?

4 Erstellen Sie eine Literaturliste mit Elternratgebern. Suchen Sie sich zwei Bücher heraus und überlegen Sie, ob und wobei diese Ratgeber für Eltern hilfreich sein können. Welchen Ratgeber finden Sie ungeeignet? Begründen Sie Ihre Einschätzungen.

5 Welche aktuellen Schlagzeilen der Zeitungen beschäftigen sich heute mit dem Thema „Familie"? Suchen Sie nach Artikeln, Bildern und Statistiken und stellen Sie eine Wandzeitung zusammen: Was sind wichtige, wiederkehrende Themen?

6 Welche Rechte für Scheidungskinder würden Sie einfordern? Stellen Sie in der Klasse Forderungen auf. Schreiben Sie diese auf eine Wandzeitung. Überprüfen Sie, welche Forderungen bereits im Bürgerlichen Gesetzbuch existieren. Bedenken Sie auch die Folgen, die dies für Ihre pädagogische Arbeit hat.

7 Wo finden Sie Regelungen zum Thema Patchworkfamilie? Welche Gesetzestexte sind wichtig? Schreiben Sie einen Regelkatalog für eine Patchworkfamilie, die bald heiraten möchte und noch nicht über ihre Rechte informiert ist.

8 Welche Aspekte haben dazu geführt, dass heute weniger Kinder als noch vor 50 Jahren geboren werden? Entwickeln Sie einen Fragebogen zum Thema „Familie, Kinder und Betreuungssituation". Führen Sie die Fragebogenaktion durch und werten Sie die Ergebnisse aus. Stellen Sie dann einen Katalog mit Empfehlungen für die Bundesregierung auf, was diese in der Familienpolitik bedenken sollte.

TIPPS ZUM WEITERLESEN →→

→ Familie, Sozialisation und die Zukunft der Kinder
Hans Bertram, Birgit Bertram, Budrich, Opladen 2009

→ Was Familien trägt
Jasper Juul, Beltz, Weinheim 2008

→ Familie im Umbruch. Quantitative und qualitative Befunde zur Wahl von Familienmodellen
Jutta Träger, Wiesbaden 2009

→ Beziehungen in der Familie
Deutsche Liga für das Kind (Hrsg.): In: frühe Kindheit die ersten sechs Jahre. Heft 3/2004

→ Stiefkinder und ihre Rechte
Deutsche Liga für das Kind (Hrsg.): In: frühe Kindheit die ersten sechs Jahre. Heft 5/2004

→ Familien haben Zukunft
Jörg Maywald, Bernhard Schön, Bernd Gottwald, (Hrsg.), Rowohlt, Reinbeck 2000

→ www.bmfsfj.de (Bundesministerium für Familie)

→ www.liga-kind.de (Deutsche Liga für das Kind)

→ www.destatis.de (Statistisches Bundesamt)

2.2 Bezug zu Gleichaltrigen

Larissa (6;3) und Florian (6;1) kennen sich schon seit drei Jahren - seitdem gehen sie zusammen in die Tageseinrichtung „Sternenschnuppe“. Seit drei Jahren sind sie unzertrennlich und kommen auch ab Sommer in die gleiche Grundschule. Ihre Eltern finden es manchmal sehr lästig, dass die beiden immer nur zusammen spielen wollen und selten etwas mit anderen Kindern machen.

Larissa ist Einzelkind, Florian hat noch einen jungen Bruder (1;8). Sie wirken häufig wie Geschwister, fast schon wie Zwillinge. Sie essen gerne das Gleiche, spielen die gleichen Spiele und gehen zusammen in den Turnverein.

Beide brauchen einander - das haben auch die Eltern eingesehen und haben beiden erlaubt, sich auf der gleichen Grundschule anzumelden.

Gemeinsam sind wir stark!

↘ FRAGEN

- → *Welche Bedeutung haben gleichaltrige Kinder füreinander?*
- → *Wie entwickeln sich Beziehungen von Kindern und Jugendlichen?*
- → *Welche Bedeutung haben Freundschaften für die Bildung und Bindung von Kindern?*
- → *Welche Aufgaben haben Fachkräfte bei der Beziehungsgestaltung von gleichaltrigen Kindern?*

2.2.1 Bedeutung der gleichaltrigen Beziehungen

Die Bedeutung der Beziehungen zu Gleichaltrigen (auch **Peers** genannt) wächst mit dem Lebensalter an.

Ihre ersten Lebensjahre verbringen junge Kinder zunächst in der Familie und dem engeren Umfeld. Auch wenn Eltern zunehmend bereits im ersten Lebensjahr Spielgruppen oder PEKiP-Gruppen (Prager-Eltern-Kind-Programm) aufsuchen, beginnt der institutionelle Kontakt und Bezug zu Gleichaltrigen erst mit dem Eintritt in die Tageseinrichtung oder in die Grundschule. Auch Krippenkinder können also schon Beziehungen zu gleichaltrigen Peers aufbauen. Hier bilden sich eigenständige Sozialstrukturen zwischen Gleichaltrigen aus. Die Regeln des Miteinanders werden von den Kindern miteinander verhandelt, bei Regelbrüchen aber auch sanktioniert *(vgl. Krappmann, Oswald 1995).*

Der Entwicklungspsychologe James Youniss legte 1982 dar, dass sich die Interaktionen von Peers deutlich von denen mit erwachsenen Personen unterscheiden. Peers bewegen sich inhaltlich und entwicklungsmäßig auf dem gleichen Stand und haben in der Regel keinen Wissens- oder Erfahrungsvorsprung vor den anderen.

Erwachsene haben aufgrund des höheren Alters einen deutlichen Wissensvorsprung und agieren oft in der Rolle des Erziehenden. Erwachsene und Kinder befinden sich also nicht auf der gleichen Interaktionsebene, sondern stehen asymmetrisch zueinander.

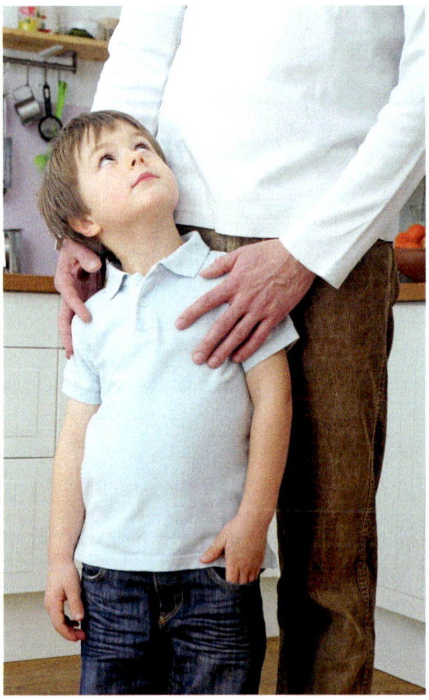

Asymmetrie zwischen Erwachsenem und Kind

Kinder nehmen so häufig die Vorstellungen und Regeln der Erwachsenen an, ohne sie konkret zu verstehen oder selbst erarbeitet zu haben.

Anders stellt sich die Situation unter Peers dar. Hier treffen eher gleichrangige Vorstellungen und Argumentationen aufeinander. Kein Kind steht über dem anderen und kann eine höhere Geltung seiner Meinung und Vorstellung beanspruchen. Gleichaltrige Kinder fördern sich so gegenseitig. Bei einem Streit oder einer Meinungsverschiedenheit treffen gleichrangige Argumente aufeinander und die Kinder müssen sich damit auseinandersetzen und ein gemeinsames Verständnis erarbeiten.

Nur Peers lernen untereinander ihre Beziehungen zu regulieren. Wenn sie ihre Beziehungen aufrechterhalten wollen, müssen sie selber Vertrauen und Nähe herstellen, bei Schwierigkeiten müssen sie Kompromisse finden und lernen, Beziehungen aufrechtzuerhalten *(vgl. Youniss 1982).*

In der Zeit vor der Adoleszenz entwickeln die Kinder ein besonderes Bedürfnis nach Freundschaft. Sie wünschen sich nicht mehr nur Spielkameraden, sondern Freundschaften, die durch ein besonderes Vertrauen gekennzeichnet sind. Es soll eine Freundschaft entstehen, die intim ist und auf gegenseitigem Vertrauen beruht.

Gleichaltrige Freundschaften schaffen Vertrauen.

Diese Form der Freundschaft wird häufig auch „Busenfreundschaft“ genannt. In dieser Freundschaft wollen Kinder Dinge teilen, die sie anderen nicht mitteilen wollen und in der sich die Kinder auf einzigartige Weise kennen und verstehen *(vgl. Sullivan 1980).*

2.2.2 Peer- und Freundesnetzwerk in der mittleren Kindheit

Kinder unterscheiden zwischen Freunden und Spielkameraden. Ein Spielkamerad ist ein Kind, das „vorhanden“ ist und mit dem man etwas unternehmen kann. Die Beziehung wird hier aber eher als locker beschrieben.

Zu einem Freund dagegen pflegt das Kind ein vertrauensvolles Verhältnis. Kooperierendes Verhalten wird hier besser geübt und die Beziehung ist auf Dauerhaftigkeit ausgerichtet *(vgl. Traub 2008).*

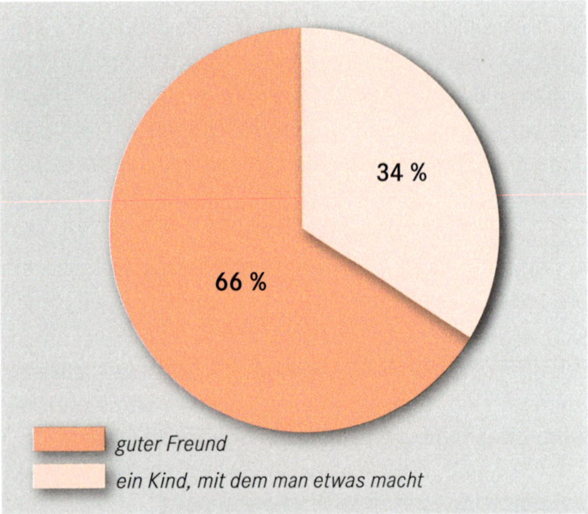

Von 8- bis 9-jährigen Kindern genannte Peers und Beziehungsintensität (DJI, 1. Welle Kinderpanel)

In der Studie „Die Welt der Gleichaltrigen" vom Deutschen Jugendinstitut DJI *(vgl. Traub 2008)* wird deutlich, dass es zwei Dritteln der Kinder leichtfällt, Kontakte zu andern Kindern zu knüpfen.

Im Durchschnitt können Kinder zwischen acht und neun Jahren bis zu sechs Gleichaltrige nennen, mit denen sie öfter etwas zusammen machen. Davon bezeichnen sie fast vier Kinder als Freunde.

Nur 3 % der befragten Kinder hatten keine Kontakte zu Peers, mit denen sie regelmäßig spielen, und 10 % hatten keinen guten Freund.

In der mittleren Kindheit spielen die Kinder überwiegend mit Kindern des gleichen Geschlechts. Die Hälfte der Peer-Kontakte finden Kinder in der Schule, ein Drittel der Kinder kennen sich aus der Nachbarschaft und leben nur etwa 15 Minuten voneinander entfernt.

Neben der reinen Anzahl der Sozialkontakte spielt die Zufriedenheit der Kinder mit der Anzahl ihrer Beziehungen eine große Rolle. Es zeigt sich, dass zwei Drittel der Kinder sehr zufrieden sind und in ihren Freundschaften das finden, was eine Peergroup ausmacht - Spaß, Unterstützung und Kommunikation über Themen, die mit Erwachsenen eher schwierig zu thematisieren sind.

→·← AUFGABEN UND ANREGUNGEN

1 Untersuchen Sie unterschiedliche Konzepte und Programme auf Aussagen zur Förderung gleichaltriger Beziehungen. Wählen Sie zum Beispiel Konzepte der Offenen Ganztagsschule, der Kinder- und Jugendhilfe und auch Bildungspläne der unterschiedlichen Länder aus. Vergleichen Sie die Aussagen und benennen Sie konkrete Angebote, die Peergroups fördern können.

2 Erstellen Sie während des Praktikums ein Soziogramm Ihrer Praktikumsgruppe. Stellen Sie neben den Beziehungen, die Sie beobachten können, auch das Alter der Kinder dar. Interpretieren Sie das Soziogramm und ziehen Sie ein Fazit für die Beziehungen von Peers. Stellen Sie das Soziogramm in der Klasse vor und vergleichen Sie die Ergebnisse.

TIPPS ZUM WEITERLESEN →→

→ Alltag der Schulkinder. Beobachtungen und Analysen von Interaktionen und Sozialbeziehungen
L. Krappmann, Beltz, Weinheim und München 1995

→ Die interpersonale Theorie der Psychiatrie
H. Sullivan, Frankfurt 1980

→ Die Welt der Gleichaltrigen
A. Traub, DJI, München 2008

→ Die Entwicklung und Funktion von Freundschaftsbeziehungen
J. Youniss, in: Edelstein/Keller (Hrsg.), Perspektivität und Interpretation, Suhrkamp Frankfurt 1982

→ Gleichaltrige im Krippenalter, Kindergartenpädagogik
W. Wüstenberg, Online-Handbuch, www.online-handbuch.de

2.3 Interkulturelle Erziehung in Kindertageseinrichtungen

Sie absolvieren Ihr Praktikum in einer Einrichtung, die von vielen Kindern mit Migrationshintergrund besucht wird (ca. 75 %). In der Tagesstättengruppe werden zurzeit sieben verschiedene Sprachen gesprochen: Türkisch, Marokkanisch, Kroatisch, Spanisch, Polnisch, Russisch, Italienisch. Im Team selber sind eine Erzieherin türkischer Herkunft und eine Kinderpflegerin aus Russland tätig.

Während einer Freispielphase am Vormittag beobachten Sie Carina (vier Jahre) und Esra (fünf Jahre) beim Spiel in der Puppenecke. Esra hält die Puppe im Arm und singt ein türkisches Wiegenlied. Carina deckt den Tisch. Plötzlich unterbricht Esra das Spiel und es entwickelt sich folgender Dialog:

Esra: „Du, Carina, welche Sprache sprecht ihr eigentlich zu Hause?"

Carina: „Wir sprechen deutsch zu Hause."

Esra: „Nein, ich meine, was du mit Mama und Papa zu Hause für eine Sprache sprichst. Deutsch sprechen wir doch alle hier im Kindergarten. Ich spreche zu Hause türkisch und Domenika spricht italienisch. Wie unterhaltet ihr euch?"

Carina: „Na, wir sprechen deutsch miteinander."

Beide Kinder schauen sich irritiert an und blicken zu Ihnen. Sie wissen nicht, ob und wie Sie reagieren sollen. Bisher hatten Sie in den Beobachtungsbögen nur notiert, dass Esra noch Schwierigkeiten hat, die richtigen Artikel zu verwenden, wenn sie Deutsch spricht. Der Stolz in Esras Stimme und auch der erstaunte Blick in Carinas Augen war Ihnen nicht entgangen, als Esra betonte, dass sie zwei Sprachen spricht.

Kulturelle Vielfalt in der Kita

Esra scheint relativ gut und sicher in zwei Sprachwelten zu leben – ihrem Zuhause und der Tageseinrichtung. Sie selber können sich gut in Carina hineinversetzen. Sie haben nur Englisch in der Schule gelernt und können ein paar Worte Spanisch, die Sie in Ihrem letzten Mallorcaurlaub gelernt haben.

Es muss schön sein, sich in unterschiedlichen Sprachen verständigen zu können.

↘ FRAGEN

- → *Wie viele Menschen anderer Herkunft und Kultur leben in Deutschland? Wer verbirgt sich hinter dem Begriff „der Ausländer"?*
- → *Wie kommen Kinder ausländischer Herkunft mit kulturellen Situationen außerhalb ihrer Familien zurecht? Wie kommen Sie mit unterschiedlichen Sprachen zurecht?*
- → *Wie können Unterschiede und Gemeinsamkeiten von Kulturen den Bildungs- und Lernprozess bereichern?*
- → *Wie kann kulturelle Vielfalt in Tageseinrichtungen für Kinder und Jugendliche gefördert werden?*
- → *Wie gehen Sie selber mit der kulturellen Vielfalt in pädagogischen Einrichtungen um?*

2.3.1 Kulturelle Vielfalt - Zahlen und Fakten

Überall auf der Welt existieren und entstehen multikulturelle Gesellschaften. Unterschiedliche Nationen, Sprachen und Kulturen rücken zusammen, infolge verstärkter Migration und Mobilität überall auf der Welt. Mehr als die Hälfte der Weltbevölkerung spricht zwei oder mehr Sprachen. Es soll dreißigmal so viele Sprachen wie Länder geben. Wie sieht es in Deutschland aus?

In Deutschland lebten 2010 etwa 7,1 Millionen Personen mit einer ausländischen Staatsangehörigkeit. 9 % der Gesamtbevölkerung Deutschlands besitzen folglich den Pass eines anderen Landes. Allerdings sind wiederum 1,5 Millionen Personen von ihnen in Deutschland geboren *(vgl.www.destatis.de)*.

Die nachfolgende Grafik zeigt die Verteilung der ausländischen Bevölkerung aus EU- und Nicht-EU-Staaten in Deutschland.

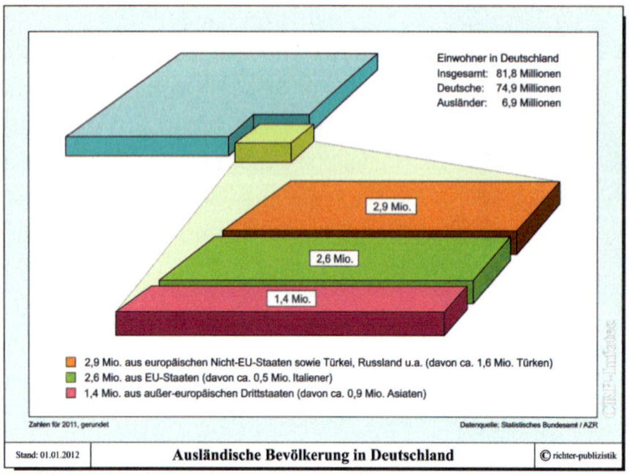

Ausländische Bevölkerung in Deutschland (www.crp-infotec.de)

Der größte Teil der Bevölkerung ausländischer Herkunft kommt aus den ehemaligen **Anwerbeländern.** Die damals herrschende Meinung, dass diese Arbeitnehmer nur für eine begrenzte Zeit und ohne ihre Familien in der Bundesrepublik arbeiten würden, bewahrheitete sich nicht. Mit zunehmender Verweildauer der Arbeitnehmer begann der langsame **Familiennachzug.** Dabei ist der Anteil türkischstämmiger Personen am höchsten. Viele ihrer Kinder (zweite und dritte Generation) sind hier geboren und aufgewachsen (ca. 600 000). Rund ein Drittel der hier aufwachsenden Kinder haben einen **Migrationshintergrund.**

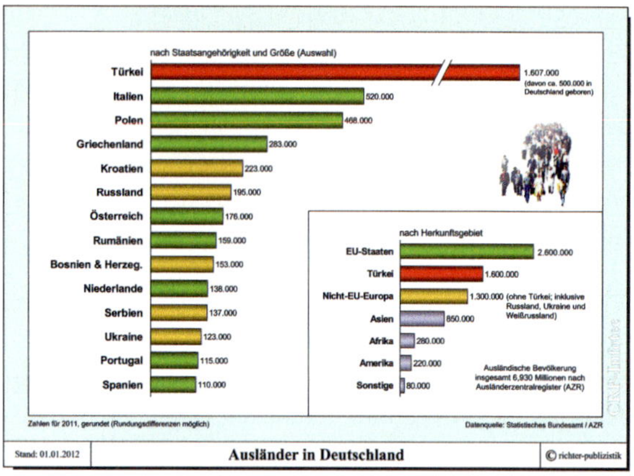

Ausländer in Deutschland (www.crp-infotec.de)

Ein kleinerer Teil der Bevölkerung ausländischer Herkunft sind **Asylbewerber,** die aus verschiedenen Ursachen (Bürgerkriege, ökologische Katastrophen, wirtschaftliche Probleme, politische Gründe) in Deutschland um Asyl nachsuchen.

Aufgrund des Bürgerkrieges im ehemaligen Jugoslawien und der Wende im Osten Europas stieg die Zahl der Zuzüge der Asylbewerber und Aussiedler aus diesen Ländern in den letzten Jahren in besonderer Weise. Es gibt auch noch eine sehr große Gruppe von Kindern, Jugendlichen und Erwachsenen mit Migrationshintergrund, die in diesen Statistiken nicht aufgeführt werden. Sie besitzen die deutsche Staatsbürgerschaft z. B. durch Einbürgerungsverfahren.

Die Gruppe der speziellen Fachkräfte aus anderen Ländern (z. B. Japan und Amerika) stellt nur eine kleine Gruppe von Menschen ausländischer Herkunft dar.

Der Anteil der ausländischen Bevölkerung ist in den einzelnen Bundesländern unterschiedlich hoch. Besonders in NRW wurden in den 1960er und 1970er Jahren vermehrt Arbeitskräfte in der Industrie benötigt. Deshalb wurden hier viele damalige **Gastarbeiter** angeworben.

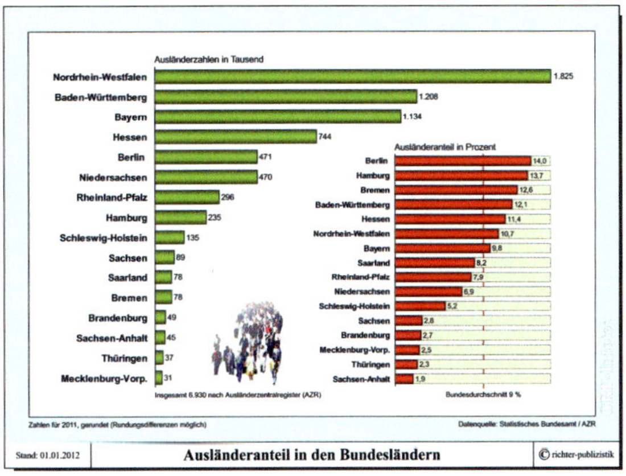

Ausländeranteil in den Bundesländern (www.crp-infotec.de)

Die Ländervielfalt und die dargestellten Zahlen und Fakten verdeutlichen, dass es schwierig und zu global gefasst ist, die unterschiedlichen Menschen, die mit unterschiedlichen Motiven, aus unterschiedlichen Ländern, mit unterschiedlichen Schicksalen, zu unterschiedlichen Zeitpunkten nach Deutschland kamen und sich dort unterschiedlich lange mit unterschiedlichem Aufenthaltsstatus aufhalten, mit einem allgemeinen Begriff wie „Ausländer" zu beschreiben. Demgegenüber müsste dann auch die Bezeichnung „Inländer" stehen.

2.3.2 Früher – Ausländerpädagogik, heute – interkulturelle Pädagogik

Das gewünschte friedliche und produktive Zusammenleben unterschiedlicher Menschen aus unterschiedlichen Nationen und Religionen mit unterschiedlichen kulturellen und sprachlichen Traditionen scheint die größte Herausforderung unserer Zeit zu sein. Ob diese Herausforderung realisierbar ist, zeigt sich immer im Kleinen: im Alltag der Familien, in der Nachbarschaft, im Stadtteil. An diesen Plätzen ist Multikultur Realität.

> **„Wir müssen unsere Arbeit an den konkreten Lebensbedingungen und Interessen derjenigen Kinder und Familien ausrichten, die in unserer Einrichtung betreut werden."**
>
> *(Lill, Gerlinde [Hrsg.], Von Abenteuer bis Zukunftsvision. 2001, S. 219)*

In den vergangenen Jahrzehnten hat sich Deutschland zu einer **multinationalen Gesellschaft** entwickelt. Dies spiegelt sich auch in den Einrichtungen der Kinder- und Jugendhilfe wider. Je nach Bundesland, Stadt oder Stadtteil werden diese Einrichtungen mal mehr, mal weniger von Kindern und Jugendlichen aus Familien mit einem anderen nationalen und kulturellen Hintergrund besucht. So gibt es Jugendfreizeiteinrichtungen mit 15 verschiedenen Nationalitäten, Tageseinrichtungen neben einem Asylbewerberheim und ein japanisches oder amerikanisches „Day-care-Center" im teuren Viertel der Stadt. Überall leben, spielen und lernen Kinder unterschiedlicher Herkunft miteinander.

Für pädagogische Fachkräfte ist jedoch nicht nur das Herkunftsland, die Kultur, die Sprache der Kinder und Jugendlichen von Bedeutung. Auch ihr Aufenthaltsstatus, die Gründe ihrer Anwesenheit in Deutschland und die soziale Situation ihrer Familie, ihre **Migrationskultur** müssen als pädagogische Fremdwahrnehmung berücksichtigt werden.

In den 1970er Jahren entwickelte sich durch den Zuzug der Gastarbeiterfamilien eine bestimmte Form der **Ausländerpädagogik.** Für die Kinder der eingereisten Arbeiter wurde 1966 die Schulpflicht eingeführt. Ihre Probleme zeigten sich besonders im Bildungssystem: Sprachschwierigkeiten, die Auseinandersetzung mit unterschiedlichen Rollen, kulturelle Unterschiede und Unzulänglichkeiten des deutschen Bildungssystems führen bis heute zu Unterschieden in der Bildungsbeteiligung von Kindern aus Familien mit Migrationshintergrund.

Integration wurde in dieser Phase als Anpassung der Ausländer an die deutsche Gesellschaft betrachtet. Kulturelle und sprachliche Unterschiede wurden nicht als Chance, sondern als Schwierigkeiten angesehen. Es war durchaus auch „bequem", die Ausländerkinder und -jugendlichen nur als eine Problemgruppe zu betrachten, d. h. Sprachdefizite als gegeben zu unterstellen und zu fordern, dass man sich mithilfe von Fördermaßnahmen (z. B. Hausaufgabenhilfe, Schulsozialarbeit) in unsere Gesellschaft zu integrieren habe. Muttersprachlicher Unterricht wurde in erster Linie zur Erhaltung der Rückkehrfähigkeit in das jeweilige Herkunftsland angeboten. Zweisprachigkeit wurde eher als Hindernis statt als Chance für die kindliche Entwicklung betrachtet. Es wurde von deutschen und ausländischen Kindern gesprochen. Kritisch betrachtet, handelte es sich hierbei um eine Art Sonderpädagogik für Ausländer. Selbst heute richtet sich noch manch politischer oder pädagogischer Blick leider nur auf diesen Aspekt.

Heute spricht man allerdings von **Migrantenkindern** (Kurzwort für Kinder aus Migrantenfamilien oder Kinder mit Migrationshintergrund) statt von Ausländerkindern und von **interkultureller Pädagogik** statt von Ausländerpädagogik. Die Begriffe machen deutlich, dass nicht nur Kinder und Jugendliche mit ausländischem Pass gemeint sind, sondern alle Kinder, in deren Familie ein Migrationshintergrund existiert, auch Aussiedlerkinder, eingebürgerte Kinder oder Kinder aus bilingualen Ehen.

Geänderte Sichtweise

Doch nicht nur die Begriffe haben sich in den Jahren verändert. Auch die Sichtweise ist eine andere geworden. Die gemeinsame Erziehung von Kindern und Jugendlichen unterschiedlicher nationaler und kultureller Herkunft wird heute als **Chance** gesehen. Der Blick soll darauf gerichtet werden, was verbindet, nicht auf das, was trennt (z. B. Rollenverständnis, Körpersprache, Zeitgefühl, Esskultur). Im Mittelpunkt sollen die Ressourcen der Zugewanderten stehen und nicht ihre Defizite und Probleme. Das biografische Wissen über andere Kulturen, die Fähigkeit, in anderen Sprachen zu kommunizieren, und die Auseinandersetzung mit dem Migrationshintergrund soll als Qualifikation für pädagogische Arbeit gesehen werden.

Unterschiede gibt es nicht nur zwischen Menschen unterschiedlicher Herkunft. Die Herkunftskultur ist häufig nicht mit der sogenannten Migrantenkultur (gelebte, meist sehr traditionelle Kultur im Einwanderungsland) vergleichbar. Und in Deutschland ist das Leben in deutschen Familien auch nicht überall gleich. Natürlich kann die Beschäftigung mit anderen Kulturen manchmal Ängste, Unsicherheiten, Faszination und Abwehr mit sich bringen, aber gleichzeitig auch neue Erfahrungen und Kenntnisse. Integration versteht sich als ein Prozess, der Veränderung von beiden Seiten erfordert. Dabei gibt es Schwierigkeiten, die überwunden, und Anforderungen, die gelöst werden müssen.

Dazu gehört zum einen eine seit vielen Jahren immer deutlicher spürbare Ausländer- und Fremdenfeindlichkeit. Angst und Vorurteile müssen ernst genommen werden. Erst die Auseinandersetzung mit ihnen schafft die Möglichkeit, die Fremdheit zu überwinden. Dies ist die wichtigste Voraussetzung, um Rassismus, Fremdenfeindlichkeit und Gewalttaten vorzubeugen.

Zum anderen zeigen sich im Zusammenleben von Menschen mit unterschiedlichen kulturellen Normen und Lebensgewohnheiten auch Widersprüche. Diese müssen thematisiert und genutzt werden. Die Kulturen beider Gesellschaften (Herkunftsland und Aufnahmegesellschaft) sollen nebeneinander bestehen können.

Leider ist zu beobachten, dass eine deutliche Trennung der Wohngebiete kaum noch Kulturkontakte zulässt, die Minderheit dadurch häufig in eine Isolation gerät und Vorurteile auf beiden Seiten wachsen können. Dieses Phänomen zeigt sich vor allem bei Migranten aus den ehemaligen Anwerbeländer Südeuropas und bei Aussiedlergruppen. Die „Ghettobildung“ von japanischen Menschen beispielsweise in Düsseldorf schürt hingegen kaum Vorurteile oder Fremdenfeindlichkeit.

2.3.3 Probleme von Migranten

Ein weiteres Problem ist der gesonderte **Rechtsstatus** von Migranten, der ihre soziale Integration erschwert. Die Unsicherheit über die Dauer und den Verbleib in Deutschland bestimmt den Familienalltag, die Freundschaften, die Freizeit, die Berufswahl der Kinder und Rückkehrabsichten. Für viele gehört der regelmäßige Gang zur Ausländerbehörde zum Familienalltag.

Die veränderte Sichtweise der interkulturellen Pädagogik darf natürlich nicht dazu führen, bestehende Hilfsbedürftigkeit von Migranten und damit verbundene Fördermaßnahmen „wegzudefinieren“. Viele Kinder der zweiten und dritten Generation haben Sprachschwierigkeiten in der Herkunftssprache *und* in der deutschen Sprache. Beide Sprachen nur unzureichend zu beherrschen, kann Minderwertigkeitsgefühle hervorrufen. Hinzu kommt die Schwierigkeit der Identitätsbildung.

„Identität baut sich nicht im gesellschaftlichen Niemandsland auf. Für den Jugendlichen ausländischer Herkunft sind die sozialen Erwartungen, je nach der Gruppe, mit der er interagiert, äußerst diskrepant. Der Aufbau der Ich-Identität ist für den Jugendlichen ausländischer Herkunft mehr noch als für den einheimischen ein schwieriger Balanceakt zwischen divergierenden sozialen Erwartungen." *(Johann u. a., 1998, S. 100)*

Die Schwierigkeit, in zwei unterschiedlichen Werte- und Normsystemen leben zu müssen, wird im Alltag dadurch versucht zu überwinden, dass Kinder und Jugendliche z. B. bestimmte Dinge vor der Gruppe verheimlichen oder überspielen *(vgl. Johann u. a., 1998, S. 106)*. Ging man früher davon aus, dass dieser Kulturkonflikt überwunden werden muss, spricht man heute von **bikultureller Identität,** also der Notwendigkeit und Chance, sich in zwei Systemen bewegen zu können.

Äußere Rahmenbedingungen wie z. B. die
- → **Möglichkeit der doppelten Staatsbürgerschaft,**
- → **Beibehaltung der Herkunftssprache,**
- → **Eröffnung sozialer Chancen innerhalb der Kultur**

schaffen die Basis dafür *(vgl. Johann u. a., 1998, S. 146)*.

Diese Fähigkeit, sich in unterschiedlichen Welten zurechtzufinden, Übergänge zu bewältigen und mit Widersprüchen zu leben, ist eine Schlüsselqualifikation für alle Menschen. Auch ein Kind ohne Migrationshintergrund wächst heute zum Teil in unterschiedlichen Welten, d. h. sozialen Gruppen mit unterschiedlichen Erziehungsvorstellungen, Normen und Werten auf.

2.3.4 Interkulturelle Kompetenz

Ein wichtiger Schritt zur **sozialen Integration** von Kindern mit Migrationshintergrund war der vor einigen Jahren eingeführte Rechtsanspruch auf einen Kindergartenplatz. Dadurch erhielten immer mehr Migrantenkinder die Möglichkeit, eine Tageseinrichtung zu besuchen. Die vorschulische Betreuung, Bildung und Erziehung kann eine gute Basis für die weitere Schullaufbahn sein. Diese Erwartung stellen viele Eltern von Migrantenkindern vorrangig an die Arbeit in der Kita.

In vielen Bundesländern ist die interkulturelle Dimension der Bildungs- und Erziehungsarbeit in Bildungsvereinbarungen für Tageseinrichtungen verankert. Jetzt muss sie in der Praxis gelebt und umgesetzt werden, denn kulturelle Begegnung findet hier tagtäglich statt.

Ein Beispiel aus den Grundsätzen zur Bildungsförderung in NRW zeigt, dass die interkulturelle Arbeit ein wesentlicher Bildungsbereich in der Arbeit mit Kindern von null bis zehn Jahren geworden ist.

„Ziel ist, auf das Leben in einer hinsichtlich der Lebensstile und Kulturen vielfältigen Gesellschaft vorzubereiten, die Kinder darin zu unterstützen, ihre eigene Kultur und Herkunft kennenzulernen und darauf aufbauend eine eigene Kultur und einen persönlichen Lebensstil zu entwickeln. Vielfalt in persönlicher, sozialer, kultureller, physischer und psychischer Hinsicht soll ein selbstverständlicher Teil des Alltags der Kinder sein. Auch **interkulturelle Pädagogik** ist somit eine Querschnittsaufgabe des pädagogischen Alltags mit dem Ziel, das Zusammenleben von Menschen unterschiedlicher Herkunft zu stärken."
(Mehr Chancen von Anfang an, www.schulministerium.nrw.de)

Die Anerkennung der Zwei- und Mehrsprachigkeit sowie die Berücksichtigung der unterschiedlichen Migrationshintergründe der Kinder und Jugendlichen sollen sich im pädagogischen Alltag einer Einrichtung widerspiegeln. Themen aus der Lebenswelt der zugewanderten Familien und der „inländischen" Familien bestimmen die Raumgestaltung, die Materialauswahl, die Aktivitäten und Projekte sowie die Strukturen des Tagesablaufs. Es handelt sich nicht um zeitlich eingegrenzte, einmalige Projekte, sondern um gelebten Alltag.

Kinder und Jugendliche sollen in ihrer Kultur und Sprache gefördert und gestärkt werden. Gleichzeitig werden sie auf die Welt vorbereitet, in der sie anderen begegnen.

2.3.5 Aspekte interkultureller Arbeit

In der Tabelle sind Impulse für die interkulturelle Arbeit der pädagogischen Fachkräfte zu finden. Was müssen pädagogische Fachkräfte beachten? Wie kann der Alltag gestaltet werden?

Ständige Reflexion eigener Deutungs- und Handlungsmuster (Weltanschauung, Werte und Normen)	Migrationsbiografie der Familien kennen, Dokumentation über die Familiensituation führen	Interkulturelle Erziehung an alle Kinder, Jugendlichen, Familien richten, interkulturelle Lernprozesse initiieren
auseinandersetzen mit eigenen Vorurteilen und Ängsten – „Jeder Mensch hat Vorurteile."	gute Kommunikations- und Dialogfähigkeit entwickeln, Förderung von nonverbaler Kommunikation	Eltern als Kooperationspartner sehen, Informationsaustausch, Unterstützung bei der Förderung der Herkunftssprache
Vorbildfunktion beachten, sich selbst auf interkulturelle Lernprozesse einlassen und handeln	Öffnung zum Gemeinwesen nutzen, stadtteilorientierte Arbeit fördern	Raumausstattung und Material an der Lebenssituation der Kinder und Familien orientieren
akzeptieren anderer Lebensformen, Toleranz üben, Achtung und Anerkennung/Wertschätzung zeigen	touristische oder folkloristische Formen der Kulturvermittlung vermeiden	kulturelle Besonderheiten der Kinder und Familien berücksichtigen (z. B. Essensgewohnheiten)
Aneignung von Informationen über andere Länder, Kulturen, Religionen, „über den Tellerrand schauen"	interkulturelle Teams fördern, binationale Fachkräfte mit Migrationserfahrung einsetzen	die Alltagskultur aller Kinder bestimmt das Leben in der Gruppe (z. B. verschiedene kulturelle Feste feiern)
anknüpfen an lebensweltliche Situationen der Kinder und Familien (biografischer Ansatz)	Impulse setzen – nicht belehren, kreative Methoden nutzen (Lieder, Spiele, Tänze, Geschichten, Theater usw.)	Förderung der Herkunftssprache unterstützen, mehrsprachige Elternbriefe usw. formulieren
Fortbildungen besuchen, weiterqualifizieren, eine Migrantensprache lernen	Vernetzung mit anderen Institutionen fördern (z. B. Beratungsstellen)	reflektierter Umgang mit Kulturkonflikten und Präventionsarbeit

Ein Aspekt wird im Folgenden exemplarisch dargestellt: Die **Raumgestaltung** und **Materialauswahl** soll sich an der Lebenssituation der Kinder orientieren.

Spielmaterial und Ausstattung der Regeleinrichtung orientieren sich an der „deutschen" Lebenswelt. Natürlich kann eine Einrichtung nicht die gesamte Vielfalt an Materialien aller Länder abdecken. Um aber keine Stereotypenbildung und keine Diskriminierungsprozesse zu fördern, sollten andere Wege gefunden werden.

Unspezifisches Spielmaterial schränkt nicht ein. Ein Muggelstein kann beispielsweise als Weintraube oder aber als Olive verwendet werden. Ein Baustein kann ein Brötchen oder ein Stück Fladenbrot sein. Als weitere Möglichkeit können Kinder reale Gegenstände aus ihrer häuslichen Umgebung mitbringen *(vgl. RAA – Regionale Arbeitsstelle zur Förderung von Kindern und Jugendlichen aus Zuwandererfamilien, o. J., S. 9 ff.)*.

Jede Einrichtung sollte im Rahmen eines **Qualitätsmanagementprozesses** interkulturelle Standards setzen, sie dokumentieren und regelmäßig überprüfen. Eine gute Grundlage bietet hier der nationale Kriterienkatalog für die Qualitätsentwicklung einer Einrichtung, in dem auch Kriterien für den Qualitätsbereich „Interkulturelles Lernen" dargestellt werden *(vgl. Pädagogische Qualität in Tageseinrichtungen für Kinder. Ein nationaler Kriterienkatalog, 2007)*.

Um interkulturelle Standards zu setzen, müssen sich pädagogische Fachkräfte qualifizieren und weiterbilden. Sie benötigen neben der Auseinandersetzung mit der eigenen Person und der konkreten Lebenssituation der Migrantenfamilien auch Kenntnisse und Informationen über Kulturen, Religionen, Sprachen, Feste, Umgang mit dem Fremden usw.

2.3.6 Zusammenarbeit mit Eltern nicht deutscher Herkunft

Erziehungspartnerschaft

Im Kinder- und Jugendhilfegesetz (KJHG) ist die Zusammenarbeit zwischen Familien und pädagogischen Fachkräften fest verankert *(vgl. HF 4, Kap. 1).*

§ 22 Grundsätze der Förderung

„(2) [...] Tageseinrichtungen für Kinder und Kindertagespflege sollen [...] 2. die Erziehung und Bildung in der Familie unterstützen und ergänzen, [...]

(3) Der Förderungsauftrag umfasst Erziehung, Bildung und Betreuung des Kindes und bezieht sich auf die soziale, emotionale, körperliche und geistige Entwicklung des Kindes. Er schließt die Vermittlung orientierender Werte und Regeln ein. Die Förderung soll sich am Alter und Entwicklungsstand, den sprachlichen und sonstigen Fähigkeiten, der Lebenssituation sowie den Interessen und Bedürfnissen des einzelnen Kindes orientieren und seine ethnische Herkunft berücksichtigen."

Elternarbeit gehört zu den wichtigen Aufgabenfeldern von Erziehern und Erzieherinnen. Das Ziel ist eine **Erziehungs- und Bildungspartnerschaft** zwischen Elternhaus und Tageseinrichtung. Dies scheint in der Praxis nicht immer einfach zu sein. Häufig erlebt das Fachpersonal, dass es schwierig ist, Migrantenfamilien bzw. Eltern nicht deutscher Herkunft in die bestehende Elternarbeit zu integrieren. Viele pädagogische Fachkräfte äußern, dass sie in der Regel zu wenig über die **Herkunftskulturen,** die Sprache und Religion der Migrantenfamilien wissen. Bei den Familien handelt es sich auch keineswegs um eine homogene Gruppe. Allgemeine Informationen über Kulturen, Sitten und Gebräuche, Sprachen, Religionen können natürlich hilfreich sein, um Familien besser zu verstehen. Sie allein reichen aber für eine gute Zusammenarbeit zum Wohle der Kinder nicht aus. Es ist wichtig, jede Familie, d.h. ihre Lebens- und Sprachsituation, individuell kennenzulernen. Dafür müssen sich Fachkräfte sensibel und feinfühlig Informationen beschaffen. Kinder mit Migrationshintergrund und ihre Familien sind die beste Informationsquelle.

Die häufige Nichtteilnahme an Elternangeboten der Einrichtung sollte nicht als ein prinzipielles Desinteresse gedeutet werden. **Verständigungsprobleme** und Unsicherheiten erschweren oft den Austausch zwischen Elternhaus und Tageseinrichtung. Die Angst, sich auf einem Elternabend äußern zu müssen, kann dazu führen, ihn lieber zu meiden. In vielen Situationen ist die Hilfe von Dolmetschern notwendig. Pädagogische Fachkräfte müssen immer wieder auf die Familien zugehen und die eigene Arbeit transparent machen, z.B. durch Bildmaterial. Bilder bieten sich für eine Verständigung zwischen den Kulturen an.

Auch unklare Vorstellungen vom Auftrag der Tageseinrichtung können unter Umständen die Zusammenarbeit erschweren. Das Erziehungs- und Bildungssystem des Herkunftslandes kann sich sehr von dem deutschen unterscheiden. Manche Eltern haben Angst, dass ihre religiösen Gebote nicht eingehalten werden. Auch erziehungsrelevante **Wertvorstellungen** können divergieren. Deshalb müssen gegenseitige Erwartungen und Vorstellungen erläutert und geklärt werden.

Die **Beziehungsarbeit** ist von großer Bedeutung. Vom ersten Kontakt an muss die Beziehung zwischen Fachkraft und Eltern bewusst aufgebaut und Hemmungen abgebaut werden. Hier gibt es nicht den einen „Königsweg“, sondern viele Vorgehensweisen sind möglich und müssen sensibel ausprobiert werden.

„**Sensibel sein** heißt also: Ich kenne mich und meine Geschichte, ich bin mir meiner Vorurteile bewusst und bereit, an ihnen zu arbeiten, ich bin offen für die Unterschiedlichkeit der Menschen in meinem Umfeld und akzeptiere sie. **Sensibel sein** für die Belange der Eltern heißt allerdings nicht, jetzt kann hier jede Familie machen, was sie will, wir haben für alles Verständnis. **Sensibel sein** für die Belange der Eltern heißt: Ich nehme die Eltern als Personen wahr mit ihrem eigenen Hintergrund (nicht reduziert auf die Nationalität).“
(Landeszentrum für Zuwanderung Nordrhein-Westfalen: Interkulturelle Zusammenarbeit mit Eltern, 2004, S. 13)

2.3.7 Stärkung der Erziehungspartnerschaft

In den folgenden Stichpunkten finden sich verschiedene Anregungen zur Stärkung der Erziehungs- und Bildungspartnerschaft zwischen Familien ausländischer Herkunft und pädagogischen Fachkräften:

- → Alle in der Tageseinrichtung für Kinder vertretenen Familiensprachen hängen im Eingangsbereich aus (z. B. einfache Begrüßungsformeln).
- → Religiöse Vorschriften oder kulturelle Normen werden z. B. im Hinblick auf Mahlzeiten, Körperpflege, Feste beachtet und wenn möglich umgesetzt.
- → Die pädagogischen Fachkräfte bemühen sich, die Familiennamen richtig auszusprechen.
- → Vor Beginn der Eingewöhnungsphase erkundigt sich die Fachkraft bei den Eltern über erste wichtige Alltagsvokabeln für den Umgang mit dem Kind.
- → Aushänge werden in die jeweiligen Sprachen übersetzt und anschaulich vermittelt, z. B. durch den Einsatz von Bildmaterial.
- → Alle Fachkräfte berücksichtigen den Einsatz nonverbaler Kommunikation.
- → Dolmetscher können hinzugezogen werden, trotzdem sollte man den Eltern zugewandt sein.
- → Neben Informationsveranstaltungen finden auch informelle Treffen statt (z. B. Müttercafé), denn in kleinen Gruppen fällt die Kommunikation oft leichter.
- → Feste und Feiern anderer Kulturen finden Berücksichtigung. Familien anderer Religionen werden über traditionelle christliche Feste informiert. Abmachungen zur gegenseitigen Rücksichtnahme.
- → Die Bildungsarbeit der Einrichtung wird durch Fotos und Filmmaterial anschaulich dargestellt.
- → Bilingualität wird positiv gesehen und gefördert, Eltern werden ermutigt, mit Kindern in der Herkunftssprache zu sprechen, Bilderbücher vorzulesen.
- → Eltern werden über die Wichtigkeit der Beherrschung der deutschen Sprache informiert und relevante Informationen über das deutsche Bildungswesen werden weitergegeben.
- → Eltern werden ermutigt, ihre Kinder auch zu Hause mit der deutschen Sprache zu konfrontieren (z. B. deutsche Kindersendungen anschauen oder deutsche Kinderlieder hören).
- → Deutschkurse für Eltern werden angeboten.

Das Rucksack-Projekt

Ein Konzept zur **Sprachförderung** und **Elternbildung** im Elementarbereich bietet ein Projekt der RAA (Regionale Arbeitsstelle zur Förderung von Kindern und Jugendlichen aus Zuwandererfamilien). Das Programm fördert Kinder im Elementarbereich **mehrdimensional** und systemisch. Es berücksichtigt die Entwicklung der Kinder in Bezug auf ihre Lebenswelt und Familie sowie auf das Bildungssystem „Tageseinrichtung“ und deren Fachkräfte. Mütter, Erzieherinnen und Erzieher werden Partner für die Sprachförderung der Kinder. Das Programm fördert sowohl die Muttersprachenkompetenz als auch die Beherrschung der deutschen Sprache und die allgemeine kindliche Entwicklung. Dabei sind die Mütter die Expertinnen für das Erlernen der Erstsprache und werden dabei nicht in Bezug auf ihre Defizite, sondern ihre Stärken angesprochen. Fortschritte, Interessen und Stärken sollten zwischen Erzieherin und Eltern ausgetauscht werden. Beide sind für die Entwicklung der Kinder verantwortlich und haben Anteil an den Fortschritten der Kinder. Kinder können mehr, wenn sie in ihrer Entwicklung herausgefordert werden. Wenn sich Erzieherin und Eltern ergänzen, nutzt das den Kindern mehr, als wenn jeder für sich agiert. Bildungsferne Eltern können im Laufe von neun Monaten lernen, wie sie ihre **Erzieherkompetenzen** zum Wohle ihrer Kinder verfeinern können. Die Anbindung an die Kindertagesstätte ist sehr wichtig und für die RAA eine Bedingung, denn hier soll die Förderung in der deutschen Sprache parallel zu der Arbeit mit den Müttern erfolgen. Ein ähnliches Projekt der RAA, „Griffbereit", wird auch für Mütter mit Kindern in den ersten Lebensjahren angeboten *(www.raa.de, 08.01.2011).*

2.3.8 Interkulturelle Teams

Um professionell interkulturell arbeiten zu können, benötigen Fachkräfte die genannten Kompetenzen und die Fähigkeit, sich in andere Menschen und deren Lebenssituation hineinversetzen zu können. Die Auseinandersetzung der Fachkräfte mit der eigenen Person und eigenen Kulturerfahrungen, eigenen Vorurteilen und Ängsten ist die Voraussetzung für die interkulturelle Arbeit mit Kindern und Jugendlichen.

Wichtig ist außerdem, **interkulturelle Teams** zu schaffen. Nicht jede Nationalität kann durch eine Fachkraft vertreten sein. Aber dennoch verdeutlicht die Beschäftigung binationaler Fachkräfte mit eigener Migrationserfahrung die interkulturelle Haltung der jeweiligen Einrichtung. Sie zeigt die Offenheit gegenüber anderen Kulturen, Sprachen und Religionen. Wer sich selber einmal fremd gefühlt hat und dieses Gefühl überwunden hat, wer unterschiedliche Rollen leben muss, wer sich selber früher nicht verstanden fühlte, kann Kinder, egal welcher Nationalität, besser verstehen und ein Team für die Arbeit mit den Kindern sensibilisieren.

Aufgrund der vielfältigen Herkunftsländer werden in Tageseinrichtungen immer mehr **bilinguale** und **bikulturelle Fachkräfte** mit interkulturellen Kompetenzen gesucht.

„Die zunehmende Zahl ausländischer-inländischer Erzieherinnen und Erzieher vor allem der zweiten und in den nächsten Jahren auch der dritten Generation könnte in dieser Situation zu einem Hoffnungsträger werden. Nicht mehr identifizierbar als Ausländer oder Ausländerin könnten sie mit den in ihnen selbst verwurzelten deutschen und ausländischen Anteilen von Identität eine Art Brückenglied zwischen den Kolleginnen und den ausländischen Kindern [und Familien] darstellen." *(Büttner, Christian: Berufsrolle und -auftrag von Erzieher/innen im Wandel neuer Anforderungen? In: www.kindergartenpaedagogik.de, 08.01.2011)*

Bikulturelle Fachkräfte sind nicht nur Vermittler zwischen verschiedenen Kulturen, sondern auch wichtiger Ansprechpartner für Eltern ausländischer Herkunft. Sie sprechen mehrere Sprachen und haben damit eine Vorbildfunktion. Sie haben zum Teil Migrationserfahrungen erlebt und können sich in Familiensituationen einfühlen. Sie sollen in den Einrichtungen jedoch nicht nur deswegen eingesetzt werden, sondern auch, weil sie Bestandteil unserer Gesellschaft sind und die Situation vieler Kinder widerspiegeln und verstehen.

Viele Fachschülerinnen erleben nach ihrer Ausbildung jedoch eine problematische Praxissituation: Tageseinrichtungen mit einem hohen Anteil türkischer Familien stellen gerne eine türkische Erzieherin ein. Schnell passiert es jedoch, dass diese Fachkräfte nur noch als „Dolmetscherin" zwischen den Sprachen und Kulturen verstanden werden oder interkulturelle Projekte durchführen sollen. Aber in erster Linie sollte sie als Erzieherin wahrgenommen werden und dann als Türkin.

↗ FAZIT

- → **Tageseinrichtungen sind oft die erste Institution, in der das Zusammenleben verschiedener Lebensformen praktiziert wird.**
- → **Interkulturelle Erziehung ist keine Projektpädagogik. Sie ist ein ganzheitliches pädagogisches Grundprinzip. Eine Einrichtung muss das interkulturelle Zusammenleben als wechselseitiges Lernen aller Kulturen unterstützen. Ziel: angstfreier, selbstbewusster Umgang mit der Vielfalt und gleichberechtigtes Zusammenleben.**

→·← AUFGABEN UND ANREGUNGEN

1 Überprüfen Sie in Einzelarbeit folgende Fragen:

- **„Was weiß ich über die Lebenswelt der Kinder mit unterschiedlichen kulturellen Hintergründen?**
- **Wie nehme ich kulturelle Unterschiede wahr?**
- **Welche Materialien und Medien wähle ich in der pädagogischen Arbeit für alle Kinder aus?**

Thematisieren Sie Ihre Ergebnisse in Kleingruppen und im Plenum.

2 Gehen Sie in den sozialpädagogischen Einrichtungen auf kulturelle Spurensuche. Woran ist erkennbar, welche Nationalitäten die Einrichtung besuchen? Welche Spielmaterialien anderer Länder sind vorhanden? Gibt es zweisprachige Bilderbücher? Wie sieht der Speiseplan aus? Gibt es Aushänge in anderen Sprachen? Hört man beim Spielen auch andere Sprachen außer Deutsch? Stellen Sie Ihre Ergebnisse in der Klasse vor und überlegen Sie, welche Aufgaben in einer solchen Einrichtung auf Sie zukommen.

3 Vorurteile, Fehleinschätzungen und begrenzte Sichtweisen prägen leider auch den Alltag von Fachkräften und verleiten zu voreiligen Bemerkungen. Wie begegnen Sie solchen Aussagen?
„Sandro ist nur zu faul, deutsch zu sprechen. Der kann das eigentlich schon sehr gut."
„Wir trennen die beiden türkischen Mädchen. Sie sprechen immer nur türkisch miteinander."
„Zum Elternabend kommen diese Eltern nicht. Aber bei unseren Festen sind sie immer dabei. Die kochen dann ihre Spezialitäten. Da freuen sich immer alle."
„Ibrahim benimmt sich wie ein kleiner Macho. Kein Wunder bei dem Papa. Die Mutter benimmt sich wie eine Dienerin. Wir zeigen ihm mal ein neues Frauenbild. Mit uns nicht!"
„Wenn die ausländischen Eltern mit ihren Kindern deutsch reden würden, könnten die bald besser Deutsch. Die müssen sich anpassen."

4 Sammeln Sie Spiele, Lieder und Fingerspiele aus aller Welt. Nutzen Sie die Fachliteratur, aber auch den Austausch mit Migrantenkindern und ihren Familienmitgliedern.

5 Beschreiben Sie die Rolle und Aufgaben pädagogischer Fachkräfte mit Migrationshintergrund.

6 Erstellen Sie einen differenzierten Fragenkatalog für ein Erstgespräch mit Eltern ausländischer Herkunft oder für die Eingewöhnungswochen. Welche Informationen sind für eine gute Zusammenarbeit wichtig?

7 Recherchieren Sie im Internet nach Auslandspraktika oder Austauschmöglichkeiten für pädagogische Fachkräfte und Fortbildungsmöglichkeiten zum Erwerb interkultureller Kompetenzen. Stellen Sie die Ergebnisse vor.

TIPPS ZUM WEITERLESEN →→

- www.raa.de
- www.ane.de
- Kleine Kinder, keine Vorurteile? Interkulturelle und vorurteilsbewusste Arbeit in Kindertageseinrichtungen.
  Christa Preissing, Petra Wagner, (Hrsg.), Arbeit in Kitas, Herder Verlag, Freiburg 2003
- Kindergarten heute: So geht's. Miteinander aufwachsen und voneinander lernen.
  Herder, Freiburg 2004
- DVD: Ein Wiegelied für Hamza.
  Kindertagesstätte als Orte der Begegnung. DECET, 2004
- Die Welt trifft sich im Kindergarten.
  Michaela Ulich, Pamela Oberhuemer, Monika Soltendieck, Interkulturelle Arbeit und Sprachförderung, Beltz, Weinheim 2005
- Eine Arbeitshilfe für die Praxis der Kindertageseinrichtung
  Landeszentrum für Zuwanderung Nordrhein-Westfalen (Hrsg.), Interkulturelle Zusammenarbeit mit Eltern, 2004
- Pädagogische Qualität in Tageseinrichtungen für Kinder
  Wolfgang Tietze, Susanne Viernickel, (Hrsg.), Ein nationaler Kriterienkatalog, Beltz, Weinheim 2007

2.4 Werte und Normen

Bei der Vorbereitung einer Gruppenarbeit im Fach Religion/Religionspädagogik entsteht spontan ein Austausch über bisherige Praxiserfahrungen in Sachen „Religion". Es fallen Ihnen sofort folgende Situationen ein:

- → **Sie erinnern sich an die kleine Friederike, die Ihnen einst mit großen Augen erzählte, wie ihr Bruder sonntags zuvor in einer Steinwanne „gebadet" worden sei – mit Kleidern!**
- → **Sie erinnern sich an David: Bei jeder Geburtstagsfeier musste er die Gruppe verlassen, weil seine Eltern den Zeugen Jehovas angehören. Oder er wurde einfach „krank".**
- → **Sie erinnern sich an Hatice, ein türkisches Mädchen in einer Schülerhortgruppe. Während eines Freizeitangebots im Freien, das Sie im Sommer geplant und organisiert hatten, steuerte sie viele Ideen bei und steckte andere mit ihrer Motivation an; dabei erschien sie regelmäßig „in voller Montur", obwohl es sehr heiß war.**
- → **Sie erinnern sich an Dimitri, der Ihnen in einer Jugendhilfeeinrichtung begegnet war. Kurz vor Weihnachten erklärte er plötzlich: „Bei uns gibt's erst im Januar Geschenke."**

Sehr angeregt tauschen Sie sich mit den Studierenden in Ihrer Arbeitsgruppe aus. Besonders interessant dabei ist, dass sich auch in Ihrer Diskussionsgruppe verschiedene religiöse Traditionen zeigen. Manches davon ist Ihnen schon bekannt, anderes hören Sie zum ersten Mal.

Sie fragen sich: „Wie soll ich eigentlich in Zukunft mit so vielen verschiedenen Glaubensrichtungen zurechtkommen? Soll ich nicht lieber gleich in einer städtischen Tageseinrichtung arbeiten – oder doch bei der Kirche?"

Sorbisches Brauchtum im Kindergarten

↘ FRAGEN

- → *Welche Werte sind für Sie wichtig?*
- → *Woher kommen diese Werte?*
- → *Welche Werte möchten Sie Kindern weitergeben?*

2.4.1 Religion und religiöse Erziehung in den Einrichtungen der Jugendhilfe

Der Besuch einer Kindertagesstätte bedeutet für viele Kinder, dass sie „Religion" erstmals als ein regelmäßiges Angebot einer öffentlichen Institution erleben und erfahren. In vielen Bundesländern ist der Bildungsbereich „Sinn, Werte und Religion" (so lautet er z.B. in Baden-Württemberg, in NRW heißt er „Religiöse und ethische Bildung") als ein grundlegendes Anliegen der Elementarpädagogik in den Bildungs- und Erziehungsplänen festgeschrieben. Somit ist eine **religiöse** und **ethische Bildung** Aufgabe *aller* Kindertageseinrichtungen - nicht nur der konfessionellen, sondern auch der öffentlichen.

Bis heute befinden sich in Deutschland die meisten Kindertageseinrichtungen in freier Trägerschaft, insgesamt zu etwa 63 %. Etwa die Hälfte davon arbeiten in Trägerschaft von Kirchengemeinden oder Caritas und Diakonie, weitere 12 % in der Trägerschaft des Paritätischen Wohlfahrtsverbands und etwa 16 % verteilen sich auf andere freie Träger, beispielsweise Elterninitiativen *(vgl. DJI-Zahlenspiegel 2007)*.

Auch bei den Einrichtungen der Jugendhilfe für ältere Kinder, Jugendliche und junge Erwachsene stellt sich die Verteilung meist in ähnlicher Weise dar *(vgl. Subsidiaritätsprinzip; SGB VIII § 4 Abs. 2)*.

Kirchliche Träger messen der **religiösen Erziehung** aus verschiedenen Gründen eine besondere Bedeutung bei. Beispielsweise geht es ihnen

- → **um religiöse Beheimatung, d.h. es sollen grundlegende Erfahrungen ermöglicht werden - insbesondere in den ersten Lebensjahren, in denen das Lernen sehr intensiv geschieht - auf die man später immer wieder zurückgreifen kann;**
- → **und es geht darum, den Glauben miteinander zu erleben, d.h. christliche Gemeinden wollen Kindern und Erwachsenen die Beziehung zu Gott im täglichen Zusammenleben auf einfache und selbstverständliche Weise erfahrbar machen. Gerade in kirchlichen Kindertagesstätten sind religiöse Inhalte keine speziell ausgewiesenen Angebote, sondern integrierter Bestandteil der alltäglichen Arbeit und des Miteinanders** *(vgl. Harz 2006, S. 13)*.

Weitere Überlegungen für eine religiöse Erziehung ergeben sich für kirchliche und auch nicht-kirchliche Träger u.a. dahingehend,

- → **dass religiöse Vielfalt zu unserer modernen Gesellschaft gehört,**
- → **dass Kinder bei der Erkundung ihrer Umwelt viele Spuren religiöser Traditionen entdecken können (Bauwerke, Kunst, Feste im Jahresablauf, Rituale usw.),**
- → **dass Kinder und Jugendliche eigene religiöse Fragen in den Alltag einbringen.**

2.4.2 Religiöse Einstellungen „entdecken"

Viele Eltern, aber auch Erzieherinnen und Erzieher setzen *Religion* mit *Kirche* gleich. Mit diesen Vorstellungen knüpfen sie vielleicht an eigene Erfahrungen an: Auf welche Weise sind sie als Kind in das Leben in einer Kirchengemeinde hineingewachsen, wie sehen sie die Kirche heute, warum haben sie sich von der Kirche distanziert oder sie verlassen usw.

Kinder und Jugendliche benötigen Bezugspersonen, von denen sie lernen können, eigenständig zu urteilen, aber auch zu akzeptieren, dass es andere Meinungen und Einstellungen gibt. Für die Erziehenden heißt dies, dass sie ihre eigenen religiösen Überzeugungen klären und dass sie mit den heranwachsenden Kindern und Jugendlichen darüber sprechen. Sie bieten sich als ein glaubwürdiges Gegenüber an und zeigen auf, was ihnen - den Erwachsenen - Halt gibt, auf was sie hoffen und vertrauen.

Als pädagogische Fachkräfte setzen sich Erzieherinnen und Erzieher nicht nur mit der eigenen religiösen Sozialisation auseinander. Sie sollten auch die Erwartungen von Kolleginnen und Kollegen sowie Eltern und Trägern in ihr Denken und Handeln mit einbeziehen. Sie nehmen die **religiösen Bildungsprozesse** der Kinder und Jugendlichen differenziert wahr und begegnen ihnen mit Aufmerksamkeit, Respekt und Einfühlungsvermögen *(vgl. Harz 2008, S. 34 f.)*. Religion spielt in diesen pädagogischen Prozessen eine vielfältige Rolle, die nicht nur mit Kirche gleichzusetzen ist.

2.4.3 Religiöse Erziehung in Kitas

Warum soll in Kindertageseinrichtungen religiös erzogen werden? Ist das überhaupt notwendig?

Religiöse Erziehung ist ein **Anrecht des Kindes.** Sie ist Bestandteil des Kindseins und Aufwachsens, das einer angemessenen Begleitung bedarf. Religiöse Fragen sind Lebensfragen, Ausdruck von schwierigen und schönen Erfahrungen, die über das alltägliche Geschehen im Alltag und in der Welt hinausweisen.

Diese Formulierung setzt zunächst ein weites Religionsverständnis voraus. Es finden sich dabei auch viele Berührungspunkte mit Begriffen wie **Spiritualität, Weltanschauung, Lebensphilosophie** usw. Im Alltag einer Kindertagesstätte ist diese Form von Religion immer schon vorhanden und muss nicht von außen hineingetragen werden.

Kinder konfrontieren Erwachsene immer wieder mit Fragen, auf die es keine technischen oder rationalen Antworten gibt. Oft geht es Kindern dabei um das „Große und Ganze“, das einer sinnhaften Deutung bedarf. Hierbei bringen sie auch eigene Überlegungen mit ein und präsentieren ihren „Kinderglauben“, den sie dem „Erwachsenenglauben“ der Erzieherinnen und Erzieher gegenüberstellen. Indem diese die Kinder und deren Fragen oder Vorstellungen wahrnehmen und annehmen, nehmen sie das „Recht des Kindes auf Religion“ *(Schweitzer, 2000, S. 19)* ernst, weil sie es als ein Grundbedürfnis verstehen.

Es kann an dieser Stelle nur kurz angesprochen werden, dass ein solches grundlegendes Verständnis von religiöser Erziehung auch im Umgang mit älteren Kindern und **Jugendlichen** eingebracht werden sollte. Beispielsweise wäre darüber nachzudenken, inwiefern die Prozesse der zunehmenden Ablösung aus dem Elternhaus, der Entwicklung einer Paarbeziehung und der eigenen sexuellen Identität oder der beruflichen Ausbildung auch auf Sinnfragen verweisen. Als allgemeiner Rahmen lassen sich vier mögliche **„Handlungsperspektiven“** skizzieren *(vgl. Schweitzer 1998, S. 153 ff.):*

- → Jugendliche und ihre Religion wahrnehmen, anerkennen, herausfordern, begleiten;
- → ihnen Orientierung in der Pluralität ermöglichen;
- → die Lebensphase Jugend unterstützen und begleiten;
- → das gemeinsame Lernen der Generationen fördern.

2.4.4 Werte und Normen in der religiösen Erziehung

In den Bildungsplänen der Bundesländer werden religiöse Aspekte oft mit der Vermittlung von Werten und Normen zusammengebracht. Tatsächlich findet sich in den Religionen ein gemeinsamer „Weltethos“ *(vgl. Küng 2010),* z. B., dass es verboten ist zu lügen, zu stehlen, zu morden, und dass Familie und Eigentum besonders schützenswert sind. Diese sogenannte „Goldene Regel“ gilt in allen großen Weltreligionen. Auch der Einsatz für die Armen und Schwachen in einer Gesellschaft ist weithin anerkannt.

Werte sind wünschens- und erstrebenswerte Ziele einer Gesellschaft, um das Zusammenleben sinnvoll zu regeln. Beispiele: Toleranz, Gerechtigkeit, Achtung vor anderen usw.

Normen fassen Werte in konkrete Verhaltensweisen, in Form von Regeln, Gebräuchen, Sitten und Gesetzen.

Werte und Normen werden nicht nur von religiösen Vorgaben abgeleitet, sie sind auch in der philosophischen Ethik begründet, beziehen sich auf allgemeine humanistische Grundsätze, z. B. die Erklärung der Menschenrechte und ökologisches Denken. In umgekehrter Weise sind Religionen nicht nur Quelle von Werten und Normen. Glaubende Menschen vertrauen darauf, dass sie ein verantwortliches Leben nicht alleine führen müssen.

Hierfür dürfen sie den Beistand Gottes (der Gottheit, der Götter) erhoffen *(vgl. Harz 2008, S. 34 ff.; Bederna 2009, S. 18 f.)*.

Grundsätzlich verdient es Anerkennung und Respekt, Kinder und Jugendliche dahingehend zu unterstützen, dass sie religiös verwurzelte Regeln achten und sich bei deren Einhaltung gegenseitig unterstützen. Sie sollen erfahren, dass hinter ihnen der Wille der Eltern steht, der wiederum aus einer religiösen Verpflichtung herrührt. Gleichzeitig begreifen sie, dass dieses Prinzip bei jedem Kind auch jeweils anders vorgegeben sein kann.

Problematisch wird es, wenn religiös begründete Maßstäbe anderen Grundsätzen widersprechen. Dieses Spannungsverhältnis lässt sich nicht immer lösen, wenn etwa Mädchen und Jungen, Menschen mit Behinderung oder mit einer anderen Hautfarbe unterschiedliche Wertschätzung entgegengebracht wird. Religiöse Erziehung und Bildung ist dennoch darum bemüht, Kinder und Jugendliche darin zu fördern, dass sie mit solchen Differenzierungen zurechtkommen *(vgl. Harz 2008, S. 36)*.

2.4.5 Interreligiöse Erziehung

Vor allem in Konfliktsituationen, in denen verschiedene, kulturell und religiös begründete Standpunkte aufeinandertreffen, zeigt sich, dass eine gegenseitige Verständigung wichtig ist - aber auch schwierig sein kann. In den alltäglichen Abläufen einer Kindertagesstätte geht es jedoch darum, zunächst einmal die religiöse und kulturelle Vielfalt in den einzelnen Gruppen als etwas Normales anzusehen und in diesem Kontext vielfältige Lernchancen zu nutzen.

Interreligiöses Lernen heißt hierbei, sich einerseits den Eindrücken gegenüber Unbekanntem konstruktiv zu stellen. Dabei sollen Zuschreibungen verhindert und Vorurteile abgebaut werden. Andererseits zeichnen sich viele Religionen dadurch aus, dass sie gemeinsame oder ähnliche Vorstellungen verkörpern, hinsichtlich der Liebe zum Nächsten, den Festen, des Jahreskreises oder dem Streben nach Frieden. Eine interreligiöse Erziehung strebt danach, diese Gemeinsamkeiten aufzuzeigen und miteinander zu erleben.

Die Anforderungen an die erzieherischen Fachkräfte sind in diesem Zusammenhang sehr vielfältig, teils schwierig, aber auch mit unterschiedlicher Dringlichkeit gegeben. Denn interreligiöses Lernen berührt z. B. den Wahrheitsanspruch jeweils einer Religion gegenüber den anderen Religionen. Ein religionspädagogisches Grundproblem ist die Frage, ob Kinder ihre religiöse Identität eher im Gegenüber pluraler Weltanschauungen herausbilden oder ob sie hierfür zunächst die feste Beheimatung in der eigenen Religion benötigen *(vgl. Möller 2011, S. 25)*. Es macht auch einen Unterschied, ob sich interreligiöse Bildungsprozesse in einer öffentlichen oder einer kirchlichen Tageseinrichtung vollziehen - insbesondere dann, wenn es vor Ort nur eine einzige davon gibt *(vgl. Harz 2008, S. 32 ff.)*.

↗ FAZIT

- → Religiöse Erziehung ist grundlegendes Anliegen pädagogischer Arbeit in Kindertageseinrichtungen von kirchlichen, öffentlichen und sonstigen freien Trägern.
- → Religiöse Erziehung fordert pädagogische Fachkräfte zur Reflektion der eigenen religiösen Sozialisation heraus.
- → Religiöse Erziehung ist Anrecht jedes Kindes.
- → Religiöse Erziehung beinhaltet mehr als Werteerziehung und vollzieht sich heute in einer multireligiösen Gesellschaft.

→·← AUFGABEN UND ANREGUNGEN

1 Wie viele Religionen und Konfessionen kennen Sie? Was könnten Sie anderen darüber kurz erzählen oder erklären?

2 Welche Träger von Tageseinrichtungen für Kinder und anderen Einrichtungen der Jugendhilfe sind Ihnen bekannt? Welche davon sind kirchlicher Art, welche nicht?

3 Welche Bedürfnisse zeigen sich in den angeführten Beispielen – im Hinblick auf die genannten Kinder oder Jugendlichen, aber auch auf die jeweilige Gruppe?

4 Untersuchen Sie das Life-Balance-Modell; es beruht auf vier „Säulen": Körper – Leistung – Kontakte – Sinn. Erstellen Sie für sich ein 4-Säulen-Modell. Wenn Sie dabei von 100 % Lebensenergie ausgehen, mit wie viel Prozent sind Ihre Säulen jeweils „angefüllt"?

5 Notieren Sie Beispiele gelungener, aber auch schwieriger interreligiöser Begegnungen und tauschen Sie sich darüber aus: Was trug zum Gelingen bei, was war hinderlich?

6 Untersuchen Sie in Arbeitsgruppen aktuelle religionspädagogische Konzepte (Unterricht in Religion/Religionspädagogik), z. B.

- → **Dimensionaler Ansatz**
- → **Religionspädagogische Praxis (F. Kett)**
- → **Religionssensible Erziehung**
- → **Kindertheologie/Kinderphilosophie**

Bewerten Sie diese Konzepte im Hinblick auf die Bedürfnisse von Kindern und Jugendlichen, auf eigene religiöse Erfahrungen, auf interreligiöse Aspekte.

7 Erarbeiten Sie in Arbeitsgruppen die Grundmerkmale der großen Weltreligionen, von sogenannten „Sekten" und „Kulten" oder von verschiedenen Formen des Christentums (Kirchen und Konfessionen, Freikirchen, Evangelikale Bewegungen usw.). Erörtern Sie mögliche Auswirkungen auf die religiöse Erziehung von Kindern und Jugendlichen.

TIPPS ZUM WEITERLESEN →→

→ Die vier Säulen der Lebensbalance. Ein Konzept zur Meisterung des beruflichen und privaten Alltags
Marco von Münchhausen, Econ, München 2003

→ Kinder brauchen Hoffnung. Religion im Alltag des Kindergartens, Bd. 1 Mit Geheimnissen leben
Christoph Th. Scheilke, Friedrich Schweitzer (Hrg.), Comenius-Institut, Münster 2006 (2. Auflage)

→ Kinder und Religion. Was Erwachsene wissen sollten
Frieder Harz, Kallmeyer bei Friedrich, Seelze-Velber 2006

→ Lebensgeschichte und Religion. Religiöse Entwicklung und Erziehung im Kindes- und Jugendalter
Friedrich Schweitzer (Hrg.), Gütersloher Verlagshaus, Gütersloh 2001 (7. Auflage)

→ Projekt Weltethos
Hans Küng, Piper, München 2010 (12. Auflage)

→ Religion im Kindergarten. Begleitung und Unterstützung für Erzieherinnen
Matthias Hugoth, Monika Benedix (Hrg.), Kösel, München 2008

→ Wohnt Gott in der Kita? Religionssensible Erziehung in Kindertagesstätten
Katrin Bederna, Hildegard König (Hrg.), Cornelsen Scriptor, Düsseldorf 2009

2.5 Sozialraumanalyse

Sie unterhalten sich mit Tim:
„Kannst du dir unter dem Wort ‚Sozialraumanalyse' etwas vorstellen?"
Tim: „Nein, nie gehört, aber ich kenne das Wort Analyse, was so viel bedeutet wie Untersuchung. Und möglicherweise sollen ‚soziale Räume' untersucht werden. Aber wie kann das gehen? Das weiß ich nicht ... mal sehen ..."

Treffpunkt Jugendlicher in einer Großstadt

↘ FRAGEN

- → *Seit wann gibt es Sozialraumanalysen?*
- → *Welches Ziel und welche Bedeutung haben Sozialraumanalysen?*
- → *Wer profitiert von solchen Analysen?*
- → *Was hat das alles mit meinem Beruf zu tun?*

2.5.1 Begriffsklärung

Seit den 1990-er Jahren ist zunehmend vom **sozialen Raum** die Rede, vor allem, wenn es um soziale Stadterneuerung, die Jugendhilfeplanung und soziale Dienste geht.

Im Kinder- und Jugendhilfegesetz (KJHG) sind an verschiedenen Stellen Aufträge formuliert, dass eine „sozialräumlich ausgerichtete Analyse, Planung und Organisation von Leistungsangeboten" stattfinden soll. Es wird zunehmend auch auf das Konzept der **Lebensweltorientierung** *(siehe auch Kap. 2.6)* verwiesen, das ebenfalls räumliche Komponenten enthält.

Die Stadt oder einzelne Stadtgebiete sollen nicht mehr in erster Linie als „administrative Einheiten" gesehen werden, sondern als „Lebensräume".

Sozialraumanalysen haben das Ziel, die Struktur einer Stadt bzw. ihrer Stadtteile abzubilden, um Problemlagen aufzuzeigen und sozialräumliche Weiterentwicklungen zu ermöglichen. Dadurch können Gebiete identifiziert werden, die besonders günstig in ihrer Struktur sind, und Gebiete, in denen Handlungsbedarf für planerische Interventionen besteht.

Die Analysen haben dabei unterschiedliche Schwerpunkte, z. B. Jugendhilfeplanung, Altenhilfeplanung, Wirtschaftliche Indikatoren, Bildung usw.

Eine Sozialraumanalyse, die für die Jugendhilfeplanung genutzt werden kann, setzt auf die soziale Entwicklung von Gebieten, in denen Kinder und Jugendliche leben, die Defizite hinsichtlich verschiedener Faktoren haben (z. B.

mangelnde Perspektiven, hohe Arbeitslosigkeit, mangelnde Bildungsangebote, wenig Freizeitmöglichkeiten usw.). Dabei geht es um die Analyse **beider Dimensionen von Sozialraum:**

1. Der Sozialraum als bebauter, bewohnter und administrativ strukturierter Raum.
2. Der Sozialraum als von unterschiedlichen Personen erlebter Raum *(vgl. Merchel 2001, S. 377)*.

Methode der Sozialraumanalyse

Die entscheidende Methode ist die **empirische Untersuchung.** Die Sozialraumorientierung setzt die Durchführung einer empirischen Untersuchung voraus, um

→ **die Sozialräume zuverlässig zu identifizieren und abzugrenzen,**
→ **die Sozialräume in ihren Strukturen transparent zu machen,**
→ **das Verhalten und die Raumnutzungen der Bewohner und Bewohnerinnen sichtbar zu machen,**
→ **die Wahrnehmung und subjektiven Konstruktionen der Menschen angemessen zu berücksichtigen,**
→ **die Potenziale der sozialen Zusammenhänge und Vernetzung erkennen zu können.**

Dabei werden Informationen in differenzierter Form erhoben, die sowohl die Lebenslagen und Familiensituationen einbeziehen als auch die amtlichen Daten der Jugendhilfe. Dadurch können in der Analyse verschiedene Ebenen abgebildet werden.

Quantitative Informationen	Qualitative Informationen
- Amtliche Statistiken - Melderegister - Verwaltungsinterne Aufzeichnungen, Dokumentationen - Trägerberichte	- Umfragen, Nutzeranalysen - Trägerberichte - Konzeptdiskussionen - Fachliche Reflexionen der Arbeit - Jugendpolitische Entscheidungen - Vorgaben

Die Einzelindikatoren (Familiensituation, Wohnsituation, Erwerbstätigkeit usw.) werden in einer Analyse zusammengefasst. Sie bilden die **Problemlagen** in den verschiedenen Sozialräumen, in Gemeinden, Stadtteilen oder Landkreisen ab.

Anhand festgelegter **Indikatoren** (z. B. Sozialstruktur, Bildungsmöglichkeiten usw.) erfolgt eine Einordnung der Stadtteile hinsichtlich verschiedener Problemlagen. Aus ihnen wird der aktuelle Handlungsbedarf abgeleitet. Hier kann je nach Dringlichkeit einer Intervention unterschieden werden und je nach Indikator eine Gewichtung vorgenommen werden.

2.5.2 Einwirkung der Lebensräume auf Kinder und Jugendliche

Bei der Analyse von sozialräumlichen Bedingungen muss das Verhältnis von Kindern und Jugendlichen zu ihrer räumlichen Umwelt besonders beachtet werden. Erwachsene nutzen **öffentliche Räume** eher funktional. Kinder und Jugendliche dagegen setzen sich in ihren unterschiedlichen Kinder- und Jugendkulturen mit ihrer materiellen und immateriellen Umwelt auseinander. Dieser komplexe Prozess wird mit dem Begriff **Aneignung** charakterisiert. Räume wirken direkt auf Kinder und Jugendliche

→ **über verschiedene Aneignungsprozesse, die sich aus den lebensweltlich begründeten Bedürfnissen, Bedeutungen und Handlungen von Kindern und Jugendlichen ergeben,**
→ **durch die architektonischen und infrastrukturellen Bedingungen, wie z. B. die Struktur des Stadtteils, die Bebauungsdichte, das Vorhandensein von Grün- und Spielflächen usw.,**
→ **durch den engen Zusammenhang zwischen bestimmten Orten und einer sozialräumlichen Umwelt, die sich nicht nur auf den Stadtteil oder bestimmte Straßenzüge begrenzt,**
→ **aus den Nutzungsdefinitionen der Räume, die aus der Politik und von Erwachsenen kommen und die bestimmte Öffentlichkeiten (z. B. Kinderfeindlichkeit oder hohe Akzeptanz von Jugendlichen etc.) hervorbringen. Diese wirken wiederum auf die Heranwachsenden und deren Vergesellschaftungsformen im öffentlichen Raum** *(vgl. Riege, Schubert 2012, S. 145 f.)*.

Jugendliche begrenzen ihre Aneignungsprozesse meist nicht auf einen Stadtteil, auch andere Orte, Szenen und informelle Netzwerke spielen für sie eine wichtige Rolle. Deshalb versuchen sozialräumlich orientierte **Lebensweltanalysen** Erkenntnisse über diese Aneignungsprozesse zu gewinnen. Das bedeutet, konkret zu untersuchen, **wie** sozialräumliche Bedingungen auf Kinder und Jugendliche wirken. Deshalb stehen nicht die objektiven Strukturen (z. B. demografische Daten, die Dichte sozialer Institutionen, die Anzahl von Sportplätzen) im Vordergrund, sondern die lebensweltlichen Interpretationen, Deutungen und Sichtweisen der Kinder und Jugendlichen bezüglich ihrer Lebensräume.

Dimensionen der Aneignung

Die Analyse der Situation von Jugendlichen muss folgende Dimensionen beachten, die das Aneignungsverhalten von Jugendlichen beeinflussen:

1. **Strukturbezogene Dimensionen** gehen von den „harten Bedingungen“ aus, also den „stofflichen Strukturen“ der Lebenswelt, z. B. der eingeschränkte Handlungsraum für Jugendliche in der Stadt, Verkehrsanbindung, vorhandene Jugendräume usw.
2. **Subjektbezogene Dimensionen** sind dagegen Bedingungen, die sich auf das Individuum beziehen, sein Alter, Geschlecht, Nationalität usw. Darüber hinaus gibt es noch weitere Faktoren, die das Aneignungsverhalten beeinflussen, zum Beispiel das Fehlen von Rückzugsmöglichkeiten (kein eigenes Zimmer).

Dies sind ganz entscheidende Faktoren für die Nutzung öffentlicher Räume und für die Cliquenbildung von Jugendlichen. Die Clique ist die wesentliche Sozialform von Jugendlichen. In einer **Freiraumanalyse** sind deshalb Fragen nach Orten und Räumen von großer Bedeutung. Wo halten sich Cliquen auf? Wie unterscheiden sie sich? Welche Strukturen und Stilelemente sind zu beobachten? Welche Gestaltungs- und Bewegungsformen weisen sie auf? Wie mobil oder „standortgebunden“ ist eine Clique?

In einer Lebensweltanalyse überlagern sich die Dimensionen. Zu beachten ist, dass Jungen und Mädchen öffentliche Räume unterschiedlich nutzen. Mädchen sind deutlich weniger in öffentlichen Räumen repräsentiert als Jungen *(vgl. Flade u. a., 1996)*.

2.5.3 Methoden einer sozialräumlichen Lebensweltanalyse

Sozialräumlich orientierte Lebensweltanalysen versuchen, die Aneignung der Sozialräume im Stadtteil zu verstehen. Das bedeutet, dass die Sichtweisen, Deutungen und Interpretationen von Kindern und Jugendlichen in die Deutung einbezogen werden. Vorher ist Folgendes zu klären:

- → **Erkenntnisinteresse: Was soll in Erfahrung gebracht werden?**
- → **Festlegung der Methoden: Welche Methode/n ist/sind geeignet, um die Ziele zu erreichen?**
- → **Klärung, wer das Vorhaben durchführt: Personen, Verantwortliche, Plan, Zeitraum**
- → **Auswertung: Was geschieht mit den Ergebnissen?**

1. Stadtteilbegehungen

mit „Szene“-Kindern und/oder -Jugendlichen.

Ziel: Die Bedeutungen verschiedener Orte eines Stadtteils sollen sichtbar gemacht werden.

Methode: Es wird nach den Chancen und den Barrieren dieser Räume gefragt. Wenn die Räume mit unterschiedlichen Alters- und Geschlechtsgruppen aufgesucht werden, können differenzierte Erkenntnisse erwartet werden. Die Befragungen finden während der Begehungen statt. Äußerungen können aufgezeichnet werden (MD-Recorder), wichtige Anmerkungen können notiert werden. Zur Dokumentation werden Fotos gemacht. Die Ergebnisse werden auf eine Karte übertragen. Anschließend kann ausgewertet werden, welche Räume welche Bedeutung haben, welche Räume gemieden werden, wo sich Jugendliche treffen und wo nicht (mit Begründungen).

2. Die Nadelmethode

Ziel: Informationen über bestimmte Orte im Stadtteil erhalten.

Methode: Auf einer großen Stadtteilkarte werden bestimmte Orte mit verschiedenfarbigen Nadeln markiert (Wohnort, Treffpunkte, Streifräume, „Angsträume“). Bestimmte Zielgruppen (Altersgruppen, Geschlechter, Nationalitäten, andere Merkmale) stecken unterschiedlich farbige Nadeln auf die Karte, sodass Zuordnungen möglich sind.

3. Cliquenraster
Ziel: Aufschlüsse über Bedürfnisse, Probleme und Sichtweisen von Jugendlichen erhalten. Dies führt zu einem besseren Verständnis des räumlichen Aneignungsverhaltens der Jugendlichen.
Methode: Durch gezielte Befragung nach den Lebenslagen, Lebensformen und dem Lebensstil erhält man ein vielfältiges Bild der Jugend und ihrer Bedürfnisse, Probleme und Sichtweisen. Inhalte der Befragung: Alter, Geschlecht, soziale Herkunft, Treffpunkte, Musikstile, Symbole, Abgrenzung gegenüber anderen, Fragen nach der Bedeutung der Clique für den Einzelnen usw.

4. Institutionenbefragung
Ziel: Erkenntnisse über die sozialräumlichen Stärken und Schwächen des Stadtteils, bezogen auf die Situation von Kindern und Jugendlichen. Auch Kommunikationsdefizite sollen aufgedeckt werden.
Methode: Alle im Stadtteil ansässigen Institutionen und Freizeiteinrichtungen definieren Problemstellungen mit Heranwachsenden. Spezielle Institutionen werden ausgewählt, die über die Situation von Kindern und Jugendlichen im Stadtteil entscheiden (z. B. Schulen, Kindertageseinrichtungen, Sportvereine, Polizei etc.). Mit einem „Leitfadeninterview“ werden „Stärken und Schwächen“ des Sozialraumes erkundet. Gefragt wird nach der Infrastruktur des Stadtteils, nach Problemen im Gemeinwesen, nach Einschätzung der Situation von Heranwachsenden und nach dem Wissen über die verschiedenen Jugendkulturen des Einzugsgebiets.

5. Strukturierte Stadtteilbegehung
Ziel: Verschiedene Ebenen der Wahrnehmungen und Deutungen zu berücksichtigen.
Methode: Hierbei handelt es sich um ein mehrstufiges (kombiniertes) Beobachtungs- und Befragungsverfahren. Zunächst wird der „bestimmte Stadtteil“ von Jugendarbeitern mehrfach begangen, allein, ohne Kontakte (Selbstwahrnehmung). Ziel ist hierbei, „Vertrautheit“ mit dem Stadtteil herzustellen. In einem weiteren Schritt werden Stadtteilbegehungen mit Kindern und Jugendlichen durchgeführt. Günstig ist es, diese Begehungen zu unterschiedlichen Zeitpunkten (Wochentagen, Tageszeiten, andere Mitarbeiter) zu unternehmen. Diese „intensiveren Wahrnehmungen“ sind Grundlage für die folgenden abschließenden Interviews mit maßgeblichen Institutionen und Schlüsselpersonen im Stadtteil.

Alle hier genannten Methoden bieten die Chance, das pädagogische Handeln durch Verstehen und Interpretation zu verbessern. Der nicht einlösbare wissenschaftliche Anspruch wird hier zurückgestellt, denn Mitarbeiterinnen der Jugendarbeit sind keine Feldforscher. Sie haben aber die Möglichkeit, durch die Anwendung qualitativer Methoden neue Erkenntnisse über Lebensräume und Sozialräume zu gewinnen, ihre Arbeit unter einem neuen Blickwinkel zu betrachten und neue Handlungsansätze zu entwickeln.

Jugendhilfeplanung als Querschnittaufgabe
Der Jugendhilfe kommen in einer Sozialraumanalyse wichtige Funktionen zu:
→ **Begleitung einer Sozialraum-/Lebensweltanalyse durch quantitative Daten,**
→ **die Koordination einer Sozialraumanalyse als gemeinsames Projekt unterschiedlicher Institutionen und Einrichtungen (Kinder, Jugendarbeit, Schulen etc.) in einem Sozialraum,**
→ **methodische Hilfestellungen bei der Durchführung von qualitativen Methoden sowie bei der Auswertung von Interpretationen,**
→ **die Organisation von kollegialen und interdisziplinären Unterstützungssystemen (Lernpartnerschaften, Fortbildungsbedarfe usw.),**
→ **Verschriftlichung/Präsentationen (Schreibwerkstatt usw.) der Ergebnisse** *(vgl. Riege, Schubert 2012, S. 156).*

Treffpunkt Jugendlicher im Stadtteil

2.5.4 Familienfreundlichkeit als Ziel

Der **Familienatlas 2007** *(Bundesministerium für Familie, Senioren, Frauen und Jugend)* hat das Ziel, „Akteuren aus Politik, Wirtschaft und Gesellschaft in den Städten und Landkreisen, [...] als fundierte Standortbestimmung im Vergleich zu anderen Regionen zu dienen." Im Vordergrund stehen dabei die Handlungsmöglichkeiten für Verbesserungen der regionalen Situation. Der Familienatlas soll Entscheidungsträgern wichtige Hinweise geben, wie sich Lebensbedingungen für Familien in Deutschland entwickeln. Auch aus Sicht der Wirtschaft sind **familienfreundliche Lebens- und Arbeitsbedingungen** eine wichtige Voraussetzung dafür, dass künftige Arbeitsmarkt- und gesellschaftspolitische Herausforderungen gemeistert werden.

Was für Familien wichtig ist, hängt von ihrer individuellen Zusammenstellung, ihrem ökonomischen Hintergrund, vom Alter der Kinder und selbstverständlich von individuellen Vorlieben ab. Eine Priorisierung der Wichtigkeit von Lebens- und Umfeldbedingungen ist deshalb nicht sinnvoll. So stehen für junge Familien vor einer Geburt medizinische Betreuung und Beratungsangebote im Vordergrund. Beim Wiedereinstieg in den Beruf sind Krippenplätze und Ganztagsbetreuung zentrale Voraussetzungen.

Wie wird „Familienfreundlichkeit" gemessen?
Folgende vier „kommunalpolitischen Handlungsfelder" werden im Familienatlas für die Beurteilung von familienfreundlichen Landkreisen und Stadtkreisen herangezogen:
- → Vereinbarkeit von Familie und Beruf
- → Wohnsituation und Wohnumfeld
- → Bildung und Ausbildung
- → Freizeit und Kulturangebote

→·← AUFGABEN UND ANREGUNGEN

1 Nehmen Sie mit zuständigen Personen im Jugendamt Kontakt auf und finden Sie heraus, wie Sozialraumanalysen erstellt werden.

2 Ist Ihr Wohngebiet/Lebensraum „familienfreundlich"? Finden Sie Merkmale und vergleichen Sie das Ergebnis mit anderen in der Klasse.

3 Organisieren Sie eine Befragung von Kindern oder Jugendlichen in einem Stadtteil.
- → **Wen müssen Sie informieren?**
- → **Überlegen Sie, was Sie herausfinden wollen!**
- → **Wie werden Sie vorgehen? (Methoden)**
- → **Wem/wie wird das Ergebnis präsentiert?**

TIPPS ZUM WEITERLESEN →→

- → www.familienfreundliche-kommune.de
- → www.fafo-bw.de
- → www.gesetze-im-internet.de
  hier § 80 Jugendhilfeplanung
- → Familienatlas 2007, Bundesministerium für Familie, Senioren, Frauen und Jugend (www.bmfsj.de)
- → „Handreichung familienfreundliche Kommune", 2007
- → Raus aus dem Haus - Mädchen erobern die Stadt
  Antje Flade, Beatrice Kustor, (Hrsg.), Campus Verlag, Frankfurt a. M. 1996
- → Sozialraumanalyse
  Herbert Schubert, (Hrsg.), Verlag Sozial-Raum-Management, Wiesbaden 2012
- → Kleinräumige Sozialraumanalyse
  Michael Urban, Ulrich Weiser, Saxonia-Verlag für Recht, Wirtschaft und Kultur, Dresden 2006

2.6 Sozioökonomische Bedingungen

2.6.1 Veränderte Lebenswelten: Pluralisierung und Individualisierung

Die **Lebensbedingungen von Kindern** in unserer Gesellschaft scheinen „zunehmend problematischer“ zu werden *(Thiersch 2000, S. 7).* Auch Martin R. Textor begründet die Notwendigkeit der Projektarbeit mit einer grundsätzlichen Ausgliederung von Kindern aus der Erwachsenenwelt: „So können wir feststellen, dass Kinder einen zahlenmäßig immer kleiner werdenden Teil unserer Bevölkerung bilden. Sie werden zunehmend marginalisiert, als Minderheit an den Rand der Gesellschaft gedrängt. In zahlreichen Bereichen wie im Wohnungs- und Städtebau oder im Straßenverkehr ist eine strukturelle Rücksichtslosigkeit gegenüber Kindern zu beobachten.“ *(Textor 1995, S. 10)*

Angesichts hoher Kindersterblichkeit, Kinderarbeit, mangelhafter Ernährung und fehlender Bildungschancen war Kindheit in der Vergangenheit jedoch kaum leichter als heute. Der Soziologe Klaus Hurrelmann stellt denn auch fest: „Für viele Kinder ist Kindheit heute tatsächlich eine Lebensphase in Wohlstand und Annehmlichkeit. Vor allem in gut situierten Elternhäusern trägt sie auch Züge eines sozialen und psychischen Schutz- und Schonraumes für eine optimale persönliche Entfaltung. Für immer mehr Kinder aus sozial und finanziell schlechter gestellten Elternhäusern aber ist Kindheit heute eine Ernstphase des Lebens, ohne jeden Schonraum und mit nur begrenzten Möglichkeiten der Selbstentfaltung. Das lässt sich in erster Linie an den Problemen und Störungen der Persönlichkeits- und Gesundheitsentwicklung ablesen.“ *(Hurrelmann 2002, S. 45)*

Kindheit als eigene besonders geschützte Lebensphase scheint immer mehr zu verschwinden. Unter dem Druck einer leistungsorientierten Gesellschaft beginnt praktisch schon mit der Geburt der Wettlauf um die besten Startpositionen. Hinzu kommt der **Einfluss der Massenmedien,** die „totale Enthüllung“ aller – eben auch der kindlichen – Lebensbereiche. Es ist für die elektronischen Medien unmöglich, schreibt Neil Postman, „irgendwelche Geheimnisse zu bewahren. Ohne Geheimnisse aber kann es so etwas wie Kindheit nicht geben.“ *(Postman 1982, S. 14)* Für Postman ist Fernsehen das Medium der Enthüllung. Er nennt als Beispiel für die Folgen solcher Enthüllung das Verschwinden echter Kinderspiele auf den Straßen. „Selbst das Versteckspiel, das schon vor zweitausend Jahren im Athen des Perikles gespielt wurde, ist aus dem Repertoire der selbstorganisierten Kindervergnügungen inzwischen fast völlig verschwunden. Mit einem Wort, Kinderspiele sind vom Aussterben bedroht.“ *(Ebd.)* Medien sozialisieren die Kinder durch ihre Sicht der Dinge. „Medien“, so der Pädagoge Uwe Sander, „tragen anscheinend immer stärker dazu bei, dass sich bei Kindern Deutungs- und Handlungsmuster unabhängiger von dem Einfluss Erwachsener entwickeln.“ *(Sander 2002, S. 159)*

Hinter den Veränderungen von Kindheit steht eine Tendenz, die in der Soziologie als **„gesellschaftliche Pluralisierungs- und Individualisierungsprozesse“** bezeichnet wird. Dies meint, dass der Einzelne sich unter zahlreichen Angeboten seinen Lebensstil aussuchen kann. Früher gab es feste soziale Milieus, in denen man sich bewegte. Diese engten einerseits ein. Sie waren aber andererseits auch Richtschnur zur eigenen Orientierung. Heute sind vielfältige Lebensstile akzeptiert. Dies führt zum einen zur Vereinzelung, da man sich z. B. nicht mehr regelmäßig in der Kirche trifft. Zum anderen ermöglicht es den Mitgliedern einer Gesellschaft, so zu leben, wie diese es wünschen.

Dieser Prozess gilt auch schon für Kinder. „Aus der **Familienkindheit** wird in der frühen Kindheit eine *Familien-* und *Kindergartenkindheit,* im Kindes- und Jugendalter eine *Familien-* und *Schulkindheit.* Dies aber heißt im Endeffekt: Aus einem im Kern rein privat geregelten Aufwachsen wird ein privat wie öffentlich organisiertes Aufwachsen.“ *(11. Kinder- und Jugendbericht, S. 56)*

Aber nicht nur die Institutionen haben eine größere Bedeutung erlangt, sondern der gesamte öffentliche Raum. „Noch nie zuvor haben öffentliche **Sozialisationsorte, Medien, Konsum** und selbst gewählte **Beziehungsnetze** in Gleichaltrigengruppen einen so starken Einfluss auf Heranwachsende gehabt wie zu Beginn des 21. Jahrhunderts“ *(11. Jugendbericht, S. 56).* Die zahlreichen öffentlichen Castingshows, die auch noch das letzte Stück Intimität an die Öffentlichkeit zerren, erscheinen vor diesem soziologischen Erklärungsmuster in einem anderen Licht. Postmans Beobachtung bewahrheitet sich.

In der Konsequenz ergibt sich für die Kinder dadurch eine recht eigentümliche **Widersprüchlichkeit:**

Einerseits erleben sie, dass man auf ihre Grundbedürfnisse Rücksicht nimmt. Noch nie wurden einer Generation solche persönlichen Gestaltungs- und Entfaltungspotenziale zugestanden. Kindern wird die Gestaltung ihres Lebensraumes zugestanden und zugemutet. Andererseits werden sie bei der Verarbeitung ihrer Lebenswelt alleingelassen. Eine einfühlsame Unterstützung und Anleitung wird oft vermisst. „Kinder leben in einer verbauten und versiegelten Umwelt, die Körperkontakte mit emotionaler Qualität und sinnlichen Anregungsmöglichkeiten vermissen lässt. Sie erleben durch Radio, Fernsehen, Video und Computer eine Überstimulierung der entsprechenden Sinneseindrücke und erfahren demgegenüber in den emotionalen, haptischen und motorischen Bereichen eine Verarmung." *(Hurrelmann 2002, S. 49)*

Daraus folgt ein **schleichendes Verschwinden der Kindheit.** Der Ernst des Lebens beginnt spätestens mit der Schule. Im Konsumbereich, Freizeitleben oder in der Gestaltung der sozialen, privaten und erotischen Beziehungen verwischen die Grenzen zwischen Jugend und Erwachsenen. Kinder werden zu kleinen Erwachsenen.

„Kindheit heute bedeutet, in einer ungesicherten sozialen Bindung aufzuwachsen, in einer Wettbewerbsgesellschaft zu leben, in der allein individuelle Leistung und sonst gar nichts zählt, in einer Freizeitwelt zu sein, die durch den Konsum und durch kommerzielle Wettbewerbsprozesse gekennzeichnet ist. Kindheit bedeutet auch, der zunehmenden Verstädterung ausgesetzt zu sein, die Verknappung von Spiel- und Freiflächen zu erleben und zu erfahren, dass das unmittelbare Wohnumfeld als Lebens-, Spiel- und Erfahrungsraum nicht zur Verfügung steht. Kindheit bedeutet heute auch, auf eine ökologische Umwelt angewiesen zu sein, die belastende und schädigende Wirkungen haben kann." *(Hurrelmann 2002, S. 55)*

Noch bis in die 80er Jahren des letzten Jahrhunderts hinein war Kindheit öffentlich. Heute hingegen wird von der **verhäuslichten Familienkindheit** gesprochen. Eine immer größere Zahl von Freizeitaktivitäten wird ins Haus verlegt. Fehlende Geschwister werden durch elterliche Aktivität und geplante Freizeit ersetzt. Eltern werden zu „Familienmanagern", die versuchen, die *Verinselung* ihrer Kinder durch gezielte Freizeitgestaltung zu überbrücken. Sie investieren viel Zeit und Geld, um ihre Kinder mit anderen Kindern zusammenzubringen.

2.6.2 Einfluss sozioökonomischer Faktoren

Sinus-Milieus

Kinder in Deutschland wachsen in völlig unterschiedlichen Milieus auf. Deutschland ist auf dem Weg zu einer Klassengesellschaft, „wobei die Trennungslinie eben nicht nur über Einkommen und Vermögen, sondern auch über kulturelle Dimensionen wie etwa Bildungskapital und Bildungsaspirationen, aber auch Werte und Alltagsästhetik verläuft. Ebenso erweisen sich Ernährung, Gesundheit, Kleidung und Medienumgang als Abgrenzungsfaktoren" *(Borchard, Henry-Huthmacher 2008, S. 8).* Ein Zeichen für diesen Trend sehen die Autoren der Studie „Eltern unter Druck" beispielsweise in dem Erfolg von Privatschulen. Dies führt zu einer Entmischung der Bevölkerung. Neu an diesem Trend ist, dass er nicht nur von Akademikerfamilien betrieben wird, sondern sich auch die Mittelschicht nach unten abgrenzen will.

In der Studie wird eine erste Trennungslinie **sozialer Abgrenzung** gezogen zwischen Eltern, die bewusst erziehen, und Eltern, die die Entwicklung ihrer Kinder „laufen lassen". Diese Linie trennt die Ober- und die Mittelschicht von Milieus am unteren Rand der Gesellschaft.

„In der vorliegenden Sinus-Studie gehören ca. ein Fünftel der Eltern zu den bildungsfernen und materiell ungesicherten Familien. In diesen Familien der Milieus am unteren Rand der Gesellschaft ist die Beziehung der Eltern zu den Kindern häufig schwierig. Die Kinder finden nicht den nötigen Halt, den sie brauchen, weil die Eltern mit anderen Problemen belastet sind. Da die Kinder die Knappheit des Geldes in der Familie spüren, fühlen sie sich häufig Altersgenossen aus anderen Gesellschaftsschichten gegenüber benachteiligt: Sie können nicht die gleiche Kleidung tragen, sich nicht die gleichen technischen Geräte kaufen und die Eltern können sich nicht die gewünschten Ferien mit ihren Kindern leisten. Die engen Grenzen, bedingt durch die ökonomische Situation, sind allgegenwärtig.

Sie leben aber gleichzeitig heute in einer sehr auf Konsum und auf Zurschaustellung von Markenartikeln gerichteten Gesellschaft, in der Medien und Werbung die materielle

Ausrichtung ständig unterstreichen. Erschwerend hinzu kommt der zumeist hohe TV-Konsum in diesen Familien. Eltern fühlen sich angesichts dieser Kommerzialisierung unter großem Druck – nur wenige treten dieser Entwicklung selbstbewusst entgegen und haben gelernt, mit ihren knappen finanziellen Mitteln verantwortungsbewusst umzugehen. Dies ist auch vor dem Hintergrund zu sehen, dass Konsum in diesen Familien letztlich oftmals die Funktion der Fürsorge hat.

So versuchen viele Eltern in den **bildungsfernen Milieus** am unteren Rand der Gesellschaft durch demonstratives Unterstützen ihrer Kinder mit einer technischen Ausstattung durch PC, Playstation, X-Box, Handy, DVD-Player etc. einem Förderanspruch zu genügen. Dies geschieht u. a. durch Umlenken ihres knappen Geldes auf glitzernde Konsumartikel, in der Hoffnung, ihr Kind möge die Chance haben, mit anderen Kindern mitzuhalten. Das Milieu der **Konsum-Materialisten** scheint nicht zuletzt durch eine monetäre Ambivalenz der Kinder geprägt: Einerseits kosten Kinder Geld, andererseits tragen sie aufgrund staatlicher Transferleistungen jedoch auch zum Haushaltseinkommen bei.

Finanzieller Druck betrifft aber keineswegs nur Eltern am unteren Rand der Gesellschaft, sondern hat die breite Mittelschicht erfasst – zumindest im Lebensgefühl und in der (latenten) Angst vor dem sozialen Abstieg. In der **Bürgerlichen Mitte** ist die soziokulturelle Norm einer ‚heilen Familie' mit ‚guter Versorgung' groß und meint konkret das eigene Haus mit Garten sowie die vielfältige Förderung der eigenen Kinder. Dazu braucht man materielle Ressourcen, Geld und man verzichtet persönlich auf vieles, damit die Familie gesichert und die Kinder optimal gefördert werden." *(Borchard, Henry-Huthmacher 2008, S. 19)*

Bildungsforscher fordern, Kinder so früh wie möglich aus einem schwierigen Umfeld herauszunehmen. Dies kann geschehen, indem die Anreize erhöht werden, sie in Krippen und Kindergärten zu schicken, um die Ungleichheiten der Elternhäuser möglichst früh auszugleichen. Allerdings wird auch die Frage aufgeworfen, ob das Ausbauprogramm im gleichen Maße benachteiligte Kinder erreicht. So nutzen 50 % der Kinder, deren Mütter einen Hochschulabschluss haben, vor dem Ende des dritten Lebensjahres eine Kinderbetreuungseinrichtung; aber nur maximal 20 % der Kinder, deren Mütter einen Hauptschulabschluss haben *(Roßbach/Riedel, S. 34 f.)*.

Lebenslagenkonzept

Knapp ein Drittel der Eltern sind nach Expertenschätzung mit der Erziehung überfordert. Hauptgrund hierfür ist die **relative Armut,** in der 15 % der Familien leben.

„Bereits im Vorschulalter sind **ungleiche Lebenschancen** von Kindern erkennbar. Rund 40 % der Kinder aus armen Haushalten weisen Mängel in der Grundversorgung auf. Sie leben in zu engen Wohnungen, tragen alte oder kaputte Kleidung und kommen ohne Frühstück in den Kindergarten. [...] Während der Entwicklungsverlauf der bessergestellten Kinder stetig nach oben zeigt, verlieren benachteiligte Kinder häufig den Anschluss. Je früher und je länger ein Kind mit Benachteiligungen leben muss, desto gravierender sind die Folgen für seinen Alltag und seine Zukunftschancen." *(Deutscher Caritasverband 2011)*

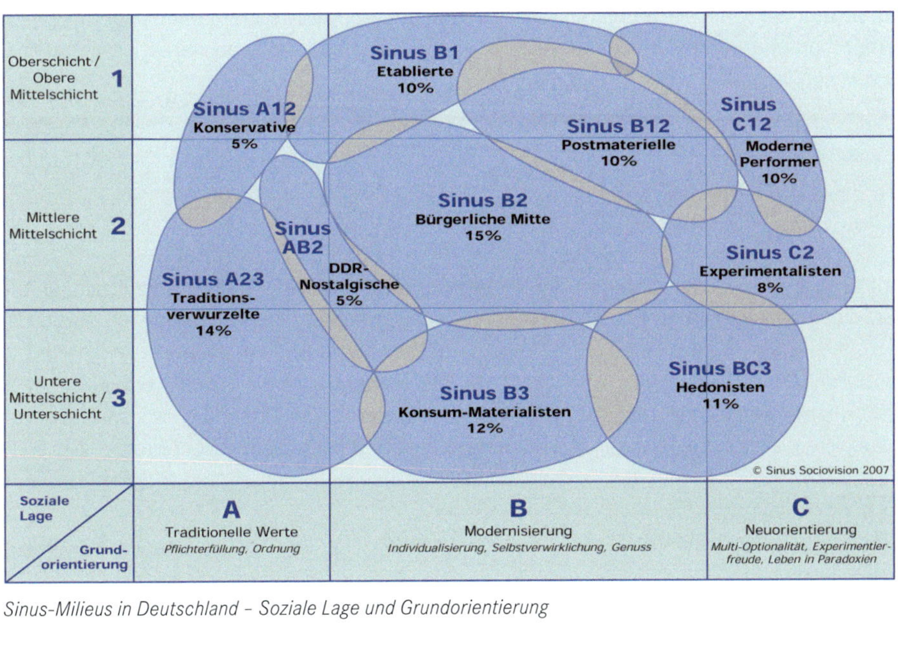

Sinus-Milieus in Deutschland – Soziale Lage und Grundorientierung

Der **Lebenslagenansatz** begreift Armut nicht nur im rein ökonomischen Sinn, sondern betrachtet die Unterversorgung und Benachteiligung armer Kinder umfassender. Berücksichtigt wird die Lebenssituation und Lebenslage des Kindes selbst, dazu gehören auch immaterielle Ressourcen wie Bildung, Gesundheit, Wohnsituation, soziale Netzwerke usw. Solche **sozioökonomischen Faktoren** prägen die Lebenswirklichkeit von Kindern aus armen Familien und damit ihre Entwicklungsbedingungen und -möglichkeiten.

Große Differenzen zwischen armen und nicht-armen Kindern sind im kulturellen Bereich festzustellen: Arme Kinder haben z. B. schon in der Grundschulzeit deutlich schlechtere Noten. Auch im sozialen Bereich gibt es erhebliche Unterschiede: Arme Kinder können seltener andere Kinder mit nach Hause bringen, weniger ihren Geburtstag feiern und seltener Mitglied in Vereinen sein. Auch in der Grundversorgung müssen sie Benachteiligungen in Kauf nehmen: Sie haben deutlich öfter kein eigenes Zimmer, weniger Spielzeug und auch Kleidung als nicht-arme Kinder *(vgl. AWO-ISS-Studie)*.

In einer Studie zur Armut im Kindesalter werden drei **Lebenslagentypen** unterschieden *(vgl. AWO-Studie)*:

1. **Wohlergehen:** Das Kindeswohl ist in allen Bereichen gewährleistet.
2. **Benachteiligung:** In wenigen Bereichen sind Auffälligkeiten festzustellen. Die weitere Entwicklung des Kindes kann als eingeschränkt bzw. benachteiligt betrachtet werden.
3. **Multiple Deprivation:** Beeinträchtigungen in zentralen Lebens- und Entwicklungsbereichen liegen vor.

„Kinder sind vor allem dann **risikogefährdet,** wenn sie in einer Familie mit einem oder mehreren von fünf sozialen Merkmal(en) aufwachsen: alleinerziehend, bildungsfern, Migrationshintergrund, mehr als zwei Geschwister, Lebensort ein sozial belastetes Quartier." *(Holz 2010)*

Kinder aus armen Familien erhalten in Kindertageseinrichtungen neue erweiterte Handlungs- und Erfahrungsspielräume. Entwicklungsrisiken können zu einem früheren Zeitpunkt in der Entwicklung des Kindes festgestellt werden und durch präventive Angebote eine Unterstützung erfolgen.

↗ FAZIT

→ Institutionen gewinnen für die Sozialisation immer stärker an Bedeutung.
→ Kinder wachsen in unterschiedlichen Milieus auf. Die Trennungslinie orientiert sich nicht nur am Einkommen der Eltern, sondern auch an kulturellen Dimensionen. Finanzieller Druck betrifft nicht nur Eltern am unteren Rand der Gesellschaft, sondern hat die breite Mittelschicht erfasst.
→ Die notwendige Förderung der Kinder erreicht nicht die bildungsfernen Milieus. Der Lebenslagenansatz begreift Armut nicht nur im ökonomischen Sinn, sondern betrachtet die Unterversorgung und Benachteiligung umfassender.

→·← AUFGABEN UND ANREGUNGEN

1 Wie erleben Erzieherinnen die Kinder heute? Erarbeiten Sie einen Fragebogen für Erzieherinnen.

2 Bilden Sie Vierergruppen. Was meint der 11. Kinder- und Jugendbericht mit der wachsenden Bedeutung emotionaler Familienbeziehungen?

3 Beschreiben Sie, in welchen Milieus Ihre Eltern und Großeltern aufwuchsen und wie Sie dieses Milieu verlassen haben.

4 Wie sieht für Sie persönlich die „medial und von Konsum geprägte Umwelt" konkret aus? Welche Medien nutzen Sie?

5 Interpretieren Sie die von der Sinus-Studie in der Grafik festgehaltenen Milieus. Hilfreich kann sein, sich die Wohnzimmer des Milieus vorzustellen.

3 Beobachtung und Wahrnehmung

3.1 Verfahren sozialpädagogischer Diagnostik

Dem Erzieher Julian Neuner fällt in einer Freizeitgruppe das zehnjährige Mädchen Tina auf. Sie erzählt ihm, dass ihre Familie seit einiger Zeit große Schwierigkeiten hat. Der Vater hat eine Kündigung erhalten. Er sei sehr unzufrieden, er könne die Miete nicht mehr aufbringen. Deshalb gibt es zu Hause oft Streit. Tina weint auch häufig. Sie erzählt, dass sie wahrscheinlich wegziehen wollen und sie leider nicht mehr kommen wird. Julian merkt, dass die Zehnjährige darüber sehr traurig ist. Er ist erstaunt, dass sie ihm diese Situation anvertraut und will sich für sie einsetzen.

In letzter Zeit gibt es oft Streit in Tinas Familie.

↘ FRAGEN

- → *Wie gelingt es, sich einen Überblick über die Situation von Tina und ihrer Familie zu verschaffen?*
- → *Welche Unterstützungsmöglichkeiten braucht das Mädchen, die Familie?*

3.1.1 Diagnostik in der Sozialpädagogik

Das aus dem Griechischen *(diagnosis)* stammende Wort „Diagnose" bedeutet, etwas „durch und durch erkennen" oder „unterscheiden". Heute ist damit allgemein das Feststellen und Klassifizieren von Merkmalen zur Gewinnung eines Gesamtbildes gemeint. In der Medizin ist das Ziel der Diagnose z. B. das Erkennen einer Krankheit aufgrund der durch Befragung, Beobachtung und Untersuchung festgestellten Befunde.

Anders als in der Medizin ist der Gegenstand einer **sozialpädagogischen Diagnose** jedoch interpretierbar, da es sich um menschliches Verhalten handelt, das immer in bestimmten Zusammenhängen erfolgt. Deshalb bezieht sich die sozialpädagogische Diagnose auf die Lebenswelt des Adressaten und umfasst seine gesamte Erziehungssituation und die Lebenssituation der Familie. Dadurch sollen die individuellen Sinnzusammenhänge menschlichen Verhaltens verstanden werden. Um hilfreiche Erkenntnisse über die Lebenssituation der Adressaten zu bekommen, müssen Informationen eingeholt, biografische Muster und Ressourcen erkannt und mögliche Gefährdungen ermittelt werden.

Ziel der sozialpädagogischen Diagnostik sollte sein, die gesamte Lebenssituation zu erfassen und zu bewerten, um daraufhin geeignete Maßnahmen zu finden.

Merkmale des sozialpädagogischen Diagnoseverständnisses sind der Dialog, die Beziehung zwischen der pädagogischen Fachkraft und der Adressatin, der Zusammenhang zwischen individueller Person und Umwelt und das Ziel einer Problemlösung.

In der **Kinder- und Jugendhilfe** geht es um zwei grundlegende Aufträge:

1. die Gestaltung förderlicher Lebensbedingungen
2. das Ausgleichen von Nachteilen und Schutz vor Gefahren

Dabei wird davon ausgegangen, dass durch das Ausgleichen bestehender Nachteile und durch den Schutz vor Gefahren **positivere Lebensbedingungen** gestaltet werden.

Es wurden verschiedene Diagnoseverfahren, diagnostische Modelle und Instrumente für den Einsatz in der pädagogischen Arbeit entwickelt. Nachhaltig durchgesetzt hat sich bisher allerdings kein Verfahren. Das ist auch dem Umstand geschuldet, dass keine Einigkeit darüber herrscht, ob und wie die sozialpädagogische Diagnose in die Praxis zu integrieren sei und ob und wie sie dem dortigen komplexen und kooperativen Geschehen gerecht werden kann.

3.1.2 Diagnoseverfahren

Das Einholen von Informationen ist bei allen Verfahren der erste Schritt. Allerdings wird dabei auf unterschiedliche Art und Weise vorgegangen, beispielsweise durch **Fragebögen** oder durch **Interviews.** Gemeinsames Ziel jeder Informationssammlung ist jedoch ein Erkenntnisgewinn, der gedeutet bzw. interpretiert werden muss.

Im Folgenden sollen die Diagnoseverfahren „PRO-ZIEL Basisdiagnostik", „PREDI", „Sozialpädagogische Diagnosen" und „Sozialpädagogische Diagnosetabellen" kurz dargestellt werden.

1. PRO-ZIEL Basisdiagnostik

Das von Maja Heiner entwickelte **PRO**zessbegleitende **ZIEL**orientierte Konzept für Kinder, Jugendliche und Erwachsene basiert auf der Vorstellung, dass problematische Situationen auf vier **Diskrepanzen** (Norm-, Kompetenz-, Motivations- und Ressourcendiskrepanzen) zurückzuführen und diagnostizierbar sind.

Das Verfahren besteht aus den vier Bausteinen **Leitbogen, Ergänzungsbogen, Vertiefungsbogen 1** und **Vertiefungsbogen 2.** Der von der pädagogischen Fachkraft und dem Adressaten gemeinsam zu bearbeitende Leitbogen dient der Bestandsaufnahme und der Einschätzung der Belastung. Er gliedert sich nach den Lebensbereichen wie z. B. Gesundheit/Befindlichkeit und Familie. Mit dem *Ergänzungsbogen* kann eine mehrperspektivische Situations- und Problemanalyse erfolgen. Mehrperspektivisch bedeutet, dass neben der Sicht des Adressaten auch die Sicht der pädagogischen Fachkraft und die Sicht weiterer wichtiger Bezugspersonen schrittweise miteinbezogen werden. Der *Vertiefungsbogen 1* nimmt eine biografiebezogene Analyse vor, der *Vertiefungsbogen 2* wird dann eingesetzt, wenn ein bestimmtes Ziel trotz mehrfacher Versuche nicht erreicht werden konnte *(vgl. Heiner 2004)*.

2. PREDI (Psychosoziales Ressourcenorientiertes Diagnostiksystem)
Das vom Münchener Institut für Therapieforschung entwickelte Diagnoseinstrument für Jugendliche und Erwachsene ist im Suchtbereich entstanden. Es ist modular aufgebaut und erfasst ebenfalls die individuelle Lebenssituation der Adressaten.

Mit dem **Erstkontaktbogen** werden die Grunddaten und der Anlass der Kontaktaufnahme des Adressaten aufgenommen. Die anschließende **Kurzdiagnostik** nimmt neun Lebensbereiche der Adressaten (u. a. Alltag, Wohnen, soziales Umfeld und Beziehungen) in den Blick, um zu erkennen, wo eine weitere Feindiagnostik oder eine Intervention nötig ist. Die Beurteilung des Problems und der Ressourcen erfolgt durch die pädagogische Fachkraft *(vgl. Indlekofer 2000)*.

3. Sozialpädagogische Diagnosen
Das von Mollenhauer und Uhlendorff entwickelte Diagnoseverfahren für Kinder, Jugendliche und Familien besteht aus **fünf Schritten:**
1. standardisiertes Leitfadeninterview
2. Team-Auswertung
3. Herausarbeiten der zentralen Themen
4. Erarbeitung von Unterstützungsmöglichkeiten
5. Vorschläge für den folgenden Hilfeprozess

Die im zweiten Schritt erfolgende Auswertung geschieht bei Diagnosen für Kinder und Jugendliche in acht Kategorien: Familie/Verwandtschaft, außerfamiliäre Erfahrungen/Gleichaltrige, Erfahrungen mit Bildungseinrichtungen, Erfahrungen mit Einrichtungen der Jugendhilfe, Körperlichkeit und Interessen, Zeit, normative Orientierungen, Selbstbild und Selbstentwurf.

Bei Diagnosen für Familien werden die Interviews der Erwachsenen nach zwölf Kategorien ausgearbeitet: biografische Erfahrungen, sozioökonomische Bedingungen, Erfahrungen mit öffentlichen Institutionen, Einbindung in informelle Unterstützungssysteme, relevante Belastungen der Familienmitglieder, familiäre Arbeitsteilung, familiäre Zeitstruktur, Kindererziehung, Selbstbilder, familiäre Interaktionserfahrungen, Fürsorgemuster, Bindungen, Partnerschaftskonzepte, subjektiver Hilfeplan. Das umfangreiche und zeitintensive Verfahren eignet sich besonders in schwierigen Situationen *(vgl. Cinkl et al, 2006/2007)*.

4. Sozialpädagogische Diagnose-Tabellen
Das vom Bayerischen Landesjugendamt entwickelte Diagnoseverfahren für Kinder und Jugendliche setzt sich aus zwei Tabellen zusammen, welche die Risiken und Ressourcen der Erziehung und Entwicklung von Kindern und Jugendlichen systematisch erfassen und beschreiben:

a) Erleben und Handeln des jungen Menschen

Risiken	Ressourcen
Körperliche Beschwerden	Körperliche Gesundheit
Seelische Störungen	Seelisches Wohlbefinden
Leistungsprobleme	Leistungsvermögen
Abweichendes Sozialverhalten	Sozialkompetenz
Autonomiedefizite	Autonomie
Sonstige Risiken	Sonstige Ressourcen

b) Erziehungs- und Entwicklungsbedingungen des jungen Menschen
Hier stehen die Risiken und Ressourcen der Erziehungs- und Entwicklungsbedingungen im Mittelpunkt.

Familiensituation	Familienstand, wirtschaftliche und berufliche Situation der Eltern, Wohnverhältnisse u. a.
Grundversorgung	Gesundheit, Ernährung, Hygiene, Aufsicht
Erziehung	Bezugspersonen, Familienklima u. a.
Entwicklungsförderung	Körperliche, geistige, seelische, soziale Entwicklung
Integration	Familie, Umfeld, Freizeit, Bildung

3.1.3 Methoden und Aufgaben der Diagnostik

1. Methoden der sozialpädagogischen Diagnostik
Die Methoden lassen sich nach der Art und Weise ihrer **Informationsgewinnung** in vier Kategorien einteilen:
- → Interviews
- → Erhebungen von Lebensgeschichten
- → Psychologische Tests
- → Situationsbeobachtungen

Zu den **methodischen Anforderungen** und Voraussetzungen gehören:
- → **Mehrperspektivität:** Miteinbeziehen der Sicht der Fachkraft und der Sicht wichtiger Bezugspersonen
- → **Mehrdimensionalität:** Berücksichtigung sozialer, psychischer, ökonomischer, biologischer und kultureller Dimensionen
- → **Ressourceorientierung:** Benennung der Stärken (Ressourcen) zur frühzeitigen Einbindung von Lösungsstrategien
- → **Aktualisierbarkeit** Prozessunterstützung sollte gewährleistet sein
- → **Stärken und Schwierigkeiten** sowie unterschiedliche Sichtweisen sind zu analysieren und zueinander in Beziehung zu setzen
- → **Diagnosephasen** (Wahrnehmung, Verstehen, Bewerten, Schlussfolgern) sind auseinanderzuhalten.
- → **Transparenz und Nachvollziehbarkeit:** Den Adressaten muss die Bedeutung des diagnostischen Prozesses deutlich gemacht und ihre Mitwirkung verdeutlicht (Plausibilität) werden
- → **Kooperationen** Fachteams zur Reflexion und Entscheidungsberatung einbeziehen
- → **Dokumentation** *(vgl. Weyrich 2005)*

2. Aufgaben der sozialpädagogischen Diagnose
Auf dem Weg von der Informationssammlung **(Anamnese)** über die Diagnose zur Hilfeentscheidung und Hilfedurchführung **(Intervention)** sind drei Dinge bedeutsam:
1. Alle relevanten Informationen und Einschätzungen sind zu berücksichtigen.
2. Eine hilfreiche, für Eltern und Kinder akzeptable und mit den verfügbaren Mitteln realisierbare Hilfeidee soll entwickelt werden.
3. Klare Ziele und eindeutige Kriterien für die Überprüfung von Hilfeinterventionen sind zu finden.

Das bedeutet, dass bei der sozialpädagogischen Diagnose folgende Schritte zu beachten sind:

Wahrnehmen, Beobachten, Informationssammlung
- → Professionelles Wahrnehmen und Beobachten erfolgt strukturiert nach festgelegten Inhalten
- → Konzepte und Instrumente: Hausbesuch, Beobachtungen, strukturierte Gesprächsführung, Ressourcenerfassung, Soziales Atom, Genogramm, Familien-Helfertabelle, Familienkonferenz, Checkliste

Verstehen, Erklären, Bewerten
- → Die Wahrnehmungen werden „verstanden“
- → Probleme/Ressourcen der Lebensbereiche werden erkannt, strukturiert und zugeordnet
- → Unter Einbeziehung der Sichtweisen erfolgt eine Gewichtung und Bewertung
- → Konzepte und Instrumente: psychosoziale Diagnostik, kollegiale Beratung, biografisch-rekonstruktive Konzepte u. a.

Schlussfolgerung: Festlegung des erzieherischen Bedarfs
- → Aus den Bewertungen ist eine Schlussfolgerung möglich (z. B. auf den Hilfebedarf bzw. den Gefährdungsbedarf)
- → Es muss benannt werden, welche Probleme bearbeitet werden sollen
- → Es muss benannt werden, welche Ressourcen bei der Lösung der Bedarfslagen unterstützen können

In einem Interview werden Daten erhoben.

↗ FAZIT

→ Die sozialpädagogische Diagnose bezieht sich auf die Lebenswelt des Adressaten und auf seine Familie.

→ Die sozialpädagogische Diagnose will die Lebenssituation durch geeignete Verfahren erfassen, bewerten und geeignete Maßnahmen finden, um positivere Lebensbedingungen zu schaffen.

→ Das setzt voraus, geeignete Verfahren zu kennen, alle relevanten Informationen und Einschätzungen zu berücksichtigen, eine für Eltern und Kinder/Jugendliche relevante Hilfeidee zu entwickeln und klare eindeutige Ziele zu formulieren. Erzieher und Erzieherinnen müssen Ressourcen und Risiken von Kindern und Jugendlichen erfassen und beschreiben können.

→ Eine wesentliche Kompetenz ist hier auch die interdisziplinäre Zusammenarbeit mit anderen Personen, Institutionen.

→·← AUFGABEN UND ANREGUNGEN

1 Erstellen Sie einen Interviewleitfaden, um ein zehnjähriges Kind zu interviewen mit dem Ziel, seine momentane Situation zu erfassen.

2 Finden Sie heraus, welche Fachstellen in Ihrer Umgebung Familien unterstützen.

3 Welche gesetzlichen Hilfen bietet das KJHG, um Familien zu unterstützen?

4 Welche Anlaufstellen gibt es für Familien in der Stadt, im Landkreis und welche Hilfestellung wird dort geboten?

TIPPS ZUM WEITERLESEN →→

→ Ressourcefragebogen für Kinder, Eltern, Erzieher/-innen
Klaus Fröhlich-Gildhoff, Herder, Freiburg 2009

→ perik Positive Entwicklung und Resilienz im Kindergartenalltag Beobachtungsbogen
Staatsinstitut für Frühpädagogik IFP Mayr, Toni und Ulich, Michaela, Herder, Freiburg Br. 2006 (mit Begleitheft)

→ Fragebogen zur Erfassung der aktuellen Ressourcenrealisierung
www.troesken.eu/RES.pdf

→ Diagnostik und Diagnosen in der Sozialen Arbeit - Ein Handbuch
Maja Heiner, Dt. Verein für öffentliche und private Fürsorge, Berlin 2004

→ PREDI (Psychosoziale Ressourcenorientierte Diagnostik), Version 3
Heinrich Küfner, Michaela Coenen, Wolfgang Indlekofer, Lengerich, Berlin 2006

→ Empirisch forschen lernen. Konzepte, Methoden, Fallbeispiele, Tipps.
Sieghard Beller, Hans Huber, Hogrefe AG, Bern, 2. überarbeitete Auflage, 2008

→ Die sozialpädagogische Diagnose, Rahmenvereinbarung des Deutschen Vereins
Karl-Heinz Weyrich, 2005

→ Sozialpädagogische Diagnose-Arbeitshilfen zur Feststellung des erzieherischen Bedarfs
zu beziehen: Zentrum Bayern Familie und Soziales, Bayerisches Landesjugendamt 80335 München, Marsstr. 46, Überarbeitete Auflage 2009

3.2 Subjektivität und Selektivität der Wahrnehmung

Zu Beginn der Ausbildung finden in vielen Fachschulen Erkundungen statt, um Einrichtungen der Jugendhilfe kennenzulernen. Sie als Studierende haben den Auftrag, Ihre Einrichtung, in welcher Sie sich für das nächste Praktikum bewerben, zu beschreiben und der Klasse vorzustellen. Sie wissen aber nicht, dass eine Studierende der Parallelklasse denselben Auftrag erhält und in dieselbe Einrichtung geht, um diese zu beschreiben.

Bei einem gegenseitigen Kennenlernen stellen Sie sich auch Ihre Berichte vor und sind etwas verblüfft über die unterschiedlichen Wahrnehmungseindrücke. Man könnte fast denken, dass es sich um zwei verschiedene Einrichtungen handelt. Während Sie mit Begeisterung vom wunderschönen Gebäude, dem Außengelände und der sehr modernen kindgerechten Gestaltung der Gruppenräume berichten und anschließend über die Gruppengröße und den Personalschlüssel sowie das Konzept des Kindergartens informieren, wird im Bericht Ihrer Mitstudierenden zunächst die freundliche Begrüßung, die Haltung der Erzieherinnen gegenüber den Kindern und die unterschiedliche Herkunft sowie der überdurchschnittliche Anteil der Migrantenkinder beschrieben.

Das schöne Außengelände der Kita ist Ihnen sofort aufgefallen.

↘ FRAGEN

- → *Wie erklären Sie sich die unterschiedlichen Wahrnehmungseindrücke?*
- → *Spielen Emotionen und Erfahrungen eine Rolle?*
- → *Stehen die Wahrnehmungseindrücke im Zusammenhang mit Ihrer Biografie?*

3.2.1 Selektive Wahrnehmung

Wahrnehmungsprozess
Wahrnehmung bezeichnet ganz allgemein den Vorgang der Verarbeitung von Sinneseindrücken. Der Prozess verläuft in den Schritten Aufnahme, Auswahl, Verarbeitung und Interpretation von Sinnesreizen.

> Die Psychologie definiert den Begriff der **Wahrnehmung** als Prozess und Ergebnis der Informationsgewinnung und -verarbeitung von Sinneseindrücken.

Die Aufnahme der **Reize** erfolgt über die **Sinnesorgane** Augen, Ohren, Nase, Haut und Zunge. Das Auge nimmt z. B. Reize **visuell** als **optische Wahrnehmung** auf und leitet diese an das zuständige Gehirnareal weiter, das den Sinneseindruck produziert. Dieser Sinneseindruck wird als „Empfindung" bezeichnet. Zur Wahrnehmung kommt es in einem zweiten Schritt, wenn die Empfindung mit bereits vorhandenen Daten abgeglichen, also identifiziert und eingeordnet wird.

Der Mensch – ein „Filterwesen"
Menschen sind „Filterwesen": Die Reize, die von der Außenwelt auf ihre Sinne einströmen, werden zu Sinnesein-

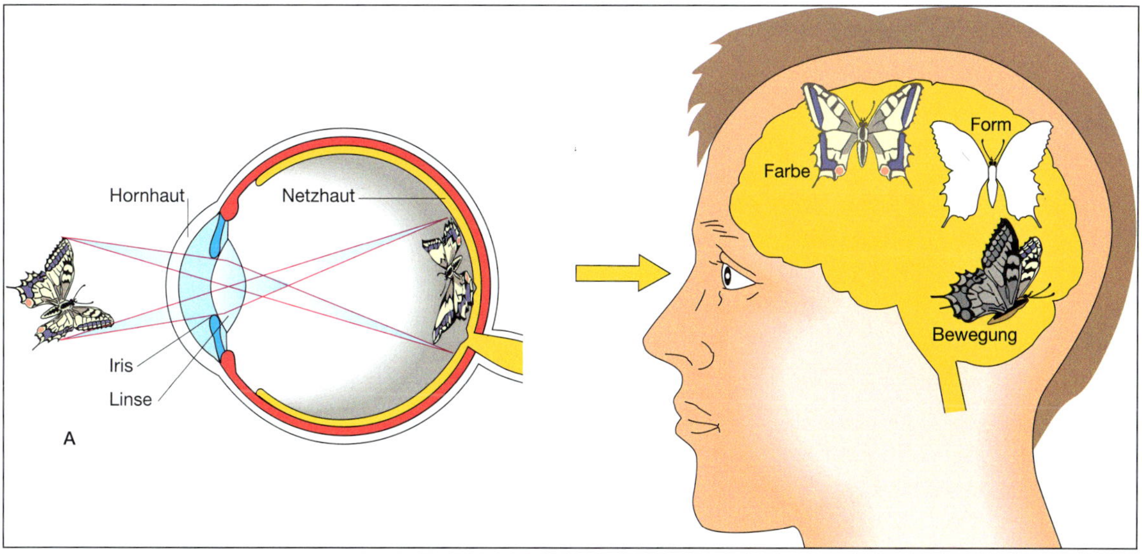

Das Auge nimmt Reize als optische Wahrnehmung auf.

drücken, die das Gehirn sortiert. Die wichtigen werden herausgefiltert, andere werden ausgeblendet, denn keiner könnte es körperlich oder psychisch verkraften, alle Reize auf einmal wahrzunehmen. Viele Menschen sind heute einer permanenten Reizüberflutung ausgesetzt, deren Folgen psychische Erkrankungen sein können.

> **Die Aufnahmekapazität unseres Gehirns ist begrenzt.**

Der **Kurzzeitspeicher** des menschlichen Gedächtnisses kann nach wissenschaftlichen Erkenntnissen im Allgemeinen nur zwischen fünf und neun Informationen zur gleichen Zeit aufnehmen, weiterverarbeiten und auch behalten. Ein Überangebot an externen Reizen führt zur Selektion der Informationen. Demnach wird nur ein Teil dessen, was ständig auf den Menschen einströmt, tatsächlich wahrgenommen. Forscher sprechen in diesem Sinne von der **Selektiven Wahrnehmung.**

> **Selektive Wahrnehmung** kann zu Fehlurteilen führen.

Selektive Wahrnehmung ist auch ein **psychologisches Phänomen,** bei dem nur bestimmte Aspekte der Umwelt wahrgenommen und andere ausgeblendet werden.

Wissenschaftliche Beobachtungen haben gezeigt, dass die Wahrnehmung des Menschen einer Reihe von Regeln und Gesetzmäßigkeiten unterliegt, die sich im Wesentlichen aus der individuellen Lebensgeschichte des Einzelnen und aus der Umwelt ergeben. Eine Rolle spielt beispielsweise, ob eine Situation zum ersten Mal erlebt wird oder ob auf frühere Erfahrungen zurückgegriffen werden kann. Auch die Persönlichkeit und die momentane Verfassung beeinflussen die Bewertung des Wahrgenommenen sehr stark.

Aus unterschiedlichen Bewertungen resultieren zwangsläufig auch unterschiedliche Gefühle: z. B. Freude, Angst vor Ablehnung oder Enttäuschung. Unsere Emotionen sind keine direkte Reaktion auf unsere Wahrnehmung, sondern Folge der Gedanken (= Bewertungen), die wir uns hierzu machen.

Das Bild, das unsere Sinne uns von dieser Welt darbieten, ist daher **kein objektives Abbild** der Realität. Unsere Wahrnehmungs- und Erlebnisfähigkeiten sind für eine ganzheitliche Erfahrung nicht angemessen entwickelt. Das zu glauben, fällt den meisten Menschen schwer, denn sie setzen ihre Wahrnehmung der Wirklichkeit mit der Wirklichkeit selbst gleich. Besonders deutlich ist dieses Phänomen bei Verliebten bzw. Enttäuschten zu beobachten. Sie sind meist nicht in der Lage, ihre Situation objektiv zu betrachten.

Je nach den eigenen Interessen nimmt jeder Mensch in erster Linie die Dinge in seinem Umfeld wahr, die ihn persönlich interessieren oder ihm bekannt sind. So wird jemand, der am Wegesrand Wildkräuter sammeln will, mehr Pflanzen wahrnehmen als ein Jogger oder Sonntagsspaziergänger. Auch die Absicht spielt eine Rolle dabei, was wir wahrnehmen. Wer Wildkräuter sucht, wird schließlich auch welche finden.

Wenn wir in einer bestimmten Situation hohe Anforderungen an uns stellen, steigt unsere Konzentration und damit auch unsere Aufmerksamkeit. So konzentrieren wir uns vermutlich stärker auf den Verkehr, wenn wir schnell fahren, oder studieren Meldungen am Computer als Anfänger intensiver als erfahrene Computernutzer.

Viele Untersuchungen belegen, dass auch individuelle Faktoren, sogenannte Persönlichkeitsmerkmale, unsere Wahrnehmung beeinflussen, z. B.:

- → Triebe (z. B. Sexualität, Hunger)
- → Gefühle, Stimmungen (z. B. Angst, Unruhe)
- → Bedürfnisse (z. B. nach Anerkennung)
- → Wertvorstellungen (z. B. Religiosität)
- → Einstellungen (z. B. radikale politische Einstellungen)

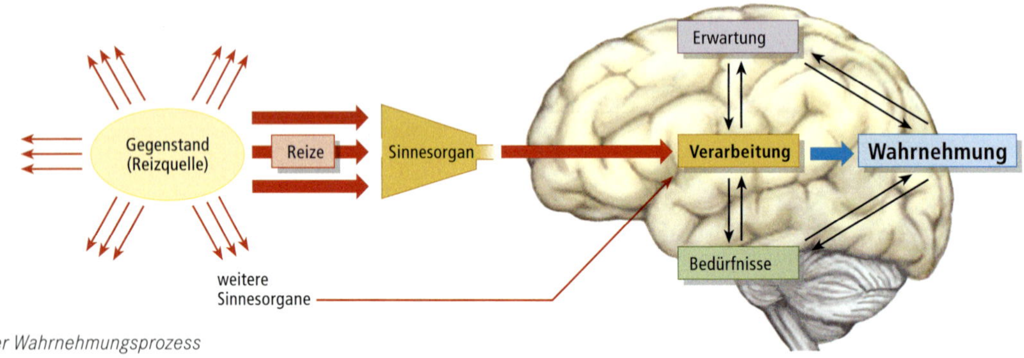

Der Wahrnehmungsprozess

3.2.2 Kulturelle Prägung der Wahrnehmung

Was der Mensch wahrnimmt, kann auch von dem jeweiligen **Kontext** – also der Umgebung des wahrgenommenen Gegenstandes – abhängen. Die Fähigkeit des Menschen, Dinge auch dann wiederzuerkennen, wenn sie sich aufgrund ihrer Lage unterscheiden, nennt man **Wahrnehmungskonstanz.** Mit ihrer Hilfe kann beispielsweise die Größe von Gegenständen richtig eingeschätzt werden, auch wenn sie sich in weiter Entfernung befinden. Diese Fähigkeit entwickelt sich aufgrund von Erfahrungen, die man von Geburt an macht.

Wahrnehmungseindrücke hängen nicht nur von biologischen Bedingungen ab, sondern werden ganz wesentlich auch durch kulturelle, soziale und individuelle Faktoren beeinflusst bzw. geprägt.

So glauben einige Wissenschaftler, in der Farb- und Formwahrnehmung kulturelle Unterschiede gefunden zu haben. Naturvölker würden beispielsweise eher die Farben (Farbdominanz) beachten, während Menschen aus westlichen Kulturen eine stärkere Beachtung der Formen (Formdominanz) vorweisen. Inuit z. B. können viele Weißtöne unterscheiden und haben viele verschiedene Bezeichnungen für Schnee. Wüstenstämme können viele Brauntöne unterscheiden und benennen, Urwaldbewohner entsprechend viele Grüntöne. Das menschliche Auge kann 350 000 Farbqualitäten unterscheiden.

Inuit können zahlreiche Weißtöne unterscheiden.

Der Anthropologe Colin Turnbull berichtete 1962 von einem kleinen Volksstamm innerhalb des Kongos, den Pygmäen. Er besuchte sie im dicht bewachsenen Regenwald und studierte ihren Lebensraum. Viele dieser Pygmäen hatten noch nie den Wald verlassen, sodass sie bisher keine Erfahrung darin gemacht hatten, dass weit entfernt wahrgenommene Objekte viel kleiner erscheinen als sie in Wirklichkeit sind. Auf einem Ausflug sah ein Pygmäe zum ersten Mal von einem Berg in die Weite. Er entdeckte weit entfernt am Horizont eine Büffelherde und stellte seinem Begleiter die überraschende Frage: „Was sind das für Insekten?“ *(Mietzel 2008)*

Diese Beispiele zeigen, dass die Wahrnehmung von Erfahrungen und damit vom Lernen abhängig ist.

Erfahrungen verändern unsere Wahrnehmung

Anhand von Untersuchungen haben Wissenschaftler herausgefunden, dass auch das Verständnis einfacher Abbildungen offenbar an Voraussetzungen gebunden ist, die nicht in jeder Umwelt in gleicher Weise erworben werden. Dies wird an folgendem Beispiel deutlich:

Auf welches Tier zielt der Speer?

Angehörige einiger afrikanischer Stämme, die nicht mit der bildlichen Darstellung von Entfernung durch Größenveränderung vertraut sind, gelangen zu anderen Antworten als die meisten Mitglieder westlicher Kulturen. Für Europäer zielt der Speer des Jägers auf die Antilope im Vordergrund, während sie den Elefanten im Hintergrund sehen. Bewohner bestimmter isolierter Regionen Afrikas urteilen, der Elefant werde wegen des geringen Abstands zum Jäger auf dem Bild (ohne Berücksichtigung von Entfernungshinweisen) vom Speer getroffen *(vgl. Hudson, S. 149)*.

Ein anderer interessanter kulturell-sozialer Aspekt der unterschiedlichen Wahrnehmung besteht in der Wahrnehmung des „richtigen Abstands“, den man einem Fremden gegenüber einzuhalten hat. In Westeuropa und Nordamerika beträgt der Abstand zu einem Fremden in der Regel eine Armeslänge. Menschen im Mittelmeerraum und in Lateinamerika hingegen akzeptieren einem Fremden gegenüber eine viel kürzere Distanz. Der amerikanische Sozialpsychologe Paul Watzlawick erzählte folgende Geschichte von einem Europäer und einem Südamerikaner, die aufeinandertreffen:

„In einem Reitclub in Sao Paulo musste [...] der Schreiner kommen und ein Geländer höher machen. Immer wieder waren Leute rücklings über dieses Geländer gestürzt – nie Brasilianer, sondern immer nur Nordamerikaner oder Europäer. Jedes Mal war Folgendes passiert: Ein Brasilianer und einer der Ausländer waren ins Gespräch gekommen. Der Brasilianer rückte immer näher auf, um die für ihn richtige Gesprächsdistanz einzunehmen. Der Ausländer wich zurück, um die für ihn richtige Distanz wieder herzustellen. Das ging so lange weiter, bis der Ausländer rückwärts über die Brüstung fiel.“ *(Watzlawick, in: P. M. Perspektive Kommunikation, 89/112, S. 53 f.)*

3.2.3 Wahrnehmungsgesetze

Unser Verhalten wird durch unsere Wahrnehmung gesteuert. Wie oben beschrieben ist Wahrnehmung dabei immer selektiv.

Zum Verständnis des komplexen Wahrnehmungsvorgangs gehört auch die Erkenntnis, dass unsere Sinne nur beschränkt leistungsfähig sind. Die **Gestaltpsychologie** ist eine Richtung innerhalb der Psychologie, die die menschliche Wahrnehmung als Fähigkeit beschreibt, Strukturen und **Ordnungsprinzipien** in Sinneseindrücken auszumachen. Sie erforscht, wie in das Chaos der Reize, die unentwegt auf den Menschen einwirken, Ordnung einkehrt. Dabei fanden sich **Gesetzmäßigkeiten,** die zeigen, dass in der Wahrnehmung ungeordnet oder momentan sinnlos erscheinende Reize zu einer **Gestalt** zusammengefügt werden.

Diese Erkenntnisse haben zu der Einsicht geführt, dass der Mensch gar nicht anders „kann", als Gestalten zu sehen, und dass einzelne Reize grundsätzlich in einen Gesamtzusammenhang eingebettet sind.

In den sogenannten **Gestaltgesetzen** wird veranschaulicht, welche Wahrnehmungen unter bestimmten Bedingungen entstehen. Hier einige davon:

1. Gesetz der Prägnanz oder Einfachheit
Es werden bevorzugt Figuren wahrgenommen, die sich von anderen durch ein bestimmtes Merkmal prägnant abheben. Das Gesetz besagt außerdem, dass Gegenstände, Figuren, Muster immer möglichst einfach wahrgenommen werden. In der Abbildung unten sehen wir statt eines komplizierten Elfecks ein Dreieck auf einem Rechteck.

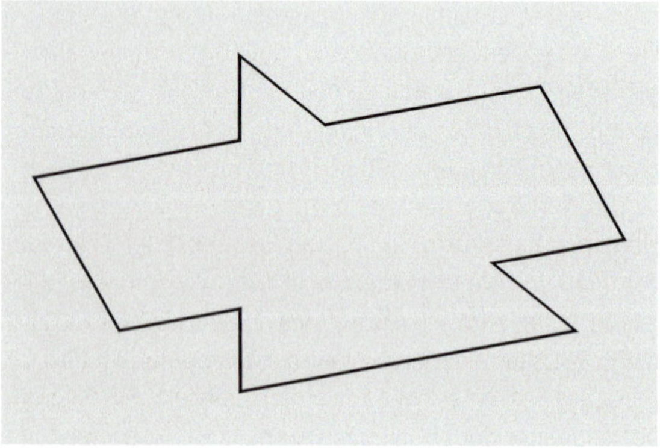

2. Gesetz der Geschlossenheit
Nicht vorhandene Teile einer Figur werden in der Wahrnehmung ergänzt. Offensichtlich werden Einzelteile zu einem Gesamteindruck verarbeitet, der mehr ist als die „Summe der Einzelteile" (typisch gestaltpsychologische Aussage). So sehen wir in der linken Abbildung nicht nur einzelne Punkte, sondern einen Kreis, in den einzelnen Papierfetzen der rechten Abbildung erkennen wir einen Hund.

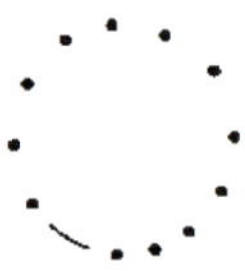

3. Gesetz der gemeinsamen Bewegung
Zwei oder mehrere Elemente, die sich gleichzeitig in eine Richtung bewegen, werden als eine Einheit oder Gestalt wahrgenommen.

4. Gesetz der Nähe
Elemente, die nahe beieinanderliegen, werden als zusammengehörig wahrgenommen.

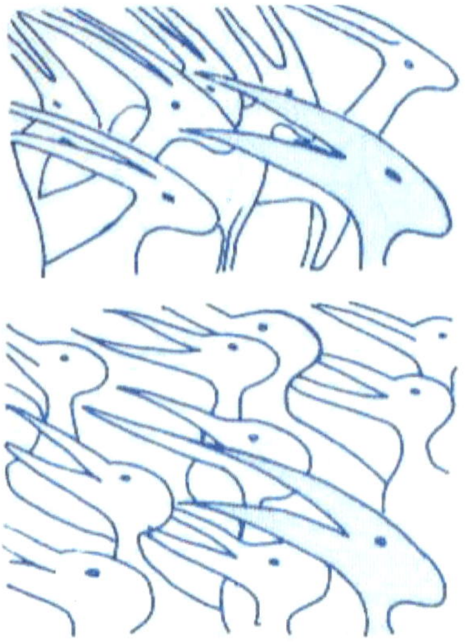

5. Gesetz der Ähnlichkeit
Einander ähnlich sehende Elemente werden eher als zusammengehörig erlebt als einander unähnlich sehende.

6. Gesetz der Kontinuität
Reize, die eine Fortsetzung von vorausgehenden Reizen zu sein scheinen, werden als zusammengehörig angesehen. So lesen wir in der oberen Zeile ein „B", in der unteren Zeile eine „13".

7. Gesetz der fortgesetzt durchgehenden Linie
Linien werden immer so gesehen, als folgten sie dem einfachsten Weg.

3.2.4 Wahrnehmungstäuschung

Es gibt auch mehrdeutige Reize, die ein genaues Bild der Wirklichkeit erschweren. Wahrnehmungspsychologen und Künstler sind diesem Phänomen nachgegangen und haben sogenannte Umkehrbilder (auch „Kippbilder") geschaffen. Folgende Beispiele stellen eine kleine Auswahl dar.

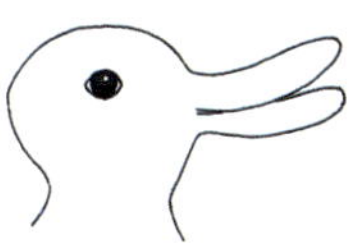

Die meisten Menschen sehen z. B. auf dem Bild in der Mitte zuerst eine Vase, die sich von einem dunklen Hintergrund abhebt. Nach längerer Betrachtung gelingt es, auch die dunklen Flächen zu Figuren werden zu lassen und zwei Gesichter im Profil darin zu erkennen. Im rechten Bild kann der Betrachter entweder eine nach hinten blickende junge Frau sehen oder eine alte Frau im Profil. Im linken Bild kann man entweder einen nach rechts schauenden Vogel oder einen nach links schauenden Hasen sehen.

Neben dieser **Mehrdeutigkeit** gibt es auch **optische Täuschungen**. Als Wahrnehmungstäuschungen bezeichnet man Wahrnehmungsinhalte und bewusste Erlebnisse, die von der real vorhandenen Wirklichkeit abweichen, von der wahrnehmenden Person jedoch als real vorhanden empfunden werden.

Eine **Wahrnehmungstäuschung** kann in allen Sinnesbereichen erfolgen: in der Wahrnehmung der Zeit, wenn eine Minute scheinbar eine Ewigkeit dauert, oder in der optischen Wahrnehmung, wenn z. B. bei Föhnwetter das weit entfernte Gebirge zum Greifen nahe scheint, oder in der Wahrnehmung der Bewegung, wenn sich z. B. beim Karussellfahren die Umgebung zu „drehen" scheint.

Die folgenden Abbildungen zeigen, wie unsere Wahrnehmung getäuscht werden kann.

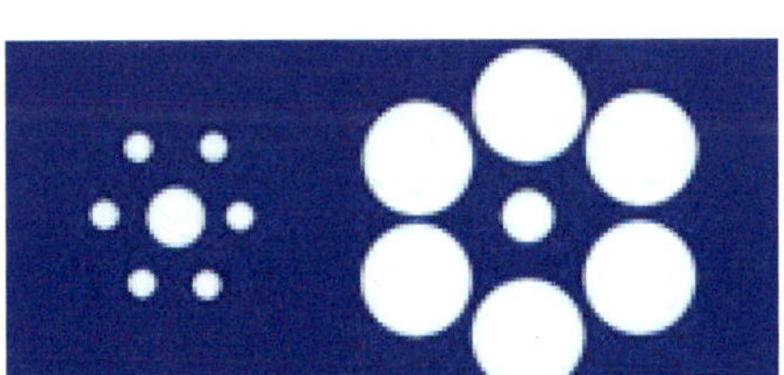

Ebbinghaus (1850–1909)

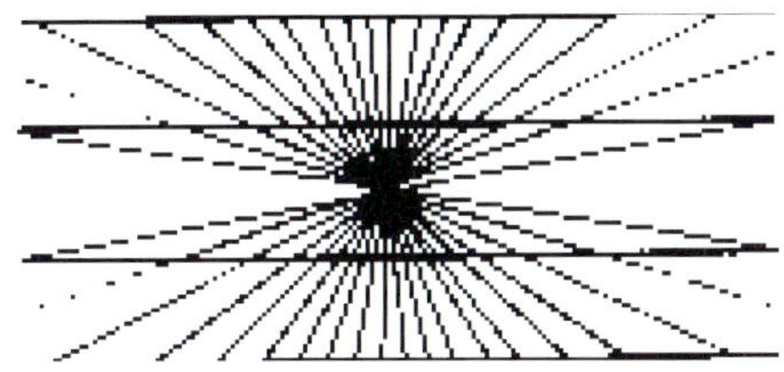

Hering'sche Täuschung

Die Abbildung von *Ebbinghaus* zeigt zwei gleich große Kreise im Mittelfeld, die von einem Kranz kleiner oder großer Kreise umringt werden. Dem Betrachter scheinen sie jedoch unterschiedlich groß zu sein. Bei der sogenannten *Hering'schen Täuschung* sehen die beiden querliegenden Linien gebogen aus. Tatsächlich sind sie gerade. Hier zeigt sich, dass die Umgebung des Gegenstands entscheidend für unsere Wahrnehmung ist.

Wie man größeren Kindern im Hort optische Täuschungen erklären kann, zeigt eine Studierende:

„Wenn du das menschliche Auge mit einem Fotoapparat vergleichen würdest, dann wäre die Netzhaut der eingelegte Film oder der Bildwandler bei einer Digitalkamera. Film oder Bildwandler funktionieren immer nach dem gleichen Prinzip, indem sie aufnehmen, was ihnen geboten wird. Im Gegensatz zum Film oder Bildwandler werden Wahrnehmungen auf der Netzhaut nicht nur einfach registriert, sondern anschließend durch dein Gehirn verarbeitet. Nicht die Augen täuschen dich, sondern die Art und Weise, wie deine Seheindrücke weiterverarbeitet werden. In deinem Gedächtnis hast du sehr viele Informationen und Eindrücke von früher gespeichert, die jetzt mit deinen neuen Seheindrücken verknüpft werden. Deshalb siehst du die Welt immer im Vergleich mit bereits gespeicherten „Einträgen" im Gedächtnis. Ist die Verbindung zwischen deinem Gehirn und den Augen unvollkommen, kommt es zu optischen Täuschungen. Das Gehirn will die Dinge so sehen, wie du sie aus deiner Erfahrung kennst. Normalerweise würde die ganze Welt auf dem Kopf stehen, denn wie bei einer Kameralinse kommen die reflektierten Bilder auf dem Kopf stehend auf deiner Netzhaut an. Weil du aber die Erfahrung gemacht hast, dass es anders herum richtig ist, steht für dich die Welt nicht auf dem Kopf. Optische Täuschungen werden auch durch Krankheit oder Drogenkonsum hervorgerufen. Vielleicht hast du auch schon einmal von Halluzinationen gehört. Das sind extreme optische Täuschungen, man sieht etwas, das gar nicht vorhanden ist."

↗ FAZIT

- → Unser Wahrnehmungsprozess liefert kein genaues Bild von der Umwelt, sondern erzeugt vielmehr ein Modell der Welt. Der Mensch nimmt wahr, was seine Sinne ihm über die Umwelt mitteilen. Da unsere Umwelt viele mehrdeutige Reizmuster liefert, reagieren wir häufig mit Unsicherheit und manchmal mit Verwirrung. Es kann zu falschen Schlussfolgerungen und Reaktionen kommen.
- → Für **pädagogische Fachkräfte** hat der Prozess der Wahrnehmung einen großen Einfluss auf die Handlungsqualität. Wenn z. B. eine Fachkraft ein motorisch unruhiges Kind beobachtet, ohne seine soziale Situation, seine Familie und den eigenen Umgang mit temperamentvollen Kindern ausreichend zu berücksichtigen, kann es aufgrund ihrer selektiven Wahrnehmung möglicherweise zu Fehlurteilen kommen, die möglicherweise zu Unverständnis bei anderen Fachkräften und den Eltern führen können.
- → Die Qualität der Wahrnehmung hängt vom Wissen über den **Filterungsprozess** und den eigenen Filterungsmustern ab. Erkennt eine pädagogische Fachkraft z. B., dass sie zum Dramatisieren neigt, kann sie über die Methode der Kollegialen Fallberatung lernen, sich in schwierigen Situationen von anderen Kolleginnen Rückmeldungen zu holen.

→·← AUFGABEN UND ANREGUNGEN

1 Erklären Sie den Begriff „Handlungsqualität".

2 Beschreiben Sie eine Beobachtungssituation, in der deutlich wird, dass es im Umgang mit einer schwierigen Situation zwischen einem Kind und einer Erzieherin auf die Handlungsqualität ankommt.

3 Bewerten und begründen Sie folgende Aussagen wahrnehmungspsychologisch:
- → Wir sehen, was wir denken!
- → Wir sehen, was wir wünschen!
- → Wir sehen, was wir erfahren haben!

4 Formulieren Sie Ziele, die zum Abbau von Vorurteilen führen.

5 Planen Sie mit Jugendlichen eine Aktion, die sich gegen Vorurteile einer bestimmten Minderheitengruppe in Ihrer Region richtet, z. B. eine Ausstellung mit Fotos. Führen Sie die Aktion in einem bestimmten Zeitraum durch. Bewerten Sie die Ergebnisse im Hinblick auf ihre Wirksamkeit.

6 Können Sie den Buchstabensalat lesen? Wenn ja, warum?

BCUHSATBENSLAAT

Wuram knenön Sie deiesn Txet fsat moelhüs lseen? Die Regihenfloe der Buhcsatebn ist dcoh vlonstlädig ducirhenaednr! Aebr dauarf kmomt es acuh gar nihct an. Das stleletn birstihce Wesesnhcaftlsir brieets vor mher als 25 Jhraen fset. Sie baetn Sendutten, Txete mit cohaticsh vetrusachetn Bcuhsatebn zu leesn. Kenier von inehn httae Peborlme dmiat, sloagne nur der esrte und der ltetze Bcushtbae jeeds Wroets rihcitg war. Das Emerpexint biesewt, dsas Wetörr als gnaze whemogranmen wreedn, und dsas das Hrin biem Lseen stniädg Hopyhtseen afutslelt. Wnen scih dsiee biem Bcilk auf das Writbold acuh nur ofberllcähcih bsietetägn, wreedn die ennilezen Busahtcebn pkarctsih gar nchit mher wramgomhenen.

Spiegel spezial Nr. 4/2003

TIPPS ZUM WEITERLESEN →→

- → Wahrnehmung: Vom visuellen Reiz zum Sehen und Erkennen
  Irvin Rock, Spektrum Verlag, Heidelberg 1998
- → Psychologie.
  Philip Zimbardo, Springer Verlag, Berlin, 5.Auflage 1992

3.3 Beobachtungsmethoden

Beobachtung ist „das systematische Erfassen, Festhalten und Deuten sinnlich wahrnehmbaren Verhaltens zum Zeitpunkt seines Geschehens." *(Atteslander 1995, S. 87)*

Sie haben in der Ausbildung gelernt, dass in der pädagogischen Praxis die Beobachtung eine grundlegende Methode ist, um Kinder in ihrer Entwicklung zu fördern. Folgendes Beobachtungsprotokoll wird in Ihrer Klasse zur Diskussion gestellt:

Beobachtungsort: Kindergarten

Beobachtungsanlass: Das Beobachtungskind, Luise, besucht seit zwei Wochen den Kindergarten. Es scheint ihr schwerzufallen, Kontakte zu anderen Kindern aufzunehmen.

Beobachtungsziel: Kontaktfähigkeit fördern

Wie häufig und auf welche Art und Weise nimmt das Mädchen Kontakt zu anderen Kindern auf?

Beobachtungssituation: Freispiel

Datum: 2.5.2012
Beginn: 8:56 Uhr Ende: 9:10 Uhr

Luise sitzt am Tisch und knetet. Das Mädchen neben ihr hat eine kreisrunde Form ausgestochen und ihr gegeben. Luise sticht mit einem Zahnstocher Löcher hinein. Sie spricht mich an: „Guck mal, ein Käsekuchen!" Sie schaut zu ihrer Nachbarin. Ein Junge kommt zum Tisch und sucht einen Becher. „Da ist noch einer", ruft Luise und zeigt auf einen Becher. Sie wendet sich wieder ihrer Knete zu und malt mit dem Zahnstocher Spuren in die Knete. Sie schaut wieder zu ihrer Nachbarin. Ihre Aufmerksamkeit richtet sich jetzt auf einen Jungen, der eine Tüte aufbläst. „So!", sagt sie und macht wieder Löcher in die Knete, hebt die Knete vom Tisch ab und legt sie dann vorsichtig wieder zurück auf den Tisch. Sie nimmt ein neues Stück Knete und bohrt wieder ein Loch in die Knete. Zu mir gerichtet sagt sie: „Weißt du, was das werden soll?" „Weiß ich nicht", sage ich zu ihr. „Das wird ein Marmeladenkuchen", sagt sie und knetet weiter. „Oh, ich habe so feuchte Hände", sagt sie zu sich selbst. Ein Junge in einem Tigeranzug (aus der Verkleidungskiste) kommt an ihren Tisch. Luise schaut ihn an und sagt: „Bist du verrückt, das gehört nicht dir! Das gehört doch ..." Der Junge unterbricht sie: „Der Tigeranzug gehört dem Kindergarten." „Gar nicht wahr", sagt Luise, „der gehört Lev! Das sag ich Lev!" Der Junge geht. Sie schaut wütend hinter ihm her und ruft „Lev, komm mal her!" Lev kommt nicht. Sie knetet weiter und formt aus dem „Kuchen" eine Kugel. Das Mädchen, welches ihr den Kreis geformt hat, sagt zu ihr: „Ich mach dir das nicht noch einmal." Luise (zickig): „Lass mich in Ruhe! Ist doch meine Knete!" Sie rollt die Knete zu einer Rolle und sucht ihren Zahnstocher. Der wird gerade von ihrer Nachbarin benutzt. „Das war meiner", sagt Luise. Das andere Mädchen antwortet: „Gar nicht wahr, ich habe ihn dir nur geborgt." Luise zu dem Mädchen „Ich hau dich gleich!" Sie nimmt den Becher des Mädchens, in dem diese ihre Knete aufbewahrt hat, und wirft ihn auf den Boden. Sie steht auf und tritt auf den Becher. Die Erzieherin ermahnt sie. Sie lacht. Sie setzt sich wieder, schaut auf ihre Knete und sagt: „Jetzt hab' ich auch noch grüne Knete!" Sie drückt etwas rote Knete auf die grüne Knete, die sie ihrer Nachbarin weggenommen hat, und lacht.

↘ FRAGEN

→ *Auf welcher Beobachtungsmethode basiert das Protokoll?*
→ *Enthält das Protokoll „emotionale Färbungen" oder Wertungen?*
→ *Entspricht das beobachtete Verhalten dem Beobachtungsanlass?*

3.3.1 Beobachtungskompetenz

Die Beobachtung gehört zu den wichtigsten Aufgaben einer Erzieherin. Sie ist Grundlage des erzieherischen Planens und Handelns.

> Für die Planung, Durchführung und Gestaltung individueller Lern- und Bildungsprozesse ist das Erfassen der Voraussetzungen und das Beobachten und Beurteilen der Fähigkeiten jedes einzelnen Kindes eine wichtige Grundlage. Jede Beobachtung ist nur so gut, wie sie Konsequenzen ermöglicht, die anschließend in pädagogisches und didaktisch-methodisches Handeln einfließen. Es geht um eine **vorurteilsfreie,** gleichwohl **pädagogisch zielgerichtete** Beobachtung.
> *(Aus: Grundsätze für Bildungsförderung für Kinder von 0 bis 10 Jahren des Landes NRW, 2010)*

Die Qualität einer Beobachtung hängt ganz wesentlich von der **Haltung** der pädagogischen Fachkraft und ihrem **differenzierten Blick** ab. Sie sollte sich immer darüber bewusst sein, dass ihre Wahrnehmungen durch verschiedene Faktoren beeinflusst werden können und ihre Beobachtungen nur Teile des Kindes betreffen können. Da subjektive Wahrnehmungen immer mit einfließen – wie in den vorangegangenen Kapiteln beschrieben –, müssen die pädagogischen Fachkräfte sich in ihrer Wahrnehmung stets selbst reflektieren und weiterentwickeln. Dazu gehört auch der Austausch mit Kollegen, um die eigenen Beobachtungsergebnisse zu differenzieren, zu bestätigen oder zu korrigieren.

Die Beobachtungsfähigkeit einer pädagogischen Fachkraft hängt auch davon ab, wie gut sie zwischen Alltags- und wissenschaftlicher (systematischer) Beobachtung unterscheiden kann. Den Anstoß zur Beobachtung liefert die Alltagsbeobachtung. Erlebnisse mit Kindern lösen häufig Verwunderung oder Erstaunen aus und geben Anlass zur Vertiefung des Erfahrenen, zu einer genaueren Beobachtung. Um zu überprüfbaren Ergebnissen zu gelangen, ist es wichtig, diejenigen Fehler auszuschalten, die zu falschen Beobachtungsergebnissen führen könnten. Daher muss eine Beobachtung über ein Verhalten eines Kindes wissenschaftlichen Anforderungen genügen. Dies geschieht am besten mit einer systematischen Beobachtung.

Folgende Gegenüberst[illegible] Unterschiede zwischen der **Alltagsbeobachtung** und einer **systematischen Beobachtung** *(siehe auch S. 152).*

Alltagsbeobachtung	Systematische Beobachtung
Ist zufällig	Ist geplant und genau
Abhängig von der Stimmung der beobachteten Person	Ist an Kriterien orientiert
Vorurteile werden nicht ausgeblendet	Ist eindeutig in der Sprache
Global, keine Differenzierung	Ist auf einzelne Verhaltensweisen beschränkt
Ungenaue Begrifflichkeit	Differenziert zwischen Beobachtungen und möglichen Ursachen
Vermischung von Beschreibungen und Vermutungen	Ist eine objektive Beschreibung ohne Vermutungen
Wird nicht dokumentiert	Hält schriftlich die gewonnenen Daten fest
Ist nicht überprüfbar	Ist überprüfbar
Das Ergebnis der Beobachtung ist zufällig und ungenau	**Das Ergebnis der Beobachtung ist schriftlich belegt und sachlich begründet**

Materialien für die Berufsbildenden Schulen. Niedersächsisches Kultusministerium 1993

Gezielt beobachten ist nur möglich, wenn vor der Beobachtung genau definiert wird, was beobachtet werden soll. Zur Vorbereitung einer gezielten Beobachtung gehören folgende Überlegungen:

Was ist das *Ziel* der Beobachtung?

→ Das Kind mit seinen Interessen und Bedürfnissen kennenlernen.
→ Die Entwicklung des Kindes dokumentieren.
→ Das Verhalten des Kindes anderen gegenüber beschreiben.

→ Feststellen eines Förderbedarfs in einem speziellen Bereich.
→ usw.

Was soll beobachtet werden?
→ welche Personen (ein Kind, mehr Kinder u. a.)
→ welches Verhalten (Sprach-, Spiel-, Lernverhalten u. a.)
→ in welchen Zeiteinheiten
→ in welcher Situation
→ usw.

Unter welchen *Bedingungen* soll beobachtet werden?
→ kontrollierte Bedingungen
→ natürliche Bedingungen
→ teilnehmende Beobachtung
→ nichtteilnehmende Beobachtung

Welche *Hilfsmittel* sollen eingesetzt werden?
→ Kategoriensysteme
→ Schätzskalen
→ Videokamera
→ Kassettenrekorder

Wen will ich wobei beobachten?

3.3.2 Formen wissenschaftlicher Beobachtung

Die Beobachtung stellt also hohe Anforderungen an den Beobachter. Er sollte sich der Subjektivität seiner Wahrnehmung immer bewusst sein und die verschiedenen **Beobachtungsformen** kennen, bevor er mit der Beobachtung beginnt. Neben der übergeordneten Unterscheidung in die Alltagsbeobachtung und die systematische Beobachtung lässt sich diese in weitere Unterformen unterscheiden.

1. Teilnehmende Beobachtung
Der Beobachter ist in das laufende Geschehen, auf das sich seine Beobachtung bezieht, eingebunden. Beispiel: Die Erzieherin spricht während der Beobachtung mit dem Kind/Jugendlichen und beteiligt sich an den Vorgängen im Gruppenraum. Bei der teilnehmenden Beobachtung besteht die Gefahr, dass der Beobachter das Beobachtungsergebnis durch aktives Einwirken beeinflusst und verfälscht bzw. der Beobachtete sich den Erwartungen des Beobachters anpasst. Andererseits kann die aktive Mitwirkung des Beobachters am Geschehen bestimmte Situationen herbeiführen, die beobachtet werden sollen.

2. Nichtteilnehmende Beobachtung
Der Beobachter steht außerhalb des Gruppengeschehens und ist nicht aktiv am Geschehen beteiligt (er sitzt am Rand oder befindet sich in einem anderen Raum). Er beobachtet und protokolliert das Verhalten eines anderen. Er kann sich ganz auf das beobachtende Verhalten konzentrieren. Problematisch kann hierbei sein, dass der Beobachter eine zu große Distanz hat und damit seine Genauigkeit eingeengt wird. Soll ein bestimmtes Verhalten beobachtet werden, muss er warten, bis eine entsprechende Situation spontan eintritt.

3. Offene Beobachtung
Offene Beobachtung liegt dann vor, wenn die Beobachteten wissen, dass sie beobachtet werden. Die Problematik könnte hierbei darin liegen, dass in vielen empirischen Studien nachgewiesen wurde, dass Personen ihr Verhalten ändern, wenn sie bemerken, dass sie beobachtet werden. Sie passen ihr Verhalten an und Auffälligkeiten werden bewusst kontrolliert.

4. Verdeckte Beobachtung
Der Beobachtete weiß nicht, dass er beobachtet wird. Die Beobachtung findet heimlich mithilfe einer Videokamera oder Einwegscheibe dar. Dies kann von dem Beobachteten aber als deutlicher Vertrauensbruch gesehen werden.

5. Unstrukturierte oder freie Beobachtung
Das Beobachtungsspektrum ist weit gestreut, die Beobachtung folgt keiner vorab festgelegten Einheit. Dem Beobachter bleibt ein großer Ermessensspielraum und er hält seine Eindrücke mehr qualitativ-deskriptiv fest.

Dadurch sind die Ergebnisse aber auch ungenau, zufällig und unspezifisch. Verschiedene Beobachter können zu verschiedenen Aussagen kommen, je nachdem, worauf sie sich konzentriert haben. Es können keine quantitativen Aussagen aus der Beobachtung abgeleitet werden.

6. Strukturierte Beobachtung
Es wird vorab genau festgelegt:
1. wer und was beobachtet werden soll;
2. wann und wie lange beobachtet werden soll;
3. mit welchen Hilfsmitteln beobachtet werden soll.

Es wird ein genau definierter Bereich aufzuzeichnenden Verhaltens festgelegt, Verhaltensvariationen werden durch Kategoriensysteme erfasst. Als Instrumente der Beobachtung dienen sie der systematischen Wahrnehmungskontrolle und sollen subjektive Verzerrungen und Fehler der Wahrnehmung möglichst ausschalten.

Um wissenschaftlich zu beobachten, muss im Vorhinein geklärt werden, was beobachtet werden soll, wie beobachtet werden soll und womit (standardisierte Beobachtungsbögen) beobachtet werden soll. Dazu werden **Kategoriensysteme** erstellt. Will man z. B. die Kategorie „Aggressivität" bei einem Kind beobachten, so muss vorher festlegt werden, welche Verhaltensmerkmale als aggressiv gelten sollen, damit diese im Beobachtungsbogen registriert werden können. Das kann über eine **Operationalisierung** (Messbarmachung) des Verhaltens geleistet werden. Man wählt Merkmale der Kategorie „Aggressivität" aus, die beobachtbar sind, z. B.

- → andere Kinder schlagen
- → Türen zuschlagen
- → Spielzeug zerstören
- → Kinder an den Haaren ziehen
- → usw.

Die verschiedenen Beobachtungsformen können miteinander kombiniert werden, z. B. in einer offenen, nicht-teilnehmenden, strukturierten Beobachtung. Für ein möglichst umfassendes Bild von der Entwicklung eines Kindes sollten unterschiedliche Beobachtungsmethoden genutzt und möglichst alle Bereiche seiner Entwicklung mit beachtet werden. Dafür können freie, unstrukturierte Beobachtungen mit standardisierten, strukturierten Beobachtungsinstrumenten abgewechselt werden. Begegnungen mit Kindern in offenen Situationen (z. B. bei einem Ausflug) ermöglichen oft einen „anderen" Blick auf das Kind, der sonst vielleicht verborgen bliebe. Auch der Austausch mit den Eltern des Kindes ermöglicht ein differenziertes Bild.

Die Beobachtung eines Kindes sollte sich an folgenden **Zielen** orientieren *(vgl. Grundsätze für Bildungsförderung für Kinder von 0 bis 10 Jahren des Landes NRW, 2010):*

- → Entwicklungsprozesse werden ganzheitlich und in allen Bildungsbereichen erfasst.
- → Die Vielfalt seiner Fähigkeiten, Interessen, Stärken und Verhaltensweisen wird erkannt und für die weitere Förderung des Entwicklungsprozesses genutzt.
- → Die Selbst-, Sozial-, Sach- und Methodenkompetenzen des Kindes werden erfasst und weiter gefördert.
- → Die Ressourcen und Rahmenbedingungen des Kindes werden einbezogen und in der Förderung berücksichtigt.
- → Pädagogische Maßnahmen werden kontinuierlich auf ihre Wirksamkeit überprüft und gegebenenfalls korrigiert.
- → Die Fachkräfte einer Institution arbeiten zusammen und stimmen sich ab.
- → Eltern werden informiert und gemeinsam mit ihnen weitere Schritte zur Unterstützung besprochen.

3.3.3 Typische Beobachtungsfehler

Die Rolle der Beobachterin im Beobachtungsprozess hängt wesentlich von der Wahl der Beobachtungsform ab. Sind die Vor- und Nachteile der jeweiligen Beobachtungsform bekannt, ist eine kritische Analyse von Beobachtungsberichten möglich und der Blick für Fehlurteile geschärft.

Durch die im vorangegangenen Kapitel genannten Wahrnehmungsfehler unterliegt auch die Beobachtung der Gefahr, ungenau und nicht objektiv zu sein. Da jeder Mensch einer subjektiven Wahrnehmung unterliegt und das Wahrgenommene von ihm interpretiert wird, können auch Beobachtungsfehler nicht ausgeschlossen werden.

Deshalb sollte der Beobachter typische Beobachtungsfehler kennen.

1. Einstellungsfehler
Kommt zustande, wenn der Beobachter eigene Einstellungen zum „objektiven“ Maßstab seiner Beobachtung macht und sie dadurch beeinflusst.

2. Kontrast-Effekt
Dieser Effekt entsteht dadurch, dass man an anderen besonders wahrnimmt, was im Gegensatz oder Kontrast zur eigenen Person steht.

3. Halo-Effekt
Es kann vorkommen, dass ein bestimmtes Merkmal oder eine besonders hervorstechende Eigenschaft verallgemeinert wird und der Gesamteindruck dadurch beeinflusst wird. Beispiel: Ich beobachte, dass ein Kind eine bestimmte Aufgabe nicht lösen kann, und nehme deshalb auch sein ganzes Verhalten als wenig intelligent wahr.

4. Effekt der Reihenfolge der Informationen
Sehr wichtig ist der Effekt, den die Reihenfolge der Informationen erzielt. Wenn zuerst ein negatives Merkmal beobachtet wird und dann ein positives, so bleibt das negative länger im Gedächtnis. Dieser Effekt ist vor allem im Zusammenhang mit dem ersten Eindruck wichtig. Deshalb ist es immer wieder wichtig zu prüfen, ob sich der Eindruck von einer Person (z. B. einer Mutter oder eines Vaters) über das Gesamtgespräch hinweg verändert.

5. Milde-/Strenge-Effekt
Der Milde-Effekt ist ein Fehler, der dann entsteht, wenn der Beobachtete aus Mitleid trotz negativ zu bewertender Verhaltensformen wohlwollend eingeschätzt wird, z. B. aufgrund seiner Hilfsbedürftigkeit oder um ihn zu motivieren. Der Strenge-Effekt kann aus Angst vor dem Milde-Effekt entstehen.

6. Ähnlichkeitsfehler
Werden bevorzugt Ähnlichkeiten zwischen der eigenen und der beobachteten Person festgestellt, spricht man vom Ähnlichkeitsfehler.

7. Projektion
Der Beobachter überträgt eigene Probleme, Sichtweisen und Eigenschaften auf die andere Person und bewertet sie.

8. Fehler der zentralen Tendenz
Vor allem bei Menschen, die man nicht so gut kennt, scheut man sich vor extremen Urteilen und neigt zu mittleren Einstufungen.

Um Beobachtungsfehler zu vermeiden, sollte der Beobachter
- → die Beobachtungsformen und typische Beobachtungsfehler kennen,
- → das Beobachtete nicht sofort interpretieren oder verallgemeinern,
- → vorurteilsfrei in die Beobachtung gehen,
- → sich seiner Subjektivität bewusst sein,
- → immer über einen längeren Zeitraum beobachten,
- → sich gleich Notizen machen,
- → sich über seinen momentanen Gefühlszustand bewusst sein,
- → sich nie auf den ersten Eindruck stützen,
- → nicht bestimmte Eigenschaften auf die ganze Person übertragen,
- → Beobachtungskriterien neutral formulieren,
- → Beobachtungskriterien offenlegen und im Team besprechen.

↗ FAZIT

- → Vor Beginn einer Beobachtung sollte der Beobachter
  - die verschiedenen **Beobachtungsformen,** ihre Vor- und Nachteile und
  - typische **Beobachtungsfehler** kennen.
- → Eigene Einstellungen, Erwartungen und Vorurteile sind häufige Ursachen von Beobachtungsfehlern.
- → Ein Beobachtungsbogen kann verschiedene Verhaltensweisen bzw. Tätigkeiten eines Kindes, das beobachtet werden soll, beinhalten. Er gibt einen Überblick über die Situation, in welcher sich das Kind gerade befindet und enthält einen vorläufigen Wahrnehmungseindruck des Beobachters. Auf diese Weise soll einer Vermischung von Beobachtung und Bewertung vorgebeugt werden und damit den wissenschaftlichen Ansprüchen einer Beobachtung weitestgehend genügen.

→·← AUFGABEN UND ANREGUNGEN

1 Formulieren Sie zu den Kategorien „Selbstständigkeit", „Kontaktfreudigkeit" und „Ängstlichkeit" jeweils vier beobachtbare Verhaltensweisen.

2 Beurteilen und begründen Sie nach Ihrem Kenntnisstand, ob der folgende **Beobachtungsbogen** eine Hilfe für die Protokollantin darstellt.

Situation/Tätigkeit	Beobachtungen (Was tut das Kind? Wie verhält es sich?)	Interpretation
Die Kinder sitzen im Stuhlkreis und hören der Erzieherin zu, die mit den Kindern ein Bilderbuch betrachtet. Die Praktikantin räumt währenddessen die Puppenecke auf.	Annika klatscht in die Hände und ruft freudig „Au ja", als die Erzieherin den Titel des Bilderbuches vorliest. Annika hört etwa eine Minute konzentriert zu. Dann richtet sie den Blick auf die Praktikantin, die hinter ihr vorbeiläuft. „Was machst du?", fragt Annika. Nachdem sie die Antwort erhalten hat, hört sie wieder zu. Nach ca. einer Minute läuft sie in die Puppenecke und holt sich eine Puppe, kehrt zurück zur Erzieherin und hört weiter zu. Wieder nach ca. einer Minute läuft sie zur Praktikantin und sagt: „Ich helfe dir."	Annika kennt das Bilderbuch offensichtlich und freut sich darüber (hohe Motivation). Trotz hoher Motivation lässt sie sich durch das Tun der Praktikantin ablenken. Das Interesse am Bilderbuch lässt nach. Sie scheint mit ihren Gedanken mehr in der Puppenecke bei der Praktikantin zu sein.

3 Führen Sie in Ihrer Kita eine Beobachtung über mehrere Tage durch. Wählen Sie dazu eine Beobachtungsform und bereiten Sie einen Beobachtungsbogen vor. Fassen Sie anschließend das Beobachtungsergebnis zusammen und reflektieren Sie Ihre Beobachtung mit der Gruppenleiterin.

4 Eine zusätzliche Möglichkeit zur qualitativen Einschätzung eines Verhaltens bieten **Schätzskalen.** Die am häufigsten verwendeten Schätzskalen sind die Ratingskalen. Darin werden Eindrücke über Eigenschaften des Beobachtungskindes festgehalten. Man kann auch den Ausprägungsgrad eines Verhaltens darstellen.
Beispiel einer Ratingskala:

antriebsarm	6	5	4	3	2	1	lebhaft

oder
Das Kind bindet ohne Anleitung seine Schuhe zu.

stimmt	6	5	4	3	2	1	stimmt nicht

TIPPS ZUM WEITERLESEN →→

→ Beobachtungslehre
Ernst Martin, Uwe Wawrinowski, Juventa Verlag, Weinheim 2006

→ Wahrnehmungsstörungen bei Kindern – Hinweise und Beobachtungshilfen
Kindergarten heute spezial, Herder Verlag, Freiburg 2000

→ Training mit aggressiven Kindern.
Franz Petermann, Ulrike Petermann, Weinheim 1991

→ Forschungsmethoden und Evaluation für Human- und Sozialwissenschaftler
Jürgen Bortz, Nicola Döring, Springer, Berlin 2006

→ Wege in die Psychologie
Gerd Mietzel, Klett-Cotta, Stuttgart 2008

3.4 Formen der Bildungsdokumentation

Janes und Sina, zwei Kinder im Alter von vier Jahren, schauen sich gemeinsam ihre Bildungsmappen an. Sie vergleichen Bilder miteinander und erzählen sich Geschichten über Erlebnisse, die in ihren Mappen durch Bilder oder Briefe dokumentiert wurden.

„Guck mal, da bist du noch ganz klein!“, sagt Nadine, die in dieser Einrichtung gerade ihr Praktikum macht. Die Kinder fragen, wo das Bild aufgenommen wurde, und wollen, dass Nadine ihnen mehr davon erzählt. Nadine liest den Begleittext vor, der neben dem Bild steht.

Diese Bildungsmappen sind Teil der Bildungsdokumentation und sind in dieser Einrichtung den Kindern und Eltern frei zugänglich. Gespräche zwischen Kindern, Eltern und Erziehern können so entstehen, Entwicklung und Weiterentwicklung wird für alle nachvollziehbar.

Bildung und geplantes Handeln wird durch die Mappen dokumentiert und anschaulich gemacht. Die Bildungsdokumentationen zeigen Fortschritte und Beziehungen auf, visualisieren Gelerntes und können Auskunft über Selbstwirksamkeit geben.

Entwicklung entdecken

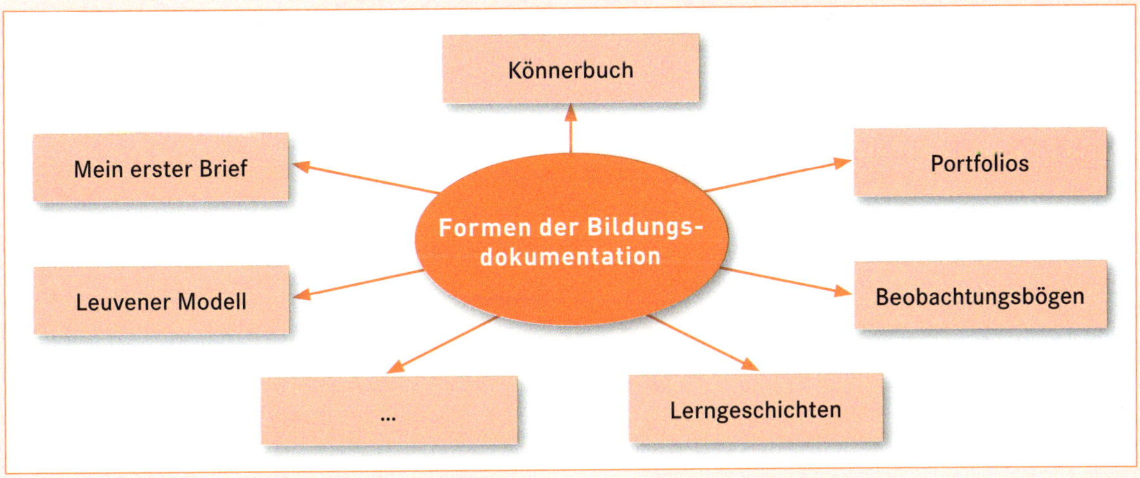

Vielfältige Formen der Bildungsdokumentation

↘ FRAGEN

- → *Besitzen Sie selber eine Bildungsdokumentation über sich?*
- → *Betrachten Sie sich die Grafik. Welche Formen der Bildungsdokumentation kennen Sie bereits?*
- → *Welche fallen Ihnen darüber hinaus noch ein?*
- → *Welche Bedeutung hat die Bildungsdokumentation für die Arbeit in einer Tageseinrichtung?*
- → *Wie kann durch Beobachtung Bildung ermöglicht werden?*

3.4.1 Alltagsbeobachtung und gezielte Beobachtung

Im pädagogischen Alltag nimmt die Beobachtung in jeglicher Form eine wesentliche Rolle ein. Sie stellt die Grundlage der pädagogischen Handlungen und Planungen dar. Der Mensch ist ein von Geburt an beobachtendes Wesen und so bringen alle Fachkräfte die wesentliche Grundlage zur Beobachtung schon mit. Es handelt sich jedoch bei der Mehrzahl unserer Beobachtungen um **Alltagsbeobachtungen,** d.h. um ungerichtete und nicht ausgewertete Beobachtungen *(vgl. Kap. 3.3).*

Die Alltagsbeobachtung ist also der erste Schritt in Richtung Beobachtung. Jede Fachkraft bringt eine Beobachtungsfähigkeit mit. Es muss dann im pädagogischen Bereich eine Schulung der **Beobachtungskompetenz** *(siehe Kap. 3.3.1)* erfolgen, damit zielgerichtetes Hinschauen und Schlussfolgerungen aus den Beobachtungen möglich werden. Es ist dabei zweitrangig, welches Beobachtungsverfahren gewählt wird. Wichtig ist es, die wahrnehmende **Beobachtung als eine pädagogische Schüsselqualifikation** zu erkennen und zu schulen.

Alltagsbeobachtung

Beobachtung als pädagogische Schüsselqualifikation

Alltagsbeobachtungen sind
selektiv – ich beobachte etwas, was mich interessiert
zufällig – plötzlich fällt mir etwas auf, aber ich habe nicht bewusst hingesehen
lückenhaft – es werden nur Bruchstücke des Gesamten wahrgenommen
vermischt – Wahrnehmung und meine Interpretation vermischen sich
unreflektiert – ich ziehe keine Schlussfolgerungen aus der Beobachtung
beeinflusst von eigenen Erwartungen/Erfahrungen
bestätigend – ich nehme Bekanntes häufiger wahr und bestärke meine Beobachtungen oder Vermutungen dadurch
In der Regel **ohne Schlussfolgerung**/Konsequenz

Wahrnehmende Beobachtungen sind
aufmerksam – ich bin ganz dabei
bewusst – ich nehme mir die Beobachtung vor
offen und neutral – das, was ich sehe, nehme ich zunächst auf und werte nicht
entdeckend – ich sehe auch neue Elemente, die mir noch nicht bekannt waren
perpektivenwechselnd – ich kann mich in das Kind versetzen, aber auch meine Perspektive erkennen
unbeeinflusst von meinen Erwartungen/Erfahrungen
erweiternd – sie verändern und differenzieren meine Gefühle und Gedanken
reflektierend – In der Regel erfolgt eine sinnvolle, wertfreie Schlussfolgerung und Konsequenz

Das Ziel von Bildungsdokumentationen ist es, die gemachten Beobachtungen aufzuschreiben und daraus pädagogisches Handeln möglich zu machen.

In der Literatur wird eine Vielfalt an unterschiedlichen **Beobachtungsmethoden** vorgestellt. Dabei ist die Methode an sich nicht das entscheidende Kriterium, sondern die **Grundhaltung des Beobachters** (siehe Tabelle).

„**Dokumentationen** sind ein externes Gedächtnis für die Kinder (und deren Familien). Dokumentationen sind das professionelle Werkzeug der Erzieherin, um ihre Arbeit zu überdenken und um daraus neue Vorschläge zu entwickeln - allein oder im Team." *(Schäfer, 2004, S. 14)*

3.4.2 Die Bedeutung von Bildungsdokumentationen

Neben der gesetzlichen Verankerung zur Erstellung einer Bildungsdokumentation für den Übergang in die Grundschule besteht in fast allen Bildungsvereinbarungen und Bildungsplänen der Länder die Notwendigkeit und Maßgabe, Beobachtungen der Kinder **regelmäßig durchzuführen** und Bildung zu **dokumentieren.**

Im pädagogischen Bereich darf es nicht bei zufälligen Alltagsbeobachtungen bleiben. Um geplant handeln zu können, muss die Erzieherin **systematisch und regelmäßig** jedes einzelne Kind in der Gruppe beobachten und das Beobachtete dokumentieren.

Durch die genaue Beschreibung erhalten Erzieherinnen den Schlüssel zum Verständnis des Verhaltens und Erlebens des Kindes. Die Verschriftlichung dient dabei als wichtige Information für künftige Planungen und kann auch eine fundierte Grundlage für Elterngespräche und den Austausch im Team sein.

In Tageseinrichtungen für Kinder bezieht sich der Begriff der Dokumentation auf die Darstellung von Beobachtungen und die Sammlung von Materialien einer bestimmten Person.

„**Dokumentationen** sind Mitteilungen über Wahrgenommenes und ihre Entschlüsselung; sie bemühen sich um das Sichtbarmachen von Strukturen, Mustern, Gesetzmäßigkeiten und um mögliche Erklärungen dafür; sie geben darüber hinaus ein lebendiges Gesicht, machen sie erlebbar." *(Kazemi-Veisari, 2004, S. 100)*

Nur dann, wenn das Gesehene verstanden ist und positive Folgen für das pädagogische Handeln und die Interaktion mit dem Kind hat, kann gezielte und kindorientierte Bildung geschehen.

Bildungsdokumentation ist Elternarbeit

3.4.3 Gesetzliche Grundlagen der Bildungsdokumentation

Jede Fachkraft in pädagogischen Einrichtungen ist verpflichtet, Bildung und Entwicklung zu planen, zu beschreiben und zu dokumentieren. In den Bildungsplänen der jeweiligen Bundesländer ist dies eine Forderung und Zielsetzung an die Fachkräfte.

Dabei müssen die Dokumentationen auch gesetzlichen Vorgaben entsprechen.

> **„Die Würde des Menschen ist unantastbar. Sie zu achten und zu schützen ist Verpflichtung aller staatlichen Gewalt.“** *(Grundgesetz, Artikel 1)*

Eine schriftliche Dokumentation muss also auch diesem Grundsatz folgen und für jedes Kind würdevoll erfolgen. Das lenkt den Blick automatisch auf die Stärken und Fähigkeiten eines Kindes und nicht auf vermeintliche Defizite und Unvermögen.

Noch stärker betont dies die **UN Kinderkonvention**.

> **„Die Vertragsstaaten stimmen darin überein, dass die Bildung des Kindes darauf gerichtet sein muss, die Persönlichkeit, die Begabung und die geistigen und körperlichen Fähigkeiten des Kindes voll zur Entfaltung zu bringen [...]“**
> *(UN Kinderkonvention, Artikel 29)*

Für eine sinnvolle und wirksame Bildung ist es notwendig, dass das Kind in seiner **Ganzheit** in den Blick genommen wird. Auf Beobachtungen der Fachkraft müssen dann **gezielte Interventionen** erfolgen, die dem Kind helfen, seine Fähigkeiten auszugestalten.

Auch im **Sozialgesetzbuch VIII** lassen sich gesetzliche Grundlagen zu Bildung und Beobachtung finden:

→ Im § 1
„(1) Jeder junge Mensch hat ein Recht auf Förderung seiner Entwicklung [...]“,

→ im §22
„(3) [...] Der Förderauftrag umfasst Erziehung, Bildung und Betreuung des Kindes und bezieht sich auf die soziale, emotionale, körperliche und geistige Entwicklung des Kindes. Er schließt die Vermittlung orientierender Werte und Regeln ein. Die Förderung soll sich am Alter und Entwicklungsstand, den sprachlichen und sonstigen Fähigkeiten, an der Lebenssituation sowie den Interessen und Bedürfnissen des einzelnen Kindes orientieren und seine ethische Herkunft berücksichtigen [...]“

Dies sind gesetzliche Vorgaben für die Fachkraft, das Kind ganzheitlich zu beobachten und zu fördern.

In den jeweiligen Landesgesetzen sind ebenfalls Bildung und Beobachtung festgeschrieben. In Nordrhein-Westfalen lässt sich z. B. im **KiBiz** (Kinderbildungsgesetz) im § 13 (5) finden, „die Entwicklung des Kindes soll beobachtet und regelmäßig dokumentiert werden“.

Der Bildungsplan Nordrhein-Westfalens geht noch weiter und legt die **Form der Beobachtung** in Ansätzen fest:

„In der Bildungsdokumentation werden die Ergebnisse der regelmäßigen Beobachtungen des Entwicklungs- und Bildungsprozesses schriftlich festgehalten und die individuelle Bildungsgeschichte eines Kindes prozesshaft dargestellt.“

Es geht nicht mehr wie in den vergangenen Jahren um standardisierte Beobachtungsmethoden, sondern um eine prozesshafte und individuelle Darstellung der kindlichen Entwicklung. Die Portfolio-Methode und auch die Lerngeschichten gewinnen zunehmend an Bedeutung und sind die Methoden, die eine sehr individuelle Begleitung des Kindes und seiner Entwicklung zulassen.

Die Dokumentation der kindlichen Entwicklung dient dann zur Planung der nächsten Bildungsschritte und kann auch für den Übergang in die Grundschule sinnvoll sein. Beispielsweise wird im **KiTaG** (Kindertagesstättengesetz, Kiel 2006) von Schleswig-Holstein im § 5 die Zusammenarbeit mit der Grundschule verpflichtend:

„(6) [...] Kindertageseinrichtungen sollen mit den Grundschulen über den Entwicklungsstand der einzelnen Kinder Informationen austauschen und Gespräche führen, die eine individuelle Förderung der Kinder ermöglichen [...]“

Auch die Bildungspläne der anderen Bundesländer nehmen die Beobachtung und Darstellung der kindlichen Entwicklung als Grundlage für weiterführende Bildung in der Grundschule.

3.4.4 Bildungsdokumentation als vollständige Handlung

Beobachtung und Dokumentation kann als ein **vollständiger Handlungskreis** gesehen werden.

Aus vielen Beobachtungen eines Kindes wird eine Sammlung vieler Fakten und Informationen. In einem nächsten Schritt kann daraus eine Analyse erfolgen, z. B. welches Verhalten konnte verstärkt beobachtet werden, welche Spielbereiche sind für das Kind zurzeit interessant, welche Handlungsschritte erfolgen beim Kind noch unsicher?

Alle Beobachtungen können mit solch individuellen Fragestellungen analysiert werden und ein Fazit der bisherigen Bildungsdokumente kann gezogen werden. Aus dieser Schlussfolgerung heraus plant die Fachkraft dann eine individuelle pädagogische Intervention für das Kind und führt diese durch. Die Beobachtung des Kindes und die folgende Reflexion ergeben wiederum die nächsten schriftlichen Bestandteile der Bildungsdokumentation.

Nur Beobachten reicht also nicht! Erst wenn aus Beobachtungen ein sinnvolles Fazit für ein weiteres, geplantes Handeln gezogen und pädagogische Interventionen geplant werden, kann eine gezielte individuelle Bildung stattfinden. Dabei soll nicht nur das Handeln des Kindes reflektiert werden, sondern auch das eigene erzieherische Handeln und die damit verbundenen eigenen Reaktionen.

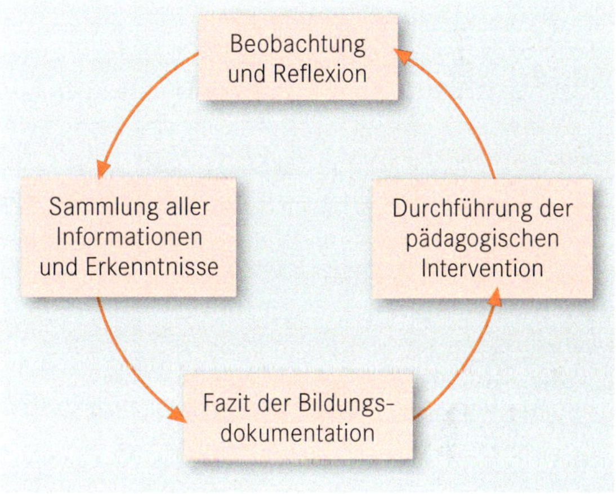

Regelkreis pädagogischer Handlungsschritte

3.4.5 Der „erste Brief"

In vielen Einrichtungen wird am Ende der Elementarzeit ein Brief an das Kind geschrieben. Erinnerungen und Beobachtungen aus der Zeit in der Einrichtung werden dargestellt und mit Fotos unterlegt. Adressat ist das Kind selbst und seine Eltern.

In dem Brief werden Meilensteine in der Elementarzeit beschrieben, Fotos und Bilder beigelegt. Die Erinnerungen der Erzieherin werden in kleinen Geschichten geschildert. Ein solcher Brief gibt Erwachsenen die Möglichkeit, sich noch nach vielen Jahren an Kindheitselemente zu erinnern oder noch im Nachhinein etwas Wichtiges über sich zu erfahren. Ein Brief kann eine Nachricht aus der Vergangenheit und auch ein Bildungsbericht über eine Person sein.

„Der erste Brief" oder auch „Der letzte Brief" kann nur geschrieben werden, wenn vorher Beobachtungen und Erinnerungen von der Erzieherin aufgeschrieben und dokumentiert wurden. Diese können einfach in einem Logbuch oder auf Karteikarten gesammelt werden und dann später zusammengeführt werden.

22.06.2012

Liebe Sina,

mit knapp drei Jahren bist du in unsere Einrichtung gekommen. Ich habe ein Foto von deinem ersten Tag. Du hattest ein rosa Kleid und weiße Socken an und wolltest dich nicht dreckig machen. Sehr schnell hast du Freundinnen in der Gruppe gefunden. Lara ist noch heute deine Freundin und wird mit dir gemeinsam in die Klasse 1c gehen.

Mit deinen Freunden zusammen hast du viel gelernt. Ihr habt Streiten und Vertragen gelernt und habt miteinander erste Kompromisse geschlossen. Anfangs haben wir dir gerne dabei geholfen, den Mut aufzubringen, mit deinen Freundinnen zu sprechen. Aber dann bist du immer selbstständiger geworden und hast gelernt, deine Bedürfnisse und Wünsche zu äußern.

Du hast gelernt, vor den anderen Kindern zu sprechen, und auf unserem letzten Sommerfest hast du sogar alle Eltern begrüßt und eine kleine Rede gehalten. Neben der Puppenecke war der Bewegungsraum dein liebster Spielbereich. Du kannst Sprossenwände hochklettern, Purzelbäume schlagen und hast dich schon oft auf das Trampolin getraut.

Bei Spielen warst du oft die Spielführerin und hattest spannende Ideen, wie man Hindernisse überwinden und die meisten Kinder fangen konnte. An unseren AGs hast du immer teilgenommen und dir ganz unterschiedliche Bereiche ausgesucht. Mal warst du in der Märchengruppe, dann hast du gerne gekocht und dann die Mal-AG besucht.

Vor einem halben Jahr hast du im Stuhlkreis ganz alleine bis 30 gezählt und alle Kinder haben geklatscht, weil du keinen Fehler gemacht hast. Deinen Namen kannst du schon gut schreiben und im Mai hast du den Fußgängerführerschein bei uns gemacht. Seitdem möchtest du Polizistin werden und anderen Menschen helfen.

Wir werden dich in unserer Gruppe vermissen. Wer soll sich jetzt so gut um unsere Pflanzen kümmern und wer sammelt so interessante Dinge auf unseren Waldexpeditionen?

Liebe Sina, wir wünschen dir viele gute Ideen, nette Freunde und viel Spaß in der Schule und hoffen, dass du uns noch mal besuchen kommst.

Deine Annette Berger und Frau Richter aus der Sternschnuppengruppe

3.4.6 Das Leuvener Modell – Selbstinitiiertes Lernen als Grundannahme

Das Leuvener Modell ist eine Form der Beobachtung und Beschreibung von kindlichem Verhalten in Tageseinrichtungen. Es wurde von Ferre Laevers in Belgien in den 1980er-Jahren entwickelt. Die Grundannahme des Leuvener Modells ist, dass Kinder dann **selbstinitiiert lernen,** wenn sie sich emotional wohlfühlen und ein hohes Maß an **Engagiertheit** in ihren Aktivitäten zeigen.

Beobachtet wird, ob ein Kind seinen Forscherdrang mit eigenen Aktivitäten befriedigt und ob es dies **interessiert, mit Ausdauer, kreativ** und **fasziniert** tut.

Das Kind setzt in einem **Engagierheitsprozess** alle seine Energie ein und geht sogar bis an die Grenzen seiner Leistungsfähigkeit. Dies kann an folgendem Beispiel dargestellt werden:

Louisa (4;3 Jahre) spielt an der Fensterbank mit der „Sandfühlbox“. Sie siebt seit einer halben Stunde den groben Sand und füllt ihn immer wieder in kleine Förmchen ein. Sie ist ganz vertieft in ihr Spiel. Im Gruppenraum hinter ihr wird für Ostern gebastelt und ein lautes Spiel gespielt. Louisa siebt weiter und lässt sich durch das Geschehen im Gruppenraum nicht ablenken. Sie versucht nun, den Sand in das kleine rote Förmchen zu füllen. In diesem Beispiel zeigt Louisa ein **hohes Maß an Engagiertheit** und übt immer weiter das Umschütten des Sandes. Auch scheint sich Louisa in der Situation wohlzufühlen. Sie lässt sich nicht ablenken und erprobt ihre Fähigkeiten.

Ein Augenblick der Engagiertheit

Engagiertheit und Wohlbefinden

Beide Begriffe sind nach dem Leuvener Modell Grundvoraussetzungen für selbstinitiierte Lernprozesse. Ein Kind, das sich in der Tageseinrichtung für Kinder wohlfühlt und ein hohes Maß an Engagiertheit in seinen Aktivitäten zeigt, kann tiefgreifende Dinge lernen.

Ein Kind, das nur ein geringes Maß an Wohlbefinden und Engagement zeigt, findet nicht die geeigneten Bedingungen vor. Ihm fehlen in der Tageseinrichtung die geeigneten Bedingungen, um sich weiter zu entwickeln.

Laevers hat eine **5-Punkte-Skala** zur **Stärke der Engagiertheit** entwickelt:

Stufe 1	Passiv, teilnahmslos
Stufe 2	Aktive Momente
Stufe 3	Ablenkung durch Reize
Stufe 4	Intensive Momente
Stufe 5	Anhaltend

Nach diesem Modell sind Erzieherinnen gefordert, die optimalen Bedingungen zur Förderung eines jeden Kindes zu schaffen. Wichtig ist hier die Sichtweise, dass das Kind kein Problem an sich hat, sondern seine Umgebung noch nicht optimal für seine Entwicklung gestaltet ist. Die Handlungsaktivitäten der Erzieherin sollen sich auf die Optimierung der Lernbedingungen für das Kind richten.

Grundsäulen des Leuvener Modells
alltägliche wiederkehrende Beobachtungen
ein Gruppenscreening, d. h. zweimal im Jahr werden alle Kinder der Gruppe systematisch beobachtet
Festhalten der Ergebnisse in Formblättern
Weiterführung der Beobachtungen bei Kindern, die nicht klar einzustufen sind oder im mittlerem bis unteren Niveau liegen
Ableiten von Schlussfolgerungen für die pädagogische Arbeit, die zur Verbesserung der Entwicklungsbedingungen von Kindern in Tageseinrichtungen führen
halbjährliche Elterngespräche über die Entwicklung des Kindes und Einbeziehen der elterlichen Erziehungskompetenz

Die Fachkraft muss sich im Vorfeld sehr gezielt mit dem Leuvener Modell beschäftigen und sollte sich mithilfe von Beispielen und Filmmaterial in die Stufen der Engagiertheit einarbeiten.

3.4.7 Portfolios – eine besondere Form der Dokumentation

Portfolios sind besser bekannt aus der freien Wirtschaft und dem Bankenwesen. Dabei handelt es sich beispielsweise um eine Sammlung von Wertpapieren in einem Aktienfond.

Der Begriff **Portfolio** leitet sich von den lateinischen Begriffen „folium“ (Blatt) und „portare“ (tragen) ab. Ursprünglich wurde der Begriff Portfolio für eine Sammlung künstlerischer Arbeiten in einer Mappe verwendet.

Dialogisches Arbeiten mit dem Portfolio

Im Elementarbereich ist damit auch eine Form der Sammlung gemeint, die die Bildung und Entwicklung eines Kindes dokumentieren soll. Kinderbilder, Zeichnungen und Geschichten des einzelnen Kindes werden gesammelt, kommentiert und in einem Ordner abgeheftet.

Charakteristisch für ein Portfolio im pädagogischen Bereich ist die Möglichkeit, einen eigenen Lernweg für das einzelne Kind zu erarbeiten und zu dokumentieren.

Es gibt keine feste Form, wie ein Portfolio auszusehen hat. Die Form und der Inhalt entsprechen dem Kind und seinen Erkenntnissen. Mithilfe des Portfolios kann das Kind seine Entwicklung nachvollziehen, sich präziser erinnern und möglicherweise auch eigene kleine Ziele für sein Tun bestimmen.

Für Erzieherinnen bedeutet die Arbeit mit Portfolios ein starkes Training des Aktiven Zuhörens *(vgl. HF 1, Kap. 1)*. Sie müssen mit dem Kind, den Eltern und dem Team in einen Dialog eintreten.

Sie hören dem Kind gezielt zu, hinterfragen die Zeichnungen und Bilder von Kindern und können so von dem Kind lernen, welche Impulse und Handlungsanregungen es für seine weitere Entwicklung benötigt.

Die **Selbstbildungsprozesse** eines Kindes sollen durch die intensive Auseinandersetzung angeregt werden. Das Kind hat einen aktiven Anteil an seiner Entwicklung. Durch das Gespräch anhand des Portfolios haben Kinder und Erzieherinnen die Möglichkeit, intensiv über Stärken und Interessen zu sprechen und individuelle Lernwege zu beschreiten.

Im Team werden gemeinsam Wahrnehmungen und Eindrücke zu den einzelnen Kindern hinterfragt und überprüft. Auch können Beobachtungen und Lerngeschichten anderer Teammitglieder das Portfolio des Kindes ergänzen.

Im Gespräch mit den Eltern kann anhand eines Portfolios die Lebens- und Gedankenwelt des Kindes beschrieben werden. Veränderungsprozesse und Weiterentwicklungen können Eltern so nachvollziehen.

Präsentationen des Portfolios können sogenannte „Drei-Parteien-Gespräche“ zwischen Erzieher, Eltern und Kind gewinnbringend unterstützen und visualisieren.

Anlegen eines Portfolios
Hierzu bestehen keine festen Regeln. In den USA und in England haben sich seit vielen Jahren Portfolios als Dokumentationsform bewährt. Dabei haben sich folgende Punkte als wichtig erwiesen:

→ **Worin sollen die Beobachtungen gesammelt werden?**
Hier kann ein einfacher Ringordner für jedes einzelne Kind genutzt werden. Er sollte mit dem Namen und einem Foto des Kindes versehen sein. Sinnvoll ist auch, eine Box oder eine Aufbewahrungskiste für das einzelne Kind bereitzustellen – nicht jedes Kunstwerk hat ein DIN-A4-Format. Es ist sinnvoll, dass die Ordner der Kinder äußerlich gleich oder ähnlich sind, um Bewertungen von Äußerlichkeiten durch Eltern oder andere Kinder zu verhindern.

→ **Wo stehen die Portfolio-Ordner?**
Sie sollten für Erzieherinnen, Kinder und Eltern zugänglich sein. Jedoch darf nicht jeder ungefragt an die Ordner gelangen. Ein Regal in der Gruppe wäre zum Beispiel ein geeigneter Ort.
Die Erlaubnis der Kinder bzw. der Erzieher sollte durch die Eltern vor der Betrachtung des Portfolios eingeholt werden.
Damit die Nutzung auch durch die Hand der Kinder erfolgen kann, sollte es ein frei zugängliches Regal auf Ebene der Kinder sein.

→ **Wie sollte der Aufbau eines Portfolios sein?**
Trennblätter zwischen einzelnen inhaltlichen Abschnitten erleichtern das Wiederfinden von Themen. Ein Inhaltsverzeichnis mit Zeitleiste als Einstieg gibt einen guten Überblick über den Inhalt.
Beobachtungen, Fotos, Bilder und Zeichnungen sollten chronologisch in überschaubaren Abschnitten abgelegt werden.

Inhalte sollten immer mit einem Datum und dem Hinweis, wo und wer beobachtet hat, versehen sein. Nur so lassen sich Situationen ganzheitlich erfassen.

Es ist sinnvoll, Fotos nicht nur einzukleben, sondern kurze Textpassagen dazuzuschreiben. Ebenso können gemalte Werke der Kinder mit Titel versehen werden, die im Gespräch über das Bild mit dem Kind gefunden werden.

Ein reines Abheften und Sammeln von vielen Bildern ist nicht Sinn und Aufgabe eines Portfolios.

Die Fachkraft muss dafür sorgen, dass jedes Kind sein Portfolio mitpflegt und gestaltet. Manchmal bedeutet dies auch, Kinder zu begrenzen oder zu ermutigen. Nicht alle gemalten Bilder können im Portfolio abgeheftet werden. Andere Kinder hingegen müssen evtl. ermutigt werden, ein Bild ins Portfolio zu heften.

Beispiel für eine Portfolioseite

Eigentumsrechte eines Portfolios

Die Eigentumsrechte eines Portfolios sind bisher noch nicht gesetzlich geklärt. Von pädagogischer Seite erscheint es jedoch sinnvoll, dass das Portfolio als Eigentum von Eltern und Kind betrachtet und alle Inhalte beim Ausscheiden aus der Tageseinrichtung den Eltern ausgehändigt werden.

Ein Portfolio hat nur dann einen hohen Nutzen, wenn alle Beteiligten (Erzieher, Kind und Eltern) gemeinsam und ohne Angst vor negativen Aufzeichnungen und Folgen Informationen austauschen können.

Wie kommt Bildung ins Portfolio?

Durch Beobachtungen, Notizen, Lerngeschichten und Sammlungen entsteht im Laufe der Zeit ein ganzheitliches Bild von einem Kind.

Doch erst das weitere Überlegen und Auswerten der Beobachtungen ermöglicht der Fachkraft, Bildung zu planen und sinnvoll zu gestalten.

Die Fachkraft sollte ein Fazit aus den bisherigen Handlungen des Kindes ziehen und ihm einen nächsten Lernschritt, der zu den Beobachtungen passt, anbieten.

Das Portfolio soll der Fachkraft dazu dienen, zu neuen Erkenntnissen zu kommen und sich auch im Team über pädagogisch sinnvolle Schritte für das einzelne Kind auszutauschen.

Im Rahmen der Entwicklungsgespräche mit Eltern und auch der Übergangsgestaltung in die Grundschule kann das Portfolio einen ganzheitlichen Überblick über die Entwicklung des Kindes und die pädagogischen Interventionen der Fachkraft geben.

3.4.8 Lerngeschichten

Im Jahre 2001 wurde in Neuseeland von Margaret Carr und ihrem Team das Konzept der „Learning stories" entwickelt. **Lernen** wird hier verstanden „als ein Prozess des zunehmenden Beteiligtseins an sozialen Praktiken und Aktivitäten" *(Viernickel/Völkel, 2007, S. 143).*

Die Kinder entwickeln Lernstrategien, die der jeweiligen Situation angepasst sind. Die Ergebnisse dieser Lernprozesse nennt Carr **Lerndispositionen.** Insgesamt unterscheidet sie fünf Bereiche der Lerndispositionen, die aufeinander aufbauen und die beobachtet und dokumentiert werden können:

Lerndispositionen
→ engagiert sein
→ trotz Schwierigkeiten dabeibleiben
→ sich mit anderen austauschen
→ sich interessieren
→ Verantwortung übernehmen

Adrienne (4;5 Jahre) interessiert sich für das Marienkäferpuzzle mit vielen Teilen. Erst versucht sie, es ganz alleine zusammenzupuzzeln, aber noch gelingt es ihr nicht. Jeden Morgen holt sie sich erneut das Puzzle aus dem Regal und versucht es wieder. Gemeinsam mit Lukas (4;8 Jahre) schafft sie es dann, das Puzzle zusammenzusetzen. Währenddessen haben sie sich darüber ausgetauscht, wo welches Puzzleteil hinkommen könnte. Beide haben beschlossen, dass sie die Puzzlekönige der Gruppe sind. Adrienne hat heute Morgen Mara (3,4 Jahre) beim Puzzeln geholfen.

Damit Erzieherinnen die Lerndispositionen von Kindern richtig einschätzen und beurteilen können, schlägt Carr vor, Beobachtungen in Form von **Lerngeschichten** festzuhalten. Bei Lerngeschichten handelt es sich um Beobachtungen aus dem Alltag des Kindes, die zum Beispiel in einem Portfolio gesammelt werden.

Über einen längeren Zeitraum hinweg werden diese Beobachtungen zusammengetragen und dann auf die Lernmuster des Kindes hin untersucht. Dabei kann sich beispielsweise zeigen, dass das Kind immer wieder schnell aufgibt oder sich sehr auf eine Sache konzentrieren kann.

Die Arbeit mit Lerngeschichten umfasst vier Schritte:
1. das Beschreiben einer beobachteten Lernsituation
2. die Diskussion im Team
3. die Entscheidung über das weitere Vorgehen
4. die Dokumentation (z. B. in einem Portfolio)

Die Erzieherinnen sollten also gemeinsam über die Beobachtungen eines Kindes diskutieren und dann eine Entscheidung treffen, welche pädagogische Förderung der Lerndispositionen sich anbietet.

Die Methode der „Learning stories“ kann durch vielfältiges Videomaterial und Anleitungen geschult werden.

Um Bildung von Kindern in Lerngeschichten nach Carr zu dokumentieren, ist es zwingend notwendig, das Konstrukt der Lerndispositionen zu verstehen.

Erzieherinnen diskutieren über ihre Beobachtungen.

3.4.9 Das „Könnerbuch"

Kinder können in Zusammenarbeit mit der Erzieherin „Meilensteine“ ihrer Entwicklung beschreiben und dokumentieren. Das „Könnerbuch“ bietet dazu eine gute Möglichkeit.

Jedes Kind besitzt ein Heft oder ein Buch, in dem es selber oder mithilfe der Erzieherin wichtige Dinge aufschreiben oder aufmalen kann. Kinder werden dadurch darauf aufmerksam gemacht, auf Neues zu achten und Erlerntes zu bemerken. Viele Kinder wissen bereits, dass sie etwas gelernt haben und lernen, dieses zu benennen.

Kinder werden so zu aktiven Gestaltern ihrer Lernschritte und somit ihrer Lernerfolge. Das Könnerbuch kann in der Einrichtung ausgestellt werden und als Grundlage bei Elterngesprächen dienen.

Malte kommt zur Erzieherin und berichtet: „Ich habe gestern eine Gurke ganz alleine mit dem Messer geschnitten. Kannst du das in mein Buch schreiben?“

Das gemeinsame Gestalten und Dokumentieren von Bildung ermöglichen es dem Kind und der Fachkraft, Entwicklungsschritte festzuhalten und gemeinsam neue zu planen.

Maltes Könnerbuch

3.4.10 Das Kind der Woche – eine ungewöhnliche Form der Bildungsdokumentation

Bekannt aus meist amerikanischen Unternehmen ist die Wahl zum „Mitarbeiter der Woche“ oder des Monats. Besondere Leistungen oder Umsätze des Mitarbeiters spielen dabei eine große Rolle.

Warum sollte man diesem Prinzip nicht einmal folgen und ein Kind pro Woche in den Mittelpunkt der Gruppe stellen und sein Wissen, seine Bildung und seine Persönlichkeit auf diese Art und Weise dokumentieren?

In ihrem Buch „Die große Sammlung der Gruppen- und Lernspiele“ von 2001 hat Kathy Charner viele Eindrücke und Sternstunden amerikanischer Vorschulerziehung gesammelt. Die dort vorgestellten Ideen stammen aus der Praxis amerikanischer Erzieherinnen. Auch wenn einige Anregungen fremd und ungewöhnlich erscheinen, so lohnt es sich doch, darüber nachzudenken.

Das Kind der Woche: Vielleicht darf es eine Woche auf einem besonderen Stuhl sitzen und den Assistenten der Fachkraft spielen. Vielleicht schaut die Erzieherin sich mit allen Kindern der Gruppe die ersten Fotos des Kindes an und hört die Informationen der Eltern gemeinsam in einem Stuhlkreis an. Vielleicht machen Erzieher in dieser Woche viele Fotos und schreiben Sätze des Kindes oder auch der Gruppe zu diesem Kind auf.

Dokumentieren Sie nach der Woche alles in dem Portfolio des Kindes. So kann eine Bildungsdokumentation spannend werden und neue Erkenntnisse bringen.

Gleichzeitig bietet diese Methode eine Möglichkeit für die Elternarbeit. Die Aufzeichnungen und Darstellungen der Fachkraft können den Eltern einen ganzheitlichen Überblick über die Fähigkeiten und die Entwicklung des Kindes ermöglichen.

Im Gegenzug können die Eltern möglicherweise Elemente aus dem Tagesablauf und der Entwicklung zu Hause berichten.

Ein Kind in den Mittelpunkt der Beobachtungen zu stellen heißt, ihm Zuwendung und Wertschätzung zu geben und ermöglicht Fachkräften oft einen neuen Blick auf das Kind.

Gemeinsam werden Fotos des Kindes angeschaut

↗ FAZIT

- → Bildung und Entwicklung von Kindern muss in Tageseinrichtungen dokumentiert werden. Die Dokumentationsformen sollten Kindern und Eltern angepasst und beiden frei zugänglich sein.
- → Beobachtungen sollten systematisch und regelmäßig erfolgen.
- → Aus den Beobachtungen muss eine sinnvolle Schlussfolgerung für weiteres, geplantes Handeln gezogen werden.
- → Sinnvolle Formen der Bildungsdokumentation: „Der erste Brief“, das Portfolio, das Leuvener Modell, Lerngeschichten, das Könnerbuch, das „Kind der Woche“

→·← AUFGABEN UND ANREGUNGEN

1 Legen Sie ein Portfolio über sich selber an. Welche Dinge, Fotos und Zeichnungen finden Sie noch? Was haben Sie dazu zu erzählen? Bringen Sie dieses Portfolio mit und stellen Sie es im Unterricht vor.

2 Wählen Sie in Ihrer Klasse den „Studierenden der Woche" und sammeln Sie positive Elemente über Ihren Mitstudierenden.

3 Gestalten Sie inhaltlich und optisch eine Beispielseite für den Beginn eines Portfolio-Ordners. Welche Inhalte erachten Sie als sinnvoll? Welche Gestaltungsform würden Sie wählen? Begründen Sie Ihre Entscheidungen und stellen Sie Ihre Ergebnisse in der Klasse vor.

4 Sammeln Sie in Kleingruppen Fragen für einen Austausch zwischen Ihnen und Malte mit dem Könnerbuch. Welche Ziele verfolgen Sie mit Ihren ausgewählten Fragen? Überlegen Sie dann eine sinnvolle pädagogische Intervention und begründen Sie diesen geplanten Lernschritt.

5 Erstellen Sie im Praktikum eine erste Bildungsdokumentation für ein Kind. Überlegen Sie, welche Form der Dokumentation gut geeignet ist, und führen Sie diese über den Zeitraum Ihres Praktikums durch. Entwickeln Sie Ideen für Bildungschancen für das Kind, welches Sie beobachten und begleiten.

6 Nehmen Sie (wenn möglich) an einem Entwicklungsgespräch in der Tageseinrichtung teil. Reflektieren Sie im Anschluss das Gespräch und formulieren Sie Leitsätze, auf die Sie achten wollen, wenn Sie ein solches Gespräch eigenständig führen müssen.

TIPPS ZUM WEITERLESEN →→

- → www.dji.de
- → www.minedu.govt.nz
- → www.bildungsserver.de
- → www.onlinehandbuch.de
- → www.portfolionytt.se
- → Assessment in Early Childhood Settings. Learning stories.
  L Carr, M., Sage: London 2001
- → Bildung und Lerngeschichten im Kindergarten. Konzepte – Methoden – Beispiele.
  Norbert Neuß, Cornelsen, Berlin 2007
- → Kita aktuell NRW, Nr 7/8/2005, S. 160 ff.
- → Die Leuvener Engagierheits-Skala für Kinder. LESK.
  Ferre Laevers, Fachschule für Sozialpädagogik, Erkelenz 1997
- → Beobachten und Dokumentieren im pädagogischen Alltag.
  Susanne Viernickel, Petra Völkel, Herder, Freiburg 2007
- → Bildungsprozesse im Kindergarten und in der Kita planen und dokumentieren.
  Bernd Groot-Wilken, Herder, Freiburg 2007
- → Bildungs- und Lerngeschichten.
  Rudolf Leu, et al, Verlag das Netz, Berlin 2007
- → Kinder verstehen lernen: Wie Beobachtung zu Achtung führt.
  Erika Kazemi-Veisari, Kallmeyer Verlag, Velber 2004
- → Das Bildungsbuch – Dokumentieren im Dialog.
  GEW, Verlag Das Netz, Berlin 2008

4 Rechtliche Grundlagen

Beim Betrieb einer Einrichtung sind Vorschriften, Gesetze und Verordnungen zu beachten, durch die Qualitätsstandards staatlich garantiert werden. Wer sie verletzt, muss sich im Zweifel verantworten, insbesondere Leitung und Träger. Gesetze legen Rahmenbedingungen, Zuständigkeiten und Verantwortlichkeiten fest.

Über die bundesweit geltenden Gesetze hinaus hat jedes Bundesland noch ein eigenes Kindertagesstätten-Gesetz, eigene Verordnungen und Richtlinien. Die landesspezifischen Vorschriften sind auf dem Bildungsserver zusammengefasst.

4.1 Kinder- und Jugendhilfe – SGB VIII

Das **Kinder- und Jugendhilfegesetz** findet sich im Achten Buch des Sozialgesetzbuches (SGB VIII). Der § 1 SGB VIII regelt das **Recht des Kindes auf Erziehung:**

> **§ 1 Abs. 1 SGB VIII (Kinder- und Jugendhilfe):**
> Jeder junge Mensch hat ein Recht auf Förderung seiner Entwicklung und auf Erziehung zu einer eigenverantwortlichen und gemeinschaftsfähigen Persönlichkeit.

2005 sind das „Gesetz zur Weiterentwicklung der Kinder- und Jugendhilfe“ **(KICK)** und das „Tagesbetreuungsgesetz“ **(TAG)** in Kraft getreten. KICK enthält Änderungen des SGB VIII u. a. zu: Schutz von Kindern und Jugendlichen bei Gefahren für ihr Wohl und Unterstützung der durch das TAG initiierten Verbesserung der Kinderbetreuung. Im Zentrum des TAG steht der qualitätsorientierte, bedarfsgerechte, flexible Ausbau der Betreuung für die unter Dreijährigen.

Die §§ 22 bis 26 SGB VIII (KJHG) regeln die **Förderung von Kindern** in Kindertageseinrichtungen. Der Auftrag einer Tageseinrichtung ist in § 22 beschrieben:

> **§ 22 SGB VIII ((Kinder- und Jugendhilfe):**
> (1) Tageseinrichtungen sind Einrichtungen, in denen sich Kinder für einen Teil des Tages oder ganztägig aufhalten und in Gruppen gefördert werden. [...]
> (2) Tageseinrichtungen für Kinder [...] sollen
> 1. die Entwicklung des Kindes zu einer eigenverantwortlichen und gemeinschaftsfähigen Persönlichkeit fördern,
> 2. die Erziehung und Bildung in der Familie unterstützen und ergänzen,
> 3. den Eltern dabei helfen, Erwerbstätigkeit und Kindererziehung besser miteinander vereinbaren zu können.
> (3) Der Förderungsauftrag umfasst Erziehung, Bildung und Betreuung des Kindes und bezieht sich auf die soziale, emotionale, körperliche und geistige Entwicklung des Kindes. Er schließt die Vermittlung orientierender Werte und Regeln ein. Die Förderung soll sich am Alter und Entwicklungsstand, den sprachlichen und sonstigen Fähigkeiten, der Lebenssituation sowie den Interessen und Bedürfnissen des einzelnen Kindes orientieren und seine ethnische Herkunft berücksichtigen.

4.1.1 Kinderförderungsgesetz (KiföG)

Ab dem Kindergartenjahr 2013 gilt ein Rechtsanspruch für die Betreuung von Kindern ab dem 1. Lebensjahr.

Das Kinderförderungsgesetz (KiföG) ist ein zentraler Baustein beim Ausbau der Kindertagesbetreuung. Es ist am 16. Dezember 2008 in Kraft getreten. Das Gesetz enthält unter anderem folgende wichtige Regelungen: Seit dem 01. August 2013 ist ein Rechtsanspruch auf einen Betreuungsplatz für alle Kinder vom vollendeten ersten bis zum vollendeten dritten Lebensjahr eingeführt worden.

Außerdem soll die Kindertagespflege deutlich gestärkt werden, 30 % der neuen Plätze sollen in diesem Bereich entstehen. Der ab 01.08.2013 gültige Gesetzestext lautet wie folgt:

§ 24 SGB VIII

Anspruch auf Förderung in Tageseinrichtungen und in Kindertagespflege

(1) Ein Kind, das das erste Lebensjahr noch nicht vollendet hat, ist in einer Einrichtung oder in Kindertagespflege zu fördern, wenn diese Leistung für seine Entwicklung zu einer eigenverantwortlichen und gemeinschaftsfähigen Persönlichkeit geboten ist oder die Erziehungsberechtigten

a) einer Erwerbstätigkeit nachgehen, eine Erwerbstätigkeit aufnehmen oder Arbeit suchend sind,

b) sich in einer beruflichen Bildungsmaßnahme, in der Schulausbildung oder Hochschulausbildung befinden oder

c) Leistungen zur Eingliederung in Arbeit im Sinne des Zweiten Buches erhalten.

Lebt das Kind nur mit einem Erziehungsberechtigten zusammen, so tritt diese Person an die Stelle der Erziehungsberechtigten. Der Umfang der täglichen Förderung richtet sich nach dem individuellen Bedarf.

(2) Ein Kind, das das erste Lebensjahr vollendet hat, hat bis zur Vollendung des dritten Lebensjahres Anspruch auf frühkindliche Förderung in einer Tageseinrichtung oder in Kindertagespflege. [...]

(3) Ein Kind, das das dritte Lebensjahr vollendet hat, hat bis zum Schuleintritt Anspruch auf Förderung in einer Tageseinrichtung. Die Träger der öffentlichen Jugendhilfe haben darauf hinzuwirken, dass für diese Altersgruppe ein bedarfsgerechtes Angebot an Ganztagsplätzen zur Verfügung steht. [...]

(4) Für Kinder im schulpflichtigen Alter ist ein bedarfsgerechtes Angebot in Tageseinrichtungen vorzuhalten. [...]

(5) Die Träger der öffentlichen Jugendhilfe oder die von ihnen beauftragten Stellen sind verpflichtet, Eltern oder Elternteile, die Leistungen nach den Absätzen 1 bis 4 in Anspruch nehmen wollen, über das Platzangebot im örtlichen Einzugsbereich und die pädagogische Konzeption der Einrichtungen zu informieren und sie bei der Auswahl zu beraten. [...]

4.1.2 Schutzauftrag bei Kindeswohlgefährdung

Im Rahmen des Kinder- und Jugendweiterentwicklungsgesetzes (KICK) wurde auch § 8 SGB VIII ergänzt. Der § 8 a legt den Schwerpunkt auf den Schutz des Kindeswohls *(ausführlicher wird hierauf in Band 2, Handlungsfeld 4, Kapitel 2 eingegangen).*

§ 8 a, SGB VIII Schutzauftrag bei Kindeswohlgefährdung

(1) Werden dem Jugendamt gewichtige Anhaltspunkte für die Gefährdung des Wohls eines Kindes oder Jugendlichen bekannt, so hat es das Gefährdungsrisiko im Zusammenwirken mehrerer Fachkräfte einzuschätzen. Soweit der wirksame Schutz dieses Kindes oder dieses Jugendlichen nicht in Frage gestellt wird, hat das Jugendamt die Erziehungsberechtigten sowie das Kind oder den Jugendlichen in die Gefährdungseinschätzung einzubeziehen und, sofern dies nach fachlicher Einschätzung erforderlich ist, sich dabei einen unmittelbaren Eindruck von dem Kind und von seiner persönlichen Umgebung zu verschaffen. Hält das Jugendamt zur Abwendung der Gefährdung die Gewährung von Hilfen für geeignet und notwendig, so hat es diese den Erziehungsberechtigten anzubieten.

(2) Hält das Jugendamt das Tätigwerden des Familiengerichts für erforderlich, so hat es das Gericht anzurufen; dies gilt auch, wenn die Erziehungsberechtigten nicht bereit oder in der Lage sind, bei der Abschätzung des Gefährdungsrisikos mitzuwirken. Besteht eine dringende Gefahr und kann die Entscheidung des Gerichts nicht abgewartet werden, so ist das Jugendamt verpflichtet, das Kind oder den Jugendlichen in Obhut zu nehmen.

(3) Soweit zur Abwendung der Gefährdung das Tätigwerden anderer Leistungsträger, der Einrichtungen der Gesundheitshilfe oder der Polizei notwendig ist, hat das Jugendamt auf die Inanspruchnahme durch die Erziehungsberechtigten hinzuwirken. Ist ein sofortiges Tätigwerden erforderlich und wirken die Personensorgeberechtigten oder die Erziehungsberechtigten nicht mit, so schaltet das Jugendamt die anderen zur Abwendung der Gefährdung zuständigen Stellen selbst ein.

(4) In Vereinbarungen mit den Trägern von Einrichtungen und Diensten, die Leistungen nach diesem Buch erbringen, ist sicherzustellen, dass

1. deren Fachkräfte bei Bekanntwerden gewichtiger Anhaltspunkte für die Gefährdung eines von ihnen betreuten Kindes oder Jugendlichen eine Gefährdungseinschätzung vornehmen,
2. bei der Gefährdungseinschätzung eine insoweit erfahrene Fachkraft beratend hinzugezogen wird sowie
3. die Erziehungsberechtigten sowie das Kind oder der Jugendliche in die Gefährdungseinschätzung einbezogen werden, soweit hierdurch der wirksame Schutz des Kindes oder Jugendlichen nicht in Frage gestellt wird.

In die Vereinbarung ist neben den Kriterien für die Qualifikation der beratend hinzuzuziehenden insoweit erfahrenen Fachkraft insbesondere die Verpflichtung aufzunehmen, dass die Fachkräfte der Träger bei den Erziehungsberechtigten auf die Inanspruchnahme von Hilfen hinwirken, wenn sie diese für erforderlich halten, und das Jugendamt informieren, falls die Gefährdung nicht anders abgewendet werden kann.

(5) Werden einem örtlichen Träger gewichtige Anhaltspunkte für die Gefährdung des Wohls eines Kindes oder eines Jugendlichen bekannt, so sind dem für die Gewährung von Leistungen zuständigen örtlichen Träger die Daten mitzuteilen, deren Kenntnis zur Wahrnehmung des Schutzauftrags bei Kindeswohlgefährdung nach § 8a erforderlich ist. Die Mitteilung soll im Rahmen eines Gespräches zwischen den Fachkräften der beiden örtlichen Träger erfolgen, an dem die Personensorgeberechtigten sowie das Kind oder der Jugendliche beteiligt werden sollen, soweit hierdurch der wirksame Schutz des Kindes oder des Jugendlichen nicht in Frage gestellt wird.

4.1.3 Betriebserlaubnis

Jede Einrichtung benötigt eine Betriebserlaubnis. Diese ist in § 45 SGB VIII geregelt.

§ 45 SGB VIII

(1) Der Träger einer Einrichtung, in der Kinder oder Jugendliche ganztägig oder für einen Teil des Tages betreut werden oder Unterkunft erhalten, bedarf für den Betrieb der Einrichtung der Erlaubnis. Einer Erlaubnis bedarf nicht, wer
1. eine Jugendfreizeiteinrichtung, eine Jugendbildungseinrichtung, eine Jugendherberge oder ein Schullandheim betreibt,
2. ein Schülerheim betreibt, das landesgesetzlich der Schulaufsicht untersteht,
3. eine Einrichtung betreibt, die außerhalb der Jugendhilfe liegende Aufgaben für Kinder oder Jugendliche wahrnimmt, wenn für sie eine entsprechende gesetzliche Aufsicht besteht oder im Rahmen des Hotel- und Gaststättengewerbes der Aufnahme von Kindern oder Jugendlichen dient.

(2) Die Erlaubnis ist zu erteilen, wenn das Wohl der Kinder und Jugendlichen in der Einrichtung gewährleistet ist. Dies ist in der Regel anzunehmen, wenn
1. die dem Zweck und der Konzeption der Einrichtung entsprechenden räumlichen, fachlichen, wirtschaftlichen und personellen Voraussetzungen für den Betrieb erfüllt sind,
2. die gesellschaftliche und sprachliche Integration in der Einrichtung unterstützt wird sowie die gesundheitliche Vorsorge und die medizinische Betreuung der Kinder und Jugendlichen nicht erschwert werden sowie
3. zur Sicherung der Rechte von Kindern und Jugendlichen in der Einrichtung geeignete Verfahren der Beteiligung sowie der Möglichkeit der Beschwerde in persönlichen Angelegenheiten Anwendung finden.

(3) Zur Prüfung der Voraussetzungen hat der Träger der Einrichtung mit dem Antrag
1. die Konzeption der Einrichtung vorzulegen, die auch Auskunft über Maßnahmen zur Qualitätsentwicklung und -sicherung gibt, sowie
2. im Hinblick auf die Eignung des Personals nachzuweisen, dass die Vorlage und Prüfung von aufgabenspezifischen Ausbildungsnachweisen sowie von Führungszeugnissen nach § 30 Absatz 5 und § 30a Absatz 1 des Bundeszentralregistergesetzes sichergestellt sind; Führungszeugnisse sind von dem Träger der Einrichtung in regelmäßigen Abständen erneut anzufordern und zu prüfen.

(4) Die Erlaubnis kann mit Nebenbestimmungen versehen werden. Zur Sicherung des Wohls der Kinder und der Jugendlichen können auch nachträgliche Auflagen erteilt werden.

(5) Besteht für eine erlaubnispflichtige Einrichtung eine Aufsicht nach anderen Rechtsvorschriften, so hat die zuständige Behörde ihr Tätigwerden zuvor mit der anderen Behörde abzustimmen. Sie hat den Träger der Einrichtung rechtzeitig auf weitergehende Anforderungen nach anderen Rechtsvorschriften hinzuweisen.

(6) Sind in einer Einrichtung Mängel festgestellt worden, so soll die zuständige Behörde zunächst den Träger der Einrichtung über die Möglichkeiten zur Beseitigung der Mängel beraten. Wenn sich die Beseitigung der Mängel auf Entgelte oder Vergütungen nach § 75 des Zwölften Buches auswirken kann, so ist der Träger der Sozialhilfe an der Beratung zu beteiligen, mit dem Vereinbarungen nach dieser Vorschrift bestehen. Werden festgestellte Mängel nicht behoben, so können dem Träger der Einrichtung Auflagen erteilt werden, die zur Beseitigung einer eingetretenen oder Abwendung einer drohenden Beeinträchtigung oder Gefährdung des Wohls der Kinder oder Jugendlichen erforderlich sind. Wenn sich eine Auflage auf Entgelte oder

Vergütungen nach § 75 des Zwölften Buches auswirkt, so entscheidet die zuständige Behörde nach Anhörung des Trägers der Sozialhilfe, mit dem Vereinbarungen nach dieser Vorschrift bestehen, über die Erteilung der Auflage. Die Auflage ist nach Möglichkeit in Übereinstimmung mit Vereinbarungen nach den §§ 75 bis 80 des Zwölften Buches auszugestalten.

(7) Die Erlaubnis ist zurückzunehmen oder zu widerrufen, wenn das Wohl der Kinder oder der Jugendlichen in der Einrichtung gefährdet und der Träger der Einrichtung nicht bereit oder nicht in der Lage ist, die Gefährdung abzuwenden. Widerspruch und Anfechtungsklage gegen die Rücknahme oder den Widerruf der Erlaubnis haben keine aufschiebende Wirkung.

Die Träger sind verpflichtet, genügend Fachpersonal vorzuhalten. Im Einzelnen regeln die Länder dies in Landesgesetzen und Verordnungen: wer gilt als Fachpersonal und wie sieht der Personalschlüssel aus.

4.1.4 Zusammenarbeit mit Eltern

Die Ziele bei der Zusammenarbeit mit Eltern sind ebenfalls in **SGB VIII (Kinder- und Jugendhilfe)** rechtlich festgelegt:

§ 1 Abs. 3: Jugendhilfe soll [...] Eltern und andere Erziehungsberechtigte bei der Erziehung beraten und unterstützen.
§ 22 Abs. 2: Tageseinrichtungen für Kinder und Kindertagespflege sollen [...] den Eltern dabei helfen, Erwerbsfähigkeit und Kindererziehung besser miteinander vereinbaren zu können.
§ 22 a Abs. 2: Die Träger der öffentlichen Jugendhilfe sollen sicherstellen, dass die Fachkräfte in ihren Einrichtungen zusammenarbeiten [...] mit den Erziehungsberechtigten [...] zum Wohl der Kinder und zur Sicherung der Kontinuität des Erziehungsprozesses [...] Die Erziehungsberechtigten sind an den Entscheidungen in wesentlichen Angelegenheiten der Erziehung, Bildung und Betreuung zu beteiligen.
§ 22 a Abs. 3: [...] Das Angebot soll sich pädagogisch und organisatorisch an den Bedürfnissen der Kinder und ihrer Familien orientieren.

Zusammenarbeit mit Eltern beinhaltet laut Gesetz also die Unterstützung, Beratung und Beteiligung der Eltern sowie eine partnerschaftliche Zusammenarbeit. Diese Vorgaben werden in der Praxis umgesetzt durch die Kooperation mit den Eltern *(ausführlich in Band 2, HF 4, Kap. 2)*. Dabei geht es um die Abstimmung der Erziehungsziele, die Mitbestimmung der Eltern, beiderseitige Transparenz und Information durch gegenseitigen Austausch sowie die Zusammenarbeit der Eltern untereinander.

In Nordrhein-Westfalen wird im **Gesetz zur frühen Bildung und Förderung von Kindern – Kinder-Bildungsgesetz (KiBiz)** deutlich, dass die Zusammenarbeit mit Eltern und auch die Mitarbeit der Eltern gesetzlich vorgegeben ist:

§ 9 KiBiz Zusammenarbeit mit den Eltern

(1) Das Personal der Kindertageseinrichtungen sowie Tagesmütter und -väter arbeiten mit den Eltern bei der Förderung der Kinder partnerschaftlich und vertrauensvoll zusammen. Die Eltern haben einen Anspruch auf eine regelmäßige Information über den Stand des Bildungs- und Entwicklungsprozesses ihres Kindes.

(2) In jeder Kindertageseinrichtung werden zur Förderung der Zusammenarbeit von Eltern, Personal und Träger die Elternversammlung, der Elternbeirat und der Rat der Kindertageseinrichtung gebildet. [...] Die Mitwirkungsgremien sollen die Zusammenarbeit zwischen den Eltern, dem Träger und dem pädagogischen Personal sowie das Interesse der Eltern für die Arbeit der Einrichtung fördern.

(3) Die Eltern der die Einrichtung besuchenden Kinder bilden die Elternversammlung. In der Elternversammlung informiert der Träger über personelle Veränderungen sowie pädagogische und konzeptionelle Angelegenheiten. Zu den Aufgaben der Elternversammlung gehört die Wahl der Mitglieder des Elternbeirates.

(4) Der Elternbeirat vertritt die Interessen der Elternschaft gegenüber dem Träger und der Leitung der Einrichtung. Er ist über wesentliche personelle Veränderungen bei pädagogisch tätigen Kräften zu informieren. [...]

(5) Der Rat der Kindertageseinrichtung besteht aus Vertreterinnen und Vertretern des Trägers, des Personals und des Elternbeirates. Aufgaben sind insbesondere die Beratung der Grundsätze der Erziehungs- und Bildungsarbeit, die räumliche, sachliche und personelle Ausstattung sowie die Vereinbarung von Kriterien für die Aufnahme von Kindern in die Einrichtung.

4.2 Aufsichtspflicht

§ 1631 Abs. 1 BGB
Die Personensorge umfasst insbesondere das Recht und die Pflicht, das Kind zu pflegen, zu erziehen, zu beaufsichtigen und seinen Aufenthalt zu bestimmen.

Die Aufsichtspflicht ist nach § 1631 Abs. 1 des Bürgerlichen Gesetzbuchs (BGB) Teil der Personensorge und liegt damit bei den Eltern bzw. den Personensorgeberechtigten. Geben diese ihr Kind in einen Kindergarten, übernimmt dessen Träger die Aufsichtspflicht über das Kind, das kann ausdrücklich aber auch stillschweigend geschehen. Der Träger übergibt die Aufsichtspflicht ebenso ausdrücklich oder stillschweigend an die Kindergartenleitung und die Fachkräfte. Der Träger hat dafür zu sorgen, dass seine Mitarbeiterinnen sorgfältig ausgewählt und auf ihre Eignung geprüft werden. Er hat ihre Einarbeitung sicherzustellen und wichtige Informationen an sie weiterzugeben. Vor allem die Leitung als Vorgesetzte hat dafür zu sorgen, neu eingestellte Mitarbeiterinnen in die Aufsichtsführung einzuweisen und auf Gefahren aufmerksam zu machen.

Die Aufsichtspflicht verlangt keine ständige Beobachtung und Kontrolle der Kinder. Folgende Punkte sollten pädagogische Fachkräfte bei der Ausübung ihrer Aufsichtspflicht berücksichtigen:

1. Alter und Reife der zu betreuenden Kinder: Jüngere Kinder bedürfen z. B. einer höheren Achtsamkeit.
2. Art, Ort und Situation der Beschäftigung
3. Person der Erzieherin: Alter, Erfahrung usw.

Für die Aufsichtsführung stehen der Erzieherin unterschiedlich ausgeprägte Formen zur Verfügung:

- → **Informieren und Belehren der Kinder über mögliche Gefahren und Risiken der aktuellen Situation.**
- → **Verbote und Gebote: Können Kinder (noch) nicht angemessen mit einer bestimmten Situation umgehen, muss die Erzieherin verständlich machen, welches Verhalten erlaubt und welches verboten ist.**
- → **Überwachen und Kontrollieren: Kinder müssen nicht auf Schritt und Tritt beobachtet werden. Regelmäßiges Kontrollieren ist aber nötig.**
- → **Eingreifen: Ist ein Kind gefährdet, muss die Erzieherin unverzüglich eingreifen und die Gefahrenquelle beseitigen.**

„Einem Erzieher kann nicht begründet der Vorwurf der Aufsichtspflichtverletzung gemacht werden, falls er sich über die persönliche Verfassung des Kindes und über die sonstigen Umstände, die für die Aufsichtsführung Bedeutung haben, informiert, das Kind in einer seinem Alter und seiner Entwicklung gemäßen Weise auf mögliche Gefahren aufmerksam macht, es vor falschem Verhalten warnt und sich vergewissert, dass das Kind seine Warnungen und Ermahnungen verstanden hat und befolgt. Schließlich muss er das Kind in einer Weise überwachen, wie dies einem verständigen Aufsichtspflichtigen unter Abwägung pädagogischer Zielsetzungen und Risiken für das Kind und andere vernünftigerweise zugemutet werden kann. Notfalls muss er zum Schutz des Kindes und anderer auch eingreifen." *(Hundmeyer 1995, S. 26).*

Beginn und Ende der Aufsichtspflicht sollten im Aufnahmevertrag geregelt werden. Ansonsten ist nicht eindeutig geregelt, ob die Aufsichtspflicht beim Betreten des Geländes, des Gebäudes oder des Gruppenraumes beginnt. Beendet ist die Aufsichtspflicht generell mit der Übergabe des Kindes an die Eltern (Personensorgeberechtigten).

Verletzung der Aufsichtspflicht
Eine Aufsichtspflichtverletzung kann strafrechtliche, zivilrechtliche und arbeits- und dienstrechtliche Folgen haben. Allerdings nur dann, wenn es zu einer schweren Verletzung oder zum Tod gekommen ist – die Aufsichtspflichtverletzung an sich ist nicht strafbar. Ist ein **strafrechtlich** zu ahndender Schaden entstanden, wird geprüft, ob der Erzieherin eine fahrlässige oder vorsätzliche Aufsichtspflichtverletzung nachzuweisen ist.

Wird ein Kind geschädigt oder entsteht einem Dritten ein Schaden, kann **zivilrechtlich** ein Schadensanspruch erhoben werden. Wird ein beaufsichtigtes Kind geschädigt, greift u. U. der § 823 BGB:

§ 823 BGB
(1) Wer vorsätzlich oder fahrlässig das Leben, den Körper, die Gesundheit, die Freiheit, das Eigentum oder ein sonstiges Recht eines anderen widerrechtlich verletzt, ist dem Anderen zum Ersatze des daraus entstehenden Schadens verpflichtet.

Wird ein Dritter geschädigt, haftet bei einer Aufsichtspflichtverletzung laut § 832 BGB der Aufsichtsführende durch Wiedergutmachung:

> **§ 832 BGB:**
> (1) Wer kraft Gesetzes zur Führung der Aufsicht über eine Person verpflichtet ist, die wegen Minderjährigkeit oder wegen ihres geistigen oder körperlichen Zustandes der Beaufsichtigung bedarf, ist zum Ersatze des Schadens verpflichtet, den diese Person einem Dritten widerrechtlich zufügt. Die Ersatzpflicht tritt nicht ein, wenn er seiner Aufsichtspflicht genügt oder wenn der Schaden auch bei gehöriger Aufsichtsführung entstanden sein würde.

Unabhängig davon, ob ein Schaden eingetreten ist, können Aufsichtspflichtverletzungen auch **arbeitsrechtliche** Folgen haben. Der Arbeitnehmer kann abgemahnt werden und in besonders schwerwiegenden Fällen eine Kündigung erhalten.

4.3 Elterliche Sorge

Recht und Pflicht der Eltern zur Pflege und Erziehung ihrer Kinder ist im **Grundgesetz** (GG) verankert:
Artikel 6 Absatz 2 Satz 1 GG: Pflege und Erziehung der Kinder sind das natürliche Recht der Eltern und die zuvörderst ihnen obliegende Pflicht.

Dies bedeutet, dass die Eltern die wesentliche Instanz für ihre Kinder sind. Sie legen die Erziehungsziele usw. fest. Erst wenn die Eltern versagen (z. B. bei Missbrauch oder Vernachlässigung), greift die darüber wachende staatliche Gemeinschaft ein.

Die näherer Ausgestaltung der **elterlichen Sorge** findet sich in den §§ 1626-1698 BGB. Sie umfasst drei Teile: die Sorge für die Person des Kindes (Personensorge), für das Vermögen des Kindes (Vermögenssorge) und seine gesetzliche Vertretung.

Inhaber der elterlichen Sorge sind die Eltern des Kindes, bei ehelichen Kindern beide Eltern gemeinsam, bei nichtehelichen Kindern zunächst nur die Mutter. Nach einer Vaterschaftsanerkennung kann eine gemeinsame Sorgerechtserklärung abgegeben werden. (Die Regelung, dass die Mutter „automatisch" allein sorgeberechtigt ist, muss aus verfassungsrechtlichen Gründen geändert werden und befindet sich zurzeit im Gesetzgebungsverfahren.) Nach einer Trennung oder Scheidung bleibt die gemeinsame elterliche Sorge zunächst bestehen.

Eltern delegieren die Personensorge zum Teil an den Träger der Kindertagesstätte, der sie wiederum auf die Fachkräfte überträgt. Die Eltern unterzeichnen einen Betreuungsvertrag, in dem sie ihr Betreuungsrecht an den Träger der Einrichtung abgeben. Der Träger wiederum leitet das Recht durch Arbeitsverträge an die Erzieher weiter. Ein eigenständiges Erziehungsrecht hat das pädagogische Fachpersonal dadurch aber nicht.

4.4 Lebensmittelhygiene

Nach der **Lebensmittelhygiene-Verordnung** (LMHV) ist jeder Betrieb, der Lebensmittel herstellt, verarbeitet oder in Verkehr bringt, verpflichtet, die für die Lebensmittelsicherheit kritischen Arbeitsstufen zu ermitteln, konsequent zu überwachen und zu dokumentieren sowie angemessene Sicherheitsmaßnahmen festzulegen. Zu den notwendigen Maßnahmen gehört auch die ständige Fortbildung der Mitarbeiterinnen. Durch § 4 der Verordnung werden die Betriebe (Kitas) zur Durchführung betriebseigener Kontrollmaßnahmen verpflichtet. Dies hat anhand der international anerkannten Grundsätze des HACCP-Konzepts zu erfolgen.

HACCP-Konzept
Das Konzept (Hazard Analysis Critical Control Points) ist ein Mittel zur Gewährleistung der Lebensmittelsicherheit.

Es soll die vorhandenen Risiken für die Lebensmittelsicherheit identifizieren und bewerten und ermöglicht eine ständige Schwachstellenüberwachung.

Mitarbeiterschulung
Als Bestandteil des betriebseigenen Kontrollkonzepts wird durch die Lebensmittelhygieneverordnung auch die Durchführung von Mitarbeiterschulungen zwingend vorgeschrieben. Dies hat der Träger sicherzustellen.

Bei Verstößen gegen das allgemeine Hygienegebot sind Bußgelder zu erheben. Für pädagogische Einrichtungen gelten Abmilderungen:

- → Die Einnahme des Essens in Küchen von Kitas ist in dafür vorgesehenen Essecken zulässig.
- → Die Mithilfe von Kindern und Eltern ist „im Sinne des erweiterten Privatbereichs" im Einzelfall zu dulden, z. B. beim Backen von Weihnachtsgebäck.
- → Eltern dürfen bei Festen Essen mitbringen, wenn der Träger Verantwortlichkeiten festlegt. Das Mitbringen von leicht verderblichen Lebensmitteln wie Sahnetorten, Hackfleisch und Tiramisu ist untersagt.
- → Gemäß § 43 Abs. 1 des Infektionsschutzgesetzes dürfen Personen in Küchen nur mit einem gültigen Gesundheitszeugnis beschäftigt werden. Die gelegentliche Mithilfe in der Küche durch Kinder, Eltern und Kinder ist allerdings statthaft.

4.5 Datenschutz

Der Datenschutz ist ein höchst sensibles Thema in Kindertagesstätten. Dürfen Fotos der Kinder unter den Eltern via Internet ausgetauscht werden, darf die Erzieherin die finanziellen Verhältnisse der Familien kennen oder darf die Schule von der Kita erfahren, wie sich das Kind entwickelt hat? Zunächst einmal gilt für jedes Kind das Recht auf **informationelle Selbstbestimmung.**

Das Recht auf informationelle Selbstbestimmung ist aus dem Grundgesetz (GG), Artikel 2 Abs. 1 in Verbindung mit Artikel 1 Abs. 1 GG hergeleitet. Der Einzelne hat grundsätzlich das Recht, selbst über die Verwendung seiner persönlichen Daten zu bestimmen. Jeder Eingriff in personenbezogene Daten, der ohne Einverständnis des Betroffenen erfolgt, stellt einen Eingriff in ein Grundrecht dar. Dieser Eingriff ist nur gestattet, wenn und so weit eine gesetzliche Ermächtigung dies vorsieht.

Begriff der personenbezogenen Daten
Geschützt sind alle personenbezogenen Angaben, die die Identifizierung oder Charakterisierung des Betroffenen ermöglichen. Dies sind alle Einzelangaben über persönliche und sachliche Verhältnisse, wie z. B. Name, Anschrift, Geburtsdatum, Geschlecht, Religionszugehörigkeit, Nationalität, Krankheiten, Familienstand, Kinderzahl, Einkommen, Beruf, Arbeitgeber. Personenbezogene Daten werden zu Sozialdaten gem. § 67 Abs. 1 SGB X, wenn die genannten Einzelangaben im Zusammenhang mit Jugendhilfeaufgaben und von einer Stelle, insbesondere einem Leistungsträger i. S. d. § 35 Abs. 1 SGB I erhoben und verwendet werden.

Alle diese Informationen sind Sozialdaten, unabhängig von der Art ihrer Gewinnung (schriftlich oder mündlich, aber bspw. auch durch ein Gruppenfoto oder Videoaufnahme einer Kindergartengruppe). Auch Bewertungen, Diagnosen und Prognosen enthalten solche geschützten Einzelangaben über eine Person. Das Gesetz (§ 67 Abs. 1 SGB X) nennt diese Personen „Betroffene".

Zulässigkeit der Datenerhebung
Die Datenerhebung ist in § 62 SGB VIII für die Jugendhilfe geregelt. Es dürfen nur Daten erhoben werden, wenn sie für die Erfüllung der Erziehungsaufgabe in der Kita erforderlich sind. Es dürfen nur solche personenbezogenen Daten erfragt werden, die erforderlich sind, damit der Träger der Kita über den Aufnahmeantrag entscheiden und das Betreuungsverhältnis in der Kita durchführen kann. Eine Sammlung auf Vorrat, also die Erhebung von Daten, die man vielleicht mal brauchen könnte, ist verboten.

Zum Datenschutz gehört auch, dass die Daten nur den befugten Personen zugänglich sind. Dafür reicht es nicht aus, das Leitungsbüro abzuschließen. Unbefugten ist der Zutritt zu diesen Daten zu verwehren. Werden auf dem PC Adressdaten der Eltern oder Personaldaten der Beschäftigten verarbeitet, muss durch die Vergabe von

Zugriffsrechten ausgeschlossen werden, dass auch Unbefugte Zugang dazu erhalten können. So sind die PCs mit Identifikations- und Authentifikationsmechanismen (Passwort) abzusichern. Weitere Maßnahmen in diesem Zusammenhang sollten sein:

→ Dunkelschaltung des Bildschirms mit Passwortschutz bei Abwesenheit,
→ Begrenzung der Fehlversuche bei der Anmeldung,
→ Zeitliche Begrenzung der Gültigkeit der Passworte.

Portfolio

Auch die Portfolios der Kinder stellen eine Datensammlung dar. Doch sie müssen nicht in abschließbaren Stahlschränken aufbewahrt werden. „Je nach Inhalt kann es aber notwendig sein, sie im Büro oder im Personalraum zu lagern, um sie vor Besuchern oder neugierigen Kindern zu schützen. In anderen Fällen gehört es zum Konzept der Portfolios, dass Kinder jederzeit nachschauen und zeigen können, was sie geschaffen und geschafft haben. Z. T. werden sie von den jeweiligen Erziehern in den Fluren ausgehängt. Der Datenschutz wird durch Vereinbarungen mit den Kindern dergestalt gewährleistet, dass jeder nur in seine eigenen Unterlagen schauen darf und die ‚Einsicht in fremde Akten' nur mit Zustimmung des Betroffenen erfolgen darf." *(Kunkel, Sozialdatenschutz in Kindergärten)*

Rechtsgrundlage

Auch Bilder sind personenbezogene Daten, wenn darauf Personen zu erkennen sind. Ohne Einwilligung dürfen die Daten nicht genutzt werden. Nach der Rechtsprechung sind Bildveröffentlichungen ohne Einwilligung nur unter bestimmten Voraussetzungen zulässig, wenn es sich z. B. um eine grobe Übersichtsaufnahme handelt. Rechtsgrundlage ist das Kunsturhebergesetz (KunstUrhG), welches das Recht am eigenen Bild regelt. Demnach dürfen Bilder nur mit Einwilligung des Abgebildeten verbreitet oder veröffentlicht werden (§ 22 Satz 1 KunstUrhG). Ausnahmen sind Personen der Zeitgeschichte (Politiker, Künstler, Sportler usw.).

Ebenfalls keiner Einwilligung bedarf es, wenn die abgebildete Person nur Beiwerk ist. Das Foto zeigt etwa den Kölner Dom mit Passanten. Diese Personen sind dann nur Staffage, Schwerpunkt ist der Dom.

Eine Ausnahme stellen auch Demonstrationen oder das Kitafest dar. Bilder solcher Veranstaltungen sind vom Gesetzgeber privilegiert. Ob es sich um eine öffentliche oder geschlossene Veranstaltung handelt, ist dabei nicht von Bedeutung. Man geht bei solchen Veranstaltungen von einer stillschweigenden Einwilligung der Anwesenden aus *(§ 23 Abs. 1 Nr. 3 KunstUrhG)*.

Ein Problem sind private Handymitschnitte von Hortkindern, die in das Internet eingestellt werden. Natürlich ist dies ohne Einwilligung der Betroffenen nicht zulässig. Da die Verantwortung auch hier bei der Leitung liegt, ist es ratsam, in einer Haus- oder Nutzungsverordnung des Hortes den Umgang mit Handys zu regeln.

Die bei einer Veröffentlichung von Kinderfotos notwendige Einwilligung sollte nicht allgemein, sondern stets konkret auf ein bestimmtes Bild bezogen sein und den Hinweis enthalten, dass die Einwilligung jederzeit widerrufen werden kann.

4.6 UN-Kinderrechtskonvention

Die UN-Kinderrechtskonvention stellt ein völkerrechtlich verbindliches Vertragswerk dar. Sie wurde am 20. November 1989 unterzeichnet und wird derzeit von 193 Staaten getragen *(vgl Kittel 2008, S. 10)*.

Erstmals werden Kinder „nicht mehr als Objekte des Handelns und der Entscheidung Erwachsener angesehen, sondern als eigenständige Persönlichkeiten, die respektiert und ernst genommen werden sollten" *(Kittel 2008, S. 11)*.

Die Kinderrechtskonvention trägt dazu bei, dass sich weltweit ein Verständnis von Kindsein und Kindheit durchsetzt, das sich daran orientiert, Kinder als Akteure ihrer Entwicklung zu sehen, die Unterstützung und Begleitung auf ihrem Weg zum Erwachsensein bekommen. Diese Sichtweise erkennt an, dass Kinder sich die Welt selbst aneignen wollen und können, dass die Erwachsenen ihnen aber dafür einen entsprechenden Rahmen bieten müssen, der die Selbstaneignung von Welt möglich macht.

Die Grundlage für die Kinderrechtskonvention ist u. a. die „Allgemeine Erklärung der Menschenrechte" vom 10. Dezember 1948.

1. Aufbau der Kinderrechtskonvention
Die Kinderrechtskonvention besteht aus drei Bereichen:
Artikel 1–41: In diesem Teil werden die Rechte des Kindes geregelt. Dabei handelt es sich um Schutz-, Versorgungs- und Beteiligungsrechte.
Artikel 42–45: In diesen Artikeln wird geklärt, wie die Kinderrechtskonvention auf internationaler Ebene umgesetzt werden soll und zu was sich die Vertragsstaaten verpflichten. So sind z. B. die Staaten, die die Kinderrechtskonvention unterzeichnet haben, verantwortlich dafür, dass die Menschen in ihren Ländern über die Kinderrechtskonvention informiert werden.
Artikel 46–54: Hier wird geregelt, wann die Kinderrechtskonvention in Kraft tritt und ob die einzelnen Länder Vorbehalte formulieren können.
Vor allem vier Grundprinzipien sind hervorzuheben:
Prinzip 1: Das Recht auf Gleichbehandlung
Prinzip 2: Der Vorrang des Kindeswohls
Prinzip 3: Das Recht auf Leben
Prinzip 4: Die Berücksichtigung des Kindeswillens

2. Grundprinzipien der UN-Kinderrechtskonvention
Artikel 2: Achtung der Kinderrechte, Diskriminierungsverbot
Die Vertragsstaaten achten die festgelegten Rechte und gewährleisten sie jedem ihrer Hoheitsgewalt unterstehenden Kind ohne jede Diskriminierung, unabhängig von der Rasse, der Hautfarbe, dem Geschlecht, der Sprache, der Religion, der politischen oder sonstigen Anschauung, der nationalen, ethnischen oder sozialen Herkunft, des Vermögens, einer Behinderung, der Geburt oder dem sonstigen Status des Kindes, seiner Eltern oder seines Vormundes.

Artikel 3: Wohl des Kindes
Bei allen Maßnahmen, die Kinder betreffen, gleichviel ob sie von öffentlichen oder privaten Einrichtungen der sozialen Fürsorge, Gerichten, Verwaltungsbehörden oder Gesetzgebungsorganen getroffen werden, ist das Wohl des Kindes vorrangig zu berücksichtigen.

Artikel 6: Recht auf Leben
Die Vertragsstaaten erkennen an, dass jedes Kind ein angeborenes Recht auf Leben hat.
Die Vertragsstaaten gewährleisten in größtmöglichem Umfang das Überleben und die Entwicklung des Kindes.

Artikel 12: Berücksichtigung des Kinderwillens
Die Vertragsstaaten sichern dem Kind, das fähig ist, sich eine eigene Meinung zu bilden, das Recht zu, diese Meinung in allen das Kind berührenden Angelegenheiten frei zu äußern, und berücksichtigen die Meinung des Kindes angemessen und entsprechend seinem Alter und seiner Reife.

Zu diesem Zweck wird dem Kind insbesondere Gelegenheit gegeben, in allen das Kind berührenden Gerichts- und Verwaltungsverfahren entweder unmittelbar oder durch einen Vertreter oder eine geeignete Stelle im Einklang mit den innerstaatlichen Verfahrensvorschriften gehört zu werden. *(Quelle: Bundesministerium für Familie, Senioren, Frauen und Jugend. Zitiert nach: Kittel 2008, S. 29 f.).*

3. Was bedeutet die Kinderrechtskonvention für Tageseinrichtungen für Kinder?
In Artikel 12 wird allen Kindern zugesichert, dass ihre Meinung gehört und berücksichtigt werden muss. Dies wirkt sich ganz direkt auf die Gestaltung des Tagesablaufs in einer Einrichtung aus. Erzieherinnen und Kinder suchen nach geeigneten Formen der Beteiligung und sorgen dafür, dass Kinder angemessen gehört werden. Dies kann sich auf vielfältige Weise zeigen:

Kinderparlament in der Kita Regenbogen:

Immer wieder beschweren sich Kinder bei den Erzieherinnen, dass die Schulkinder aus den Hortgruppen sie von den Schaukeln vertreiben. Gemeinsam mit den Erzieherinnen und den Hortkindern wird ein Kinderparlament gegründet. Darin sind aus jeder Gruppe vier Kinder vertreten. Die Gruppen wählen für jedes Treffen die Kinder neu. Die Erzieherinnen sind nur als Beraterinnen dabei. Die Entscheidungen treffen die Kinder alleine. So konnten die Kinder ihre Beschwerde bezüglich der Schaukel vorbringen. Nach langer Diskussion einigen sich alle darauf, dass die Hortkinder grundsätzlich zu bestimmten Zeiten die Schaukeln nützen können. Zu anderen Zeiten müssen sie fragen und dürfen Kinder nicht mehr vertreiben.

Das Kindergericht der Hortgruppe:

Seit Wochen besteht ein Streit zwischen den Erzieherinnen und den Kindern. Die Erzieherinnen ärgern sich darüber, dass die Schulkinder ihre Hausschuhe nie am Ende des Tages in die Schuhfächer stellen und die Putzfrauen dadurch mehr Arbeit haben. Deshalb wollen sie vorerst keine Ausflüge mehr mit den Kindern organisieren. Diese Entscheidung löst bei den Kindern Empörung aus. Sie fordern, solche Entscheidungen nicht alleine zu treffen, und schlagen ein Kindergericht vor, dass über den Fall befinden soll. Die Erzieherinnen sind zunächst über den Vorschlag überrascht, lassen sich aber darauf ein. Nun wählen die Kinder drei Richterinnen aus ihrer Mitte. Ein Kind übernimmt die Rolle des Anklägers und setzt sich mit den Erzieherinnen zusammen, um deren Argumente vortragen zu können. Die Kinder wählen ein weiteres Kind aus, das ihre Interessen vertreten soll. Die Verhandlung soll am nächsten Tag nach den Hausaufgaben stattfinden. Bei der Verhandlung beschließen die Richter, dass nicht nur die Kinder, sondern auch die Erzieherinnen gehört werden müssen. Argumente pro und contra werden ausgetauscht. Schließlich entscheiden die Richter: Die Erzieherinnen bekommen Recht! Die Kinder werden aufgefordert, die Hausschuhe in die dafür vorgesehenen Fächer zu stellen. Aber die Erzieherinnen werden auch aufgefordert, Konflikte nicht mehr dadurch zu lösen, dass sie die Ausflüge streichen.

Die UN-Kinderrechtskonvention verlangt von allen Verantwortlichen, dass sie überlegen sollen, wie die Konvention umgesetzt wird. In Deutschland arbeitet daran die „National Coalition für die Umsetzung der UN-Kinderrechtskonvention“ (www.national-coalition.de), der bisher fast 100 Organisationen angehören.

Tageseinrichtungen können dazu beitragen, die Rechte von Kindern bekannt zu machen und zu stärken:

- → Bei der National Coalition bzw. bei dem Kindernachrichtenmagazin logo die Broschüre zur Kinderrechtskonvention bestellen und in den Tageseinrichtungen auslegen.
- → Vielfältige Beteiligungsmöglichkeiten innerhalb der Tageseinrichtung schaffen.
- → Kinder darin unterstützen, sich öffentlich in Leserbriefen an Zeitungen zu ihren Anliegen zu äußern.
- → Sich für Beteiligungsformen für Kinder und Jugendliche in den Kommunen einsetzen.
- → In der Tageseinrichtung darauf achten, dass Kinder zu Wort kommen: Beim Elterncafé berichten Kinder selbst von den Projekten, die sie zuletzt durchgeführt haben. Eine Hortzeitung wird alle drei Monate von Kindern gestaltet.

Erzieherinnen, die sich auf den Weg machen, der Kinderrechtskonvention einen größeren Raum in der Tageseinrichtung zu geben, tragen auch zu zentralen Bildungserfahrungen von Kindern bei. Sie regen Bildungsprozesse an: Kinder erleben, dass es sich lohnt, sich zu äußern, seine Meinung zu sagen, denn sie finden Gehör. Dies sind wichtige demokratische Erfahrungen, die Kinder machen können und die ihnen zeigen, dass sie etwas bewegen und verändern können.

TIPPS ZUM WEITERLESEN →→

- → Die Rechte der Kinder von logo! einfach erklärt.
  Bundesministerium für Familie, Senioren, Frauen und Jugend (Hrsg.), Berlin 2008
- → Kinderrechte. Ein Praxisbuch für Kindertageseinrichtungen.
  Claudia Knittel, Kösel, München 2008
- → Aufsichtspflicht in Kindertageseinrichtungen. Rechtlich begründete Antworten auf Fragen der Praxis zur Aufsichtspflicht, Haftung und zum Versicherungsschutz.
  Simon Hundmeyer, Carl Link, 3. Aufl., Kronach 1995
- → www.bildungsserver.de/Gruendung-einer-Kinderbetreuungseinrichtung-3362.html
- → Sozialdatenschutz in Kindergärten
  Peter-Christian Kunkel, www.kindergartenpaedagogik.de/1064.html, 14.01.2012

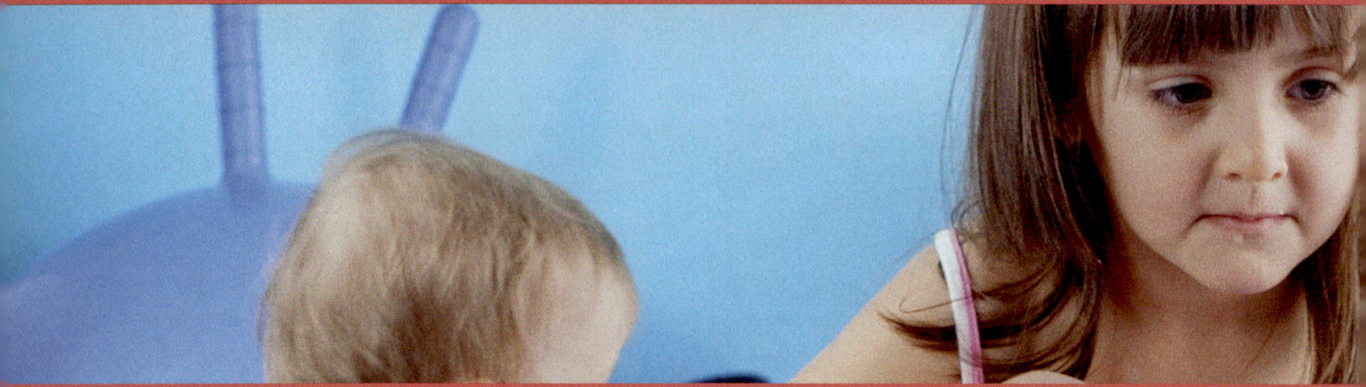

2 ENTWICKLUNGS- UND BILDUNGSPROZESSE ANREGEN, UNTERSTÜTZEN UND FÖRDERN I

Inhaltlicher Überblick

Bildung vollzieht sich in der Aneignung von Welt. Sie umfasst nicht nur Kenntnisse und Fähigkeiten sondern auch die Bereitschaft, die Welt selbstbestimmt und verantwortlich zu gestalten. Bildung ist Eigenaktivität.

Wer in Kindertageseinrichtungen oder in Einrichtungen der Jugendhilfe pädagogisch tätig ist, muss über ein fundiertes Verständnis über Entwicklungs- und Bildungsprozesse von Kindern, Jugendlichen und jungen Erwachsenen verfügen. Pädagogische Fachkräfte müssen in der Lage sein, fach- und methodenkompetent Aktivitäten zu planen, durchzuführen, zu reflektieren und zu dokumentieren. Sie geben den Selbstbildungsprozessen der Kinder und Jugendlichen den nötigen Rahmen und Raum.

Das Handlungsfeld vermittelt zunächst ein grundlegendes Wissen über Entwicklungsprozesse in den verschiedenen Lebensphasen sowie ein Verständnis von Bildung und Entwicklung als einem individuellen und lebenslangen Prozess.

Weiteres Wissen bezieht sich auf die Kenntnis verschiedener Konzepte sozialpädagogischen Handelns und die Bedeutung der pädagogischen Grundhaltung für die Gestaltung von Bildungs- und Entwicklungsprozessen.

Durch die Auseinandersetzung mit den genannten Themenbereichen sollen fördernde und hemmende Faktoren für Entwicklungs- und Bildungsprozesse zielorientiert berücksichtigt und eingesetzt werden können.

Das Verständnis über die verschiedenen Bildungs- und Entwicklungspotenziale der Kinder und Jugendlichen soll zukünftig dazu befähigen, Konzepte zu entwickeln und einheimische und zugewanderte Kinder gleichermaßen fördern zu können. Die pädagogisch Handelnden haben ein Bewusstsein dafür entwickeln können, wie erstsprachige Fähigkeiten unterstützt und die deutsche Sprachkompetenz gefördert werden kann.

1 Lern- und Entwicklungsprozesse

1.1 Neurologische und entwicklungsphysiologische Grundlagen des Lernens

Sie beobachten Kinder Ihrer Gruppe beim Malen und Basteln. Dabei bemerken Sie, wie ein Mädchen ihren Namen unter jedes Bild kritzelt, während ein anderes kaum den Stift halten kann. Auch beim Bastelangebot machen Sie eine ähnliche Beobachtung. Obwohl die Kinder gleich alt sind, wissen einige auf Anhieb, wie sie etwas machen können, wogegen andere die Schere noch nicht richtig halten können.

Kinder beim Basteln

1.1.1 Die Gehirnentwicklung

Den meisten Kulturen der Vergangenheit erschien das Herz als der Sitz der Seele. Die alten Ägypter glaubten an ein Leben nach dem Tode. Deshalb versuchten sie die Leichname der Pharaonen möglichst gut zu konservieren. In einem aufwendigen Verfahren wurden dem Körper sämtliche Organe entnommen und in eigenen Gefäßen aufbewahrt. Nur das Herz verblieb als Sitz der Seele im Körper.

Noch heute weisen viele Redewendungen darauf hin, dass dem „Herzen" eine besondere Bedeutung zugemessen wird. So hat jemand ein „gutes Herz" oder es „bricht jemandem das Herz". Der Fuchs sagte dem kleinen Prinzen: „Man sieht nur mit dem Herzen gut."

Naturwissenschaften haben einen anderen Blickwinkel. Die Jahre 1990 bis 2000 galten als das „Jahrzehnt des Gehirns". Das Gehirn rückte in den Mittelpunkt des Forschungsinteresses. Es wurden seitdem unzählige Beobachtungen zusammengetragen. Dabei stellte sich heraus, dass das Gehirn ein äußerst komplexes, empfindliches und anpassungsfähiges Organ ist.

Früher zog man Erkenntnisse über die Abläufe im Gehirn vor allem aus Beobachtungen, die man bei Menschen mit Kopf- und Gehirnverletzungen machte. Eine andere Möglichkeit bestand in der Untersuchung der Gehirne verstorbener Personen, die man kannte. Inzwischen ermöglichen es neue Untersuchungsmethoden, dem lebenden Gehirn beim Denken und Wachsen zuzusehen. Die Ergebnisse lassen viele Erziehungsmaßnahmen der Vergangenheit als nicht sehr sinnvoll erscheinen. Sie bestätigen allerdings auch viele andere pädagogische Vorgehensweisen als äußerst effektiv, wenn man die Entwicklung des Gehirns positiv unterstützen will. So kann man heute hirnphysiologisch erklären, warum Strafen für die Entwicklung des Gehirns nicht den positiven Effekt haben können, wie ihn offensichtlich Belohnungen besitzen. Man weiß heute auch, welche hervorragende Rolle das Üben für die Gehirnentwicklung und das Lernen spielt *(vgl. 1.1.3)*.

Hinter jeder Forschung stecken bestimmte Welt- und Menschenbilder, die auch die Begriffe färben, mit denen die Forschungsergebnisse kommuniziert werden. Die Art der Forschung sagt auch etwas über das Wollen des Forschers aus, darüber, was er meint, welchen Weg die Menschheit in Zukunft gehen sollte.

Nach all den naturwissenschaftlichen Untersuchungen tut sich inzwischen wieder eine sehr menschliche Dimension auf: Wir leben letztlich von der Fürsorge der anderen. Der wesentliche Aspekt für eine gute Entwicklung des Gehirns oder der Persönlichkeit eines Menschen scheint zu sein, dass er von Beginn an eine **liebevolle Zuwendung** erfährt. Ohne diese Zuwendung verkümmern die Menschen oder bleiben weit hinter ihren Möglichkeiten zurück. Im schlimmsten Fall sterben sie. Die Arbeit im pädagogischen Bereich ist immer vor allem Beziehungsarbeit.

Im Kontext der Hirnforschung lautet die Gretchenfrage: Ist die Entwicklung des Menschen genetisch bedingt (letztlich determiniert)? Die jeweilige Ansicht hat weitreichende gesellschaftliche und politische Folgen.

Die Schwierigkeit beginnt bereits bei der Auffassung darüber, was „genetisch bedingt" heißt. Die Gene werden oft mit einem Computerprogramm verglichen, welches in einer bestimmten Abfolge ausgeführt wird. Wenn dem so wäre, würde beispielsweise eine Eliteförderung Sinn machen, die einfach am Erfolg (und Geld) der Eltern ansetzt und somit die Kinder „erfolgreicher" Menschen fördert. Warum sollte man viele Ressourcen an Menschen verschwenden, die einfach nicht über die „richtigen" Gene verfügen?

Neuere Untersuchungen legen allerdings den Schluss nahe, dass die Gene mit ihrer Umgebung „kommunizieren". Es hängt stark von der Umwelt ab, welches Potenzial schließlich realisiert wird und welches nicht. Bei Untersuchungen an Adoptivkindern stellte sich heraus, dass Kinder mit einem geringeren genetischen Potenzial in einem günstigen Milieu weit über das hinauswachsen können, was die leiblichen Eltern vermuten ließen. Auf der anderen Seite blieben Kinder von intelligenteren Eltern hinter ihren prognostizierten Möglichkeiten zurück, wenn sie in einem ungünstigen Milieu aufwuchsen.

Über die intellektuellen Potenziale eines Menschen lassen sich frühestens im Schulalter einigermaßen brauchbare Aussagen von prognostischem Wert machen. Insbesondere Beobachtungen zur motorischen Entwicklung in den ersten Lebensjahren lassen nur wenige Rückschlüsse auf die künftige Intelligenz eines Kindes zu. In den ersten Lebensjahren allerdings laufen wiederum wesentliche Entwicklungen im Gehirn ab. Nach welchen Kriterien sollte man die Kinder also auswählen?

Hier wird die Meinung vertreten, dass es am sinnvollsten ist, **allen** Kindern ein größtmögliches Maß an liebevoller Zuwendung zukommen zu lassen. Dies wird letztlich für alle von größerem Nutzen sein, als wenn ein nur kleiner Teil eine bevorzugte Behandlung erfährt.

1.1.2 Das Gehirnwachstum vor der Geburt

Die Entwicklung des Gehirns folgt bei allen Menschen nach demselben Muster in vergleichbaren Zeithorizonten.

Am **vierten Tag** nach der Zeugung hat sich ein kleiner Zellhaufen aus 32 Zellen gebildet, die **Blastozyte.** In ihr kommt es zu einer ersten Spezialisierung der Zellen und einer entsprechenden Aufteilung. Das Kind selbst entsteht aus nur drei bis fünf Zellen. Der Rest bildet eine es umhüllende Kugel, aus der sich im Weiteren die **Plazenta** entwickelt. Ursprünglich verfügen alle 32 Zellen über dasselbe Potenzial und sie verfügen alle über dieselben Gene. Welche der Zellen sich schließlich zum **Embryo** weiterentwickeln, ist nicht vorherbestimmt, sondern hängt von ihrer Lage im Raum oder unbekannten Umwelteinflüssen ab. Dieser Schritt stellt einen ersten markanten Punkt dar, an dem deutlich wird, dass Gene und Umwelt ein feines, sich wechselseitig beeinflussendes System darstellen.

Am **siebten Tag** kommt es zur Einnistung in die Gebärmutter. Bereits zehn Tage nach der Zeugung kommt es zu einer weiteren Differenzierung unter den Zellen. Dabei bilden sich drei Bereiche heraus: das **Entoderm** (inneres Keimblatt), aus dem sich alle inneren Organe bilden werden, das **Mesoderm** (mittleres Keimblatt), welches zu Muskeln, Blutkreislauf und dem Verdauungstrakt wird, und das **Ektoderm** (äußeres Keimblatt), welches sich zur Außenhaut, den Sinnesorganen sowie dem Gehirn mit dem Nervensystem entwickelt.

Etwa **16 Tage** nach der Zeugung entsteht an der Stelle, an der Ektoderm und Mesoderm zusammentreffen, die sogenannte **Neuralplatte,** die erste Stufe der embryonalen Entwicklung des zentralen Nervensystems. Drei Tage später haben die Entwicklung von Gehirn und Rückgrat begonnen. Am **25. Tag** hat sich die Neuralplatte zur **Neuralrinne** gebogen, einen Tag später ist sie zum **Neuralrohr** geschlossen. Der obere Teil verdickt sich. Dort bilden sich drei **Primäre Knoten,** die sich zum **Vorder-, Mittel- und Hinterhirn** entwickeln werden. Vier Wochen nach der Zeugung haben sich auf den Kopfseiten bereits die Augenflecken gebildet, die schließlich in Richtung Gesichtsmitte wandern. Das rudimentäre Herz schlägt selbstständig und das Rückenmark ist funktionsfähig.

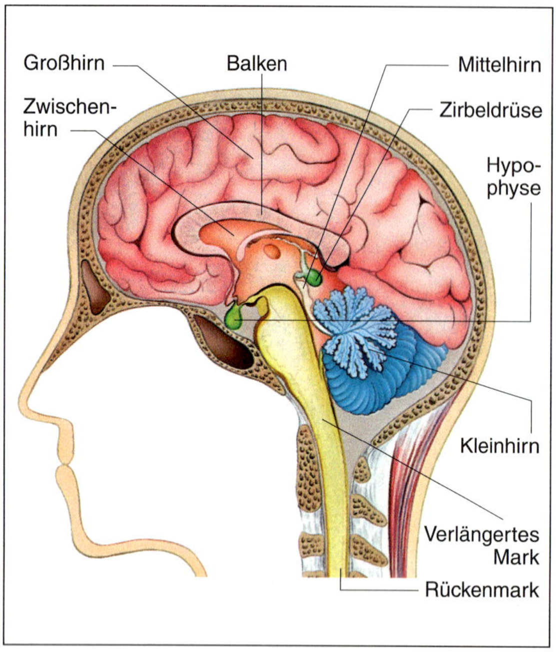

Das Gehirn

Ungefähr am **35. Tag** teilen sich die Primären Knoten weiter und bilden die rechte und linke **Gehirnhemisphäre.** Sechs Wochen nach der Zeugung sind alle wichtigen Gehirnstrukturen angelegt: Brücke, Medulla, Kleinhirn, Thalamus, Basalganglien, das Limbische System und die Großhirnrinde.

Ab der **20. Woche** beginnt das Gehirn die typische Faltung auszubilden. Das geschieht mit einer ersten Ordnung, die bei allen Menschen nahezu identisch ist. Ungefähr im siebten Monat beginnt sich eine Faltung mit größerer Variationsbreite auszubilden. Wenn der Säugling seinen ersten Geburtstag feiert, sind die Falten dritter Ordnung nahezu komplett ausgeprägt. Sie sind bei jedem Menschen individuell.

Die Entwicklung des Nervensystems beginnt zu einem sehr frühen Zeitpunkt in der Schwangerschaft. Sie geschieht von Anfang an in Interaktion mit der Umwelt.

1.1.3 Das Startkapital – das Gehirnwachstum zwischen dem 1. und 7. Lebensjahr

Mit der 24. Woche sind nahezu alle **Neuronen** komplett angelegt. Es sind ca. 100 Milliarden! Die Produktionsrate betrug bis dahin im Durchschnitt etwa 500 000 pro Minute. Es handelt sich dabei um das „Startkapital“, welches nicht mehr nennenswert vermehrt wird.

Allerdings sind die Neuronen zu diesem Zeitpunkt noch kaum miteinander „verschaltet“. Es werden erst wenige Informationen zwischen ihnen ausgetauscht. Die **Synaptogenese** – die Entstehung und Bildung neuer Synapsen an einer Nervenzelle – beginnt erst. Bei einem Erwachsenen gehen von einer Nervenzelle etwa 10 000 **Dendriten** (Fortsätze der Nervenzelle, über die synaptisch übertragene Informationen aufgenommen werden) aus und nehmen Kontakt zu anderen Nervenzellen auf. Jede Nervenzelle empfängt von etwa 10 000 Neuronen Informationen. Bei Kindern im Vorschulbereich kann diese Zahl bei 15 000 an- und abgehenden Kontakten liegen. Die Kontaktstellen werden **Synapsen** genannt.

Das sind so viele, dass das Gehirn nicht effizient arbeiten kann. Der Synapsenüberschuss bedeutet in etwa das Doppelte von dem, was schließlich gebraucht wird. 83 % der Dendriten wachsen nach der Geburt. Die Anzahl von Nervenverbindungen im Gehirn ist von der Umgebung abhängig. Eine anregungs- und abwechslungsreiche, herausfordernde Umgebung regt die Bildung von Synapsen an. Fehlen entsprechende Anregungen, wird das Potenzial nicht ausgeschöpft.

Da diese vielen Verknüpfungen zunächst einfach auf Menge und nicht immer sinnvoll hergestellt werden, braucht es ein Regulativ. Auch hier spielt die Umwelt eine wichtige Rolle. Die Verbindungen werden bei weiterem Nichtgebrauch wieder abgebaut, durch Übung allerdings gefestigt, *konsolidiert.* Das ist ein sehr energieintensiver Vorgang. Der Glukoseverbrauch im Gehirn eines Siebenjährigen ist deshalb doppelt so hoch wie im Gehirn eines Erwachsenen.

Die gesamte Gehirnentwicklung verläuft in Schüben. Das betrifft zum einen die Entwicklung der unterschiedlichen Gehirnteile als auch die Differenzierungen und Entwicklungen in diesen Bereichen: die **Neurogenese** (Wachstum der Neuronen), die Ausbildung von Verästelungen zu anderen Nervenzellen und in den gesamten Körper

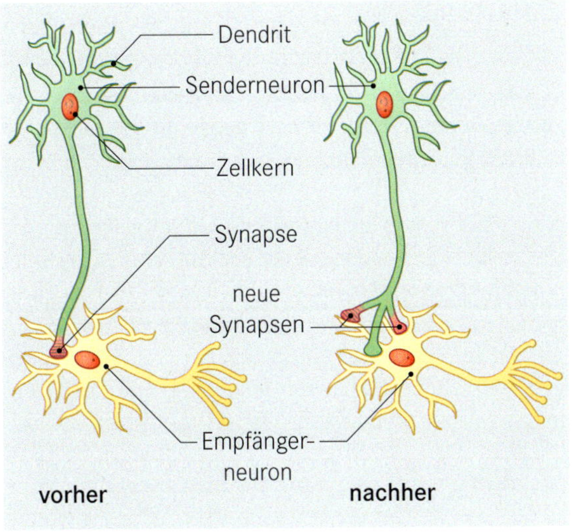

Synapsenbildung im Gehirn

(Migration), die **Synapsenbildung,** die entsprechende Auslese und schließlich die **Myelinbildung.** Hierbei handelt es sich um die Isolierung der Nerven, damit die Signale zwischen den Nervenzellen optimal übertragen werden können.

Mit jedem Entwicklungsschritt im Gehirn eröffnen sich dem Kind neue motorische, kognitive, soziale und emotionale Möglichkeiten, die auf das positive Feedback der Umwelt angewiesen sind, um sich voll entfalten und stabilisieren zu können. Später sind die weiteren Möglichkeiten eingeschränkt. Wurde durch mangelnde Anregung oder Übung zu viel vom Synapsenüberschuss abgebaut, muss der Mensch im Grunde den Rest des Lebens mit dem auskommen, was ihm übrig geblieben ist. Das ist der Grund, warum sich Kinder spielend ihre Muttersprache und, wenn sie zweisprachig aufwachsen, gleich eine „Fremdsprache" aneignen können, Erwachsene dagegen sind selten in der Lage, eine Fremdsprache akzentfrei zu erlernen.

Beim Wissenserwerb allerdings können Erwachsene auf eigene, sehr effektive Strukturen zurückgreifen. Aber wenn sie als Kinder nicht gelernt haben, wie man lernt, wird es ihnen auch als Erwachsene schwerfallen, schnell neues Wissen und neue Fähigkeiten zu erwerben.

Die Zeit vor der Geburt und der Kindheit bis zum Schuleintritt sind wesentliche Zeiträume in der Gehirnentwicklung. Auf die Zeit vor der Geburt haben Erzieherinnen und Erzieher wenig Einfluss. Aber die vielen Dinge, die die Mutter aufnimmt und einnimmt beeinflussen sehr wohl die Entwicklung des Gehirns. An erster Stelle steht dabei die Nahrung, die selbstverständlich ausgewogen, vitaminreich und auch etwas fetthaltig sein sollte. Das Fett ist für die Myelinbildung wichtig. Dabei ist das Kind auf tierische Fette in seiner Nahrung angewiesen. Viele Chemikalien in Medikamenten gelangen über den Blutkreislauf der Mutter zum Teil sehr schnell auch in den des Kindes und können im Gehirn große und irreversible Schäden anrichten. Das gilt auch für verschiedene Krankheitserreger. Auch Stress der Mutter kann über den Hormonhaushalt die Entwicklung ungünstig beeinflussen. Eine besonders gefährliche Situation ist die Geburt. Auf Sauerstoffmangel reagiert das Gehirn immer außerordentlich empfindlich.

↗ FAZIT

- → Das Gehirn gilt heute als der Sitz der geistigen Ressourcen sowie der Persönlichkeit eines Menschen. Einzelne intellektuelle Fähigkeiten wie Sprache, mathematisches Verständnis oder räumliches Vorstellungsvermögen lassen sich nicht fördern, ohne die Gesamtpersönlichkeit eines Menschen zu beeinflussen. Förderung geschieht immer in einem sozialen Kontext.
- → Die Gene haben einen Anteil am Potenzial eines Menschen. Ebenso spielt aber auch die jeweilige Lebensumwelt eines Menschen eine große Rolle bei der Entfaltung seiner Möglichkeiten.
- → Wesentliche Stufen der Gehirnentwicklung laufen vor der Geburt und in den ersten Lebensjahren vor der Einschulung ab. Eine unzureichende Förderung stellt eine Behinderung der Gehirnentwicklung dar.

→·← AUFGABEN UND ANREGUNGEN

1 Begleiten Sie zwei gleichaltrige Kinder über längere Zeit während Ihres Praktikums. Notieren Sie sich, was diese Kinder können und wobei sie verstärkt Hilfe verlangen. Vergleichen Sie Ihre Beobachtungen.

2 Sammeln Sie Stellungnahmen. Lesen Sie in aktuellen Zeitungen, die sich mit der Thematik Eliteförderung oder Inklusion befassen. Welche Argumente werden für bzw. gegen die jeweilige Position vorgebracht?

3 Wie sollten sich werdende Mütter während ihrer Schwangerschaft sinnvollerweise ernähren und verhalten?

1.2 Entwicklung der Sinne

Nichts ist im Geist, was nicht vorher in den Sinnen war! Alle Anregungen und Informationen erhält das Gehirn zunächst vor allem über die Sinne. Erst sehr spät, wenn ein Mensch über ein ausreichendes Vorstellungsvermögen und über Erfahrungen und damit über Erinnerungen und Wissen verfügt und er dazu fähig ist, über sein eigenes Denken nachzudenken (Metakognition), erschließen sich ihm neue Erkenntnisquellen. Aber immer bleiben die Sinne das Tor zur Welt.

Schon früh in der Schwangerschaft beginnen sich Zellen der Außenhaut zu spezialisieren. Sie werden empfindlich für spezifische Reize aus ihrer Umwelt. Bald bilden sie **Nervenfasern,** die durch den Körper in Richtung Gehirn wachsen. Die meisten Sinne sind schon vor der Geburt funktionsfähig.

Die Sinne sind keine isolierten Wahrnehmungsorgane für bestimmte Reize, sondern sie kooperieren miteinander und ergänzen sich gegenseitig. So hängen z. B. Geschmackssinn und Geruch sehr eng zusammen. Wer auf einem Bein steht und damit seinen Gleichgewichtssinn beansprucht, verliert schnell das Gleichgewicht, sobald die Augen geschlossen werden. Über die Sinne erhalten wir Informationen

- → über unseren Körper und das Körperinnere selbst **(vestibuläre Sinne),**
- → darüber, was an unserer Körpergrenze zur Außenwelt, der Haut, geschieht (**Nahsinne:** tasten, riechen, schmecken),
- → und darüber, was in teilweise großer Entfernung zu uns vor sich geht (**Fernsinne:** hören, sehen).

Gute Fernsinne stellen einen enormen evolutionären Vorteil dar. Vor allem gutes Sehen ist für Menschen eine außerordentlich wichtige Informationsquelle. Aus diesem Grund legen wir auch auf die Visualisierung von Erkenntnissen und Informationen einen sehr großen Wert. Auch wenn eine Kompensation in gewissen Grenzen möglich ist, stellt der Verlust eines Sinnes immer ein Handicap dar. Besonders groß ist die Behinderung, wenn ein Fernsinn betroffen ist.

Die Sinne liefern uns nicht nur Informationen einer „realen“ Außenwelt. Wir können auch sehr intensive Sinneseindrücke haben, wenn es offensichtlich keine Entsprechung in der Außenwelt gibt. Das ist beispielsweise in Träumen oder Visionen der Fall oder wenn wir uns eine Vorstellung davon machen, was wir uns wünschen, planen oder erwarten. Und: Unsere Sinne können uns auch täuschen *(vgl. HF 1, Kap. 3.2).*

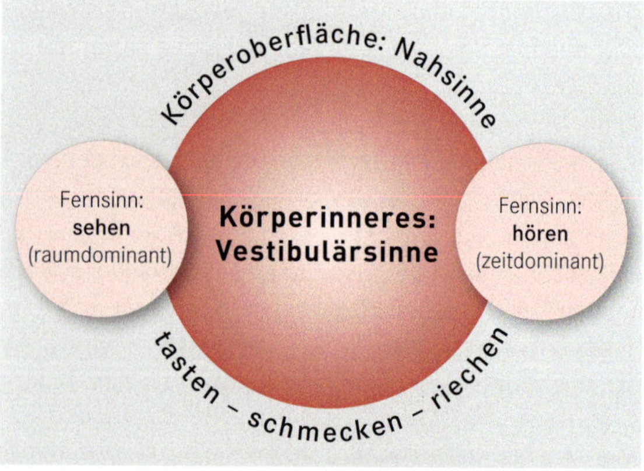

Unsere Sinne

1.2.1 Die vestibulären Sinne

Der Körper besitzt eine Reihe von Sensoren, die an das Gehirn Informationen über den Zustand und seine Lage im Raum liefern. Diese Informationen sind meistens unbewusst. Eindrücklich wird das beim **Gleichgewichts- und Bewegungssinn.** Wir könnten nicht laufen oder Fahrrad fahren, wenn wir ständig die notwendigen Informationen bewusst überdenken müssten. Ist der Gleichgewichtssinn gestört, kommt es zu einer verzögerten motorischen Entwicklung. Aber auch emotionale Probleme, Wahrnehmungs- und Konzentrationsdefizite, Lernschwierigkeiten, Sprachstörungen oder Autismus stehen häufig in Verbindung mit einer Schwäche des Vestibularapparats.

Der Gleichgewichtssinn findet sich im Gleichgewichtsorgan von **Innenohr** und Kleinhirn. Er ist eng mit den Augen und anderen Sinnen sowie mit Reflexen verbunden. Der Vestibularapparat wird schon im **zweiten** und **dritten Schwangerschaftsmonat** entwickelt und ist – bei einer normal verlaufenden Schwangerschaft – bereits im sechsten Schwangerschaftsmonat ausgereift.

> **„Die geistige Entwicklung ist in hohem Maß ein kumulativer Prozess. Als einer der ersten reifenden Sinne verschafft der Vestibularapparat dem Baby einen großen Teil seiner frühen Sinneserfahrungen. Diese Sinneserfahrungen spielen vermutlich eine entscheidende Rolle bei der Bildung anderer sensorischer und motorischer Fähigkeiten, die wiederum die Entwicklung der höheren emotionalen und kognitiven Funktionen beeinflussen.“**
> *(Eliot 2003, S. 220)*

Entsprechend deuten Studien darauf hin, dass die Stimulation des Vestibularapparats Gehirn und Verstand der Kinder tatsächlich verbessern kann. Kinder ihrerseits haben großes Interesse und Spaß an dieser Stimulation. Sie wiegen sich, schwingen, hüpfen, drehen sich im Kreis. Es ist schön für sie, wenn sie geschaukelt oder gestreichelt werden. Im achten Lebensmonat ist die vestibuläre Empfänglichkeit am höchsten. In diesem Alter werden die Kinder auch selbst sehr aktiv und verschaffen sich die Stimulation selbst. Nicht alle Informationen, die wir über die vestibulären Sinne bekommen, sind angenehm. Zu ihnen gehören auch Erfahrungen wie Hunger, Durst oder Fieber.

Die direkte Körpererfahrung spielt auch in den folgenden Jahren eine entscheidende Rolle für die geistige Entwicklung der Kinder. Lernen und Entwicklung sind ein *aktiver* und *ästhetischer* Prozess. Kinder erwerben auf diesem Wege sehr viel Wissen, über das sie nur auf diesem Wege sicher verfügen, auch – und das ist ein paradoxer Umstand – wenn sie sich nicht bewusst und gezielt an die verschiedenen Dinge erinnern können, so, wie es Erwachsene tun. Lern- und Entwicklungsprozesse laufen bei Erwachsenen und Kindern unterschiedlich ab.

1.2.2 Der Tastsinn

Oft macht man sich nicht bewusst, welche komplexen Informationen der Tastsinn liefert. Wir empfinden mit ihm Berührung, Temperatur, Schmerz ebenso wie die Beschaffenheit von Oberflächen (glatt, rau, glitschig usw.) oder das Wetter (windig, trocken, kalt).

Von allen Sinnen entsteht der Tastsinn als erster. Bereits in der **fünften Schwangerschaftswoche** kann ein Kind Berührungen auf den Lippen oder der Nase spüren. In der neunten Woche kommen Kinn und Augenlider sowie die Arme dazu, in der zehnten die Beine und ab der zwölften Woche reagiert fast die gesamte Körperoberfläche. Das Gehirn selbst bleibt auf Dauer schmerzunempfindlich. Die Nervenzellen, die aus den unterschiedlichen Regionen des Körpers im Gehirn ankommen, werden in bestimmten Arealen des **primären sensorischen Cortexes** verschaltet. In diesem somatosensorischen Feld im Gehirn entsteht dadurch eine „Landkarte“ des Körpers. Die einzelnen Körperteile beanspruchen dabei unterschiedlich viel Platz. Verhältnismäßig große Gebiete sind den empfindlicheren Körperregionen wie Lippen, Zunge und Fingerspitzen vorbehalten.

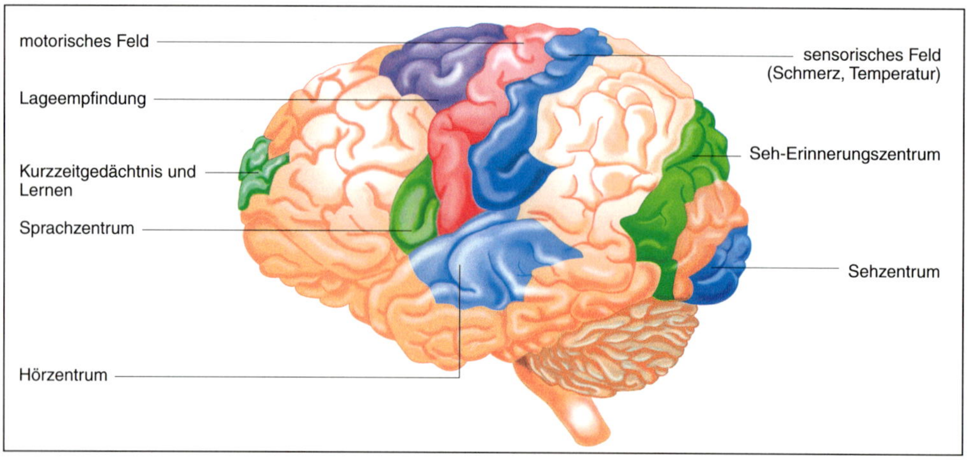

Rindenfelder des Großhirns

Auf dieser Abbildung ist nicht nur zu sehen, welche Bereiche des Gehirns an einem großen Teil der sensorischen und motorischen Leistungen beteiligt sind, sondern auch, welche großen Teile des Gehirns es in erster Linie **nicht** sind. Der große hier nicht markierte Teil des Großhirns des Menschen ist bei allen **assoziativen** Leistungen aktiv. Diese Teile unseres Denkorgans sind auch nicht mehr hierarchisch strukturiert, wie es noch die evolutionär gesehen älteren Teile des Gehirns teilweise sind. Assoziative Leistungen scheinen mit hierarchischen und linearen Strukturen schwer zu erbringen zu sein. Sie erfordern offensichtlich eine höhere Komplexität.

Zur vollständigen Ausreifung der meisten Gehirnfunktionen benötigt das Gehirn sehr lange. Einjährige Kinder reagieren auf Berührungsreize viermal schneller als wenige Tage nach ihrer Geburt.

Um die Sinne weiter zu entwickeln, bedarf es einer reizintensiven Umgebung. Kleinkinder nehmen viele Informationen über ihren Tastsinn auf. In erster Linie benutzen sie dazu den Mund. Eine weitere Sensibilisierung kann gefördert werden, indem man dem Kind viele unterschiedliche Materialien von unterschiedlicher Beschaffenheit (Oberfläche, Größe, Gewicht, hart, weich, fest usw.) zum Spielen anbietet.

Kinder sind von Geburt an neugierig. Kennen sie etwas, können sie aber auch schnell wieder das Interesse daran verlieren. Daher ist es sinnvoll, die Materialien in regelmäßigen Abständen zu wechseln und sie auch immer wieder in einem anderen Kontext anzubieten. An allen Lernvorgängen sind alle Sinne beteiligt und die Umgebung wird stets mit gelernt. Ein schon bekanntes Material kann in einer neuen Umgebung eine neue und damit wieder interessante Situation bedeuten.

Wird allerdings zu viel Material gleichzeitig angeboten, kann es zu einer Überforderung kommen, da für das Kind dann eine chaotische und unübersichtliche Umgebung entsteht. Die Dosierung sollte jedem Kind immer wieder individuell angemessen werden.

Eine besonders große Rolle für die Ausbildung des Tastsinns spielt vor allem ein vielfältiger Körperkontakt.

1.2.3 Der Geschmackssinn

Der Geschmackssinn entwickelt sich ebenfalls sehr früh. Bereits während der **achten Schwangerschaftswoche** entstehen die Geschmacksknospen. In der 13. Woche haben sie sich im gesamten Mund verteilt und kommunizieren miteinander. Babys können schon vor der Geburt schmecken und sind für unterschiedliche chemische Substanzen im Fruchtwasser sensibel.

Säuglinge nehmen nahezu alles in den Mund. Erst ab dem dritten bis vierten Lebensjahr nimmt diese Tendenz ab und die Kinder entwickeln eine Abscheu gegen gefährliche Substanzen. Das Verständnis dafür, was essbar und bekömmlich ist, wird erlernt.

1.2.4 Der Geruchssinn

Der Geruchssinn ist unmittelbar nach der Geburt voll funktionsfähig. Im Unterschied zu den anderen Nervenzellen sind die Riechzellen die einzigen Sinneszellen, die ein Leben lang nachgebildet werden, wenn ihre Vorgänger absterben.

Am Beginn des Lebens sind Gesichtssinn und Gehör des Babys noch nicht gut ausgebildet. Deshalb ist seine Wahrnehmung noch auf die unmittelbare Umgebung beschränkt, die sich am besten durch die **Nahsinne** Tasten, Schmecken und Riechen aufnehmen lässt.

Das Baby ist in der Lage, unterschiedliche Gerüche zu unterscheiden. Aber wie die Erwachsenen gewöhnt es sich rasch an Gerüche und nimmt diese dann nicht mehr wahr. Die Sinne funktionieren vergleichend. Sie messen Veränderungen in der Umgebung. Finden keine Veränderungen mehr statt, so nehmen Sinne in der Regel nichts mehr wahr. Man gewöhnt sich an die Temperatur in einem Raum, vorausgesetzt, der Körper ist nicht zu stark damit beschäftigt, den Temperaturunterschied zwischen Umgebung und Körper auszugleichen (schwitzen oder frieren).

An diesen Sinnen lässt sich auch nachweisen, dass bereits Säuglinge über ein Gedächtnis verfügen. Neugeborene können bereits kurz nach der Geburt ihre Mutter am Geruch wiedererkennen.

Der Geruchssinn

1.2.5 Das Gehör

Das Gehör ist ein Fernsinn und für die sprachliche Kommunikation, die Orientierung und in sensiblen Entwicklungsphasen notwendig.

Während sich der Sehsinn sehr früh entwickelt, aber nur sehr langsam ausreift, entwickelt sich das Gehör relativ spät in der Schwangerschaft, reift dann aber relativ schnell. Vollständig ausgereift ist es frühestens zum Schulbeginn. Das Hörenlernen beginnt schon in der Gebärmutter. Bereits hier treffen akustische Signale auf die Ohren.

Im Unterschied zum Sehen, bei dem Neugeborene eine eindeutige Vorliebe für einfachere Stimuli zeigen, tendieren ihre akustischen Vorlieben eher zur Komplexität. Diesen Zweck erfüllen Musik und eine hohe modulierte Sprachmelodie besser als reine Töne und schlichte Laute. Frühe Erfahrungen mit Musik und Sprache sind wichtig für die Ausbildung vieler höherer Gehirnfunktionen wie Gefühl, Kommunikation und anderer kognitiver Fähigkeiten. Man sollte deshalb auch bereits mit Säuglingen sprechen, auch wenn sie im eigentlichen Sinne noch kein Wort verstehen.

Geräusche werden unmittelbar entziffert. Wir hören eben ein Auto oder ein Flugzeug oder eine bestimmte Stimme. Können wir ein Geräusch nicht sofort zuordnen, so wirkt das zumindest beunruhigend. Das Gehör lässt sich nicht abstellen. Es ist ein immer geöffnetes Tor zur Außenwelt. Geräusche können daher schnell ablenken.

Das Gehör

1.2.6 Der Sehsinn

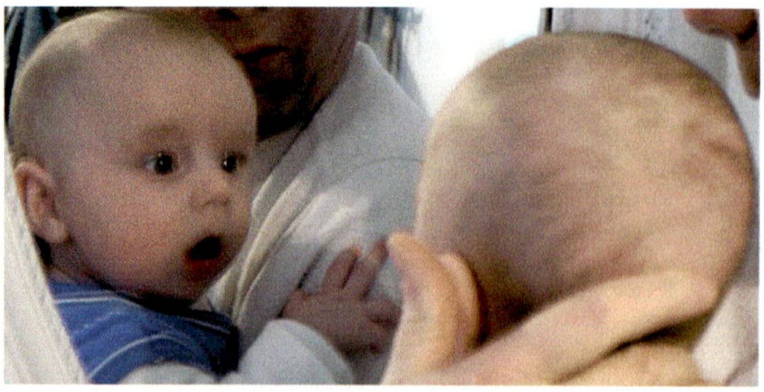

Säugling sieht sich im Spiegel

Menschen sind Augenwesen. Wir nehmen den weitaus größten Teil der Informationen aus der Umwelt über die Augen auf. Im Unterschied zu Geschmacks-, Geruchs- und Tastsinn, die Informationen nur aus direkter Nähe oder durch direkten Körperkontakt gewinnen (Nahsinne), ist der Gesichtssinn, ebenso wie das Gehör, ein **Fernsinn.** Gut sehen können stellt einen enormen Vorteil dar.

Sehen ist weit mehr als ein fotografischer Vorgang. Es ist eine aktive Handlung, die in der Regel ein hohes Maß an Aufmerksamkeit und Konzentration erfordert. Es braucht Hingabe und Interesse. Wenn etwas in unser Blickfeld gerät, bedeutet das noch nicht, dass wir es auch sehen.

Bei der Geburt ist das Sehen nur rudimentär ausgebildet. Der Säugling ist nicht in der Lage, scharf zu sehen. Details sieht er nur in einem Bereich um 20 cm. Die **Fovea,** die Stelle des schärfsten Sehens, ist noch nicht voll entwickelt, da sich die entsprechenden Sehzellen (Zapfen, Farbensehen) noch nicht weit genug ausdifferenziert haben. Kleine Kinder können einen Gegenstand deshalb auch noch nicht fokussieren. Besser funktionieren die Stäbchen, die für die Unterscheidung von Helligkeitsunterschieden zuständig sind.

Das **visuelle System** ist äußerst komplex und umfangreich. Bereits in der vierten Schwangerschaftswoche beginnen sich die Anlagen der Augen herauszubilden. Der Prozess setzt sich in einer festgelegten Reihenfolge von außen nach innen fort. In der Netzhaut bilden sich zuerst Neuronen und Synapsen, anschließend in den subkortikalen Sehzentren. Dann folgt deren Wachstum in der Sehrinde und schließlich in die höheren Sehzentren. Sehen ist ein hoch kognitiver Prozess. Nahezu das gesamte Gehirn ist daran beteiligt. Es dauert Jahre, in einzelnen Aspekten bis nach der Adoleszenz, bis das gesamte System voll ausgebildet, gereift, stabilisiert und funktionsfähig ist und wir voll darüber verfügen können.

Kind sieht neugierig durch eine Lupe

Sehen ist ein **Interpretationsvorgang.** Dem, was gesehen wird, muss eine Bedeutung verliehen, es muss gedeutet, bedeutet werden. Sehen hat etwas zu tun mit Werten und mit Bewertung (ethisch, materiell, funktional usw.), mit Empathie und Einfühlungsvermögen, mit Gedächtnis, Erfahrung und Wissen, Assoziationen, Erwartungen und Hypothesen, mit dem Vorstellungsvermögen, mit Zielen und Intentionen, mit Schulung, Übung und Differenzierung. „Sehen" in umfassendem Sinne ist nicht einmal angewiesen auf den optischen Apparat: z. B. wenn wir träumen oder innere Bilder haben oder uns etwas vorstellen, um etwas zu verstehen oder um etwas zu erinnern.

Diese Tatsachen schlagen sich auch in vielen Redewendungen nieder: Man macht sich ein Bild von etwas; jemand handelt aus Einsicht; man sieht in die Zukunft; man nimmt einen Einblick in etwas; man sieht ein Problem oder sieht es eben nicht usw. Sprachlich etwas weiter: Es geht jemandem ein Licht auf; jemand hat eine Erleuchtung; es klärt sich etwas; jemand stellt sein Licht unter den Scheffel oder ist eine Leuchte; andere sind umnachtet oder jemandem gehen schließlich die Augen auf. Und viele glauben letztlich nur, was sie sehen können.

Das Sehen ist für uns ein herausragender **Lernkanal.** Hat etwas unser Interesse geweckt, wollen wir es sehen. Kinder sind neugierig und haben ein großes Interesse daran, anderen, vor allem Erwachsenen, bei deren Tätigkeiten zuzusehen, sie schauen sich etwas ab. Allein durch Zusehen erlernen wir sehr viele und vor allem komplexe

Fertigkeiten. Viele wortreiche Erklärungen lassen sich durch einfaches Zeigen leicht ersetzen. Sehen wir eine Handlung, so feuern Spiegelneurone und im Gehirn des Betrachters werden entsprechende Gehirnareale aktiv.

Die Augen sind für uns zudem ein bedeutender **Kommunikationskanal.** Im Gespräch suchen oder vermeiden wir den Blickkontakt. In manchen Situationen verlangen wir von Kindern, dass sie uns ansehen. Blicke können trösten, aber auch sehr aggressiv sein. Seit Jahrtausenden werden die Augen in vielen Kulturen sehr bewusst mit Make-up betont.

Im Unterschied zu den anderen Sinnen mit ihren spezialisierten Sinneszellen entwickelt sich die Netzhaut vollständig aus neuralem Ektoderm (äußeres Keimblatt) und verhält sich dementsprechend wie ein **„Miniaturhirn"**. Die Augen sind Teile des Gehirns.

Die von dort ausgehenden Nervenbahnen werden in hochkomplexer Weise mit fast allen anderen Gehirnteilen verknüpft. Dieser Vorgang folgt denselben Regeln, wie es bei anderen Verknüpfungen der Fall ist. Die Synapsen werden zunächst in Menge gebildet. Anschließend findet eine Auslese bzw. die Etablierung nützlicher Bahnen statt. Beim Tastsinn, dem Geschmackssinn oder dem Gehör kann das bereits im Mutterleib geschehen, da sie bereits hier mit ausreichenden Informationen versorgt werden können. Bei den Augen können in diesem Zeitraum nur die Basisvoraussetzungen (optischer Apparat und Grundstrukturen) geschaffen werden. Die entscheidenden Entwicklungen und Reifungsprozesse können erst im Licht stattfinden. Und die sind dramatisch und an enge **Zeitfenster** gebunden.

Innerhalb des ersten halben Jahres entwickeln sich die **primären Sehfähigkeiten:** Tiefenwahrnehmung, Farbensehen, Scharfsicht - und die Fähigkeit, zielgerichtete Augenbewegungen auszuführen. Mit einem Jahr ist die Feinabstimmung so weit fortgeschritten, dass das Kind die Welt bunt und dreidimensional sehen kann. Dazu ist es allerdings auf vielfältige Anregungen und „Sehanlässe" angewiesen. Für jede Sehfähigkeit müssen im Gehirn entsprechende neuronale Verbindungen angelegt werden. In einer anregungsarmen Umwelt werden diese Verknüpfungen entsprechend dünn und instabil. Die Basis, auf der das Kind im weiteren Verlauf sehen lernt, ist dann sehr schwach. Werden Teile des Gehirns nicht mit entsprechenden Verknüpfungen belegt, werden die entsprechenden Bereiche schließlich gar nicht oder mit anderen Aufgaben betraut. Solche Entwicklungen sind irreversibel.

Deshalb ist es wichtig, auf **Erkrankungen** der Augen sehr schnell zu reagieren. Das betrifft z. B. das Schielen und die Scharfsicht. Um plastisch sehen zu können, ist es notwendig, dass die Augen koordiniert einen Gegenstand fokussieren können. Beim Schielen gelingt das nicht, sodass keine entsprechenden Bilder im Gehirn verrechnet werden können (stereoskopisches Sehen). Im Regelfall entwickelt sich dann ein Auge als das dominante. Die Bildsignale aus diesem Auge werden mit Vorrang verarbeitet. Es werden dabei die entsprechenden Nervenbahnen und Synapsen gebildet. Das dominante Auge verfügt dann oft auch über einen größeren Teil der Sehrinde. Wird in späteren Jahren das Schielen operativ korrigiert, so kann der Patient dennoch weiterhin nicht plastisch sehen, da er nicht über die neurologischen Voraussetzungen verfügt. Diese Fähigkeit lässt sich auch nicht mehr erlernen.

Auch wenn die Augen unterschiedlich scharf sehen, kommt es in der Regel zur Dominanz eines Auges mit allen hirnphysiologischen Folgen. Eine zu späte Korrektur durch eine Brille vermag den entstandenen Schaden nicht mehr vollständig auszugleichen.

Viele Fähigkeiten, die wir im Allgemeinen als selbstverständlich hinnehmen und nicht weiter hinterfragen, sind Folge langer Erfahrung und damit auch andauernder Übungs- und Trainingsprozesse, die ihre **neurologischen Spuren** im Gehirn hinterlassen haben. Auch das Sehen gelingt nur dann effektiv, wenn entsprechend effiziente und etablierte Strukturen im Gehirn aufgebaut werden konnten.

Sehen ist das Hauptinstrument der Welterforschung des Kindes. Gutes Sehen ist eine Grundvoraussetzung zur Aufgabenbewältigung in einer zunehmend visualisierten Welt. Gleichzeitig entwickelt sich die Sehfähigkeit hauptsächlich in der Zeit ab der Geburt bis zum achten Lebensjahr, in der Zeit des Kindergartens. Vor allem in dieser Zeit haben daher vielfältigste **visuelle Erfahrungen** und Anregungen eine herausragende Bedeutung.

So sollten Kinder nicht in einer rein „gezimmerten" Umgebung aufwachsen, in der es nur Horizontale und Vertikale gibt. Denn dadurch würden nur die Neuronen den

Vorzug erhalten, die für die Verarbeitung von Vertikalen und Horizontalen verantwortlich sind. Kinder sollten auch mit Schrägen und Bögen reiche Erfahrungen machen. Sie sollten die Möglichkeit und auch die Zeit und Ruhe haben, differenziert unterschiedliche Farben zu erleben und vielfältige Formen und Oberflächen kennenzulernen.

Das „Tun" ist in diesem Alter die hauptsächliche Methode. Dabei bekommen Kinder auch die Gelegenheit, ihre visuellen Erfahrungen auf vielfältige Art und Weise mit anderen kognitiven Strukturen zu verbinden und die **Hand-Augen-Koordination** zu üben und zu festigen. „Je mehr ein Baby sieht und je besser die optischen Sinneseindrücke seiner Sehfähigkeit zum jeweiligen Zeitpunkt angepasst sind, desto besser wird das Kind später die vielen verschiedenen Aufgaben, bei denen es auf den Gesichtssinn angewiesen ist, bewältigen." *(Eliot, S. 297 f.)*

All das können Kinder vor allem im Rahmen einer **ästhetischen Bildung** üben und erwerben. Deshalb sollten sie auch reichhaltige Möglichkeiten bekommen, Bilder nicht nur aufzunehmen, sondern auch zu produzieren. Letztlich kennt man nur, was man auch zeichnen kann.

↗ FAZIT

→ Die geistige Entwicklung ist ein kumulativer Prozess. Die unterschiedlichen Sinne unterstützen sich bei ihrer Entwicklung gegenseitig. Die Förderung unterschiedlicher Sinne kann entsprechend geistige Entwicklungen anstoßen und fördern.

→ Der **Tastsinn** wird als erster ausgebildet. Er verbreitet sich vom Kopf her über das Gesicht allmählich über den gesamten Körper. Durch den Kontakt mit unterschiedlichen Materialien und Oberflächen kann die Entwicklung des Tastsinns gefördert werden.

→ Der **Geruchssinn** zählt wie Tasten und Schmecken zu den Nahsinnen. Ohne Geruch können wir nicht mehr gut schmecken. Über den Geruchssinn werden sehr wichtige Informationen gewonnen, derer wir uns oft gar nicht richtig bewusst werden. So können wir unterschiedliche Menschen verschieden „gut" riechen.

→ Bezüglich seiner Entwicklung ist das **Gehör** wie die anderen Sinne durch Erfahrung und Übung formbar. Es ist wichtig, dass beide Ohren möglichst gleich gut hören. Oft ist es ein Problem herauszufinden, ob und wie gut ein Baby hört. Je später ein solches Defizit entdeckt wird, desto schwerer ist der Schaden für das Kind zu beheben.

→ Menschen nehmen den weitaus größten Teil der Informationen aus ihrer Umwelt über die **Augen** auf. Die Augen sind ein Fernsinn und Bestandteil des Gehirns.

→ **Sehen** beansprucht das gesamte Gehirn. Es ist kein mechanischer Vorgang, sondern ein in hohem Maße kognitiver und aktiver Prozess. Sehen hat etwas zu tun mit Werten und mit Bewertung, mit Empathie, mit Gedächtnis, Erfahrung und Wissen, mit Assoziationen, mit Erwartungen und Hypothesen, mit dem Vorstellungsvermögen, mit Zielen und Intentionen, mit Schulung, Übung und Disziplin.

→·← AUFGABEN UND ANREGUNGEN

1 Bei welchen Tätigkeiten mit Kindern können Sie die vestibulären Sinne anregen?

2 Erstellen Sie Listen: Wie können Sie mit Kindern deren und Ihre Sinne sensibilisieren (Angebote, Umgebung, Impulse, Materialien, Erfahrungen, Übungen, Spiele usw.)?

1.3 Die Entfaltung der Intelligenz

Im Allgemeinen wird dem Intelligenzquotienten eine große Bedeutung beigemessen. Eine sehr entscheidende Rolle für den späteren Erfolg der Kinder spielt aber auch ihre Fähigkeit, die eigenen Gefühle zu erkennen und zu kontrollieren **(Impulskontrolle)** und die Gefühle anderer zu deuten und entsprechend zu reagieren. Diese Fähigkeit meint die **emotionale Intelligenz.** *(Mehr in Kap. 1.4.)*

Menschen sind in vielerlei Hinsicht unterschiedlich. Das bedeutet, dass sie auch über ein unterschiedliches kognitives und intellektuelles Potenzial verfügen. Dieses Potenzial kann gefördert werden aber auch ungefördert bleiben und damit letztlich nicht voll zum Tragen kommen.

Durch **Intelligenztests** werden in der Regel unterschiedliche Dimensionen dieses Potenzials zu ergründen versucht: Dazu gehören Konzentration, Wortflüssigkeit, räumliches Vorstellungsvermögen, logisches Denken und anderes. Letztlich läuft es darauf hinaus, dass man herauszufinden versucht, wie gut und schnell jemand eine Situation erfassen kann, wie gut und schnell er lernt und wie gut und schnell er Probleme lösen kann.

Heute unterscheidet man in Bezug auf Intelligenz vor allem zwei Aspekte: die kristalline und die fluide Intelligenz. Die **kristalline Intelligenz** umfasst die Menge und den sinnvollen Umgang mit explizitem Wissen (semantisch, episodisch sowie Faktenwissen) und implizitem Wissen (Verhaltensweisen, Fahrrad fahren, rechnen usw.). Zur kristallinen Intelligenz gehört auch Erfahrung. Ihre Entwicklung ist stark **situationsabhängig.** Sie ist trainierbar und bis ins hohe Alter steigerbar. Je mehr jemand weiß, desto leichter und schneller kann er sich weiteres Wissen aneignen. Mit einem großen Wissensschatz lassen sich viele Probleme bearbeiten und lösen. Dabei wird eher in konvergenten Denkstrukturen gearbeitet *(vgl. Bd. 2, HF 2, Kap. 2).*

Die **fluide Intelligenz** bezeichnet die **Auffassungsgabe** eines Menschen, die Fähigkeit, Situationen oder Wesentliches schnell zu erfassen und im Denken wendig und flexibel zu sein. In ihr kommen Fähigkeiten wie Problemlösung, Kreativität, Lernen und Mustererkennung, abstraktes Denken, Urteilsfähigkeit und Ideenflüssigkeit zum Tragen. Sie bedient sich eher divergenter Denkstrukturen. Diese Eigenschaft scheint stärker **genetisch bedingt,** an neuronale Strukturen gebunden (Verarbeitungsgeschwindigkeit, gehirnphysiologische Effizienz) und nur begrenzt förderbar zu sein. Sie entfaltet sich in den ersten Lebensjahren bis zum Ende der Adoleszenz – soweit es die Umgebung erkennt und zulässt.

Die Frage, was ein Gehirn letztlich intelligent macht, beschäftigt die Forschung seit Langem. Größe, Form, Gewicht, Geschlecht oder Rasse scheinen nach heutigem Kenntnisstand keine Rolle zu spielen. Zwar gibt es Zentren im Gehirn, in denen vorwiegend das Sehen, die Sprache oder Bewegung verarbeitet werden. Es scheint aber kein Zentrum für „Intelligenz" zu geben.

Von Bedeutung ist die Geschwindigkeit, mit der das Gehirn mit Daten umgeht. Dabei geht es um die **Inspektionszeit** (Wahrnehmung), die **Erregungsübertragung** und die **Reaktionszeit.** Die Verarbeitungsgeschwindigkeit nimmt mit zunehmender Reife drastisch zu. Das bedeutet allerdings in keiner Weise, dass kleine Kinder keine klugen Gedanken haben könnten.

Da die Intelligenz eine Funktion des gesamten Gehirns zu sein scheint, entwickelt sie sich mit der Reifung der jeweiligen Gehirnzentren. Sehr spät reifen die Stirnlappen aus. Sie verarbeiten **Hemmungsreaktionen** (Impulskontrolle) und sind für das Arbeitsgedächtnis (Ultrakurzzeit- und Kurzzeitgedächtnis) und die Aufmerksamkeit (Konzentration) von Bedeutung. Hier werden Zeitgefühl und Selbstbeherrschung verarbeitet.

Erfolgreiche Planung und entsprechendes Vorgehen erfordern nicht nur zielgerichtetes Handeln. Es erfordert auch die Vermeidung aller Aktivitäten, die mit dem angestrebten Ziel in Konflikt stehen. Auch insofern spielt die im Stirnlappen gesteuerte Hemmungsreaktion für die Intelligenz eine wesentliche Rolle. Die Effizienz steigt in dem Maße, in dem wir in der Lage sind, uns bei einer geistigen Tätigkeit nicht ablenken zu lassen und inneren Impulsen nicht nachzugeben. Wir brauchen die Fähigkeit, uns auf eine Sache zu konzentrieren.

Menschen kommen mit komplexen kognitiven Fähigkeiten zur Welt. „Intelligenz beginnt als eine Reihe kognitiver Instinkte – die Annahme, dass bestimmte sensorische Eigenschaften zusammengehören, dass Gegenstände in Kategorien vorkommen, Wirkungen Ursachen haben und Mengen bestimmbar sind - und diese Instinkte sind darauf ausgerichtet, bereits bei minimaler Gehirnreife zu funktionieren und dabei die Art und Weise, wie die frühere Erfahrung aufgenommen wird, maßgeblich zu prägen." *(Eliot, S. 579)*

Im achten Monat nimmt der Stirnlappen zum ersten Mal seine Funktion auf. Mit 18 Monaten reift die linke Hemisphäre nach. In diesem Alter setzt entsprechend auch die Sprachentwicklung ein. Das Kind kann sich besser beherrschen und ist in der Lage, diszipliniert einen Gegenstand zu betrachten.

Zwischen dem dritten und vierten Geburtstag entdeckt das Kind den eigenen Verstand. Das ist ein gewaltiger Schritt. Nun ist es in der Lage, zwischen Schein und Wirklichkeit zu unterschieden. Da diese Fähigkeit von der Gehirnreifung abhängt, kann man sie Kindern nicht beibringen.

Von da an beginnt das Kind zu verstehen, was Denken ist. Mit ca. sechs Jahren vereinigen sich die einzelnen kognitiven Fähigkeiten zu einer Ganzheit. Erst dadurch wird zielgerichtetes Lernen möglich. Die Vernunft erwacht. Das Kind kommt in die Lage, bewusst logisch zu denken. Es kann nun auch erstmals den eigenen Sinnen misstrauen. Piaget bezeichnet diesen Schritt als konkret-operationales Denken *(vgl. Kap. 1.4)*. Erst ab diesem Alter erbringen Intelligenztests Ergebnisse mit einer etwas aussagekräftigeren Prognose, wobei die Korrelation zwar signifikant, aber noch immer relativ gering ist.

Intelligenz ist keine stabile Größe. Durch Training („Nur selber denken macht schlau!") lässt sie sich in frühen wie in späteren Jahren steigern. Allerdings kann sie durch mangelnde Beanspruchung des Gehirns auch zurückgehen. Im Erziehungsbereich bedeutet das, man sollte fördern, solange man noch maßgeblich die Umwelt der Kinder mitgestalten kann. Dabei sollte der Schwerpunkt auf die Aufmerksamkeit, Aufgeschlossenheit, Motivation, Ausdauer und Neugier der Kinder gelegt werden. Das heißt: nicht auf die Wissensinhalte, sondern auf die Basisfähigkeiten für den weiteren Wissenserwerb.

In einer anregungsreichen und motivierenden Umgebung kann man davon ausgehen, dass sich das Kind **auf alle Fälle auch** einen Wissensschatz erwirbt, auf den es im weiteren Leben aufbauen kann. Das theoretische Wissen ist ein angenehmes „Abfallprodukt" der Aktivität der Kinder. „Drill" in eine bestimmte Richtung ist häufig kontraproduktiv. Oft entsteht dabei eine innere Abneigung und Unlust. Schließlich sogar die Unlust, überhaupt etwas zu lernen, weil der Lernprozess als unangenehm empfunden wird.

Eine große Rolle spielt somit auch der praktizierte Erziehungsstil *(vgl. HF 1, Kap. 1.3)*. Erzieher sollten anregen und fördern, auch etwas fordern, wenn allen klar ist, dass es sinnvoll ist. Sie sollten mit unkonventionellen Lösungen konstruktiv umgehen und bereit sein, die Regeln und die Tagesstruktur der Einrichtung immer wieder daraufhin zu prüfen, ob sie für die Kinder eher förderlich sind oder letztlich vielleicht nur den Arbeitsabläufen dienen. Eher schädlich wirkt es sich aus, wenn die Kinder einfach nur sich selbst überlassen bleiben oder mit strenger Autorität, restriktiv und ohne Rücksicht auf ihre gegenwärtigen Interessen geführt werden.

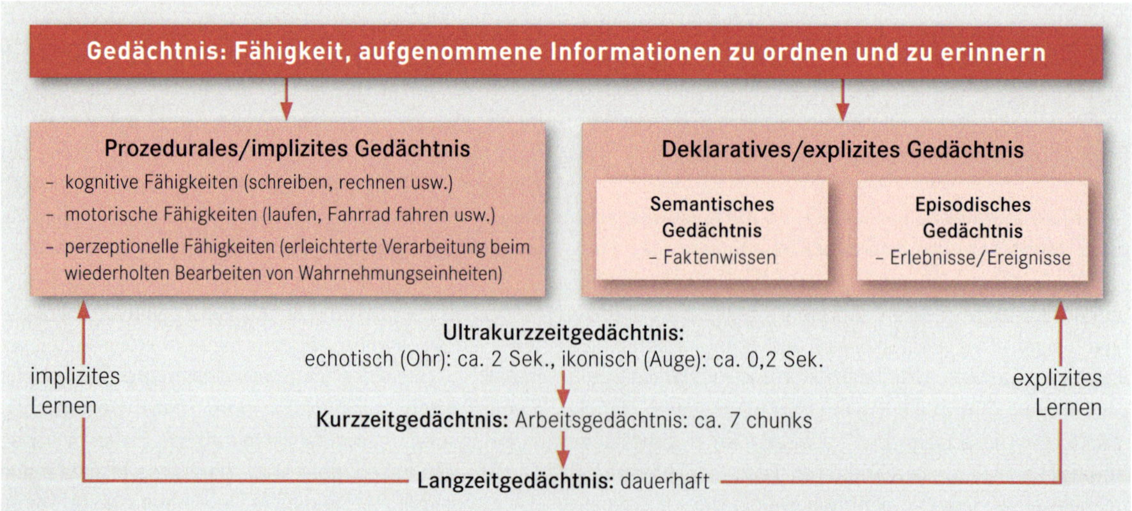

↗ FAZIT

- Intelligenz ist eine Leistung des gesamten Gehirns. Man unterscheidet fluide und kristalline Intelligenz. Intelligenz kann sich im Laufe des Lebens verändern.
- Entscheidend ist der Förderzeitpunkt im Kindergarten und die Entwicklungsumgebung der Kinder. Hier werden die neuronalen Grundlagen gebildet, die später nicht mehr nachgeholt werden können.
- Dem Intelligenzquotienten wird zwar eine sehr große Bedeutung beigemessen. Eine entscheidende Rolle für den späteren Erfolg der Kinder spielt aber auch die Fähigkeit, die eigenen Gefühle zu erkennen und zu kontrollieren und die Gefühle anderer deuten und entsprechend reagieren zu können.

→·← AUFGABEN UND ANREGUNGEN

1 Tragen Sie unter einem Zeitstrahl in Monaten gegliedert die wichtigen Stationen der Gehirnreifung eines Kindes ab seiner Geburt ein.

2 Tragen Sie nun über dem Zeitstrahl jeweils ein, wie Sie das Kind in seiner Entwicklung der emotionalen, kognitiven und sinnlichen Entwicklung unterstützen können – in Bezug auf Ernährung, gestalteter Umgebung und Erzieherinnenverhalten.

3 Wie reagieren die Kinder auf verschiedene Anregungen und Angebote – spontan und über einen längeren Zeitraum hinweg? Welche Fertigkeiten bilden sie aus?

4 Vergleichen Sie Ihre Beobachtungen mit denen Ihrer Kolleginnen von anderen Kindern oder wenn möglich zum selben Kind.

5 Machen Sie sich eine Liste. Mit welchen Maßnahmen können Sie sich an der Gestaltung einer positiven Umgebung für die Entwicklung der Kinder beteiligen?

TIPPS ZUM WEITERLESEN →→

- Was geht da drinnen vor? Die Gehirnentwicklung in den ersten fünf Lebensjahren
  Lise Eliot, Berlin Verlag, Berlin 2003
- Das Auge – Meisterstück der Evolution
  Simon Ings, Hoffmann und Camne, Hamburg 2008
- Schülerjahre – Wie Kinder besser Lernen
  Remo H. Largo, Martin Beglinger, Piper, München 2009
- Das kleine Buch vom Gehirn – Reiseführer in ein unbekanntes Land
  Michael Madeja, C. H. Beck, München 2010
- Oje, ich wachse! Von den acht „Sprüngen" in der mentalen Entwicklung Ihres Kindes während der ersten 14 Monate und wie Sie damit umgehen können
  H. van de Rijt, Frans X. Ploij, Goldmann, München 1998

1.4 Entwicklungspsychologische Grundlagen

In vielen Kindertagesstätten werden Eltern über die Entwicklung ihrer Kinder regelmäßig informiert. Oft fragen besorgte Eltern täglich nach dem Verhalten der Kinder. Sie wollen sich später keine Vorwürfe machen, etwas versäumt zu haben. Besonders im letzten halben Jahr vor Schuleintritt bewegt die Eltern die Frage, ob ihr Kind den neuen Aufgaben in der Schule gewachsen sein wird. Erzieherinnen dokumentieren die Entwicklung des Kindes anhand von Fotos und beobachteten Entwicklungsschritten, die, wie das folgende Beispiel zeigt, bei problematischen Kindern von besonderer Bedeutung sein können.

Ein allein erziehender Vater wird seit einem Jahr in regelmäßigen Abständen über die Entwicklungsschritte seiner fünfjährigen Tochter Laura informiert. Sie fällt den Erzieherinnen dadurch auf, dass sie sich besonders an Aktivitäten im Zusammenhang mit gezielter Aufgabenstellung z. B. in den Bereichen Grob- und Feinmotorik nur ungern beteiligt. Das hat zur Folge, dass sie von Gleichaltrigen in deren Spiele kaum einbezogen wird. Lieber spielt sie mit den Kleinen. Der Vater reagiert darauf gelassen und sagt häufig: „Das wächst sich noch aus."

Als er aber von der Schulärztin erfährt, dass Laura im motorischen Bereich Entwicklungsdefizite zeigt, die sich auf die Schulfähigkeit auswirken, wird der Vater ärgerlich und beschuldigt den Kindergarten, sein Kind nicht ausreichend gefördert zu haben.

In gemeinsamen Spielen üben Kinder ihre Fein- und Grobmotorik.

↘ FRAGEN

- → *Welche Fachkenntnisse muss eine pädagogische Fachkraft besitzen, um Eltern Auskunft über Entwicklungsfortschritte bzw. Entwicklungsdefizite zu geben?*
- → *Wie können pädagogische Fachkräfte dazu beitragen, bei beobachteten Entwicklungsdefiziten rechtzeitig Fördermaßnahmen einzuleiten?*
- → *Wie können sich pädagogische Fachkräfte absichern, alle notwendigen Fördermaßnahmen ergriffen zu haben, die bei einem auffälligen Verhalten erforderlich sind?*

1.4.1 Entwicklungsmodelle

Eltern müssen sich darauf verlassen können, dass die pädagogische Fachkraft kompetent und professionell die Entwicklung der Kinder begleitet und Entwicklungsdefizite rechtzeitig erkennt, um angemessen handeln zu können. Um diesem Anspruch gerecht zu werden, müssen sich Fachkräfte mit den unterschiedlichen Erklärungsmodellen der **Entwicklungspsychologie** auseinandersetzen. In der Entwicklungspsychologie werden die körperlichen und geistigen Veränderungen beschrieben, die ein Mensch von der Empfängnis bis zum Tod durchläuft. Zwei Entwicklungsmodelle werden im Folgenden kurz vorgestellt.

Entwicklungsmodelle beschreiben, wie Anlage und Umwelt die Entwicklung beeinflussen und welche Rolle dabei das Kind einnimmt.

1. Das Konstruktivistische Entwicklungsmodell
Der Mensch ist selbst der Gestalter seiner Entwicklung, er **konstruiert** seine Entwicklung. Als Wesen, das zur Selbstreflektion fähig ist, ist er in der Lage, aufgrund seiner Erfahrungen sich und seine Umwelt zu modifizieren, also zu verändern, umzuformen. Er reagiert nicht bloß mechanisch auf äußere Reize und entwickelt sich nicht nur durch biologische Reife. Durch ziel- und zukunftsorientiertes Verhalten kann er seine Entwicklung selbst steuern.

In diesem Erklärungsmodell zeigt sich ein optimistisches Menschenbild, das sich besonders im pädagogischen Konzept der Reggio-Pädagogik wiederfindet *(vgl. HF 2, Kap. 4.4)*.

2. Interaktionistische Entwicklungsmodelle
Dieses Modell bezieht sich auf eine systemische Grundlage, das bedeutet, dass davon ausgegangen wird, dass Mensch und Umwelt ein gemeinsames System bilden. Sie stehen miteinander im Austausch und beeinflussen sich gegenseitig. Ein Kind ist z. B. in der Lage, aktiv seine Umwelt zu verändern oder sich mit seinen Anlagen der Umwelt anzupassen. Prof. Wassilios Fthenakis stellt eine Verbindung zwischen den Interaktionistischen Theorien und dem Ko-Konstruktionsansatz her. **Ko-Konstruktion** bedeutet, dass Lernen durch Zusammenarbeit stattfindet. Lernprozesse werden von Kindern, Fach- und Lehrkräften **gemeinsam konstruiert** *(vgl. auch HF 2, Kap. 1.8)*.

Forschungen zeigen, dass Kinder von Geburt an versuchen, sich die Welt zu erschließen. Dazu brauchen sie den Austausch mit der sozialen Umwelt. Der Schlüssel der Ko-Konstruktion ist die **soziale Interaktion.**

Soziale Interaktion ist das wechselseitig aufeinander bezogene Handeln von zwei oder mehreren Akteuren.

1.4.2 Verlauf der Entwicklung

Die Entwicklungspsychologie befasst sich mit den Entwicklungsstadien und -prozessen, die im Laufe des Lebens auftreten. Frühere Entwicklungspsychologen haben sich v. a. auf die Lebensabschnitte konzentriert, in denen Veränderungen am deutlichsten sichtbar sind: im Säuglingsalter (frühe Kindheit), in der Kindheit und im Jugendalter. Das Erwachsenenalter galt als Zeit der Stabilität zwischen dem Jugend- und dem Greisenalter. Heute dagegen wird Entwicklung als **lebenslanger Prozess** begriffen, der mit der Empfängnis beginnt und mit dem Tod endet, da jede Lebensphase durch neue Aufgaben und typische Anforderungen gekennzeichnet ist.

Die Entwicklungspsychologen **Jean Piaget** (1896–1980) und **Erik H. Erikson** (1902–1994) gehen in ihren Entwicklungstheorien von **Entwicklungsstufen** mit qualitativ unterschiedlichen Entwicklungsniveaus aus. In den psychoanalytischen Entwicklungstheorien, z. B. von **Sigmund Freud** (1856–1939), ist meistens von **Entwicklungsphasen** die Rede, obwohl es sich auch hier um eine **Stufentheorie** handelt.

Der Schweizer **Jean Piaget** (1896–1980) ist ein bedeutender Entwicklungspsychologe, der die Denkentwicklung des Menschen erforscht hat *(s. Kap. 1.4.3)*. Er konzentrierte sich auf die **kognitive Entwicklung** und begrenzte seine Untersuchungen auf „das, was das Kind sich selbsttätig aneignet, was man ihm nicht beigebracht hat, was es vielmehr selbst entdecken muss“.

Der Wiener Arzt **Siegmund Freud** (1856–1939) gilt als Begründer der Psychoanalyse, die neben dem Bewusstsein vor allem das „Unbewusste“ im Menschen untersucht.

Erik H. Erikson (1902–1994) war ein deutsch-US-amerikanischer Psychoanalytiker und Schüler Freuds, dessen Einsichten zur Psychoanalyse er weiterentwickelte. Bekannt wurde er durch das von ihm entwickelte Stufenmodell der **psychosozialen Entwicklung.**

Entwicklungsstufen verlaufen nach Darstellung dieser Forscher immer in derselben Reihenfolge, wobei jeweils eine Stufe auf die vorherige aufbaut. Andere Entwicklungspsychologen sind der Ansicht, dass Entwicklung im Wesentlichen kontinuierlich verläuft.

Ergebnisse der neueren Säuglingsforschung zeigen, dass Kinder in allen Entwicklungsbereichen im gleichen Tempo voranschreiten, allerdings gibt es bereichsspezifische Unterschiede *(vgl. Sodian 1998)*.

Erkenntnisse der Hirnforschung

Ergebnisse der Hirnforschung zeigen, dass sich verschiedene Teile der Hirnrinde mit unterschiedlicher Geschwindigkeit entwickeln. Damit wird das Konzept der kritischen oder **sensiblen Phasen** begründet.

Sensible Phasen sind Entwicklungsphasen, in denen die Nervenzellen ein dichtes Geflecht an Verschaltungsangeboten bereitstellen.

In einer sensiblen Phase ist ein Kind für bestimmte Lernerfahrungen besonders aufnahmebereit. Wissenschaftler nennen die Phasen auch „Kritische Fenster“, die sich manchmal überschneiden *(vgl. HF 2, Kap. 1.1)*.

„Sogenannte **Lernfenster** gibt es für die Entwicklung grob- und feinmotorischer Fähigkeiten sowie für das Herausbilden der Hirnareale, die für das Sehen, Hören, Riechen und für das körperliche Empfinden verantwortlich sind. Ebenso existieren *Fenster* für die Sprachentwicklung und das analytische Denken sowie für all die anderen Fähigkeiten und Fertigkeiten, die jedes Kind im Laufe seiner Entwicklung erwirbt.“ *(Nitsch/Hüther, Kinder gezielt fördern, 2008, S. 28)*

1.4.3 Kognitive Entwicklung

1. Die Entwicklung des Denkens

Jean Piaget ist einer der bedeutendsten Psychologen, der die Denkentwicklung des Menschen erforscht hat. Er studierte ganz besonders das Verhalten seiner eigenen drei Kinder von Geburt an und beobachtete sie im Umgang mit Problemen. In seiner Forschung konzentrierte er sich auf die **kognitive Entwicklung** und begrenzte seine Untersuchungen auf „das, was das Kind sich selbsttätig aneignet, was man ihm nicht beigebracht hat, was es vielmehr selbst entdecken muss.“

Seiner Theorie folgend, nehmen Kinder ihre Erfahrungen nicht passiv auf, sondern setzen sich ständig selbstmotivierend und selbstregulierend mit ihrer Umwelt auseinander. Dadurch entwickeln sie Denkschemata oder **Denkmodelle** – eigene subjektive Theorien. Das Kind begegnet der Wirklichkeit mit den Denkmodellen seines augenblicklichen Entwicklungsstandes.

Erwachsenen erschließt sich die Denkentwicklung von Kindern, wenn sie lernen, genau zu beobachten und zuzuhören. Im folgenden Beispiel berichtet eine Mutter einer Erzieherin, dass sie bald ins Krankenhaus geht, weil die Geburt ihres zweiten Kindes bevorsteht. Die zweieinhalbjährige Melanie steht neben ihr und blickt ihre Mutter verwundert an. „Oje“, sagt sie, „wo hast du dich denn angesteckt?“ Die Mutter und die Erzieherin lachen. Melanie hat folgendes Denkschema entwickelt: „Wer ins Krankenhaus muss, der hat sich ‚angesteckt'." Melanie wendet ihr Erfahrungswissen an und kann nicht verstehen, warum Erwachsene darüber lachen. Schließlich hat sie versucht zu verstehen, was Erwachsene sich erzählen.

Kinder werden oft verlegen, wenn Erwachsene in solchen Situationen über sie lachen, anstatt sie aufzuklären. Je öfter sie sich als dumm erfahren, desto stärker werden sie versuchen, sich mit Äußerungen zurückzuhalten, um nicht wieder ausgelacht zu werden.

> **„Kein Kind wird beschämt."** *(Grundsatz schwedischer Pädagogen, vgl. Film v. Reinhard Kahl: „Spitze - Schulen am Wendekreis der Pädagogik")*

Etwas mehr Glück hatte der dreijährige Tom. Er ging mit seiner Erzieherin und der Kindergruppe in den Zoo. Im großen Vogelkäfig betrachtete er einen Papagei, der hinter einer Scheibe auf einem Ast saß. Als Tom den Ring am Fuße des Papageien entdeckte, rief er aufgeregt: „Der ist ja verheiratet." Die Erzieherin schmunzelte, aber dann lobte sie Tom und sagte: „Das hast du sehr gut beobachtet. Wenn zwei Menschen den gleichen Ring tragen, kann man davon ausgehen, dass sie verheiratet sind. Nun hast du überlegt, ob das bei Tieren auch so ist. Da kommt gerade der Wärter. Wir werden ihn mal fragen, warum der Papagei einen Ring trägt."

Melanie und Tom haben sich im Sinne ihrer Vorstellungen vom „Kranksein" und „Heiraten" und gemäß ihren Denkmodellen geäußert. Nach **Piagets Theorie** befinden sich die Denkprozesse von Melanie und Tom in einer Entwicklung, in welcher sich ihre Denkmodelle ständig verändern. Sie stoßen dabei immer wieder an die Grenzen ihrer subjektiven Theorien. Das spüren sie an den Reaktionen der Erwachsenen, aber auch, wenn sie beim Spielen durch Versuche und Irrtümer immer neue Erfahrungen sammeln und dadurch ihre Denkmodelle erweitern, ergänzen oder auch verwerfen müssen. Ihre Entwicklung ist eine fortlaufende Folge von Gleichgewichts- und Ungleichgewichtszuständen.

Beide Kinder befinden sich nach Piaget im **Stadium des anschaulichen Denkens** (viertes bis etwa siebtes Lebensjahr). Die Aufmerksamkeit richtet sich jeweils auf einen einzigen Gegenstand bzw. ein Merkmal. Das Kind strebt in diesem Stadium nach **Gleichgewicht** und reguliert sein Bedürfnis dadurch, dass es neue Erkenntnisse oder neue Begriffe mit vorhandenen Denkmodellen in Verbindung bringt.

Die Eigenschaft der Selbstregulierung eines Organismus nennt Piaget **Äquilibration.**

> **Der Mensch hat von Geburt an ein Bedürfnis, seine Vorstellungen und seine Erfahrungen in Übereinstimmung zu bringen.**

Piaget geht davon aus, dass die Entwicklung des Denkens einem **Reifungsprozess** unterliegt, den man in seiner zeitlichen Abfolge nicht beeinflussen kann. Erst wenn das Kind die nötige Reife erlangt hat, beginnt es durch den Prozess der **Akkommodation** (Erweiterung der Denkschemata bzw. Denkmodelle) seine kognitiven Strukturen zu verändern. Gut gemeinte Belehrungen würden das Kind in diesem Alter nicht erreichen, da es „eine Anzahl von Denkstadien durchlaufen muss, deren Abwegigkeit es später einsieht, die aber nötig sind, um schließlich die richtigen Lösungen zu finden". *(Piaget 1975, S. 81)*

Piaget bezeichnete die Phase des kindlichen Denkens im Vorschulalter als **voroperationales Denken.** Kinder sind nach Piaget in diesem Stadium noch nicht in der Lage, logisch zu denken. Dies begründete er damit, dass das Kind seine eigenen Erfahrungen nicht so auszuwerten versteht, dass es auf der Ebene der Vorstellungen logische Schlussfolgerungen ziehen kann. Auch sei das Vorschulkind in dieser voroperationalen Phase noch nicht fähig, seine Aufmerksamkeit auf mehrere Merkmale einer Situation (z. B. auf Farbe und Form) gleichzeitig zu richten.

Piaget hat zu diesem Zweck mit seinen Mitarbeitern eindrucksvolle Versuche mit Kindern verschiedener Altersstufen durchgeführt. Am bekanntesten sind die **Umfüllversuche.**

Ein fünfjähriges Kind hat die Aufgabe, gleich viele Perlen in gleich große Gläser zu füllen. Dann wird es gefragt, ob in beiden Gläsern gleich viele Perlen sind. Das Kind bejaht die Frage. Vor den Augen des Kindes werden die Perlen dann in ein hohes schmales Glas umgeschüttet. Anschließend werden die Perlen in ein breiteres Glas umgefüllt. Das Kind ist jetzt der Meinung, dass im hohen schmalen Glas mehr Perlen sind.

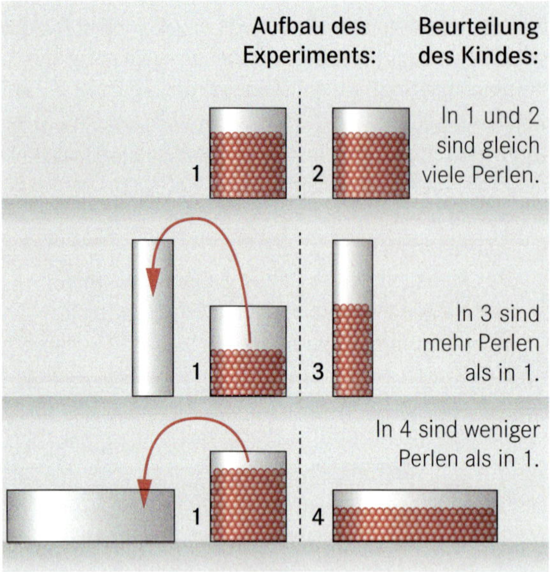

Der Gläser-Perlen-Versuch von Piaget und Inhelder, 1941

Das fünfjährige Kind urteilt lediglich nach seinem Wahrnehmungseindruck. Dabei berücksichtigt es nur den Aspekt der Höhe in seinem Urteil, nicht aber den der Breite (des Durchmessers). Nach Piagets Auffassung können Kinder bis zum Alter von sechs bis sieben Jahren nicht **operational** denken, d.h. zur Bewältigung der Umschüttaufgabe müsste das Kind zur gedanklichen Umkehrung **(Reversibilität)** und zur **Dezentrierung** (d.h. die Konzentration auf zwei Merkmale richten, Höhe und Breite) in der Lage sein. Piaget zieht daraus die Schlussfolgerung, dass Kinder in der voroperationalen Phase **eingleisig** denken.

Ein anderer Versuch wurde mit Knetmasse durchgeführt. Der Versuchsablauf wird so beschrieben: Dem Kind werden zwei identische Kugeln aus Knetmasse gegeben. Es stimmt mit dem Versuchsleiter überein, dass beide Kugeln gleich viel Knetmasse enthalten. Eine Kugel wird nun vom Versuchsleiter zu einer Wurst geformt. Jetzt glaubt das Kind, dass die Wurst mehr Knete enthält als die Kugel. Es urteilt aufgrund seines visuellen Wahrnehmungseindrucks und schlussfolgert: **länger** gleich **mehr.** Daraus zog Piaget die Schlussfolgerung, dass das Kind noch nicht verstehen kann, dass sich eine Menge nicht verändert, wenn man ihr nichts hinzufügt oder von ihr nichts wegnimmt. Diese und andere Versuche wurden von Forschern mit Kindern in vielen westlichen Ländern durchgeführt, sodass Piaget und viele seiner Mitarbeiter von der Annahme ausgingen, dass allen Kindern in diesem Alter der „Erhaltungs"- bzw. „Invarianzbegriff" noch fehlt.

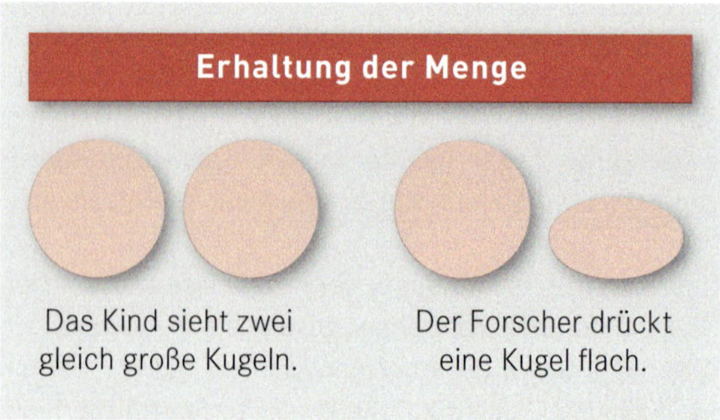

Erhaltungsversuch zur Messung konkret-operatorischen Denkens

Etwa zwischen dem sechsten und siebten Lebensjahr macht das Kind entscheidende Fortschritte in der Denkentwicklung: Es erwirbt die Fähigkeit zu konkreten Operationen **(konkret-operationales Denken),** ein Stadium, indem sich das Kind ungefähr bis zum elften Lebensjahr befindet. Sein Denken ist nicht mehr an die Anschauung gebunden. Es kann nun auch gedanklich Schlüsse ziehen, Lösungen innerlich vorwegnehmen und zunehmend den Gesetzen der Logik folgen.

Piaget untersuchte den Übergang von der voroperationalen zur konkret-operationalen Phase und richtete seinen Schwerpunkt dabei auf das Verstehen des Kindes von abstrakten physikalischen Zusammenhängen. So zeigte er z.B., dass ein Kind nun ein Verständnis von Umkehrbarkeit, der sogenannten **Reversibilität** erwirbt. Führt man den gleichen Umschüttversuch (Gläser-Perlen-Versuch) mit Achtjährigen durch, werden sich diese über die Fragestellung wundern. Für sie ist selbstverständlich, dass in den Gefäßen gleich viele Perlen sind, da beim Umfüllen nichts weggenommen oder hinzugegeben wurde.

Sie haben erkannt, dass eine Menge gleich bleibt, auch wenn sich die Form ändert. Dies ist eine wichtige Voraussetzung für das Rechnen lernen. Jetzt versteht das Kind multiplizieren und dividieren, alsodass Mengen vervielfältigt und geteilt werden können.

Das Kind kann jetzt auch mehrere Merkmale gleichzeitig berücksichtigen (z.B. Höhe und Breite). Es ist demnach in der Lage, gleichzeitig mehrere Merkmale eines Problems zu beachten **(Dezentrierung).**

Damit erwirbt das Kind auch ein Verständnis dafür, was eine **Klassifikation** ist. Es begreift, dass z.B. ein Pudel einmal als Pudel, aber auch als Hund klassifiziert werden kann. Banane und Pfirsich können als Obst bezeichnet werden, Banane, Pfirsich, Kartoffel und Fleisch als feste Nahrung *(vgl. Oerter, Montada: Entwicklungspsychologie, 2002, S. 428).*

Der Beginn dieser Entwicklungsphase fällt zusammen mit dem Schulbeginn. Auf dieser Stufe bleibt das Denken noch an tatsächliche Gegebenheiten gebunden. Das Kind benötigt, wie in der vorangegangenen Entwicklungsphase, zwar keine direkte visuelle Anschauung mehr, es stellt sich aber entsprechende Dinge innerlich vor. Erst in der nächsten Stufe, der **formal-operationalen Entwicklungsstufe** (11. bis 15. Lebensjahr), ist das Kind auch nicht mehr an die innere Anschauung gebunden. Erst jetzt können z. B. logische Schlussfolgerungen aus abstrakt gestellten Aufgaben gezogen oder Hypothesen aufgestellt werden.

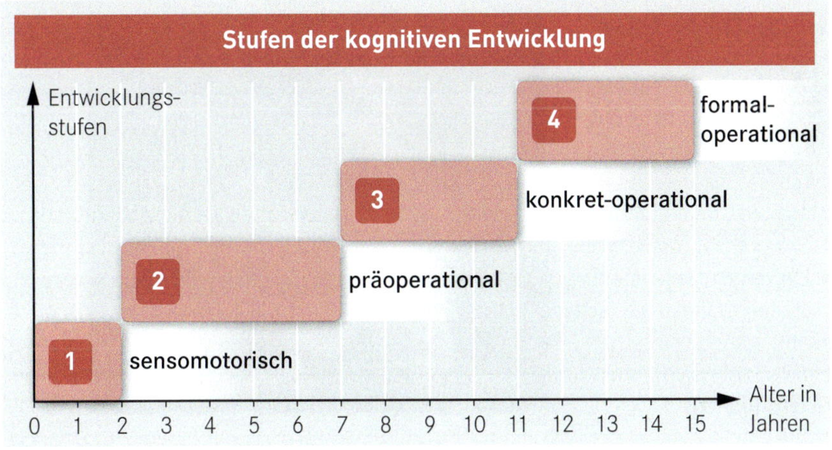

Entwicklungsstufen nach Piaget

2. Die Entwicklung von Vorstellungen

Piaget bezeichnet die Phase, in der es kein vorsprachliches Denken gibt, als Phase der **sensomotorischen Intelligenz.** Sie erstreckt sich von der Geburt bis zum Einsetzen der Sprache, also etwa über die ersten zwei Lebensjahre. Interessanterweise stellt er die These auf, dass es zwar eine vorsprachliche Intelligenz gibt, aber kein vorsprachliches Denken.

„Intelligenz ist die Lösung eines neuartigen Problems, die Koordination von Mitteln, um ein bestimmtes Ziel zu erreichen, das nicht unmittelbar erreicht werden kann. Denken hingegen ist verinnerlichte Intelligenz, die sich nicht mehr auf direktes Handeln, sondern auf Zeichen, auf die symbolische Wiedergabe durch die Sprache, auf gedankliche Bilder usw. stützt, die das, was die sensomotorische Intelligenz unmittelbar erfasst, darstellen." *(Piaget 1976, S. 15)*

Piaget war einer der ersten Wissenschaftler, der bei Kindern die Entwicklung von Geburt an als Intelligenzentwicklung bezeichnete. Die Vorstellungen vom Neugeborenen als „unbeschriebenem" Blatt oder „Reflexbündel" gelten seit Piagets Forschungen als überholt.

Er unterscheidet **sechs Stadien der sensomotorischen** Intelligenzentwicklung.

1. Stadium (0–4 Wochen): Einfachste Anpassungsverhaltensweisen durch Übungen der Reflexe wie Saugen, Greifen, Augenbewegungen.

2. Stadium (1–4 Monate): Einfachste Gewohnheiten oder **erste Zirkulärreaktionen.** Darunter versteht Piaget die Wiederholung einer Handlung aus Freude an der Handlung selbst oder aus Interesse an dem Handlungseffekt. Die Handlungen des Säuglings sind noch eher zufällig, auf kein Ziel gerichtet und bleiben auf den eigenen Körper bezogen.

3. Stadium (4–8 Monate): Nach Piaget beginnt das Kind etwa ab dem vierten Monat zum ersten Mal bewusst auf die Umwelt einzuwirken. Es strampelt z. B. intensiv, um einen Gegenstand, der über seinem Bett aufgehängt ist, in Bewegung zu setzen. Diese **sekundäre Zirkulärreaktionen** sind nicht mehr auf den eigenen Körper bezogen. Das Ereignis, das durch eine Wiederholung aufrechterhalten werden soll, liegt jetzt in der Außenwelt, z. B. ein Mobile, das das Kind in Bewegung setzen kann. Das Kind beginnt nun auch, erste Verhaltensschemata aufzubauen und zeigt großes Interesse an neuen Dingen und ihrer Verwendbarkeit. Es entwickeln sich sogenannte Handlungsschemata wie Greifen und Saugen, die jetzt häufiger auf Gegenstände angewendet werden. Piaget nennt diesen Prozess **generalisierende Assimilation** (Einverleibung) von Umweltgegebenheiten in die eigenen „Handlungsorgane".

4. Stadium (8–12 Monate): Im Stadium **Differenzierung von Mittel und Zweck** verfügt das Kind über mehrere Mittel, um ein Ziel zu erreichen. Wenn es auf interessante Gegenstände aufmerksam machen will, kommuniziert das Kind mit seiner Bezugsperson verstärkt nonverbal über Zeigegesten. Will das Kind z. B. einen Gegenstand haben, der hinter einer vorgehaltenen Hand liegt, so schiebt es die Hand weg oder nimmt einen Umweg, um an den Gegenstand zu gelangen. Es kann sich zunehmend Objekte vorstellen **(Objektpermanenz).**

In diesem Stadium beginnt das Kind zu „fremdeln", d. h. es kann nun seine „Bezugspersonen" von anderen Personen unterscheiden, auch wenn es sie nicht sieht.

5. Stadium (12–18 Monate): Im Stadium der **tertiären Zirkulärreaktionen** experimentiert und wiederholt das Kind seine Handlungen, um herauszufinden, in welcher Beziehung der Gegenstand oder das Ereignis neu ist. Um einen Gegenstand herbeizuholen, verwendet das Kind jetzt z. B. einen Stock, selbst wenn es den Stock noch nie in dieser Weise eingesetzt hat. Das Kind orientiert sich beim Ausprobieren neuer Handlungsweisen an einem Ziel, das es erreichen möchte.

Erst am Ende des 1. Lebensjahres hat das Kind im Umgang mit Dingen so viel Wissen gesammelt, dass es sich zunehmend Gegenstände vorstellen kann, die es nicht sehen kann. Es ist im Besitz eines gut funktionierenden Langzeitgedächtnisses und kann zunehmend auf eigene Erfahrungen zurückgreifen. Auch kann es zwischen sich selbst und seinem Verhalten und dem Verhalten der Erwachsenen unterscheiden. Es entdeckt, dass ein entfernter Gegenstand sich durch eine Schnur, die an ihm befestigt ist, heranziehen lässt. Das Kind ist jetzt in der Lage, neue Probleme zu lösen, wenn es dabei auf verwandte, bereits vorhandene Handlungsschemata zurückgreifen kann: „Es erobert seine Umwelt", wie es umgangssprachlich heißt.

Erst in diesem Alter macht das „Ostereiersuchen" richtig Spaß. Spiele, wie z. B. „Ringlein, Ringlein, du musst wandern" finden beim Kind mehr Anklang, wenn es eine Vorstellung davon hat, wie ein Gegenstand nicht sichtbar in der Runde weiter verschoben werden kann.

6. Stadium (18–24 Monate): Das Stadium der beginnenden Verinnerlichung und Lösung von Problemen bildet den Anfang des repräsentativen Denkens. Durch geistige Kombinationen werden vom Kind bisherige Erfahrungen verinnerlicht. Es entwickelt durch sein „Versuch-Irrtum-Verhalten" neue Handlungsmöglichkeiten und ist in der Lage, mögliche Lösungen von verschiedenen Problemen gedanklich vorwegzunehmen. Das Kind kann zwischen realen und vorgestellten (symbolischen) Objekten und Situationen differenzieren. Dies ist nach Piagets Theorie die Stufe des **symbolischen und vorbegrifflichen Denkens.** Das Kind beginnt, sich neue Verhaltensweisen vorzustellen. Es macht z. B. einen Löffel zum Symbol für ein Flugzeug und rennt damit durch den Gruppenraum. In Rollenspielen zeigt sich der „Beginn des inneren Probehandelns". Das Kind beginnt jetzt, sich neue Verhaltensweisen geistig vorzustellen, wenn es z. B. in der Puppenküche kocht.

Nach neueren Untersuchungen können Kinder jedoch schon sehr viel früher als von Piaget angenommen in spezifischen Entwicklungsbereichen symbolisch handeln *(vgl. Laewen/Andres 2002, S. 129 ff.)*. Sie sind nach diesen Untersuchungen schon im Laufe der ersten zwei Lebensjahre zunehmend in der Lage, mit Gegenständen differenziert umzugehen, und können Situationen eigenständig bewältigen.

Erzieherinnen sollten diese Kompetenzen im Alltag der Kinder fördern und ihnen die Möglichkeit geben, selbstständig handelnd tätig sein zu dürfen. Das Kind sortiert Gegenstände vielleicht nach einem anderen Ordnungssystem, als von der Erzieherin vorgegeben. Dies kann damit zusammenhängen, dass das Kind z. B. gerade den Begriff der Farben konstruiert und alle blauen Gegenstände, wie blaue Spielzeugautos, blaue Bausteine, blaues Puppengeschirr usw., in eine Kiste sortiert. Das Kind möchte in diesem Alter alles selber machen und selber erreichen.

3. Egozentrismus

Den Begriff **Egozentrismus** verwendet Piaget zur Bezeichnung der Unfähigkeit, sich in die Rolle eines anderen hineinzuversetzen, also den Blickwinkel eines anderen einzunehmen oder die eigene aktuelle Sichtweise (Wahrnehmung oder Meinung) als eine unter mehreren Möglichkeiten zu begreifen.

Piaget glaubte, durch seine Versuche festgestellt zu haben, dass sich das **Einfühlungsvermögen** bei Kindern erst sehr spät entwickelt. Dies sollte u. a. sein bekanntes **Drei-Berge-Experiment** beweisen. Dem Kind wird eine Modelllandschaft mit drei Bergen, die einander teilweise verdecken, gezeigt. Eine Puppe wird vor das Modell in Position 1 gesetzt. Die Aufgabe für das Kind lautet: Wie sieht die Puppe die Berge? Die Kinder zeigen auf die Berge, die sie aus ihrem eigenen Blickwinkel und nicht aus dem Blickwinkel der Puppe sehen. Nun werden sie gefragt, wie die Berge aus der Sicht der Puppe aussehen, die in Position 2 oder in Position 3 sitzt. Die Mehrzahl der Kinder wählt die eigene Ansicht der drei Berge aus. Daraus schlussfolgerte Piaget, dass das Kind noch nicht in der Lage sei, aus der Perspektive der Puppe die Berge zu sehen.

Das Drei-Berge-Experiment

Aus diesem Experiment zog Piaget den Schluss, dass Kinder in der voroperationalen Phase egozentrisch seien. Sie betrachten und beurteilen die Welt stets von ihrem eigenen Blickwinkel aus. Ihnen fehlt die Einsicht, dass sich für andere Menschen Sichtweisen ergeben, die von den eigenen abweichen.

Wie im folgenden Beispiel kann man in Gesprächen mit Kindern tatsächlich beobachten, dass sie in ihrer Kommunikation egozentrisches Verhalten zeigen:

> Beim Frühstück im Kindergarten will Larissa, dreieinhalb Jahre, der Erzieherin etwas erzählen. Sie hat aber noch ihren Mund voll. Die Erzieherin sagt zu ihr: „Wenn du mit vollem Mund sprichst, kann ich dich nicht verstehen." Am nächsten Tag wird Larissa beim Frühstücken ermahnt, nicht so viel zu reden. Daraufhin antwortet Larissa: „Ich verstehe dich nicht. Du sprichst, obwohl ich den Mund noch voll habe."

Neuere Untersuchungen zeigen, dass die egozentrische Sichtweise nicht bis zum Alter von sieben Jahren das kindliche Denken beherrscht. Kleinkindforscherinnen unterscheiden heute zwischen **visueller, kognitiver und emotionaler Perspektivenübernahme.** Sogar Kinder zwischen zwei und drei Jahren können schon verstehen, dass ein anderer Mensch nicht notwendigerweise dasselbe sehen kann, wie es selbst *(vgl. Laewen/Andres 2002, S. 108).*

Kinder zwischen dem vierten und fünften Lebensjahr wissen, dass Gegenstände aus unterschiedlichen Perspektiven unterschiedlich aussehen und können bereits den Blickwinkel eines anderen Menschen einnehmen.

Beobachtungen aus der Praxis zeigen, dass schon Vorschulkinder auf emotionale Befindlichkeiten anderer Kinder einfühlsam reagieren können. Sie sind in der Lage, andere Menschen aktiv zu trösten. Dies hängt entscheidend mit ihren bisherigen Vorerfahrungen zusammen und dabei besonders mit den Beziehungserfahrungen zwischen ihnen und ihren Bezugspersonen *(vgl. Haug-Schnabel/Bensel 2010, S. 75 f.).*

Trotz aller Kritik an Piagets Erkenntnissen über den kindlichen Egozentrismus haben sich in der Vergangenheit auch Verkehrspsychologen mit seiner Theorie befasst.

Unfälle, die durch Kinder verursacht wurden, führten schließlich zu der Erkenntnis, dass Kinder im Straßenverkehr ein anderes Wahrnehmungsverhalten zeigen als Erwachsene.

> Beispiel: Auto erfasst Mädchen
> **Das kleine Mädchen war an der Hand seiner Mutter auf dem Gehweg der Waller Heerstraße unterwegs, als es auf der anderen Straßenseite seinen Vater erblickte. Daraufhin riss sich die Dreijährige plötzlich von ihrer Mutter los und lief auf die Fahrbahn, um zu ihrem Vater zu gelangen. Ein Autofahrer kam trotz Vollbremsung nicht mehr rechtzeitig zum Stehen und erfasste das Mädchen. Durch den Aufprall wurde das Kleinkind zu Boden geschleudert, dort geriet es mit einem Bein teilweise unter die Autoreifen. Nach einer Erstversorgung durch die alarmierten Rettungskräfte wurde das Mädchen in eine Kinderklinik eingeliefert und stationär behandelt. Sie hat sich bei dem Unfall einen Fuß und das Unterkiefer gebrochen.**
> *(jad) (Weserkurier v. 16.04.2012)*

Kinder müssen im Straßenverkehr die Fähigkeit haben, sich in einen anderen hineinzuversetzen und das Verhalten anderer gedanklich vorwegzunehmen. In vielen Situationen, z.B. beim Überqueren einer Fahrbahn auf dem Zebrastreifen, sollte der Fußgänger Kontakt zum Autofahrer aufnehmen, um auch ganz sicher zu sein, dass er vom Autofahrer bemerkt wird. Bei vielen Kindern konnten Verkehrspsychologen beobachten, dass sie auf ein deutliches Handzeichen aus dem Wageninneren oft gar nicht reagierten und weiterhin stehen blieben. Für sie existiert in dem Moment nur eine Sichtweise, und zwar die eigene. Kinder, die zwischen Sichthindernissen stehen, denken, dass der Autofahrer sie sieht, weil sie ihn sehen. Sie unterscheiden nicht zwischen sehen und gesehen werden.

4. Kritik durch neue Forschungsergebnisse

Piagets Stadien- und Reifungstheorie hat die Entwicklungspsychologie nachhaltig geprägt. Heute gehen Kognitionswissenschaftler jedoch davon aus, dass Kinder schon viel früher kausale Zusammenhänge herstellen und auf andere Phänomene übertragen können. Wird der Zeitpunkt der Lernmöglichkeiten in der frühen Kindheit versäumt, befürchten Wissenschaftler einen kognitiven Entwicklungsrückstand bis zum Schuleinritt.

Insgesamt gilt heute, dass Piaget, obwohl er die Kinder sehr ernst nahm, ihr Wissen und Können unterschätzt hat. So können Kinder im Vorschulalter die meisten Aufgaben lösen, wenn ein paar Veränderungen in den Experimenten und der Art der Fragestellungen vorgenommen werden.

Piaget war einer der ersten Wissenschaftler, der bei Kindern die Entwicklung von Geburt an als eine Intelligenzentwicklung bezeichnete. Er ging jedoch davon aus, dass Babys noch nicht in der Lage seien, Gegenstände von Lebewesen zu unterscheiden. Jüngere Kognitionsforscher konnten im Gegensatz dazu jedoch den Nachweis erbringen, dass sieben bis neun Monate alte Babys Gegenstände von Tieren und im Alter von neun bis elf Monaten auch Tiere von Menschen unterscheiden können.

Auch die Entwicklung des Zeitverständnisses beginnt früher als von Piaget angenommen. Beobachtungen zeigen, dass Babys aufhören zu schreien, wenn sie sehen, dass das Fläschchen mit Milch vorbereitet oder die Bluse zum Stillen aufgeknöpft wird, d.h. sie wissen, dass es nicht mehr lange dauert, bis sie gefüttert werden *(vgl. Haug-Schnabel/Bensel 2010, S. 48 f.)*.

Die Akzeleration (Entwicklungsbeschleunigung), die Veränderung der Umwelten sowie neue Forschungsmethoden haben erheblich dazu beigetragen, dass neue Erkenntnisse aus der Wissenschaft die Stufen- und Phaseneinteilung nach Piaget zum Teil aufgehoben haben. Kinder sind demnach in verschiedenen Lebensbereichen unterschiedlich weit entwickelt. Ein vierjähriges Kind weiß z.B., dass es verschiedene Nahrungsmittel, deren allergieauslösende Stoffe es kennt und die es alle beim Namen nennen kann, nicht essen darf, weil es davon Allergien bekommt. Gleichzeitig kann es sein, dass es noch der Meinung ist, dass es regnet, weil es nicht alles aufgegessen hat.

Durch die gewaltigen Unterschiede in der Entwicklungsgeschwindigkeit bei einzelnen Kindern sollte die pädagogische Förderung sehr stark auf die individuellen Unterschiede abgestimmt werden. Den Kindern jedoch unpassende Angebote zur Beschleunigung der Entwicklung aufzuzwingen ist der falsche Weg, der sogar noch schädlich sein könnte.

↗ FAZIT

→ Jean Piaget hat die Entwicklungspsychologie - darin sind sich alle Kritiker einig - durch seine Forschungsergebnisse der kognitiven Entwicklung auf eindrucksvolle Weise bereichert. Sein Verdienst ist es, dass moderne Erziehungskonzepte von der Welt des Kindes (und nicht der Welt des Erwachsenen) ausgehen. Nach seinen Erkenntnissen sieht er das Kind als Akteur seiner Entwicklung, wenn es die Möglichkeit hat, durch eine anregende Umwelt selbstständig und aktiv Probleme zu lösen.

→ Piaget glaubte, dass alle Kinder die Stufen der kognitiven Entwicklung nacheinander in derselben Reihenfolge durchlaufen, obwohl das Entwicklungstempo unterschiedlich sein könnte.

→ Seine Kritiker konnten nachweisen, dass er das Wissen und Können von Kindern unterschätzt hat, indem er ihnen bei seinen Versuchsanordnungen Fragen stellte und Begriffe verwendete, deren Bedeutung den Kindern nicht klar war. Die Lösung eines Problems setzt jedoch voraus, dass der Befragte versteht, was von ihm erwartet wird. So entstanden durch sprachliche Verständnisschwierigkeiten bei den Versuchen, die er mit Kindern durchführte, falsche Antworten, die wiederum zu verfälschten Ergebnissen führten. So führten Nachprüfungen dazu, dass Vorschulkinder schon Probleme lösen können, die Piaget noch nicht für möglich gehalten hätte *(vgl. Mietzel 2002, S. 193).*

→·← AUFGABEN UND ANREGUNGEN

1 Beschreiben Sie die spezifische Art, wie Kinder denken, und überlegen Sie Beispiele, wodurch die Übergänge von einer Stufe zur nächsten ausgelöst werden.

2 Analysieren Sie eine von Ihnen durchgeführte Aktivität mit Kindern nach dem Grundsatz: Das Kind ist Akteur seiner eigenen Entwicklung.

3 Planen Sie ein Angebot mit Vorschulkindern für eine bestimmte Altersstufe und begründen Sie Ihre Vorgehensweise mit der kognitiven Theorie von Piaget.

TIPPS ZUM WEITERLESEN →→

→ Grundlagen der Entwicklungspsychologie
Gabriele Haug-Schnabel, Joachim Bensel, Herder, Freiburg 2010

→ Psychomotorik für Kinder unter 3 Jahren. Entwicklungsförderung durch Bewegung.
Renate Zimmer, Herder, Freiburg 2011

→ Babyjahre, Entwicklung und Erziehung in den ersten vier Jahren
Remo H. Largo, Piper, München 2010

1.4.4 Motorische Entwicklung

Die motorische Entwicklung wurde früher als Ergebnis eines Reifungsprozesses im Gehirn angesehen. Heute weiß man, dass die von der sozialen Umwelt ausgestalteten Erfahrungsmöglichkeiten des Kindes auf seine geistige und körperliche Entwicklung einen ebenfalls bedeutenden Einfluss haben. Kinder müssen Erfahrungen wie z. B. das Balancieren auf einer Mauer, sich schnell im Kreise drehen, auf einem Bein hüpfen usw. machen, damit sie keine körperlichen Defizite entwickeln. Dazu brauchen sie eine möglichst anregungsreiche Umgebung.

Individualität berücksichtigen

Jedes Kind entwickelt sich individuell. Auch unter Geschwistern ist die Entwicklungsgeschwindigkeit unterschiedlich. Manchmal kann ein zu schneller Entwicklungssprung nach vorne auch einen scheinbaren Rückschlag bedeuten. Im Gehirn findet gerade eine reifungsbedingte Umorganisation statt. Das kann beim Kind dazu führen, dass es aus Unsicherheit ein aggressives Verhalten zeigt oder in ein säuglingshaftes Verhalten zurückfällt, indem es plötzlich beim Anziehen wieder mehr Hilfe einfordert oder sogar nach seinem Fläschchen verlangt. Dabei handelt es sich um einen Schutzmechanismus. Das Kind wird davor bewahrt, seine innere Stabilität zu verlieren, wenn es zu viel Neues bewältigen soll. Das Kind gerät dadurch häufig mit seiner sozialen Umgebung in einen Interessenkonflikt, da es seine bereits gelobte Selbstständigkeit scheinbar plötzlich wieder aufgibt. Diese schwache Phase sollte von der pädagogischen Fachkraft erkannt und kurzfristig aufgefangen werden.

Entwicklungsforscher weisen darauf hin, dass eine Vielfalt von individuellen Entwicklungsverläufen zu beobachten ist. Fähigkeiten wie logisches Denken, Sprache und Motorik sind in jedem Alter verschieden weit ausgebildet, weil sie im Kind verschieden angelegt sind. Man konnte nachweisen, dass die **lokomotorische Entwicklung,** also die Entwicklung der Bewegung, bei gesunden Kindern vielfältiger ist, als bisher angenommen *(vgl. Haug-Schnabel/Bensel 2010, S. 53).*

Geschlechtsunterschiede

Wenn bei Mädchen beobachtet wird, dass sie sich in fast allen Bereichen etwas schneller entwickeln, sollte das nicht überbewertet werden. Mädchen sind schon bei der Geburt etwas reifer als Jungen. Ursache scheint die biologische Zeitskala zu sein, die bei Mädchen in jedem Alter etwas weiter fortgeschritten ist.

1. Vor der Geburt

Mit Ultraschall lassen sich heute schon während der vorgeburtlichen Entwicklung Bewegungen beobachten, die sogenannten Reflexe und spontanen Bewegungen, wie z. B. gähnen und räkeln. Etwa ab dem **5. Monat** spürt eine Frau die Bewegungen des Kindes.

2. Das erste Lebensjahr

Frühkindliche Reflexe

Nach der Geburt liegt das Kind auf dem Bauch oder Rücken. Ein großer Teil seiner Bewegungen besteht aus Reflexbewegungen. Diese werden meist durch Berührungen ausgelöst:

- → **Greifreflex:** Berührt man die Innenflächen der Hand, schließt sie sich. Entwicklungsgeschichtlich diente er dem Festhalten an der Mutter. Er verschwindet zum Ende des 9. Lebensmonats.
- → **Saugreflex:** Berührt man den Mund des Kindes, beginnt es zu saugen.
- → **Suchreflex:** Berührt man den Mundwinkel des Kindes, dreht sich sein Kopf in Richtung der Berührung. Er dient der „Brustsuche“ und verschwindet im Lauf des 3. Lebensmonats.
- → **Tonischer Halsreflex:** Dreht man den Kopf des Säuglings zur Seite, werden die Gliedmaßen in Blickrichtung gestreckt und auf der Gegenseite gebeugt.
- → **Moro-Reflex:** Plötzliche, ruckartige Bewegungen lösen diesen Umklammerungsreflex aus. Das Kind spreizt seine Hände und Arme nach außen und öffnet den Mund. Der Reflex soll verhindern, dass das Kind bei plötzlichen Lageveränderungen herunterfällt. Er verschwindet etwa bis zum 4. Lebensmonat.
- → **Schreitreflex:** Wird das Kind aufrecht gehalten und seine Füße berühren den Boden, macht es automatische Schreitbewegungen. Er verschwindet etwa im 3. Lebensmonat.
- → **Babinski-Reflex:** Streicht man über die Fußsohle des Kindes, spreizen sich der Großzeh und die anderen Zehen in gegenläufiger Richtung. Er bildet sich im ersten Lebensjahr zurück.

Einige Reflexe wie Atmen und Blinzeln bleiben konstant. Andere verschwinden in den ersten Lebensmonaten wieder. Kinderärzte überprüfen die oben genannten Reflexe und erhalten bei Auffälligkeiten Hinweise auf einen möglichen Hirnschaden.

Kopfkontrolle

Nach der Geburt liegt das Kind auf dem Bauch oder auf dem Rücken. Etwa mit drei Monaten kann das Kind seinen Kopf so weit anheben, dass es aus der Bauchlage heraus seine Umgebung erblicken kann. Es stützt sich dabei mit den Ellenbogen oder Armen ab. Mit sechs Monaten kann das Kind seinen Kopf seitlich drehen und nach oben und unten blicken.

Kopfkontrolle

Greifen

Fast zeitgleich mit der Kopfkontrolle beginnt das Kind zu greifen und greift dabei **unwillkürlich** auch nach seinen Füßen.

Greifbewegung

Die Greifbewegungen werden in den kommenden Wochen zielgerichteter und gipfeln schließlich mit einem Jahr im „Pinzettengriff", eine Weiterentwicklung des Zangengriffs. Das Kind kann nun einzelne Finger unabhängig voneinander bewegen.

Selbstständige Fortbewegung

Zwischen dem 5. und 7. Monat beginnt die selbstständige Bewegungsentwicklung, indem sich das Kind zur Seite dreht, umdreht, vom Bauch auf den Rücken und wieder zurück dreht. Später beginnt das Robben, Wippen, Kriechen und Krabbeln auf Knien und Händen (Bären- oder Vierfüßlergang mit zehn bis 13 Monaten). Danach folgt das selbstständige Aufsetzen und Hochziehen, bis es schließlich im zweiten Lebensjahr frei aufstehen und gehen kann.

„Einige lassen gewisse Stadien der Lokomotion wie das Robben oder das Kriechen aus. Andere bewegen sich überhaupt nie auf allen vieren fort. Stattdessen ziehen sie sich aus der Bauchlage in den Stand auf und gehen frei." *(Largo 2001, S. 35)*

Meilensteine motorischer Entwicklung

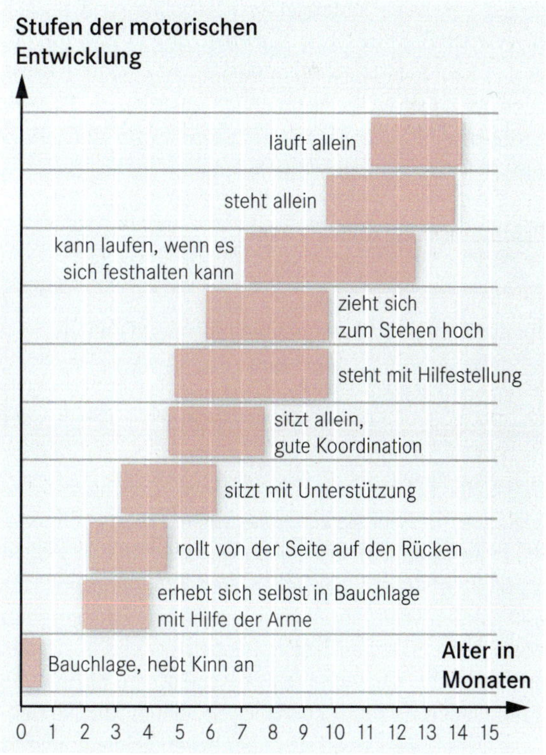

3. Das zweite Lebensjahr

Grobmotorik: laufen, hüpfen, springen, klettern

Unter Grobmotorik werden Bewegungen von Kopf, Armen, Rücken, Becken, Beinen und deren Koordination verstanden.

Jedes Kind hat sein eigenes Entwicklungstempo. Die ersten Schritte kann es mit neun oder erst mit siebzehn Monaten machen. Kein Lauflerngerät kann das Laufenlernen beeinflussen oder beschleunigen. Die **Bewegungsentwicklung** bis zum Laufen unterliegt einem Reifungsprozess, der sich nach inneren Gesetzmäßigkeiten richtet. Hat das Kind aber die ersten Schritte in die Selbstständigkeit getan, liegt es nun an den Bezugspersonen, die Freude und das Können über seine neuen Errungenschaften zu erhalten und mit ihm die **motorischen Herausforderungen** zu nutzen. Die ständig zunehmenden Bewegungserfahrungen erhalten die Bewegungsfreude. Auch wenn es mal hinfällt und kleine Verletzungen davongetragen hat: Der Bewegungsdrang bereitet das Kind darauf vor, seine motorischen Fähigkeiten und Risiken realistisch einzuschätzen. Auf dem Weg in den Kindergarten wird jede Mauer zum Balancieren genutzt, wenn auch noch mit Unterstützung der Begleitperson. Es lernt die Treppe mit Nachstellschritt zu bewältigen und springt von der letzten Treppenstufe hinunter.

Feinmotorik: Geschicklichkeit

Als Feinmotorik werden Bewegungen von Fingern und Zehen sowie Bewegungsabläufe im Gesicht (Mimik, Gestik) bezeichnet.

Das Kind hält jetzt einen Stift, anfangs noch mit der ganzen Faust. Es freut sich über die Spuren, die es beim Malen hinterlässt. Die Malbewegungen werden von großen Muskeln gesteuert. Sie gehen vom Schultergelenk aus und werden vom ganzen Arm ausgeführt. Es kann jetzt auch große Perlen auffädeln, Puppen an- und ausziehen und versucht, Klett- und Reißverschlüsse zu öffnen und zu schließen. Es kann schon einige Kleidungsstücke richtig anziehen, wenn man sie entsprechend hinlegt, und es bemüht sich, alles allein zu machen.

4. Das dritte und vierte Lebensjahr

Grobmotorik: Ball fangen und wegkicken

Im dritten und vierten Lebensjahr beschleunigt sich die Entwicklung der Motorik, sofern die wichtigsten Bewegungsabläufe gezielt und der jeweiligen Situation entsprechend eingesetzt werden können. **Motorische Intelligenz** entwickelt sich durch den sich selbst belohnenden Antrieb, eine bestimmte Fähigkeit bis zur Perfektion zu üben, wie z. B. das Fahrradfahren oder das Klettern auf Klettergerüsten. Dies sind die Voraussetzungen für die weitere kognitive Entwicklung im Kindergarten- und Schulalter. Entmutigte Kinder bewegen sich unbeholfen. Nicht selten ist es die Angst der Erwachsenen, die zur Entmutigung durch ängstliche Äußerungen beiträgt: „Pass auf! Fall nicht runter! Spring nicht so weit! Kletter nicht so hoch!" Das Kind lernt dadurch nicht, was es falsch macht und wie es etwas richtig machen kann. Die Vorstellung des Fallens prägt sich ein und es stürzt, weil es sich auf das Fallen konzentriert hat. Ermutigende Begleitkommentare geben genaue Hinweise, was das Kind tun muss, damit es nicht hinfällt, z. B. „Geh langsam! Halte dich mit einer Hand fest! Schau nach vorne!" Sogenannte *Nicht-Sätze* werden vermieden und in positive Formulierungen umgewandelt.

Vierjährigen gelingt es immer besser, Bälle zu fangen und zu werfen, aber auch sie wegzuschießen, ohne umzufallen. Beim Treppensteigen muss es sich nicht mehr festhalten. Es rennt und hüpft, ohne hinzufallen.

Feinmotorik: Mit der Schere umgehen

Das Kind benutzt jetzt die Schere und versucht auf einer Linie entlangzuschneiden. Geschicklichkeitsspiele sind jetzt sehr beliebt. Beim Kochen und Backen ist das Aufschlagen von Eiern eine große Herausforderung. Alle Küchengeräte wie Stabmixer und Rührgeräte wollen ausprobiert und beherrscht werden.

5. Das fünfte und sechste Lebensjahr

Grobmotorik: Purzelbaum und Rolle rückwärts

Kinder im fünften und sechsten Lebensjahr fühlen sich stark. Sie helfen im Garten, können eine große leere Schubkarre schieben und sie mit Herbstblättern füllen. Sie können große Gießkannen halb gefüllt mit Wasser tragen, interessieren sich für Sport und treiben selber gerne Sport, wie Fußball spielen oder Bodenturnen. Stolz zeigen sie ihr Können beim Hindernisspringen oder versuchen sich beim Klettern auf Bäume.

Kinder fühlen sich jetzt stark.

Feinmotorik: Laternen herstellen
Vorschulkinder sind leistungsbereit. Sie widmen ihre ganze Aufmerksamkeit einem Vorhaben und der dazu nötigen Aktivität, wie z. B. einen Drachen basteln, den man danach fliegen lässt, oder ein Segelschiff aus Rinde schnitzen, das im Teich ausprobiert werden kann. Es macht ihnen Spaß, Laternen für einen Laternenlauf oder Masken für Fasching herzustellen. Ihre feinmotorische Geschicklichkeit ist jetzt sehr gut ausgeprägt.

6. Schulkinder von sechs bis zwölf Jahren

Durch die Zunahme an Körpergröße und Muskelkraft werden die grob- und feinmotorischen Bewegungsabläufe schneller, präziser und kraftvoller. Feinmotorische Herausforderungen wie das Schreiben müssen durch Übung bewältigt werden.

7. Jugendalter

Jetzt erreicht der Mensch seine endgültige Köpergröße. Auffällige körperliche Veränderungen hängen mit dem Wachstumsschub zusammen. Der höchste Zuwachs erfolgt bei Mädchen im Alter von etwa 12 Jahren und bei Jungen im Alter von etwa 15 Jahren.

Mit Beendigung des Wachstums zwischen 16 und 18 Jahren bei Mädchen und 18 bis 20 Jahren bei Jungen verändern sich die Körperproportionen erneut. Unter Fachleuten bezeichnet man diese Veränderung als zweiten Gestaltwandel.

↗ FAZIT

- → **Die motorische Entwicklung muss im Zusammenhang mit anderen Entwicklungsbereichen gesehen werden. Kinder, die ermutigt werden, trauen sich mehr zu und sind leistungsbereiter. Kinder müssen ihrem Bewegungsdrang entsprechend gefördert werden. Da es einen Zusammenhang zwischen motorischen Vorgängen und geistig-seelischem Erleben gibt, wird der Begriff „Psychomotorik" verwendet.**
- → **In der motorischen Entwicklung gibt es „Zeitfenster", die von pädagogischen Fachkräften für ausgewählte Aktivitäten genutzt werden sollten, wenn etwas später sicher beherrscht werden soll.**

→·← AUFGABEN UND ANREGUNGEN

1 Führen Sie Beispiele an, die drei- und vierjährige Kinder in ihrem Bewegungsdrang fördern. Welche anderen Entwicklungsbereiche profitieren von den Aktivitäten?

2 Beobachten Sie im Freispiel die motorischen Aktivitäten von Jungen und vergleichen Sie diese mit den Bewegungsspielen der Mädchen. Beschreiben Sie Gemeinsamkeiten und Unterschiede in der Motorik und bewerten Sie das Ergebnis nach fachlichen Gesichtspunkten.

3 Sie arbeiten in einer Vorschulgruppe und planen einen Ausflug in den nahe gelegenen Herbstwald. Nennen Sie grob- und feinmotorische Aktivitäten, die Sie mit den Kindern durchführen wollen. Begründen Sie die Ziele, die Sie mit diesen Aktivitäten verfolgen.

1.4.5 Sozial-emotionale Entwicklung

Sie haben den Beruf der Erzieherin gewählt, weil Ihnen von Freunden, Lehrern und in der Berufsberatung eine hohe soziale und emotionale Kompetenz bescheinigt worden ist. In Ihrer früheren Schulzeit wurden Sie oft zur Klassensprecherin gewählt oder mussten in Konfliktsituationen vermitteln. Wenn Sie auf Ihre sozialen und emotionalen Fähigkeiten angesprochen werden, ist Ihnen das nicht immer angenehm, weil Sie denken, das sei nichts Besonderes. Andererseits überlegen Sie, warum Sie gerade in diesem Bereich so viel Anerkennung erhalten und was das mit Ihrer Biografie zu tun haben könnte. In Gesprächen mit Ihren Eltern erfahren Sie, dass Sie schon im Kindergarten viele Freundinnen hatten und oft Ihre Spielideen durchsetzen konnten, ohne dass ein Kind ausgeschlossen wurde. In der Grundschule hat die Lehrerin Sie oft eingesetzt, um anderen Kindern zu helfen. Aber Ihre Erinnerungen gehen auch auf Erfahrungen mit Menschen zurück, die Ihnen in Krisenzeiten geholfen haben. Später war es die Freundin, die Ihr Vertrauen nicht missbrauchte. Je mehr Sie über sich nachdenken, umso mehr wird Ihnen bewusst, dass Ihre Gefühle in jeder Lebensphase von unterschiedlichen Menschen ernst genommen wurden. Glück gehabt, denken Sie jetzt.

↘ FRAGEN

- → *Was brauchen Kinder, um in sozialen Bezügen selbstständig und handlungsfähig zu werden?*
- → *In welchem Zusammenhang stehen soziale und emotionale Fähigkeiten, wenn es um Bildungsprozesse geht?*
- → *Welches Grundwissen sollte vorhanden sein, um situationsangemessen und unterstützend bei Kindern soziale und emotionale Kompetenzen zu fördern?*

> Emotionen sind komplexe Prozesse, die auf verschiedenen psychisch/seelischen Ebenen ablaufen. Davon zu unterscheiden ist der Begriff „Gefühl", der nur das subjektive Erleben von Emotionen bezeichnet.

Emotionale und soziale Kompetenzen sind wichtig, damit ein Kind lernen kann, sich in einer sozialen Gruppe zu integrieren. Die Entwicklung der eigenen Emotionalität und der Erwerb sozialer Kompetenzen bestimmen entscheidend mit, wie wir uns in Schule und Beruf bewähren und wie wir soziale Beziehungen führen. Wegen der engen Verbindung von sozialer und emotionaler Kompetenz spricht man meist von sozial-emotionaler Kompetenz.

1. Emotionale Kompetenz

> **Emotionale Kompetenz** ist die Fähigkeit, die eigenen Emotionen wahrzunehmen und darüber sprechen zu können, und die Fähigkeit, die Gefühle anderer wahrzunehmen und darüber kommunizieren zu können.

Die Entwicklung emotionaler Kompetenz ist eine wichtige Entwicklungsaufgabe von Kindern. Nach Petermann/Wiedebusch gibt es fünf Bereiche emotionaler Kompetenz, die erlernt werden müssen:

- → **die eigenen Emotionen mimisch ausdrücken**
- → **den mimischen Emotionsausdruck bei anderen erkennen**
- → **Emotionen sprachlich ausdrücken können**
- → **Emotionswissen und -verständnis aneignen**
- → **Emotionen selbst regulieren**

(vgl. Petermann/Wiedebusch 2003)

Die Psychologin **Carolyn Saarni** (2002) hat ein Modell der emotionalen Kompetenz entwickelt, das acht Schlüsselfertigkeiten beinhaltet. Sie betrachtet emotionale Fertigkeiten vor allem in Bezug auf ihre Nützlichkeit für soziale Interaktionen. Hohe emotionale Kompetenz liegt dann vor, wenn die emotionalen Fertigkeiten in sozialen Interaktionen angewendet werden können und selbstwirksames Verhalten gezeigt wird. Selbstwirksamkeit liegt vor, wenn Kindern bewusst ist, dass ihr Emotionsausdruck andere beeinflusst, und sie gelernt haben, ihr Verhalten dahingehend zu steuern, dass gewünschte Reaktionen hervorgerufen werden.

Emotionale Schlüsselfertigkeiten Carolyn Saarni

Schlüsselfertigkeit	Erläuterung
1. Fähigkeit, sich seiner eigenen Emotionen bewusst zu sein	Diese Fähigkeit beinhaltet das Wissen, dass in bestimmten Situationen auch mehrere, in Widerspruch stehende Emotionen erlebt werden können.
2. Fähigkeit, die Emotionen anderer wahrzunehmen und zu verstehen	Umfasst die Deutung von Hinweisen auf Emotionen, welche sich aus der Situation oder aus dem Ausdrucksverhalten von anderen ergeben.
3. Fähigkeit, ein dem Alter entsprechendes Vokabular für Emotionen verstehen und anwenden können	Beinhaltet die Kenntnis des kulturellen Emotionsvokabulars.
4. Fähigkeit zur Empathie	Diese Fähigkeit ermöglicht, am emotionalen Erleben anderer Personen Anteil zu nehmen und auf das emotionale Erleben von anderen Menschen einzugehen.
5. Fähigkeit, zu merken, dass das Erleben von Emotionen und der Ausdruck von Emotionen unterschiedlich sein können	Beinhaltet das Wissen, dass ein erlebter emotionaler Zustand nicht immer dem nach außen gezeigten Ausdrucksverhalten entspricht.
6. Fähigkeit, mit negativen Emotionen und problematischen Situationen angemessen umgehen zu können	Beinhaltet den Einsatz von selbstregulativen Strategien.
7. Bewusstheit, dass soziale Beziehungen durch emotionale Kommunikation mitbestimmt werden	Kenntnis davon, dass die Qualität zwischenmenschlicher Beziehungen dadurch bestimmt ist, wie Gefühle in ihnen kommuniziert werden.
8. Fähigkeit zur Selbstwirksamkeit	Beinhaltet das Akzeptieren und Bewältigen der eigenen Emotionen.

Emotionale Schlüsselfertigkeiten nach Saarni (vgl. Saarni 2002, S. 13 ff.)

2. Soziale Kompetenz

Die soziale Kompetenz hängt eng mit der emotionalen Kompetenz zusammen. Sie vollzieht sich in vielfältigen Situationen: Kinder nehmen Kontakt zu anderen auf, sie treten in Beziehung zu ihnen, sie erfahren Reaktionen auf ihr eigenes Verhalten, sie lernen, die Gefühle anderer zu erkennen, darauf zu reagieren und Empathie zu entwickeln, sie erleben das Zusammenleben in einer Gruppe, die Bedeutung von Regeln usw.

Sozialkompetenz ist die Fähigkeit, Bedürfnisse, Interessen und Erwartungen von anderen zu erkennen und im eigenen Verhalten angemessen zu berücksichtigen.

Um sich sozial kompetent zu verhalten, sind Fähigkeiten nötig wie z. B. sich und andere gut wahrzunehmen, eigene Gefühle zu steuern, Konflikte lösen zu können, mit anderen gut zu kommunizieren usw.

Paul Caldarella und Kenneth Merrell (1997) haben die verschiedenen Aspekte **sozialer Kompetenz** in fünf Dimensionen zusammengefasst.

Dimensionen sozialer Fertigkeiten

Dimension	Beispiele
1. Fähigkeit zur Bildung positiver Beziehungen zu Gleichaltrigen	- anderen helfen - andere loben
2. Selbstmanagement-kompetenzen	- Konflikte bewältigen - eigene Stimmung regulieren
3. Akademische Kompetenzen	- auf die Anweisungen der Erzieherin hören können - um Hilfe bitten
4. Kooperative Kompetenzen	- Anerkennung sozialer Regeln - angemessen auf Kritik reagieren
5. Selbstbehauptung	- Initiative übernehmen - Aktivitäten beginnen - sich durchsetzen können

(nach Caldarella/Merrell 1997, zitiert nach Ute Koglin/Franz Petermann: Sucht- und Gewaltprävention im Kindergarten Kindergartenpädagogik Onlinehandbuch: Textor)

3. Entwicklung im ersten Lebensjahr

In den ersten Lebensjahren besteht die Entwicklungsaufgabe darin, dass Kinder befähigt werden, soziale Beziehungen selbstständig aufzunehmen und mit den eigenen Gefühlen und den Gefühlen anderer angemessen umzugehen. Diese Entwicklung gelingt nur in einem stabilen sozial-emotionalen Umfeld, weshalb die Kinderkrippe und später auch der Kindergarten besonders für Kinder aus instabilen Verhältnissen eine enorme Bedeutung erhält.

Soziale Kompetenz

Vor wenigen Jahren noch waren viele pädagogische Fachkräfte der Meinung, dass die Fähigkeit, sich in eine Gruppe zu integrieren und sie mitzugestalten, bei den meisten Kindern erst ab etwa drei Jahren vorhanden ist. Heute weiß man, dass Kinder, die in den ersten Jahren regelmäßig mit anderen Kindern zusammen sind, über ein hohes Maß an sozialer Kompetenz verfügen.

Bereits mit sechs Monaten ist das Kind in der Lage, soziale Kontakte zu Gleichaltrigen zu steuern. Es zeigt durch Mimik, Gestik, Laute und Lächeln Interesse und Aufmerksamkeit und versucht, durch Berührung Kontakt zum anderen Kind aufzunehmen. Dieses antwortet auf diese Initiative ebenfalls mit Anfassen, wenn es auch Interesse hat. Eine Kontaktanbahnung, die durch soziale Erfahrungen im vorsprachlichen Stadium mit Gleichaltrigen stattfindet, wird sich in ihrer Qualität verfeinern, wenn es um Intensität, Dauer und Komplexität des sozialen Verhaltens geht.

Wissenschaftliche Beobachtungen haben gezeigt, dass

- → **Säuglinge im ersten Lebensjahr anders auf bekannte Gleichaltrige reagieren als auf Fremde,**
- → **sie nicht nur über Objekte (z. B. einem Ball) Kontakt zu Gleichaltrigen aufnehmen, sondern längst bevor sie Objekte handhaben können,**
- → **sie an anderen Säuglingen Interesse haben und das mit ihnen zur Verfügung stehenden Mitteln (Lächeln, Vokalisieren, sich auf das andere Kind zubewegen, Anfassen) kundtun,**
- → **Säuglinge positiver Zuwendung fähig sind,**
- → **sich unter Säuglingen bereits Gruppenstrukturen bilden,**
- → **Säuglinge in der Lage sind, Elemente von Kommunikationsstrukturen zu erkennen.**

(vgl. Deutsches Jugendinstitut, 1993)

Ab etwa dem neunten Lebensmonat können Säuglinge ihre Aufmerksamkeit zunehmend auf ein Objekt ausrichten. Gemeinsam mit einem Interaktionspartner können sie es beobachten, dabei verfolgen sie dessen Blickverhalten. Bei Angst oder Unsicherheit orientieren sie sich jetzt am Gesichtsausdruck ihrer Bezugsperson. Sie sind in der Lage, in deren Gesicht Emotionen zu erkennen, z. B. Sorge oder Ermunterung.

Emotionale Kompetenz

Die Fähigkeit, seine Emotionen mimisch auszudrücken, muss vom Säugling erst erlernt werden. Er kann zwar von Anfang an zwischen Stress und Zufriedenheit bzw. Lust und Unlust unterscheiden, muss aber an Vorbildern lernen, dem Ausdruck zu verleihen.

Anlage und Umwelteinfluss
Ob Emotionen angeboren sind bzw. welche Rolle Umwelteinflüsse bei der Entwicklung von Emotionen spielen, konnte bisher nicht geklärt werden. Nach Izard, einem Vertreter des von Darwin (1809–1882) angeregten evolutionsbiologischen Ansatzes in der Entwicklungspsychologie der Emotion, besitzt der Säugling bei der Geburt schon **„komplexe nicht-gelernte Reaktionen“** *(Izard 1994),* die man als Überlebensfähigkeit bezeichnen kann. Ab dem dritten Lebensmoment entwickeln sich die sogenannten Basisemotionen (sie werden auch **primäre Emotionen** genannt), die bei Neugeborenen in verschiedenen Kulturen zu beobachten sind: Freude, Ärger, Traurigkeit, Angst, Interesse und Überraschung. Es lernt, Freude durch Lachen und Angst durch Weinen auszudrücken. Die Entwicklung **sekundärer Emotionen** wie z. B. Stolz, Scham, Schuld, Neid oder Verlegenheit beginnt erst ab dem zweiten Lebensjahr, wenn das Kind sich seiner selbst bewusst und zur Selbstreflexion fähig ist.

Primäre Emotionen (ab dem 3. Lebensmonat)	Sekundäre Emotionen (ab dem 2. Lebensjahr)
Freude	Stolz
Ärger	Scham
Traurigkeit	Schuld
Angst	Neid
Überraschung	Verlegenheit
Interesse	Empathie

Schon das Neugeborene ist auf sozialen Austausch angewiesen und zeigt ein hohes Maß an Eigeninitiative, indem es z. B. verstärkt saugt und strampelt, wenn es emotional erregt ist. Säuglinge verbringen einen großen Teil ihrer Zeit damit, an Dingen zu saugen, die keine Nahrung abgeben, wie z. B. am Daumen oder am Finger, an Spielsachen und anderen Gegenständen.

Nach dem **psychoanalytischen Erklärungsmodell (s. S. 213)** ist der Mund für das Kind die primäre Quelle der Lustbefriedigung. Über Mund und Hautkontakt erfährt es Nähe, Geborgenheit und Zärtlichkeit. Durch gegenseitige Zuneigung zwischen den Eltern und dem Kind lernt es nicht nur Liebe anzunehmen, sondern auch die Voraussetzung für die spätere Fähigkeit, selber Liebe zu geben.

Der Psychoanalytiker Sigmund **Freud** bezeichnete die erste sozial-emotionale Entwicklungsphase als **orale Phase,** da beim Neugeborenen die Mundregion der vorherrschende aktive Körperteil ist, der sein Verhalten steuert. Diese Phase ist auch dadurch gekennzeichnet, dass sich im Kind ein Gefühl für Vertrauen oder im ungünstigeren Fall für Misstrauen zu entwickeln beginnt. Dieses sogenannte Urvertrauen/Urmisstrauen entsteht nach Erikson aus der Beziehung von Mutter (heute auch Vater) und Kind. Dabei geht es nicht nur darum, wie viel Nahrung und Liebe eine Mutter oder ein Vater dem Kind gibt, sondern auch um die *Qualität* der Beziehung, z. B. wie eine Mutter oder ein Vater in der Lage sind, auf die vom Kind geäußerten Bedürfnisse konsequent und stabil einzugehen.

Fremdeln
Etwa ab dem achten Lebensmonat beginnt bei den meisten Säuglingen das sogenannte **Fremdeln.** Es ist ein wichtiger Meilenstein im Leben eines Menschen, da das Kind jetzt zwischen fremden und bekannten Personen unterscheiden kann. Schon sehr früh kann das Kind Angst und Furcht empfinden, und diese Gefühle sind beim Fremdeln am deutlichsten erkennbar. Auch Ärger und Wut lassen sich schon sehr früh erkennen, wenn das Kind z. B. auf Bedrohungen oder unerfüllte Wünsche und Bedürfnisse reagiert. Die Art des Gefühlsausdrucks wird mit den Jahren immer differenzierter und es lernt je nach Kultur, in die es hineingeboren wurde, welche Gefühle es mit welcher Intensität zeigen oder nicht zeigen darf.

Die **Förderung emotionaler Kompetenz** lässt sich schon in der Kinderkrippe systematisch umsetzen, indem die pädagogische Fachkraft jeder Emotion eine Berechtigung gibt. Sie bietet sich den Kindern als Modell im Umgang mit Gefühlen an und gibt ihnen damit eine Orientierung im Hinblick darauf,

- → wie Gefühle und Bedürfnisse ausgedrückt werden können,
- → *welche* Gefühle *wie* ausgedrückt werden können und welche nicht,
- → wie man mit Gefühlen (z. B. Wut, Angst, Freude, Trauer) umgehen kann.

Emotionsregulation
Die Kleinkindforschung befasst sich u. a. mit der Emotionsregulation. Sie gibt uns Aufschluss darüber, welche

Regulationsstrategien Kinder von Geburt an einsetzen, um ihre Gefühle in Stresssituationen zu kontrollieren. Bei emotionaler Erregung zwischen dem zweiten und sechsten Lebensmonat wurde die **Selbstberuhigungsstrategie** beobachtet, die sich z. B. durch körperliche Beruhigung durch Schaukeln oder Daumenlutschen zeigt. Bei Zweijährigen konnte die Strategie beobachtet werden, die Aufmerksamkeit von der Erregungsquelle auf ein anderes Objekt zu lenken und sich z. B. mit einem Spielzeug zu beschäftigen.

Die Fähigkeit, in Stresssituationen mit Selbstregulationsstrategien zu reagieren, hängt sehr stark von der Qualität der sozialen Beziehungen innerhalb und außerhalb der Familien ab. Ein Kind, das bei unangenehmen Gefühlen wie Wut, Traurigkeit oder Enttäuschung verschiedene Regulationsstrategien erworben hat, kann belastende Situationen schneller bewältigen als ein Kind, das nicht gelernt hat, auf emotionale Reize angemessen zu reagieren.

4. Entwicklung im zweiten und dritten Lebensjahr

Soziale Kompetenz

Bei Kindern in diesem Alter nehmen die sozialen Aktionen erheblich zu, z. B. freundschaftliche Beziehungen, aber auch Auseinandersetzungen mit anderen Kindern. Auch deutlich ausgeprägte emotionale Reaktionen, die dabei helfen, die sozialen Interaktionen aufrechtzuerhalten, nehmen zu. Es entwickeln sich soziale Spielregeln in Gruppen und symbolische Spielaktionen (Als-ob-Verhalten). Aus parallel verlaufenden Tätigkeiten entwickelt sich allmählich ein gemeinsames Spiel.

Kinder, die noch keine bevorzugten Spielpartner oder Freunde haben, verschaffen sich über das **Parallelspiel** allmählich Kontakte, auch wenn es zunächst so aussieht, als ob das Kind sich nur mit sich selbst beschäftigen würde. Bei genauerer Beobachtung zeigt sich, dass es am Tun der anderen sehr wohl interessiert ist. Das zeigt sich z. B. darin, dass es aufschaut oder auch direkte Anteilnahme zeigt, indem es in das eigene Spiel übernimmt, was es bei anderen gesehen hat. Das Parallelspiel ist in diesem Alter eine aktive soziale Strategie zur Integration in die Gruppe und nicht als mangelnde Gruppenreife zu werten.

Entwicklungsforscher haben beobachtet, dass kooperative Formen des Zusammenspiels bei Kleinkindern in Gruppen häufiger auftreten können als Konflikte und dass Konflikte oftmals kooperativ gelöst werden können. Zu **kooperativen Verhaltensweisen** gehört der Versuch, Kontakt herzustellen. Das kann durch Teilen, Austausch, Anbieten von Spielmaterial, Imitation, Verständigung über Interessen und Bedürfnisse oder gemeinsame symbolische Rollenspiele erfolgen.

Emotionale Kompetenz

Im zweiten Lebensjahr können erstmals soziale Emotionen, die sich auf andere Personen beziehen, beobachtet werden. Weil das Kind zunehmend in der Lage ist, zwischen seinen eigenen Gefühlen und dem emotionalen Erleben anderer zu differenzieren, ist es zu Empathie fähig. Erstmals beginnt das Kind jetzt, auf den Gefühlsausdruck anderer zu reagieren und sich in diese hineinzuversetzen.

Empathie ist die Fähigkeit, Gefühle anderer zu erkennen und emotional zu reagieren und dabei das gleiche oder ein ähnliches Gefühl bei sich zu erleben. *(vgl. Petermann/Wiedebusch 2003)*

Auch die anderen sekundären Emotionen Stolz, Scham, Schuld, Neid und Verlegenheit erlernt es im zweiten Lebensjahr. Dafür muss das Kind schon über ein gewisses „Selbstbewusstsein" verfügen und gelernt haben, sich mit andern zu vergleichen.

Auch die sprachliche Entwicklung schreitet voran und damit die Möglichkeiten des Kindes, seine Emotionen auszudrücken. Zweijährige sind schon in der Lage, verschiedene Emotionswörter emotionalen Gesichtsausdrücken richtig zuzuordnen, obwohl die meisten Kleinkinder noch nicht in der Lage sind, mit sprachlichen Äußerungen ihre Gefühle zu benennen. Nach Salisch *(in Petermann/Wiedebusch 2003, S. 36 f.)* beziehen sich nur 2 % der verbalen Äußerungen von Zweijährigen auf ihre emotionalen Befindlichkeiten.

Sprachlicher Emotionsausdruck im Entwicklungsverlauf	
18.–20. Lebensmonat	- einzelne Gefühlswörter für Basisemotionen - seltener Ausdruck eigener Emotionen *(z. B. „Ich freue mich!“; „Ich weine!“)*
bis zum ca. 2. Lebensjahr	- Emotionswortschatz reicht für rudimentäre Gespräche über Emotionen - größeres passives Verständnis als aktiver Gebrauch von Gefühlswörtern
bis zum ca. 4. Lebensjahr	- häufigere Benennung von Emotionen anderer Personen - ausführlichere Gespräche über Emotionen möglich (z. B. über Ursachen und Konsequenzen von Emotionen)
bis zum ca. 6. Lebensjahr	- Differenzierung des Emotionsvokabulars für komplexe Emotionen *(z. B. „eifersüchtig“, „nervös“, „empört“)*
bis zum ca. 12. Lebensjahr	- weitere Zunahme des Emotionsvokabulars (Synonyme für bereits bekannte Gefühlswörter)
aus: Petermann/Wiedebusch 2003, S. 37	

Entwicklung aus psychoanalytischer Sicht
Der Psychoanalytiker Sigmund **Freud** spricht in diesem Entwicklungsalter von der **analen Phase** und **Erikson** von **Autonomie gegenüber Scham und Zweifel.**

Zwischen dem 10. und 16. Monat zeigen Kinder mehr und mehr Interesse an den Produkten ihrer Ausscheidungen. Sie empfinden sie als einen Teil von sich selbst und erleben, wenn sie auf die Toilette gesetzt werden, dass ein Stück von ihnen in die Kloschüssel fällt und dann weggespült wird. Sie verstehen in dieser Zeit zwar noch nicht, dass das etwas Sinnvolles und Notwendiges ist, aber sie können schon sehr gut sehen, dass es für die Eltern sehr wichtig ist. Dadurch geraten die Kinder in einen Konflikt. Sie erleben einen schmerzlichen Verlust, den sie eigentlich vermeiden wollen, und werden wütend auf die, die sie zur Hergabe nötigen. Diese Wut kann sehr unangenehm werden, weil sie sich gegen die Personen richtet, von welchen das Kind vollständig abhängig ist.

> Aus psychoanalytischer Sicht bildet das Kind in dieser Zeit zwei Verhaltensformen aus, die für seine Persönlichkeitsentwicklung von Bedeutung sind: das Zurückhalten oder Festhalten und das Von-sich-Geben oder Loslassen.

Wenn der Konflikt zwischen dem Kind und seinen Bezugspersonen zu groß wird, „erfindet“ das Kind für sich z. B. den „Geist im Klo“. Diesen „Geist“ kann das Kind in seiner Fantasie bekämpfen oder sogar besiegen. Die Auswirkungen der analen Phase auf die Persönlichkeitsentwicklung werden vor allem durch die Erziehungsmethoden und Haltungen der Bezugspersonen gegenüber den Ausscheidungsfunktionen bestimmt. Das Kontrollieren des Stuhlgangs ist für das Kind ein bedeutsamer Schritt in Richtung Autonomie, denn jetzt wird es von seinen Bezugspersonen unabhängiger, weil es nicht mehr gewickelt werden muss. Dadurch wird sein Selbstvertrauen gestärkt.

Nach Erikson entstehen Scham und Zweifel, wenn z. B. die Sauberkeitserziehung zu früh und mit zu viel Strenge erfolgt.

Trocken werden im Kindergarten steht daher in engem Zusammenhang mit der sozial-emotionalen Entwicklung. Kinder lernen den Toilettengang vor allem durch Nachahmung, aber auch durch begleitende einfühlsame Kommunikation. Im Durchschnitt werden Kinder heute tagsüber mit 28 Monaten und nachts mit 33 Monaten trocken. In der Kindergruppe, in der es Kinder mit und ohne Windeln gibt, wird die pädagogische Fachkraft mit viel Zeit, ohne Beschämung und Zwang, die Kinder an den Toilettengang gewöhnen. Das geht umso leichter, je mehr Kinder hier schon selbstständig sind und anderen als Modell zur Verfügung stehen.

5. Entwicklung bis zum fünften Lebensjahr

Soziale Kompetenz

In diesem Lebensabschnitt erweitert sich die Sozialkompetenz ständig. Mit gleichaltrigen Spielkameraden werden Pläne geschmiedet, Abläufe besprochen und kommentiert. Man lernt, sich einzugliedern und gemeinsam über mehrere Tage an einem Thema mitzuarbeiten. Kinder mit besonderen Fähigkeiten – z. B. im Sportbereich – werden Vorbilder für andere. Das **Rollenspiel** gewinnt im Alter von vier bis fünf Jahren an Bedeutung und erfordert hohe soziale und kognitive Fähigkeiten, wenn z. B. gemeinsam abgesprochenes Handeln für eine gewisse Zeit aufrechterhalten werden muss. In dieser Zeit entwickelt sich die **Gruppenfähigkeit** und Regelspiele werden immer beliebter, da man sich an feste Regeln halten muss. Bei Sport-, Brett- und Gesellschaftsspielen gibt es Sieger und Verlierer, was die Leistungsmotivation antreibt. Dabei kann es noch zu Spielabbrüchen kommen, weil die Frustrationstoleranz beim Verlieren noch nicht stark ausgeprägt ist und Misserfolge nur schwer verkraftet werden können.

Ab drei Jahren wird es für Kinder zunehmend wichtiger, Freunde und Spielpartner selbst auszuwählen. Dabei akzeptieren sie bei der Auswahl von Spielpartnern oft Kinder, mit welchen sie auch außerhalb des Kindergartens zusammen spielen. So besteht die Gefahr, dass einzelne Kinder ausgeschlossen werden. Die pädagogische Fachkraft wird solche Situationen schnell erkennen und bei gemeinsamen Spielaktivitäten (z. B. Bewegungsspielen) bewusst Möglichkeiten zur Erprobung sozialer Verhaltensweisen einbeziehen, um eine unangemessene Cliquenbildung zu verhindern.

Emotionale Kompetenz

Vier- bis fünfjährige Kinder verfügen schon über ein umfangreiches Vokabular, um Emotionen zu beschreiben. Je besser emotionale Erlebnisse versprachlicht werden können, umso mehr wächst auch das Repertoire an Regulationsstrategien, dazu gehören Selbstberuhigungsstrategien wie Selbstgespräche oder tiefes Durchatmen. In negativen emotionalen Situationen suchen Kinder anfangs noch Unterstützung von Erwachsenen. Sobald sie aber in der Lage sind, in bestimmten Situationen die eigenen Gefühle selbst zu erkennen, gelingt es auch, sich in andere hineinzuversetzen, die sich in ähnlichen Situationen befinden. Die Fähigkeit, sich in andere einzufühlen, hängt jedoch sehr von der Erziehungsqualität ab. Ein Kind, das selbst Empathie erfährt, wird sich eher in andere Kinder einfühlen können als ein Kind, das stets darum kämpfen muss, dass ihm Empathie entgegengebracht wird.

Geschlechtsidentität

In dieser Entwicklungsphase zeigt das Kind auch Interesse am eigenen Geschlecht. Es interessiert sich für Schwangerschaft, Geburt und Tod und den „kleinen Unterschied" zwischen Mann und Frau. Seine Neugier richtet sich vor allem auf Körperteile, die ihm normalerweise verborgen sind. Erzieherinnen können das bei den „Doktorspielen" oder auch „Mutter-Kind-Spielen" beobachten. „Doktorspiele" müssen nicht heimlich stattfinden, solange unter Gleichaltrigen die gleichen Interessen bestehen. Die Erzieherin sollte jedoch darauf achten, dass kein Kind ein anderes Kind gegen seinen Willen zu „Doktorspielen" zwingen kann, und die Kinder darin unterstützen, eigene Grenzen und die Grenzen der anderen Kinder zu achten.

Im psychoanalytischen Erklärungsmodell wird diese Phase als **phallische Phase (Freud)** oder **Initiative gegen Schuldgefühl (Erikson)** bezeichnet.

Das Interesse an den eigenen und fremden Geschlechtsteilen und das Spielen mit ihnen gehört zum Aufwachsen und sollte nicht überbewertet werden. Es wäre ein Fehler, solche Verhaltensweisen zu bestrafen oder gar als Sünde zu bewerten. Erfahrungen zeigen, dass ein unerwünschtes Verhalten weniger häufig auftritt, wenn es nicht beachtet wird und ein erwünschtes Verhalten häufiger auftritt, wenn es beachtet wird.

Im folgenden Beispiel berichtet eine Praktikantin, wie sie ein Mädchen darin unterstützte, einem Jungen ihre Grenzen aufzuzeigen:

> Einige Kinder saßen bei mir am Tisch und malten. Hin und wieder kam ein dreijähriger Junge aus einer anderen Gruppe an unseren Tisch und besuchte seine dreijährige Freundin. Beide gingen in die Puppenecke und spielten dort ca. 10 Minuten. Dann kam das Mädchen zurück an unseren Tisch, setzte sich hin und malte wieder. Der kleine Junge kam auf sie zu, packte sie fest am Pullover und sagte in energischem Ton: „Du

> sollst mit mir jetzt Doktor spielen, tu, was ich dir sage." Er hatte in der anderen Hand den Arztkoffer. Aber das Mädchen sagte: „Nein, ich will nicht, lass mich los." Sie schaute dabei zu mir, als ob sie erwartete, dass ich ihr helfe. Ich sagte daraufhin zu dem Jungen: „Wenn sie nicht will, dann musst du ihre Entscheidung akzeptieren. Sie muss das nicht tun!".
>
> Darauf ließ er das Mädchen los und ging zurück zu seiner Gruppe.

Ein normaler und natürlicher Umgang mit Sexualität ist für die Entwicklung des Kindes sehr wichtig. Aber es darf auch nicht übersehen werden, dass das Kind in dieser Phase vor sexuellem Missbrauch geschützt werden muss. Wenn Kinder Zärtlichkeit mit Erwachsenen austauschen, darf das selbstverständlich niemals dem Zweck dienen, den Erwachsenen Lust zu verschaffen. Ein Kind, das nicht geküsst oder gestreichelt werden will, hat das Recht zu sagen: „Ich mag das nicht." Daran haben sich Erwachsene unbedingt zu halten!

Die Unterdrückung oder Verbote frühkindlicher Interessen am anderen Geschlecht führt bei Kindern dazu, dass das Interesse daran auch noch im Schulalter ein verborgenes Thema sein kann, während sich aufgeklärte Kinder neuen, anderen Themen zuwenden können.

Gespräche zwischen Eltern und Fachkräften helfen, die eigene Einstellung zum frühkindlichen Sexualverhalten zu überprüfen. Voraussetzung für solche Gespräche ist Vertrauen und gegenseitiger Respekt, auch vor andersdenkenden Eltern.

Identitätsentwicklung aus psychoanalytischer Sicht
Kinder beginnen sich mit der Frage zu beschäftigen „Wie will ich werden?". Diesen Prozess nennt **Freud** *Identifikation.* Der Junge strebt danach, so zu werden wie sein Vater, und das Mädchen möchte wie die Mutter werden. Das Kind übernimmt eine Reihe von Charakterzügen und Handlungsweisen vom Vater oder der Mutter. Dies kann sich darin äußern, dass z. B. das Mädchen dem Vater Anweisungen gibt, wie er im Geschirrspüler das Geschirr ordnen muss, oder der Junge seiner Mutter zeigt, wie sie die Säge halten soll.

Erikson übernimmt Freuds Identifikationsbegriff, füllt ihn aber mit neuem Inhalt. Für Erikson ist das Streben nach Identität ein wesentlicher Inhalt des menschlichen Lebens und bedeutet, dass man das eigene Selbst und die Gesellschaft, in der man lebt, erkennt und akzeptiert. Das Kind in dieser Phase hat nach Erikson gelernt, ein Individuum zu sein. Nun will es wissen, „was für eine Art von Person es werden will". Probleme der Identitätsfindung stehen im Vordergrund und werden durch den gelungenen Verlauf der vorangegangenen Phase positiv beeinflusst. Organische Fähigkeiten entwickeln sich weiter. Das Sprachvermögen und eine dadurch deutlich erweiterte Vorstellungswelt bergen laut Erikson nachhaltiges Potenzial für die nächste Krise. Das Kind misst sich mit den Erwachsenen und vergleicht sich mit ihnen und möchte ihnen gleich sein. Kleine Mädchen fangen plötzlich an, sich zu schminken, oder schlüpfen in die Schuhe ihrer Mütter, während kleine Jungen mit Hammer und Nägeln hantieren, beim Fahrradreparieren mithelfen und mit wichtiger Miene im Traktor mitfahren. In den Kindergärten haben in dieser Zeit Verkleidungskisten Hochkonjunktur. Das Kind befindet sich im „Spielalter", weil es sich selbst als Ganzheit zu begreifen sucht. In seiner Fantasie betreibt es Forschung, die Zeit und Raum überschreiten.

Kinder sind in dieser Phase sehr auf die Unterstützung der Erwachsenen angewiesen. Besonders Jungen fehlen in den Kindergärten männliche Erzieher. Sie könnten durch erlebnispädagogische Aktivitäten den Identifikationsprozess der Jungen fördern. Um in „Männerrollen" schlüpfen zu können, wäre die Ausstattung der Verkleidungskiste mit „männertypischer" Kleidung und Requisiten wichtig. Durch das Ausprobieren im Spiel lernt das Kind, seine Fähigkeiten und seine Grenzen und Schranken erkennen.

6. Die Entwicklung im Schulalter

Kinder im Schulalter haben eine ausgeprägte soziale Kompetenz, wenn sie

- → **von Gleichaltrigen anerkannt werden und Einfluss nehmen können,**
- → **keine soziale Angst haben, leicht Kontakte aufnehmen, und in der Lage sind, sich spontan auf Spielsituationen einzulassen,**
- → **ein gutes Selbstwertgefühl besitzen,**
- → **sich zu einer oder mehreren Gruppen zugehörig fühlen,**

→ **Gefühle angemessen kontrollieren können,**
→ **über Strategien zur Konfliktbewältigung verfügen und sich mit anderen auseinandersetzen und mit ihnen verhandeln können.**

Die wichtigsten **Grundqualifikationen** sozialen Handelns, die ein Schulkind erworben haben sollte sind:

1. Soziale Sensibilität
2. Regelverständnis
3. Kontakt und Kooperationsfähigkeit
4. Frustrationstoleranz
5. Toleranz und Rücksichtnahme *(vgl. Zimmer, 2007)*

Kinder im Schulalter haben schon ein differenziertes Repertoire an Regulationsstrategien erworben.

> **„Wenn die eigenen Gefühle verletzt wurden, gaben die Kinder als beste Regulationsstrategie an, sich von der Situation zu distanzieren. In diesem Alter wurde aggressives Verhalten von den Kindern in Bezug auf alle Emotionen als schlechteste Regulationsstrategie angesehen."**
> *(Petermann/Wiedebusch 2003, S. 69)*

Das Schulalter aus psychoanalytischer Sicht
Das Kind im Grundschulalter, das die Krisen der vorhergehenden Stufen bewältigt hat, befindet sich nach **Freud** in der **Latenzphase.** Die Annahme von Freud, dass bei Kindern in dieser Zeit sexuelle Wünsche und Handlungen zurücktreten, wird von Fachleuten angezweifelt. Man ist heute der Auffassung, dass dies kulturell bedingt ist. Beobachtungen zeigen, dass Kinder zwischen sechs und zwölf Jahren durchaus schon verliebt sein können. Es ist ihnen peinlich, wenn sie von Erwachsenen deshalb geneckt und nicht ernst genommen werden. Erwachsene, die diese Gefühle ernst nehmen, helfen ihnen, mit der Freude oder auch mit der Trauer um erfüllte oder unerfüllte Wünsche umzugehen.

Erikson nennt diese Phase **Werksinn gegen Minderwertigkeitsgefühl.** Am Beginn dieser Phase steht der Schuleintritt mit den neuen Leistungsanforderungen und einer größeren Bezugsgruppe. Mit zunehmendem Alter steigt das Bedürfnis, produktiv zu sein, Neues zu lernen und von der Erwachsenenwelt anerkannt zu werden. Jungen und Mädchen sind bereit, regelmäßig kleine Pflichten und Aufgaben zu übernehmen, zeigen Ausdauer und Zielstrebigkeit. Einflüsse außerhalb des Elternhauses werden wirksamer.

Erlebnispädagogische Aktionen stehen im Mittepunkt der erzieherischen Arbeit im Hort. Wird von Erziehern oder Eltern die positive Leistungsbereitschaft der Kinder in dieser Entwicklungsphase nicht genutzt, besteht die Gefahr, dass sie nicht entsprechend gefördert werden und dadurch Talente unentdeckt bleiben. Erfahren die Kinder weder Lob noch Anerkennung und bleiben persönliche Erfolgserlebnisse aus, empfinden sie sich minderwertig, unvollkommen und unfähig.

Würdigung und Kritik der Psychoanalyse
Freuds Verdienste bestehen darin, dass er schon zu Beginn des 20. Jahrhunderts auf die Bedeutung frühkindlicher Erfahrungen für die spätere Entwicklung hingewiesen hat. Er machte darauf aufmerksam, dass der Mensch nicht nur von Vernunft geleitetet wird. Seine Kritiker betonen, dass sich Freud bei seinen Erkenntnissen nur auf Erfahrungen mit erwachsenen Patienten stützte. Er war jedoch der Überzeugung, dass sich in den Symptomen dieser Patienten Konflikte zeigen, die während ihrer ersten Lebensjahre entstanden sind.

Erik H. Erikson war Schüler und Freund von Sigmund Freud und hat dessen Einsichten zur Psychoanalyse weiter entwickelt und vertieft. Er hat Freuds Gedanken in entscheidender Weise bereichert, indem er die Entwicklung der gesamten Lebensspanne in den Blick nahm. Erikson interessierte sich für die Frage, wie der Mensch in Entwicklungskrisen zu Lösungen kommt, und berücksichtigte dabei auch den Einfluss unterschiedlicher Kulturen auf die Entwicklung. Auch er machte auf die frühen Stadien der Entwicklung aufmerksam und wies auf die psychosozialen Krisen hin, von deren Bewältigung die Entwicklung eines Kindes abhängt.

Kritisiert wird, dass er zwar die typischen Konflikte und Lösungsformen innerhalb bestimmter Altersphasen beschreibt, aber keine Antwort darauf gibt, wie es z. B. gelingt, von einer Phase zur nächsten voranzuschreiten.

Psychoanalytische Entwicklungstheorie nach Sigmund Freud		
Orale Phase	**Anale Phase**	**Genitale Phase**
Um seine Wünsche zu befriedigen, lernt der Säugling fünf Hauptfunktionen: - das Sich-Einverleiben oder das In-sich-Aufnehmen, - das Zurückhalten oder Festhalten, - das Beißen, - das Loswerden oder Ausspucken und - das Schließen des Mundes. Diese **Verhaltensformen** können als Muster für die zukünftigen Persönlichkeitszüge dienen. In welchem Ausmaß Kinder diese Verhaltensweisen zeigen, hängt wahrscheinlich von den Frustrations- und Befriedigungsformen ab, die das Kind zu bestimmten Zeiten der Oralität erfährt.	Zwischen dem 10. und 16. Monat zeigen Kinder mehr und mehr Interesse an den Produkten ihrer Ausscheidungen. Sie empfinden ihre Ausscheidungen als einen Teil von sich selbst und erleben, wenn sie auf die Toilette gesetzt werden, dass ein Stück von ihnen in die Kloschüssel fällt und dann auf Nimmerwiedersehen weggespült wird. Das Kind bildet in dieser Zeit zwei **Verhaltensformen** aus, die für seine Persönlichkeitsentwicklung von Bedeutung sind: das Zurückhalten oder Festhalten und das Von-sich-Geben oder Loslassen.	Die dritte Entwicklungsstufe der psychosexuellen bzw. psychosozialen Entwicklung dauert etwa vom 3. bis zum 5. Lebensjahr. Kinder in diesem Alter sind außer am eigenen Körper auch am Aussehen anderer interessiert. Ihre Neugier richtet sich vor allem auf Körperteile, die ihm normalerweise verborgen sind. Die sexuelle Neugier äußert sich in einer Schau- und Zeigelust, ferner in den Fragen nach sexuellen Dingen und im Verlangen, sich gegenseitig zu berühren. Erzieherinnen können das bei den „Doktorspielen" oder auch „Mutter-Kind-Spielen" beobachten.

Psychosoziales Entwicklungsmodell nach Erikson		
Urvertrauen gegen Urmisstrauen (0–1 Jahr)	**Autonomie gegen Scham und Zweifel (1–2 Jahre)**	**Initiative gegen Schuldgefühl (2–6 Jahre)**
Das Urvertrauen/Urmisstrauen entsteht aus den Beziehungen von Mutter und Kind. Dabei geht es nicht nur darum, wie viel Nahrung und Liebe eine Mutter dem Kind gibt, sondern auch, wie z. B. eine Mutter in der Lage ist, auf die vom Kind geäußerten Bedürfnisse in einer konsequenten und stabilen Art einzugehen. Misstrauen kann durch Ablehnung der wichtigsten Bezugspersonen entstehen.	Das Kind lernt Laufen und Sprechen. Es entwickelt ein Unabhängigkeitsgefühl und passt sich den Sozialisationsforderungen seiner Umgebung an. Zweifel bzw. Konflikte können durch übersteigerte Fürsorge und Reinlichkeitserziehung entstehen.	Das Kind lernt die Körperbegriffe und Geschlechtsunterschiede kennen. Es lernt die kulturellen Werte und ein Gefühl für das, was richtig oder falsch ist, kennen. Konflikte können mit Eltern/Erzieherinnen durch frühe „Doktorspiele" auftreten.

↗ FAZIT

→ Ziel der sozial-emotionalen Entwicklung ist die emotionale und die soziale Kompetenz. Gemeint ist damit die Fähigkeit, mit den eigenen Emotionen und denen anderer angemessen umzugehen.

→ Bausteine der emotionalen Kompetenz:
- Emotionsausdruck (mimisch und sprachlich, bei sich und anderen)
- Emotionsverständnis
- Emotionsregulation

→ Kinder mit ausgeprägter sozialer und emotionaler Kompetenz können mit Stresssituationen besser umgehen und ihr Verhalten flexibel an neue Situationen anpassen. Sie haben eine hohe Lernmotivation, wenn sie Vertrauen in die eigenen Fähigkeiten und Frustrationstoleranz entwickelt haben. Sie haben gelernt, sich an Regeln zu halten, Enttäuschungen zu verkraften und mit Konflikten konstruktiv umzugehen. Jedes Kind braucht für die Entwicklung sozialer-emotionaler Kompetenzen seine eigene individuelle Entwicklungszeit.

→·← AUFGABEN UND ANREGUNGEN

1 Entwickeln Sie für eine bestimmte Altersstufe Kriterien für die Beurteilung sozialer Kompetenzen und vergleiche Sie mit den Entwicklungstabellen von S. Freud und E. H. Erikson.

2 Analysieren Sie soziale Spielsituationen, die nicht mit fremder Hilfe gesteuert wurden, z. B. Tunnelbau in der Sandkiste. Welche Ziele wurden von den Kindern formuliert und welche sozialen Verhaltensweisen führten zum Ziel?

3 Planen Sie eine Aktion oder ein Projekt zum Thema: „Die emotionalen Kompetenzen der Kinder fördern".
Überlegen Sie, ob die Aktion ein Bildungsangebot sein könnte, das dem Bildungsinteresse der Kinder entspricht.
Stellen Sie Ihre Aktion oder das Projekt auf einer Teambesprechung in einem Kindergarten vor und holen Sie sich kritische Rückmeldung.

TIPPS ZUM WEITERLESEN →→

→ Kinder gezielt fördern
Cornelia Nitsch, Gerad Hüther, Gräfe und Unzer, München 2004

→ Was für Kinder
Deutsches Jugendinstitut (Hrsg.) Kösel, München 1993

→ Emotionale Kompetenz
Franz Petermann, Silvia Wiedebusch, Hogrefe, Göttingen 2003

→ Emotionale Entwicklung von Anfang an – wie lernen Kinder den Umgang mit Gefühlen
Monika Wertfein, www.familienhandbuch.de

1.4.6 Moralische Entwicklung

Im Kindergarten findet eine Geburtstagsfeier statt. Die Kinder kennen das Ritual und sind jedes Mal aufs Neue gespannt, welche Geschenke das Geburtstagskind bekommen hat. Timo erzählt, wie er morgens von seinen Eltern geweckt wurde und welche Geschenke er erhalten hat. Ein Geschenk hat er sogar mitgebracht. Es ist ein Pferd von Schleicher. Er sammelt alle Tiere von Schleicher und zeigt es stolz den Kindern. Sie erlauben, dass jedes Kind im Stuhlkreis das Pferd einmal halten darf, um es von allen Seiten zu betrachten. Danach packt Timo das Pferd wieder in die Schachtel und legt es in sein Fach. Als er am Nachmittag abgeholt wird, ist das Pferd verschwunden. Weinend rennt er zu Ihnen und sagt, jemand habe sein Pferd geklaut. Gemeinsam suchen Sie im Gruppenraum das Pferd. Es ist nicht zu finden. Die Eltern von Timo hängen einen Zettel an die Wand mit der Bitte um Rückgabe. Am nächsten Tag wird im Stuhlkreis das Thema „Diebstahl“ mit den Kindern besprochen. Empört sagen viele Kinder: „Ich war das nicht!“ Ein Kind fehlt allerdings. Es ist der dreijährige Sven. Als er etwas später in den Gruppenraum kommt, versteckt er sich hinter seiner Mutter, während sie Ihnen das Pferd in die Hand drückt und sich entschuldigt. Im Freispiel will niemand mit Sven spielen. „Du bist ein Dieb,“ sagen die Kinder.

↘ FRAGEN

- → *Aus welchen Märchen, Liedern oder Bilderbüchern erfahren Kinder zum ersten Mal, was ein Dieb ist?*
- → *Ab welchem Alter empfinden Kinder Schuld und wie sollten pädagogische Fachkräfte darauf reagieren?*
- → *Welche Normen und Werte werden Kindern in unserer Gesellschaft vor Schuleintritt vermittelt?*

Der Begriff **Moral** umfasst die Gesamtheit aller Normen, Grundsätze und Werte, die in einer Gesellschaft existieren und gelebt werden. Sie regulieren das zwischenmenschliche Verhalten. Normen und Werte werden u. a. durch Kultur, Religion und Tradition beeinflusst, z. B. steht in der westlichen Welt das Wohlbefinden des Individuums an erster Stelle, während in der asiatischen Kultur das Wohlbefinden der Gemeinschaft als wichtigstes Ziel angesehen wird *(vgl. Mietzel 2002 a).*

1. Entwicklungsverlauf

Kleinkinder lernen schon sehr früh zwischen Gut und Böse zu unterscheiden und was in ihrer Kultur als falsch oder richtig angesehen wird. Einen entscheidenden Einfluss auf dessen Verinnerlichung – also auf die Entwicklung der „inneren Stimme“, die Ausbildung des Gewissens – hat daher das Verhalten von Bezugspersonen und Erzieherinnen, denn sie geben dem Kind Orientierung und dienen ihm als Modell.

Schon mit etwa zwei Jahren verstehen Kinder, dass es Regeln geben muss, an die man sich auch halten sollte. Aber häufig werden in diesem Alter der Weltaneignung Regeln noch übertreten. Bei fortschreitender Entwicklung lernen Kinder, sich in eine soziale Gemeinschaft einzufügen und sich an die herrschenden Regeln zu halten. Nach neuesten Erkenntnissen können Kinder mit vier Jahren schon deutlich zwischen unmoralischem Handeln (etwas wegnehmen, jemanden schlagen usw.) und Verstößen gegen Konventionen (Tischmanieren, Verordnungen usw.) unterscheiden.

2. Entwicklung der moralischen Urteilskraft

Entwicklungsforscher wie **Lawrence Kohlberg** (1927–1987) und **Jean Piaget** (1896–1980) gehen davon aus, dass sich Entwicklung in Stufen vollzieht.

Auf Piagets Entwicklungsmodell der kognitiven Entwicklung aufbauend, entwickelte Lawrence **Kohlberg** seine **Entwicklungstheorie des moralischen Urteils.** Dabei ging er der Frage nach, ob Kinder mit zunehmendem Alter einen gesteigerten Gerechtigkeitssinn entwickeln und ehrlicher urteilen. Aufgrund seiner wissenschaftlichen

Erkenntnisse stellte er eine **Stufentheorie** der Moralentwicklung auf. Die Theorie geht davon aus, dass sich das moralische Bewusstsein stufenweise in immer derselben Reihenfolge entwickelt - allerdings erreicht nicht jeder Mensch die höchste Stufe.

Kohlberg legte seinen Versuchspersonen sogenannte **„moralische Dilemmata“** vor. Das sind fiktive Geschichten, die eine moralische Problemstellung beinhalten und eine Entscheidung zwischen zwei sich widersprechenden moralischen Normen fordern. Die bekannteste Geschichte ist das **Heinz-Dilemma:** Heinz hat eine sterbenskranke Frau, der vermutlich nur ein einziges Medikament helfen kann. Dieses Medikament wird nur von einem Apotheker entwickelt und hergestellt. Er verkauft es zum zehnfachen Preis dessen, was es ihn in der Herstellung kostet, und ist nicht bereit, es Heinz billiger zu überlassen. Heinz versucht vergeblich, das Geld aufzutreiben. Als es ihm nicht gelingt, bricht er in der Apotheke ein und stiehlt das Medikament.

Kohlberg befragte die Versuchspersonen daraufhin, ob und warum Heinz das Medikament stehlen sollte, was schlimmer ist (stehlen oder jemanden sterben lassen), ob Heinz auch stehlen sollte, wenn er seine Frau nicht lieben würde, ob er es auch für einen Freund stehlen sollte und ob ein Richter Heinz bestrafen sollte. Dabei interessierte sich Kohlberg weniger für die Wahl der Alternative, sondern viel mehr für deren *Begründung*.

Kohlberg unterscheidet drei Hauptniveaus des moralischen Urteilens, die jeweils aus zwei Stufen bestehen.

Niveau 1: Präkonventionell
Gesellschaftliche Regeln bleiben äußerlich
Diese Ebene entspricht dem Niveau der meisten Kinder unter neun Jahren, einigen Jugendlichen und wenigen Erwachsenen.

1. Stufe: Orientierung an Strafe und Gehorsam
Das Kind orientiert sich an Gehorsam und Strafe. Was nicht bestraft wird, ist erlaubt. Regeln werden befolgt, um Strafen zu vermeiden. Die Interessen der anderen werden nicht berücksichtigt, weil sie nicht erkannt werden. Es dominiert eine egozentrische Haltung.

2. Stufe: Individualismus, Zielbewusstsein, Austausch
Regeln werden eingehalten, weil sie unmittelbar eigenen Bedürfnissen und Interessen dienen. Es wird aber auch schon teilweise erkannt, dass andere Kinder auch Bedürfnisse haben und ein fairer Austausch möglich ist. Es dominiert eine individualistische Perspektive. Es wird gesehen, dass verschiedene individuelle Interessen in Konflikt liegen können.

Niveau 2: Konventionell
Gesellschaftliche Regeln werden internalisiert
Diese Ebene entspricht dem Niveau der meisten Jugendlichen und Erwachsenen.

3. Stufe: Orientierung am Bild des braven Kindes
Familiäre und institutionelle Ordnungen werden anerkannt und unterstützt, nicht nur aus Angst vor Strafe. Das Kind passt sich den Erwartungen nahestehender Menschen an, um Vertrauen und Wertschätzung zu erfahren. Was die eigene Familie für richtig hält, ist erlaubt. Gemeinsame Interessen haben gegenüber individuellen Interessen Vorrang. Kinder kommen in Konflikte, wenn Eltern unterschiedliche Auffassungen von richtigem und falschem Verhalten haben.

4. Stufe: Orientierung an Autorität und sozialer Ordnung
Moralische Urteile werden im Sinne der Pflichterfüllung und aufgrund von Respekt vor Autoritäten getroffen. Die Erhaltung von Recht und Ordnung ist wesentlich, um das Funktionieren der Gesellschaft zu gewährleisten: „Ich mach das, weil man es so machen soll.“

Niveau 3: Postkonventionell
Unabhängigkeit von gesellschaftlichen Regeln wegen selbstgewählter Prinzipien
Einige Erwachsene erreichen diese Ebene.

5. Stufe: Orientierung an Recht und Sozialverträgen
Normen werden zwar als willkürlich und gruppenspezifisch erkannt, aber als verbindlich angesehen, weil man sich darauf geeinigt hat. Individuelle Rechte und das Gemeinwohl sollen geschützt werden: „Ich mache das, weil wir uns darauf geeinigt haben, es so zu machen.“ Grundlegende Werte wie Menschenrechte und Recht auf Leben und Freiheit werden als unveränderbar anerkannt.

6. Stufe: Orientierung an universalen ethischen Prinzipien
Handlungsbewertungen basieren nicht nur auf sozialen Regeln, sondern auch auf moralischen Prinzipien der Gerechtigkeit, die das Individuum in freier, vernünftiger Entscheidung wählt. Dabei spielen das Gewissen, Vertrauen

und Respekt eine Rolle: „Ich handle nur so, dass mein Handeln als allgemeines Gesetz gelten könnte." Glaube an die Gültigkeit universaler moralischer Prinzipien und ein Gefühl der Verpflichtung ihnen gegenüber.

↗ FAZIT

- → Entwicklungsforscher stimmen darin überein, dass sich das Gewissen bereits in der frühen Kindheit zu entwickeln beginnt, dass es aber vorerst noch von den Bezugspersonen extern kontrolliert wird. Solange eigene Ziele und Bedürfnisse im Vordergrund stehen, fällt es Vorschulkindern noch schwer, bei Verletzung moralischer Regeln Schuldgefühle oder moralische Gefühle anderer Art zu entwickeln. Erst mit zunehmendem Alter bilden sich innere Standards aus, die fortan die Moral regulieren. Das heißt aber nicht, dass sie sich nie schuldig fühlen. Im Gegenteil, vor Schuleintritt ist das Schuldgefühl häufig übergeneralisiert. Sie fühlen sich z. B. schuldig, wenn Eltern sich trennen. Im Laufe der Schulzeit nimmt dieses Verhalten ab.
- → Die Übereinstimmung zwischen moralischem Urteil und moralischem Handeln ist erst ab der Adoleszenz mit etwa zwölf Jahren zu beobachten. Kinder sind zwar ab etwa sechs Jahren in der Lage, wenn die Verletzungen des „Opfers" besonders hervorgehoben werden, negative Gefühle des „Täters" zu benennen, aber es zeigt sich noch nicht, dass sich diese Gefühle auch im Verhalten widerspiegeln. *(vgl. Keller 1996)*

→·← AUFGABEN UND ANREGUNGEN

1 Konkretisieren Sie die Moralentwicklung durch Beispiele aus der Praxis und erörtern Sie Möglichkeiten konkreter Handlungsschritte für jede Stufe nach Kohlbergs Entwicklungsmodell.

2 Analysieren Sie folgende Konfliktsituation und wenden Sie dabei die Stufen der Moralentwicklung an:
Lina, drei Jahre alt, und Luise, fünf Jahre alt, spielen Mutter und Kind. Luise sagt zu Lina in strengem Ton: „Ich gehe jetzt einkaufen und du bleibst liegen, bis ich wiederkomme, verstanden?" Lina nickt mit dem Kopf. Luise geht kurz in die Bauecke und packt in ihre Einkaufstasche Bauklötze. Als sie zurückkommt, sitzt Lina am Tisch und malt. Luise geht zu ihr und haut sie. Dabei sagt sie: „Du solltest doch liegen bleiben. Warum hast du nicht gehört?" Lina fängt an zu weinen und geht zur Erzieherin. Die Erzieherin fragt Luise, warum Lina weint. Darauf antwortet Luise, dass Lina nicht gehört hat. Luise fühlt sich im Recht.

3 Die Moralentwicklung sollte schon im Kindergarten gefördert werden. Erörtern Sie Möglichkeiten konkreter Handlungsschritte für jede Stufe nach Kohlbergs Entwicklungsmodell.

TIPPS ZUM WEITERLESEN →→

- → Wege in die Entwicklungspsychologie
  Gerd Mietzel, Beltz, Weinheim 2002
- → Moralische Sensibilität: Entwicklung in Freundschaft und Familie
  Monika Keller, Beltz, Psychologie Verlags Union, Weinheim 1996
- → Verhaltenstraining für Schulanfänger
  Franz Petermann, Schöningh, Paderborn 2002

1.4.7 Sprachliche Entwicklung

Eltern sind über den Entwicklungsverlauf ihrer Kinder oft verunsichert und suchen Hilfe bei der Erzieherin. Sie möchten wissen, ob sich ihr Kind normal entwickelt oder ob es mehr gefördert werden sollte. Steht wieder eine Früherkennungsuntersuchung an, möchten sie gerne vorher wissen, welche Fragen der Arzt stellen und ob ihr Kind den Anforderungen gewachsen sein wird. Sie nehmen als Fachkraft an einem Gespräch zwischen zwei Müttern teil.

Frau M. berichtet, dass ihr Sohn, 20 Monate alt, nur „Mama“, „Papa“ und „Katze“ sagen kann. Er sagt auch „brr“ oder „nee“, aber ansonsten verständigt er sich nur nonverbal. Er versteht alles und reagiert auch. „Aber ist das nicht ein bisschen wenig für sein Alter? Ist er nur zu faul? Vielleicht sollte ich zu einem HNO-Arzt gehen, um einen Hörschaden auszuschließen? Oder sollten wir einfach abwarten?“, fragt sie besorgt.

Frau K. antwortet, dass ihr Sohn, 19 Monate alt, „Mama“, „Papa“ und „Gurke“ sagt. Seine Schwester Klara nennt er „Ara“ und seinen Bruder Simon „Simi“. „Und neulich sagte er ‚ja‘ und ‚tüss‘. Mach dir keine Sorgen. Wenn der Kleine euch versteht und richtig reagiert, wird er keinen Hörschaden haben. Manche fangen früh an zu laufen, andere spät, meiner hat sehr spät angefangen. Andere beginnen dafür schon früher zu sprechen“, tröstet sie Frau M.

Jedes Kind entwickelt sich individuell.

↘ FRAGEN

- → *Wie sollte auf die besorgte Mutter reagiert werden?*
- → *Welche Möglichkeiten hat eine Erzieherin, das Sprachverhalten eines Kindes richtig einzuschätzen?*
- → *Wann sollte eine Erzieherin eine Fachkraft hinzuziehen, um Eltern über Sprachauffälligkeiten zu informieren?*

1. Sprachfähigkeit und Spracherwerb

Die Fähigkeit zum Spracherwerb ist angeboren. Alle dafür nötigen Organe sind schon bei der Geburt vorhanden: Stimmbänder, Lippen, Zwerchfell, Rachen, Zunge und Gehör. Voraussetzung ist, dass ein Kind hören kann. Taub geborene Kinder „verstummen" zwischen dem 5. und 6. Monat. Da jeder Mensch über eine angeborene Sprachfähigkeit verfügt, ist es ihm möglich, von Geburt an in eine oder mehrere Sprachen hineinzuwachsen. Auch Gehörlose sind fähig, eine vollwertige Sprache zu erlernen, die Gebärdensprache.

Der Spracherwerb ist ein Prozess, der mit dem Geburtsschrei beginnt. Das Schreien als stärkstes Ausdrucksmittel in den ersten Monaten ist das wirkungsvollste Mittel, um die Umwelt auf sich aufmerksam zu machen. Mit Gestik und Mimik werden die ersten verbalen Äußerungen begleitet und haben einen sehr wichtigen Mitteilungscharakter. Das Neugeborene stellt erste zwischenmenschliche Beziehungen her, deren Qualität stark vom sprachlichen Umfeld abhängt.

Es ist noch nicht so lange her, dass vom „dummen ersten Vierteljahr" gesprochen wurde. Dahinter verbargen sich Vorstellungen, die das Verhalten von Müttern gegenüber ihren Neugeborenen geprägt haben. Man ging davon aus, dass ein Säugling fast immer schläft. Entsprechend wenig wurde mit ihm gesprochen und auch das Umfeld wenig abwechslungsreich gestaltet. Heute wissen wir, dass beides für die neuronale Entwicklung des Gehirns beim Säugling und damit auch für die frühe Wahrnehmungsentwicklung, die für die Sprachentwicklung große Bedeutung hat, sehr wichtig ist.

Wird ein Neugeborenes angesprochen, zeigt es Interesse an der menschlichen Stimme, indem es für kurze Zeit einen aufmerksamen Gesichtsausdruck zeigt und dabei mehr oder weniger starke Bewegungen mit seinem Körper ausführt. Ein Kind, das durch seine Umgebung kaum sprachlichen Anreizen ausgesetzt ist - obwohl es viele Gelegenheiten gibt, mit dem Kind zu kommunizieren, z. B. beim Füttern, beim Windelwechseln oder beim Baden –, zeigt schon sehr früh kein Interesse an seiner Umwelt. Das kann bereits in den ersten Lebenstagen nach der Geburt beobachtet werden. Trotz möglicher Defizite im Ausdrucks- und Sprachverhalten durch zu wenig Sprachanreize erwerben normal intelligente Kinder unabhängig von Kultur und sozialer Schicht bis zum Alter von **drei bis vier Jahren** die gesamten Grundlagen ihrer Erstsprache. In der Zeit vom sechsten bis zum achtzehnten Monat sind Kinder bei regelmäßigem Sprachkontakt fähig, sich auch die Grundstrukturen einer Zweitsprache anzueignen.

Im Unterschied zum Sprachenlernen ist der Spracherwerb ein **unbewusster Vorgang** und findet durch alltägliche soziale Interaktion statt.

Spracherwerb
Theorien über den Spracherwerb lassen sich unterscheiden in **nativistische** (biologische), **interaktionistische** und **lernpsychologische** Theorien.

Heute geht man übereinstimmend davon aus, dass die Sprachentwicklung das Ergebnis einer Interaktion zwischen Anlage (Biologie) und Lernerfahrungen ist. Die Sprachfähigkeit ist angeboren, der Spracherwerb erfordert aber unbedingt die soziale Interaktion mit anderen. Erst über das tägliche Gespräch können sich die kommunikativen Fähigkeiten des Kindes entwickeln.

Die sprachliche Entwicklung des Kindes muss in folgenden **sechs Komponenten der Sprache** erfolgen:

→ Prosodie (Sprachrhythmus, Sprachmelodie)
→ Phonologie (Lautbildung)
→ Semantik (Wortbedeutung)
→ Syntax (Satzbau)
→ Morphologie (betrifft Wortveränderungen durch Pluralbildung, Konjugieren, Deklinieren usw.)
→ Pragmatische Kompetenz (Situationsangemessenheit des Gesagten)

Das Kind muss also seinen **Wortschatz,** seine **Grammatik** und seine **Artikulation** entwickeln. Dies geschieht in einem erstaunlichen Tempo. Die Entwicklung der **Artikulation,** also der Erwerb von Lauten, erfolgt meist in einer bestimmten Reihenfolge. Zuerst lernt es Laute, die im vorderen Mundbereich gebildet werden, wie *m, a, b*. Danach Laute, die im mittleren Mundbereich gebildet werden, wie *l, n, t.* Zuletzt Laute aus den hinteren Mundbereich, wie *kr, gl.* Die Entwicklung **der grammatikalischen Strukturen** erfolgt von der Einwortphase über die Zweiwortphase hin zu komplexen Sätzen.

Die Geschwindigkeit, in der sich die Entwicklung des Wortschatzes, der Aussprache- und der Satzbildungsfähigkeit vollzieht, ist jedoch individuell verschieden.

Fast alle Kinder haben Phasen des schnelleren und Phasen des langsameren Verlaufs.

Kinder müssen beim Spracherwerb lernen, die Strukturen ihrer Sprache zu zerlegen. Dies eignen sie sich nach und nach an. Dabei treten Phasen auf, die als Rückschritte oder grammatische Fehler erscheinen. Das Kind macht sie aber nicht willkürlich und beliebig, sondern bildet seine sprachlichen Äußerungen nach bestimmten Prinzipien, die in sich logisch sind. Das Kind wendet nur diejenigen Regeln, die es erfasst hat, konsequent an, auch wenn sie nicht mit der Sprachnorm übereinstimmen. So kommt es beispielsweise zu Bildungen wie „rufte“ statt „rief“ *(vgl. Wie Kinder sprechen lernen, 2002).*

Ungewöhnliche Wortbildungen oder Satzkonstruktionen, die auf Erwachsene oft belustigend wirken, sind auf Regeln zurückzuführen, die die Kinder beim Hören aufnehmen und dann anwenden. Daher treten z. B. Fehler bei der Anwendung der Zeitformen auf oder bei der Bildung der Mehrzahl, z. B. „viele Kuhe“. Ohne sich die Regeln je bewusst gemacht zu haben, ist das Kind in der Lage, in kürzester Zeit die vielfältigen Regeln der Wortbildung und des Satzbaus wie auch deren Ausnahmen zu erfassen.

> „Die ungewöhnlichen Wortbildungen und Satzkonstruktionen sind ein guter Hinweis darauf, dass das Kind sich die Sprache durch Regelbildung aneignet und nicht durch Nachahmung erwirbt. [...] Das Kind lernt also nicht Wörter und Sätze auswendig. Es ist seine ureigene Leistung, aus den sprachlichen Erfahrungen Regeln über den hierarchischen Aufbau der Sprache abzuleiten.“ *(Largo, Kinderjahre, 2001, S. 79)*

Da sich das Kind die Struktur der Sprache selber aneignet (und nicht über direkte Nachahmung), macht es keinen Sinn, das Kind zum Nachsprechen anzuregen.

Fördernde Aspekte

Eine fördernde Sprachbegleitung besteht in den ersten Jahren vor allem darin, als Fachkraft ein sprachliches Vorbild zu sein und interessiert an den Aktivitäten des Kindes teilzunehmen, ihm aufmerksam zuzuhören und beim Nachfragen noch einmal zu spiegeln, ob man das Kind richtig verstanden hat. Dabei ist es möglich, unauffällig dem Entwicklungsstand entsprechend Ausdrucksweisen und Aussprache zu korrigieren.

Die sogenannte **„sensible Phase“** für den Erwerb der Erstsprache verläuft bis zum Alter von fünf Jahren. Danach erschwert sich der Erwerb enorm und ist nur noch wenig erfolgreich.

Um die kindliche Sprechfreude zu unterstützen und zu erhalten, sollten folgende Aspekte beachtet werden:

- → *Blickkontakt:* Dadurch entsteht emotionale Nähe. Außerdem kann das Kind auf die Mund- und Lippenbewegungen achten und erhält so Anregungen für die eigene Lautbildung.
- → *Zuhören:* Für das, was das Kind sagen möchte, sollte immer genügend Zeit vorhanden sein.
- → *Aussprechen lassen*
- → *Nicht nachsprechen lassen:* Bei Fehlern sollten Kinder nicht „richtig“ nachsprechen müssen. Das mindert die Sprechfreude und baut Hemmungen auf.
- → *Sprachanregungen bieten* (durch Gespräche usw.)

(vgl. Wie Kinder sprechen lernen, 2002)

2. Vorstufen des Spracherwerbs

Die vorsprachliche Phase umfasst die Zeit von der Geburt bis zum ersten Wort des Kindes. Die Phasen **Schreien, Gurrlaute** und **Lallen** stellen wichtige Schritte auf dem Weg zur Sprache dar.

0. bis 3. Monat: Schrei- und Gurrphase

Das Kind versucht von Anfang an seine Befindlichkeiten und Bedürfnisse seiner Umwelt durch Weinen, Schreien, Jauchzen und Glucksen mitzuteilen. Das **Schreien** ist ein Signal an die Bezugspersonen, das kindliche Bedürfnis nach Nahrung bzw. körperlichem Wohlbefinden zu befriedigen. Bevor er drei Monate alt ist, hat der Säugling gelernt, das Schreien als Mittel zur Erregung von Aufmerksamkeit einzusetzen. Ab etwa der zehnten Woche treten Schreie auch als positive Reaktion auf, die sogenannten Kreischlaute. Nach dem Schreien äußert sich der Säugling mit etwa sechs bis acht Wochen auch mit **Gurren** oder Explosivlauten. Diese Laute werden von allen Säuglingen geäußert und brauchen nicht erlernt zu werden. Sie treten nicht absichtlich auf, sondern als Begleiterscheinung und Reaktionen auf körperliche Bedürfnisse und Aktionen *(vgl. Wie Kinder sprechen lernen, 2002).*

ca. 3. bis ca. 8. Monat: Erste Lallphase
Allmählich produziert das Kleinkind Lalllaute und Lallsilben. Dabei handelt es sich um spontane, rhythmische Lautketten, die unterschiedlich lang sein können und unterschiedlich oft wiederholt werden. Kleinkinder kombinieren dabei einen Konsonanten mit einem Vokal und wiederholen diese Laute, z. B. ma-ma, da-da, de-de usw. Auslöser können nach wissenschaftlichen Beobachtungen z. B. Kreisreaktionen sein, die durch ein Mobile zustande kommen. Auch bestimmte Bewegungen der Zunge an Gaumen oder Lippen empfindet der Säugling als schön. Zusammen mit der Stimme ergeben sich dabei verschiedene Silben. Das Kind freut sich daran und wiederholt dieses Spiel. Durch dieses Lallen wird das spätere Sprechen trainiert. Ab etwa dem 3. Monat dreht das Kind den Kopf in die Richtung, aus der es etwas hört, es kann jetzt Hören und Bewegen verknüpfen.

8. bis 12. Monat: Zweite Lallphase
Das Kind bildet jetzt immer längere Silbenfolgen. Auslöser für die Lallproduktion ist nun nicht mehr die Freude an der Bewegung sondern das Hören der eigenen oder fremden Stimmen und Lauten. Es versteht jetzt auch einfache, *oft genannte* Wörter, wie z. B. seinen Namen, das Wort „Mama" oder den Namen seines Lieblingsspielzeugs. Fragt die Bezugsperson oder jemand anderes danach, wendet das Kind den Kopf und scheint danach zu suchen.

Das Lallen des Kindes stellt ein Ergebnis der Stimmreifung dar, ist jedoch ebenso vom Lernen abhängig. Durch die Aufmerksamkeit, die die Bezugspersonen dem Kind schenken, wird der Umfang des Lallens stark beeinflusst und verstärkt, wenn z. B. die Äußerungen des Kindes imitiert werden. Auch wenn keine Verstärkung des Lallens stattfindet, freut sich das Kind über den Klang der eigenen Stimme. Kleinkindforscher fanden heraus, dass die Kinder, die von ihren Eltern stärker kontaktiert und imitiert wurden, nachweislich einen größeren, schneller wachsenden Wortschatz hatten und auch bei Intelligenztests besser abschnitten als Kinder, deren Eltern quantitativ weniger mit ihnen gesprochen hatten.

3. Stadien des Spracherwerbs

1 bis 1,5 Jahre: Ein-Wort-Sätze
Sprache entwickelt sich über ihre rhythmisch-melodischen Eigenschaften. Der Lernprozess besteht darin, dass das Kind zunächst die Betonungsmuster und Sprachmelodie von Äußerungen der Bezugspersonen aufnimmt. Anhand der Betonungsmuster versuchen Kinder, in ihrem sprachlichen Umfeld Wortgrenzen und Wörter zu identifizieren.

Gegen Ende des ersten Lebensjahres lernt das Kind, erste sinnvolle Wörter zu bilden und die Bedeutung von Wörtern. Aus dem Lallen wird dadurch Sprache, dass das Kind eine Verbindung zwischen Wort und Inhalt herstellen kann. Ab dem ersten Lebensjahr versteht es schon rund 70 Wörter, vorwiegend Personennamen und Bezeichnungen für Gegenstände aber auch soziale Formeln wie *Tschüss* oder *Hallo*. Der aktive Wortschatz ist dagegen noch gering. Durchschnittlich spricht ein einjähriges Kind sechs Wörter aus, viele sprechen noch keine Wörter, wenige können schon mehr Wörter aussprechen.

Oft haben Wörter die Funktion von ganzen Sätzen, deshalb der Begriff „Ein-Wort-Sätze". Das Kind sagt z. B. mit fragender Stimme „muh" und meint damit: „Wo ist die Kuh?" Diese Ein-Wort-Sätze können Wünsche, Bedürfnisse, Gefühle oder Fragen ausdrücken. Oft verbindet das Kind das Wort noch mit einer Geste.

Jetzt beginnt auch die Zeit der Wortschöpfungen und Lautmalereien, wie z. B. „wau-wau" oder „puff-puff".

1,5 bis 2 Jahre: Zwei-Wort-Sätze, erstes Fragealter
Kinder bilden zunehmend Zwei-Wort-Sätze wie „wo Ball", „Ball da" oder „heia nein". Dabei verwendet es zunächst Substantive im Singular, Verben im Infinitiv und einzelne Adjektive. Artikel, Konjunktionen (und, oder, aber) und Pluralendungen fehlen noch. Der Wortschatz wächst stark an, bis zu 50 Wörter spricht es jetzt schon.

Verstehen kann es bereits bis zu 200 Wörtern. Auch das erste Fragealter beginnt. Das Kind fragt gezielt nach Bezeichnungen und erweitert dadurch sprunghaft seinen Wortschatz, es kommt zur sogenannten „Wortschatzexplosion". Es lernt, dass zu jedem Gegenstand eine Lautkombination gehört, die ihn bezeichnet. Das Bewusstsein für Sprache erwacht. Während des zweiten Lebensjahres sind alle normal entwickelten Kinder in der Phase dieser explosiven Wortzunahme, in der „die Synapsenbildung und die Stoffwechselaktivitäten in der Großhirnrinde ihren absoluten Höhepunkt erreichen" *(vgl. Eliot, 2001, S. 537)*.

2 bis 2,5 Jahre: Mehrwortsätze
Ab etwa dem dritten Lebensjahr spricht das Kind Mehrwortsätze, die aus drei oder mehr Wörtern bestehen.

Der Übergang ist hierbei fließend. Das Kind kann nun alle Konsonanten bilden, aber Verbindungen am Anfang eines Wortes fallen ihm noch schwer (z. B. kl, pl, bl). Es verwendet „ich“ und erste Fragewörter wie „wo“ oder „warum“. Eigene Wortschöpfungen und damit verbundene Sätze bekommen eine Eigendynamik, die Erwachsene amüsieren bzw. auch Hinweise geben können, was das Kind schon weiß oder gerade beschäftigt oder was es an Erlebniseindrücken verarbeitet.

Beispiele:
- → **Ein Nachbar fragt Sven Tugut nach seinem Namen. Er antwortet: „Tugut, Lin“, das soll heißen „Ich heiße Tugut und wohne in Berlin.“**
- → **„Mapa arbeiten“ heißt: Mama und Papa arbeiten.**
- → **Beim Bilderbuch-Betrachten fragt er z. B.: „Macht der Hund?“, „Macht der Mann?“**
- → **Nach dem Frühstück sagt er: „Mama, fertig Jogurt.“**

Zwei- oder dreisilbige Wörter werden gerne zusammengefasst, z. B. „Walap“ heißt Waschlappen oder „Hausch“ sind die Hausschuhe. Das Kind kann nun auch Wörter wie „mein“ und „dein“, „da“ und „hier“, „auf“ und „in“ äußern, der Gebrauch des Artikels nimmt zu.

2,5 bis 3 Jahre: Verbesserte Satzbildung und zweites Fragealter

Das Kind kann jetzt stellenweise schon richtige kleine Sätze bilden. Mit zunehmendem Alter folgt eine grammatikalische Explosion. Bald erkennen die Kinder Regeln, nach denen verschiedenen Wortgattungen kombiniert werden. Es beherrscht Präpositionen (oben, unten, neben usw.), und schwierige Lautverbindungen am Wortanfang fallen ihm leichter, es kann jetzt z. B. „Blume“ richtig aussprechen. Es fragt verstärkt „warum“, „wann“ und „wie lange“.

3 bis 4 Jahre

Mit drei Jahren versteht das Kind in der Regel alles, was man ihm sagt, es kennt ca. 1 000 Wörter. Das Kind spricht jetzt schon längere Sätze und möchte oft möglichst viel auf einmal sagen und kann das nicht so schnell ausdrücken, wie es möchte. Dadurch kann es zu Wortwiederholungen im Satz kommen. Diese Phase der Unflüssigkeit geht jedoch wieder vorbei.

Die Artikulation wird immer besser, nur schwierige Lautverbindungen wie „sch“ und „str“ kann es noch nicht bilden.

4 bis 6 Jahre

Mit etwa vier Jahren hat das Kind alle wesentlichen Strukturen seiner Erstsprache erworben. Es kann nun auch das „sch“ sprechen, Nebensätze und alle Wortklassen bilden. Die Grammatik beherrscht es zum größten Teil jetzt auch schon. Das Kind kann seine Wünsche, Gedanken und Absichten mitteilen.

Mit fünf Jahren gleicht sich die Sprache immer mehr der Erwachsenensprache an. Die Kinder sind zunehmend in der Lage, die Sprache gezielt für die eigenen Absichten einzusetzen. Sie werden fähig, Dialoge zu führen und sich in Gesprächen aufeinander zu beziehen.

Im Schulalter lernt es jeden Tag neue Wörter dazu und verfügt am Ende der ersten vier Schuljahre über ca. 40 000 Begriffe.

Der **Entwicklungsverlauf** der Sprachentwicklung macht deutlich, dass alle Kinder auf sehr ähnliche Weise und nach einem sehr ähnlichen Zeitplan sprechen lernen. Sie brauchen im Normalfall keinen Sprachunterricht dafür, so tief ist die Sprachentwicklung in der biologischen Veranlagung verwurzelt.

↗ FAZIT

- → **Den meisten Kindern gelingt es im Normalfall, in den ersten vier Jahren alle Prinzipien ihrer Erstsprache zu erwerben.**
- → **Die Sprachfähigkeit ist angeboren, der Spracherwerb geschieht in der sozialen Interaktion.**
- → **Mit drei Monaten produzieren Säuglinge erste eigene Laute (Lallphase).**
- → **Etwa ab dem 12. Monat sprechen die meisten Kinder ihr erstes Wort.**
- → **Mit 1,5 Jahren haben Kinder einen aktiven Wortschatz von ca. 50 Wörtern, ab zwei Jahre sind es bereits 200 Wörter.**
- → **Ab etwa 1,5 Jahren beginnen Kinder Zwei- und Mehrwortsätze zu sprechen.**
- → **Ab etwa drei Jahren verwenden sie grammatische Regeln (Pluralbildung, Zeitformen, Geschlecht, Fälle) zum Teil schon richtig.**

Alter	Sprechstadium	Verstehen
0–1 Monat	Schreien	Kind „versteht" die Gefühle hinter dem Klang der Stimme der Bezugsperson.
2–3 Monate	Gurren: „Rrrr, grrr ..."	
Ab 3 Monate	Lachen. Vokalartige Laute. Spielerisches Erproben der Stimme: „a", „i"; quietschen, brummen, kreischen, flüstern	Kind „antwortet", wenn es angesprochen wird. Es sucht mit den Augen nach einer Schallquelle.
4 Monate		Kind dreht den Kopf in Richtung einer Schallquelle; es erkennt vielleicht schon seinen Namen.
6–9 Monate	Plapperstadium, Silbenketten. Wenig später Verdopplung von Silben: „da-da-da-da", „ba-ba-ba-ba", „da-da", „ba-ba".	Im Rede- und Antwortspiel „antwortet" das Kind mit verschiedenen Tönen und Lauten. Ab etwa acht Monaten erstes Wortverständnis.
9–13 Monate	Erste Wörter. Verdopplung von Silben mit symbolischer Bedeutung (Babysprache): „Mama", „Papa", zum Beispiel „nam-nam" für Essen.	Kind winkt „Auf Wiedersehen", klatscht in die Hände, wenn es sich freut, schüttelt den Kopf bei „Nein". Es versteht einfache Aufforderungen („Gib mir den Ball") und reagiert sinngemäß auf Fragen wie „Wo ist der Papa?".
18–20 Monate	50–200 Wörter (ohne Papa und Mama): „wau-wau", „Ball", „Licht".	
20–24 Monate	Beginn der Zweiwortsätze: „Mama spielen.", „Jonas müde." Erstes Fragealter: „Is das?"	
2,5 Jahre	Drei- und Mehrwortsätze, erster Ich-Gebrauch: „Mama ist fortgegeht.", „Ich bin müde."	
3 Jahre	Sprunghafte Zunahme des Wortschatzes. Fragealter: Wer, wie, was, warum ...: „Warum ist Papa weg?", „Wo ist das Kind?"	Kind kann kurzen Geschichten folgen.
4 Jahre	Bis auf wenige Laute (s, sch) können in der Regel alle Laute korrekt ausgesprochen werden.	
4–5 Jahre	Sätze werden richtig gebildet, oft noch mit falscher Bildung der Zeit: „Ich habe aber gar nichts mitgenehmt." Kleine Geschichten werden nacherzählt.	

→·← AUFGABEN UND ANREGUNGEN

1 Beschreiben Sie die Veränderung der Rolle der Erzieherin vom Kleinkind bis zum Schulkind während der Sprachentwicklung und führen Sie Beispiele an.

2 Analysieren Sie den Fall am Anfang des Kapitels und bewerten Sie das Verhalten der Mutter im Hinblick auf die Sorgen, die sie sich über die Sprachentwicklung ihrer Kinder macht.

3 Sammeln Sie Spiele, Kinderreime und Kinderlieder, die die Spracherfahrungen der Kinder bereichern. Planen Sie für eine bestimmte Altersstufe eine Spielaktivität, die zur Wortschatzerweiterung beiträgt.

„Grenzsteine der Entwicklung“

Alter	Grenzsteine Körpermotorik	Grenzsteine Hand-, Fingermotorik	Grenzsteine Spracherwerb	Grenzsteine kognitive Entwicklung	Grenzsteine soziale Kompetenz	Grenzsteine emotionale Kompetenz
Wenn das Kind **3 Monate** ist	- sicheres Kopfheben in Bauchlage, Abstützen auf die Unterarme	- Hände, Finger werden über die Köpermittellinie zusammengebracht	- Differenziertes, intentionelles Schreien (Hunger, Unbehagen, Schmerz)	- Ein langsam vor den Augen hin und her bewegtes, attraktives Objekt wird mit den Augen verfolgt	- Anhaltender Blickkontakt, Versuch, durch aktive Drehung des Kopfes o. Änderung der Körperlage Blickkontakt zu halten. Lächeln auf bekannte und fremde Gesichter	- entfällt
Wenn das Kind **6 Monate** ist	- Symmetrische Rückenlage ohne konstante Asymmetrien in Haltung und Bewegung des Rumpfes, der Extremitäten - Heben des Kopfes in Bauchlage und Nachschauen eines vor dem Gesichtsfeld bewegten Gegenstands, abstützen auf Unterarme	- Transferieren eines kleinen Gegenstands, Spielzeug in der Mittellinie von einer Hand in die andere, palmares*, radial betontes Greifen **palmar: Daumen und Finger in Gegenposition*	- Spontanes, variationsreiches Vokalisieren (noch ohne deutliche und gezielte Lippenschlusslaute), für sich allein oder beim Ansprechen (Baby-Dialoge)	- Objekte/Spielzeuge werden in den Mund gesteckt, mit beiden Händen ergriffen, benagt, jedoch kaum schon gezielt betrachtet	- Kind hält Blickkontakt, lächelt auf vertraute und fremde Personen, die sich ihm nähern, es ansprechen, aber auch Versuch des Kindes, von sich aus Kontakt aufzunehmen	- Lachen, Lautieren, Blickkontakt, freudige Arm-Bein-Gesichtsbewegungen bei Ansprechen durch bekannte Personen
Wenn das Kind **9 Monate** ist	- Sicheres, zeitlich nicht beschränktes freies Sitzen mit geradem Rücken und guter Kopfkontrolle; ein ausschließlicher Langsitz ist noch nicht zu fordern	- Gegenstände werden in einer oder beiden Händen gehalten und durch Tasten intensiv exploriert	- Spontanes Vokalisieren mit längeren Silbenreihungen mit dem Vokal „A“ (wa-wa-wa, ra-ra-ra)	- Intensive taktile, visuelle, orale Exploration der Struktur und Textur von Objekten	- Sicheres Unterscheiden bekannter und fremder Personen, was sich jedoch nicht nur als „Fremdelreaktion“ äußern muss	- entfällt
Wenn das Kind **12 Monate** ist	- Freies Sitzen mit geradem Rücken und sicherer Gleichgewichtskontrolle möglich - Selbstständiges promptes Drehen von Bauch in Rückenlage	- Scherengriff: kleine Gegenstände werden zwischen Daumen und gestrecktem Zeigefinger gehalten; oft schon präziser Pinzettengriff	- Spontanes Vokalisieren mit längeren Silbenketten, vorwiegend mit a/e-Vokalen und mit Lippenverschlusslauten (ba-ba-ba, da-da-da u. ä. Reihungen)	- Spielzeug, Objekte, vor den Augen des Kindes mit Papierblatt oder Tuch bedeckt, werden vom Kind durch Wegnehmen des Blattes, Tuches wieder sichtbar	- Kind kann von sich aus selbst einen sozialen Kontakt beginnen, fortführen, variieren oder beenden	- Viele Rückversicherungsbestätigungen: Blickkontakt, Berühren, Streicheln, Anlehnen, Gesten, emotional getönte verbale und nonverbale Dialoge zwischen Kind und Bezugsperson
Wenn das Kind **15 Monate** ist	- Gehen mit Festhalten an Händen durch Erwachsene oder an Möbeln und Wänden	- zwei Klötzchen (Kantenlänge 2–3 cm) können nach Aufforderung (und zeigen) aufeinandergesetzt werden	- Kind sagt Mama, Papa, in sinngemäßer Bedeutung	- Objekte werden manipuliert, auf ihre einfachste Verwendbarkeit geprüft (Schütteln, Gegeneinander klopfen)	- Kinderreime, Fingerspiele, rhythmische Spiele werden vom Kind sehr geschätzt; es beteiligt sich intensiv, emotional engagiert und anhaltend	- entfällt
Wenn das Kind **18 Monate** ist	- Freies Gehen, zeitlich unbegrenzt, sichere Gleichgewichtskontrolle, noch etwas breitbeiniger Gang und noch nicht ganz gerade Körperhaltung, Arme noch etwas abgespreizt gehalten erlaubt	- Kleine Gegenstände, die Kind in der Hand hält, werden auf Aufforderung oder auf Bitte hergegeben - Zeigefinger wird bewusst zum Betasten, Befühlen oder zum Drücken von Tasten oder Schaltern benutzt	- Symbolische Babysprache: wau-wau, nam-nam; heia (nicht obligatorisch) oder Pseudosprache (unverständliche aber wie eine echte Sprache wirkende Lautäußerungen) - Lebhafte Lautbildungen	- Rollenspiele mit sich selbst, Nachahmen täglicher Gewohnheiten (wie Trinken aus Spielzeugtasse, Telefonhörer ans Ohr halten) - Kind kann für 10–20 Minuten sich selbst beschäftigen (Rein-Raus-	- Kind winkt auf Aufforderung oder auf Abschiedsund Begrüßungsworte mit der Hand - Kind versteht Bedeutung von „Nein“, hält mindestens einen Moment inne	- Bezugsperson kann sich für 1–2 Stunden vom Kind trennen, wenn es während dieser Zeit von gut bekannter Person betreut wird (z. B. Babysitter)

				Holspiele, noch keine strukturierten Spielabläufe)		
Wenn das Kind **24 Monate** ist	- Aufheben vom Boden ohne Verlust des Gleichgewichts - Treppen werden bewältigt (Nachstellschritt, Festhalten an Geländer oder an der Hand Erwachsener)	- Sicherer Pinzettengriff - Malstift wird mit Faustgriff oder „Pinzettengriff" (mit den ersten drei Fingern, Stift liegt dabei in Handfläche) gehalten	- Einwortsprache (mind. zehn richtige Wörter, außer Papa und Mama)	- Bauklötze o. Ä. werden gestapelt (mind. drei) - Konzentriertes Betrachten, Betasten, Einräumen, Aufräumen von Spielzeug/Gegenständen in und aus Behältern, Schubladen über 15 Minuten	- „Parallelspiel" mit Gleichaltrigen - Kind freut sich über Kontakt mit anderen Kindern	- Bei täglichen Ärgernissen lässt sich Kind meist innerhalb drei Minuten beruhigen - Kind kann sich für 15–30 Minuten alleine beschäftigen, wissend, dass Mutter in räumlicher Nähe, jedoch nicht sichtbar ist
Wenn das Kind **36 Monate** ist	- Beidbeiniges Abhüpfen von einer untersten Treppenstufe mit sicherer Gleichgewichtskontrolle - Rennen mit deutlichem Armschwung und Umsteuern von Hindernissen und plötzliches Anhalten möglich	- Buchseiten werden einzeln korrekt umgeblättert - Benutzen eines präzisen Dreifinger-Spitzgriffes (Daumen, Zeige-, Mittelfinger) zur Manipulation kleiner Gegenstände möglich	- 3–5-Wortsätze (Kombinationen von Nomina, Hilfsverben, Präpositionen, adverbialer Bestimmungen von Zeit und Raum) - Eigener Ruf- oder Vorname wird verwendet	- Malen und Kritzeln. Wenn auch noch wenig gestaltend gemalt wird, kommentiert das Kind oft, wen oder was es gemalt hat. - Konzentrierte, intensive „Als-ob-Spiele", spiele mit Puppen, Autos, Bausteinen u. Ä.	- Gemeinsames Spiel mit anderen Kindern über mind. fünf Minuten mit Sprechen, Austausch von Gegenständen - Kind möchten gerne bei häuslichen Tätigkeiten mithelfen, Kind ahmt Tätigkeiten Erwachsener im Rollenspiel nach	- Kind kann für einige Stunden bei ihm bekannten Personen, auch außerhalb seines Zuhauses ohne Bezugsperson bleiben
Wenn das Kind **48 Monate** ist	- Dreirad o. ä. Fahrzeuge werden zielgerichtet und sicher bewegt, Kind tritt und lenkt gleichzeitig, umfährt Hindernisse	- Hält Mal-, Zeichenstift korrekt mit den Spitzen der ersten drei Finger - Hüpfen aus dem Stand mit beiden Beinen gleichzeitig um 30–50 cm nach vorne, mit stabiler Gleichgewichtskontrolle möglich - Gegenständliches, auch „Kopffüßler" können gemalt und kommentiert werden	- Kind verwendet „Ich" zur Selbstbezeichnung - Ereignisse/Geschichten werden in ungefähr zeitlicher und räumlicher Reihenfolge wiedergegeben, meist noch mit und dann ... und dann Verknüpfungen	- W-Fragen (warum, wann, wo, woher?) - Gleiche Gegenstände verschiedener Größe können unterschieden und benannt werden (z. B. große und kleine Äpfel)	- Beginnt und beteiligt sich an Regelspielen (Brett-, Karten-, Kreis-, Bewegungsspiele) - Kind ist bereit zu teilen	- Kind kann seine Emotionen bei alltäglichen Ereignissen meist selbst regulieren. Gewisse Toleranz gegen Kummer, Freude, Stress, Vorfreude, Ängste - Kind weiß, dass es Mädchen oder Junge ist, und verhält sich danach
Wenn das Kind **60 Monate** ist	- Treppen können beim Auf- und Absteigen, mit Beinwechsel, sicher und freihändig begangen werden - Größere Bälle (Durchmesser ca. 20 cm) können mit Händen, Armen, Körper aufgefangen werden, wenn sie aus 2 m Entfernung zugeworfen werden	- Mit Kinderschere kann einer geraden Linie gut entlanggeschnitten werden - Einzelne Buchstaben, Zahlen, Namen können mit großen Buchstaben geschrieben werden (auch noch seitenverkehrt). Oder/und: gut erkennbare Bilder werden gemalt und gestaltet	- Fehlerfreie Aussprache - Ereignisse/Geschichten werden in richtiger zeitlicher und logischer Reihenfolge wiedergegeben, mit korrekter, jedoch noch einfach strukturierter Syntax	- Grundfarben werden erkannt und benannt (Blau, Rot, Grün, Gelb, Schwarz, Weiß) - Intensive Rollenspiele, Verkleidungen, Verwandlungen in Tiere, „Helden", Vorbilder, auch mit anderen Kindern	- Kind kann Spielzeug, Süßigkeiten u. Ä. zwischen sich und anderen gerecht aufteilen - Lädt andere Kinder zu sich ein, wird selbst eingeladen	- Gelegentlich wird noch enger Köperkontakt gesucht: bei Kummer, Müdigkeit, Erschöpfung, Krankheit u. Ä. - Kann auch über beschämende, frustrierende, unerfreuliche Ereignisse berichten

Die Tabelle stützt sich auf R. Michaelis und G. Niemann: Entwicklungsneurologie und Pädiatrie. Das Prinzip der essentiellen Grenzsteine. S. 62 ff. Stuttgart 1999. Neue Daten durch Petermann, F., Stein, I. A. (2000): Entwicklungsdiagnostik mit dem ET-T 6-6. Swets Testservice, Swets und Zeitlinger, Lisse, NL. – Michaelis, R. (2001): Tübinger Version (noch unpubliziert) – Lange, R. H. (1996): Babyjahre. Piper, München. Überarbeitet von infans 2001; Version 1-03

1.5 Sozialisationstheorien

1.5.1 Vorüberlegungen

Sozialisationstheorien versuchen zu erklären, „wie Menschen sich in ihrer Persönlichkeit entwickeln und welchen Einfluss darauf die Umwelt hat." *(Hurrelmann 2006, S. 11)*

Die Frage, wie wir heute den Prozess der Sozialisation beschreiben, wird ganz entscheidend durch psychologische und soziologische Theorien beeinflusst.

Während **psychologische** Theorien nach der Entwicklung der Persönlichkeit fragen, suchen **soziologische** Theorien Antworten auf die Frage, wie persönliche und gesellschaftliche Entwicklungen zusammenhängen.

Im Folgenden werden psychologische und soziologische Basistheorien dargestellt. Grundlage sind vor allem die Veröffentlichungen des Soziologen und Erziehungswissenschaftlers Klaus Hurrelmann *(vgl. Hurrelmann 2006)*.

1.5.2 Definition von Sozialisation

Sozialisation wird definiert „als Prozess der Entstehung und Entwicklung der Persönlichkeit in wechselseitiger Abhängigkeit von der gesellschaftlich vermittelten sozialen und materiellen Umwelt. Vorrangig thematisch ist dabei, wie sich der Mensch zu einem gesellschaftlich handlungsfähigen Subjekt bildet." *(Geulen/Hurrelmann 1980, S. 51)*

Diese Definition „hebt zunächst einmal hervor, dass die Gesamtheit aller Umweltbedingungen, die auf die Subjektentwicklung Einfluss nehmen, zum Gegenstandsbereich (der Sozialisation) gehören. Danach werden die Anforderungen am Arbeitsplatz ebenso als Bedingungen des Sozialisationsprozesses gesehen wie die Wohnsituation, der Fernsehkonsum oder das elterliche Sprachverhalten" *(Tillmann 2010, S. 15)*.

Auf der Grundlage dieser Definition entwickelt Hurrelmann sieben Thesen zur Sozialisation des Menschen:

1. „Sozialisation vollzieht sich in einem Wechselspiel von Anlage und Umwelt." *(Hurrelmann 2006, S. 24)*
Jeder Mensch bringt eine genetische Ausstattung mit. Diese genetische Ausstattung kann sich aber nur mithilfe seiner Umwelt entfalten. Ein Kind, das beispielsweise über eine hohe Musikalität verfügt, kann diese nur entwickeln und ausleben, wenn es auf Menschen trifft, die seine Musikalität fördern. Dies zeigt, dass die genetischen Voraussetzungen Entwicklung ermöglichen. Es braucht aber eben auch Menschen, die diesen Raum zur Entwicklung eröffnen. Und es ist nicht nur die Einwirkung anderer Menschen notwendig, sondern auch eine gestaltete Umwelt. Denn einem Kind nützen die eigene Musikalität und die Bereitschaft der Eltern, diese zu fördern, gar nichts, wenn es nicht gleichzeitig Musiklehrerinnen und Musikschulen gibt.

2. Der Persönlichkeitsentwicklungsprozess findet in einem Wechselspiel von innerer und äußerer Realität statt.
Die innere Realität umfasst dabei die **körperlichen** und **psychischen** Grundstrukturen des Menschen. Die äußere Realität beschreibt die **sozialen** und **physikalischen** Umweltbedingungen. Unter sozialen Umweltbedingungen werden zum Beispiel die Familie und die Arbeitsbedingungen verstanden. Diese bilden den äußeren Rahmen von Entwicklung. Die innere Realität wird durch psychologische Theorien erklärt. Die innere und äußere Realität müssen sich in einem Gleichgewicht befinden, das in einem ständigen Prozess entsteht.

3. Indem wir die innere und äußere Realität aufeinander abstimmen, gestalten wir den Prozess der Sozialisation.
Demnach ist Sozialisation nicht etwas, das mit dem Erreichen eines bestimmten Alters oder einer bestimmten Entwicklungsstufe abgeschlossen ist. Vielmehr wird So-

zialisation als „ein lebenslang anhaltender dynamischer Prozess der Verarbeitung von innerer und äußerer Realität verstanden“ *(Hurrelmann 2006, S. 28)*. Deutlich wird damit, dass der Mensch diesem Prozess nicht passiv ausgeliefert ist, sondern ihn aktiv mitgestaltet. Es geschieht nicht etwas mit dem Menschen, sondern der Mensch ist **handelndes Subjekt** *(vgl. Tillmann 2010, S. 17)*. Diese Sichtweise findet sich in pädagogischen Handlungskonzepten wieder, wenn vom Kind als Akteur seiner Entwicklung die Rede ist. So beobachtet der Jugendliche, wie sich seine Fähigkeiten weiterentwickeln; er registriert, wie sich diese auf seine Umwelt auswirkten, dass er aufgrund seiner erweiterten Kompetenzen mehr Gehör in Gesprächen mit Erwachsenen findet. Gerade im Jugendalter werden die Veränderungen in der inneren und äußeren Realität genau bemerkt. Sozialisation bedeutet hierauf bezogen also, dass sich der Mensch mit diesen Veränderungen auseinandersetzt und sie in sein Leben integriert. So wird die Beschäftigung mit innerer und äußerer Realität zu einem produktiven und aktiven Prozess *(vgl. Tillmann 2010, S. 16)*.

4. Die Persönlichkeitsentwicklung ist dann gelungen, wenn der Mensch in diesem Prozess eine ihm „angemessene soziale und materielle Umwelt“ trifft *(Hurrelmann 2006, S. 30)*.

Dafür sind **Sozialisationsinstanzen** wie zum Beispiel die Familie, die Tageseinrichtung für Kinder oder die Schule notwendig. Diese Sozialisationsinstanzen stellen die äußere Realität dar. Früher hatte die Familie hier eine wesentlich umfassendere Aufgabe. Durch die Komplexität unserer heutigen Welt ist die Bedeutung der Tageseinrichtung oder der Schule für den Sozialisationsprozess enorm gewachsen. Die Familie allein kann Kinder nicht angemessen auf die Anforderungen, die an Menschen in unserer Gesellschaft gestellt werden, vorbereiten. Hurrelmann sieht aber in der Familie nach wie vor eine Schlüsselinstanz im Sozialisationsprozess. Aus seiner Sicht stellt die Familie so etwas wie einen Mikrokosmos dar, der im Kleinen das Große - also die Gesellschaft - abbildet. Entscheidend für die Qualität des Sozialisationsprozesses sind die ökonomische Situation und der Bildungsgrad der Familie.

5. Neben den primären Sozialisationsinstanzen beeinflussen noch andere Institutionen die Persönlichkeitsentwicklung.

Die moderne Gesellschaft zeichnet sich u. a. durch ihre Komplexität aus. Das Leben der Menschen differenziert sich immer weiter aus. Unsere Gesellschaft ist in Teilsysteme aufgeteilt, die durch verschiedene Organisationen und Institutionen repräsentiert werden. Diese nehmen Einfluss auf die Sozialisation der Menschen und damit auf deren Persönlichkeitsentwicklung.

Die Sozialisationsinstanzen lassen sich in drei Ebenen aufteilen:

- → Unter **primären Sozialisationsinstanzen** werden die Familie, die Verwandtschaft und der Freundeskreis verstanden.
- → Die **sekundären Sozialisationsinstanzen** sind Institutionen, die „bestimmte Aufgaben der Betreuung, Bildung und Erziehung insbesondere von Kindern und Jugendlichen [...] übernehmen. Hierunter fallen Kindertagesstätten, Horte, Schulen, Ausbildungseinrichtungen, Hochschulen und sozialpädagogische Institutionen“ *(Hurrelmann 2006, S. 33)*.
- → **Tertiäre Sozialisationsinstanzen** lassen sich in einen formellen und informellen Bereich aufteilen. Unter den *informellen Bereich* fallen die Peers oder die Massenmedien. Zum *formellen Bereich* gehören z. B. Institutionen wie die Justiz, die Arbeitswelt, die Verwaltung und Behörden. Sie alle verfolgen bestimmte Ziele und Aufgaben. Diese Ziele sind nur zu erreichen, wenn in der Sozialisation des Menschen darauf geachtet wird, dass die hinter diesen Zielen liegenden Werte vermittelt werden. Eine hoch arbeitsteilige Wirtschaft ist darauf angewiesen, dass die Menschen, die hier arbeiten, zuverlässig und pünktlich sind. Solche Werte müssen deshalb im Sozialisationsprozess eine Entsprechung finden.

6. Das ganze menschliche Leben teilt sich in Phasen ein. In diesen Phasen müssen bestimmte Entwicklungsaufgaben bewältigt werden.

Das Konzept der **Entwicklungsaufgaben** wurde von Robert J. **Havighurst** an der Universität Chicago entwickelt. Nach diesem Konzept stellt eine Entwicklungsaufgabe „ein Bindeglied dar im Spannungsfeld zwischen individuellen Bedürfnissen und gesellschaftlichen Anforderungen“ *(Oerter/Montada 2002, S. 269)*.

Grundgedanke ist hierbei, dass Entwicklung immer ein Lernprozess ist. Demnach sind Entwicklungsaufgaben immer auch Lernaufgaben.

Entwicklungsaufgaben speisen sich aus drei Bereichen:

→ **Der physischen Reifung:** Sie bildet die Basis der Entwicklungsaufgaben. Die physische Reifung ist relativ universell und unterscheidet sich nur wenig von Gesellschaft zu Gesellschaft. So erwerben alle Jugendlichen in einem bestimmten Alter ihre geschlechtliche Reife, unabhängig von der Gesellschaft, in der sie aufwachsen.

→ **Den gesellschaftlichen Erwartungen:** Diese relativieren die Entwicklungsaufgaben und können von Gesellschaft zu Gesellschaft sehr unterschiedlich sein. Hier geht es z. B. um Anforderungen, die an eine bestimmte Altersgruppe gestellt werden, etwa an das Jugendalter. So kann zum Beispiel mit den Bedürfnissen, die sich aus der geschlechtlichen Reife ergeben, je nach Gesellschaft und auch innerhalb einer Gesellschaft unterschiedlich umgegangen werden. In den USA gibt es etwa eine breite Strömung, die die gesellschaftliche Norm formuliert: Kein Sex vor der Ehe. Das liberale US-Bürgertum geht dagegen anders vor. Es formuliert die Anforderung an die Jugendlichen, dass sie mit ihren sexuellen Bedürfnissen verantwortlich umgehen. Deshalb wird über Verhütung aufgeklärt. Diese gesellschaftlichen Erwartungen beeinflussen die Jugendlichen in der Bewältigung ihrer Entwicklungsaufgaben.

→ **Den eigenen Zielvorstellungen und Werten:** Havighurst geht davon aus, dass die eigenen Ziele und Wertvorstellungen immer mehr zur treibenden Kraft bei der Bewältigung der Entwicklungsaufgaben werden. Je älter der Mensch wird, umso mehr bestimmen seine eigenen Ziele sein Verhalten.

Das Konzept der Entwicklungsaufgaben basiert auf der Vorstellung, dass es in jeder Lebensphase bestimmte Aufgaben gibt, die sich genau an dieser Stelle besonders gut bewältigen lassen. Havighurst spricht deshalb von sogenannten **„sensitiven Perioden des Lernens“** *(Oerter/Montada 2002, S. 269)*.

Havighurst unterscheidet **zwei Arten** von Entwicklungsaufgaben:

→ Entwicklungsaufgaben, die sich zeitlich genau eingrenzen lassen. Hierzu gehört zum Beispiel der Erwerb von bestimmten Kulturtechniken. So lernen beispielsweise Kinder Lesen und Schreiben mit etwa sechs Jahren und in der Regel nicht zu einem späteren Zeitpunkt.

→ Entwicklungsaufgaben, die sich über mehrere Entwicklungsphasen hinziehen. So lernen Schulkinder, ihre Beziehungen zu Gleichaltrigen gestalten. Der Schwerpunkt beim Schulkind liegt auf dem gedeihlichen Auskommen unter Gleichaltrigen. Die Auseinandersetzung mit Gleichaltrigen setzt sich im Jugendalter fort. In dieser Phase geht es aber um die Gestaltung reiferer Beziehungen zu Gleichaltrigen.

7. Damit der Mensch eigenständig handeln kann, muss er in der Lage sein, über sich selbst nachzudenken, sich zu reflektieren und das Bild, das er von sich selbst hat, immer wieder zu hinterfragen.

Nach Hurrelmann ist das Selbstbild „eine Vorstellung davon, was ein Mensch für Handlungsmöglichkeiten in der äußeren Realität besitzt“ *(Hurrelmann 2006, S. 38)*. Diese Vorstellung muss realistisch sein. Dies bedeutet, dass sie auf einer realistischen Einschätzung der eigenen Fähigkeiten, Kompetenzen und Wertvorstellungen beruht. Damit kann der Mensch seine innere Realität richtig beurteilen und versteht, wie sich diese eigene innere Realität auf die äußere Realität auswirkt.

Hinter all diesen Überlegungen stehen Grundannahmen. Diese beziehen sich sowohl auf die innerpsychischen Strukturen des Menschen als auch auf „das Verhältnis des Individuums zu den Bedingungen seiner Umwelt“ *(Tillman 2010, S. 17)*.

Um zu verstehen, wie der Mensch in eine Gesellschaft hineinwächst und wie das Verhältnis zwischen Mensch und Umwelt erklärt werden kann, nimmt man verschiedene Theorien zur Hilfe. **Psychologische Theorien** erklären, wie die *innerpsychische Entwicklung* des Menschen verläuft. Sie beschäftigen sich also mit dem Mikrobereich der Sozialisation. **Soziologische Theorien** versuchen zu beschreiben, wie sich *gesellschaftliche Veränderungen* auf die Entwicklung des Menschen auswirken. Hier steht nicht nur der einzelne Mensch im Mittelpunkt, sondern Gruppen und Institutionen und damit der Makrobereich der Sozialisation. Beide – die psychologischen wie auch die soziologischen Theorien – bilden die Basis für die Sozialisationstheorien. Mithilfe von Sozialisationstheorien wird versucht zu erklären,

→ wie sich die Persönlichkeit des Menschen entwickelt

→ wie Umwelt und Persönlichkeit aufeinander einwirken
→ wie es dem Menschen gelingt, seine Individualität zu bewahren und sich doch in die Gesellschaft einfügen zu können *(vgl. Tillmann 2010, S. 39).*

Da der Prozess der Sozialisation ein Entwicklungsprozess ist, Entwicklung aber immer mit Lernen zu tun hat, ist es notwendig, sich auch mit der Frage auseinanderzusetzen, wie der Mensch lernt. Somit kommen die **Lerntheorien** als dritter Bereich ins Spiel.

Im Folgenden werden zunächst eine psychologische Theorie, die Psychoanalyse, und eine soziologische Theorie, die Systemtheorie, beschrieben. In Kapitel 1.5 werden anschließend Lerntheorien vorgestellt.

→ **Wie lassen sich die genannten Begriffe „Persönlichkeit" und „Individualität" definieren?**

Die **Persönlichkeit** kann „als das spezifische Gefüge von Merkmalen, Eigenschaften, Einstellungen und Handlungskompetenzen, die einen einzelnen Menschen kennzeichnen" *(Tillmann 2010, S. 16)* beschrieben werden.
Diese prägen sich bei jedem Menschen ganz individuell aus. Dieses „spezifische Gefüge des Einzelnen wird als **Individualität** bezeichnet" *(a. a. O.).*

1.5.3 Psychologische Theorien: Die Psychoanalyse

Die Aufgabe von psychologischen Theorien ist es, die menschliche Persönlichkeit zu erklären. Der Begründer der Psychoanalyse, der Wiener Arzt Siegmund Freud befasste sich mit psychischen Erkrankungen und hatte eigentlich nicht vor, sich mit der Frage auseinanderzusetzen, wie sich der Mensch entwickelt *(siehe auch Kap. 1.4).* Seine Überlegungen sind aber für die Sozialisationstheorien deshalb wichtig, „weil sie eine Konzeption für die Umsetzung sozialer Normen in das Innere des Individuums" *(Hurrelmann 2006, S. 50)* enthalten.

Freud erkannte, dass die Ursachen der psychischen Erkrankungen seiner Patienten in der frühen Kindheit und in der Eltern-Kind-Beziehung lagen *(vgl. Fromm 1979, S. 67).* Daraus lässt sich ableiten, dass für die Entwicklung des Kindes ganz offensichtlich die Eltern und nächsten Angehörigen (primäre Sozialisationsinstanz) eine große Rolle spielen. Das Verhalten des erwachsenen Menschen ist also geprägt – so die Theorie der Psychoanalyse – durch seine Kindheitserfahrungen. In der Regel ist dem Menschen vieles davon nicht bewusst. Wichtig war aber für Freud, dass die Psychoanalyse „das innere Leben nicht erklären kann, ohne auf die Außenwelt zurückzugreifen" *(Gay 2006, S. 455).* Freud erkannte die Einflüsse von außen an, denen sich der Mensch in seiner Entwicklung ausgesetzt sieht. „Vom Augenblick der Geburt an ist das Kind einem Bombardement von Einflüssen anderer ausgesetzt, die sich während der Kindheit vervielfachen und verändern. Im Laufe der Jahre ist das Kind der prägenden Ermutigung und Herabsetzung, dem Lob und Tadel, dem beneidenswerten und abschreckenden Beispiel anderer ausgesetzt." (a. a. O.)

Für Sigmund Freud gibt es drei Bereiche, die die Persönlichkeitsentwicklung des Menschen bestimmen und die sich in den ersten sechs Lebensjahren entwickeln: **ICH, ES** und **ÜBER-ICH** *(vgl. Tillmann 2010, S. 77).*

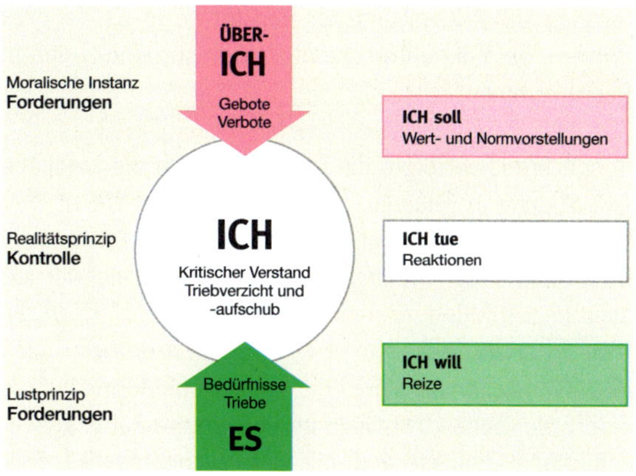

Psychische Instanzen bei Freud

Mit dem **ES** werden die biologischen Grundlagen, unsere Triebe und unsere aggressiven und sexuellen Impulse beschrieben. Der Mensch wird als „ein Bündel von Trieben“ *(a. a. O.)* geboren. Während der Säugling noch ganz auf die sofortige Befriedigung seiner Triebe ausgerichtet ist, lernt der Mensch im Laufe seiner Entwicklung, diese Bedürfnisse so zu regulieren, dass sie nicht immer gleich erfüllt werden müssen. Das ES und damit die Triebe und aggressiven und sexuellen Impulse bestehen das ganze Leben über, nur lernt der Mensch, angemessen mit ihnen umzugehen.

Aus dem ES wird das **ICH** entwickelt. „Im ICH sind vor allem Wahrnehmung und Willensbildung angesiedelt“ *(a. a. O.)*. Das ICH muss überprüfen, welche Triebe es sofort, später oder gar nicht befriedigt. Es gleicht die inneren Bedürfnisse mit der äußeren Realität ab. Das ICH hat also die Aufgabe, die Triebe, Impulse und Bedürfnisse zu zügeln, zu bremsen und zu kanalisieren.

Freud vergleicht das ES mit einem Pferd und das ICH mit dem Reiter, dessen Aufgabe es ist, das Pferd zu zügeln, ihm den Weg zu weisen und das Tempo vorzugeben, mit dem er reiten will.

Ab etwa dem sechsten Lebensjahr entwickelt sich beim Kind nach dem ES und dem ICH die dritte psychische Instanz, das **ÜBER-ICH.** „Während das Kind bis dahin durch Gebote und Verbote gleichsam von außen gesteuert wurde, übernimmt es nun die elterlichen Normen und Verhaltensregeln in die eigene Psyche.“ *(Tillmann 2010, S. 77)* Neben den elterlichen Normen, Geboten und Verboten repräsentiert das ÜBER-ICH auch die allgemein gültigen gesellschaftlichen Regeln und Normen. Die Aufgabe des ICHs ist es nun, die Bedürfnisse des ES mit den Geboten des ÜBER-ICHs und der Realität so in Einklang zu bringen, dass die unterschiedlichen Ansprüche zu ihrem Recht kommen.

Schon Freud verfolgte die Idee, dass sich die kindliche Entwicklung in Phasen vollzieht. So beschreibt er beispielsweise das erste Lebensjahr als „orale Phase“, die durch das Bedürfnis des Säuglings gekennzeichnet ist, alles in den Mund zu nehmen und so ganz sinnlich die Welt zu erfahren *(s. Kap. 1.4)*. Freud konzentrierte sich im Wesentlichen bei seiner Persönlichkeitstheorie auf die innerpsychischen Vorgänge und beachtete dabei gesellschaftliche Einflüsse zu wenig. Der Psychoanalytiker **Erik H. Erikson** entwickelte diese Überlegungen weiter und bezog in seine Überlegungen mit ein, wie sich die „sozialen Anforderungen und Handlungsnormen“ *(Hurrelmann 2006, S. 52)* ebenfalls auf die Persönlichkeitsentwicklung auswirken *(vgl. Erikson 1991)*.

Erik H. Erikson (1902–1993)

Sigmund Freud (1856–1939)

Erikson teilt die menschliche Entwicklung in **acht Phasen** ein *(s. Kap. 1.4)*. Bei ihm endet die Entwicklung nicht mit dem Erwachsen-Werden, sondern geht bis zum Tod *(vgl. Erikson 1991, S. 241 ff.)*. Hier zeigt sich eine Verbindung zu dem Konzept der Entwicklungsaufgaben nach Havighurst. Auch Erikson geht davon aus, dass der Mensch in den einzelnen Lebensphasen sich mit bestimmten Themen auseinandersetzen muss.

So wählt er beispielsweise für das Jugendalter die Bezeichnung **„Identität gegen Rollenkonfusion“.** Erikson beschreibt das Jugendalter als eine Phase, in der der Jugendliche intensiv an seiner Identität arbeitet. Er setzt sich mit sich selbst auseinander, klärt die Frage, wer er ist und wer er sein möchte und wie ihn die anderen Menschen sehen. „Das Gefühl der Ich-Identität ist also die angesammelte Zuversicht des Individuums, dass der inneren Gleichheit und Kontinuität auch die Gleichheit und Kontinuität seines Wesens in den Augen anderer entspricht [...]“ *(Erikson 1991, S. 256)*. Der Jugendliche erprobt sich in unterschiedlichen Rollen und sucht so seinen Weg in die Gesellschaft hinein. Dieser Weg ist dadurch gekennzeichnet, dass er seine eigene Individualität sichtbar machen kann und möchte und sich gleichzeitig zunehmend an die Regeln und Normen der Gesellschaft anpasst bzw. sich mit diesen auseinandersetzt und dann zu einem begründeten Standpunkt kommt, der deutlich macht, welche Regeln und Normen er übernehmen will und welche er verändert oder sogar ablehnt.

Für die Sozialisationsforschung ist der Beitrag der Psychoanalyse deshalb von so großer Bedeutung, weil es mit ihrer Hilfe gelingt, das, was mit **innerer Realität** umschrieben wird, zugänglich zu machen.

Problematisch an der Psychoanalyse, so wie sie ihr Begründer Sigmund Freud entwickelt hat, ist das mangelnde Verständnis dafür, dass gerade die familiären Beziehungen, das Leben in der Familie und die Werte und Normen, die dort gelten, stark von gesellschaftlichen Entwicklungen abhängig sind. Es wird zu wenig berücksichtigt, dass sich auch die Familie selbst aufgrund gesellschaftlicher Entwicklungen verändert und dies sich auf die Beziehung der Eltern zu ihren Kindern auswirkt.

1.5.4 Soziologische Theorien: Parsons struktur-funktionale Systemtheorie

Der US-amerikanische Soziologe **Talcott Parsons** untersuchte, wie Gesellschaften organisiert sind und wie sie zu einer stabilen Ordnung kommen.

Dabei kam es ihm auch darauf an, herauszufinden, welche Rolle der Einzelne in diesem Prozess spielt. Dafür nutzte er den Begriff des **„Systems“**. Jedes System hat eine **innere Struktur,** die dafür sorgt, dass das System dauerhaft existieren kann. Da aber ein System nie etwas Statisches ist, sondern sich in der Regel verändert und damit dynamisch ist, wählt Parsons für diese Dynamik den Begriff der Funktion. Daher leitet sich die Bezeichnung **„struktur-funktional“** ab. Die innere *Struktur* einer Familie kann durch Mutter und Vater gebildet werden. Die *Funktion* von Familie aber ist u. a. die Reproduktion. Deshalb sorgt diese Funktion für eine gewisse Dynamik innerhalb des Systems.

Parsons unterscheidet drei Systeme:

- → Das **organische System:** Darunter versteht Parsons den Körper des Menschen, die Nahrungsaufnahme, die für den Menschen die Grundlage für seine physische und psychische Entwicklung ist. Hierzu gehören auch die menschlichen Triebe.
- → Das **psychische System** bildet die Persönlichkeit. Seine Aufgabe ist es u. a., die Energie aus dem organischen System so zu steuern, dass die Persönlichkeit des Menschen gesellschaftstauglich ist.
- → Das **soziale System:** Damit ist die Gesellschaft gemeint. Diese Gesellschaft ist wiederum ein System von handelnden Menschen.

Parsons geht davon aus, dass diese drei Systeme sich gegenseitig anregen und befruchten. Dabei kommt es darauf an, dass diese Systeme sich auf einen Zustand des Gleichgewichts hin bewegen. Ein solches Gleichgewicht ist zum Beispiel dann erreicht, wenn ein Jugendlicher für sich erkannt hat, dass es zum Erwachsensein dazugehört, einen Beruf zu erwerben und in diesem Beruf zu arbeiten. Die Motivation, die er aus dieser Erkenntnis zieht (psychisches System) stimmt mit der Erwartungshaltung der Gesellschaft (soziales System), überein, die von ihren Mitgliedern erwartet, dass sie einer beruflichen Tätigkeit nachgehen.

Talcott Parsons (1902–1979)

Der Sozialisationsprozess dient nun dazu, die verschiedenen Interessen und Bedürfnisse der drei Systeme miteinander abzustimmen. Innerhalb seines Sozialisationsprozesses übernimmt der Mensch unterschiedliche Rollen. Diese Rollenübernahme beginnt mit der Rolle des Säuglings, der die Rolle der Mutter und des Vaters, womöglich die Rollen der Geschwister miterlebt. Die unterschiedlichen Rollen treten zueinander in Beziehung. So lernt der Mensch, was zu den einzelnen Rollen gehört, z. B. dass es zur Rolle der Eltern gehört, Kinder zu pflegen, zu versorgen und zu behüten.

Je älter das Kind wird, umso differenzierter und komplexer werden die Rollen. So formt sich seine Persönlichkeit. Ähnlich wie Erikson geht auch Parsons davon aus, dass der Mensch verschiedene Entwicklungsstufen durchlebt. „Über den Prozess der Sozialisation werden nach Parsons grundlegende Wertorientierungen erworben, die zum erfolgreichen Rollenhandeln in modernen, komplexen Gesellschaften notwendig sind." *(Hurrelmann 2006, S. 86)*

Interessant ist, dass Parsons davon ausgeht, dass die Familie alleine nicht ausreicht, um den Prozess der Sozialisation erfolgreich zu bewältigen. Er misst Institutionen wie dem Kindergarten oder der Schule eine große Rolle innerhalb dieses Prozesses bei. Nach Parsons kommt diesen Institutionen hierbei eine „Schlüsselfunktion" (a. a. O.) zu.

1.5.5 Soziologische Theorien: Symbolischer Interaktionismus von George H. Mead

Der US-amerikanische Philosoph und Psychologe **George Herbert Mead** geht von einem Individuum aus, das sich in seinem Handeln auf die Gesellschaft bezieht. Beide Kategorien - die Gesellschaft und das Individuum - sind „prozesshaft verwoben" *(Hurrelmann 2006, S. 92)*.

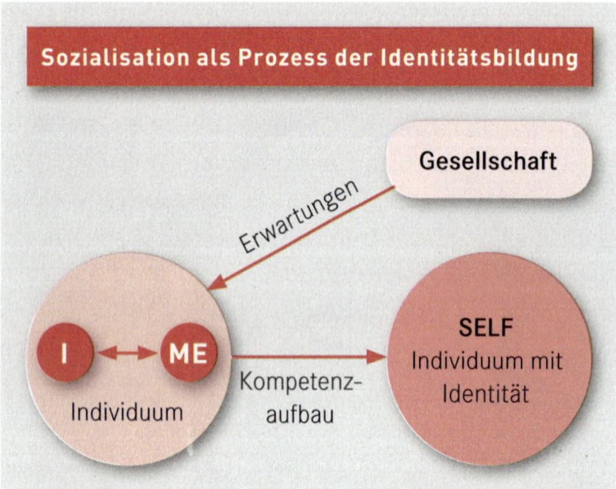

Die Persönlichkeit eines Menschen entsteht nach G. H. Mead in der Auseinandersetzung seiner individuellen Bedürfnisse und Wünsche mit den gesellschaftlichen Normen, Werten und Erwartungen an den Einzelnen. Den Bereich der individuellen Bedürfnisse, also den persönlichen Bereich, belegte Mead mit dem Begriff **I,** den gesellschaftlichen Bereich mit dem Begriff **ME.** Die Auseinandersetzungen zwischen ME und I führen zur Entwicklung der Persönlichkeit, die Mead mit dem Begriff **SELF** belegte. Dahinter verbirgt sich die Persönlichkeit des Menschen, sein Selbstbild. Dieses Selbstbild kann entstehen, weil der Mensch die Fähigkeit zur Reflexion besitzt. Mithilfe seiner reflexiven Fähigkeiten kann der Mensch ein Bewusstsein von sich selbst und von seinem Platz innerhalb der Gesellschaft entwickeln.

Ein wesentliches Mittel, das ihm dabei hilft, diesen Prozess der Persönlichkeitsentwicklung erfolgreich zu bewältigen, ist die **Sprache.** Eine weitere Fähigkeit ist die **Empathie** und die **Rollenübernahme.** Indem der Mensch in der Lage ist, sich in einen anderen Menschen hineinzuversetzen, gelingt es ihm, „sozial abgestimmt handeln zu können" *(Hurrelmann 2006, S. 93)*.

Mead geht davon aus, dass der Mensch sich mit seiner Umwelt aktiv auseinandersetzt und sie auch aktiv gestaltet. Er konstruiert sich seine Welt im Austausch mit seiner Umwelt und den Menschen, denen er begegnet. Besonders aber im Austausch mit den Menschen, mithilfe der Kommunikation, indem er sein Handeln beschreibt, gibt er ihm auch einen Sinn.

Mensch und Gesellschaft beeinflussen sich gegenseitig. Der Mensch wird aber nicht von der Gesellschaft auf eine bestimmte Rolle oder auf ein bestimmtes Handeln festgelegt. Vielmehr ist jeder der Akteur seiner Entwicklung, aber eben immer in der Auseinandersetzung mit den Mitmenschen. Diese Auseinandersetzung führt dazu, dass soziale Strukturen entstehen. Damit realisiert sich gesellschaftliche Wirklichkeit mittels kommunikativen Handelns.

Das Interessante an Meads Theorie des kommunikativen Handelns besteht darin, dass er dem Menschen im Prozess der Sozialisation einen aktiven Part zuweist. Er sieht, dass dieser Sozialisationsprozess im gemeinsamen Handeln und Kommunizieren entworfen wird *(vgl. Hurrelmann 2006, S. 95)*. Besonders der Sprache und dem Spiel misst Mead bei der Entwicklung der eigenen Identität eine entscheidende Rolle bei. Mithilfe der Sprache geben die Menschen ihre Wahrnehmung wieder und treten zueinander in Beziehung. Die Fähigkeit der Empathie bedarf der Sprache, denn mit ihr drückt der Mensch aus, was er von seinem Mitmenschen wahrnimmt. Die immer stärkere Ausbreitung eines empathischen Bewusstseins konnte nur deshalb gelingen, weil sie mit einem Ausbau der Kommunikation und der Kommunikationssysteme einherging *(vgl. Rifkin 2010).*

Mead übersieht aber, dass nicht alles mit Kommunikation und durch soziales Handeln beeinflusst werden kann und dass besonders Institutionen und soziale Strukturen auch eine eigene Dynamik entwickeln, auf die das Individuum nur einen begrenzten Einfluss hat.

1.5.6 Ausblick

Sozialisationstheorien beschreiben zwei sich vermeintlich widersprechende Prozesse: den Prozess der **Integration** in die Gesellschaft und den Prozess der **Individuation,** in dem es um die Unterscheidung des Einzelnen gegenüber den anderen geht. Beide Bewegungen beziehen sich aufeinander und sind voneinander abhängig. Letztendlich setzen sich die Sozialisationstheorien auch mit der Frage der Entwicklung des Menschen auseinander. Um diese Frage zu beantworten, sind psychologische und soziologische Theorien notwendig und hilfreich. Die hier vorgestellten Theorien können ergänzt werden u. a. durch die Forschungen von

- → Jean Piaget zur kognitiven Entwicklungspsychologie *(s. Kap. 1.4)*
- → Lothar Krappmann u. a. zur personalen und sozialen Identität des Menschen
- → Ulrich Beck, Elisabeth Beck-Gernsheim u. a. zur Individualisierung von Lebensentwürfen und -situationen.

Sie alle tragen mit ihren Überlegungen dazu bei, zu erklären, wie der einzelne Mensch und die Gesellschaft sich entwickeln, sich aufeinander beziehen und zueinander verhalten.

Für Erzieherinnen ist es von besonderer Bedeutung, die Vielschichtigkeit des Sozialisationsprozesses zu kennen und zu verstehen. Hierzu gehört auch die Auseinandersetzung mit der eigenen Sozialisation. Mithilfe der verschiedenen Basistheorien kann es gelingen, Kinder und ihre Familien zu verstehen und eine angemessene pädagogische Antwort zu formulieren.

↗ FAZIT

- → **Sozialisation ist ein aktiver Prozess des Hineinwachsens in die Gesellschaft, der vom Individuum mitgestaltet wird.**
- → **Sozialisationstheorien versuchen, diesen Prozess zu erklären.**
- → **Sozialisationstheorien bauen auf sogenannten Basistheorien auf, wie z. B. psychologische und soziologische Theorien.**
- → **Während psychologische Theorien den Schwerpunkt auf die Entwicklung der Persönlichkeit legen, fragen soziologische Theorien danach, wie sich der Mensch in die Gesellschaft eingliedert.**

→·← AUFGABEN UND ANREGUNGEN

1 Finden Sie Beispiele, die die These von Hurrelmann belegen, dass der Prozess der Sozialisation ein Wechselspiel von Anlage und Umwelt ist.

2 Was macht Ihre Persönlichkeit aus? Beschreiben Sie für sich Ihre Merkmale, Eigenschaften, Einstellungen und Handlungskompetenzen. Klären Sie für sich, worin Sie sich in den einzelnen Punkten von Ihren Mitstudierenden unterscheiden (Individualität).

3 Reflektieren Sie Ihren eigenen Sozialisationsprozess. Gehen Sie u.a. folgenden Fragen nach: Erinnern Sie sich an eine Fähigkeit, die Sie als Kind besonders gut konnten? Welche Regeln galten in ihrer Familie? Wie haben diese Regeln Ihr Aufwachsen beeinflusst? Worin haben Sie sich als Kind (während der Kindergarten- und/oder Grundschulzeit) von anderen Kindern unterschieden? Worauf bezogen sich diese Unterschiede (z.B. auf den Familienalltag, Kleidung, Regeln usw.)? Wie kamen Sie auf die Idee, sich für ein bestimmtes Hobby zu interessieren? Halten Sie Ihre Gedanken zu den einzelnen Fragen schriftlich fest und tauschen Sie sich anschließend mit anderen Mitstudierenden darüber aus.

4 T. Parsons geht davon aus, dass zum Sozialisationsprozess die Übernahme von Rollen gehört. Gehen Sie gedanklich in Ihr letztes Praktikum zurück. Wählen Sie ein Kind aus, über das Sie relativ viele Informationen haben. Überprüfen Sie, mit welchen Rollen dieses Kind zu dieser Zeit zu tun hatte und welche Rollen es selbst ausgefüllt hat.

5 Suchen Sie in Wikipedia noch nach weiteren Informationen zu dem Konzept der Entwicklungsaufgaben von Erikson und Havighurst. Welche zusätzlichen Informationen haben Sie dadurch erhalten? Notieren Sie ihre Lernergebnisse.

TIPPS ZUM WEITERLESEN →→

→ Einführung in die Sozialisationstheorie
Klaus Hurrelmann, Beltz, Weinheim 2006[9]

→ Sozialisationstheorien
Klaus-Jürgen Tillmann, Rowolth, Reinbeck b. HH, 2010

1.6 Lerntheorien

1.6.1 Einführung

Die Studierenden kommen aus einem sechswöchigen Praktikum zurück. Im Zentrum der Auswertung steht das Lernen von Kindern. Zunächst sollen verschiedene Situationen beschrieben werden, die die Studierenden zum Lernen bei Kindern beobachtet hatten.

Eine Studierende berichtet von folgender Beobachtung: Zwei Kinder versuchen in der Bauecke aus Bauklötzen einen Turm zu bauen. Dies gelingt ihnen nur bis zu einer gewissen Höhe, dann stürzt der Turm ein. Sie lassen sich nicht davon abhalten, einen neuen Versuch zu starten, aber auch dieser misslingt. Frustriert verlassen sie die Bauecke. Eine halbe Stunde später sitzt eine Erzieherin mit zwei Kindern dort und baut einen Turm. Sie zeigt den Kindern, dass sie darauf achten müssen, die Bauklötze immer versetzt zu platzieren. Als die beiden Kinder, denen das Turmbauen nicht gelang, dies sehen, gehen sie zur Bauecke und schauen nur zu. Sie sitzen die ganze Zeit fasziniert da und beobachten, wie die Kinder mit der Erzieherin den Turm bauen.

Was bedeutet eigentlich lernen? Und wie lernen wir? Lernen Kinder anders als Erwachsene? Woran lässt sich erkennen, dass ein Mensch etwas gelernt hat? Ist das Lernen ein lebenslanger Prozess oder lässt er sich auf bestimmte Lebensabschnitte begrenzen? Was soll gelernt werden? Was geschieht beim Lernen, was für ein Vorgang ist dies? Ist Lernen ein bewusster Vorgang oder können wir auch von Lernen sprechen, wenn unbewusst gelernt wird? Diese und noch viel mehr Fragen lassen sich zu Recht stellen, wenn man sich mit dem Thema „Lernen“ beschäftigt. Lerntheorien versuchen darauf Antworten zu geben.

Lerntheorien gehen von der Vorstellung aus, dass das Verhalten des Menschen „beliebig beeinflussbar" *(Hurrelmann 2006, S. 63)* ist. Dies bedeutet, dass dem Einfluss der Umwelt auf das Verhalten des Menschen eine große Bedeutung zugemessen wird. Nicht die Veranlagung, die Gene sind entscheidend, sondern wie der Mensch durch die Umwelt gefördert oder behindert wird, bzw. welchen Reizen er durch die Umwelt ausgesetzt ist. Je nachdem, welche Erfahrungen er in seiner Beziehung zur Umwelt macht, entwickelt er sich.

Im Folgenden werden wichtige **Lerntheorien** vorgestellt. Es wird gezeigt, welche Bedeutung sie im pädagogischen Prozess haben. Lerntheorien gehören, wie die psychologischen oder soziologischen Theorien, zu den sogenannten Basistheorien, auf denen die Sozialisationstheorien aufbauen.

„Der Begriff **Lernen** bezeichnet Aktionen und Aktivitäten von Menschen, um durch eigene Anstrengung und teilweise auch mechanische Anpassung an Umweltgegebenheiten bestimmte Kenntnisse und Fertigkeiten zu erwerben. Lernen ist also die Folge des Reagierens auf bestimmte Reize, Vorgaben, Begrenzungen, Anregungen, die Anpassung an gegebene soziale Strukturen und die Nachahmung von Verhaltensweisen anderer Menschen." *(Hurrelmann 2006, S. 63)*

„**Lernen** ist eine universell verbreitete Fähigkeit zur mittel- und langfristigen Anpassung eines Organismus an seine Umwelt." *(Roth 2011, S. 92)*

„Unter **gelerntem Verhalten** wollen wir alle Verhaltensweisen verstehen, die nicht angeboren, also nicht genetisch determiniert sind." *(Rosemann/Bielski 2001, S. 18)*

„**Lernen** umfasst alle Verhaltensänderungen, die aufgrund von Erfahrungen zustande kommen." *(Lefrancois, G. R. 2003, S. 3)*

1.6.2 Klassisches und operantes Konditionieren

Die Theorie des **klassischen Konditionierens** basiert auf der Annahme, dass das Verhalten des Menschen eine **Reaktion auf einen äußeren Reiz** darstellt. Der russische Physiologe **Iwan P. Pawlow** führte zu Beginn des 20. Jahrhunderts entsprechende Experimente mit Hunden durch, die diese Annahme belegen.

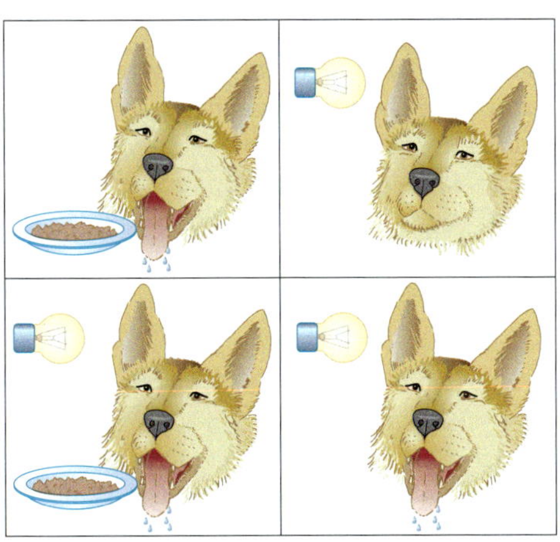

Der „Pawlow'sche Hund"

„Der Ursprungsversuch von Pawlow:
Pawlow wählte einen Glockenton als neutralen Reiz und vergewisserte sich zunächst, dass sein Versuchshund darauf nicht mit Geifern reagierte. Der Hund zeigte lediglich eine Orientierungsreaktion, ein Aufmerken. In einer folgenden **Konditionierungsphase,** die sich über mehrere Tage erstreckte, ließ Pawlow dann jedes Mal einen Glockenton erklingen, bevor er seinem Hund Futter gab. Am Ende dieser Konditionierungsphase geiferte der Hund schon, wenn er nur den Glockenton hörte; er hatte gelernt, den Glockenton als Signal für das Futter zu erkennen. Diese konditionierte Geiferreaktion verschwand wieder, wenn Pawlow Glockenton und Futter dauerhaft entkoppelte, also dem Hund wiederholt den Glockenton ohne Futter darbot; sie hielt sich, wenn Pawlow nicht jedes Mal, aber doch hin und wieder Futter auf den Glockenton folgen ließ." *(Bovet 2008, S. 203)*

Was passiert bei diesem Vorgang des **Konditionierens?** Zunächst gibt es einen **unbedingten Reiz** (unconditioned stimulus = US). Bei Pawlow war es das Futter, das bei dem Hund, sobald er es sah, eine Reaktion auslöste, nämlich Speichelfluss. Dies nennt man eine **unbedingte Reaktion** (unconditioned reaction = UR). Nun wird ein **neutraler Reiz** (neutral stimulus = NS) - bei Pawlow war das der Glockenton - mit dem unbedingten Reiz (US), - also mit dem Futter, verbunden. Damit ist es kein neutraler Reiz mehr, sondern ein **bedingter Reiz** (conditioned stimulus = CS). Sobald dieser bedingte Reiz kommt, erfolgt eine **bedingte Reaktion** (conditioned reaction = CR). Denn nun verbindet der Hund mit dem Glockenton die Vorstellung, dass gleich das Futter erscheint. Damit handelt es sich um eine **erlernte Reaktion** *(vgl. Bovet 2008, S. 203 f.; Roth 2011, S. 95 ff.).*

Es bleibt natürlich die Frage, ob sich diese Erkenntnisse, die anhand von Tierexperimenten gewonnen wurden, auf den Menschen übertragen lassen. Hierauf fand der Psychologe **John B. Watson** mit seinen Experimenten entsprechende Antworten. Er belegte, dass diese Art der Konditionierung auch beim Menschen eingeschränkt funktioniert. Die Überlegungen von Pawlow, Watson und anderen wurden unter dem Begriff **Klassische Konditionierung** zusammengefasst. Aber: „Anders als noch zu Pawlows und Watsons Zeit geht man heute jedoch nicht mehr davon aus, dass durch klassisches Konditionieren jeder beliebige neutrale Reiz zu einem bedingten werden kann." *(Bovet 2008, S. 205).* Durch vielfältige Untersuchungen konnte man belegen, dass der Mensch darüber mitentscheidet, ob es zu einem solchen Konditionierungsvorgang überhaupt kommt. Hier spielen zum Beispiel entsprechende Vorerfahrungen eine wichtige Rolle.

Die Theorie des Klassischen Konditionierens kann nicht alle Lernvorgänge richtig erklären. Wieso lernt ein Kind Fahrradfahren, obwohl es vorher nicht in seinem Verhaltensrepertoire war? Und warum können wir immer wieder beobachten, dass Menschen ihr Verhalten plötzlich verändern, obwohl eben kein entsprechender Reiz von außen gekommen ist?

Der US-amerikanische Psychologe **Burrhus F. Skinner** arbeitete an diesen Fragen und entwickelte auf der Basis von Pawlow und Watson das Konzept des instrumentellen Lernens oder des **operanten Konditionierens.** Grundannahme war, dass der Mensch nicht erst durch einen äußeren Reiz zu einer bestimmten Handlung motiviert werden muss. Skinner ging davon aus, dass der Mensch „grundsätzlich aktivitätsbereit" *(Tillmann 2010, S. 99)* ist. Das Entscheidende beim Lernen ist deshalb, wie die Umwelt auf die Verhaltensänderung reagiert. Skinner überlegte, an was es liegt, dass bestimmtes Verhalten immer häufiger oder immer seltener auftritt. Er stellte fest, dass dies von den **Konsequenzen** abhängig war, die das Verhalten nach sich zog. Das operante Konditionieren geht hierbei von vier Grundsätzen aus: „Die positive und die negative Verstärkung, die Löschung durch Ignorieren und die Löschung durch Bestrafung." *(Bovet 2008, S. 209)*

1. Positive Verstärkung: Auf ein bestimmtes Verhalten erfolgt eine Belohnung.
Marie (6 Jahre) soll ihr Zimmer aufräumen. Nachdem sie dies getan hat, kommt ihr Vater und liest ihr aus ihrem Lieblingsbuch vor.
Peter (8 Jahre) müht sich mit den Mathe-Hausaufgaben ab. Als er alles richtig gerechnet hat, erlaubt ihm die Erzieherin, mit drei anderen Jungs auf den Fußballplatz zu gehen.

2. Negative Verstärkung: Durch ein bestimmtes Verhalten kann ein unangenehmer Zustand vermieden werden.
Bisher erfuhr Svantje (10), dass sie mit den Erzieherinnen immer Ärger bekam, wenn sie auf dem Weg von der Schule in den Hort getrödelt hat. Meistens kam es zu heftigen Wortwechseln zwischen ihr und den Erzieherinnen, die sich um sie sorgten. Svantje war dies sehr unangenehm. Heute kam sie das erste Mal pünktlich im Hort an und erlebte, dass die anstrengende Auseinandersetzung mit den Erzieherinnen nicht stattfand.

3. Löschen durch Ignorieren: Ein bestimmtes Verhalten führt nicht zu den entsprechenden Folgen.
Malte (8) und Sven (8) macht es große Freude, in Anwesenheit der Erzieherinnen „coole" Ausrücke wie z.B. „Ei Alder!" zu gebrauchen. Sie hatten schon mehrfach erlebt, dass die Erzieherinnen sie baten, eine andere Ausdrucksweise zu wählen. Jedes Mal, wenn eine Erzieherin etwas zu den beiden Jungs sagte, grinsten sie und meinten: „Is ok, Alde!" Seit einigen Tagen erfolgt keine Reaktion mehr durch die Erzieherinnen. Die beiden Jungs reagieren erst verwundert und benutzen dann immer seltener diese Ausdrücke.

4. Löschen durch Bestrafen: Ein bestimmtes Verhalten nimmt ab, da es eine entsprechende Strafe nach sich zieht und damit unangenehm ist.
Vier Kinder spielen beim Mittagessen mit den Spagetti und verstreuen sie auf dem Tisch. Als die Erzieherinnen dies sehen, verlangen sie von ihnen, dass sie alles aufräumen und sauber machen und anschließend eine Stunde in der Küche mithelfen. Die anderen Kinder können solange im Freispiel ihren Interessen nachgehen. Die Erzieherinnen kündigen den Kindern an, dass sie künftig immer zusätzlich Küchendienst machen müssen, wenn sie mit dem Essen spielen. Da den Kindern dies sehr lästig ist, unterlassen sie es in den nächsten Tagen.

In der Schule, aber auch in anderen pädagogischen Zusammenhängen wie den Tageseinrichtungen taucht die operante Konditionierung häufig auf.

Die **positive** und **negative Verstärkung** führt dazu, dass die Auftretenswahrscheinlichkeit eines Verhaltens zunimmt. Durch das Löschen durch **Bestrafung** oder **Ignorieren** erreicht man, dass die Auftretenswahrscheinlichkeit sinkt.

Skinner fand heraus, dass „am Anfang des Lernprozesses [...] eine konstante Verstärkung am wirksamsten ist", dass dann aber „im weiteren Verlauf des Lernens die Verstärkungsrate gesenkt und zu partieller Verstärkung übergegangen werden" kann. „Zugleich übernehmen bereits gelernte Verhaltensweisen die Funktion der Selbstbekräftigung. Schon die Ausführung einer gelernten Verhaltensweise wird als befriedigend erlebt und bedarf nicht immer einer zusätzlichen Verstärkung von außen." *(Tillmann 2010, S. 99)*

Ein Kritikpunkt an den Konditionierungstheorien lautet, dass sie nicht berücksichtigen, wie sehr der Mensch sein Verhalten auch selbst steuern kann und will. Das Lernen wird hier zu mechanistisch als Reiz-Reaktions-Abfolge beschrieben.

1.6.3 Theorie des sozialen Lernens

Das Modell des operanten Konditionierens wurde durch die Theorie des **Modelllernens** ergänzt. „Imitation oder ‚Lernen durch Zuschauen' wurde lange Zeit als primitive Lernform im Sinne des ‚Nachäffens' angesehen und dem ‚Einsichtslernen' gegenübergestellt. Heute wird Imitation als eine höhere Form des Lernens angesehen." *(Roth 2011, S. 101)*. Der Psychologe **Albert Bandura** griff die Kritik an den Konditionierungstheorien auf und entwickelte die **sozial-kognitive Lerntheorie.**

Grundannahme Banduras ist, dass der Mensch nicht nur über Verstärkung lernt, sondern ganz besonders auch durch entsprechende **Vorbilder.** Danach findet Lernen dann statt, wenn zwei Personen zusammentreffen und der eine der Beobachter ist und der andere das Modell. Das Modell muss eine hohe Attraktivität besitzen, damit sich der Beobachter daran orientiert. Die Person, die das Modell darstellt, muss nicht selbst im Raum anwesend sein, sondern kann auch im Film, also medial, auftreten.

Lernen am Modell

Banduras bekanntestes Experiment wurde im Einzelversuch mit 33 Mädchen und 33 Jungen durchgeführt *(Bandura 1965)*. Die Kinder waren zwischen dreieinhalb und sechs Jahre alt. Eine Mitarbeiterin bereitete sie darauf vor, dass sie gleich in einem „Überraschungsspielzimmer" spielen dürften; sie müssten sich aber noch einen Moment gedulden und sollten erst einmal ein bisschen fernsehen.

Den Kindern wurde ein fünfminütiger Film vorgeführt, in dem ein erwachsener Mann - in Banduras Terminologie das Modell - eine lebensgroße Plastikpuppe namens Bobo aufforderte, ihm aus dem Weg zu gehen, und sie dann malträtierte. Genauer: Das Modell führte vier verschiedene Aggressionshandlungen an Bobo aus. Jede bestand aus einer derben körperlichen Attacke, die verbal untermalt wurde. Die erste Aggression bestand darin, dass das Modell Bobo umlegte, wiederholt auf die Nase boxte und sich selbst dazu anfeuerte mit „Pow, right in the nose, boom, boom".

Das Ende des Films wurde in drei verschiedenen Versionen gezeigt. Ein Drittel der Kinder (Gruppe 1) sah, wie ein erwachsener Mann zu dem Modell hinzutrat, es als tollen Kerl bezeichnete und mit Limonade, Kraftnahrung und Süßigkeiten belohnte. Ein zweites Drittel (Gruppe 2) sah, wie ein Mann hinzutrat, mit dem Modell schimpfte, ihm Strafen androhte, es schließlich zum Stolpern brachte und mit einer Zeitung nach ihm schlug. Für ein weiteres Drittel der Kinder (Gruppe 3) endete der Film, ohne dass jemand hinzutrat. Die Aggressionen des Modells blieben folgenlos. Unmittelbar im Anschluss an die Filmvorführung ließ man die Kinder - weiterhin im Einzelversuch - im Überraschungsspielzimmer spielen. Darin gab es verschiedene Spielsachen, darunter auch die Plastikpuppe Bobo aus dem Film.

Durch einen Einwegspiegel wurde nun beobachtet, ob und wie viele Aggressionen des Modells die Kinder beim Spiel nachahmten (Phase spontaner Nachahmung) *(Bovet 2008, S. 216)*.
Die Ergebnisse zeigten, dass die Kinder das aggressive Verhalten des Modells nachahmten, unabhängig davon, ob es eine Belohnung bekommen hat oder nicht. Die Kinder erlernten durch das Zuschauen die Aggressionen. Interessant ist übrigens das unterschiedliche Verhalten von Jungs und Mädchen: „Die Mädchen zeigten unter allen Bedingungen weniger Nachahmungsaggressionen als die Jungen" *(a. a. O.)*. Damit wird die These des Ethno-Psychologen Steven Pinker bestätigt, dass Gewalt ein vor allem von Männern ausgehendes Phänomen ist *(vgl. Pinker 2011)*.

Banduras Experimente zeigten, dass der Mensch durch **Beobachtung am Modell Verhalten erlernt.** Dieser Vorgang vollzieht sich in **zwei Schritten.** Im ersten Schritt beobachtet der Mensch das Modell und erlangt die Bereitschaft, das vorgelebte Verhalten nachzuahmen. Im zweiten Schritt erst führt er das Verhalten konkret aus. „Lediglich der zweite Schritt, die tatsächliche Ausführung der übernommenen Verhaltensweisen, wird durch Verstärkungsprozesse beeinflusst, während der verborgen ablaufende Prozess der Übernahme davon unabhängig ist." *(Tillmann 2010, S. 101)*

Das belegt, dass durch entsprechende äußere Anreize dieses Modelllernen beeinflusst werden kann. Allerdings muss auch die Bereitschaft des Lernenden vorhanden sein, sich auf diesen Prozess einzulassen. Und der Lernende muss außerdem die Fähigkeiten besitzen, das Modell zu imitieren.

Der große Unterschied zur Konditionierungstheorie besteht darin, dass der Lernende **aktiv** ist. Es geschieht nichts mit ihm, wogegen er sich nicht wehren kann. Damit wird der „menschlichen Eigenaktivität" und der „subjektiven Verarbeitung von Erfahrungen" *(Hurrelmann 2006, S. 66)* eine wichtige Rolle zugesprochen.

Das Modell- bzw. Beobachtungslernen wird besonders in solchen Situationen angewandt, in denen der Einzelne sich nicht sicher ist. Dies trifft zum Beispiel auf neue, noch nicht erlebte Situationen oder auf Anfangssituationen von Gruppen zu.

Beispiel: Es ist der erste Schultag an der Fachschule für Sozialpädagogik. 25 Studierende beginnen in einer Klasse. Ihnen wird mitgeteilt, dass sie sich in Raum 104 treffen. Nach und nach kommen die Studierenden in den Raum. Die ersten hängen ihre Jacken über einen Stuhl und stellen ihre Tasche daneben. Dann setzen sie sich. Zwischen einzelnen Studierenden beginnt leise ein Gespräch. Neu ankommende Studierende schauen kurz im Raum herum und passen sich dem Verhalten der anderen an. Niemand beginnt laut zu sprechen.

In der Vorstellungsrunde bittet die Lehrerin die Studierenden, ein bisschen von sich zu erzählen. Die ersten drei sagen nicht nur ihren Namen und das jeweilige Alter, sondern fügen noch hinzu, was sie gerne in der Freizeit machen. Bis auf zwei Studierende folgen alle anderen ihrem Beispiel.

Bandura konnte nachweisen, dass das Beobachtungslernen sich v.a. beim **sozialen Lernen** als effektiv erweist, besonders wenn es um das Erlernen von Normen, Werten, Regeln, Geboten und Verboten geht. Damit wird zum einen deutlich, dass es sich um einen Prozess handelt, der uns das ganze Leben begleitet. Zum anderen zeigt sich natürlich, dass grundlegende Regeln und Normen in der Kindheit und Jugend erworben werden. In diesen Lebensphasen spielen andere Menschen als Modell eine große Rolle.

„Folgende **Voraussetzungen** haben sich für das Beobachtungslernen als **günstig** erwiesen:

→ Die Lernenden verspüren einen Bedarf nach Handlungsorientierung.
→ Die Modellperson wird von den Lernenden positiv bewertet.
→ Die Modellperson ist „coping model" und nicht „mater model", d.h. sie hat auch mit Schwierigkeiten zu kämpfen und ist nicht perfekt.
→ Das Modellverhalten ist deutlich erkennbar und abgehoben.
→ Das Modellverhalten ist erfolgreich.
→ Das Modellverhalten wird nicht nur in bildlicher, sondern auch in sprachlicher Form gespeichert.
→ Das Nachahmungsverhalten wird verstärkt."

(Bovet 2008, S. 219)

Das Modelllernen lässt sich in **vier Phasen** aufteilen.
Phase 1: Das vorgelebte Verhalten muss die Aufmerksamkeit des Beobachters bekommen.
Phase 2: Der Beobachter speichert das Verhalten ab und kann es auch mit eigenen Begriffen belegen.
Phase 3: Der Beobachter probiert das Verhalten aus und erwirbt die Kompetenzen, es richtig anzuwenden.
Phase 4: Von außen kommt ein Anreiz dazu, der den Mensch im Ausüben des Verhaltens motiviert und bestärkt.

Beim Beobachtungs- bzw. Modelllernen handelt es sich in der Regel um sogenanntes implizites oder latentes Lernen. Das Lernen geschieht nebenbei, beiläufig und nicht absichtsvoll. Im Sozialisationsprozess spielt das Beobachtungslernen eine große Rolle.

1.6.4 Konstruktivistische Lerntheorie

Der **Konstruktivismus** beschreibt ein Lernverständnis, das davon ausgeht, dass das, was das Kind lernt, nur von ihm selbst kommen kann. Dieser **Selbstbildungsansatz** baut darauf auf, dass der Mensch sich seine Welt „konstruiert".

Grundlage von jedem Lernprozess ist die Wahrnehmung. Der Mensch nimmt mit seinen Sinnen die Welt wahr. Allerdings verarbeitet jeder das Wahrgenommene ganz unterschiedlich, weil bei diesem Vorgang eine Vielzahl an kognitiven, emotionalen und motivationalen Prozessen wirksam wird.

Beispiel:
Im Unterricht wurde heute das Kommunikationsmodell von Schulz von Thun vorgestellt. Der Unterricht vermittelte vor allem in einem Lehrervortrag das Modell und stellte den Studierenden vor, was unter aktivem Zuhören verstanden wird. Am Ende der Stunde fordert die Lehrerin die Studierenden auf, ihre Aufschriebe miteinander zu vergleichen. Dabei stellten die Studierenden fest, dass ihre Notizen aus dem Unterricht zum Teil erheblich voneinander abwichen.

Der **Konstruktivismus** geht davon aus, dass wir alle unsere Welt subjektiv wahrnehmen. Die eigenen Vorerfahrungen, die aktuelle Befindlichkeit und die Umgebung, in der man sich gerade befindet, beeinflussen das Erleben der Situation maßgeblich und damit natürlich auch das Lernen. Der Mensch kann demnach nur das wahrnehmen, was er mit seiner eigenen Erfahrung verknüpfen kann. Dies bedeutet, dass Lernimpulse von außen so gut wie sinnlos sind. Nur wenn der Mensch selbst lernen will, nur wenn er dazu bereit ist und selbst auf die Idee kommt, sich mit einer Sache zu beschäftigen, nur dann kann er wirklich lernen.

Dieses Lernverständnis steht in direktem Gegensatz zu den Lernvorstellungen der Konditionierungstheorien, denn der Konstruktivismus ist überzeugt davon, dass nicht über Impulse von außen Einfluss darauf genommen werden kann, wie ein Sachverhalt oder eine Situation wahrgenommen und mit ihm umgegangen wird. Damit werden die Personen, die lehren und vermitteln, zu Begleitern, denn sie können nicht lehren. Dadurch können Lehrer und Erzieherinnen aber auch nicht für das Lernergebnis verantwortlich gemacht werden, denn was gelernt wird, darüber entscheidet ausschließlich der Lernende. Er ist für seinen Lernerfolg selbst verantwortlich.

Für die Arbeit mit Kindern bedeutet dies:

- → **Belehrendes Lehren macht keinen Sinn, stattdessen sollte die Erzieherin durch die Art, wie sie fragt und die Kinder begleitet, diese in ihrem Selbstbildungsprozess unterstützen.**
- → **Die Lernumgebung bekommt eine zentrale Bedeutung. Die Erzieherin ist dafür verantwortlich, dass die Lernumgebung so gestaltet ist, dass sie Kinder anregt, Wissen zu konstruieren.**
- → **In der direkten Kommunikation mit Kindern kommt es nicht so sehr darauf an, ihnen die eigene Sicht auf die Welt zu vermitteln. Vielmehr sollen die Kinder angeregt werden, ihre eigene Sicht darzulegen, zu überprüfen und neu zu formulieren.**
- → **Deshalb werden Erzieherinnen großen Wert darauf legen, dass Kinder über die Wirklichkeitssicht anderer Kinder nicht abschätzig urteilen, sondern sie als eine Möglichkeit begreifen, die Welt zu sehen.**
- → **Unterstützung erfolgt nicht dadurch, dass die Erzieherin aktiv wird und Aufgaben übernimmt, sondern indem sie durch Nachfragen und Impulse Kinder anregt, selbst nachzudenken und zu entscheiden.**

Zusammengefasst lässt sich sagen, dass das konstruktivistische Lernverständnis davon ausgeht,

- → dass Lernen ein aktiver Prozess ist. Diese Auffassung stimmt auch mit den aktuellen Sozialisationstheorien überein *(vgl. 1.5).*
- → dass Lernen selbstgesteuert ist. Fremdsteuerung ist nicht möglich.
- → dass Lernen ein Prozess ist, in dem die Wirklichkeit konstruiert wird.
- → dass Lernen ein Prozess ist, der unter dem Einfluss anderer Menschen stattfindet.
- → dass Lernen mit der eigenen Lebenswelt zu tun haben muss.

(vgl. Gisbert 2003, S. 94 f.)

1.6.5 Kognitive Lerntheorie – Lernen durch Einsicht

Die **Gestaltpsychologie,** entstanden in den 1920er-Jahren, kam zu der Erkenntnis, dass der Mensch in vielen Situationen durch Einsicht handelt. Unter **Einsicht** wird „die plötzliche Wahrnehmung von Beziehungen zwischen den Elementen einer Problemsituation" *(Edelmann 1994, S. 333)* verstanden.

Die Gestaltpsychologie beschäftigte sich mit der Wahrnehmung des Menschen und entwickelte verschiedene Gesetze *(ausführlicher in HF 1, Kap. 3.2.3).* Ein Gesetz heißt „Das Gesetz der guten Gestalt". Damit ist gemeint, dass der Mensch alles, was er wahrnimmt, in einer „guten Gestalt" sieht, selbst wenn es nicht so ist.

Die unten abgebildete Figur werden die meisten Menschen als Dreieck wahrnehmen, obwohl es nur drei unabhängig voneinander bestehende Linien sind.

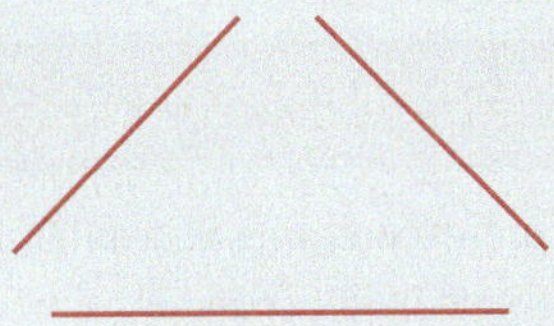

(vgl. Rosemann/Bielski 2001, S. 55)

Weitere Wahrnehmungsprinzipien der Gestalttheorie sind das „Prinzip der Kontinuität", das „Prinzip der Nähe" sowie das „Prinzip der Ähnlichkeit". „Aus diesen vier Prinzipien kann abgeleitet werden, dass das kognitive System die einzelnen Teile zu einem **Gesamtbild** zusammenfasst." *(Rosemann/Bielski 2001, S. 55 f.)*

Der **Prozess des Lernens** verläuft nach Ansicht der Gestalttheorie ähnlich: Der Mensch speichert Informationen, die er erhält, und verbindet sie mit anderen Informationen, die er im Laufe seines Lebens bekommen hat und die eine inhaltliche Nähe zu dieser Information haben. Auch wenn die aktuelle Information unvollständig war, so kombiniert er diese mit anderen und baut daraus eine „gute Gestalt". Dies bedeutet, dass unvollständige Informationen keine gute Gestalt haben und erst durch das aktive Zutun des Menschen zur guten Gestalt werden.

Beispiel: Im Unterricht stellt die Lehrerin den Studierenden wichtige methodische Prinzipien vor, die sie bei geplanten Angeboten mit Kindern beachten sollen. Besonders hebt sie auf das Prinzip der Anschauung ab. Die Lehrerin verweist darauf, dass Kinder besonders gut lernen können, wenn ihnen etwas vorgemacht wird und sie so ein Modell haben, an dem sie sich orientieren können. Eine Studierende meldet sich zu Wort und meint, dass dies ja direkt mit der Lerntheorie von Bandura zu tun habe. Schließlich wäre die Erzieherin in diesem Moment das Modell für das Kind.

Der Lernprozess erfolgt also über Einsicht und indem der Mensch aus verschiedenen Teilen ein Ganzes formt. Im Gegensatz zu den Konditionierungstheorien baut dies auf einem Bild vom Menschen auf, der aktiv sein Leben gestaltet und damit auch ein **aktiver Lerner** ist: der Mensch als Verwerter von Informationen bzw. Umweltreizen. Die Grundlage der Verwertung ist sein Wissen von der Welt.

„Damit wird auch deutlich, wie wichtig es für den Menschen ist, Wissen über die Welt zu erwerben und zur Verfügung zu haben – u. a. auch als Wissen darüber, wie und wo man sich spezifisches Wissen aneignen kann. [...]Kognitives Wissen ist deshalb so wichtig, weil es unser Wissen vergrößert und damit unser Handeln (als bewusstem, geplantem Vorgehen) in der Welt optimiert." *(Wagner u. a. 2009, S. 35)*

1.6.6 Intrinsische und extrinsische Motivation

Unter **intrinsischer Motivation** wird verstanden, wenn ein Mensch aufgrund eines *inneren Wunsches* etwas tut. „Die Handlung wird um ihrer selbst willen ausgeführt, weil sie als interessant, herausfordernd, spannend etc. erlebt wird." *(Wagner u. a. 2009, S. 51)*

Beispiel: Eine Jugendliche lernt in Brasilien einen neuen Freund kennen. Nun möchte sie für ein Jahr zu ihm ziehen. Um sich verständigen zu können, lernt sie Portugiesisch. Nachdem sie einige Worte kennt, beginnt sie sofort E-Mails in Portugiesisch zu schreiben.

Unter **extrinsischer Motivation** wird verstanden, wenn eine Handlung aufgrund des *Einflusses von außen* durchgeführt wird. Solche Einflüsse können z. B. Belohnung oder Strafe sein.

Beispiel: Ein Kind lernt Vokabeln auswendig, weil es weiß, dass es am nächsten Tag einen Test bestehen muss und keine schlechte Note erhalten möchte.

Nach Ansicht vieler Pädagogen führt die intrinsische Motivation zu einer „tieferen Verarbeitung des Gelernten".

(Wagner u. a. 2009, S. 51) Dies ist aber nicht einfach zu belegen. Es gibt sogar Zweifel, dass es intrinsische Motivation ganz isoliert überhaupt gibt. Aus Sicht der Konditionierungstheorien kann es diese Art der Motivation nicht geben. „Die Auslösung von Verhalten (Motivation) wird hier ausschließlich auf externe Faktoren zurückgeführt." *(Rosemann/Bielski 2001, S. 122)*

↗ FAZIT

- → **Lernen ist ein Vorgang, der immer mit sichtbarer oder unsichtbarer Veränderung zu tun hat.**
- → **Lerntheorien versuchen zu erklären, wie der Vorgang des Lernens geschieht. Jede Lerntheorie kann nur einzelne Aspekte des Lernens beschreiben. Es gibt keine Lerntheorie, die alle beobachtbaren Lernvorgänge erklärt.**
- → **Lernen geschieht bewusst oder unbewusst, implizit oder explizit.**

→·← AUFGABEN UND ANREGUNGEN

1 Arbeiten Sie die verschiedenen Definitionen von „Lernen" durch. Überprüfen Sie, ob es Gemeinsamkeiten und Unterschiede darin gibt. Halten Sie diese schriftlich fest.

2 Reflektieren Sie Ihre eigene Lernbiografie. Beschreiben Sie ein positives und ein negatives Lernerlebnis. Gehen Sie dabei folgenden Fragen nach: Was war der Anlass für die Lernsituation? Welche Rolle haben Außenstehende (z. B. Eltern, Lehrerinnen, Gleichaltrige, Geschwister) gespielt? Unter welchen Bedingungen fand die Lernsituation statt? Woran war erkennbar, dass die Lernsituation zu einem Erfolg oder Misserfolg geführt hat?

3 Finden Sie Beispiele, die jeweils ein Beleg für die verschiedenen Lerntheorien sind.

4 Beobachten Sie ein Kind im Kindergarten bei dem, was es gerade tut. Beschreiben Sie den Vorgang genau und arbeiten Sie heraus, was das Kind gelernt hat und woran dies erkennbar wurde. Versuchen Sie dann dieses Lernverhalten einer Lerntheorie zuzuordnen. Begründen Sie Ihre Entscheidung.

5 Untersuchen Sie eine Lernsituation, in der Sie mit intrinsischer Motivation gelernt haben. Welche Auswirkungen hatte die intrinsische Motivation auf Ihr Lernverhalten? Wie wirkte sie sich aus, wenn Schwierigkeiten auftraten?

6 Entwickeln Sie ein geplantes Angebot für Kinder. Legen Sie fest, was die Kinder lernen sollen. Reflektieren Sie nach Durchführung das Lernverhalten der Kinder. Überprüfen Sie, was sie gelernt haben, und begründen Sie dies anhand konkreter Beobachtungen.

TIPPS ZUM WEITERLESEN →→

- → Lernpsychologie. Eine Einführung.
  Walter Edelmann, Beltz, Weinheim 1994
- → Wie Kinder das Lernen lernen.
  Kristin Gisbert, In: Fthenakis, Wassilios E. (Hrsg.): Elementarpädagogik nach PISA. Freiburg 2003, S. 78 ff.
- → Bildung braucht Persönlichkeit. Wie Lernen gelingt.
  Gerhard Roth, Klett-Cotta, Stuttgart 2011

1.7 Konstruktivismus und Individualisierung von Lernprozessen

Im Laufe der verschiedenen Praktikumsphasen werden Sie regelmäßig Zeuge, wenn Kinder versuchen, ein fremdes Phänomen in Ihrer Umwelt zu deuten oder anderen Kindern zu erklären. Das klingt zuweilen recht lustig, aber Sie staunen auch immer wieder darüber, mit welcher Kreativität die Kinder dabei vorgehen.

Auch in der (Fach-)Literatur oder in den Medien finden sich hierzu zahlreiche Beispiele:

- **Ein 4;5 Jahre altes Mädchen erklärt, eine Wolke könne nur sehr langsam gehen, weil sie keine Füße und Beine habe. Wolken „machen sich lang wie Würmer und die Raupen, daher gehen sie so langsam“** *(zit. in: Oerter/Montada 2002, S. 421).*
- **In einem Kinderaufsatz findet sich die Aussage, ein Pfirsich sei „ein Apfel mit Teppich drauf“** *(u. a. zit. in: preussenspiegel.de/kinder.htm; Buchtitel von Orban/Wiegel 2009).*
- **Ein 9;5-jähriger Junge erläutert das Entstehen eines Blitzes: das seien Wolken, die „entgegen (gegeneinander) gleiten, und das gibt Funken“. Auf Nachfrage führt er weiter aus, wenn man „zwei Holzstücke entgegen (gegeneinander) reibt, gibt es auch Funken [...] Das wärmt, und dann springt der Funken heraus“** *(vgl. Piaget, Weltbild, S. 273).*

↘ FRAGEN

- *Was erscheint Ihnen in diesen Beispielen als „falsch“, aber was leuchtet Ihnen daran auch ein?*
- *Wie kommen solche Erklärungsversuche zustande und wodurch „gelingen“ sie?*
- *Inwiefern können Sie auf diese Deutungsansätze pädagogisch sinnvoll eingehen?*

1.7.1 Wissen wird „konstruiert“

In den meisten Vorstellungen über pädagogische Prozesse finden sich sogenannte „triviale“ Grundannahmen *(Lindemann 2006, S. 142 ff.).* Damit ist gemeint, dass sich pädagogische Prozesse vermeintlich in immer gleicher und einheitlicher Form vollziehen. Diese Vorstellungen setzen also voraus, dass das Lernen oder die Vermittlung von Wissen **planbar** sind,

- weil man damit rechnet, dass ein geeigneter pädagogischer Reiz zu einer vorhersagbaren Reaktion führt **(richtiger Input),**
- und weil man deshalb auch erwartet, dass das Ergebnis oder der Erfolg eines solchen Geschehens in allen Fällen gleich ausfallen und in Folge dessen auch messbar, vergleichbar und bewertbar sein wird **(bestimmter Output).**

Das pädagogische Angebot der Kindergärten war daher lange Zeit dadurch gekennzeichnet, dass alle Kinder mehr oder weniger das Gleiche taten, das galt sowohl für West- als auch für Ostdeutschland. Die vorstrukturierten Beschäftigungen, Bastelaktivitäten und Spielangebote richteten sich in der Regel an festgelegten Themen aus, wie z. B. an den Festen im Jahreskreis, am Kirchenjahr, an der Schulvorbereitung oder an verbindlichen Vorgaben des Ministeriums für Volksbildung.

Lernen beschränkte sich v. a. auf passives Aufnehmen und das Umsetzen von Instruktionen. Das freie und selbst gestaltbare Spiel der Kinder hatte in diesem Zusammenhang eher den Charakter eines „Pausen-Raum(es)“ *(vgl. Brandes 2008, S. 31 ff.).*

Angeregt jedoch durch verschiedene Erkenntnisse u. a. aus den Naturwissenschaften, der Kybernetik und der Systemtheorie haben sich inzwischen neue psychologische und pädagogische Vorstellungen entwickelt oder frühere Ansätze wurden weitergeführt. Nach und nach sind diese Modelle auch in die Bildungspläne der einzelnen Bundesländer aufgenommen worden.

Es hat ein „**Perspektivenwechsel** im pädagogischen Denken“ *(Lindemann 2006, S. 177)* stattgefunden, und im Mittelpunkt der neuen Sichtweise und der bildungspolitischen Vorgaben, steht „das aktiv lernende, sein Wissen selbst konstruierende Kind“ *(Brandes, S. 33)*.

Kinder werden heute dahingehend wahrgenommen, dass sie ihrer Umwelt „als Forscher gegenübertreten“, dass sie sich von ihr ein eigenes Bild machen, indem sie „Hypothesen über die Beschaffenheit der Welt und ihrer Beziehung zu ihr entwerfen, korrigieren und weiterentwickeln“ *(Laewen 2002, S. 53)*.

1.7.2 Konstruktivismus – eine Erkenntnistheorie

Konstruktivistisches Denken ist nicht unmittelbar ein pädagogisches Konzept. Es hat jedoch Auswirkungen darauf, wie wir pädagogische Zusammenhänge beobachten, beschreiben und deuten, wenn wir ihnen eine konstruktivistische Sichtweise zugrunde legen.

Als Konstruktivismus bezeichnet man verschiedene Denkansätze, die sich in vielen Bereichen der Wissenschaft widerspiegeln, darauf Einfluss nehmen, zu neuen Erkenntnissen oder anderen Sichtweisen führen.

> Der **Konstruktivismus** ist vor allem eine Erkenntnistheorie, die sich damit beschäftigt, wie man zu einem „Wissen über das Gelingen von Handlungs- und Denkweisen kommt“ *(Lindemann, S. 15)*.

Kernthesen des Konstruktivismus

Die Grundannahme konstruktivistischer Theorien beruht auf der gemeinsamen Überzeugung, dass wir die Realität, die uns umgibt, nicht wahrnehmen können, wie sie „an sich“ ist, sondern dass wir darüber Modelle entwerfen, und dass wir unser Erleben **aktiv konstruieren.**

Der Mensch ist prinzipiell nicht dazu in der Lage, seine Außenwelt so zu erkennen, wie sie wirklich ist, denn sein Gehirn stellt mit seinen „Einzelteilen“ und ihren Beziehungen untereinander ein „operational geschlossenes“ oder „autopoietisches“ (sich selbsterschaffendes und selbsterhaltendes) System dar.

Was in dieser kurzen Formulierung zunächst fremd klingen mag, lässt sich leichter nachvollziehen bei der Wahrnehmung der sogenannten **„Kippbilder“** *(ausführlicher in HF 1, Kap. 3.2.4)*. Wahrnehmen und Interpretieren fallen beim Betrachten solcher Bilder zusammen, sie lassen sich nicht voneinander trennen. Am bekanntesten sind sicher die Beispiele „Alte Frau – junge Frau“ und „Zwei Gesichter – Blumenvase“ *(s. S. 143)* sowie das hier abgebildete.

Indianerkopf oder Inuit?

Bei der Betrachtung von Kippbildern wird auch deutlich, dass jeweils beide Wahrnehmungen „richtig“ sind und dass Wahrnehmung mehrdeutig ist *(Lindemann, S. 16)*. Weiterhin verweist diese mehrdeutige Wahrnehmung der Kippbilder darauf, dass unser Gehirn nicht gezwungen werden kann, eine dieser Wahrnehmungen zu vollziehen. Es bedarf u. U. sogar eines Hinweises von außen, damit wir das jeweilige Bild erkennen. Das bedeutet, dass wir sie selbst „konstruieren“ können. Das menschliche Gehirn kann aus konstruktivistischer Sicht nicht programmiert oder festgelegt werden. Vielmehr wird es durch äußere Ereignisse „perturbiert“ (angeregt), was zu neuen Reaktionen innerhalb unseres Nerven-Sinnessystems führen kann.

In Folge dieser Anregungen sucht das Gehirn nach Lösungen, die für diese äußeren Ereignisse jeweils angemessen sind und erzeugt ein subjektives Wissen, das sich stets von Neuem als „viabel“ (gangbar, passend) erweisen muss, indem es weiteres und effektives Handeln ermöglicht *(ebd., S. 34)*.

1.7.3 Piaget – konstruktivistische Bezüge

Erziehungs- und Bildungsprozesse führen in konstruktivistischer Sicht zu einer Wiederentdeckung des Schweizer Entwicklungspsychologen Jean Piaget *(ausführlicher in HF 2, Kap. 1.4).*

Durch seine Untersuchungen kam er zu der Schlussfolgerung, dass Kinder sich mit ihrer materiellen und soziokulturellen Welt aktiv auseinandersetzen. Ihre Versuche, sich die Welt anzueignen und diese zu verstehen, vollziehen sich dabei in zwei Prozessen:

→ **Assimilation,** verstanden als Aufnahme von Informationen von außen und ihrer Interpretation auf der Grundlage von anderen Vorkenntnissen (Schemata). Es handelt sich um einen „Abgleich" zwischen aktuellem Erleben und bisheriger Erfahrung.

→ **Akkomodation,** verstanden als Abwandlung oder Neubau eines Schemas. Misslingt der Abgleich mit bisherigen Denk- und Deutungsmustern, muss diese Differenz ausgeglichen werden, indem diese Muster umgebaut oder neu angelegt werden *(vgl. Lindemann, a. a. O., S. 101 f.).*

Im Rahmen dieser Prozesse entwickeln sich Denken und Wissen von Kindern immer differenzierter. Es ist eine „Leistung der Kinder", die sie „selbst erarbeiten" und somit konstruieren *(vgl. Textor, Online-Handbuch).*

1.7.4 Soziale Konstruktion – Ko-Konstruktion

Die menschliche Entwicklung geschieht weitgehend in sozialen Beziehungen. Aus konstruktivistischer Perspektive betrachtet, hat hierbei jeder Mensch die Möglichkeit, die anderen Menschen als „Elemente seines Erlebens wahrzunehmen". Eigene Handlungsstrategien werden auf- und ausgebaut und die eigene Wirksamkeit auf andere ausprobiert *(vgl. Lindemann, a. a. O., S. 123).*

In diesem **sozialen Geschehen** werden verschiedene Interaktionsformen beobachtet und, sofern sie als wirksam und geeignet erfahren werden, selbst verwendet. Regeln, Rituale, Konventionen usw. entwickeln sich in Einigungsprozessen, in der „Annahme" oder „Unterstellung", dass sie auch für andere Subjekte als verbindlich und viabel gelten können und weil man davon ausgeht, dass auch andere ihre Wahrnehmungen und Handlungen ähnlich konstruieren.

Individualität wird bereits in der frühen Entwicklung des Menschen dadurch erfahren, „dass man seiner Mitgliedschaft in Beziehungen gewahr wird" *(Youniss, 1994, S. 170).* Umgekehrt entstehen Gesellschaft und Kultur aus dem Zusammenwirken der sie konstruierenden Subjekte (soziale Konstruktion).

Vertreter der sozialen Konstruktion kritisieren zuweilen die Überbetonung der individuellen Perspektive in den klassisch-konstruktivistischen Denkmustern. James Youniss betont deshalb die interpersonalen Vorgänge bei den Konstruktionsprozessen und nennt dieses Geschehen **„Ko-Konstruktion"** *(a. a. O., S. 37).*

Alle Prozesse der Ko-Konstruktion sind dadurch gekennzeichnet, dass sie als Prozesse in Beziehungen auf Gegenseitigkeit **(Reziprozität)** geschehen. Aber sie sind in zweierlei Hinsicht reziprok:

→ **Symmetrische Reziprozität** charakterisiert diejenigen Beziehungen, in denen „es freisteht, die eigene Handlung der Handlung des anderen anzupassen oder entgegengesetzt zu handeln" *(ebd., S. 154 f.).*

→ **Asymmetrische Reziprozität** meint solche Beziehungen, „bei der die eigenen Handlungen sich nach Forderungen richten müssen, die in den Handlungen des anderen enthalten sind" *(ebd., S. 154 f.).*

Kinder explorieren ihre Umwelt, Fachkräfte können sie dabei unterstützen.

1.7.5 Pädagogisch-konstruktivistische Folgerungen

Es gibt „kein ‚interface' [...] keine Schnittstelle, über die eine Programmierung des Kindes möglich wäre" *(Laewen 2002, S. 72)*. In dieser Aussage lässt sich das pädagogische Geschehen aus konstruktivistischer Perspektive zusammenfassen.

Den Erzieherinnen muss immer bewusst sein, dass Kinder alle Bildungsangebote „auf der Basis ihres Weltverstehens interpretieren" *(ebd., S. 71)* und die Informationen in ihrem Gehirn selbst verarbeiten und verknüpfen. In diesen selbst konstruierten inneren Welten kommen Fantasien und Wunschvorstellungen ebenso zum Tragen wie z. B. Entwürfe von eigenem, künftigen Handeln oder die Reflexion von Ereignissen *(ebd., S. 54)*.

Erwachsenes pädagogisches Handeln unterstützt die kindlichen Konstruktionsprozesse dahingehend,

→ **dass die Umgebung (z. B. die Kindertagesstätte) anregend ausgestattet und gestaltet wird, um den Kindern eigenes Forschen und somit eigenständiges Konstruieren zu ermöglichen (intrinsisches Lernen),**
→ **und dass die eigene pädagogische Handlungsplanung jeweils mehrere Faktoren und Zielüberlegungen beinhaltet, die den Kindern in unterschiedlicher Weise Zugänge eröffnet** *(vgl. Lindemann, a. a. O., S. 235, 239)*.

Die Rolle der pädagogischen Fachkräfte wandelt sich zu einem Selbstverständnis als **„Lernbegleiter"** oder „Arrangeur" von Lernumgebungen, in der die Kinder nicht mehr instruiert, sondern **im Dialog** begleitet werden *(vgl. z. B. Brandes 2008 S. 63)*. In den verschiedenen Veröffentlichungen zum Konstruktivismus finden sich viele weitere Versuche, um die veränderte Rolle der pädagogischen Fachkräfte zu umschreiben: Coach, Lernberater, Moderator usw.

In diesem Zusammenhang soll noch einmal der Gedanke der **Ko-Konstruktion** kritisch aufgegriffen werden. Der „berechtigte Anspruch einer dialogischen Grundhaltung" *(ebd.)* stößt in der pädagogischen Praxis häufig an Grenzen: Erzieherinnen sollen Kinder nicht mehr belehren, sondern mit ihnen gemeinsam lernen und ihre Lernprozesse begleiten. Dies kann auch als überfordernd empfunden werden, wenn ständig zwischen der angemessenen pädagogischen Zurückhaltung und der notwendigen Unterstützung abgewogen werden muss.

Regeln und Vorgaben, welche Kinder übernehmen müssen, sind „bereits in den Köpfen der Erwachsenen fertig konstruiert" *(Youniss 1994, S. 149)*; insofern ist diese pädagogische Beziehung prinzipiell **asymmetrisch,** weil sie den Erwachsenen die Autorität der Regelsetzung und -kontrolle zubilligt *(vgl. Reziprozität)*. Deshalb ist in dieser Lernbeziehung immer die Gefahr gegeben, dass die Lernangebote schon als „fertige Einsichten" vermittelt werden *(vgl. Brandes 2008, S. 59)*.

Kinder agieren untereinander gleichberechtigt und auf jeweils ähnlichem Kompetenzniveau im Vergleich zu ihrem Umgang mit Erwachsenen. Deshalb bieten diese Beziehungsstrukturen „ein ideales Feld für gemeinsame Konstruktionsprozesse", weil sie prinzipiell **symmetrischer** Natur sind. Die verschiedenen Veröffentlichungen zu den Bildungsprozessen und Bildungsangeboten in Kindertagesstätten lenken den Blick oft auf das Verhältnis zwischen Kindern und Erwachsenen. Der Begriff der „Ko-Konstruktion" ist jedoch besonders geeignet, wenn damit die Kooperation von Gleichaltrigen und Kindergruppen bezeichnet wird *(ebd., S. 64)*.

Aus dem allgemeinen Verständnis heraus, dass alle Interaktionen von Erzieherinnen (mit Kindern, aber auch in der Zusammenarbeit mit Kolleginnen oder Eltern) letztlich immer subjektiv und „konstruiert" sind, lässt sich abschließend eine andere pädagogische Grundhaltung aufzeigen. Betrachtet man nämlich das Verhalten der uns gegenüber agierenden Menschen jeweils als Ausdruck und Ergebnis ihrer Wirklichkeitswahrnehmungen, erfordert dies „die prinzipielle Achtung der Konstruktionen anderer". Eine solche Überlegung stellt den Versuch dar, zunächst einmal den anderen Kommunikationspartner mit seinen Beweggründen und Deutungen zu verstehen, weil er diese als „viabel" und „richtig" erlebt – selbst wenn sein Verhalten als störend oder „falsch" empfunden wird *(Lindemann, a. a. O., S. 165)*.

↗ FAZIT

→ **Pädagogischer Konstruktivismus fragt nach dem Wissen über das Gelingen pädagogischer Handlungsweisen.**
→ **Lernprozesse lassen sich nicht von außen steuern, sondern nur gemeinsam konstruieren.**
→ **Eine konstruktivistische Sichtweise führt Erzieherinnen zu einem anderen Rollenverständnis.**

→·← AUFGABEN UND ANREGUNGEN

1 Tragen Sie eigene Beispiele zusammen („lustige" Äußerungen von Kindern, persönliche Deutungen und Vorstellungen, Konfliktsituationen, Gesprächsthemen usw.), in denen Sie „Konstruktionen" von Wirklichkeiten aufzeigen oder einander gegenüberstellen können.

2 Verschaffen Sie sich einen Überblick über die verschiedenen Formen der konstruktivistischen Ansätze.

3 Erklären sie noch einmal die Grundprinzipien des Konstruktivismus, insbesondere die Begriffe „Perturbation" und „Viabilität".

4 Konstruktivistische Überlegungen lassen sich auf viele Bereiche in der Ausbildung und Tätigkeit von Erzieherinnen und Erziehern beziehen, selbst wenn diese ursprünglich nicht als „konstruktivistisch" gedacht und vermittelt wurden.
Welche Bezüge sehen Sie z. B. bei der Denkentwicklung, bei interreligiösen Prozessen, in der Beratung, bei der Gestaltung einer pädagogischen Umgebung usw.?

5 Erklären oder beschreiben Sie einander in Kleingruppen, wie Sie eine alltägliche Tätigkeit (z. B. beim Anziehen) verrichten oder einen bestimmten Gegenstand (z. B. am Frühstückstisch) benutzen, oder stellen Sie dies pantomimisch dar. Vergleichen Sie im Anschluss daran die unterschiedlichen „Konstruktionen" der Mitspieler:

→ **Welche Bilder entwickeln die Zuhörer jeweils bei dem Versuch, diese Geschehnisse oder Dinge zu erraten?**
→ **Wie kann es gelingen, dass dabei gemeinsame oder ähnliche Vorstellungen „konstruiert" werden?**
→ **Inwiefern spielen Ihre Empfindungen dabei eine Rolle?**
→ **Welche Aspekte bleiben in den Vorstellungen Ihrer Mitspieler jeweils eigenständig stehen oder lassen sich nicht für alle eindeutig festlegen?**

6 Wie lässt sich ein pädagogisches Angebot im Hinblick auf die (vermutlichen) „Konstruktionen" von Kindern oder Jugendlichen im Voraus planen? Könnten Sie ein Bild, eine Erklärung, ein Gedicht, ein Geräusch u. a. m. auswählen, um Kinder oder Jugendliche zu eigenen „Konstruktionen" anzuregen? Mit welchen Reaktionen oder Vorstellungen rechnen Sie?

TIPPS ZUM WEITERLESEN →→

→ Selbstbildung in Kindergruppen.
Die Konstruktion sozialer Beziehungen.
Holger Brandes, München 2008

→ Einführung in den Konstruktivismus (Veröffentlichungen der Carl Friedrich von Siemens Stiftung, Bd. 5)
Heinz Gumin, Heinrich Meier (Hrsg.), München 2010

→ Anleitung zum Unglücklichsein.
Paul Watzlawik, München 2009

→ Online-Handbuch, darin: Kindergartenpädagogik – Der konstruktivistische Ansatz
Martin R. Textor, www.kindergartenpaedagogik.de/145.html

→ Wie wirklich ist die Wirklichkeit? – Wahn, Täuschung, Verstehen
Paul Watzlawik, München 2005

2 Bildung und Erziehung

2.1 Menschenbild und Bildung des Menschen

„Edel sei der Mensch, hilfreich und gut" *(Goethe)*

„Spätestens seit Erscheinen der ersten PISA-Studie wird in Deutschland gefordert, dass der Kindergarten einen größeren Beitrag zur Bildung von Kleinkindern leisten solle. Insbesondere die Förderung im kognitiven Bereich ließe zu wünschen übrig. Inzwischen haben nahezu alle Bundesländer Bildungspläne veröffentlicht, in denen ‚neue' Bildungsbereiche wie mathematische, naturwissenschaftliche und technische Bildung ausgewiesen und pädagogische Ziele wie Denkfähigkeit, Problemlösekompetenz und das ‚Lernen des Lernens' genannt werden. Die kognitive Entwicklung von Kleinkindern ist ein höchst komplexes Geschehen, das in die Gesamtentwicklung eines Kindes eingebettet ist. Sieht man einmal von den Bildungsinhalten (d. h. den Kenntnissen) ab, die sich Kleinkinder aneignen sollen und an denen sie ihre intellektuellen Fähigkeiten ausbilden, so umfasst die kognitive Bildung meines Erachtens mindestens die in nachfolgender Grafik dargestellten Aspekte:" *(www.kindergartenpaedagogik.de/1278.pdf, 17.5.2012)*

↘ FRAGEN

→ *Was verstehen **Sie** unter dem Begriff Bildung?*

→ *Wie verstehen Ihre Freunde, Teamkollegen diesen Begriff? Welche Meinungen werden dazu in der aktuellen Tagespresse vertreten?*

2.1.1 „Bildung" und „Erziehung" – ein Unterschied

„Vergegenwärtigen wir uns noch einmal: ‚Was bildet den Menschen?' ‚Welche Bildungsvorstellungen haben wir/wollen wir haben?' ‚Wer ist der gebildete Mensch?' ‚Welches Menschenbild liegt deiner/meiner Menschenbildung zugrunde?' ‚Welche Eigenschaften und Fähigkeiten, Tugenden und Qualifikationen braucht der heutige Mensch/die heutige Welt?' – diese Fragen kann man verständig nur beantworten, wenn man einvernehmlich und begründet weiß, was mit ‚bilden' gemeint ist." *(Hartmut von Hentig, in: Laewen/Andres 2002, S. 16)*

Die Pädagogik oder Erziehungswissenschaft kann heute in drei Hauptströmungen eingeteilt werden: die *geisteswissenschaftliche, empirische* und *kritisch orientierte* Erziehungswissenschaft. Sie fächert sich mittlerweile in zahlreiche Teildisziplinen auf. Es gibt die Vorschulpädagogik und die Schulpädagogik mit allgemeinen Didaktiken, Kultur-, Medienpädagogik, Sonder-, Heil-, Förderpädagogik, Erwachsenenbildung oder Geragogik. Jede Disziplin stellt eine Spezialisierung und Professionalisierung in Hinblick auf spezifische Anforderungen im jeweiligen Arbeitsfeld der Pädagogen dar.

Bildung ist ohne Erziehung und Erziehung ohne Bildung nicht denkbar. Beide Vorgänge bedingen sich gegenseitig. Viele Sprachen unterscheiden nicht zwischen „Bildung“ und „Erziehung“. So gebraucht man im Englischen für beide Sachverhalte das Wort „education“. Gudions sieht in einem gesonderten Bildungsbegriff allerdings den Vorteil, dass er als Leitbegriff für eine zusammenbindende Sinnfindung für das pädagogische Geschäft tauglich ist *(vgl. Gudions 2003)*.

Eine zentrierende Kategorie als übergeordnetes Orientierungs- und Beurteilungskriterium für alle pädagogischen Einzelmaßnahmen wurde ab etwa 1975 in einer Neuformulierung des **Bildungsbegriffs** gesucht.

„Drei Argumentationslinien lassen sich dabei feststellen:
1. Die zunehmende spezialisierende Verwissenschaftlichung unserer Lebensverhältnisse lässt einen Abbau gemeinsamer Anschauungen, Werthaltungen und Verhaltensweisen befürchten - Allgemeinbildung soll dem entgegenwirken.
2. Dem beobachtbaren Pluralismus werden Vorstellungen von möglicher Konzentration entgegengesetzt, wobei unter anderem Kirchen, Gewerkschaften [...] *(und verschiedene politische Parteien, Anmerkung des Autors)* den Bildungsbegriff jeweils inhaltlich zu füllen suchen und unter einer solchen Leitkategorie entsprechende Lernprozesse organisieren wollen.
3. In der Erziehungswissenschaft wird versucht, den Bildungsbegriff stärker theoriegeleitet, historisch-systematisch zu rekonstruieren und damit neu zu formulieren.“ *(Gudions 2003, S. 201)*

Allen diesen Bemühungen um den Bildungsbegriff ist die kritische Vergegenwärtigung seiner klassischen Tradition anzumerken. Danach meint **Bildung**

→ **„die Befähigung zu vernünftiger Selbstbestimmung und Solidaritätsfähigkeit mit anderen,**
→ **die Subjektentwicklung [...],**
→ **die Gewinnung von Individualität und Gemeinschaftlichkeit,**
→ **eine allgemeingültige, d. h. für alle Menschen gleich gültige Bildung,**
→ **Vielseitigkeit, vor allem die moralische, kognitive, ästhetische und praktische Dimension.“**

(Gudions 2003, S. 202)

Allgemein lassen sich so fünf **Bildungsdimensionen** unterscheiden, auch wenn es keine Übereinstimmung darüber gibt, was „Bildung“ ist:
1. Die Sache. Bildung braucht Bildungs-Inhalte.
2. Der zeitliche Verlauf der Menschheitsgeschichte hat einen Sinn, der immer wieder ausgehandelt werden muss. Insofern braucht Bildung Geschichte.
3. Mit „Bildung“ sind normative Zusammenhänge der menschlichen Gesellschaft verbunden. Bildung braucht Zustimmung.
4. Die Wissenschaft erwartet, dass Bildung wissenschaftlich und eben nicht dogmatisch ist.
5. Bildung hat eine autobiografische Dimension. Jeder Einzelne braucht Bildung für sein Selbstverständnis und entsprechend ist jeder in seiner Weise gebildet.

2.1.2 Begriffsbestimmung: „Entwicklung“

Etwas leichter ist es mit dem Begriff der **Entwicklung.** Entwicklung beschreibt den Prozess von Veränderungen im menschlichen Erleben und Verhalten. Dabei beziehen sich diese Veränderungen auf die körperliche und die soziale Ebene sowie das innerpsychische Erleben. Die Veränderungen werden zum einen durch körperliche **Reifungsprozesse,** zum anderen durch **äußere Einflüsse** und deren **innere Verarbeitung** ausgelöst *(vgl. Kap. 1.4)*. Wird die Entwicklung im Säuglingsalter noch weitgehend durch körperliche Reifungsprozesse bestimmt - wobei auch hier Umwelteinflüsse stark entwicklungsfördernd oder -hemmend sein können -, so gewinnen mit fortschreitendem Alter soziale Einflüsse für den Entwicklungsfortschritt an Bedeutung.

Die körperlichen, sozialen und innerpsychischen Entwicklungsprozesse verlaufen nicht parallel. Bei der Beschreibung menschlicher Entwicklungsprozesse ist festzustellen, dass unterschieden werden kann zwischen einem **kalendarischen, sozialen, biologischen** und **psychologischen Alter.** Vom kalendarischen Alter können dabei nicht ohne Weiteres Schlussfolgerungen auf die anderen Bereiche gezogen werden. Die Entwicklungsverläufe sind (inter)individuell verschieden und weisen unterschiedliche Erscheinungsbilder auf. Es lassen sich nur schwer feste Altersgrenzen oder eine allgemeingültige Gesetzmäßigkeit über den Verlauf menschlicher Entwicklung formulieren.

Entwicklung dauert von der Zeugung bis zum Tod eines Menschen. In diesem Zeitraum kommt es nicht nur zum Erwerb neuer Fähigkeiten. Es gehen auch wieder Fähigkeiten verloren. Im Allgemeinen sind Entwicklungsprozesse irreversibel. Jede gemachte Erfahrung prägt den weiteren Entwicklungsverlauf.

Der Begriff **Entwicklung** besitzt einen Hang zum Prozesshaften, zur Gesetzmäßigkeit, zu so etwas wie „natürlichen Abläufen". Nicht als Kausalität oder Determiniertheit gedacht, sondern eher als ein Entwurf, als eine Skizze zukünftiger Möglichkeiten, die vom jeweiligen Menschen ganz individuell und unter den jeweiligen Bedingungen umgesetzt und verwirklicht wird. Dabei ist der Fächer menschlicher Entwicklungsmöglichkeiten sehr breit.

2.1.3 Begriffsbestimmung: „Bildung"

„‚Warum schlägt die Zwiebel aus?', fragt das Kind, und wir erzählen etwas von Jahreszeiten, Stoffen, Zirkulation, kurzum: von Vergangenheit, während eine Antwort sinnvoll ist: die Pflanze will blühen. [...] Die Gegenwart ist die sichtbare Zukunft." *(Gudions 2003, S. 45)*

Bildung wird heute in der öffentlichen Diskussion fast nur mit „Schul-Bildung" oder „Aus-Bildung" in Zusammenhang gebracht. „Allgemein-Bildung" meint oft das, was wir in der Schule hätten lernen sollen. Selbst auf der Homepage des Bundesministeriums für Bildung *(www.BMBF.de, August, 2011)* findet sich keine Definition von „Bildung". Dafür werden viele Informationen zu „Weiter-Bildung" und zu spezifischen Ausbildungsgängen gegeben. Die Argumente für eine gute Aus-Bildung sind heute nahezu dieselben wie zur Zeit der ersten industriellen Revolution: Um in der Konkurrenz auf einem globalen Markt zu bestehen, werden „Qualifikationen", eine fundierte Ausbildung und die Bereitschaft zu ständigem Weiterlernen benötigt. Bildung wird hier vor allem als die Aneignung von spezifischem Fachwissen sowie Metawissen (Wissen über Wissen, was u. a. die Einordnung und Bewertung von Fachkenntnissen ermöglicht) und spezifischen Fähigkeiten und Fertigkeiten verstanden. Dementsprechend werden Bildungspläne erstellt, die je nach Interessengruppe, die die Pläne formulieren, unterschiedlich aussehen können.

Unter diesem Blickwinkel geht es vor allem um „Know-how". „Bildung" wird in diesem Zusammenhang als ein käufliches Handelsgut aufgefasst. Problematisch wird es, wenn auch die Tageseinrichtungen für Kinder in den Fokus eines solchen Bildungsverständnisses geraten. Schon allein deshalb, weil Kinder in einer völlig anderen Art und Weise lernen und Fähigkeiten erwerben und entwickeln, als Erwachsene das tun. Lernen geschieht immer in Kontexten. Lernen bedeutet auch, einer Sache in einem Kontext eine Bedeutung zu verleihen. Kinder allerdings müssen zuerst eben diese Kontexte erfahren.

„Niemand geht ‚voraussetzungslos' an das Verstehen eines Textes oder einer Szene heran, jeder bringt schon ein Vorverständnis mit ein." *(Gudions, S. 57).* Mit jeder neuen Erfahrung kommt es zu einer Erweiterung der Vor-Erkenntnisse und der neuen Einordnung und Bewertung von Erfahrungen, woraus wieder eine neue vorläufige Erfahrung mit neuen Vor-Erkenntnissen entsteht usw. Man nennt einen solchen Lernprozess einen **hermeneutischen Zirkel.** Dinge verändern sich mit unserer persönlichen Erfahrung und Intention.

Dazu kommt, dass man beispielsweise Klavierunterricht als Dienstleistung kaufen kann – aber nicht das Klavierspielen-Können. Der Lehrer will es zwar beibringen, lernen muss es aber der Schüler. Und dieses Lernen ist ein Vorgang, der mit dem „Markt" nichts mehr gemein hat. Es hat viel mit dem jeweiligen Vermögen und Wollen zu tun. Mitunter werden in solchen organisierten Lernsituationen auch Dinge gelernt, die überhaupt nicht intendiert waren und die auch keineswegs zutreffend sein müssen. Beispielsweise, dass es immer ein „Freizeitangebot" geben muss, damit man sich nicht unsicher oder gelangweilt fühlt. Oder, dass man ohne fremde Hilfe nicht weiterkommt.

Da man nicht wissen kann, was ein Kind schließlich selbst will, dass aus ihm wird, muss die gesamte Persönlichkeit mit allen möglichen Interessen und Fähigkeiten auf möglichst vielen Gebieten gefördert werden. Da man zudem nicht wissen kann, was ein Kind in Zukunft an konkreten Fähigkeiten und Wissen brauchen wird, kommt es auf eine möglichst allgemeine Bildung an, die weniger spezielles Wissen und Fertigkeiten betrifft, sondern die Persönlichkeit miteinbeziehen muss. Daher gehört zur Förderung im Kindergarten auch die Zumutung von Themen aus allen möglichen Lebensbereichen.

Bildung bedeutet zudem nicht nur, das jemand alles Mögliche tun kann. Sie bedeutet gleichzeitig, dass jemand in der Lage ist, bestimmte Dinge ganz bewusst *nicht* zu tun. Bildung bedeutet, dass jemand in der Lage ist, Handlungen und Handlungsentwürfe ethisch und moralisch zu bewerten. Es geht nicht nur um das *„Know-how"*, sondern auch um das *„Know-why"*, es geht nicht nur darum, *wie* man etwas tun kann, sondern auch, *warum* man etwas tun sollte - oder nicht.

Bildung ist immer auch Persönlichkeitsbildung und Charakterbildung. Bildung und Ausbildung sind auch keine trennbaren Kategorien, denn eine Ausbildung beeinflusst immer auch die Persönlichkeit. Im Verlauf einer Ausbildung zu einer pädagogischen Fachkraft werden die Auszubildenden mit verschiedenen empirischen Wissensinhalten und auch sehr persönlichen Fragen konfrontiert, von deren persönlicher Antwort ihre weitere Entwicklung abhängt. Die Auszubildenden werden auch Menschen kennenlernen, die sie in Ihrer weiteren Entwicklung beeinflussen.

Das Qualifikationsprofil für die Ausbildung von Erziehern und Erzieherinnen, welches durch die Ständige Konferenz der Kultusminister der Länder beschlossen wird, beschreibt eine Reihe von **„Kompetenzen"**, die im Verlauf der Ausbildung erworben werden sollen.

Hier werden vier Querschnittsaufgaben benannt, die für sozialpädagogische Arbeitskräfte immer von Bedeutung sind: **Partizipation, Inklusion, Prävention und Wertevermittlung.** Bereits in Bezug auf die Partizipation wird erläutert, dass dies eine persönliche Haltung der Fachkraft bedeutet, die darin besteht, Kinder, Jugendliche und junge Erwachsene entsprechend ihres Entwicklungsstandes an allen sie betreffenden Entscheidungen des öffentlichen Lebens zu beteiligen, mit dem Ziel einer demokratischen Teilhabe an der Gesellschaft.

Auch in Bezug auf den Kompetenzerwerb werden Bildung und Ausbildung nicht streng getrennt gesehen. Die Kompetenzen werden unterteilt in Fachkompetenzen (Wissen und Fertigkeiten) und personale Kompetenzen (Sozialkompetenz und Selbstständigkeit).

↗ FAZIT

- → Bildung geht über „Schul-Bildung" oder „Aus-Bildung" hinaus. Jeder Mensch ist gebildet, auch wenn er nie eine Schule besucht hat und unabhängig von seiner Kultur.
- → Im Bildungsbegriff fließen viele Aspekte menschlichen Daseins zusammen: Wissen, Kenntnisse, Fertigkeiten, Fähigkeiten, Begabungen, charakterliche Eigenschaften, Wertvorstellungen, religiöse Überzeugungen, Persönlichkeit, Charakter, Individualität, Würde u. a. Einen Menschen in seiner Entwicklung und Bildung zu fördern bedeutet, ihn in seiner gesamten Persönlichkeit zu fördern.
- → Förderung ist nie abstrakt. Gefördert werden immer konkrete Fähigkeiten und Verhaltensmuster und Förderung bedeutet auch die Auseinandersetzung mit Werten und Normen.

→·← AUFGABEN UND ANREGUNGEN

1 Versuchen Sie erneut, den Begriff Bildung zu definieren. Was verstehen Sie jetzt darunter?

2 Beschaffen Sie sich Informationen von Bildungssystemen anderer Länder (Australien, Frankreich, Finnland) und vergleichen Sie sie.

2.2 Der Bildungsbegriff im Wandel der Zeit

2.2.1 Bildung in der Zeit vor Christi Geburt

Zur Zeit der Pharaonen gehörten die „Schreiber" zu den angesehensten Personen des alten Ägyptens. Sie verkörperten das Gedächtnis eines Staates, der über 5000 Jahre lang ohne große innenpolitische und weltanschauliche Veränderungen existierte. Neben ihnen genossen die Priester und der Pharao enormes Ansehen. Aber der Pharao wurde nicht als Mensch angesehen. Er war ein „Gott". Während die Schreiber gewissermaßen den Kontakt zur irdischen Existenz der Menschen herstellten, waren die Priester für deren spirituelle Existenz zuständig. Über den Grad der Bildung begründeten sich auch die Hierarchie im Staat und das Selbstverständnis der Menschen.

Das Wort **„Pädagogik"** hat seine Wurzel im griechischen *paideia,* was mit „Erziehung" oder „Bildung" übersetzt werden kann. Praktisch bedeutete der Vorgang der Bildung die Vorbereitung auf das gesellschaftliche Leben in der *polis,* im griechischen Stadtstaat. Bildung war somit auch politische Bildung. Platons (427 v. Chr. - 347 v. Chr.) Bildungsideal bestand darin, junge Menschen vom dumpfen Meinen zum Erkennen der Idee des guten und gerechten Lebens zu führen und dies mit den höchsten Tugenden (Besonnenheit, Gerechtigkeit, Tapferkeit, Frömmigkeit) zu verbinden.

Schulische Bildung war damals nur den freien Bürgern vorbehalten. Sie besaßen Land und Güter. Ihre Tätigkeiten lagen vor allem im Handel, der Politik und in der Kriegsführung. Mit alltäglichen Arbeiten hatten sie wenig zu tun. Die zweite und größere Bevölkerungsgruppe bestand aus Sklaven. Sie waren für den funktionalen Ablauf des täglichen Lebens zuständig, für Ackerbau und Ernte, für die Produktion und Pflege der Kleidung, die Nahrungszubereitung, die Herstellung von Werkzeugen oder den Häuserbau. Auch große Werke der bildenden Kunst wurden von Sklaven geschaffen. Künstler im heutigen Sinne gab es nicht. Auch sie waren Unfreie.

Wie heute auch, hatte das **Menschenbild** einen unmittelbaren Einfluss auf das Bildungswesen. Es existierte kein öffentliches Schulwesen. Im antiken Griechenland (abgesehen von Sparta, das die Kinder in staatlichen Erziehungshäusern erzog) gab es zwar private Schulen, die eine elementare musische, gymnastische und manchmal auch literarische Bildung vermittelten - aber nur für die freien Bürger und deren Knaben.

Daneben gab es geistige Bildungszentren, Philosophenschulen (z. B. die Akademie des Platon). „Erst im Hellenismus (also etwa ab 300 v. Chr.) gingen fast alle Kinder (auch die Mädchen) der freien Bürger zu irgendeiner Schule. Das ist verständlich, wenn man bedenkt, dass die griechische Gesellschaft weitgehend vom Handel lebte. Und das hieß: von der schriftlichen Kommunikation, also von einer hochgradigen Alphabetisierung, abhängig war." *(Gudions 2003, S. 75)*

Für die freien Bürger galt zur Zeit des Hellenismus ein **Bildungskanon,** mit dem sich die Jugendlichen auseinandersetzen und den sie beherrschen mussten. Bei diesem Kanon handelte es sich um die **sieben freien Künste,** die in zwei Gruppen zusammengefasst wurden:

Zum **Trivium (Baccelaurus)** gehörten die *Rhetorik* (Worte färben), *Dialektik* (das Wahre suchen) und *Grammatik* (richtig sprechen). Darauf baute das **Quadrivium (Magister)** auf. Zu ihm gehörten die *Astronomie* (Sternbeobachtung), die *Geometrie* (das Abwägen), die *Arithmetik* (das Zählen) sowie die *Musik* (singen).

Dieser Bildungskanon taucht im folgenden Verlauf der Geschichte immer wieder auf und spielt für Bildung und das, was darunter verstanden wird, immer wieder eine Rolle. Und auch heute wird von einem „gebildeten" Menschen erwartet, dass er über verschiedene Kulturtechniken und Grundlagenwissen verfügt, oft auch, dass er beispielsweise ein Instrument beherrscht oder sich in den bildenden Künsten auskennt.

In der nachklassischen Antike, dem „alten" Rom, wurde dann eher das allgemeine Wissen betont. So ist die „enkyklios paideia" die wortgeschichtliche (ethymologische) Wurzel der „Enzyklopädie". Die römische Gesellschaft kannte elementare Schreib- und Leseschulen. In dem gewaltigen römischen Reich war die Alphabetisierungsrate unter den Bürgern mit römischem Bürgerrecht sehr hoch. Die weiterführenden Grammatikschulen und die abschließenden Rhetorikschulen waren das Privileg freier Bürger, insbesondere der Oberschicht. „Die ‚emancipatio' (das allmähliche Herauswachsen aus der väterlichen Gewalt) ist mit dem Anlegen der ersten Toga für die 14-17-Jährigen (Jungen) und der schrittweisen Übernahme öffentlicher Ämter geordnet. Das Hineinwachsen in Kultur und Gesellschaft geschah für das Volk weitgehend ohne organisierte Bildungsprozesse." *(Gudions 2003, S. 75)*

Bildung war bereits für die frühen Kulturen ein bedeutsamer Faktor. Neben der Schriftkultur und der Vermittlung von Wissen spielte der Erhalt der jeweiligen Gesellschaft und damit der Traditionen, der Religion und Wertvorstellungen eine große Rolle. Bildung war entsprechend den jeweiligen Gesellschaftsformen nicht allen Menschen in gleichem Maß zugänglich (elitär).

2.2.2 Bildung im Mittelalter

Das christliche Denken im Mittelalter (ca. 6.-15. Jh.) bedeutete einen radikalen Einschnitt. „Die menschliche Existenz wurde nun linear (Zeitpfeil) nicht mehr zyklisch gedacht, es gibt eine Schöpfung (Anfang) und ein Jüngstes Gericht (Endpunkt). Nicht die Ideen sind das Höchste, sondern ein persönlicher Gott. Nicht die Erkenntnis weniger ist das Ziel, sondern die Erlösung aller Menschen. Die Bindung an Gott und die Vorstellung der Gottesebenbildlichkeit des Menschen (imago dei) werden im gesamten Mittelalter Grundlagen des Bildungsdenkens. Bildung ist Gestaltung des Lebens auf diesen Grundlagen." *(Gudions 2003, S. 74).* Der Mensch wurde als das Ebenbild Gottes gesehen und der Bildung fiel die Aufgabe zu, diesem Ebenbild auch zur Verwirklichung in der diesseitigen Welt zu verhelfen.

Im Mittelalter war Bildung für den Klerus vorgesehen, nicht für das Volk. Alles, was man wissen konnte, galt im Prinzip als bekannt. Deshalb waren einige Lehrbücher jahrhundertelang in Gebrauch. Das wichtigste Buch, das Buch der Bücher, war die Bibel. Bildungsgrundlage waren auch im Mittelalter die sieben freien Künste: Rhetorik (Redekunst), Grammatik, Dialektik (Logik und die Kunst des Argumentierens), Astronomie, Arithmetik, Geometrie und Musik.

Da man sich allerdings der wachsenden Bedeutung des Handwerks für das Alltagsleben bewusst wurde, wurde bereits im 9. Jahrhundert der Kanon der freien Künste (der *artes liberales*) durch einen Kanon der **unfreien Künste,** die *artes mechanicae,* erweitert. Zu den *artes mechanicae* zählten das Textilhandwerk (lanuficium), das Waffen-, Bau- und Kunsthandwerk (armatura), Schifffahrt und Handel (navigatio), Landwirtschaft (agricultura) und Jagd (venatio) sowie neben dem Theater bei Hofe die Heilkunst (medicina).

Bei der Ausübung dieser Künste ging es vor allem um die Befriedigung der Lebensbedürfnisse und um die konkrete Beherrschung der Materie. Auch wenn „Kunst" für uns heute eher in Bezug auf bildende Kunst, Musik oder Literatur konnotiert ist, sprechen wir doch immer noch in sehr vielen Bereichen von „Kunstfertigkeit", die bei der Ausübung einer Tätigkeit erwartet wird.

Erzieherisch kam es darauf an, eine **christliche Nachfolge** einzuüben. Das galt auch für die mittelalterlichen Universitäten. Sie waren keine „Forschungsanstalten", sondern dienten der Tradition, dem Erhalt und der Weitergabe von Wissen, Können und Verhaltensweisen.

Bei den Rittern ging es um körperliche Tüchtigkeit, Tugend, musische und ästhetische(!) Bildung sowie um Kenntnisse in der Verwaltung. Die Handwerker erhielten keine Schulbildung, sondern wuchsen über den Dreischritt *Lehrling - Geselle - Meister* in ihre Zunft hinein. Dem Meister kamen dabei gegenüber seinen Lehrlingen und Gesellen Erziehungsaufgaben zu, wie einem Vater. Er hatte darauf zu achten, dass sich die Seinen standesgemäß verhielten. Er wachte über den sittlichen Lebenswandel wie über den regelmäßigen Kirchgang.

Dieses Ausbildungssystem hatte bis zur ersten industriellen Revolution Bestand. Für die Landbevölkerung gab es keine Schulen. Das Hineinwachsen in die Gesellschaft geschah durch Mittun, Liturgie und Brauchtum. Es kam auf die emotionale Übereinstimmung an, nicht auf „Verständnis".

Mit der Zeitenwende (Christi Geburt) kam es zu einer neuen **religiösen Ausrichtung der Bildung** im europäischen Raum. Die individuellen Taten eines Menschen gewannen an Gewicht, insofern sie als einmalig und nicht in weiteren Leben korrigierbar aufgefasst wurden. Eine herausragende Rolle im Bildungsprozess kam der Kirche zu. Wichtigste Bildungsgrundlage war die Bibel. Im Rahmen der herrschenden Ständegesellschaft blieben umfassendes Wissen und weiter reichende Kenntnisse wenigen vorbehalten.

2.2.3 Bildung in der Renaissance

Mit der Renaissance (ca. 15. und 16. Jh.) kam es zu Umbrüchen und Verwerfungen in der abendländischen Gesellschaft. Die Entdeckung neuer Kontinente und astronomische Erkenntnisse führten zu einem **neuen Weltbild.**

In der Folge und durch die Folgen der **Reformation** verlor die römisch-katholische Kirche ihre staatstragende Funktion. Martin Luther übersetzte die Bibel erstmals ins Deutsche und machte den Text so einer breiteren Mehrheit zugänglich. Unterstützt wurde diese Entwicklung durch die parallele Erfindung des Buchdrucks.

Die Vorstellung, der Mensch könne durch eigenes Denken die Welt gestalten - bis zum vorläufigen Höhepunkt bei dem Philosophen Descartes (1596-1650) mit seinem Satz: „Cogito ergo sum" (Ich denke, also bin ich) -, spiegelt das Vertrauen in die menschliche Denkkraft als Garant des Seins. Die Vorstellung des Philosophen Francis Bacon (1561-1626), man solle die Natur wie eine Maschine erforschen, weist auf das einsetzende **mechanistische Weltbild** hin.

In der Neuzeit entstanden neue Auffassungen von Welt und Mensch - und Bildung. Mensch und Welt werden als Produkt des eigenen Tuns gesehen und nicht mehr mythologisch begriffen. Es kommt zu einer weiteren Differenzierung zwischen Gelehrten und Klerikern und damit zu einer Trennung von überprüfbarem Wissen und Glauben. Zum Dritten wird Erziehung neben Religion und Tradition als ein eigener Mechanismus der Tradierung von Lebensformen begriffen. Diese Entwicklung mündet schließlich in die Aufklärung.

Mit der Entdeckung neuer Kontinente und einer Reihe neuer Erfindungen und Beobachtungen (Columbus, Kopernikus, Keppler, Galilei, Kompass, Uhr, Fernrohr, Mikroskop, Buchdruck, weitere Planeten, usw.) änderte sich das Weltbild der Menschen in Europa. Der Einfluss der Kirchen ging zurück. Es entstand allmählich das, was heute als **wissenschaftliche Methoden** (empirische Forschung) bezeichnet wird. Entsprechend begannen sich Bildungsinhalte zu ändern.

2.2.4 Aufklärung – Kant und der kategorische Imperativ

Den Grundgedanken der Aufklärung formulierte Kant 1784: „Aufklärung ist der Ausgang des Menschen aus der selbst verschuldeten Unmündigkeit. **Unmündigkeit** ist das Unvermögen, sich seines Verstandes ohne die Leitung eines anderen zu bedienen. Selbstverschuldet ist die Unmündigkeit, wenn die Ursache derselben nicht am Mangel des Verstandes, sondern der Entschließung und des Mutes liegt, sich seiner ohne die Leitung eines anderen zu bedienen. Sapere aude! Habe Mut, dich deines eigenen Verstandes zu bedienen!, ist also der Wahlspruch der Aufklärung. Faulheit und Feigheit sind die Ursachen, warum ein so großer Teil der Menschen, nachdem sie die Natur längst von fremder Leitung freigesprochen, dennoch gern zeitlebens unmündig bleiben und warum es anderen so leicht wird, sich zu deren Vormündern aufzuwerfen. Es ist so bequem, unmündig zu sein [...]" *(Kant 1968, S. 53 in Gudions, S. 80)*

Damit ist die letzte Entscheidungsinstanz das jeweilige Individuum selbst. Es ist nun nicht mehr erstrebenswert, die Verantwortung für Handlungen äußeren Bedingungen zuzuschieben, dem König, einem Vorgesetzten oder auch Gott. Damit wird es schwierig, gute von schlechten Handlungen zu unterscheiden, da nun ein neuer Begründungszusammenhang notwendig wird. Der allerdings muss nun in sich logisch und stimmig, eben „vernünftig" sein. Vernunft meint also *nicht* die Anwendung dessen, was allgemein als der „gesunde Menschenverstand" bezeichnet wird, oder das, was jemand gerade als gut oder brauchbar empfindet.

Als Entscheidungskriterium entwickelt Kant in seiner „Kritik der praktischen Vernunft" (1788) den **kategorischen Imperativ,** den er auch als das „Grundgesetz der reinen praktischen Vernunft" bezeichnet:
„Handle so, dass die Maxime deines Willens jederzeit zugleich als das Prinzip einer allgemeinen Gesetzgebung gelten könnte." *(Kant 1980, S. 53)*

Bevor man etwas tut, schlägt Kant hier vor, sollte man sich überlegen, was geschehen würde, wenn es alle Menschen, im Sinne einer Maxime, tun müssten. Man solle prüfen, ob diese Handlung dann überhaupt noch möglich wäre. Angenommen, jemand wollte etwas stehlen, müsste man sich entsprechend vorstellen, was geschähe, wenn alle Menschen immer stehlen würden. Es gäbe in der Folge gar kein rechtmäßiges Eigentum mehr, welches man stehlen könnte. Man könnte dann nicht mehr stehlen, weshalb stehlen unvernünftig und somit zu unterlassen wäre. Würden alle Menschen lügen, so gäbe es schließlich keinen Gedankenaustausch mehr, ohne den auch niemand mehr lügen könnte.

Entscheidend ist hier, dass die Argumentation für oder gegen ein Gebot nicht mehr in einer äußeren Autorität liegt (und damit letztlich durchaus willkürlich sein kann), sondern *vernünftig* ist.

2.2.5 Bildung in der ersten industriellen Revolution

Im 18. Jahrhundert bahnen sich wieder grundlegende Wandlungen in der Gesellschaft an. Die neue Sicht der Welt und der systematische Wissensaufbau führen zur ersten industriellen Revolution mit allen angenehmen und unangenehmen Begleiterscheinungen: große Erfindungen (Dampfmaschine, Fabriken, Elektrizität usw.), aber auch Proletariat, Kinderarbeit, Armut, Landflucht.

Bildung erhält nun eine widersprüchliche Funktion: Auf der einen Seite soll sie nach wie vor der Gesellschaft dienlich sein. Die begrenzten Möglichkeiten in einer Familie wurden durch formalisierte Bildungsgänge erweitert. Bildung wurde nun rational geplant und ging so im Konzept des Fortschritts auf, welches alles für machbar hielt. Zweck dieser Bildung war ein für die Produktionsprozesse „brauchbarer" Mensch (Utilitarismus).

Andererseits wurden die negativen Auswirkungen der modernen Gesellschaft deutlich. Bildung musste also ebenfalls zu einer angemessenen Reaktion gegen diese negativen Entwicklungen werden und erstrebte auch die Bildung einer individuellen, starken Persönlichkeit.

2.2.6 Humanismus – Wilhelm von Humboldt

Für die Entstehung des heutigen Bildungsbegriffs spielt Wilhelm von Humboldt (1767–1835) eine herausragende Rolle. Er entwarf ein radikales Erneuerungskonzept, welches die Idee einer **allgemeinen Menschenbildung** im Bildungswesen umsetzen sollte.

Wilhelm von Humboldt wehrte sich grundsätzlich gegen die gänzliche Vereinnahmung des Menschen durch die Gesellschaft. „Bildung war für ihn der Weg des Individuums zu sich selbst. [...] Nicht unmittelbare Verwertung des Menschen für irgendwelche Zwecke darf Leitlinie der vom Staate einzurichtenden Bildung sein, sondern: ‚Der wahre Zweck des Menschen [...] ist die höchste und proportionierlichste Bildung seiner Kräfte zu einem Ganzen. [...] Kein Mensch sollte bloßer Kulturdünger sein.'

Menschliche Bildung - vom Handwerker bis zum Gelehrten - sollte bestimmt sein durch Individualität (also der Innerlichkeit der eigenen Subjektivität), Totalität (Bildung der Kräfte zu einem Ganzen statt Füllung mit Stoffen) und Universalität [...] Auch Griechisch gelernt zu haben könnte dem Tischler ebenso wenig unnütz seyn, als Tische zu machen dem Gelehrten.')". *(Gudions 2003, S. 90)*

Die 1809 gegründete Universität in Berlin trug deutlich Humboldts Handschrift. In ihr sollte Wissenschaft als ein System eigenständigen Denkens verstanden werden, für die keine andere Autorität gelten sollte als das eigene Denken. Die Studenten wurden zu zwar lernenden, aber dennoch gleichberechtigten Teilnehmern. Bildung stand durch Wissenschaft als Philosophie (Liebe zur Weisheit) im Mittelpunkt. Das bedeutete auch die Ablehnung der Praxis unter dem Aspekt der „Anwendung", denn nur reine philosophische Erkenntnis dient der Selbstwerdung des Menschen *(vgl. Gudions 2003, S. 91)*.

Damit sind die beiden großen Pole formuliert, zwischen denen „Bildung" geschieht: Auf der einen Seite bedeutet Bildung die Selbstverwirklichung des Menschen, den Versuch jedes Einzelnen und die Gelegenheit, sich bestmöglich zu entfalten. Auf der anderen Seite bedeutet Bildung die Vorbereitung auf seine „Brauchbarkeit" **eines Menschen** für die Gesellschaft, in der er lebt. Es scheint, als würden sich diese beiden Verständnisweisen gegenseitig ausschließen. Sie lassen sich aber auch als die beiden Seiten einer Medaille betrachten. Keine Seite für sich allein wird dem Menschen und seinen Möglichkeiten vollständig gerecht.

↗ FAZIT

Zwischen den beiden Polen *Persönlichkeitsbildung/Individualität* und *Brauchbarkeit/Funktionalität* spannt sich heute ein Fächer verschiedener Aspekte des Bildungsbegriffs und Aufgaben von Bildung auf:

- → Bildung ist formale Bildung und umfasst sowohl die Schulung der inneren Kräfte als auch die Aneignung von Kenntnissen und die Erschließung von Welt (materiale Bildung).
- → Bildung ist ein Prozess der Selbstgestaltung und der Eigenaktivität. Gleichzeitig ist sie aber auch ein Prozess der Wissensvermittlung durch Dritte.
- → Bildung bedeutet Erwerb und Übernahme von Bildungsgütern wie Sprache, Kulturtechniken, Natur- und Geisteswissenschaften, Technik und neuer Informationstechnologien und der Kunst. Bildung bedeutet gleichzeitig die kritische Auseinandersetzung mit diesen Dingen und deren Veränderung und Abwandlung aufgrund eigener Denkprozesse.
- → Bildung dient als Selbstzweck der je individuellen Entfaltung (Individualität) als auch der gesellschaftlichen Nützlichkeit. Das beinhaltet eine kritische Haltung gegenüber der Gesellschaft und die Bereitschaft zu deren ständigen Weiterentwicklung.
- → Bildung umfasst Allgemeinbildung und Berufsbildung.
- → Bildung ist gleichermaßen ein Prozess des kognitiven, moralischen, sozialen und emotionalen Lernens, wie sie Resultat eigener „Studien" ist. *(vgl. Textor, www.kindergartenpaedagogik.de/127, Mai 2004)*

→·← AUFGABEN UND ANREGUNGEN

1 Legen Sie an Ihre eigene Bildung einen klassischen Maßstab an. Über welche Kulturtechniken verfügen Sie sicher? Über welches Basiswissen verfügen Sie in den freien Künsten? Über welches in den unfreien Künsten?

2 Durchforsten Sie Ihren Ausbildungsplan: Welche Inhalte aus dem klassischen Bildungskanon tauchen auf?

3 Sie werden vieles aus den freien und unfreien Künsten bei der Berufsausübung brauchen. Gehen Sie die Tätigkeiten im Tagesverlauf einer Kita durch und stellen Sie die Verbindungen her. Z. B. brauchen Sie die Rhetorik bei Elternabenden.

4 Informieren Sie sich über Kardinal- und Formaltugenden. Welche Rolle spielen sie in Ihrem Leben?

5 Erstellen Sie auf einem großen Plakat einen Zeitpfeil, beginnend mit dem Jahr 20000 v. Chr. bis heute. Tragen Sie sich auf diesem Plakat die wichtigen Menschheitsereignisse ein. Evtl. bringen Sie Bilder aus den jeweiligen Kunstepochen oder von Bauwerken mit. Welche Weltbilder herrschten in der jeweiligen Epoche vor?

6 Notieren Sie zu den jeweiligen Epochen einen kleinen Arbeitsauftrag an einen Lehrer. Was soll er seinen Schützlingen mitgeben?

2.3 Bildungsauftrag in der Kinder- und Jugendarbeit

Seit 1990 liegt bei den Tageseinrichtungen für Kinder auch der gesetzliche Auftrag, die Entwicklung der Kinder zu einer eigenverantwortlichen und gemeinschaftsfähigen Persönlichkeit zu fördern. Diese Aufgabe umfasst die **„Betreuung, Bildung und Erziehung des Kindes“.** So heißt es in § 22 SGB VIII unter Grundsätze der Förderung von Kindern in Tageseinrichtungen:

> „(1) In Kindergärten, Horten und anderen Einrichtungen, in denen sich Kinder für einen Teil des Tages oder ganztags aufhalten (Tageseinrichtungen), soll die Entwicklung des Kindes zu einer eigenverantwortlichen und gemeinschaftsfähigen Persönlichkeit gefördert werden.
>
> (2) Die Aufgabe umfasst die Betreuung, Bildung und Erziehung des Kindes. Das Leistungsangebot soll sich pädagogisch und organisatorisch an den Bedürfnissen der Kinder und ihrer Familien orientieren.
>
> (3) Bei der Wahrnehmung ihrer Aufgaben sollen die in den Einrichtungen tätigen Fachkräfte und anderen Mitarbeiter mit den Erziehungsberechtigten zum Wohl der Kinder zusammenarbeiten. Die Erziehungsberechtigten sind an den Entscheidungen in wesentlichen Angelegenheiten der Tageseinrichtung zu beteiligen.“

Das Recht auf Bildung ist ein Menschenrecht gemäß Art. 26 der Allgemeinen Erklärung der Menschenrechte der Vereinten Nationen. Bildung gilt dort als eigenständiges kulturelles Menschenrecht und ist ein zentrales Instrument, um die Verwirklichung anderer Menschenrechte zu fördern. Es thematisiert den Anspruch auf freien Zugang zu Bildung, Chancengleichheit und das Schulrecht. Bildung ist wichtig für die Fähigkeit, sich für die eigenen und grundlegenden Rechte anderer zu engagieren und einzusetzen.

Allerdings hat ein Recht auf Bildung keinen expliziten Einzug in unser Grundgesetz gefunden. Ein Recht auf Bildung ergibt sich aus im Grundgesetz festgeschriebenen Grundrechten. So verbietet das elementare Grundprinzip der Menschenwürde, Menschen Bildungschancen willkürlich vorzuenthalten. Die Gleichberechtigung verbietet es, Menschen wegen des Geschlechts, der Abstammung, Rasse, Sprache, Heimat und Herkunft, des Glaubens, der religiösen oder politischen Anschauungen oder einer Behinderung wegen beim Erwerb von Bildung zu benachteiligen oder zu bevorzugen.

In den verschiedenen Ländergesetzen finden sich konkrete Aussagen zu Bildung und dem Zugang zu Bildung. So stellt die Landesverfassung von Baden-Württemberg Folgendes fest:

„Artikel 11
(1) Jeder junge Mensch hat ohne Rücksicht auf Herkunft oder wirtschaftliche Lage das Recht auf eine seiner Begabung entsprechende Erziehung und Ausbildung. (2) Das öffentliche Schulwesen ist nach diesem Grundsatz zu gestalten.
Artikel 12
(1) Die Jugend ist in Ehrfurcht vor Gott, im Geiste der christlichen Nächstenliebe, zur Brüderlichkeit aller Menschen und zur Friedensliebe, in der Liebe zu Volk und Heimat, zu sittlicher und politischer Verantwortlichkeit, zu beruflicher und sozialer Bewährung und zu freiheitlicher demokratischer Gesinnung zu erziehen.
Artikel 14
(1) Es besteht allgemeine Schulpflicht.
Artikel 17
(1) In allen Schulen waltet der Geist der Duldsamkeit und der sozialen Ethik.
Artikel 21
(1) Die Jugend ist in den Schulen zu freien und verantwortungsfreudigen Bürgern zu erziehen und an der Gestaltung des Schullebens zu beteiligen."

In anderen Landesverfassungen finden sich vergleichbare Aussagen. Dabei geht es in der Regel nicht um bloße Formalien. Es wird auch klar Stellung bezogen, welche Ausrichtung Bildung und Erziehung in Bezug auf politische, ethische und religiöse Werte haben soll.

→·← AUFGABEN UND ANREGUNGEN

1 Setzen Sie sich mit Ihrer eigenen Landesverfassung auseinander.

2 Im Landesbeamtengesetz von Baden-Württemberg ist in § 71 der Diensteid formuliert, den jeder Beamte zu leisten hat:
„Ich schwöre, dass ich mein Amt nach bestem Wissen und Können führen, das Grundgesetz für die Bundesrepublik Deutschland, die Landesverfassung und das Recht achten und verteidigen und Gerechtigkeit gegen jedermann üben werde. So wahr mir Gott helfe."
Der Eid kann auch ohne den letzten Satz geleistet werden. Was halten Sie von diesem Eid?

2.4 Arbeiten mit Bildungsplänen

2.4.1 Bildung in Tageseinrichtungen für Kinder

Heute setzt sich zunehmend die Erkenntnis durch, dass gerade in der frühen Kindheit und im Vorschulalter die Basis für alle weiteren Bildungs- und Entwicklungsprozesse gelegt wird. Die Kindertageseinrichtungen geraten zunehmend in den Fokus der Bildungsbemühungen und erfahren dadurch eine Aufwertung. Es geht längst nicht mehr um die „Verwahrung" von Kindern während der Arbeitszeit der Eltern. Bereits der Kindergarten und auch die Krabbelgruppen für die unter Dreijährigen sind selbstverständlich Bildungsinstitutionen.

Das war eine notwendige Entwicklung, die allgemein begrüßt wird. Nur ist damit noch nicht viel gesagt. Denn im Grunde gibt es heute in Deutschland keine gültige Begriffsdefinition, keinen gesellschaftlichen Konsens von „Bildung". Es gibt auch keine verbindliche Formulierung, keine Sprachregelung, auf die man sich geeinigt hätte. Das hat zur Folge, dass, obgleich zurzeit allerorten über „Bildung" gesprochen wird, es dabei um sehr unterschiedliche Dinge geht. In der derzeitigen Diskussion wird nicht immer deutlich, unter welchem Blickwinkel „Bildung" betrachtet und gedeutet wird. Je nach Sichtweise kann daher die pädagogische Praxis, das Konzept einer Einrichtung und das konkrete Handeln der Erzieher und Erzieherinnen sehr unterschiedlich aussehen und bewertet werden.

2.4.2 Bildungsansätze und Bildungspläne

In den letzten Jahren wurden in allen Bundesländern jeweils eigene Bildungspläne für den Bereich der Tagesstätten für Kinder erarbeitet. Das Wort „Plan“ lässt dabei erahnen, dass hier Bildung eher von der gesellschaftlichen, der pragmatischen Seite her gedacht wird und weniger von der individuellen, auch wenn die verschiedenen **Bildungs- oder Orientierungspläne** einen unterschiedlichen Duktus besitzen. Das hängt mit verschiedenen Überlegungen zusammen. Unter anderem damit, dass sich die Einrichtungen zunehmend die Frage nach ihrer Qualität stellen müssen. Die **Qualität** einer Einrichtung hängt zweifellos auch davon ab, wie und in welchem Umfang Bildung in ihr geschieht.

Ein Problem entsteht dann, wenn man die **Bildungsqualität** messen möchte. Das geht relativ einfach, wenn man in Bezug auf Bildung einen mehr oder weniger festen Kanon vorgibt, was Kinder wissen und können sollen. Bildung als Instruktion geht im Grunde von der Machbarkeit von Bildung aus. Bildung wird gewissermaßen als herstellbares Produkt gesehen. Sie wird vermittelt. Das Kind kommt hier in eine eher defizitäre und passive Position. Es muss ihm etwas gegeben werden, was es noch nicht hat. Was ihm „fehlt“, wird dabei von unterschiedlichen Interessensgruppen und Verbänden formuliert. Die formulierten Defizite entstehen so aus dem Bedarf von gesellschaftlich relevanten oder auch nur lautstarken Gruppen. Die Zukunftsrelevanz solcher Forderungen bleibt fragwürdig. Gleichzeitig birgt dieser Ansatz die Gefahr der Verschulung der „Vorschulzeit“ mit Lernprozessen und Methoden, die dem kindlichen Lernen nicht gerecht werden, abgesehen davon, dass die individuellen Aspekte von Bildung bei einer Standardisierung von Bildung zurückbleiben. In einem Portfolio lässt sich festhalten, was mit einem Kind thematisiert wurde.

Es lässt sich relativ einfach überprüfen, über welche Kenntnisse ein Kind verfügt. Sehr schwierig nachzuvollziehen sind dagegen die ethischen, sozialen, kreativen und personalen Aspekte von Bildung. Eventuell lassen sie sich gar nicht messen, sondern nur unter unterschiedlichen Gesichtspunkten bewerten oder gewichten. Diese Aspekte bilden einen Wert an sich. Gleichwohl sind auch diese Aspekte eine unverzichtbare Basis für die Bildung der Kinder. Deshalb werden sie mittlerweile oft dokumentiert, beispielsweise über ein System wie INFANS.

2.4.3 Bildungsbereiche in Tageseinrichtungen für Kinder

Gerd Schäfer vergleicht den **Bildungsprozess** mit einem Restaurantbesuch *(Schäfer 13.3.2004, Freiburg):*

Im „Bildungsrestaurant“ Kindergarten spricht das Kind mit den „Köchen“, den Erziehern und Erzieherinnen, über seine jeweiligen Wünsche und Bedürfnisse. Die Köche machen entsprechende (Menü)Vorschläge, regen Alternativen oder Verfeinerungen an und bereiten dann ein Mahl zu, welches sie schließlich servieren. Essen und genießen muss das Kind seine Mahlzeit allerdings selbst. Und nicht zu vergessen auch verdauen.

Die Qualität des Bildungsrestaurants hängt unter anderem davon ab, wie reichhaltig und gesund sein Angebot ist und wie individuell auf die Wünsche und Bedürfnisse der Gäste eingegangen wird. In Bezug auf dieses Bild eines „Bildungsrestaurants“ stellen die Bildungspläne für Kindertageseinrichtungen in den einzelnen Bundesländern nun gewissermaßen eine wünschenswerte Speisekarte dar. Obwohl die unterschiedlichen Gremien und Ministerien jeweils eigene Pläne erarbeiteten, gibt es doch eine große Anzahl von Gemeinsamkeiten.

Im bayrischen Erziehungs- und Bildungsplan für Kinder in Tageseinrichtungen bis zur Einschulung schlägt Wasilios Fthenakis – gewissermaßen als Grundzutaten – eine Reihe von **Basiskompetenzen** vor, die in den Einrichtungen gefördert werden sollten.

1. **Individuumsbezogene Kompetenzen und Ressourcen:**

a) **Personale Kompetenzen:** Selbstwertgefühl, positives Selbstkonzept, Autonomieerleben, Resilienz und Kohärenzgefühl.
Kinder sollen die Möglichkeit bekommen, ihre eigene Person möglichst positiv anzunehmen. Resilienz *(vgl. HF 1, Kap. 1.5)* bedeutet, dass die Kinder sich gesund und positiv entwickeln können sollen. Auch wenn sie

zeitweilig oder ständig Risikobedingungen ausgesetzt sind und sie Distress bewältigen müssen.

b) **Motivationale Kompetenzen:** Selbstwirksamkeit, Selbstregulation, Neugier und individuelle Interessen. Erich Fromm spricht von dem *Wirkbewusstsein* als einer notwendigen Basis für eine gesunde Psyche. Ein Mensch muss sich sicher sein, dass er auch etwas bewirkt und bewirken kann, damit er sein Leben spürt. Hier geht es auch darum, dass die Kinder auf sich selbst wirken können und beispielsweise nicht sofort jedem Impuls und jeder Ablenkung nachgeben müssen.

c) **Kognitive Kompetenzen:** Differenzierte Wahrnehmung, Denkfähigkeit, Wissensaneignung, Gedächtnis, Problemlösefähigkeit, Kreativität. Kinder sind darauf angewiesen, alle Dinge zunächst direkt und körperlich zu erfahren und zu erleben. Diese Erlebnisse sollten sich an ihren Interessen orientieren, was nicht heißt, dass die Erzieher nicht auch Interesse für unterschiedliche Zusammenhänge und Phänomene wecken sollten. Es geht nicht darum, dass die Kinder ein vorab festgelegtes Curriculum bearbeiten und ganz Bestimmtes lernen und wieder erinnern sollten. Die kognitiven Kompetenzen lassen sich in unterschiedlichen Bereichen trainieren. So weiß vielleicht das eine Kind viel über Astronomie, während ein anderes viel über Tiere weiß. Wahrnehmung, Denkfähigkeit, Gedächtnis, Problemlösefähigkeit und Kreativität haben beide geübt.

d) **Physische Kompetenzen:** Übernahme von Verantwortung für die eigene Gesundheit und das körperliche Wohlbefinden, Grob- und Feinmotorik, Regulierung körperlicher Anspannung.

2. Kompetenzen zum Handeln im sozialen Kontext:

e) **Soziale Kompetenzen:** Gute Beziehungen zu Erwachsenen und Kindern, Empathie und Perspektivübernahme, die Fähigkeit, verschiedene Rollen einzunehmen, Kommunikationsfähigkeit, Kooperationsfähigkeit, Konfliktmanagement.

f) **Entwicklung von Werten und Orientierungskompetenz:** Werthaltungen, moralische Urteilsbildung, Unvoreingenommenheit, Sensibilität für und Achtung von Andersartigkeit und Anders-Sein, Solidarität.

g) Fähigkeit und Bereitschaft zur **Verantwortungsübernahme:** Verantwortung für das eigene Handeln, Verantwortung anderen Menschen gegenüber, Verantwortung für Umwelt und Natur.

h) Fähigkeit und Bereitschaft zur **demokratischen Teilhabe:** Erwerb von Grundkenntnissen über Staat und Gesellschaft, Akzeptieren und Einhalten von Gesprächs- und Abstimmungsregeln, Einbringen und Überdenken des eigenen Standpunkts.

3. Lernmethodische Kompetenzen:
Lernen, wie man lernt. Lernmethodische Kompetenzen bündeln jene Kompetenzen, die den bewussten Erwerb von Wissen fördern.

All diese Kompetenzen sind immer im Kontext der Entwicklungspsychologie und der Gehirnentwicklung zu sehen. Die Kinder können diese Kompetenzen nur im Rahmen ihrer Möglichkeiten entwickeln. Der Katalog wirft aber auch einen Blick auf die Bildung der pädagogischen Fachkräfte, die diese für eine professionelle Arbeit mitbringen sollten. Aus solchen und ähnlichen Überlegungen zu Kompetenzen, die bei den Kindern grundgelegt werden sollten, leiten sich schließlich eine Reihe von Bildungsbereichen ab. Der bayerische Plan wird an dieser Stelle genannt, weil er im Vergleich zu anderen Bundesländern sehr umfangreich und ausführlich formuliert ist, was auch durchaus kritisch gesehen wird. Es ist anzumerken, dass es sich bei allen Plänen der Bundesländer um Texte handelt, die entsprechend den aktuellen Diskussionen immer wieder überarbeitet werden.

Der **Orientierungsplan von Baden-Württemberg** hat einen wesentlich geringeren Umfang als der bayerische. Er ist in zwei große Kapitel unterteilt. Im ersten Teil werden der theoretische Unterbau und das Bildungsverständnis dargestellt. Der zweite Teil beginnt mit einer **Bildungsmatrix,** in der die unterschiedlichen Bildungsbereiche miteinander in Beziehung gesetzt werden.

Dabei wird von vier großen **Motivationen** des Kindes ausgegangen und auf die Fragen „Was will das Kind?" und „Was braucht das Kind?" werden dementsprechend vier Antworten gegeben. Das Kind will:

A. Anerkennung und Wohlbefinden erfahren.
B. Die Welt entdecken und verstehen.
C. Sich ausdrücken.
D. Mit anderen leben.

Diese Motivationen schlagen sich in **sechs Bildungs- und Entwicklungsfenstern** nieder, auf die der Kindergarten Einfluss nimmt:

1. Den Körper
2. Die Sinne
3. Die Sprache
4. Das Denken
5. Gefühl und Mitgefühl
6. Sinn, Werte und Religion

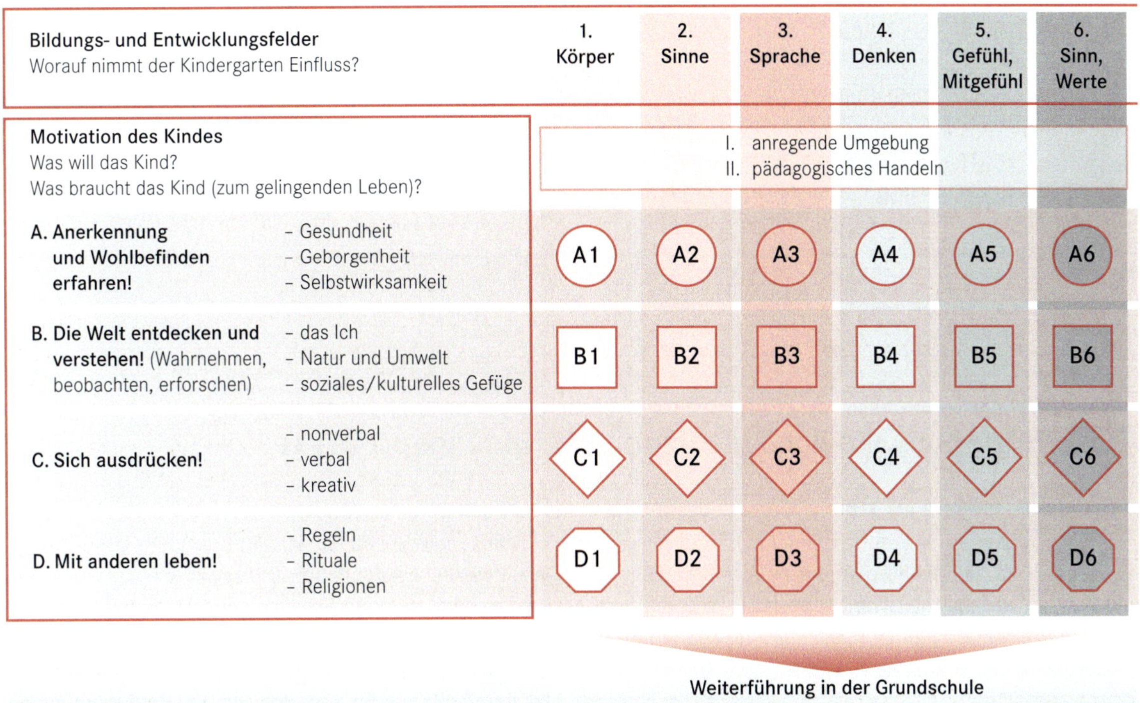

Obgleich in diesem Orientierungsplan nicht in differenzierter Form unterschiedliche Kompetenzen benannt werden – wie es im bayerischen Bildungsplan der Fall ist –, lassen sich den einzelnen Bildungsbereichen ohne Weiteres sinnvoll **Kompetenzen** zuordnen:

1. Körper → physische Kompetenzen
2. Sinne → kognitive Kompetenzen
3. Sprache → soziale Kompetenzen
4. Denken → kognitive Kompetenzen
5. Gefühl und Mitgefühl → Kompetenzen zum Handeln im sozialen Kontext
6. Sinn, Werte, Religion → Orientierungskompetenz

Im Unterschied zum bayerischen Bildungsplan werden im Weiteren aber keine Vorschläge für konkrete Angebote dargelegt, sondern die einzelnen Kreuzungspunkte mit einer Reihe von Fragen umrissen. Damit ist der Orientierungsplan von Baden-Württemberg recht offen angelegt und enthält kein festes Curriculum.

Bei den verschiedenen Bundesländern gibt es viele Überschneidungen in Bezug auf Bildung in Kindertagesstätten und deren Konkretisierung. Je nach Konzeption der Einrichtungen finden diese Bildungsbereiche auch ihren räumlichen Niederschlag.

Das Konzept **INFANS** formuliert schließlich explizit entsprechende Beobachtungsbereiche, die über ein methodisches und standardisiertes Verfahren in den Blick genommen werden. So werden die Kinder in folgenden Bereichen systematisch beobachtet *(vgl. HF 1, Kap. 3)*:

1. Körper, Bewegung, Gesundheit – Bewegungsbaustelle *(vgl. Band 2, HF 2, Kap. 4)*
2. Sprachen, Kommunikation, Schriftkultur, Medien, Informationstechnologie – Lesebereich *(vgl. Band 1, HF 2, Kap. 5)*
3. Musik – Musikzimmer *(vgl. Band 2, HF 2, Kap. 1)*
4. Darstellen und bildnerisches Gestalten – Atelier *(vgl. Band 2, HF 2, Kap. 2)*
5. Mathematik, Naturwissenschaften, Naturerfahrung und Ökologie, Technik, Welterkundung – Labor/Forscherecke *(vgl. Band 2, HF 2, Kap. 5)*
6. Lernmethodik
7. Soziales Leben, soziale Kompetenzen, Interkulturelles, geschlechtssensible Pädagogik *(vgl. Band 1, HF 3, Kap. 1–2)*
8. Religion, Werteerziehung, Philosophie *(vgl. Band 1, HF 1, Kap. 2.4)*

Im Allgemeinen sind die Orientierungs- bzw. Bildungspläne der Bundesländer mittlerweile verpflichtend.

→·← AUFGABEN UND ANREGUNGEN

1 Lesen Sie den Bildungs- oder Orientierungsplan Ihres Bundeslandes. Welches sind die Kernaussagen zu Bildung, Kind, Bildungsprozess? Vergleichen Sie ihn mit einem anderen Bildungsplan.

2 Wo würden Sie persönlich Schwerpunkte setzen? In welchen Bereichen könnten und wollten Sie Kinder besonders gut fördern?

2.5 Beziehung als Voraussetzung für Bildungsprozesse

Letztlich leben wir alle nur von der Fürsorge der anderen.

Als am 10.11.1969 in den USA die erste Folge der „Sesamstraße" ausgestrahlt wurde, bestand eine Intention der Macher darin, Bildung in Gesellschaftsschichten zu tragen, die weniger Zugang zu Bildungsangeboten hatten oder wahrnahmen.

„Wer, wie, was? Der, die, das! Wieso, weshalb, warum?" war der Refrain, den auch heute noch viele kennen. Nachdem die Serie, die auch in vielen anderen Ländern lief, gestartet war, wurde allerdings beobachtet, dass gerade die anvisierten Kinder der Zielgruppe wesentlich weniger von der Sendung profitierten als Kinder aus bildungsnahen Bevölkerungsgruppen. Dieses Ergebnis legte nahe, das konkrete Geschehen vor dem Fernseher zu betrachten, während die Kinder zusahen. Dabei konnte man Folgendes feststellen:

Von der Sendung profitierten überwiegend die Kinder, die während und nach der Sendung nicht sich selbst überlassen waren, sondern meist von den Eltern begleitet wurden. Es war weniger der bloße Konsum der „Sesamstraße", der für die Kinder förderlich war, sondern die im Kontext stattfindende **Interaktion** mit den sie begleitenden Erwachsenen. Die Kinder profitierten dann, wenn sie Fragen, die im Zusammenhang mit der Sendung auftauchten, direkt stellen konnten und auch Gehör fanden. Dabei konnte es durchaus vorkommen, dass die Erwachsenen keine Antwort auf eine konkrete Frage hatten. Aber sie hörten sich die Frage oder Äußerung des Kindes an und gingen auf das Kind ein. Sie wandten sich dem Kind zu, anstatt es allein zu lassen.

Nicht selten wurde den Kindern in solchen Familien auch nur diese eine Sendung erlaubt und dann das Fernsehgerät wieder abgeschaltet. Die Erwachsenen hielten die daraus entstehenden Spannungen zum Wohle ihrer Kinder aus. In diesen Familien lernten die Kinder oft auch ein effektives und konstruktives Lernverhalten kennen. Es wurde mit den Kindern gelesen und die Kinder sahen, wie die Eltern sich auf dem Laufenden hielten oder auch gezielt fortbildeten und selbst lasen. Kinder lernen stark am Vorbild *(vgl. HF 2, Kap. 1.6)*. Aus diesem Grunde müssen pädagogische Fachkräfte ihr Verhalten kontrollieren und eine Persönlichkeit entwickeln, die den Kindern ein gutes Vorbild sein kann.

Der Erfolg eines Kindes in der Schule und im weiteren Leben hängt keineswegs allein von dessen Intelligenz ab. Einen äußerst starken Einfluss hat auch sein soziales Umfeld. Dieses Umfeld selbst besitzt übrigens einen Einfluss auf die Entwicklung der intellektuellen Ressourcen. Je älter ein Mensch wird, desto größer und differenzierter wird dieses Umfeld, in dem in sozialen Interaktionen gelernt wird. Im Jugendalter schließlich hat die Peer-Gruppe den dominierenden Einfluss. Der Einfluss von Erziehungsberechtigten oder von Lehrern geht immer weiter zurück – kann aber auch weiterhin prägend sein, wenn es sich um entsprechende Persönlichkeiten oder Erfahrungen handelt.

Lernen und Bildung haben und brauchen stets zwei Dimensionen: Sie geschehen in **Beziehungen** und Interaktionen und gleichzeitig brauchen sie auch **stille und einsame Phasen,** in denen der Einzelne seine Erfahrungen strukturieren, Erkenntnisse gewinnen und seine neuen Erfahrungen verdauen kann.

2.5.1 Kinder als Ko-Konstrukteure ihrer eigenen Entwicklung

Tendenziell wird derzeit eher davon ausgegangen, dass das Kind bei seiner Bildung und in seinen Lernprozessen selbst eine aktive Rolle spielt. Das Kind strukturiert seine Erfahrungen und die Welt selbst. Es wird hier als ein autonomes, lebendiges und abgeschlossenes „System“ gesehen, welches sich selbst erhalten will und weiterentwickelt. In diesem Prozess konstruiert sich jedes Kind seine eigene Welt. Dieses Welterfassen und Weltdeuten beginnt spätestens mit der Geburt, wenn es mit der Welt direkt in Kontakt gerät.

In zunehmendem Maße geschieht dieses Welterkunden in **sozialen Beziehungen.** Das Kind wird gewickelt, gefüttert, geschaukelt. Die Mutter oder der Vater schaut mit ihm ein Bilderbuch an und erzählt etwas zu den Bildern. Ohne diesen sprachlichen Anteil blieben die Bilder bedeutungslos. In Hinblick auf diese soziale Komponente des Bildungsprozesses spricht man auch von Bildung als **Ko-Konstruktion** von Welt bzw. von Deutungsmustern von Welt.

Das „System“ Kind bekommt bei diesem Prozess Angebote, sich auf die Deutungsmuster eines anderen Systems, das der jeweiligen Bezugsperson, einzulassen und sie eventuell in das eigene System zu übernehmen und sich entsprechend zu verändern. Die Bedeutung dieser Betrachtungsweise kann man sich veranschaulichen, indem man die eigene Lerngeschichte reflektiert. Unter äußerem Zwang wird nur wenig und sehr schwer gelernt, vieles davon wird schnell wieder vergessen, was nichts anderes heißt, als dass es nicht dauerhaft in das eigene System integriert wurde. Anders sieht es bei Lernprozessen aus, die aus eigenem Antrieb stattfanden. Im Regelfall fällt Lernen dann sehr leicht und ist sehr dauerhaft.

Neuere Überlegungen zu Bildungsplänen für den Kindergarten berücksichtigen inzwischen solche Überlegungen.

In Bezug auf frühkindliche Bildung stellt Gerd Schäfer zehn Thesen vor:

Frühkindliche Bildung

→ ist in erster Linie Selbstbildung.
→ sucht nach Bedeutungen.
→ ist zunächst ästhetische Bildung.
→ ist komplex.
→ beruht auf Beziehungen.
→ erzeugt innere Bilder.
→ ist notwendig kreativ.
→ hat mit innerer Verarbeitung zu tun.
→ ist ein sozialer Prozess.
→ braucht die Unterstützung von Erwachsenen.

(vgl. „klein&groß“, 9/2001).

→·← AUFGABEN UND ANREGUNGEN

1 Reflektieren Sie Ihre eigene Bildung. In welchen Bereichen wollen Sie weiter wachsen? In welchen Bereichen wollen Sie für sich weitere Kompetenzen erarbeiten?

2 Verfolgen Sie in verschiedenen Zeitungen und Zeitschriften die Aussagen zum Bereich Bildung. Legen Sie sich eine Sammlung von Artikeln an und versuchen Sie sie zu ordnen. Untersuchen Sie, unter welchem Blickwinkel jeweils Bildung betrachtet wird.

TIPPS ZUM WEITERLESEN →→

→ Still - Die Bedeutung der Introvertierten in einer lauten Welt
Susan Cain, Riemann, München 2011

→ Wozu Zeichnen
Béatrice Gysin, (Hrsg.), Niggli, Zürich 2010

→ Bildung und Erziehung in der frühen Kindheit
H.-J. Laewen, Beate Andres, (Hrsg.), Beltz, Weinheim, Basel Berlin, 2002

2.6 Das pädagogische Freispiel in Tageseinrichtungen

In der Tageseinrichtung für Kinder „Villa Kunterbunt", in der Sie Ihr Praktikum absolvieren, ist um 9:00 Uhr richtig was los. Die meisten Kinder der altersgemischten Gruppe sind schon da. Einige Kinder halten sich noch im Flur mit ihren Eltern auf und ziehen sich um.

Sie sitzen am Tisch und spielen mit Sonja (4 Jahre) und Maja (4;2 Jahre) das Obstgartenspiel. So richtig konzentrieren können Sie sich nicht auf das Spiel, denn gerade kommt Yannis (2 Jahre) auf Sie zugelaufen und wirft sich in Ihre Arme. Er zieht an Ihrem Arm und will, dass Sie mitkommen. Währenddessen hören Sie laute Stimmen aus dem Nebenraum. Was ist da los?

Zwei ältere Kinder ziehen sich die Jacken an und rufen der Erzieherin zu, dass sie für eine Weile nach draußen gehen. Drei Kinder machen sich auf den Weg in den Flur, ohne vorher zu fragen.

Eine Erzieherin aus der Nachbargruppe kommt, um Maja zur Sprachfördergruppe abzuholen. Und nun? Das Spiel kann Maja leider nicht mehr zu Ende spielen. Sonja hat ohne Maja keine Lust weiterzuspielen.

Yannis kommt gar nicht mehr aus dem Waschraum wieder. Sie schauen nach ihm und beobachten, dass er sich zusammen mit Nico (1;8 Jahre) und Lena (2;4 Jahre) immer noch ausgiebig die Hände wäscht.

Die Gruppenleiterin unterhält sich in diesem Moment mit einer Mutter an der Gruppenraumtür zum Flur. Die zweite Fachkraft sitzt am Tisch und macht sich Beobachtungsnotizen. Sie scheint das Spiel von Theo und Hannes auf dem Bauteppich zu beobachten.

Die Gruppenleiterin kommt kurz danach zu Ihnen und teilt Ihnen mit, dass jetzt alle Kinder da sind und dass in 20 Minuten der Morgenkreis beginnt. Sie haben sich vorgenommen, heute den Morgenkreis zu leiten. Es muss vorher noch aufgeräumt werden. Sie sind nervös. Für ein Spiel, welches Sie im Morgenkreis spielen wollen, fehlt Ihnen noch das Material. Aber wo sind denn alle Kinder momentan? Sie fangen an zu zählen.

Freispiel in der „Villa Kunterbunt"

↘ FRAGEN

- Was bedeutet der Begriff Freispiel?
- Welche Bedeutung hat das Freispiel im pädagogischen Alltag?
- Gibt es charakteristische Merkmale für das Freispiel?
- Wie frei sind Kinder wirklich in ihrem Spiel?
- Welche Aufgaben übernehmen die pädagogischen Fachkräfte?
- Wie viel Freispiel braucht ein Kind?
- Was muss bei der Tagesgestaltung im Hinblick auf das Freispiel berücksichtigt werden?
- Welche Faktoren müssen bei der Planung des Freispiels beachtet werden?
- Wie kann die Freispiel-Umgebung gestaltet und vorbereitet werden?

„Die fünf Freiheiten des Menschen“

→ „Sehen und hören, was wirklich ist,
nicht: was sein sollte.
→ Sagen, was ich denke,
nicht: was ich denken sollte.
→ Fühlen, was ich wirklich fühle,
nicht: was ich fühlen sollte.
→ Fordern, was ich möchte,
nicht: immer erst auf Erlaubtes warten.
→ Risiko eingehen,
ohne sich immer erst abzusichern.“

(Virgina Satir, In die Welt des Kindes, Heft 3/89)

In Bezug auf das Freispiel macht die Aussage von Virginia Satir deutlich, dass dies eine Zeit im Alltag von Kindern ist, die in einem hohen Maße **selbstbestimmt** ist und in der es Kindern erlaubt ist, sich zwischen unterschiedlichen Wahlmöglichkeiten zu entscheiden. „Sie sollen ihre Fähigkeiten und ihre eigenen Interessen entfalten können und lernen, die für sie richtige Wahl zu treffen.“ *(Gerlinde Lill 2001, S. 312)*

2.6.1 Die Bedeutung des pädagogischen Freispiels

„Das Spiel dieser Zeit ist [...] nicht Spielerei; es hat hohen Ernst und tiefe Bedeutung.“
(Friedrich Fröbel 1826, Menschenerziehung)

Im Alltag der Tageseinrichtung, der altersgemischten Gruppe, des Hortes und auch der Grundschule lässt sich eine Zeit finden, die als **Freispiel** oder Freispielzeit bezeichnet wird. Während des Freispiels beschäftigen sich die Kinder weitgehend selbstbestimmt.

Die Kinder entscheiden ihrem Entwicklungsstand entsprechend, welche Spiele sie auswählen oder in welchen Räumen sie spielen wollen. Sie entscheiden über ihre Spielpartner, über die Dauer eines Spiels und den Spielverlauf. Häufig spielen die Kinder in Kleingruppen miteinander, jedoch lässt sich auch das Einzelspiel erkennen. Nur sehr selten kommt es in Freispielphasen zu dem Spiel mit der gesamten Gruppe. Die Erwachsenen unterstützen das Kind während des Freispiels, sie lenken sein Spiel jedoch nicht.

Das Spiel ist die spontane Lebens- und Verstehensform des Kindes, sich mit seiner Umwelt und sich selber auseinanderzusetzen. Kinder machen bei dieser Auseinandersetzung Erfahrungen, die sie, im Gegensatz zu Erwachsenen, nicht nach „sinnvoll, nützlich“ oder „sinnlos, unnütz“ unterscheiden. Sie leben prozess- und nicht produktorientiert. Sie lernen nach ihrem eigenen Tempo und Wissensstand.

Das Kind kann während des Freispiels eigene Erfahrungen sammeln, d.h. den Kindergarten, den Hort usw. eigenständig „erobern“. Es kann sein Spiel und seine Tätigkeiten so oft wiederholen und üben, wie es will. In gezielten pädagogischen Angeboten der pädagogischen Fachkräfte ist dies häufig nicht möglich.

Im Freispiel hat das Kind die Möglichkeit, seinen Bedürfnissen, Fähigkeiten, Stärken und Interessen neugierig nachzugehen. Dieser Eigenaktivität will das Freispiel in Tageseinrichtungen für Kinder „Raum geben“. Sich für Tätigkeiten zu entscheiden und sich selber zu beschäftigen führt zu einer immer größeren Selbstständigkeit.

nach: Gerda Lorenz 1995 – Freiheit im Freispiel

Beispiel: Max (vier Jahre) sucht sich seit vier Tagen immer wieder das gleiche Puzzle aus und spielt es häufig vier- bis fünfmal hintereinander. Dabei sitzt er alleine am Tisch und wirkt in sich gekehrt. Er bekommt die Spiele der anderen Kinder nicht mit. Mit jedem Mal wird sein Puzzeln geschickter. Am Ende der Woche zeigt er seiner Mutter das Puzzle, als sie ihn in den Kindergarten bringt. Er ist stolz auf seine erreichte Leistung. In der nächsten Woche sieht man ihn häufig mit Florian (viereinhalb Jahre) spielen, das Puzzle jedoch steht unberührt im Regal.

Max nutzt die Freispielzeit zur Selbstbildung.

Die Kinder nehmen Lernmöglichkeiten an, die dem Stand ihrer Persönlichkeitsentwicklung entsprechen, und versuchen diese (auch durch viele Wiederholungen) zu befriedigen. Sich an Neues heranzuwagen, entspricht dabei der kindlichen Neugierde. Damit eventuell verbundene Misserfolge auszuhalten, neu zu beginnen und Tätigkeiten zu üben, gehören ebenfalls zum Aufbau eines positiven Selbstkonzepts dazu.

Unterschiedliche Funktionsecken bzw. Funktionsräume (z. B. Bauteppich, Tische oder Teppichflächen zum Spielen und Puzzeln, Bewegungsraum, Kreativatelier, Außengelände) stehen den Kindern dafür zur Verfügung.
Die pädagogischen Fachkräfte dürfen sich in dieser Phase als Bildungs- und Entwicklungsbegleiter verstehen. Durch Beobachtungen stellen sie fest, welche Entwicklungsschritte das Kind macht. Sie beobachten unterschiedliche Spielformen, wie z. B. das Einzel- oder Parallelspiel, Konstruktionsspiele, Interaktionsspiele, Rollenspiele, Regelspiele, Experimentierspielen und viele mehr. Darauf baut jede weitere pädagogische Planung der Arbeit in Tageseinrichtungen für Kinder auf.

2.6.2 Freispiel fördert Selbstbildungspotenziale

Im freien Spiel übt das Kind viele Funktionen und Abläufe und erwirbt Kompetenzen, die es im späteren Leben benötigt. Das betrifft zum Beispiel viele motorische Elemente, die sinnliche Wahrnehmung, aber auch kognitive Fähigkeiten. Es scheint außerdem nicht nur das spielerische Üben von Bewegungsabläufen und kognitiven Entwicklungen im Vordergrund zu stehen. Es werden auch spezielle Lebensthematiken und Erfahrungen aus der direkten Umwelt des Kindes in der Spieltätigkeit bearbeitet. „Basiskompetenzen beschreiben Fähigkeiten, die dem Kind ermöglichen, seinen Alltag zu bewältigen, sich die Welt anzueignen, und stellen die Basis für weitere Bildungsprozesse, und den Erwerb von Kompetenzen dar." *(Mehr Chancen von Anfang an, 2011, S. 26)*

Im Freispiel lernt das Kind, auf andere Kinder zuzugehen und Kontakt zu ihnen aufzunehmen. Es kann andere Kinder in ihrem Tun beobachten, ähnliche Interessen entdecken, anderen helfen und Kinder zum gemeinsamen Spiel anregen. Kinder, die gerade noch alleine an einem Tisch saßen, sind in der nächsten Minute auf dem Bauteppich und bauen mit anderen den höchsten Turm, den es jemals in der Tagesstätte gab.

Das Kind lernt im Freispiel, dass es nicht alleine ist. Das Leben in der Gruppe erfordert von jedem Kind, sich mit den anderen Gruppenmitgliedern auseinanderzusetzen. Es muss Gruppen- und Spielregeln beachten, die im Zusammenleben wichtig sind, Rücksicht nehmen, Toleranz üben, teilen und sich durchsetzen. Außerdem erfährt es, dass Kinder und Erwachsene andere Bedürfnisse, Meinungen, Wünsche, Fähigkeiten usw. haben können. Zum Beispiel könnte ein Kind den Wunsch nach einem gemeinsamen Spiel verneinen.

Das freie Spiel schafft Möglichkeiten für den Aufbau sozialer Beziehungen und fördert die Kommunikation der Kinder. Phasenweise werden kleine „Lernteams" gebildet. Darunter sollen kleine Kindergruppen verstanden werden, die eine Zeit lang gleiche Interessen verfolgen. Diese Lernteams wechseln ständig. Sie erfahren durch das Lernen in Gruppen auch, dass sie gemeinsam stärker sind. Kinder brauchen andere Kinder für ihr Lernen. Alltägliche Eindrücke, positiver wie negativer Art, können im Freispiel verarbeitet werden. Die unterschiedlichen Bereiche des Freispiels bieten Möglichkeiten, Eindrücke nachzuerleben und nachzuvollziehen.

Das häufig beobachtete Vater-Mutter-Kind-Spiel in der Puppenecke ist nur eine Form der Bearbeitung von erlebten Situationen. „So tun als ob" oder „Was wäre, wenn ..." zählen zu den Spielvariationen der Kinder, um Situationen durchzuspielen, in andere Rollen zu schlüpfen und eventuell nach neuen Lösungen zu forschen.

Das pädagogische Personal der Tageseinrichtung muss dafür Sorge tragen, dass die Bedürfnisse der Kinder während des Freispiel gleichermaßen befriedigt werden *(vgl. Lebensraum Kindergarten, S. 21).*

Kinder haben das Bedürfnis,

→ Kontakt zu anderen Kindern aufzunehmen

→ alleine zu spielen

→ aktiv zu sein, sich bewegen zu können

→ unbeobachtet, ungestört zu spielen

→ sich auszuruhen, nichts zu tun (man muss nicht immer sichtbar aktiv sein)

→ eigene Ideen umzusetzen

→ sich alleine in der Tageseinrichtung bewegen zu können

→ Nähe und Zuwendung des Erwachsenen erleben zu können.

Kindliche Bedürfnisse werden im Freispiel befriedigt.

2.6.3 Grenzen, Regeln, Strukturen des Freispiels

In vielen Tageseinrichtungen wird die Freispielzeit immer weiter ausgedehnt, sodass die dargestellten Bedürfnisse der Kinder große Beachtung finden können. Trotzdem gibt es für die Kinder während der Freispielzeit auch natürliche Grenzen oder Einschränkungen der Freiwilligkeit *(vgl. Lorenz 1995, S. 36 ff.).*

Die Wahlmöglichkeit des Spielortes beschränkt sich z. B. auf die Anlage des Kindergartens. Welche Räume und Außenflächen die Kinder allerdings nutzen dürfen, ist von Einrichtung zu Einrichtung verschieden. Die offene bzw. teiloffene Arbeit bietet Kindern z. B. die Möglichkeit, alle Räume der Einrichtung nach freier Wahl nutzen zu können. Viele Einrichtungen verwenden für die Orientierung der Kinder und die eigene Aufsichtspflicht sogenannte Aufenthalts-Pinnwände. Die Kinder zeigen mithilfe einer Wäscheklammer mit ihrem Namen oder anderen Symbolen ihren momentanen Aufenthaltsort an, indem sie die Klammer an das Foto des jeweiligen Raumes an der Pinnwand befestigen.

„Hier bin ich gerade"

Dadurch erweitern sich natürlich auch die Gruppe der möglichen Spielpartner und das zur Verfügung stehende Material. Die pädagogischen Fachkräfte können dadurch auch mit Kindern anderer Gruppen in Kontakt treten und fühlen sich für alle Kinder der Tageseinrichtung verantwortlich.

In anderen Tageseinrichtungen für Kinder stehen den Kindern in der Regel nur der Gruppenraum und Nebenraum zur Verfügung. Je nach Alter und Entwicklungsstand des Kindes bieten diese überschaubaren Räumlichkeiten den Kindern aber auch Sicherheit, Vertrautheit, Ruhe und eine Orientierungshilfe. Dies wird besonders in Gruppen, in denen auch Kinder unter drei Jahren betreut werden, deutlich.

Trotzdem sollte auch in altersgemischten Gruppen die gruppenübergreifende Zusammenarbeit im Vordergrund stehen, denn sonst besteht die Gefahr, dass die „Großen" immer nur Rücksicht nehmen müssen und die „Kleinen" nicht stören dürfen. Eine Freispielphase in altershomogenen Gruppen im Laufe des Tages kann neue Spielprozesse initiieren. Die Erzieherinnen haben so die Gelegenheit, noch stärker auf Bedürfnisse unterschiedlicher Altersgruppen eingehen zu können.

Die Verweildauer einer Tätigkeit wird durch die Strukturierung des Tagesablaufs eingeschränkt, denn jede Freispielphase endet irgendwann. Es ist wichtig, dass Kinder rechtzeitig über das bevorstehende Ende informiert werden. Sie sollten die Möglichkeit erhalten, ihr Spiel bzw. die Tätigkeit beenden zu können. Kinder brauchen genügend Zeit und zum Teil auch Hilfestellung während der Aufräumphase. Häufige Unterbrechungen oder frühzeitiges Abbrechen des Spiels sollten verhindert werden und das Kind mit seiner Gabe, „sich auf eine Sache konzentrieren zu können", gestärkt werden.

Es besteht besonders in den letzten Jahren die Gefahr, dass das Freispiel in Tageseinrichtungen für Kinder zu einer Art „Wartesaal-Freispiel" wird, weil viele Projekte und AGs angeboten werden, an denen die Kinder teilnehmen sollen, wollen oder müssen. Viele Kinder werden aus intensiven und wichtigen Spielprozessen „herausgeholt", weil sie an Bildungs- und Fördermaßnahmen teilnehmen sollen. Die große Bedeutung des Freispiels tritt durch diese Planung der Tagesgestaltung stark in den Hintergrund.

Im Hort und in der Ganztagsschule ist die Freispielphase sehr häufig durch den großen Bereich der Hausaufgabenbetreuung oder angebotener AGs (Musik-AG, Töpfer-AG, Theater-AG usw.) zeitlich stark eingeschränkt. In den Ferien ist zu beobachten, dass trotz besonderer Ferienangebote die Kinder die tägliche längere Freispielphase sehr genießen. Schulkinder suchen nach Freizeitmöglichkeiten mit Gleichaltrigen.

Das Bedürfnis, alleine spielen oder alleine sein zu wollen, wird in einer großen Kindergruppe ebenfalls eingeschränkt. Selbst die Anwesenheit anderer Menschen in einem Raum beeinflusst das Spiel des jeweiligen Kindes (Gespräche, Lärm usw.). Sich den Einflüssen der Gruppe zu entziehen, ist unrealistisch. Dieser Aspekt verdeutlicht, wie wichtig auch die räumliche Gestaltung für das Freispiel ist. Ecken und Nischen, Räume, deren Türen geschlossen werden dürfen, bieten Kindern Rückzugsmöglichkeiten aus der Gesamtgruppe.

Jedes Freispiel beinhaltet auch Regeln. Diese sollten der Einrichtung angepasst sein und können mit den Kindern gemeinsam erarbeitet werden. Hier sollten Erzieherinnen Vertrauen in die Fähigkeiten von Kindern haben. Wo sehen sie Möglichkeiten für Entscheidungsräume? Nicht immer muss „Gebautes" sofort weggeräumt werden, der Stolz des Erbauers kann durch das Stehenlassen bis zum nächsten Tag gewürdigt werden. In vielen Einrichtungen können Kinder ihre Namensschilder oder -bilder auf das Bauwerk legen und machen so deutlich, dass das Gebaute bis zum nächsten Tag stehen bleiben darf.

„Ich baue morgen weiter"

- → „Bei uns dürfen nur drei Kinder in die Puppenecke."
- → „Uhlbausteine dürfen nur auf dem Bauteppich benutzt werfen."
- → „Im Flur wird nicht gerannt"
- → „Der Waschraum ist nicht zum Spielen da"
- → „Für dieses Spiel bist du noch zu klein"
- → „Wenn du nicht weißt, was du spielen willst – dann nimm dir ein Puzzle"
- → „..."

Dies sind nur einige der Regeln und Erwartungen, die es noch in vielen Einrichtungen gibt. Auch hier lohnt es sich, mit Kindern ins Gespräch zu kommen und gemeinsam zu überlegen, ob sie selber die Anzahl der Kinder bestimmen wollen, die mitspielen dürfen. Was spricht dagegen, wenn die Uhlbausteine zum „Kochen" in der Puppenecke verwendet werden. Im Waschraum können z. B. sinnliche Wahrnehmungsspiele initiiert werden.

An dieser Stelle beginnt die Erziehung zur Demokratie. **Partizipation** ist keine Methode. Die respektvolle Haltung der pädagogischen Fachkräfte ist wichtig. Es besteht ein Unterschied zwischen einzelnen Situationen, in denen Kinder nach ihrer Meinung gefragt werden, und der pädagogischen Haltung, dass Kinder ein Recht auf Beteiligung und Mitbestimmung haben.

2.6.4 Die Rolle der pädagogischen Fachkräfte im Freispiel

Für manche Beobachter mag es so aussehen, als würden sich pädagogische Fachkräfte während des Freispiels sehr passiv verhalten bzw. Kinder in ihrem Tun nur beaufsichtigen oder nur ein wenig mit den Kindern spielen. Bei gezielten Aktivitäten treten sie dagegen sichtbar in Aktion. Vorurteile wie z. B.: „Im Kindergarten wir ja nur gespielt – so einen Job hätte ich auch gerne", haben in diesen Beobachtungen ihren Ursprung.

Die Merkmale des freien Spiels weisen allerdings nicht darauf hin, dass Unterstützung und Hilfestellung durch die pädagogischen Fachkräfte unnötig werden. Die benötigten **Kompetenzen und Fertigkeiten,** eine Freispielphase für Kinder zu gestalten, sieht man erst auf den zweiten Blick. Dabei sein bedeutet aber nicht nur im Gruppenraum zu sitzen, sondern verlangt von den Mitarbeitern eine wirkliche Präsenz. Der Platz im Raum muss dabei gut gewählt werden, um alle Kinder im Blick zu haben.

Wesentliche Aspekte in der Planung und Gestaltung des Freispiels sind zum einen das eigene **Selbstverständnis der Fachkräfte,** das jeweilige **Menschenbild** und die **Rahmenbedingungen** der Einrichtung.

Diese Aspekte nehmen Einfluss auf die Freiheit, die Fachkräfte den Kindern gewähren:
- → Selbstsicherheit der Fachkraft
- → Bedeutung des Freispiels aus Sicht der Fachkraft
- → Vertrauen der Fachkraft in die Fähigkeiten der Kinder
- → Regeln der Einrichtung im Rahmen des Freispiels
- → Sinnvolle und bildende Nutzung von Räumlichkeiten und Material

Da das Freispiel von den oben beschriebenen Faktoren abhängig ist, ist es schwierig, allgemeingültige Aussagen über die Rolle pädagogischer Fachkräfte im Hinblick auf das Freispiel zu treffen.

Es gibt keine „Rezepte" für die richtige Vorgehensweise. „Spielen zieht sich durch alle Lebensbereiche der Kinder und ist die Grundlage frühkindlicher Bildungs- und Lernprozesse. Um diese zu fördern, sind beispielsweise Flexibilität im Tagesablauf, Zeit für freies Spiel, anregende Raumgestaltung mit Rückzugsmöglichkeiten, Bewegungsflächen und übersichtliche Aufbewahrungsmöglichkeiten und zweckfreie Materialien zum Spielen [...] erforderlich. Das Freispiel ist zudem eine gute Gelegenheit, Kinder zu beobachten und auf Grundlage der Beobachtung bewusst entwicklungsgemäße Impulse und Anregungen zu geben, um den Bildungsprozess zu unterstützen." *(Mehr Chancen von Anfang an, 2011, S. 9.)*

Pädagogische Fachkräfte brauchen ein breites, integriertes Wissen über kindliche Bildungs- und Entwicklungsprozesse sowie die Bedeutung des kindlichen Spiels *(vgl. HF 2, Kap. 6).* Nur auf der Basis dieser Kenntnisse können

Fachkräfte die Wichtigkeit des Freispiels auch nach außen darstellen, denn immer wieder erleben Teams Bemerkungen wie: „Spielen ist ja schön - aber wann passiert was Vernünftiges. Wann lernen Kinder was?“

Es ist für ein Team außerdem wichtig, über die Notwendigkeit und den Sinn und Unsinn von Regeln und Grenzen nachzudenken, sie individuell zu verändern und sich im Team und mit Kindern darüber auszutauschen.

Absprachen im Team über konkrete Aufgaben während einer Freispielphase im Tagesablauf einer Einrichtung sind ebenfalls sehr sinnvoll. Ein Team muss sich z. B. für die konkrete Freispielgestaltung mit folgenden Aspekten auseinandersetzen, Zuständigkeiten klären und die inhaltliche Ausgestaltung planen:

Aspekt	Wer?	Wie?
Vorbereitete Umgebung Raumgestaltung		
Vorbereitete Umgebung Material		
Impulssetzung		
Offene Bildungsangebote		
Beobachtung, Dokumentation		
Einzelförderung		
Aufsicht in einzelnen Funktionsbereichen bzw. Funktionsräumen		
Freispiel in altershomogenen Gruppen		
Beziehungsorientierte Pflege im Freispiel		
Mahlzeiten		

Checkliste für Freispielgestaltung

Maria **Montessoris** pädagogischer Grundsatz für Erzieher, **Hilfe zur Selbsthilfe** zu geben, ist bei der Begleitung des Freispiels von großer Bedeutung. Spielimpulse zu geben oder ein aktives Mitspielen verlangen ein hohes Maß an Sensibilität und Flexibilität. Es kann sich dabei z. B. um die Ermutigung handeln, sich mit einem neuen Material auseinanderzusetzen, das Angebot, sich in einen anderen Raum zu begeben oder dem Wunsch eines Kindes „Spielst du mit mir?“ nachzukommen. Das Mitspielen ist nur dann möglich, wenn die kindliche Eigeninitiative durch den Erwachsenen nicht gehemmt wird, d. h., wenn es sich um gleichberechtigte und gleichwertige Spielpartner handelt. Pädagogische Fachkräfte spielen z. B. mit, um neue Spiele einzuführen oder um kontaktschwachen Kindern in einer Spielgruppe zu helfen.

Durch die teilnehmende Beobachtung erfährt der Erwachsene, wann es angezeigt ist, sich zurückzuziehen oder andere Kinder zu integrieren. Viele Kinder erleben Erwachsene leider immer seltener als gleichberechtigten Spielpartner. Wer hätte nicht Spaß daran, mit seiner Erzieherin im selbst gebauten Pappkarton-Feuerwehrauto durch den Gruppenraum zu düsen oder mit ihr in der Tobe-Ecke eine Kissenschlacht zu machen.

„Für Kinder bedeutet es sehr viel, wenn wir mit ihnen spielen, uns genauso ernsthaft aufs Spiel einlassen wie sie selbst und damit die ihnen gemäße Form der Auseinandersetzung mit der Welt und sie als Person ernst nehmen, in ihre Fantasie eintauchen, ihre Rollenwahl akzeptieren und die überlegene Erwachsenenrolle ablegen.“ *(Lill 2001, S. 131)*

Bei Schulkindern ist zu beobachten, dass sie sich im Spiel immer mehr vom Erwachsenen lösen und Gleichaltrigen als Spielpartner zuwenden. Allerdings wird die Bezugsperson im Hort, der Schule oder auch im Jugendfreizeitbereich gerne als Gesprächspartner aufgesucht.

Erzieherinnen begleiten das Tun und Spiel der Kinder auch durch verbale Äußerungen. Leider sind diese häufig „negativ“ formuliert.
„Pass auf, dass du *nicht* hinunterfällst!“
„Ihr wisst, dass ihr im Waschraum *nicht* mit Wasser matschen sollt.“
„Drück *nicht* so fest auf den Buntstift, sonst bricht die Spitze ab!“
„Nimm *nicht* so viel Essen auf deinen Teller!“
„Ihr sollt *nicht* im Flur rennen!“
„Fahr *nicht* so schnell mit dem Roller!“

Erwachsene sagen, was Kinder *nicht* tun sollen. Kinder sollen aber das tun, was ihnen nicht mitgeteilt wurde. Sie hören: „Wirf deine Hausschuhe nicht durch den Flur!" statt „Stell deine Hausschuhe in dein Schuhfach."

Diese und andere Formulierungen sind während des Alltags im Kindergarten und innerhalb der Familie immer wieder zu hören.

„Die Verarbeitung ‚nein' oder ‚nicht' ist für das menschliche Gehirn wesentlich aufwendiger als die Umsetzung positiver Aussagen." Das schreibt Annalisa Neumeyer in ihrem Artikel „Fall nicht. Warum Kinder vom Klettergerüst fallen, obwohl wir ihnen immer wieder sagen, dass sie nicht herunterfallen sollen" (1995). Ein Kind vergegenwärtigt sich zuerst das Hinunterfallen vom Klettergerüst. Dieser Gedanke muss dann verdrängt werden. Nun muss es sich überlegen, was stattdessen zu tun ist (sich gut mit beiden Händen festhalten und einen sicheren Stand suchen).

Sogenannte „Nicht-Sätze" verunsichern insbesondere die Kinder, denen viele Dinge nicht direkt gelingen. Aus Angst vor Misserfolgen können sie sich zurückziehen. Erwachsene begleiten das Tun der Kinder dann auch noch durch negative Aussagen, dass alles „schiefgehen kann". In vielen Fällen „geht dann auch alles schief". Diese Form der Kommunikation kann wichtige Entwicklungsschritte hemmen und das Selbstwertgefühl eines Kindes beeinträchtigen.

Warum verwenden Erwachsene „Nicht-Sätze" und negative Äußerungen? Diese Formulierungen fallen uns zuerst ein, weil wir in der Regel über die negativen Folgen bestimmter kindlicher Handlungsweisen nachdenken. Wir wollen Kinder zum einen vor Gefahren schützen, zum anderen bestimmtes Verhalten „im Keim ersticken".

Auch an anderer Stelle wird noch deutlich, wie wichtig es ist, das eigene Sprachverhalten zu reflektieren. Je jünger Kinder z. B. sind, desto präziser muss die Anweisung sein, die wir ihnen geben. „Alle räumen auf" kann bei Kindern zu Handlungsunfähigkeit führen, wohingegen die Anweisung „Bitte bring die Bausteine in die blaue Kiste" direkt ausgeführt wird *(vgl. Neumeyer 1995, S. 40 ff.).* Die konkreten Handlungsweisen pädagogischer Fachkräfte während der Freispielphase sind breit gefächert. Hier noch einmal im Schaubild zusammengefasst.

Die pädagogische Fachkraft ...

- → plant die notwendige und ausreichende Zeit für das Freispiel ein.
- → bietet geeignete und ausreichende Spielflächen im Raum und im Freien an (Rückzugs-, Bewegungs- und Aktionsmöglichkeiten).
- → stellt ausgewählte anregende (Spiel-) Materialien bereit.
- → bezieht Kinderwünsche in die Raumgestaltung und Materialauswahl mit ein.
- → setzt Impulse, Materialien und gezielte Aktivitäten im Freispiel ein.
- → erarbeitet Gruppen- und Spielregeln mit den Kindern und sorgt gemeinsam für die Einhaltung.
- → greift bei Gefahren im Rahmen der Aufsichtspflicht ein.
- → beobachtet Kinder in ihrem freien Spiel und dokumentiert Bildungs- und Entwicklungsprozesse.
- → ist beim Spiel der Kinder dabei, gibt Spielimpulse, regt Kinder an zum Mitspielen.
- → steht als Gesprächspartner bereit.
- → stärkt die Kind-Kind-Interaktion

Aufgaben der Fachkräfte

2.6.5 Bildungs- und Lebensräume schaffen

Räume und ihre Ausstattung können den Menschen in seinem Verhalten und seinen Gefühlen beeinflussen. Räume können Zufluchtsort, Lernort und Basis für das „Sich-Hinauswagen" sein. Genauso können Räume auch gemieden werden. Kinder erleben und erfahren Räume und nutzen Materialien, wenn sie in ihnen lebendig sein dürfen.

> **„Eine ansprechende, im Bedarfsfall barrierefreie, Raumgestaltung innen und außen regt die Sinne und damit die Wahrnehmung von Kindern an, bietet eine Atmosphäre des Wohlfühlens und fördert die Experimentierfreude, die Eigenaktivität, die Kommunikation sowie das ästhetische Empfinden von Kindern. Sie muss den Bewegungsdrang von Kindern berücksichtigen, aber auch Möglichkeiten zu Ruhe und Entspannung bieten."** *(Mehr Chancen durch Bildung von Anfang an, 2011, S. 11)*

Räume

In vielen unterschiedlichen pädagogischen Handlungskonzepten wird der Gestaltung der Spiel- und Lernumgebung große Bedeutung beigemessen. In der **Reggio-Pädagogik** spricht man z. B. von „dem Prinzip des ‚Raumes als dritter Erzieher", was meint, dass anregende Materialien und transparente räumliche Strukturen den Kindern freie Erkundungen und autonome Lernschritte ermöglichen *(A. Dreier 1993, S. 36)*.

Hier fühlt sich jeder wie ein Künstler.

Die **Montessori-Pädagogik** legt großen Wert auf die pädagogisch gestaltete vorbereitete Umgebung und sieht darin eine Hauptaufgabe des Erwachsenen. Sie spricht davon, dass das Material ästhetisch und auffordernd und hinreichend stabil sein muss. Das Material ist für Maria Montessori der „Schlüssel zur Welt". Die Materialpflege und Ordnung sind von großer Bedeutung. „Nur in freier Wahl kann nach Montessori das Kind sein Wesen und seine Interessen, seine Begabungen und Kreativität offenbaren, sich selbst erkennen und entwickeln." *(H.-J. Schmutzler 1991, S. 122 ff.)*

Lernen durch Montessori-Material

Die Nutzung, Gestaltung und Ausstattung der Räumlichkeiten und des Außengeländes einer Tageseinrichtung für Kinder sollte sich an den Interessen und Aktivitäten der Kinder orientieren. Es geht in erster Linie nicht darum, dem Geschmack der pädagogischen Fachkräfte zu entsprechen. Dekorative Elemente der Raumgestaltung stehen für Kinder eher im Hintergrund.

Die Kindergruppen müssen aktiv in den Prozess einbezogen werden. Ihre Vorstellungen und Wünsche sollten berücksichtigt werden. „Am ehesten fühlen sich Kinder in Räumen wohl, die sie mitgestalten und die für sie Spiel-, Lern- und Lebensräume sind." *(Mehr Chancen durch Bildung von Anfang an, 2011, S. 11)*. Dies geschieht durch Beobachtungen der pädagogischen Fachkräfte und durch konkrete Gespräche mit Kindern, z. B. in Form eines wöchentlich stattfindenden Kinderforums. Es geht darum, Atmosphäre zu schaffen. Räume prägen unser Verhalten, aktivieren oder beruhigen uns, fördern Kommunikation (z. B. ein Frühstückscafé als Gemeinschaftsraum für die gesamte Einrichtung) und schaffen oder vermeiden Konflikte. Kinder wollen „Spuren hinterlassen“; Räume mitprägen. Kurzfristig können sie das z. B. durch eigene Arbeiten (Bilder, Werke), die auf Kinderhöhe und mit Unterschrift und Titel ausgestellt werden. Langfristiger werden sie durch die Fachkräfte an der Raumgestaltung beteiligt.

Die meisten Tageseinrichtungen für Kinder haben ihre Räumlichkeiten mit Funktionsecken, Raumteilverfahren (Konstruktionsteppich, Rollenspielecke, Leseecke) oder in der offenen Arbeit mit Funktionsräumen (Malatelier, Entspannungsraum, Kuschelraum, Toberaum, Bewegungsbaustelle, Experimentierlabor) ausgestattet. Auch Flure und Waschräume können zum Bewegen, Spielen und Entdecken einladen. Ein langer Flur motiviert Kinder, zu rennen und zu tanzen. Warum nicht? Ein Tesakreppstreifen auf dem Boden könnte z. B. an Regentagen als Balancierbalken dienen. Der Flur kann zum Begegnungsraum der Einrichtung werden.

Bewegung im Alltag

Das Außengelände sollte Kindern im Freispiel ebenfalls als Lebensraum die oben genannten drei Möglichkeiten bieten. Durch Hügel, Sträucher, Weidentunnel, Höhlen, Wasserquellen, Beete, Bäume, Matsch, Rasen, Sand usw. kann ein naturnahes Außengelände gestaltet werden. Hier können Kinder rennen, sich verstecken, Pflanzen und Tiere beobachten, matschen, balancieren, hüpfen usw. Die Jahreszeiten und das damit verbundene Wetter beeinflussen das Freispiel im Freien natürlich im großen Maße. Angemessene Kleidung ermöglicht auch ein Freispiel im Regen. In vielen Einrichtungen dürfen Kinder mittlerweile in kleinen Gruppen auch während der Freispielzeit auf das Außengelände.

Die Aufgabe der pädagogischen Fachkräfte während des Freispiels auf dem Außengelände unterscheidet sich nicht von den Aufgaben innerhalb der Einrichtung. Es handelt sich bei der Freispielzeit im Freien um keine Pausenzeit der Fachkräfte, in der private Gespräche und nur die allgemeine Aufsichtspflicht im Vordergrund stehen.

Bei der Planung und Gestaltung der Räumlichkeiten sollten folgende Aspekte berücksichtigt werden:

- → **Inventar sollte variabel nutzbar sein und möglichst wenig fest installiert sein (Multifunktionalität).**
- → **Inventar muss nicht „designerfrisch aus dem Katalog entspringen“ – schlichter und billiger kann auch fantasievoller sein.**
- → **Material, Spiele und Ausstattung auswählen und der jeweiligen Funktionsecke/dem jeweiligen Funktionsraum zuordnen und den Kindern freien Zugang ermöglichen.**
- → **„Weniger ist mehr“**
- → **Raumteiler, Regale, Podeste und zweite Ebenen schaffen Ecken und Nischen.**
- → **Licht (helle Leseecke, dunkle Nischen) und Bodenverhältnisse beachten.**
- → **Ruhige Funktionsecken und Rückzugsmöglichkeiten nicht neben sehr aktiven Bereichen anordnen („laute und leise Bereiche“).**
- → **Tische und Stühle reduzieren, kleine Spielteppiche einsetzen.**
- → **Räumlichkeiten und Material mit den Kindern zusammen pflegen und instand halten.**

Material

Die Forderung nach Bereitstellung von vielfältigen Materialien spiegelt die pädagogische Vorstellung wider, dass sich Kinder ihre Umwelt selbsttätig aneignen. Diese Aneignungsprozesse finden statt in Auseinandersetzung mit Materialien und in Prozessen des Austauschs, in die Kinder anhand von Materialien treten. Es wird davon ausgegangen, dass die Materialien einen direkten Einfluss darauf haben, womit sich Kinder beschäftigen und somit welche Lern- und Aneignungsprozesse stattfinden können.

Die angebotenen Materialien sollten mehrere unterschiedliche Nutzungsmöglichkeiten und Erfahrungen ermöglichen. Dazu gehört eine Vielfalt, die allerdings auch nicht durch eine unübersichtliche Fülle überfrachtet sein soll. Umso wichtiger ist die regelmäßige Beobachtung der Kinder bei ihren Aktivitäten, um Materialien entsprechend dem jeweiligen Entwicklungsstand auszutauschen. Damit wird keinesfalls ein konzeptioneller Schwerpunkt gelegt. Konzepte wie der Waldkindergarten oder der spielzeugfreie Kindergarten können mit diesen Aussagen ebenso ihre Arbeit überprüfen und weiterentwickeln. Allerdings ist hier die Kreativität der Fachkräfte in besonderer Weise gefragt, denn auch in diesen speziellen Konzeptionen ist es erforderlich, dass die Kinder ihre Entwicklungsaufgaben erfüllen können. Dafür ist ein vielfältiges und jederzeit zur Verfügung stehendes Materialangebot Voraussetzung, auch wenn es ausschließlich aus natürlichen Materialien der Umgebung besteht (beispielsweise ist das Vorhandensein von Wasser notwendig, um auf Sandboden erfolgreich verschiedene Bau- und Konstruktionserfahrungen machen zu können).

Vielfältig sind Materialien dann, wenn …	Nutzung von Materialien	Alters- und entwicklungsangemessen sind Materialien dann, wenn …
- für die zu entwickelnden Kompetenzen der Kinder verschiedene Materialien aus verschiedenen Stoffen bereitstehen, - sie nicht nur einem und einem sofort erkennbaren Zweck dienen, - es auch zweckfreie Materialien gibt, über deren Einsatz die Kinder entscheiden können, - sie für verschiedene Entwicklungsanreize einsetzbar sind und wenn - sie wenigstens für eine gewisse Zeit der Entwicklung „mitwachsen", also auch nach einiger Zeit noch Entwicklungsanreize bieten.	Möglichkeiten, die Kinder zur Auseinandersetzung mit den Materialien anzuhalten, sind - die Aufbewahrung, die Aufforderungscharakter haben sollte (z. B. in offenen Regalen), die Art der Bebilderung von Schranktüren/Schubkästen/Kartons, - das Setzen von Nutzungsimpulsen durch den eigenen Umgang der Fachkraft oder anderer Kinder mit einem Material, - darauf aufbauende Erläuterungen/Probierphasen von Nutzungsmöglichkeiten. Fachkräfte führen den Gebrauch von Materialien ein (dazu gehören auch nicht sofort erkennbare Nutzungsmöglichkeiten z. B. von Experimentiermaterial).	- diese von den Kindern konstruktiv und erfolgreich genutzt werden können, Spaß am Umgang aufkommt, - das Interesse daran längere Zeit erhalten bleibt, - das Material Entwicklungsanreize entsprechend dem aktuellen Entwicklungsstand der Kinder bietet und - die Kinder im Umgang mit dem Material Fähigkeiten wiederholen, stabilisieren und erweitern können.

(Zusammenfassung aus der Langzeitfortbildung „Qualität von Anfang an" pädQUIS 2011)

↗ FAZIT

→ Das **Spiel** ist die kindliche Form der Auseinandersetzung mit der Umwelt. Mit allen Sinnen entdeckt das Kind in einem geschützten und vorbereiteten Rahmen zusammen mit anderen Interaktionspartnern neugierig Materialien, Tätigkeiten, Spielinhalte und -verläufe.

→ Die kindliche Eigenaktivität, Entscheidungen treffen für oder gegen etwas und das Aushandeln von „Spielregeln" mit anderen fördern dabei insbesondere die Selbstständigkeit, das Selbstbewusstsein und die sozialen Kompetenzen des Kindes.

→ Pädagogische Fachkräfte begleiten diese Prozesse feinfühlig und flexibel.

→·← AUFGABEN UND ANREGUNGEN

1 Was verstehen Sie unter dem Begriff Freispiel? Schreiben Sie alle Vermutungen dazu auf und tauschen Sie sich in der Klasse aus.

2 „Morgens passiert ja nicht so viel im Kindergarten, da spielen die Kinder ja nur!“ Dies ist ein Satz, den Freunde oder Eltern häufig zu Erzieherinnen und Erziehern sagen. Beziehen Sie Stellung zu diesem Satz.

3 Welche Aufgaben hat die Erzieherin während des Freispiels? Notieren Sie Ihre Ideen. Überprüfen Sie Ihre Notizen, indem Sie im Praktikum pädagogische Fachkräfte während des Freispiels beobachten und zu dem Thema interviewen.

4 Erstellen Sie einen Katalog von Freiheiten, die ein Kind während der Freispielzeit erleben kann.

5 Welche Grenzen bzw. Einschränkungen beobachten Sie während des Praktikums in Ihrer Einrichtung? Erleben Sie ein gruppenübergreifendes Freispielangebot? Welche Räume können von den Kindern genutzt werden?

6 Bedenken Sie bei der Nutzung vieler Räumlichkeiten für das Freispiel auch den Aspekt der Aufsichtspflicht. Worauf müssen Sie achten?

7 Erläutern Sie die folgende Aussage im Hinblick auf das Freispiel:
„Mir nach - ich folge euch!“

8 Schreiben Sie die Freispielregeln auf, die in Ihrer Einrichtung gelten. Fragen Sie nach Begründungen und beobachten Sie im Freispiel, wie und ob diese Regeln eingehalten werden. Was geschieht in der Gruppe, wenn Regeln nicht eingehalten werden? Wie reagieren die Kinder untereinander, wie das Personal?
Beispiele:
a) Alle Kinder ziehen Hausschuhe an.
b) Kinder und Erwachsene begrüßen sich gegenseitig am Morgen.
c) Das Frühstücksgeschirr wird gespült und wieder auf den Tisch gestellt.

9 Im Folgenden sind zwei Freispielszenen dargestellt, in denen Kinder mit einer Frage auf Sie zukommen. Formulieren Sie angemessene Antworten (wörtliche Rede).
a) Sebastian und Benjamin haben Schiffe gefaltet und fragen Sie, ob sie diese im Waschraum schwimmen lassen können. Der Waschraum ist ca. zehn Meter von der Gruppe entfernt. Sie geben beiden eine positive Antwort und stellen bestimmte Regeln auf.
b) Julian und Lisa wollen mit Musikinstrumenten in der Gruppe spielen. Der Nebenraum ist momentan besetzt. Sie unterhalten sich gerade mit einer Mutter. Sie verneinen die Bitte der Kinder und begründen diese Aussage. Vergleichen Sie in Kleingruppen Ihre möglichen Aussagen miteinander.

10 Beobachten Sie ein Kind während der Freispielphase und schreiben Sie alle Aktivitäten des Kindes auf. Erstellen Sie ein „Freispiel-Porträt“ des Kindes. Schreiben Sie kleine Begebenheiten über das Verhalten des Kindes im Freispiel auf und stellen Sie das Kind im Unterricht vor.

11 Entwerfen Sie in Kleingruppen einen Gruppenraum einer altersgemischten Gruppe, in der sich auch Kinder unter drei Jahren befinden. Zeichnen Sie den Grundriss auf einem DIN-A3-Blatt auf. Berücksichtigen Sie bei der Aufteilung und Gestaltung mögliche Raumteilverfahren, Funktionsecken.

12 Versuchen Sie die folgenden negativen Interventionen *(Neumeyer, a. a. O., S. 42 f.)* in positive, klar verständliche Handlungsanweisungen umzuformulieren.

Beispiele:
- → Schmatz nicht beim Essen!
- → Lass den Mund beim Essen zu!
- → Fass nicht alle Brote an!
- → Werft die Malkittel nicht auf den Boden!
- → Nicht die Treppe runterschubsen!
- → Rennt nicht auf die Straße!
- → Werft nicht mit Sand!
- → Spring nicht vom Turm!

TIPPS ZUM WEITERLESEN →→

Internet

- → www.kindergarten-workshop.de
- → www.erzieherin.de
- → www.kindergartenpaedagogik.de
- → www.erzieher-online.de

Freispiel:

- → Freispiel - freies Spiel? Erfahrungen und Impulse
  Maria Caiati, Svjetlana Delac, Angelica Müller, Don Bosco-Verlag, München 2002
- → Freispiel im Kindergarten
  Gerda Lorentz, Herder Verlag, Freiburg 2002
- → Dem Spielen Raum geben. Grundlagen und Orientierungshilfen zur Spiel- und Freizeitgestaltung in sozialpädagogischen Einrichtungen
  Freya Pausewang, Cornelsen Verlag, Berlin 1997

Freispiel in altersgemischten Gruppen:

- → Groß und Klein unter einem Dach. Altersgemischte Gruppen in Kindertagesstätten
  (= Praxishilfen Kindergarten, Hort, Schule), Matthias Schäfer, Herder Verlag, Freiburg 1997

Raumgestaltung:

- → Wohlfühloasen in Kindertagesstätten. Ein Werkstattbuch
  Rita Greine, Beltz, Weinheim 2003
- → Erfahrungsraum Kita. Anregende Orte für Kinder, Eltern und Erzieherinnen
  Gisela Herrmann, Gerda Wunschel, Beltz, Weinheim 2002
- → Naturnahe Spiel- und Begegnungsräume. Handbuch für Planung und Gestaltung
  Christina Seeger, Roland, Ökotopia Verlag, Münster 2001
- → Kinderräume bilden. Ein Ideenbuch für Raumgestaltung in Kita
  Angelika von der Beek, Matthias Buck, Annelie Rufenach, Beltz, Weinheim 2006

Spielzeugfreier Kindergarten:

- → Spielzeugfreier Kindergarten. Ein Projekt zur Suchtprävention für Kinder und mit Kindern
  Elke Schubert, Rainer Strick, Aktion Jugendschutz, Landesarbeitsstelle Bayern, München 1999
- → Wenn das Spielzeug in den Keller wandert. Erfahrungen mit Projekten zum spielzeugreduzierten Kindergarten
  Hildegard Platen, in: kindergarten heute 7-8/96

2.7 Räumliche Gestaltungsprinzipien

Räume beeinflussen unser Verhalten. In der Gaststätte setzen wir uns gerne mit dem Rücken zur Wand, damit wir das Geschehen im Blick haben. Im Kaufhaus lieben wir gut beleuchtete Auslagen und in der Weihnachtszeit verzaubern uns die Lichter, die die Dunkelheit so romantisch durchbrechen können.

Stimmungen, Gefühle und Lebenslust hängen eben auch von der uns umgebenden Architektur ab. Gerade in einer Zeit, in der zahlreiche Kindertagesstätten vor der Einführung des Rechtsanspruchs auf einen Betreuungsplatz auch für unter Dreijährige gebaut werden, ist auf die räumliche Qualität zu achten. Dies gestaltet sich in vielen Städten recht schwierig, da diese Einrichtungen in bestehende Gebäude hinein gebaut werden. In den Ländern und Kommunen gibt es unterschiedliche Standards. Meist sind die Grenzen weniger durch pädagogische Überlegungen als durch beschränkte Finanzen bedingt.

Als ein guter Kompromiss zwischen pädagogischem Anforderungsprofil und finanziellen Möglichkeiten erscheint folgende Aufteilung:

Pro Gruppe (11 Krabbelkinder bzw. 21 Kindergartenkinder) ist ein **Gruppenraum** von 40 m² sowie ein **Differenzierungsraum** von 20 m² zur Verfügung zu stellen. Bei den unter Dreijährigen wird der kleine Raum als Schlafraum genutzt. Bei den über Dreijährigen bekommen die Räume - einem offenen Konzept entsprechend - bestimmte Profile, beispielsweise können sie als Bücherei, Werkstatt, Forscherraum oder Theater eingerichtet werden.

Neben den Gruppenräumen kommen noch ein **Spielflur** oder - bei größeren Einrichtungen - ein **Bewegungsraum** in ausreichender Größe hinzu. Jeder Gruppenraum hat idealerweise einen Zugang zu einem eigenen **Bad mit Toiletten.** Die Höhe der Armaturen richtet sich nach der Altersgruppe. Aus praktischen Gründen ist die Wickelkommode im Gruppenraum angesiedelt. Sie verfügt über einen eigenen Wasseranschluss.

Die Meinung, dass kleine Kinder weniger Raum benötigen, kann aus pädagogischer Sicht nicht bestätigt werden. Im Gegenteil: Da die Kinder in den ersten zwei Lebensjahren noch sehr auf sich selbst fixiert sind, können sie anderen Kindern keine große Beachtung schenken. Sie brauchen deshalb in ihrer Unsicherheit des Krabbeln- oder Gehenlernens viel Platz zum Ausprobieren. Insofern ist es nicht nur gerechtfertigt sondern geboten, dass kleine Kinder mehr Platz beanspruchen als die älteren. Ganz wichtig sind auch - je nach Entwicklungsstand - geschützte Räume, damit kein Krabbelkind z. B. unter die Bobby-Car-Räder kommt. Die Pikler-Pädagoginnen unterteilen die Räume deshalb mit einem Laufstall ähnelnden Gitter. Dies hilft auch der Orientierung der Kinder.

Um die Erziehungspartnerschaft mit den Eltern zu fördern und um einen Platz für die Eltern bei der Eingewöhnung zu haben, hat sich ein eigener **Elternraum** bewährt. So finden nicht nur die Kinder, sondern auch die Eltern ihren Platz. Gerne angenommen wird auch die Möglichkeit, den Kinderwagen während der Betreuung im dafür vorgesehenen Bereich zu lassen.

Das **Außengelände** ist nicht nur von großer Bedeutung, sondern kann auch gar nicht groß genug sein. Doch lässt sich dieses in den dicht bebauten Quartieren nicht immer realisieren. Als Orientierung kann man sagen, dass 6 m² Außenfläche pro Kind nicht unterschritten werden sollten.

Raumausstattung für eine Tageseinrichtung für Kinder (pro Gruppe)

→ Gruppenraum (40 m²)
→ Differenzierungsraum (20 m²)
→ Bad mit zwei Toiletten und zwei Handwaschbecken, ggf. Wickelkommode oder Dusche
→ Gemeinsamer Bewegungsraum
→ Leitungsbüro
→ Mitarbeiterinnenraum
→ Elternzimmer
→ ggf. Unterstellplatz für Kinderwagen
→ Außenfläche

Als Beispiel sei hier (siehe nächste Seite) eine zweigruppige Krabbelstube des Diakonischen Werks für Frankfurt aufgeführt, die in ein Ladenlokal eines Wohnhauses gebaut wurde.

Ausführender war Thomas Beha vom Architekturbüro Frick und Frick, Frankfurt.

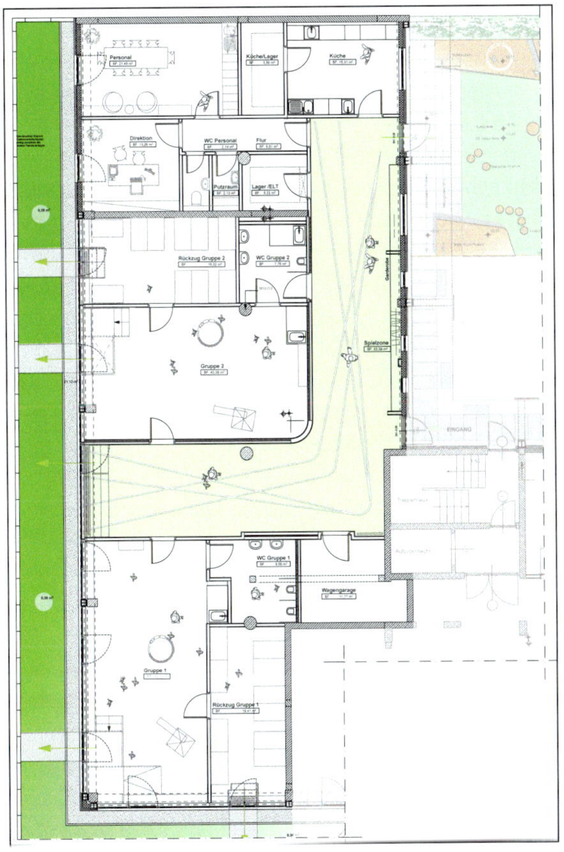

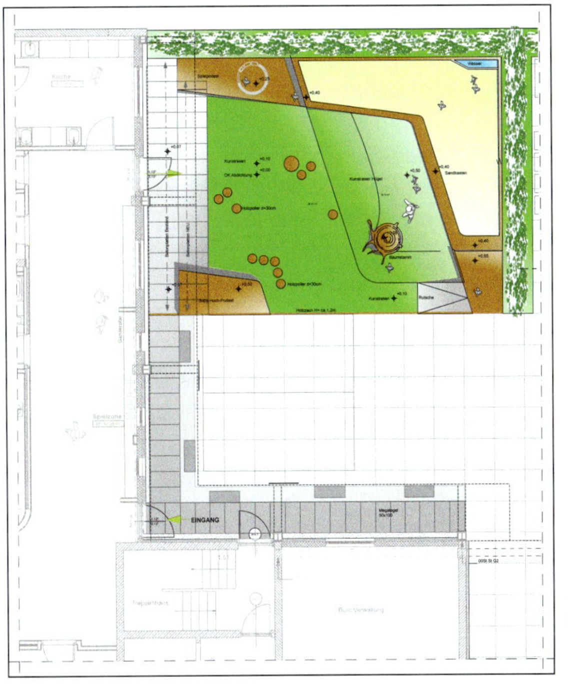

Das kleine Außengelände im Innenhof ermöglicht den Kleinen ausreichend Bewegung.

Eine Krippe des Diakonsichen Werkes für Frankfurt in einem Ladenlokal.

2.8 Bedeutung und Gestaltung der vorbereiteten Umgebung

Einen großen Teil unserer Lebenszeit verbringen wir in Räumen. Kinder zunächst vorwiegend in Innenräumen, bevor sie zunehmend dazu ermuntert werden, nach draußen zu gehen.

Die Räume, in den wir uns aufhalten, seien es nun Innen- oder Außenräume, beeinflussen nicht nur unser Verhalten, sondern auch unser Empfinden und unsere Stimmungen. Räume gelten aus diesem Grund als der „Dritte (Mit)Erzieher". Räume können Bildungsprozesse aber auch so massiv beeinflussen, dass manche Pädagogen sie sogar als die „ersten Erzieher" ansehen. Aus diesem Grunde beginnt pädagogisches Handeln bereits damit, den Raum, in dem man mit den Kindern arbeiten will, zu gestalten. Zur Gestaltung gehört die Ästhetik des Raumes sowie dessen Ausstattung mit den Kindern angemessenen Impulsen und Materialien. Man spricht in diesem Zusammenhang von einer **vorbereiteten Umgebung.** Vor allem die Reggio-Pädagogik hat aus dieser Erkenntnis ein pädagogisches Prinzip gemacht.

Räume können je nach ihrer Beschaffenheit und Ausstattung das pädagogische Handeln der pädagogischen Fachkräfte positiv beeinflussen oder auch torpedieren. So kann es durchaus vorkommen, dass sich in einem Raum eine ruhige, konzentrierte Atmosphäre einfach nicht herstellen lässt, weil die Oberflächenbeschaffenheit von Wänden oder Möbeln das kleinste Geräusch reflektiert und so für eine ständige störende und ablenkende Geräuschkulisse und entsprechend unangenehme Ermahnungen sorgt. Oder das Budget erlaubt keine regelmäßige Pflege der Räume, sodass Böden, Wände und Mobiliar schließlich verwohnt oder gar verwahrlost wirken. Es ist schwierig, Kinder oder Jugendliche dann zu einem sorgsamen Umgang mit der Umgebung zu motivieren.

Gepflegte und schöne Räume laden dagegen in der Regel auch zu konzentriertem und sorgfältigem Verhalten ein. Räume sind Vorbilder. Die Ästhetik und Atmosphäre eines Raumes sind für die pädagogische Arbeit in der Wirksamkeit kaum zu überschätzen.

Die meisten Menschen sind bestrebt, ihre Räume ihren jeweiligen Befindlichkeiten und Bedürfnissen anzupassen. Ein Kinderzimmer hat und braucht einen völlig anderen Duktus als ein Jugendzimmer. Es gibt auch persönliche Vorlieben für Farben oder Wandschmuck beispielsweise, die sich im Laufe der Zeit auch wieder ändern können. Mit der Gestaltung und Entwicklung der eigenen Umgebung sind schließlich auch die Entwicklung von Individualität und Identität verbunden.

Dazu kommt, dass wir für unterschiedliche Tätigkeiten unterschiedlich gestaltete Räume oder wenigstens Orte in den Räumen brauchen. Schlafen, spielen, werkeln, malen, lesen, toben, Hausaufgaben machen usw.: Jede dieser Beschäftigungen stellt spezifische Anforderungen an die räumlichen Bedingungen. Und die Bewohner stellen ihre eigenen Anforderungen an diese Bereiche. So sind individuell gestaltete und persönliche Arbeitsplätze für den Erfolg von Lernarbeiten außerordentlich wichtig. In besonderem Maß gilt das für kreative Prozesse. Kinder brauchen oft sehr Vertrautes, um sich entspannen zu können.

Räume haben einen sehr intimen Aspekt. Sie bieten eine Rückzugsmöglicheit und auch Schutz. Damit wir uns in einem Raum wirklich wohlfühlen, müssen wir uns mit ihm identifizieren können. Es sollte den Kindern und Jugendlichen sowie den pädagogischen Fachkräften möglich sein, den Raum, in dem sie leben und arbeiten, als „ihren" Raum zu sehen. Das heißt, gesetzliche Vorgaben an Größe, Ausstattung, Licht oder Sicherheit sind Mindestanforderungen, deren Erfüllung keineswegs bedeuten muss, dass es sich bei Räumen schließlich auch um pädagogisch (und menschlich) wertvolle Räume handelt. Ein schwieriger Aspekt ist, dass mitunter gerade in Räumen, die solchen Vorgaben nicht genügen, äußerst wertvolle pädagogische Prozesse ablaufen können. Baumhäuser oder Gartenhütten beispielsweise entsprechen den geforderten Standards eher selten.

Da in sozialpädagogischen Einrichtungen in der Regel sehr viele verschiedene Menschen sind, sollte immer wieder geprüft werden, ob die Räume den jeweiligen Anforderungen noch entsprechen.

Dabei sind unterschiedliche Aspekte zu bedenken:
Vor allem wenn Räume von unterschiedlichen Menschen genutzt werden, gilt es, eine Gestaltung zu finden, die den meisten Nutzern auch gerecht wird. Bei homogenen Gruppen ist das einfacher als bei heterogenen. In der Regel ist es dann günstig, neutrale Gestaltungen zu wählen, die auch schnell veränderten Bedingungen oder Bedürfnissen angepasst werden können. Generell gilt bei gemieteten Objekten, dass sämtliche baulichen Maßnahmen mit dem Vermieter abgesprochen werden müssen.

Oft sind in Einrichtungen Räume für bestimmte Tätigkeiten (Funktionsräume) vorgesehen. Atelier, Werkstatt, Musikzimmer, Labor, Rollenspiel, Bibliothek, Bewegungsbaustelle usw. sollten so gestaltet sein, dass Kinder und Jugendliche in ihnen den jeweiligen Tätigkeiten ohne große Restriktionen nachgehen können.

Dabei muss mitunter, vor allem, wenn die finanziellen Mittel begrenzt sind, gut abgewogen werden, welche Gestaltung schließlich sinnvoll und ästhetisch ist.

Räume sollten nicht langweilig und stereotyp sein. Sie sollten zum Denken und Tun anregen. Das kann einerseits geschehen über die Gestaltung mit Farben, Oberflächen, Materialien, Licht und raumgliedernden Elementen. Andererseits über die Ausstattung und die Materialien, die den Kindern und Jugendlichen im Raum zur Verfügung stehen, und über die Art und Weise, wie diese angeboten werden.

Oft ist es sinnvoll, bei der Gestaltung der Räume nicht nur einzelne Bereiche in den Blick zu nehmen, sondern ein Gesamtkonzept für die Einrichtung zu entwickeln, bevor man an die Gestaltung einzelner Bereiche geht. Eine solche Konzeption beginnt sinnvollerweise mit eingehenden Beobachtungen. Welche Bereiche werden von welchen Kindern wie angenommen? Wie werden sie derzeit bespielt? Wie sind die Wegstrecken und Wege zwischen den Räumen? Wo rennen oder gehen oft Kinder? Wo ist der Boden glatt, wo sind unübersichtliche Ecken und Winkel? Wie sind die Lichtverhältnisse durch Fenster? Welche Form haben die Fenster? Wo wird zusätzliches Licht benötigt? Welches Licht wird benötigt? Welche Räume werden günstigerweise wie verwendet? Wo sind Wasser- und Stromanschlüsse? Welche Bereiche werden stark beansprucht? Welche Bedürfnisse haben die pädagogischen Fachkräfte? Wodurch werden Arbeitsabläufe behindert oder erleichtert? In der Regel empfiehlt es sich, ein Farbkonzept zu entwickeln. Die Farben sollten eher warm sein und harmonieren. Man kann sie auch zur Orientierung in der Einrichtung einsetzen.

Schließlich kann man auch Kinder und Jugendliche in die Gestaltung mit einbinden. Welche Ideen, Wünsche, Vorstellungen haben sie? Hier bestehen herausragende Lernchancen. Denn es geht nicht darum, dass sich eine einzelne Meinung durchsetzt, sondern darum, dass in einem gemeinsamen Prozess eine Lösung gesucht wird, die auch Menschen gerecht wird, die vielleicht noch gar nicht in der Einrichtung sind. Es geht bei einem solchen Projekt neben der Auseinandersetzung mit räumlichen Bedingungen, der Ästhetik und Raumfunktionen auch um soziales Lernen und die Bereitschaft, auf andere einzugehen.

↗ FAZIT

- → **Die Ästhetik und Atmosphäre eines Raumes sind für die pädagogische Arbeit in deren Wirksamkeit kaum zu überschätzen.**
- → **Räume sind maßgebliche Miterzieher und haben starken Einfluss auf das pädagogische Geschehen und den Erfolg des pädagogischen Handelns.**

→·← AUFGABEN UND ANREGUNGEN

1 Stellen Sie Beobachtungen in Ihrer Praxiseinrichtung an: Sind die räumlichen Bedingungen günstig? Was würden Sie ändern?

2 Fertigen Sie Skizzen und Zeichnungen von der derzeitigen Raumsituation an und davon, wie Sie den Raum umgestalten würden. Schulen Sie Ihr analytisches Denken und Ihr Vorstellungsvermögen.

3 Beobachten Sie Kinder bei ihrem Spiel. Wie werden unterschiedliche Bereiche genutzt? Welche Tätigkeiten und Materialien bevorzugen die Kinder? Welche Materialien kennen die Kinder nicht? Was könnte den Kindern in ihrer Entwicklung nützen?

4 Studieren Sie verschiedene Architekturzeitschriften und machen Sie sich mit unterschiedlichen gestalterischen Möglichkeiten und Ideen vertraut.

TIPPS ZUM WEITERLESEN →→

→ Schaumal, manchmal: Künstler und junge Menschen im kreativen Dialog
Katharina Bechler, Landratsamt Ravensburg, 2011

→ Handbuch der Krativitätsförderung - Theorie und Praxis für die Arbeit mit Kindern
Daniela Braun, Herder, Freiburg 1999

→ Baumhäuser
Andreas Wenning, DOM Publ., Berlin 2009

→ Kinderräume bilden - Ein Ideenbuch zur Raumgestaltung in Kitas
Angelika von der Beek, u. a., Beltz, Weinheim 2001

3 Planung, Durchführung und Evaluation pädagogischer Prozesse

Seit einigen Wochen absolvieren Sie Ihr Mittelstufenpraktikum in einer viergruppigen Düsseldorfer Tageseinrichtung für Kinder. Sie sind herzlich aufgenommen worden und durften (anders als im Unterstufenpraktikum) sofort an den Teamsitzungen der Einrichtung teilnehmen - was für ein gutes Gefühl! Für die heutige Teamsitzung steht auf der Tagesordnung: „Unsere Planungsstrukturen im Haus".

Was sich dahinter wohl verbirgt? Ihre Gruppenleiterin erläutert Ihnen, dass sich das Team im Rahmen der Qualitätsentwicklung und der Umsetzung des Bildungsauftrages NRW im Moment mit den Planungsstrukturen auseinandersetzt. Durch die neuen Gruppenstrukturen im Haus und die Öffnung für ganz junge Kinder wird viel stärker gruppenübergreifend gearbeitet. Es gilt, viele Sachen abzusprechen und zu koordinieren. In den letzten Jahren haben die Projekte, AGs und Bildungsangebote zugenommen. Der Tag wirkt oft sehr verplant. Kaum Lücken für flexible spontane Aktionen mit den Kindern.

Einige Teammitglieder sind auch unzufrieden über zu wenig Planungs- bzw. Reflexionszeiten im Gesamtteam und über fehlende Absprachen. Eine Kollegin bemängelte z.B. auf der letzten Teamsitzung, dass die pädagogische Arbeit zwar oft geplant aber selten überprüft wurde. Als Beispiel führte sie das letzte Sommerabschlussfest an. Wochenlang wurde geplant, aber kaum reflektiert - nur zwischen „Tür und Angel". Eine andere Kollegin ist unzufrieden mit den Dokumentationsformen, die momentan für Planungsprozesse genutzt werden. Ihre Gruppenleiterin spricht an, dass einige Eltern sich Rahmenpläne wünschen - wie früher -, auf denen nachzulesen ist, was demnächst in der Gruppe gemacht wird. Die Leitung erzählt, dass der Elternbeirat an sie herangetreten ist, und darum bittet, dass nachmittags eine Englisch-AG mit einer externen Englischlehrerin angeboten werden soll. Bedürfnis der Eltern oder der Kinder? Nach dieser ersten Runde bittet die Leitung das Team Begriffe zu benennen, die Ihnen zu dem Begriff Planung einfallen.

„Was fällt euch zu dem Begriff Planung ein?"

Während der Teamsitzung wird Ihnen immer deutlicher, wieviele Prozesse in einer Einrichtung geplant und auch evaluiert werden müssen. Bisher kannten Sie den Begriff der Planung nur in Bezug auf schriftliche Planungen bei Lehrerbesuchen in der Praxis. Das sind innerhalb der Ausbildung immer sehr aufregende Phasen. Was kann ich für Bildungsangebote planen? Warum? Mit wem? Wann? Wie? Usw. Und plötzlich sind Sie in Gedanken bei Ihrem nächsten Lehrerbesuch. In diesem Praktikum sollen Sie ein Projekt mit Kindern durchführen. Im Vorfeld hatten Sie in diesem Schuljahr schon Projektunterricht und haben sich intensiv mit Projektprinzipien auseinandergesetzt.

↘ FRAGEN

- → *Warum ist Planung in der pädagogischen Arbeit ein sinnvolles und notwendiges Instrument?*
- → *Gibt es ein sinnvolles Planungsraster für pädagogisches Handeln?*
- → *Schließt Planung so etwas wie „Spielräume" oder „Freiheit" aus?*
- → *Welchen Stellenwert haben sogenannte Ziele/Kompetenzen und was ist darunter zu verstehen?*
- → *Erzieherinnen bereiten „vor" - Kinder machen „nach" oder „mit", oder? Können Kinder partizipieren?*
- → *Wie kann man pädagogisches Tun evaluieren, d.h. selbst überprüfen oder überprüfen lassen?*
- → *Wie können Planungsschritte dokumentiert werden?*
- → *Welche Merkmale sollten Projektplanungen beinhalten?*

3.1 Planung als Ausdruck pädagogischer Grundhaltung

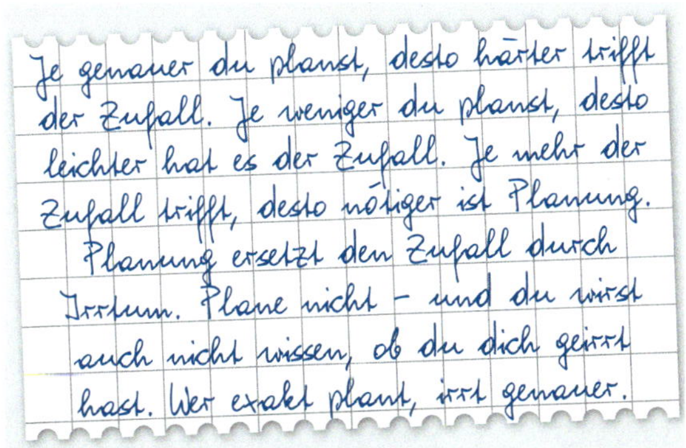

Planung? Hilfreich? Sinnvoll?

Manche Erzieherinnen setzen Planung mit Verplanung und Fremdbestimmung gleich. Ein geplanter Ablauf ist nach dieser Auffassung so stark festgelegt, dass andere Entscheidungen, Kreativität und Spontaneität kaum noch möglich sind. Ein angestrebtes pädagogisches Ziel wäre hierbei eine Art „Programm", dessen „Code" durch den „Computer" ausgeführt wird - in zwar sinnvollen, aber vorgegebenen Schritten.

Zuweilen heißt es auch, Planung störe die Beziehung zwischen Lehrenden und Lernenden. Wer seine Entscheidungen über die Köpfe anderer hinweg trifft, verhindere dadurch eine ehrliche Beziehung. Es werde verschleiert, dass Bedürfnisse der Kinder und Jugendlichen den vorgegebenen „erwachsenen Zielen" untergeordnet werden.

Das ist sicher übertrieben. Aber solch eine Einschätzung macht zumindest die Gefahr von übermäßigem Planen deutlich. Denn geplantes Handeln in diesem Sinne, engt sowohl die eigenen pädagogischen Freiheiten als auch die Selbstbestimmung und Emanzipation der betroffenen Kinder und Jugendlichen unnötig ein.

Planung, so ein weiterer Einwand, sei vor allem etwas für Theoretiker. Damit sind oft andere Pädagogen gemeint, entweder solche, die „nicht (mehr) wissen, was in der Praxis vor Ort wirklich los ist", oder solche, die in der Praxis selbst schlecht zurechtkommen und sich dann in einen „theoretischen Elfenbeinturm" flüchten.

Auf den ersten Blick erscheint fast jede Form pädagogischer Planung als nicht recht passend zu den alltäglichen Abläufen einer Erzieherin. Häufig bestätigt sich diese Einschätzung durch den Umstand, dass nach den Abschlussprüfungen zur staatlich anerkannten Erzieherin, didaktische Konzepte oder schriftlich fixierte Planungen als entbehrlich gelten. So manche Praktikantin bekam von ihrer Praktikumsanleiterin zu hören: „Vergiss erst einmal alles, was du in der Schule gelernt hast, hier in der Praxis läuft sowieso alles anders." *(Vgl. Schilling 1993, S. 223)*

Das Thema „Planung" ist aber ein zentraler Aspekt der professionellen pädagogischen Arbeit und lässt Fachkräften keine große Wahlmöglichkeit. Die beiden folgenden Aussagen können heutzutage **nicht** als Grundlage pädagogischer Arbeit benannt werden.

> **„Ich kann planen was, wann und wie ich will – ich lebe in den Tag hinein und schaue, was die Kinder spontan interessiert und was diese wollen".**
>
> **„Ich weiß was Kinder brauchen. Ich vermittle die Themen, die ich für sinnvoll erachte."**

Kinder und Jugendliche in ihren Entwicklungs- und Bildungsprozessen nur intuitiv zu begleiten ist genauso wenig möglich, wie an den Köpfen der Kinder und Jugendlichen vorbei zu planen. Einrichtungen der Kinder- und Jugendhilfe haben einen klaren Erziehungs- und Bildungsauftrag, dem in allen Bildungsplänen der Bundesländer ein positives Menschenbild zugrunde liegt.

Eine optimale Fachpraxis, die sich an den individuellen Fähigkeiten und Fertigkeiten und den Interessen und Bedürfnissen der Zielgruppe orientiert, und bei der Kinder und Jugendliche an ihrem Lernweg beteiligt sind, benötigt **Planungsprozesse.**

Die Aufgaben pädagogischer Fachkräfte sind in Gesetzen, Bildungsplänen, Richtlinien, Arbeitsverträgen, Qualitäts-Handbüchern der Träger usw. vorgegeben.

Planungsprozesse zu steuern gehört also zum „Handwerkszeug" der Fachkräfte. Die Erzieherin ist verantwortlich für die Auswahl der Inhalte und Erfahrungsmöglichkeiten, die sie den Kindern zur Verfügung stellt.

„Nach dem Prinzip der Entwicklungsangemessenheit sind Bildungsangebote (zum Beispiel) so zu gestalten, dass sie der sozialen, kognitiven, emotionalen und körperlichen Entwicklung des Kindes entsprechen. Überforderung des Kindes ist ebenso fehl am Platz wie Unterforderung. Dieses Prinzip gilt für die Gestaltung der einzelnen Lernarrangements und die Organisation des Tagesablaufs. Für das einzelne Kind wechseln sich moderierte Lernarrangements und Freispielphasen oder andere Tätigkeiten ab. Im Hinblick auf die Sicherung und Weiterentwicklung von Qualität bedarf die pädagogische Arbeit der Evaluation." *(Gemeinsamer Rahmen der Länder für die frühe Bildung in Kindertageseinrichtungen. Beschluss der Jugendministerkonferenz 2004, S. 6)*

Pädagogische Elemente der Tagesgestaltung sinnvoll planerisch gestalten.

Mithilfe von offenen Planungen unterschiedlicher Art wird sichergestellt, dass pädagogische Inhalte und Prozesse systematisch und kontinuierlich berücksichtigt werden und trotzdem dynamisch und variabel sind.

Bei dem Versuch, diese Thematik näher zu klären, tauchen oft weitere pädagogische Schlüsselbegriffe auf: **Beobachtungen, Erzieher-Kind-Interaktion, Evaluation, Partizipation, Individualisierung, Kompetenzen, Dokumentation usw.** Hinter diesen Begriffen stehen wiederum Grundannahmen oder Grundhaltungen. Sie kennzeichnen das **Selbstverständnis einer Erzieherin** und ihr Bild vom Kind und beeinflussen ihr Handeln in ihrer Beziehung zu den Kindern oder Jugendlichen.

Beispiel:
Eine Erzieherin mit einem positiven Bild vom Kind und dem Fachwissen über die sozialemotionale Entwicklung von jungen Kindern in der Autonomiephase, zeigt Verständnis für ein zweijähriges Kind, das, frustriert von den noch nicht so guten eigenen Fähigkeiten beim Turmbauen, Bausteine umwirft und laut weint. Sie versteht die Not, in der das Kind steckt (Umgang mit Frustration und Selbstregulation) und versucht, das Kind mit all seinen Gefühlen (Wut, Enttäuschung, Wunsch nach Selbstständigkeit usw.) zu begleiten (z. B. Nähe anbieten, Neugierde für den Weiteraufbau des Turms wecken, Mithilfe anbieten usw.).
Eine andere Fachkraft beurteilt das Verhalten des Kindes unter Umständen mit dem Satz: „Das macht der doch nur, um mich zu ärgern".

Die Beobachtungskompetenzen, das Fachwissen und das Planungsverständnis einer Erzieherin haben in vielfältiger Weise Anteil an ihrem pädagogischen Gesamtkonzept.

Ein erheblicher Teil des eigenen Handelns ist von **Zielen** bestimmt; diese geben Sicherheit und entlasten. Auf diese Weise finden sich Menschen in ihrem Leben und in der Gesellschaft zurecht, die sie oft als kompliziert und unübersichtlich erleben. Wer weiß, was er will, kann sich darüber mit anderen verständigen. So entsteht Vertrauen, weil ein Beziehungspartner den Eindruck gewinnt, dass sein Gegenüber verantwortungsvoll mit ihm umgehen wird. So kann man die Bedürfnisse des anderen (stellvertretend) artikulieren und in die eigenen Überlegungen miteinbeziehen. Dies lässt sich auch auf das pädagogische Arbeitsfeld übertragen.

Wer plant, blickt auf das, was ist, und entwickelt eine Vorstellung davon, wie etwas sein soll oder sein könnte. Die Zukunft wird so in den Blick genommen, wird reflektiert und man entwickelt die Motivation, sie zu gestalten. Am Ende dieses Geschehens lässt sich das Ergebnis überprüfen und beurteilen. Nicht nur der Weg ist das Ziel. Das Ziel ist das Ziel!

Planung ist Voraussetzung für sinnvolles Arbeiten. Informationen werden in größeren Zusammenhängen geordnet, das eigene Handeln wird überschaubar, erklärbar und begründbar – für den Handelnden selbst und auch für andere, welche dieses Handeln als nachvollziehbar und berechenbar erleben. Die anderen, das sind die Kinder und Jugendlichen, mit denen Erzieherinnen zu tun haben, aber auch die Mitarbeiter und Eltern oder Kooperationspartner in den Einrichtungen, in denen sie arbeiten.

Planungen dürfen natürlich nicht dazu führen, dass der pädagogische Alltag starr verplant wird. „Gute und systematische Planung verhilft im Gegenteil dazu, die unter bestimmten Rahmenbedingungen gegebenen Möglichkeiten optimal auszuschöpfen, Handlungsspielräume, aber auch Handlungsbedarf zu erkennen und entsprechend zu reagieren.“ *(Tietze/Viernickel 2007, S. 32)*

Pädagogen handeln zudem öffentlich, ein Konzept sorgt für Offenheit und Transparenz nach außen. Planung wird oft einengend verstanden, verhilft jedoch auch dazu, das eigene pädagogische Handeln für sich und andere zu verstehen und zu kommunizieren *(vgl. Schilling 1993, S. 224 ff.)*. Durch diese Transparenz wird Planung nicht nur nachvollzichbar, sondern zugleich auch diskutier- und veränderbar.

Menschliches Handeln ist kein ungeplantes oder spontanes „Vorgehen“, vielmehr handeln Menschen, indem sie einer Frage, einer Idee oder einer Vermutung „nachgehen“.
„Ohne einen Plan bin ich planlos“.
„Nur wer einen Plan hat, kann vom Weg „abweichen“.

3.2 Planung als fortlaufender Prozess in der Kinder- und Jugendhilfe

Jeden Tag wird in Einrichtungen der Kinder- und Jugendhilfe beobachtet und geplant. Ausgangspunkt fachlichen pädagogischen Handelns ist u. a. das Beobachten von Verhalten, Situationen und Interaktionen. Ziel ist es, jedes einzelne Kind/jeden Jugendlichen und die Gruppe wahrzunehmen und zu verstehen. Kinder bringen unterschiedliche Erfahrungen und Lernvoraussetzungen mit.

Die Beobachtungen müssen unbedingt dialogisch interpretiert werden, bevor weitere Planungsschritte gegangen werden. Fachkräfte greifen bei der Interpretation auf ihre grundsätzliche Orientierung (Bild vom Kind) und ihr Fachwissen zurück (z. B. Kenntnisse über Entwicklungspsychologie, Gruppendynamik). „Alle Interpretationen bleiben aber Hypothesen, die es im Dialog der Fachkräfte untereinander (mit Eltern) und mit dem Kind zu präzisieren gilt. Erst die Antwort des Kindes auf unsere Interpretationen gibt uns Hinweise darauf, ob wir das Kind verstanden haben.“ *(Ministerium für Bildung und Kultur des Landes Schleswig-Holstein 2004, S. 45)*.

Neben den Beobachtungen müssen auch weitere Informationen über das Kind bzw. den Jugendlichen, den soziokulturellen Kontext und den Sozialraum als Ausgangspunkt der pädagogischen Arbeit genutzt werden.

Bildungsplan Schleswig-Holstein:
„Nicht alles, was für Bildungsförderung wichtig ist, lässt sich durch Beobachtung in der Kindertageseinrichtung erkunden. Daher gilt es, weitere Informationen über jedes Kind und seine Lebenssituation zu erhalten:
Wie ist seine familiäre Situation? Wie wohnt es? Welche weiteren Besonderheiten beeinflussen seine Bildungsprozesse?
Vieles erfährt man im Gespräch mit den Müttern und Vätern. Anderes muss man durch gezielte Nachforschungen außerhalb der Einrichtung erkunden (z. B. Spielmöglichkeiten der Kinder im Sozialraum)." *(a. a. O., S. 45)*

Die Beobachtungen einer Erzieherin und die gesammelten Informationen sind also neben dem gesetzlichen Auftrag, die Basis für das Planen und Handeln.

Die Auswertungen der Beobachtungen münden in Bildungsdokumentationen der Kinder. Diese schriftlichen Dokumente wiederherum bieten eine gute Ausgangslage für planerisches Handeln. Folgen aus den Bildungsdokumentationen der Kinder keine Planungsschritte, sind diese nur als „Beleg der eigenen Arbeit" zu verstehen. Die Bildungspläne der Bundesländer fordern, dass die individuelle Bildungsdokumentation des Kindes Grundlage für erzieherisches Planen und Handeln ist.

Planung bedeutet nicht starres Festhalten an einem Plan, sondern durchdachtes, zielgerichtetes Handeln aufgrund von Beobachtungen. In der Spirale bzw. dem Regelkreis pädagogischer Handlungsprozesse folgt der Schritt der Planung dem der Beobachtungen und Auswertung der Beobachtungen und mündet nach der Durchführung erneut bei der Auswertung (Evaluation) des Erlebten. Planung ist also ein fortwährender Prozess der Auswertung von Informationen.

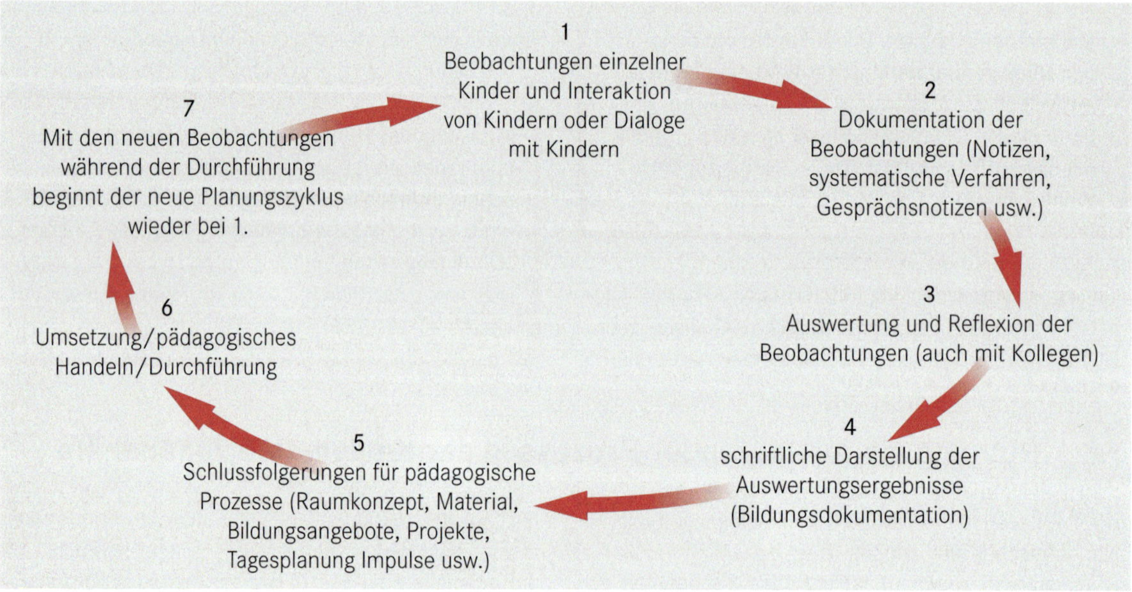

Regelkreis pädagogischer Handlungsprozesse

Für die Planung ist es wichtig, zuerst allgemeingültige Grundlagen zu formulieren. Dazu zählen alle gesetzlichen Vorgaben und Richtlinien der jeweiligen Einrichtung der Kinder- und Jugendhilfe. Als fachliche Orientierung dienen außerdem neuste Erkenntnisse der Wissenschaft. Der **Nationale Kriterienkatalog** fasst beispielsweise für die Praxis von Tageseinrichtungen zehn pädagogische Prinzipien zusammen:

1 **Kinder sind aktive Lerner.**
2 **Kinder lernen in sozialen Zusammenhängen.**
3 **Kinder lernen durch spielerische Aktivität und aktives Spiel.**

4 Emotionale Sicherheit und Zuwendung bieten die Basis für kindliche Lernprozesse und die Entwicklung des Selbst.
5 Kinder lernen durch Teilhabe und Aushandlung.
6 Kinder haben das Recht auf Anerkennung ihrer Individualität.
7 Die Erzieherin ist Gestalterin einer anregenden Lern- und Erfahrungsumwelt.
8 Die Erzieherin ist Dialogpartnerin und Impulsgeberin.
9 Die Kindertageseinrichtung sichert allen Kindern - unabhängig von Herkunft, Geschlecht und sozialem Status - Lern und Entwicklungschancen zu.
10 Die pädagogische Arbeit orientiert sich an der Lebenswelt und am Bedarf von Kindern und ihren Familien.

(vgl. Tietze/Viernickel 2007, S. 19 f.)

Die **Grundhaltung jeder Erzieherin** und ihr Bild vom Kind sollten sich an den oben genannten Prinzipien orientieren, die an vielen Stellen auch auf ältere Kinder und Jugendliche zu übertragen sind. Der positive und am Kind orientierte Blick der Fachkräfte und ihre damit verbundene Rolle findet sich in vielen pädagogischen Konzepten wieder (z. B. Reggio, Montessori, Korczak) und orientiert sich an einem **ko-konstruktivistisch-humanistischen Weltbild.** Das Kind und sein Lernprozess stehen im Mittelpunkt. Auch Umwege und Fehler sind in diesem Prozess erwünscht und lehrreich.

„Pädagogische Fachkräfte verstehen sich dabei als ...
... Begleiterinnen, die Kinder emotionale Sicherheit und Zuwendung in festen sozialen Beziehungen bieten.
... Dialog- und Interaktionspartnerinnen der Kinder.
... Gestalterinnen eines anregenden Lernumfeldes sowie von herausfordernden und angemessenen Prozessen und Aktivitäten."
(Vgl. Groot-Wilken 2007, S. 14)
Beim selbstgesteuerten Lernen begleiten sie die Kinder prozess- und lösungs- und nicht nur ergebnisorientiert.

Die Themen, die Kinder interessieren und mit denen sie sich auseinandersetzen wollen, über die sie etwas erfahren und lernen wollen, können zum einen durch aktuelle beobachtbare Themen und Äußerungen im Gruppengeschehen deutlich werden. Diese Fragen und Äußerungen können in Kind-Kind-Gesprächen oder im Dialog mit den Erzieherinnen beobachtet werden.

Kinder formulieren Themen, Fragen oder Aussagen.

Spielsituationen im Freispiel geben ebenfalls Auskünfte über Themen der Kinder und die Gruppensituation und müssen ausgewertet werden.

Beobachtbare Spielthemen

Elterngespräche oder Gespräche mit Therapeuten können Fachkräften auch Erkenntnisse über notwendige und sinnvolle Inhalte pädagogischer Prozesse geben.

Eltern als Experten ihrer Kinder

Die Inhalte der pädagogischen Arbeit lassen sich außerdem vom Kinder- und Jugendhilfegesetz und von den Landesgesetzen (z. B. für Tageseinrichtungen für Kinder) sowie von den Bildungsplänen der Länder ableiten. Die Bildungsbereiche werden in den Bildungsplänen unterschiedlich benannt. Es finden sich aber viele Parallelen.

Im **NRW-Entwurf „Mehr Chancen durch Bildung von Anfang an.** Grundsätze zur Bildungsförderung für Kinder von 0–10 Jahren in Kindertageseinrichtungen und Schulen im Primarbereich in Nordrhein-Westfalen 2010" spricht man z. B. von zehn Bildungsbereichen:

- → Bewegung
- → Körper, Gesundheit und Ernährung
- → Sprache und Kommunikation
- → Soziale, kulturelle und interkulturelle Bildung
- → Musisch-ästhetische Bildung
- → Religion und Ethik
- → Mathematische Bildung
- → Naturwissenschaftlich-technische Bildung
- → Ökologische Bildung
- → Medien

Es ist wichtig, dass Fachkräfte mit den zu vermittelnden Inhalten vertraut sind. Sie brauchen Kenntnisse, Fertigkeiten und Fähigkeiten, um Kinder angemessen in einem Lernprozess zu begleiten bzw. Lernprozesse initiieren zu können. Dazu zählt auch Methodenkompetenz.

Planung wird also als fortwährender Prozess der Auswertung und Reflexion von Beobachtungen, Dialogen und Interaktionen von und mit Kindern und Jugendlichen verstanden. Davon ausgehend schafft die Fachkraft eine anregende Umgebung (räumlich-materiales Arrangement) für Lern- und Entwicklungsprozesse und setzt gezielt Impulse.

3.3 Planung im pädagogischen Alltag

Die pädagogische Arbeit in Einrichtungen der Kinder- und Jugendhilfe wird von unterschiedlichen Menschen gestaltet. Leitung, Fachkräfte, Elternvertreter, Kinder, Jugendliche usw. – alle haben unterschiedliche Planungsanliegen, die es zu besprechen, festzulegen, zu dokumentieren, durchzuführen und zu reflektieren gilt.

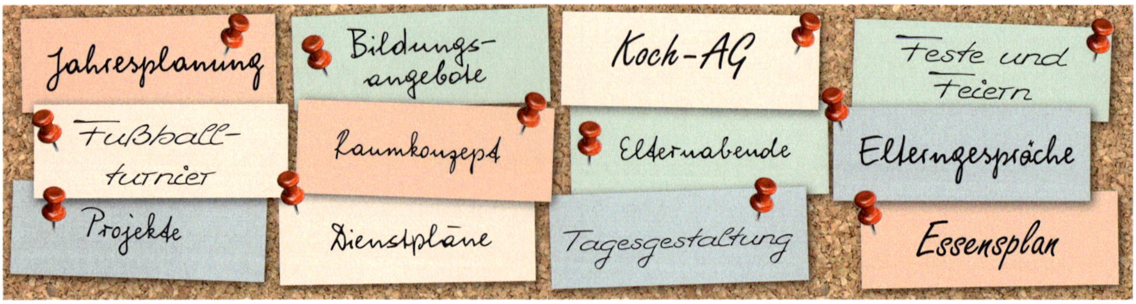

Es gibt viel zu planen und zu evaluieren.

PLANUNG
Wer plant mit wem?
Was wird geplant?
Auf welcher Grundlage wird geplant?
Wie oft wird geplant?
Für welche Zeiträume?
Wann wird geplant?
Wann findet ein Austausch über Kleingruppen-Planungstreffen statt?
Wie und von wem werden Planungen reflektiert?
Welchen Stellenwert haben Planungs- und Reflexionszeiten?
Werden Planungen veröffentlicht?
Sind Kinder, Eltern etc. an Planungen beteiligt?
...

IST-Analyse: Planung

Die **Ist-Analyse** verdeutlicht, dass Planungsprozesse viel mit Teamentwicklung, Arbeits- und Organisationsformen und Zeitmanagement zu tun haben. Diese Aspekte müssen ebenfalls beleuchtet und gut geplant werden, damit alle vorhandenen Ressourcen genutzt werden können.

Die sinnvolle Nutzung von zeitlichen, personellen und inhaltlichen Ressourcen durch eine gezielte und effektive Planung führen zu einem sehr guten pädagogischen Angebot.

Die Leitung einer Einrichtung spielt in diesem Prozess eine große Rolle. Sie hat dafür zu sorgen, dass Bildungsinhalte des Elementarbereichs sinnvoll, bestmöglich und am Kind orientiert von den Fachkräften in Zusammenarbeit mit den Familien umgesetzt werden. Für diese Prozesse muss sie in Absprache mit dem Träger, Zeiten für Beobachtung, Planung, Reflexion und Dokumentation zur Verfügung stellen. Die Dienstpläne müssen dem Rechnung tragen. Im Rahmen der Personalentwicklung spielen also auch das Bild vom Kind und Planungskompetenzen eine bedeutende Rolle.

Das Gelingen von Planungsprozessen hängt auch davon ab, ob notwendige Informationen alle Beteiligten erreichen. Welche Informationskanäle werden gewählt?

Es gibt unterschiedliche Planungstreffen, Informationskanäle und Dokumentationsformen.

Pädagogische Arbeit kommt außerdem ohne fachwissenschaftliche Theorien nicht aus. Eine Teamdiskussion darf nie nur mithilfe von Pseudo-Argumenten, Erfahrungen einzelner Teammitglieder oder Laienwissen geführt werden.

Beispiel:
„Kinderkonferenzen haben wir schon einmal ausprobiert. Das geht nicht mit jüngeren Kindern." Oder: „Ich mag keine Bewegungslandschaften, deshalb biete ich sie nicht an." Oder: „Zu Elternabenden kommt eh keiner – brauchen wir nicht mehr machen".

Im Rahmen von Planungs- und Qualitätsprozessen ist es deshalb wichtig, dass Fachkräfte sich fortbilden und planerische Diskussionen im Team immer auf der Grundlage neuster fachlicher Orientierung geführt werden und in die Konzeption einfließen.

Konkrete Bereiche pädagogischer Planung am Beispiel einer Kindertagesstätte:
→ Planung der Tagesstruktur
→ Planung gruppenübergreifender Arbeit

- → Planung der vorbereiteten Umgebung (Raumkonzept und Bereitstellung von Material, Lernwerkstätten)
- → Planung der Eingewöhnung
- → Planung Übergang Kita/Grundschule
- → Planung von Freispielphasen
- → Planung von Bildungsangeboten
- → Planung individueller Förderung
- → Planung von gruppenübergreifenden Aktionen
- → Planung von Projekten und AGs
- → Planung von Elterngesprächen etc.
- → Planung von Beobachtungszeiten
- → Planung von Festen
- → Planung von Vernetzung und Gemeinwesenarbeit
- → Planung der Arbeit des Familienzentrums
- → Planung von Dienstzeiten (insbesondere Verfügungszeit)
- → Planung der Evaluation
- → usw.

Es wird deutlich, dass in Einrichtungen der Kinder- und Jugendhilfe vielfältig geplant wird. Wichtig ist es, Prioritäten zu setzen und grundlegende Elemente der Tagesgestaltung zuerst zu „verplanen". Es hat wenig Sinn, eine Woche mit Projekten, AGs usw. zu verplanen, wenn keine Zeit für Beobachtungen, Reflexionsgespräche im Team oder ruhige Gespräche mit den Kindern bleibt. Die nachfolgende Geschichte verdeutlicht diese These.

Der Glasbehälter des Philosophieprofessors

Ein Professor stand vor den Teilnehmern seines Philosophiekurses und hatte einige Dinge vor sich auf dem Tisch. Als der Kurs startete, nahm er ein sehr großes, leeres [...] Glas und begann, es mit großen Steinen zu füllen. Dann fragte er die Studenten, ob das Glas voll wäre. Und sie antworteten ihm mit „ja". Der Professor nahm eine Schachtel mit Kieselsteinen und schüttete sie in das Glas. Er schüttelte das Glas leicht und die Kieselsteine rollten in die freien Bereiche zwischen die [Steine]. Dann fragte er die Studenten wieder, ob das Glas jetzt voll wäre. Sie stimmten abermals zu. Danach nahm der Professor eine Schachtel mit Sand und ließ den Sand in das Glas fließen. Natürlich füllte der Sand alle noch vorhandenen Zwischenräume. Noch einmal fragte er, ob das Glas jetzt voll wäre. Die Studenten antworteten ihm auch jetzt mit einem einstimmigen „ja".

Nun holte der Professor zwei Tassen Kaffee unter dem Tisch hervor, goss den gesamten Inhalt der zwei Tassen in das Glas und füllte damit gewissermaßen den leeren Raum zwischen dem Sand aus. Die Studenten lachten. „Jetzt", sagte der Professor, als das Lachen verklungen war, „möchte ich, dass sie sich vorstellen, dass dieses Glas ihr Leben repräsentiert. Die [Steine] sind die wichtigen Dinge – ihre Familie, ihre Kinder, ihre Gesundheit, ihre Freunde und ihre bevorzugten Leidenschaften – Dinge, die ihr Leben immer noch lebenswert erscheinen lassen, wenn alles andere verloren wäre. Die Kieselsteine sind die anderen Dinge, die von Bedeutung sind, wie ihre Arbeit, ihr Haus, ihr Auto etc. Der Sand ist alles andere – die kleinen Dinge."

„Wenn Sie zuerst den Sand in das Glas füllen", fuhr er fort, „bleibt kein Platz für die Kieselsteine oder die [Steine]. Das Gleiche gilt auch für Ihr Leben. Wenn Sie all Ihre Zeit und Energie auf die ‚kleinen Dinge' verwenden, werden Sie nie genug Zeit haben für die Dinge, die Ihnen wirklich wichtig sind. Schenken Sie denjenigen Dingen Aufmerksamkeit, die kritisch für Ihr Glück sind. Spielen Sie mit Ihren Kindern. Nehmen Sie sich Zeit für Ihre Gesundheitsvorsorge. Gehen Sie mit ihrem/r PartnerIn essen. Spielen Sie Ihre 18 Löcher. Es wird immer noch Zeit sein, das Haus zu putzen und die Spüle zu reparieren. Achten Sie zuerst auf die [Steine], die Dinge, die wirklich wichtig sind. Setzen Sie Ihre Prioritäten. Der Rest ist ‚nur' Sand."

Einer der Studenten hob die Hand und fragte, für was der Kaffee steht. Der Professor antwortete: „Ich bin froh, dass Sie fragen. Er soll eines zeigen – so voll ihr Leben auch sein mag, es gibt immer noch genug Raum für eine Tasse Kaffee mit einem Freund oder einer Freundin."

www.lebensfreude-akademie.blogspot.de/10.10.2012

Die SMART- Formel zur Überprüfung von Planungszielen
Um den „Glasbehälter" sinnvoll zu füllen ist es wichtig, Vorhaben und Ziele gut zu überprüfen. Das Formulieren von Zielen ist für die pädagogische Arbeit notwendig. Während in den 1980er-Jahren Ziele sehr kleinschrittig unterteilt wurden, geht man heute dazu über, Zielschwerpunkte für pädagogische Prozesse und Qualitätsschritte zu benennen und sinnvolle konkrete handlungsorientierte Maßnahmen zur Zielerreichung zu entwickeln.

Mit der sogenannten **SMART-Formel** lassen sich Zielformulierungen und Teilziele bestimmen und überprüfen. Hier steht jeder Buchstabe für einen einzelnen Schritt.

SMART

S = spezifisch
Ein Ziel lässt sich durch W-Fragen konkretisieren (Was, wann, wo, wer mit wem, wie?).

M = messbar
Kann es jede Mitarbeiterin selbst überprüfen? Woran genau können die Mitarbeiter merken, dass das Ziel verwirklicht ist? Woran kann die handelnde Erzieherin überprüfen, dass das Ziel erreicht wurde?

A = akzeptabel
Haben alle Mitarbeiter bzw. die Beteiligten am Prozess die gleiche pädagogische Orientierung, bezogen auf dieses Ziel? Hat dieses Ziel die Akzeptanz aller im Team? Wie lässt sich die Akzeptanz herstellen?

R = realistisch
Kann das Ziel von den Mitarbeiterinnen aus eigener Kraft und mit eigenen Mitteln erreicht werden? Ist das Ziel in die Arbeit eingebunden und ist es mit anderen Vorhaben abgeglichen worden, dass es die Mitarbeiter und Kinder nicht überfordert?

T = terminiert
Wann ist das Ziel erreicht? Hier kann ein Datum oder auch ein beobachtbares Verhalten benannt werden, an dem das Erreichen des Ziels zu erkennen ist.

Entnommen einem Arbeitsblatt der Langzeitfortbildung QUIK pädQUIS.

Die SMART-Formel ist übertragbar auf alle pädagogischen Prozesse. Dabei kann es sich um große Vorhaben aber auch einzelne Bildungsangebote handeln.

Die „Formel" hilft Teams, sich nicht zu unter- bzw. zu überfordern, konkret zu werden und auf fachlichem Fundament und unter Berücksichtigung aller vorhandenen Ressourcen zu planen.

3.4 Partizipation von Kindern und Jugendlichen in Planungsprozessen

§ 8 Beteiligung von Kindern und Jugendlichen (Kinder- und Jugendhilfegesetz, 8. Buch § 8)
„(1) Kinder und Jugendliche sind entsprechend ihrem Entwicklungsstand an allen sie betreffenden Entscheidungen der öffentlichen Jugendhilfe zu beteiligen [...]."

Dieser Artikel spiegelt sich in vielen Bildungsplänen und Landesgesetzen als Leitgedanke wieder. Der Situationsorientierte Ansatz hat diesem Leitgedanken schon früh Rechnung getragen.

Jedes Kind oder Jugendliche hat ein Recht seine Interessen und Bedürfnisse zu äußern.

Kinder lernen in einer Gruppe, dass jeder eigene Bedürfnisse hat, die berücksichtigt werden (Rücksichtnahme). Gemeinsamkeit in der Gruppe entsteht dadurch, dass viele Interessen „unter einen Hut" gebracht werden. Dies beinhaltet auch die Erfahrung, dass manchmal die eigenen Interessen hinter denen der Gruppe zurückstehen müssen (sich einordnen lernen). In anderen Situationen erleben sie, dass gerade ihr Vorschlag von der Mehrheit angenommen wird. Sie können und müssen sich in eine Kindergruppe einbringen. Nach und nach erleben sie sich als Teil der Gruppe und identifizieren sich zunehmend damit. Die Kindertageseinrichtung ist oft der erste Ort, an dem Kinder das Zusammenleben mit anderen Menschen, die nicht miteinander verwandt sind, erleben.

Fünf Prinzipien für die Partizipation von Kindern

1 Partizipation bedeutet, dass Kinder von Erwachsenen bei Entscheidungen begleitet werden.
2 Partizipation erfordert einen gleichberechtigten Umgang, keine Dominanz der Erwachsenen.
3 Partizipation darf nicht folgenlos bleiben (Verbindlichkeit).
4 Partizipation ist zielgruppenorientiert.
5 Partizipation ist lebensweltorientiert (Inhalte und Beteiligungsmethoden).

Partizipation ist keine zusätzliche Aufgabe, die Fachkräfte bei der Planung des pädagogischen Alltags berücksichtigen müssen. Es ist vielmehr eine respektvolle Grundhaltung der Fachkräfte, die zum Gelingen guter Qualität von Bildungs-, Erziehungs- und Betreuungsprozessen nachhaltig beiträgt.

Es ist beispielsweise ein Unterschied, ob gesagt wird: „Kinder dürfen sich an Planungsentscheidungen beteiligen" oder: „Kinder beteiligen sich an Planungsentscheidungen". Partizipation darf niemals von der „Gnade" der Erwachsenen abhängig sein.

Die Fachkräfte ermöglichen den Kindern, sich an der Gestaltung des Alltags zu beteiligen (Partizipation durch Gruppen- und Einzelgespräche, Beobachtungen usw.), indem sie z. B. notwendige Regeln mit den Kindern diskutieren bzw. verändern und Wünsche, Interessen der Kinder erfragen (Formen der Auseinandersetzung in Konflikten, Regeln für das Spiel im Außenbereich, Mitbestimmung beim Speiseplan, Raumveränderungen, Auswahl von Materialien und Projektthemen usw.). Die Kinder bringen ihre eigenen Ideen und Vorstellungen in die Gruppe ein. Dabei ist es wichtig, alle Kinder zu berücksichtigen. Jedes Kind kann auf seine individuelle Weise Vorschläge zur Tagesgestaltung beitragen.

Das Alter darf dabei keine Rolle spielen. Ganz junge Kinder können ihre Beteiligungsrechte noch nicht selber einfordern. Der Erwachsene trägt die Verantwortung, auch ihre Rechte zu berücksichtigen. Besonders in der respektvollen beziehungsorientierten Pflege von Krippenkindern wird die partizipatorische Grundhaltung der Fachkraft deutlich. Aber auch bei Abstimmungsverfahren und Kinderkonferenzen lernen Jüngere von den Älteren.

Demokratie im Kindergarten

Die Übung auf der nächsten Seite sensibilisiert Fachkräfte für das Thema Partizipation. Der Kreis kann für viele unterschiedliche Planungsbereiche (z. B. Freispiel, Projekte) genutzt werden. Mithilfe der Selbsteinschätzung zeichnen Fachkräfte die Beteiligung der Kinder in diesem Bereich ein (Ist-Analyse). Die Kreise werden verglichen und eine fachliche Diskussion angeregt. Wo können Veränderungen angestrebt werden? Was erachten alle Fachkräfte als sinnvoll?

Es handelt sich bei Partizipation nicht immer nur um Gemeinschaftsentscheidungen. Jedes Kind hat auch die Möglichkeit, im Laufe eines Tages individuelle Entscheidungen zu treffen. Das Freispiel bietet z. B. sehr viele Wahlmöglichkeiten. Die Balance zwischen individuellen Entscheidungsspielräumen und der gemeinsamen Problemlösung in der Gruppe hinterlässt bei den Kindern die Erfahrung, ihre individuellen Interessen und Bedürfnisse in der sozialen Gemeinschaft der Gruppe wiederzufinden und selbst etwas bewirken zu können. Der Beitrag jedes einzelnen Kindes für die Gruppe ist wichtig. Die Einbeziehung aller Kinder in Entscheidungs- und Gestaltungsprozesse sind die Basis für das Gleichgewicht zwischen Individuum und Gruppe.

Beispiel: Raumgestaltung

Partizipation der Kinder in unserer Einrichtung

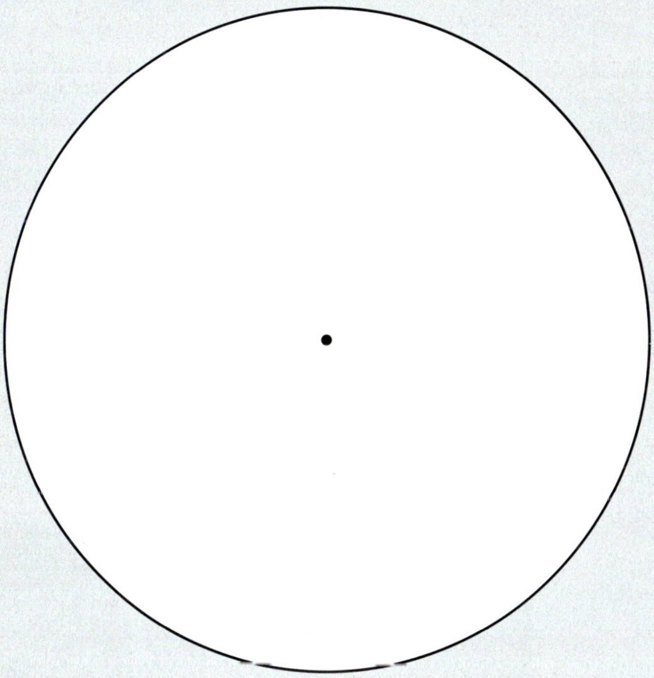

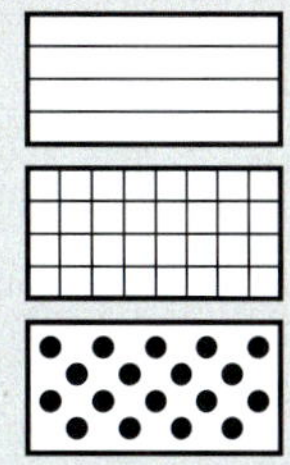

Gedankenanregungen

- Haben die Kinder bei der Raumgestaltung „Mitspracherecht“? Gibt es Entscheidungen, die die Kindergruppe gemeinsam trifft?
- Gibt es Bereiche, in denen sie eigenmächtig und selbstverantwortet gestalten/verändern dürfen?
- Werden Wünsche und Interessen der Kinder berücksichtigt/ermittelt/einbezogen?
- Wer gestaltet die Raumdekoration, wer regelt die bedürfnisgerechte Raumaufteilung?

„Konflikt als Chance“ Materialien für die projektbegleitende Intervention. Ein Projekt des Instituts für angewandte Kindheits-, Jugend- und Familienforschung an der Universität Potsdam, o. J.

Für die Kinder- und Jugendarbeit wird in § 11 SGB VIII (1) Folgendes gefordert: „Jungen Menschen sind die zur Förderung ihrer Entwicklung erforderlichen Angebote der Jugendarbeit zur Verfügung zu stellen. Sie sollen an den Interessen junger Menschen anknüpfen und von ihnen mitbestimmt und mitgestaltet werden, sie zur Selbstbestimmung befähigen und zu gesellschaftlicher Mitverantwortung und zu sozialem Engagement anregen und hinführen.“

Dieser Auftrag ist in der offenen Kinder- und Jugendarbeit oft schwierig umzusetzen. Viele Kinder und Jugendliche verlassen eine Einrichtung, wenn ihnen etwas nicht gefällt, statt in Aushandlungsprozesse mit den Mitarbeitern bzw. anderen Besuchern zu gehen. Jugendliche erscheinen z. T. sehr unregelmäßig. Viele Besucher haben in ihrem Leben bisher wenig demokratische Beteiligung in Familie und Schule erlebt. Aber gerade durch die Möglichkeit der Mitbestimmung kann das Selbstbewusstsein und die soziale Verantwortung gefördert und gestärkt werden.

Ein erster Schritt ist es, im Team zu klären, welche Entscheidungsspielräume es für die Kinder und Jugendlichen in der Einrichtung gibt. Im zweiten Schritt werden Strukturen der Beteiligung geschaffen (z. B. Kinderrat, Wahl eines Jugendvertreters, Beteiligung an der Programmgestaltung, Projektgruppen). Die Fachkräfte nutzen Abstimmungsverfahren, Gesprächsrunden, Planungsrunden mit Kindern- und Jugendlichen und fördern eine Gesprächskultur, in der die Meinungen aller Besucher respektiert werden und Kritik geäußert werden darf.

3.5 Individuelle Förderung

„Es gab einmal eine Zeit, da hatten die Tiere einen Kindergarten. Das Bildungsprogramm bestand aus Rennen, Klettern, Fliegen und Schwimmen, und alle Tiere wurden in allen Fächern gebildet.

Die Ente war gut im Schwimmen, besser sogar als die Erzieher. Im Fliegen war sie durchschnittlich, aber im Rennen war sie ein besonders hoffnungsloser Fall. Da sie in diesem Bereich so schlecht war, musste sie immer wieder rennen, um es zu üben, und durfte nicht zum Schwimmen mitgehen. Das tat sie so lange, bis sie auch im Schwimmen nur noch durchschnittlich war. Durchschnittlich war aber akzeptabel, deshalb machte sich niemand Gedanken darüber, nur die Ente.

Das Kaninchen war zuerst im Laufen an der Spitze der Gruppe, aber es bekam einen Nervenzusammenbruch und musste vom Kindergarten abgemeldet werden – wegen der vielen Förderstunden im Schwimmen.

Das Eichhörnchen war Bester im Klettern, aber der Erzieher ließ die Flugstunden des Eichhörnchens am Boden beginnen statt im Baumwipfel. Das Eichhörnchen bekam Muskelkater durch Überanstrengung bei den Startübungen und wurde immer schlechter im Klettern und Rennen.

Die mit Sinn fürs Praktische begabten Präriehunde brachten ihre Jungen zum Dachs in die Gruppe, als die Bildungskommission es abgelehnt hatte, das Buddeln in die Bildungsvereinbarung aufzunehmen.

Am Ende des Jahres hielt ein anormaler Aal, der gut schwimmen und etwas rennen, klettern und fliegen konnte, die Schlussansprache in zwei Sprachen." *(Verfasser unbekannt)*

Bei der Planung und Gestaltung pädagogischer Prozesse ist es bei einer kindorientierten Pädagogik notwendig, den Blick auch auf das einzelne Kind zu richten, d. h. das Kind und seinen Entwicklungsstand, seine Kompetenzen und seine Interessen gut zu kennen. Das Wissen über seine Lebenswelt dient ebenfalls als Informationsquelle, um gezielt und individuell pädagogische Prozesse planen zu können. So können auch Talente und Begabungen in den Blick genommen werden.

Dafür brauchen Fachkräfte Zeit, um sich über einzelne Kinder und ihre Beobachtungen aus den Log-Büchern auszutauschen. Kollegiale Fallbesprechungen sind ebenfalls ein hilfreiches Instrument zur individuellen Förderung von Kindern.

Einzelförderung oder auch sogenannte **„Sternstunden"** (ein Kind wünscht sich eine bestimmte Aktion mit einer bestimmten Fachkraft) dienen dazu, die Interaktion mit einem einzelnen Kindern zu intensivieren. Die Erfahrung vieler Teams zeigt, dass es sich lohnt, bei der Wochenplanung für diese Form pädagogischer Prozesse Zeit einzuplanen.

„Sternstunde für Maximilian – von ihm selber geplant"

3.6 Qualitätsentwicklung der Planungsprozesse

> **„Im Interesse der Sicherung und Weiterentwicklung von Qualität sollte die Entwicklung von Plänen für die frühe Bildung in Kindertageseinrichtungen als langfristiges Vorhaben konzipiert werden, das der ständigen Verbesserung unterliegt. Darin eingeschlossen sind Phasen der Erprobung in der Praxis, Verfahren der Selbst- und Fremdevaluation der pädagogischen Arbeit und die Prüfung der Bedingungen, die für die Umsetzung der Rahmenvorgaben erfüllt sein müssen (z. B. Personalausstattung, Qualifikationsanforderungen an das Personal, Elternmitwirkung).“**
>
> *(Gemeinsamer Rahmen der Länder für die Frühe Bildung in Kindertageseinrichtungen 2004, S. 6)*

Systematische Verfahren helfen Fachkräften in der Kinder- und Jugendhilfe Planungsprozesse optimal zu analysieren, zu überprüfen und weiterzuentwickeln.

Der **Nationale Kriterienkatalog** bietet Erziehern im Elementarbereich zum Beispiel mithilfe von handlungsorientierten Kriterien Checklisten zur **Selbstevaluation** an. Mithilfe dieses Verfahrens kann die pädagogische Arbeit sich verbessern.

Der folgende Auszug aus dem Nationalen Kriterienkatalog zum Qualitätsbereich Tagesgestaltung veranschaulicht das systematische Vorgehen. Die einzelnen Checklisten können zu einem Qualitätsprofil zusammengetragen werden und eine fachliche Diskussion kann folgen.

Planung/Grundlagen und Orientierung	überhaupt nicht/nie		weniger/selten		teils-teils		überwiegend/fast immer		voll & ganz/immer	
	Selbsteinschätzung	Qualitätsprofil	Selbsteinschätzung	Qualitätsprofil	Selbsteinschätzung	Qualitätsprofil	Selbsteinschätzung	Qualitätsprofil	Selbsteinschätzung	Qualitätsprofil
27 Ich plane den Tagesverlauf so, dass Fixpunkte und Routinen (wie Mahlzeiten, Ruhephasen) und Aktivitätsphasen für die Kinder vorhersehbar sind.	☐		☐		☐		☐		☐	
28 Ich plane für Kleinstkinder und jüngere Kinder eine regelmäßige Abfolge der Tagesabschnitte.	☐		☐		☐		☐		☐	
29 Dabei bin ich darauf eingestellt, dass sich die Dauer einzelner Tagesabschnitte (wie Wach- und Ruhephasen) kurzfristig ändern können.	☐		☐		☐		☐		☐	
30 Ich passe die Dauer der Tagesabschnitte kurzfristig flexibel an.	☐		☐		☐		☐		☐	
31 Der Tagesablauf ist zeitlich so geplant, dass sich die Kinder an der Vorbereitung und Durchführung der Tagesabschnitte beteiligen können.	☐		☐		☐		☐		☐	
32 Der Tagesablauf ist zeitlich so geplant, dass sich die Kinder an der Vorbereitung und Durchführung der Tagesabschnitte beteiligen können.	☐		☐		☐		☐		☐	
33 Ich plane so viel Zeit für die einzelnen Tagesabschnitte ein, dass Kleinstkinder und jüngere Kinder ihrem Tempo entsprechend daran teilnehmen können.	☐		☐		☐		☐		☐	
34 Ich plane so viel Zeit für die einzelnen Tagesabschnitte ein, dass Kleinstkinder und jüngere Kinder sie ihren Bedürfnissen entsprechend mitgestalten können.	☐		☐		☐		☐		☐	
35 Ich sehe täglich mehrere längere Spielphasen vor.	☐		☐		☐		☐		☐	
36 Ich berücksichtige bei der Planung von Spielphasen für Kleinstkinder und jüngere Kinder ihre Ausdauer und ihr Konzentrationsvermögen.	☐		☐		☐		☐		☐	

Planung/Grundlagen und Orientierung	überhaupt nicht/nie		weniger/ selten		teils-teils		überwiegend/ fast immer		voll & ganz/ immer	
	Selbsteinschätzung	Qualitätsprofil	Selbsteinschätzung	Qualitätsprofil	Selbsteinschätzung	Qualitätsprofil	Selbsteinschätzung	Qualitätsprofil	Selbsteinschätzung	Qualitätsprofil
37 Meine Planung sieht Aktivitäten für einzelne Kinder vor.	☐		☐		☐		☐		☐	
38 Meine Planung sieht Aktivitäten für kleine Kindergruppen vor.	☐		☐		☐		☐		☐	
39 Meine Planung sieht Aktivitäten für die Gesamtgruppe vor.	☐		☐		☐		☐		☐	
40 Ich plane für jüngere Kinder überwiegend Aktivitäten in Kleingruppen mit höchstens vier Kindern.	☐		☐		☐		☐		☐	
41 Ich plane für Kleinstkinder überwiegend Aktivitäten für einzelne Kinder.	☐		☐		☐		☐		☐	
42 Alle Aktivitäten sind Teil einer umfassenden und langfristigen Planung.	☐		☐		☐		☐		☐	
Teamprofil für Planung/Grundlagen u. Orientierung										
Planung/Pädagogische Inhalte und Prozesse										
43 Ich sorge dafür, dass Alternativen für die Kinder zur Verfügung stehen, die sich an bestimmten Aktivitäten nicht beteiligen.	☐		☐		☐		☐		☐	
44 Ich plane für Übergänge genügend Zeit ein, sodass die Kinder in Ruhe zwischen Aktivitäten und Routinen wechseln können.	☐		☐		☐		☐		☐	
45 Beim Wechseln von Aktivitäten und Routinen achte ich darauf, dass für Kleinstkinder und jüngere Kinder keine langen Wartezeiten entstehen.	☐		☐		☐		☐		☐	
46 Meine Planung ermöglicht, dass Kleinstkinder und jüngere Kinder nach ihrem individuellen Rhythmus zu unterschiedlichen Zeiten essen, spielen, schlafen oder mit mir einer Aktivität nachgehen können.	☐		☐		☐		☐		☐	
Teamprofil für Planung/Grundlagen u. Orientierung										
Planung/Dokumentation										
47 Der aktuelle Tagesplan ist sichtbar ausgehängt.	☐		☐		☐		☐		☐	
48 Regelmäßige Aktivitäten sind sichtbar ausgehängt.	☐		☐		☐		☐		☐	
49 Langfristige Vorhaben und Aktivitäten sind sichtbar ausgehängt.	☐		☐		☐		☐		☐	
50 Für die Kinder gibt es altersangemessene Darstellungen der Planungen (z. B. Bildtafeln, Piktogramme oder Symbole).	☐		☐		☐		☐		☐	
51 Diese Planungen sind in ihren wesentlichen Elementen schriftlich dokumentiert (z. B. in einem Gruppenbuch).	☐		☐		☐		☐		☐	
52 Die Dokumentation des Tagesrhythmus von Kleinstkindern und jüngeren Kindern ist aktuell.	☐		☐		☐		☐		☐	
53 Die Dokumentation des Tagesrhythmus von Kleinstkindern und jüngeren Kindern ist zugänglich, sodass jede Mitarbeiterin die Bedürfnisse von Kleinstkindern und jüngeren Kindern berücksichtigen kann.	☐		☐		☐		☐		☐	

Wolfgang Tietze, (Hrsg.), Pädagogische Qualität entwickeln. Arbeitshandbuch, 2007, S. 106 f.

3.7 Pädagogisches Handeln schriftlich planen, durchführen, reflektieren

3.7.1 Planung und Reflexion müssen dokumentiert werden

Systematische Planung benötigt angemessene Dokumentation. Schriftlich fixierte Planungen, konzeptionelle Leitgedanken usw. schaffen Transparenz und Verbindlichkeit im Team und helfen neuen Kollegen, sich schnell zu orientieren. Außerdem ist es bei der Überprüfung der pädagogischen Prozesse hilfreich, schriftliche Aufzeichnungen zur Hilfe nehmen zu können.

Je nach Größe des pädagogischen Vorhabens ist es sinnvoll, eine Prozessdokumentation zu führen. Darunter wird das Protokollieren der einzelnen Arbeitsschritte, und der Verantwortlichen von Planungsprozessen verstanden.

Mögliche Dokumentationsformen

→ Dokumentationen von Beobachtungen (z. B. Log-Bücher, Portfolio, Beobachtungsbögen, Bild- und Tondokumente)
→ Dokumentation von Gesprächen (z. B. Gesprächsprotokolle, Ergebnisprotokolle, Tondokumente)
→ Dokumentation von pädagogischer Planung (z. B. für Bildungsangebote, Projekte, Freispiel)
→ Dokumentation von Standards und Leitgedanken (z. B. Konzeption, Qualitätshandbuch)

Dokumentation
Wer dokumentiert für wen? Mit wem?
Was wird dokumentiert? Wie ausführlich?
Welche Form der Dokumentation wird für was genutzt?
In welcher Häufigkeit wird dokumentiert?
Für welche Zeiträume?
Wann wird dokumentiert? Wie viel Zeit wird benötigt?
Wann findet ein Austausch über Dokumentationen statt?
Wie und von wem werden Planungen dokumentiert?
Welchen Stellenwert haben Dokumentationszeiten?
Werden Dokumentationen veröffentlicht? Für wen?
Sind Kinder, Eltern etc. an Dokumentationsformen beteiligt?

IST-Analyse: Dokumentation

3.7.2 Tagebuchaufzeichnung einer Studierenden

Planungszeit in der Ausbildung

Aus Annes Tagebuch: „Sie kommt unausweichlich. Morgen ist es soweit. Sie wird mich beobachten, sich Notizen machen. Sie wird mich befragen und mich kritisieren. Und wenn sie schlecht gelaunt ist, wenn mir nichts einfällt, wenn die Kinder nicht mitmachen oder mir weglaufen, wird sie mich dann fertigmachen oder mir honigsüß erklären, was ich noch alles zu lernen habe? Gäbe es doch ein Mittel, ein Zauberwort. Ach, wäre doch schon übermorgen, Lisa hat es hinter sich: ‚Halb so schlimm!' Das sagte sie natürlich nachher. ‚Du weißt doch, was du kannst!' Klar weiß ich das, aber gibt mir das Sicherheit, Gelassenheit? ‚Aufregung gehört dazu. Das gibt die notwendige Spannung und ist konzentrationsfördernd!' (Spruch von der Strobel; wiederholt sie vor jeder Arbeit). Gut, wir

haben im Unterricht Kriterien entwickelt, worauf es bei Strobels Hospitation ankommen wird. Gut, ich habe mich gefragt, was ich kann. Ich habe überlegt, was ich will und mir aufgeschrieben, was ich tun werde. Gut, ich habe mir vorgenommen, mich von der Strobel nicht nur befragen zu lassen. Das bringt mich nur unter Rechtfertigungsdruck. Also: Auf Augenhöhe mit ihr reden! Nicht von unten zu ihr hinauf, nicht mit dem hilflos scheuen Dackelblick, aber auch nicht mit der schmerzlich geballten Faust unter dem Tisch. Rechenschaft muss ich schon ablegen über mein Tun, Auskunft geben zudem. Letztlich beurteilt sie mich, meine Fähigkeiten, und wird dann eine Note geben. ‚Wie kann ich das Gespräch beeinflussen? Fragen, fragen, fragen!' Ich will sie fragen, ob meine Ziele utopisch sind und wie ich meine Vorstellungen realistischer formulieren kann. Ich will fragen, was besser gemacht werden kann, worauf ich sinnvollerweise achten sollte. Ich will fragen, was ihrer Meinung nach in Ordnung war, den Kindern Freude gemacht hat und sie zum Lernen angeregt haben kann. Ich könnte es so versuchen:
‚Was würden Sie an meiner Stelle machen?'
‚Kennen Sie die Unsicherheit, wenn ... passiert?'
‚Haben Sie Erfahrungen damit, wie man das Problem ... lösen kann?'
Gut, ich weiß, dass morgen keine weiße Fee kommen wird, sondern die Strobel! Gut, gut, gut: ich werde morgen aufgeregter sein als sonst und das tun, was ich mir vorgenommen habe. Ich will und werde mich bei den Kindern fast so verhalten wie jeden Tag - fast!"
(Schlicht 2001, S. 73 f.)

Ergänzung zum Tagebucheintrag:
[„Ich habe mich gut auf den morgigen Tag vorbereitet. Ich habe die Kinder beobachtet und meine Beobachtungen mit der Praxisanleitung ausgewertet. Ich habe dann eine schriftliche Ausarbeitung nach den Vorgaben der Fachschule geschrieben und mit meiner Praxisanleitung besprochen. Ich habe ihre Ideen und Anmerkungen berücksichtigt. Es ist ein Angebot an die Kinder. Ich hoffe natürlich, dass sie es gut annehmen."]

Praxisanleitung bildet vor Ort aus.

3.7.3 Schriftliches Planungs- und Reflexionsraster für Bildungsangebote

Gezielte Bildungsangebote werden aufgrund von Beobachtungen, Gesprächen, Lebenssituationen der Kinder oder Jugendlichen geplant. In der Regel richten sie sich an eine bestimmte Zielgruppe und sind meistens zeitlich begrenzt.

Häufig gehören Bildungsangebote einem Projekt an. Bildungsprozesse können selten in einem Angebot „abgehandelt werden". Kinder brauchen Zeit zur Vertiefung und Übung von Bildungsinhalten und beim Erwerb von Kompetenzen.

Bildungsangebote können in einem Raum ohne die Gesamtgruppe stattfinden. Es gibt aber auch Bildungsangebote im Freispiel. Lernen in einer kleinen Gruppe bietet den Kindern aber auch im Tagesablauf Schutz und Sicherheit. Die Aufmerksamkeit der anderen Kinder und der Erzieherin fördert häufig bei Kindern eine größere Dialogbereitschaft. Sie lernen miteinander und voneinander. Auch die Erzieherin kann in diesem Prozess ein Vorbild sein. Neben der Beobachtung der Kinder hat sie auch Zeit für die intensivere Begleitung einzelner Kinder.

Die Erzieherin plant das Bildungsangebot als strukturierte Lernsituation, orientiert an den Interessen der Kinder. Ihre Aufgabe ist es „den roten Faden" im Blick zu behalten und trotzdem flexibel zu arbeiten. Im Rahmen von Partizipation ist es notwendig, dass Kinder auch schon in die Planung dieser Angebote einbezogen werden. In alters- und entwicklungsangemessener Sprache begleitet sie das Bildungsangebot.

Die Erzieherin schafft eine gute Atmosphäre im Raum und bereitet die Umgebung und Materialien sinnvoll vor.

Die Fachkraft moderiert, bezieht ein, knüpft an Vorerfahrungen an, erklärt, demonstriert, ermutigt, beobachtet, hilft, gibt Zeit zum Ausprobieren und experimentieren, lobt und motiviert usw.

„Mir nach – ich folge euch" (Paradoxum)

Schriftliches Planungsraster

In Anlehnung an das Planungsraster der Elly-Heuss-Knapp-Schule, Berufskolleg der Stadt Düsseldorf, Fachschule

Das Deckblatt muss diese Angaben enthalten:

- → Name der Schule
- → Name des Studierenden
- → Klasse
- → Mentor/Fachlehrer
- → Name/Anschrift/Telefonnummer der Einrichtung
- → Name der Praxisanleitung
- → Datum des Praxisbesuchs
- → Thema des Bildungsangebots
- → Bildungsbereich(e)

1 Darstellung der Ausgangssituation (Orientierung an der Lebens- und Erfahrungswelt der Kinder)

Stellen Sie dar, welche Beobachtungen, Situation oder Informationen durch Gespräche mit der Praxisanleitung Ihr Interesse geweckt haben und Sie veranlasst haben, das Thema des Bildungsangebots zu wählen. Beschreiben Sie diese Beobachtungen und ziehen Sie begründet ein Fazit für Ihr pädagogisches Vorhaben.

2 Derzeitiger individueller Lern- und Entwicklungsstand der Kinder der (Klein-)gruppe und soziale Zusammenhänge in dieser (Klein-)gruppe im Hinblick auf das geplante Thema

Informieren Sie sich über die Gruppe; lernen Sie die Kinder kennen. Wenn Sie noch nicht auf eigene Beobachtungen zurückgreifen können, sprechen Sie mit Ihrer Praxisanleitung. Geben Sie Namen und Alter der Kinder an. Was wissen Sie über die Lebenswelt der Kinder, was relevant für Ihr Vorhaben ist. Wie sind die Beziehungen untereinander? Was für Fähigkeiten, Fertigkeiten, Interessen, Kenntnisse und welche Voraussetzungen im Sozialverhalten und im persönlichen Verhalten besitzen die Kinder der Teilgruppe im Hinblick auf das geplante Bildungsangebot? Welche Vorerfahrungen haben die Kinder in der Einrichtung in Bezug auf das Bildungsangebot gemacht? Wurden in den letzten Wochen zu Ihrem Vorhaben themenbezogene Bildungsangebote/Projekte durchgeführt bzw. sind Bildungsangebote geplant? Achten Sie bei Ihren Ausführungen darauf, dass Sie Aussagen über Kinder bzw. Jugendliche vorsichtig formulieren (z. B. ich habe den Eindruck ... wirkt auf mich ...) und nicht zu stark interpretieren.

3 Fachliches Grundlagenwissen im Hinblick auf das Thema und eine kurze Sachanalyse der Inhalte und Methoden

Stellen Sie die grundsätzliche Bedeutung des Themas für Kinder oder Jugendliche dieser Alters- bzw. Entwicklungsphase dar. Begründen Sie damit auch Ihre Themenwahl fachtheoretisch. Ist Ihr Thema Teilbereich eines Oberthemas oder eines Projekts, zu dem vorher/hinterher Bildungsangebote stattfinden? Wie lässt sich das Thema altersgemäß am besten umsetzen? Außerdem sollen der Aufbau des Bildungsangebots, die Technik, die Spielform bzw. die Regeln analysiert werden. Um Bildungs- und Entwicklungsbegleiter für die Kinder sein zu können, müssen Sie zum Experten Ihres Vorhabens werden und sich wichtiges Grundlagenwissen aneignen. Beziehen Sie in diesem Punkt unbedingt auch Fachliteratur ein.

4 Bezug zum Bildungsplan, zu gesetzlichen Vorgaben und Richtlinien und zu konzeptionellen Grundsätzen und Leitlinien der Tageseinrichtung für Kinder/Jugend-Freizeiteinrichtung/etc.

Pädagogische Planungen basieren auf der Grundlage von vielen Vorgaben. Stellen Sie diese Bezüge für Ihr Vorhaben deutlich dar.

5 Zeitrahmen

Beginn/Dauer

9

	Methodische Schritte Beschreiben Sie Ihr methodisches Vorgehen in dieser Spalte Schritt für Schritt.	**Begründungen** Begründen Sie in dieser Spalte Ihre methodischen Schritte in Stichpunkten.	**Raum, Material, Medien** Zählen Sie in dieser Spalte nur strukturiert Material, Zutaten, Medien, Werkzeug, Hilfsmittel etc. auf. Geben Sie genaue Mengenangaben an. Begründen Sie kurz die Wahl des Raumes und der Orte für das Bildungsangebot.	**Dauer** Geben Sie kurze Zeitangaben in Minuten für einzelne Phasen an.
Einführungsphase	Teilen Sie den Kindern das Vorhaben schon vor Beginn des Bildungsangebots mit. Beteiligen Sie Kinder an der Planung und Vorbereitung. Stimmen Sie die Kinder kindgemäß auf das Thema ein. Wecken Sie Motivation und Neugierde. Nutzen Sie u. U. Anschauungsmaterialien. Greifen Sie u. U. Erfahrungswissen auf. Erarbeiten Sie (gemeinsam) die Aufgaben, die Regeln und die Aufgaben- bzw. Rollenverteilung.			
Hauptphase	Begleiten Sie die Kinder während der Hauptphase in ihrem Handeln. Berücksichtigen Sie dabei entwicklungsfördernde Faktoren (soziale emotionale Sicherheit, Berücksichtigung kindlicher Lernprinzipien, Dialog- und Interaktionspartner etc.)			
Schlussphase	Beschreiben Sie, wie das Bildungsangebot beendet werden soll. Der Schluss kann Erkenntnisse der Kinder, die während des Verlaufs gesammelt wurden, vertiefen (z. B. Zusammenfassung von Erkenntnissen, Betrachtung fertiger Ergebnisse, Übertragung auf den Alltag der Kinder, Feedback-Runde). Außerdem zählt auch der organisatorische Schluss dazu (z. B. Aufräumen, Übergang vom Bildungsangebot zurück in den Tagesablauf der Einrichtung).			

6 Eigener Lern- und Entwicklungsstand im Hinblick auf das geplante Thema und die eigene Vorbereitung
Beschreiben Sie Ihre eigenen Voraussetzungen, Fähigkeiten und Vorerfahrungen im Hinblick auf Ihr Vorhaben. Stellen Sie dabei dar, wie Sie sich fachtheoretisch und fachpraktisch auf das Bildungsangebot vorbereitet haben. Probieren Sie Ihr Vorhaben auch selber aus.
Welche Erkenntnisse haben Sie daraus gezogen? Welche Absprachen und Vorbereitungen etc. mussten in der Einrichtung getroffen werden? Stellen Sie außerdem einen Bezug zu Ihrem individuellen Ausbildungsplan anschaulich und begründet her. Was wollen Sie üben, vertiefen, lernen? Worauf sollen Praxisanleitung und Mentor genauer bei der Durchführung achten?

7 Kompetenzen erweitern
Bildungsangebote zielen in der Regel darauf ab, Kindern und Jugendlichen Gelegenheiten und methodisch strukturierte Hilfen zu geben, ihre Kompetenzen zu erweitern und zu stärken. Die angestrebten Kompetenzerweiterungen leiten sich hierbei aus der Analyse der Ausgangssituation sowie dem Entwicklungsstand der Kinder und Jugendlichen ab. Setzen Sie für Ihr Bildungsangebot ein bis drei Schwerpunkte im Hinblick auf Kompetenzerweiterungen, welche die Kinder und Jugendlichen im Rahmen des Bildungsangebots tatsächlich erreichen können (Selbstkompetenz, Sach- und Methodenkompetenz, Sozialkompetenz). Ordnen Sie diese Schwerpunktsetzungen jeweils einzelnen Kompetenzbereichen zu. Machen Sie deutlich, was die Kinder und Jugendlichen im Verlauf des Bildungsangebots tun und welche Erfahrungen, Fähigkeiten, Fertigkeiten oder Kenntnisse die Adressaten hierbei in erster Linie erwerben, vertiefen oder erreichen. Beschreiben Sie, wie diese Erfahrungen und Erlebnisse dazu beitragen, Kompetenzen der Kinder und Jugendlichen zu erwerben, zu erweitern oder zu stärken.

8 Methodisches Vorgehen
Beschreiben und begründen Sie in der Tabelle, wie Sie den Ablauf des Bildungsangebots planen. In dieser Tabelle muss die geplante Durchführung in der richtigen Reihenfolge chronologisch beschrieben werden. Es muss deutlich erkennbar sein, was Sie mit den Kindern machen. Welche Methoden (Gespräch, Gruppenarbeit, Spiel usw.) werden eingesetzt? Welche Fragen, Impulse, Denkanstöße, Hilfestellungen werden für eventuelle Probleme/Schwierigkeiten/Gefahren geplant? Wie werden technische Abläufe durchgeführt? Beachten Sie dabei die Kompetenzen, die Sie anstreben. Machen Sie deutlich, was Sie tun wollen, um die Kompetenzen auch wirklich zu erreichen. Gehen Sie in erster Linie auf Ihr geplantes Erzieherverhalten ein (pädagogische Handlungsweisen - z. B. ich erkläre, ich zeige, ich ermutige). Vorüberlegungen zum möglichen Verhalten der Kinder können ebenfalls genannt werden.
Schaffen Sie ein anregendes Lernumfeld. Die gewählten Materialien müssen für die Kinder zu bearbeiten sein. Sie sollten Aufforderungscharakter haben und in der Regel übersichtlich ausgebreitet sein, damit dem Kind die Auswahl und ein selbstständiger Umgang erleichtert werden. Eine angenehme Atmosphäre wird mitbestimmt durch die räumlichen Verhältnisse: Raumgestaltung, Beleuchtung, Belüftung, Anordnung der Sitzgelegenheiten, Sauberkeit des Raumes, Raumgröße, Bodenbelag oder Gefahrenquellen.

9 siehe Tabelle S. 390

10 Anhang
Beispiele: Inhaltsangabe von Bilderbüchern, Geschichten u. Ä. (Kurzfassung), Beschreibung von Spielregeln (Kurzfassung), Beschreibung von Gestaltungstechniken etc. (Kurzfassung), Literaturangaben

Schriftliches Reflexionsraster

In Anlehnung an das Planungsraster der Elly-Heuss-Knapp-Schule, Berufskolleg der Stadt Düsseldorf, Fachschule

Das Deckblatt muss diese Angaben enthalten:
→ Name der Schule
→ Name des Studierenden
→ Klasse
→ Mentor/Fachlehrer
→ Name/Anschrift/Telefonnummer der Einrichtung
→ Name der Praxisanleitung
→ Datum des Praxisbesuchs

→ **Thema des Bildungsangebots**
→ **Bildungsbereich(e)**

Die folgenden Fragen sollen Hilfestellung bei der Bearbeitung der einzelnen **Reflexionspunkte** geben. Sie sollen um eigene Bedürfnisse und Anliegen ergänzt bzw. verändert werden. Bitte beantworten Sie die Fragen nicht nur mit „Ja" oder „Nein". Schildern Sie Ihre Beobachtungen und nennen Sie gegebenenfalls Alternativen.

1 **Allgemeine Einschätzung zum Bildungsangebot**
Geben Sie eine erste kurze Einschätzung zu Ihrem Bildungsangebot. Hierbei kommt es vor allem auf Ihr Erleben an. Wenn Ihnen ein Bild oder eine Metapher einfällt, skizzieren Sie diese kurz.

2 **Zu den Kindern/zur Gruppe**
Welche Kinder haben an dem Angebot teilgenommen? Was ist Ihnen an den Kindern aufgefallen? Wie war die Beziehung der Kinder untereinander? War die Zusammensetzung der Kindergruppe angemessen? Wurden die Voraussetzungen der Kinder richtig eingeschätzt? Wurden Äußerungen, Anregungen und Fragen der Kinder angemessen aufgenommen? Wann konnten die Kinder eigene Ideen entwickeln und einbringen?
Welche Beobachtungen können in die Bildungsdokumentationen der Kinder einfließen? (Dieser Punkt kann u. U. in der Reflexion auch in Form einer Bildungs- und Lerngeschichte geschrieben werden).

3 **Zum Thema**
War das Thema für die Kinder wirklich interessant und ansprechend? Woran konnten Sie das bemerken? Geben Sie Beispiele. War die Reduzierung oder das Niveau des Themas für die Kinder angemessen? Waren diese unter- beziehungsweise überfordert? Wie haben die Kinder das Thema aufgenommen? War das Thema dem Auffassungsvermögen und Entwicklungsstand der Kinder angemessen?

4 **Zur Kompetenzerweiterung**
Welche Erfahrungen, Fähigkeiten, Fertigkeiten und Kenntnisse konnten die Kinder bei dem Bildungsangebot erwerben, vertiefen oder erweitern? Entsprachen die angestrebten Kompetenzerweiterungen der Ausgangssituation und dem Entwicklungsstand der Kinder? Was haben Sie hierzu beobachtet? War die Auswahl der angestrebten Kompetenzerweiterungen hierbei angemessen? War die Beschreibung der Kompetenzerweiterungen sinnvoll und deren Zuordnung zu den Kompetenzbereichen zutreffend? Haben Sie damit Ihre angestrebten Kompetenzerweiterungen erreicht, oder haben sich neue Schwerpunkte ergeben?

5 **Zum Verlauf**
Benennen Sie wichtige Aspekte im Verlauf Ihres Bildungsangebots. Wurden die Planungsschritte so durchgeführt, wie sie geplant waren? Was wurde geändert? Warum? Waren die gewählten Lernformen und Methoden sinnvoll?

6 **Eigene Lernerfahrungen**
Welche pädagogische Rolle haben Sie im Bildungsangebot eingenommen? Was empfanden Sie an Ihrem Vorgehen als positiv? Was möchten Sie verbessern? Welche Folgerungen ziehen Sie aus den neu gemachten Erfahrungen? Welche Kompetenzen konnten Sie selbst erwerben, erweitern oder stärken? Wie gelang Ihnen dies? Ziehen Sie aus der Durchführung und dem Reflexionsgespräch Konsequenzen für Ihren Ausbildungsplan und benennen Sie konkrete Ziele und Umsetzungsschritte.

→·← AUFGABEN UND ANREGUNGEN

1 Finden Sie eine sinnvolle Definition für den Begriff Planung.

2 Erläutern Sie die folgende Aussage im Hinblick auf Planungsprozesse: „Mir nach - ich folge euch!"

3 Beschreiben Sie das Schaubild „Regelkreis pädagogischer Handlungsweisen" (S. 286) mit eigenen Worten.

4 Können Sie folgender Aussage spontan zustimmen? „Ja, mach nur einen Plan, sei nur

ein großes Licht, und dann noch einen zweiten Plan ..., geh'n tun sie beide nicht." *(Bert Brecht)*

Deckt sich diese Weisheit mit den Erfahrungen aus Ihrem Praktikum? Nennen Sie Beispiele und tauschen Sie sich mit anderen Studierenden darüber aus, inwiefern Sie Gemeinsamkeiten, Zusammenhänge aber auch Widersprüche erkennen.

5 Welche Aussagen finden Sie im Bildungsplan Ihres Bundeslandes zu pädagogischen Planungsprozessen? Welche Konsequenzen ziehen Sie für Ihr nächstes Praktikum. Benennen Sie mindestens drei Konsequenzen.

6 Sie haben Beobachtungen/Dialoge und Werke eines Kindes/einer Kindergruppe dokumentiert. Welche Fragen stellen Sie sich, um zu pädagogischen Planungsprozessen zu kommen? Stellen Sie mindestens fünf Fragen dar.

7 Wie stimmen Sie sich auf einen Praxisbesuch Ihres Mentors ein? Benennen Sie Befürchtungen.
Was wollen Sie Ihrem Mentor zeigen und was werden Sie sie fragen? Schreiben Sie alle Fragen und Ideen auf und besprechen Sie diese mit einer Mitstudierenden.

8 Entwickeln Sie in einer Kleingruppe eine „Traumfachkraft" mit einer starken Beobachtungs- und Planungskompetenz. Differenzieren Sie diese Kompetenzbereiche. Stellen Sie diese „Traumfachkraft" im nächsten Schritt den anderen Studierenden in Form einer Werbeveranstaltung vor. „Unsere Fachkraft besitzt folgende Fähigkeiten: ..."

9 Ziehen Sie aus der Geschichte „Der Glasbehälter des Philosophieprofessors" Konsequenzen für pädagogische Prozesse. Schreiben Sie diese Geschichte um und übertragen Sie diese auf ein Arbeitsfeld von Erziehern.

10 Entwickeln Sie Ideen, wie Kinder und Jugendliche noch stärker mitbestimmen und mitentscheiden können. Wählen Sie alters- und entwicklungsangemessene Methoden.

11 Planen Sie in Kleingruppen im Unterricht zu unterschiedlichen Bildungsbereichen Bildungsangebote. Verwenden Sie das vorgestellte Planungsraster. „Spielen" Sie diese Bildungsangebote exemplarisch durch (Fachkraft, Kinder) und werten Ihre Erfahrungen gemeinsam aus.

12 Ihr Mentor möchte Sie im nächsten Praktikum im Freispiel beobachten. Sie sollen auch einen Freispielimpuls geben. Entwickeln Sie in einer Kleingruppe ein schriftliches Planungsraster für eine Freispielbegleitung. Orientieren Sie sich an dem schriftlichen Planungsraster für Bildungsangebote.

TIPPS ZUM WEITERLESEN →→

→ www.partizipation-und-bildung.de

→ Kinder- und Jugendbeteiligung in Deutschland. Entwicklungsstand und Handlungsansätze
Bertelsmann Stiftung (Hrsg.), Bertelsmann Stiftung, 2007

→ Partizipation in Kindertageseinrichtungen. So gelingt Demokratie mit Kindern.
Rüdiger Hansen, Raingard Knauer, Benedikt Sturzenhecker, Verlag das Netz, Berlin 2011

→ Projektarbeit in Kita und Kindergarten. Planen, durchführen, dokumentieren. Leitfaden für pädagogisches Handeln
Petra Stamer-Brandt, Herder, Freiburg 2010

→ Pädagogische Qualität in Tageseinrichtungen für Kinder. Ein nationaler Kriterienkatalog
Wolfgang Tietze, Susanne Viernickel (Hrsg.), Cornelsen Scriptor, Berlin 2007

3.8 Projektarbeit

Während des Praktikums in einer Kindertagesstätte stehen Sie vor der Aufgabe ein Projekt zu planen und durchzuführen. In der Fachschule haben Sie das Thema „Projektarbeit“ schon behandelt und daran anschließend in Kleingruppen auch einige beispielhafte Projektplanungen erstellt.

Aber nun, in der Praxisstelle mit einer konkreten Kindergruppe vor Augen, fühlen Sie sich doch ein wenig unsicher, ob Sie mit Ihren Überlegungen richtig liegen, und fragen bei den Kolleginnen nach.

„Mach doch was mit Käfern. Die Jungs krabbeln bei jeder Gelegenheit auf der Wiese herum und sammeln alles ein, was sich irgendwie bewegt. Dann veranstalten sie Wettrennen mit ihnen, einige tragen die Tiere in die Forscher-Ecke oder erschrecken damit andere Kinder. Neulich hat Robin mir eine rote Feuerwanze direkt neben den Frühstücksteller gelegt - das fand ich nicht so lustig.“

„Erst kürzlich hat mich Meikes Mutter gefragt, wann wir denn unser Jahresthema ‚Kunst‘ fortführen wollten. Die van Gogh-Aktion hatte Meike besonders gut gefallen; sie ist da so richtig aus sich herausgegangen. Und auch die übrigen Kinder hatten ganz Erstaunliches zustande gebracht!“

Beide Äußerungen haben in Ihren Augen etwas für sich, denn an beide Themen ließe sich gut anknüpfen. Hinzu kommt, dass Sie die ästhetischen und naturwissenschaftlichen Bildungsprozesse in der frühkindlichen Pädagogik als grundlegend kennengelernt haben.

Bei weiteren eigenen Beobachtungen fällt Ihnen auf, dass sich viele Spiele und Aktionen der Kinder mit der Schule beschäftigen. In Rollenspielen werden immer wieder „witzige“ und „gruselige“ Szenen entwickelt. Aber es kommt auch vor, dass ältere Kinder die Jüngeren von ihrem Spiel ausschließen, mit dem Hinweis: „Das darfst du nicht, du bist kein Schulkind!“

Planung eines Projekts

↘ FRAGEN

- → *Wie viele mögliche Projektthemen erkennen Sie?*
- → *Wer gibt jeweils Anlass, in ein Thema als Projekt einzusteigen oder dieses fortzuführen?*
- → *Wie lange würde solch ein Projekt jeweils dauern?*

3.8.1 Herkunft des Projektbegriffs

Von seiner Bedeutung her entstammt das Wort „Projekt“ dem lateinischen Verb „proicere“ (hinausragen, vorauswerfen) oder dem Substantiv „proiectio“ (das Ausgestreckte). Diese Bedeutung des Entwerfens findet sich auch in unserem heutigen Projektbegriff wieder.

In der Pädagogik reicht das Wort **Projekt** etwa 400 Jahre zurück. Die besten Studenten der Architektur- und Kunsthochschulen Italiens und Frankreichs durften eigene Entwürfe konzipieren und einreichen, um ihre rein theoretische Ausbildung zu erweitern. Sie führten diese „progetti“ (ital.) oder „projets“ (frz.) selbstständig durch, bearbeiteten dabei Probleme ihrer künftigen beruflichen Praxis und mussten Kenntnisse aus verschiedenen Fachgebieten zusammenführen. Auch in dieser frühen Erscheinungsform zeigen sich schon die grundlegenden Merkmale heutiger Projektarbeit:

→ Selbsttätiges Lernen
→ an realen Lernbezügen
→ mit fachübergreifenden Lösungsansätzen.

Diese Grundmerkmale kennzeichneten auch Projekte als Teil der Abschlussprüfungen an den verschiedenen Technischen Hochschulen, die seit Beginn des 19. Jahrhunderts in Europa und den USA entstanden *(vgl. Frey2007, S. 14, 29)*. Ein Jahrhundert später griffen u. a. die Pädagogen John Dewey (1859–1952) und Adolf Reichwein (1898–1944) Elemente des Projektkonzeptes für ihre reformpädagogischen Überlegungen auf *(ebd., S. 35 ff.)*.

3.8.2 Was ist ein Projekt?

Die pädagogische Arbeit in Kitas wird oft durch Projektphasen erweitert und vertieft. Aber nicht jede Aktion und / oder Angebotsreihe trägt den Namen „Projekt" zu Recht. Die inzwischen häufige Verwendung des Projektbegriffs verwischt Grenzen und entwertet die Bedeutung dieser wichtigen pädagogischen Arbeitsform.

In **Projekten** werden konkrete Aufgaben oder Vorhaben von Gruppen durch eigenes und eigenverantwortliches Handeln lernend bearbeitet *(Kassner 2009, S. 20)*.

Projekte entstehen oft aus Ideen, Fragen oder Anregungen, die sich im Alltag von Kindern in einer Tagesstätte entwickeln. In gleicher Weise kann die Initiative für ein Projekt auch von einer Jugendgruppe oder Schulklasse ausgehen und aufgegriffen werden. Die Auseinandersetzung mit dieser Projektinitiative, die Eingrenzung auf ein Betätigungsfeld und die gemeinsame Entwicklung der ersten Gruppenaufgaben sowie weiterer Lernschritte sind wesentliche Lernprozesse und „machen aus üblichem Tun bildendes Tun". *(Frey 2007, S. 13)*

Am Ende eines Projekts geht es in der Regel darum, ein Produkt vorweisen oder sogar mehrere davon präsentieren zu können. Auf dem Weg dorthin muss jedoch der vorab vereinbarte Abfolgeplan nicht immer erfüllt werden. Vielmehr sollen die Kinder und Jugendlichen den Projektverlauf beeinflussen und prägen können. Dadurch erhalten die Arbeits- und Lernprozesse die gleiche Bedeutung wie die Projektergebnisse, die am Ende vorgezeigt oder verwendet werden können.

Die drei genannten Grundmerkmale der Projektarbeit lassen sich nun ausführlicher umschreiben:

→ Selbsttätigkeit, Kindorientierung (Bedürfnisorientierung), Mitbestimmung
→ Reale, d. h. lebensnahe und berufsbezogene Lernbezüge, entdeckendes (forschendes) und exemplarisches Lernen, Handlungsorientierung
→ Fächerübergreifende Lösungsansätze, methodische Offenheit, ganzheitliches Erfahrungslernen, Umgang mit verschiedenen Auffassungen, Öffnung „hin zur Natur und zum Gemeinwesen" *(vgl. Textor 2009, S. 16 ff.)*.

Ziele der Projektarbeit

Die Durchführung von Projekten erfordert vielfältige Fertigkeiten und Qualifikationen von Erzieherinnen und Erziehern. Schon im Zusammenhang mit ihrer Ausbildung findet Lernen immer wieder in Projektform statt. Durch Projekte bzw. in Projekten können berufliche Kompetenzen erworben und ausgebaut werden. Der nachfolgende „Kompetenzwürfel" gibt hierüber einen Überblick:

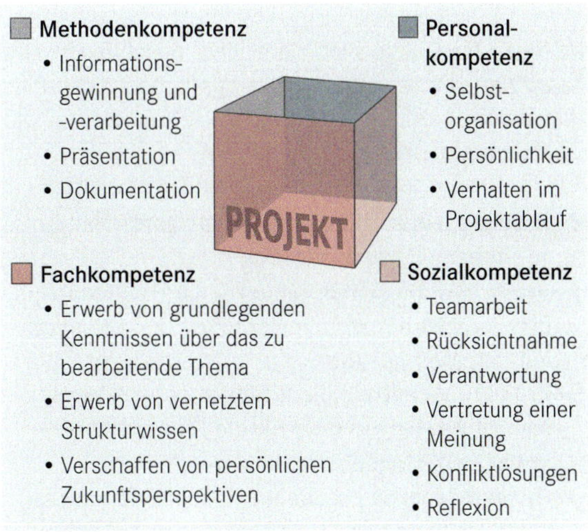

nach Kassner 2009, S. 18

Die Lernprozesse, die in den Projektphasen ablaufen, sind weniger ein „Belehrt-werden“ als vielmehr ein „Selber-lernen“. Die Kompetenzen, in Projekten zu lernen, zeigen sich beispielsweise darin,

- **wie ein Thema erfasst und eingegrenzt wird** *(Fachkompetenz),*
- **wie Informationen beschafft und ausgewertet werden** *(Methodenkompetenz),*
- **wie Tätigkeiten im Verlauf eines Projekts verlässlich und sinnvoll strukturiert werden** *(Personalkompetenz),*
- **wie mit anderen kooperiert wird** *(Sozialkompetenz),*
- **wie Arbeitsergebnisse ausgewertet und präsentiert werden** *(Methodenkompetenz).*

Diese fachlichen, methodischen, personalen und sozialen Lernprozesse lassen sich ganz allgemein auch auf die Projektarbeit mit Kindern und Jugendlichen übertragen.

Jüngeren Kindern fällt es noch schwer, komplexe Abläufe zu überblicken. Die gemeinsame Planung - z. B. eines Sommerfestes in der Kindertagesstätte - bedarf noch vieler Anregungen durch die Erzieherinnen und Erzieher, die das Geschehen notieren, Außenstehende ermutigen, vorschnelle Entscheidungen verhindern usw. Deshalb eignet sich die Projektarbeit eher für ältere Kinder, ab fünf oder sechs Jahren.

Projektlernen ist ein ganzheitliches Lernen. In der frühkindlichen (wie auch in der Schul-)Pädagogik werden Lernprozesse anhand von kognitiven, motorischen, sozialen und emotionalen Lernzielen beschrieben und klassifiziert. Kinder erleben Bildungsangebote dann als bedeutsam und ganzheitlich, wenn sie diese vier Aspekte beinhalten *(vgl. Günther 2006, S. 34 ff.):*

- **Projekte helfen dabei, die Dinge in der Welt zu verstehen** *(kognitiver Aspekt),*
- **Projekte ermöglichen Kindern, die Themen mit dem ganzen Körper zu erforschen und zu „erspielen“** *(motorischer Aspekt),*
- **Projekte vermitteln die Erfahrung etwas gemeinsam zu bewältigen oder für die Gemeinschaft etwas beizutragen** *(sozialer Aspekt),*
- **Projekte wecken Freude und Neugierde, erzeugen Spannung und Stolz** *(emotionaler Aspekt).*

Die gesellschaftlichen Veränderungen erfordern zunehmend übergeordnete Fähigkeiten und Vernetzungen. Um dies zu fördern, werden in der Projektarbeit die Stärken von Kindern in den Vordergrund gestellt. Projekte ermöglichen es Kindern, zu lernen, in Krisen durchzuhalten, demokratische Prozesse und Wertehaltungen zu klären, kreativ zu denken und zu handeln.

Ablauf eines Projekts

Die möglichen Themen für Projekte sind vielfältig: z. B. die Erkundung der näheren Umgebung (Natur, Stadtteile, historische Stätten usw.) oder die Begegnung mit Erwachsenen, deren Berufen oder deren Fachwissen.

Projekte können je nach Thema von unterschiedlicher Dauer sein - von einer Woche bis hin zu mehreren Monaten. Es ist möglich, sie mit nur einem Teil der Kindergruppe oder als gruppenübergreifendes Angebot durchzuführen.

Projekte folgen meistens dem gleichen Ablaufschema:

- Projektinitiative/Projektimpuls:
  Es gibt einen Anlass, es werden Einfälle und Wünsche geäußert, Aufträge von außen entgegen genommen usw.
- Projektklärung/Projektentscheidung:
  Die Gruppenteilnehmer beraten über diese Initiative und beschließen darüber, wie mit ihr zu verfahren sei.
- Projektplanung/Projektskizze:
  Die Teilnehmer entwickeln das Betätigungsgebiet, sie formulieren Fragen, stellen Hypothesen auf. Weiterhin geht es darum, notwendige Informationen zu beschaffen, Erkundigungen einzuziehen usw.
- Projektdurchführung/Projektablauf:
  Das Projekt findet statt, gegebenenfalls wird es unterbrochen oder überdacht, um weitere Fragen aufzunehmen oder Vorgehensweisen abzukürzen.
- Projektabschluss/Projektbewertung:
  Die Abschlussphase dient der Dokumentation und Reflexion des Projekts. Im kleineren Rahmen werden die einzelnen Ergebnisse präsentiert. Bei größeren Projekten empfiehlt es sich, Dritte einzuladen im Rahmen der Öffentlichkeitsarbeit. Oft bietet die Vorbereitung der Abschlusspräsentation eine gute Gelegenheit, um die geleistete Arbeit und das Projektergebnis auszuwerten.

Projektinitiative

↓

Projekterklärung

↓

Projektplanung

↓

Projektdurchführung

↓

Projektabschluss

FAZIT

- Projekte fördern besonders das eigenständige und fachlich übergreifende Lernen in realen Bezügen.
- Projekte sind durch ganzheitliches und handelndes Lernen an eigenen Aufgaben gekennzeichnet.
- Projekte befähigen zum Erwerb von fachlichen, personalen, sozialen wie auch methodischen Kompetenzen.

AUFGABEN UND ANREGUNGEN

1 Was sind die grundlegenden Merkmale eines Projekts? Welche pädagogischen Ziele werden angestrebt?

2 Inwiefern können Sie Informationen über die genannten Reformpädagogen zusammentragen, die Ihr Verständnis des Projektgedankens weiter klären helfen? *(Vgl. Frey, a. a. O., S. 29 ff.)*

3 Bewerten Sie die eingangs dargelegten Beispiele: Inwiefern verweisen diese beispielhaften Wahrnehmungen und Äußerungen – ganz oder teilweise – auf ein Projekt?

4 Vergleichen Sie das Lernen in Projekten von Erwachsenen (in Fachschulen für Sozialpädagogik) gegenüber Kindern: worin sehen Sie Gemeinsamkeiten, wo gibt es Unterschiede?

5 Diskutieren Sie die Bedeutung der Projektarbeit im Hinblick auf das zukünftige Leben von Kindern in unserer Gesellschaft: welche der Gesichtspunkte leuchten Ihnen besonders ein?

6 Überlegen Sie beispielhafte und altersangemessene Impulse für die oben geschilderte Praktikumssituation: Welche Fragen, Provokationen, Anregungen würden Sie in einer Kinderkonferenz äußern?

7 Entwickeln Sie eine Art Leitfaden für die Planung und Durchführung Ihres nächsten Projekts: Welche Fragen würden Ihnen helfen, dieses Projekt zu planen, Kinder darin zu begleiten oder das Geschehen auszuwerten?

TIPPS ZUM WEITERLESEN

- Bildungsarbeit im Kindergarten erfolgreich planen
  Walter Ellermann, Beltz, Weinheim-Basel 2004
- Die Projektmethode – Der Weg zum bildenden Tun
  Karl Frey, Beltz, Weinheim-Basel 2007
- In Projekten spielend lernen. Grundlagen, Konzepte und Methoden für erfolgreiche Projektarbeit in Kindergarten und Grundschule
  Sybille Günther, Ökotopia, Münster 2006

4 Konzepte sozialpädagogischen Handelns

4.1 Friedrich Fröbel und die Geschichte der Kindergartenpädagogik

Sie stoßen bei Ihrer Suche nach einer geeigneten Praktikumsstelle auf die „Fröbel-Gruppe“. Die Fröbel-Gruppe ist der Träger von zahlreichen Kindertageseinrichtungen in NRW und ganz Deutschland. Namensgeber des Unternehmens ist der Reformpädagoge Friedrich Fröbel. Diesen Namen haben Sie schon öfter in Zusammenhang mit der Kleinkinderpädagogik gehört. Zufällig lebt auch eine Ihrer Freundinnen in der „Fröbelstraße“.

↘ FRAGEN

→ *Was wissen Sie bereits über Friedrich Fröbel?*

→ *Können seine Ideen und Vorstellungen in der heutigen Zeit noch von Bedeutung sein?*

4.1.1 Wer war Friedrich Fröbel?

Friedrich Wilhelm August Fröbel wurde am 21. April 1782 in Oberweißbach im Thüringer Wald geboren. Er war das sechste Kind seiner Eltern.

Friedrich Fröbel (1782–1852)

Seine Mutter starb bereits zehn Monate später im Februar 1783. Zwar heiratete der Vater 1785 erneut, doch zwischen der Stiefmutter und Friedrich entwickelte sich keine herzliche Beziehung. Friedrich fühlte sich in seinem Elternhaus missverstanden und ungeliebt. Im Alter von elf Jahren zog er daher zu seinem Onkel.

Im Jahr 1799 erhielt Friedrich die Erlaubnis des Vaters, ein naturwissenschaftliches Studium zu beginnen. So schrieb er sich zum Wintersemester in Jena ein, wechselte aber in den folgenden Jahren häufiger Studiengang und Studienort.

Erste pädagogische Berührungspunkte hatte Friedrich Fröbel im Jahr 1805. Durch Zufall erhielt er eine freie Lehrerstelle an einer Pestalozzischen Musterschule.

Pestalozzi war der bekannteste Pädagoge der damaligen Zeit. Er hatte in Yverdon (Schweiz) ein Erziehungsinstitut errichtet, das Weltruf genoss und Kinder ab sieben Jahren aufnahm. Pestalozzi vertrat u. a. die Ansicht, dass für die intellektuelle Bildung konkrete Anschauung und Selbsttätigkeit der Schüler von besonderer Bedeutung seien.

Johann Heinrich Pestalozzi (1746–1827)

Hier fühlte sich Fröbel vom ersten Tag an „wie in seinem Element“ *(Hoffmann 1966)*. Er begann, sich mit dem Gedankengut Pestalozzis zu beschäftigen, und war innerlich berührt von dessen leidenschaftlicher Liebe zum Menschen und zum Kind. Fröbel ging später sogar in die Schweiz, um zwei Jahre an Pestalozzis Schule zu verbringen. Jede freie Minute beschäftigte er sich mit pädagogischen Fragen und pädagogischer Literatur.

So kam es, dass Fröbel ganz eigene, neue Erziehungsvorstellungen entwickelte, in die Ideen Pestalozzis eingingen. **Fröbels Leitmotiv** war die Ausbildung von **Selbsttätig-**

keit und **Selbstbestimmung.** Er forderte für die Erziehung ein eigenes Engagement der Kinder. Dabei beachtete er die Individualität und die Bedürfnisse der Schüler. Fröbel selbst sagte: „Ich will nicht dem Staat Staatsmaschinen schnitzen, sondern freie, denkende, selbsttätige Menschen" *(Fröbel, Hermann 1982, S. 130).* Die Vermittlung von Wissen diente dazu, die Denkfähigkeit und den Intellekt der Schüler anzuregen. Sie sollten in die Lage versetzt werden, das erworbene Wissen selbstständig anzuwenden und verantwortlich zu handeln.

Fröbel war schließlich immer mehr von dem Gedanken erfüllt, eine eigene Schule zu gründen, um auf diese Weise seine Vorstellungen umzusetzen. Zusammen mit zwei Freunden eröffnete er im Jahr 1816 in Thüringen eine **„Erziehungsanstalt"**, in der Jungen im Alter ab sechs Jahren erzogen und unterrichtet wurden. Fröbel gründete später noch weitere Schulen, u. a. in der Schweiz, um seine Ideen zu verbreiten.

4.1.2 Die Bedeutung des Spiels und die Entwicklung der Spielgaben

Fröbel wandte sich ab etwa 1830 immer mehr einer Idee zu, die ihn schon lange beschäftigt hatte: Er erkannte, dass die Entfaltung des menschlichen Geistes nicht erst in der Schule, sondern schon im **vorschulischen Stadium** beginnen müsse, um Fehlentwicklungen auszuschließen bzw. zu vermeiden. Mit der Hinwendung zur Kleinkindererziehung nahm er einen entscheidenden pädagogischen Richtungswechsel vor, der ihn zum Pionier auf diesem Gebiet machte: Vor Friedrich Fröbel hatte sich noch kein Pädagoge mit Kindern im Vorschulalter beschäftigt.

Eine besondere Bedeutung maß Fröbel dem Spiel zu. Vor Fröbel war das Spiel als sinnlose oder nutzlose Beschäftigung angesehen worden. Fröbel jedoch erkannte einen tieferen Sinn im kindlichen Spiel, der für die Entwicklung des Kindes und sein späteres Leben von entscheidender Bedeutung war. So entwickelte er acht **Spielgaben:**

1. Ball
2. Kugel, Würfel, Walze
3.–8. Würfel in verschiedenen Teilungen

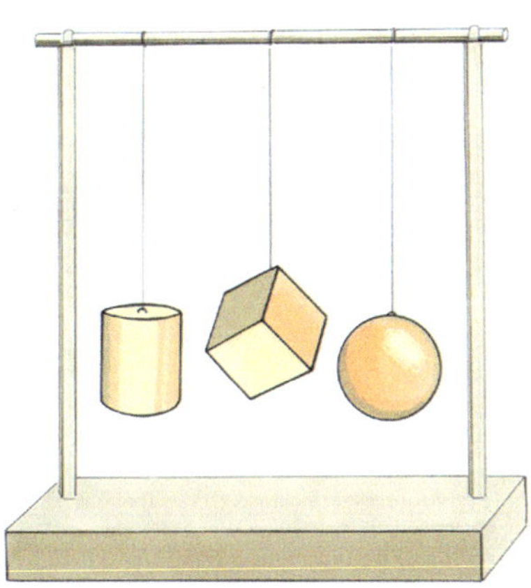

Walze, Würfel, Kugel

Fröbel fertigte zu jeder Gabe Anleitungen und Zeichnungen für die Mütter an, um den richtigen Umgang und Gebrauch zu gewährleisten. An dem Material sollten die Kinder mit Größe, Form, Schwere, Farbe, Zahl, Bewegung usw. bekannt gemacht werden. Dabei bezeichnete Fröbel das spontane Spiel der Kinder mit den Gaben als **„Spielpflege".** Andererseits konnte das Spiel mit den Gaben auch von einem Erwachsenen, dem „Spielführer", angeleitet werden. Nach Fröbels Vorstellung erfuhr dadurch auch der Erwachsene eine Förderung, eine innere Bildung. Außerdem entstanden kurze Lieder und Verse zu den einzelnen Spielmitteln.

Für Fröbel war der Ball der erste und wichtigste Spielgegenstand der frühen Kindheit. Dabei sollte der Ball vom Kind zunächst nur zum Umspannen, zum Begreifen und dann auch zum selbst- und freitätigen Spiel gebraucht werden. Es war Fröbels besonderes Anliegen, die Spielgegenstände in „verschiedenartiger Wirksamkeit und in mannigfältigen Verhältnissen einzusetzen, zum Beispiel Dasein, Verschwinden, Wiederkommen, Holen, Fassen, Greifen, Halten, Rollen, Fahren, Drehen, Stehen, Fallen, Liegen usw." *(Blochmann 1965).*

Fröbel entwickelte außerdem Legetäfelchen, Falt-, Ausschneide- und Flechtblätter, Verschnürstreifen, Stäbe, Legestäbchen, Ringe und Halbringe und vieles mehr, um die Kreativität und das freie Schaffen anzuregen. Fröbel sprach hier von **Lebens-, Schönheits- und Erkenntnisformen.**

Im Jahr 1843 erschienen nach langer Vorarbeit die „Mutter- und Koselieder". Das Buch entstand als Bilderbuch zur Bildung der Mütter. Sie fanden in diesem Buch sowohl bekannte, althergebrachte als auch neue **Singspiele.** Sie hatten den Zweck, mit den Kleinkindern erste Arm- und

Beinübungen, an die sich Fingerübungen anschlossen, durchzuführen, um die Beweglichkeit der Körperglieder und die Ausbildung der entsprechenden Muskeln zu fördern. Daneben sollte das Kind zur Wahrnehmung der eigenen Persönlichkeit und zur Begegnung mit der es umgebenden Welt angeleitet bzw. hingeführt werden. Die „Mutter- und Koselieder“ waren als Grundvoraussetzung für den Gebrauch der Spielgaben zu betrachten und somit für Säuglinge und Kleinkinder als Vorbereitung für den Besuch des Kindergartens gedacht.

4.1.3 Die Gründung des ersten Kindergartens und die Ausbildung von Kindergärtnerinnen

Um die Spielgaben praktisch zu erproben, rief Fröbel in Bad Blankenburg/Thüringen die „Anstalt für Kinderpflege“ *(Hanschmann 1874, S. 286)* ins Leben. Fast täglich ließ Fröbel bis zu 50 Kinder kommen.

Fröbel richtete außerdem zwei „Bildungskurse zur Kindheitspflege“ *(Hanschmann 1874, S. 286)* ein, in denen Frauen und Männer den Umgang mit den Spielmitteln erlernen sollten. Die Einrichtung dieser Kurse stellte den Beginn der Ausbildung von Menschen in der „Kleinkinderführung und -beschäftigung“ *(Hanschmann 1874, S. 296)* dar. Sie können daher als Vorreiter der späteren Kindergärtnerinnenseminare angesehen werden.

Die Blankenburger Bevölkerung nahm lebhaften Anteil, besonders Mütter mit kleinen Kindern, die sich von Fröbel Anregungen erhofften. Die Anerkennung der Frauen nutzte Fröbel aus, indem er Weihnachten 1839 zur Gründung eines Frauenvereins aufrief, der als Trägerverein einer neuen „Musteranstalt“ dienen sollte, die er in Blankenburg einrichten wollte. Dies war die Geburtsstunde des **„Kindergartens“**. Auf den Begriff „Kindergarten“ kam Friedrich Fröbel zufällig auf einer Wanderung. Sein Freund und Weggefährte Wilhelm Middendorff äußerte sich darüber folgendermaßen:

„Aber zugleich sollen sie [die Kinder, d. Verf.], wie der Name sagt, ähnlich den Gewächsen unter den Augen des verständigen Gärtners, von Einsicht und Sorgfalt und von treuer Liebe möglichst gepflegt werden, daß Leib und Geist dabei gedeihen und das kindliche Gemüt, wie die Blüte in der Knospe, sich unverletzt entfalte.“ *(Middendorff 1848)*

Im Mai 1840, am 400. Jubiläumstag der Erfindung der Buchdruckerkunst, wurde der erste Kindergarten in Blankenburg eröffnet. Der Kindergarten sollte den Müttern oder zukünftigen Müttern gleichzeitig als Ausbildungsort für die Erziehungsaufgaben in der Familie dienen, denn die Familie stellte für Fröbel den Mittelpunkt der Erziehung dar. Damit machte Fröbel deutlich, dass der Kindergarten eine Einrichtung zur Ergänzung der Familienerziehung war und unter keinen Umständen einen Familienersatz darstellte. Fröbel bezeichnete die Frau und Mutter als besonders geeignet für die Betreuung des kleinen Kindes. Dies hängt sicher auch mit seiner Biografie zusammen, schließlich war er selbst ohne Mutter aufgewachsen und hatte unter diesem Verlust sehr gelitten. Im Kindergarten wurden auch die ersten Kindergärtnerinnen ausgebildet.

In den folgenden Jahren machten Fröbel und sein Freund und Weggefährte Wilhelm Middendorff die Idee der Kindergärten in ganz Deutschland bekannt und in vielen Städten wurden Einrichtungen gegründet, in denen von Fröbel ausgebildete Kindergärtnerinnen beschäftigt waren. Die Erfindung des Kindergartens hatte eine so weitreichende Bedeutung, dass Fröbel als ihr Begründer bis heute Anerkennung findet. Der große Pädagoge starb 1852, kurz nach seinem 70. Geburtstag.

Leben und Wirken im Überblick	
Jahr	**Leben und Wirken**
1782	21. April: Geburt in Oberweißbach
1792	Umzug zum Onkel
1799	Studium der Naturwissenschaften in Jena
1805	Lehrer an einer Pestalozzischen Musterschule in Frankfurt
1808–1810	Aufenthalt in der Schweiz als Schüler Pestalozzis
1816	Gründung der „Allgemeinen deutschen Erziehungsanstalt“ in Thüringen
ab 1830	Hinwendung zur Kleinkinderpädagogik; Entwicklung der Spielgaben und -materialien
1840	Eröffnung des ersten Kindergartens in Bad Blankenburg/Thüringen
1850	Gründung der ersten Schule zur Ausbildung von Kindergärtnerinnen
1852	21. Juni: Tod Friedrich Fröbels

4.1.4 Die Aktualität Fröbels

Friedrich Fröbels Erziehungsziel sind mündige Menschen. Es geht darum, die Kinder in ihrem gegenwärtigen und zukünftigen Leben zu möglichst selbstständigen und selbstbestimmt denkenden und handelnden Menschen zu erziehen. Seine Pädagogik ist kindzentriert und auf das Spiel begründet. Ganzheitliches Lernen steht im Vordergrund.

Diese Auffassung und die anderer Reformpädagogen ist heute Ausgangspunkt wissenschaftlicher Forschung. Fröbels Ideen erleben somit eine Wiedergeburt und sind als absolut zeitgemäß zu bezeichnen. Es gibt daher in ganz Deutschland wieder viele Einrichtungen, die den „Fröbel'schen Ansatz" in ihrer Konzeption verankert haben.

Erzieherinnen und Erzieher in einer solchen Kindertageseinrichtung haben die Aufgabe, die individuellen Neigungen und Begabungen eines Kindes zu betrachten und ständige Anregungen zu geben: Räume im Haus und Außenanlagen sind zum Beispiel so gestaltet, dass sie die Kinder herausfordern. Die Kinder werden zum Ausprobieren, Entdecken und Experimentieren motiviert.

Dahinter steckt die Vorstellung, dass die Kinder ihre Erkenntnisse über das eigene Tätigsein entwickeln: Über die Mitarbeit im Garten wie pflanzen, ernten, pflegen, erleben die Kinder beispielsweise die Natur, den Wechsel der Jahreszeiten und die Gesetze des Wachstums der Tier- und Pflanzenwelt. Als ein Erziehungsziel im Fröbelkindergarten kann daher eine Beziehung zur Natur und eine beschützende Haltung gegenüber der Umwelt genannt werden.

Zum Einsatz kommen auch Spiel- und Beschäftigungsmaterialien, die die Kinder ganzheitlich unter Berücksichtigung ihres Alters fördern. Beim Legen, Bauen, Falten, Flechten, Schneiden, Konstruieren, Werken, Turnen, bei Bewegungs-, Sing- und Tanzspielen, bei Arbeitstätigkeiten in Haus und Garten wird teilweise noch das von Fröbel entwickelte Material verwendet.

Legetäfelchen

Die Kinder erwerben so Konzentration, Ausdauer, Feinmotorik, mathematisches und naturwissenschaftliches Grundwissen. Farben und Formen werden unterschieden, Sprache und Kreativität auf vielfältige Weise unterstützt. Dies alles sind Voraussetzungen für das erfolgreiche Lernen in der Schule.

In Fröbelkindergärten wird größter Wert darauf gelegt, dass alle Kinder mitbestimmen und ihrem Alter entsprechend an demokratischen Gestaltungsmöglichkeiten teilhaben können.

An der Fröbelpädagogik interessierte Erzieherinnen und Erzieher haben die Möglichkeit, durch die Teilnahme an einer berufsbegleitenden Weiterbildung eine Zusatzqualifikation abzuschließen. Diese kann z. B. in Fröbels Heimat Thüringen erworben werden.

Bis heute findet Friedrich Fröbel als Erfinder und Gründer des Kindergartens national und international Anerkennung, weshalb z. B. Einrichtungen oder Straßen nach ihm benannt werden.

Mitarbeit im Garten

↗ FAZIT

- → Friedrich Fröbel (1782–1852) ist der erste Pädagoge überhaupt, der sich mit Kindern im Vorschulalter beschäftigte.
- → Er erkannte die große Bedeutung des Spiels und entwickelte Spielmaterialien, Singspiele, Lieder und Verse.
- → Im Mai 1840 gründete er den ersten Kindergarten. Der Begriff „Kindergarten" ist eine Wortschöpfung Fröbels. Hier konnten die von ihm entwickelten Materialien praktisch erprobt werden.
- → Gleichzeitig richtete er Bildungskurse ein, um Frauen und Männern den Umgang mit den Spielmaterialien zu vermitteln. Ab 1850 bildete er Kindergärtnerinnen aus.
- → Fröbels Erziehungsziele sind bis heute aktuell.

→·← AUFGABEN UND ANREGUNGEN

1 Bereiten Sie eine Ausstellung zur Geschichte der Kindergartenpädagogik in Ihrer Schule vor und laden Sie interessierte Klassen ein!

2 **2.1** Informieren Sie sich ausführlich über Friedrich Fröbel und seine Vorstellungen zur Kleinkinderpädagogik. Nutzen Sie die angegebene Literatur und verschaffen Sie sich selbstständig weitere Informationen (Internet, Bibliothek, Friedrich Fröbel Museum in Bad Blankenburg/Thüringen usw.).

2.2 Bilden Sie Gruppen (ggf. auch schon vor der Literatursuche sinnvoll) und bearbeiten Sie die gefundenen Informationen im Hinblick auf die folgenden Aspekte. Sie können auch eine Tabelle anlegen:

Friedrich Fröbel	
Erziehungsziele	...
Bild vom Kind/Menschenbild	...
Rolle der Erzieherin	...
Rolle des Spiels	...
Spielzeug/Material	...
Raumgestaltung	...
Elternarbeit	...

2.3 Präsentieren Sie Ihre Ergebnisse ansprechend (Infokiosk, Wandzeitung/Stellwand, Collage, Radiosendung ...).
Eventuell kann die Präsentation durch das Ausstellen der Spielgaben/-materialien ergänzt werden. Fragen Sie in Ihrer Praktikumseinrichtung nach, ob es Fröbelmaterialien gibt. Erkundigen Sie sich außerdem bei einem Fachausstatter für Kindertageseinrichtungen.

TIPPS ZUM WEITERLESEN →→

→ Friedrich Fröbel und seine Pädagogik.
Andreas Frey, et al., Verlag Empirische Pädagogik, 2006

→ Friedrich Fröbel.
Helmut Heiland, Rowohlt Taschenbuchverlag, Reinkeck 1982

→ Friedrich Fröbel.
Sigurd Hebenstreit, Iks Garamond, Jena 2003

4.2 Der Situationsansatz

Sie sind Praktikantin in der Kindertagesstätte „Janusz Korzcak". Gleich am ersten Tag erläutert Ihnen Ihre Anleiterin, dass in dieser Kita nach dem Situationsansatz gearbeitet werde. Sie sind überrascht, denn Sie kennen dieses pädagogische Konzept nicht genau. Im Unterricht haben Sie schon davon gehört, aber noch keine näheren Informationen dazu erhalten. Da Sie selbst mit Kindern gezielte Angebote durchführen sollen, interessiert Sie vor allem, wie Planung im Situationsansatz verstanden wird. Als Sie Ihre Anleiterin darauf ansprechen, bittet diese Sie, noch weitere Fragen zu sammeln, damit Sie dann in einem ausführlichen Anleitungsgespräch darüber mit ihr sprechen können.

Kinder werden von Anfang an in die Planung einbezogen.

↘ FRAGEN

- → *Seit wann gibt es den Situationsansatz und warum wurde er entwickelt?*
- → *Welches Lernverständnis liegt dem Situationsansatz zugrunde?*
- → *Von welchem Bild vom Kind geht der Situationsansatz aus?*
- → *Wie wird im Situationsansatz geplant? Wer ist an der Planung alles beteiligt?*

4.2.1 Zielsetzung des Situationsansatzes

Der Situationsansatz wurde nach 1970 aufgrund der damaligen Bildungsdiskussion in der Bundesrepublik Deutschland für die Bildungsarbeit in Kindertageseinrichtungen entwickelt. Seitdem wird er von unterschiedlichen Institutionen und Personen wie dem Deutschen Jugendinstitut in München oder dem Erziehungswissenschaftler Jürgen Zimmer ständig weiterentwickelt.

Zielsetzung und Bild vom Kind

> **„Kinder verschiedener Herkunft und mit unterschiedlicher Lerngeschichte zu befähigen, in Situationen ihres gegenwärtigen und künftigen Lebens möglichst autonom, solidarisch und kompetent zu handeln."** *(Zimmer u. a., 1998, S. 14)*

Auf dieser Zielsetzung basiert die Förderung der folgenden drei Kompetenzbereiche:

1. **Ich-Kompetenz:** Hier geht es um Fragen wie z. B. „Welche Fähigkeiten habe ich?" oder „Wo sind meine Grenzen?"; „Was gehört zu mir, zeichnet mich aus, macht mich einmalig und unterscheidet mich von den anderen?"
2. **Sozial-Kompetenz:** Kinder erfahren von Geburt an, dass sie in einem Raum mit anderen Menschen leben. Sie erleben dies in der Familie und eben auch im Kindergarten. Sie lernen, auf andere einzugehen, auf Schwächere oder Kleinere Rücksicht zu nehmen, eigene Interessen zu vertreten und durchzusetzen und vieles mehr. Täglich wird so ihre Sozialkompetenz geschult und gefördert.
3. **Sachkompetenz:** Kinder haben einen großen Wissensdurst. Sie stellen Fragen zu allen Dingen, die in ihrer Umgebung geschehen. Die „Warum"-Fragen sind ein Ausdruck für dieses Bedürfnis, die Welt zu entdecken. Im Situationsansatz geht es nun darum, dieses Interesse an der Umwelt zu unterstützen und Kinder zu befähigen, miteinander zu befriedigenden Antworten zu kommen.

Diese Zielsetzung baut auf einem entsprechenden **Bild vom Kind** auf:
In verschiedenen aktuellen Veröffentlichungen zur Kindheits- und Säuglingsforschung wird dargestellt, dass das Kind bereits von Geburt an ein **aktives und kompetentes** Wesen ist *(vgl. Haug-Schnabel/Bensel 2005, S. 34; Kasten 2005, S. 10)*. Kinder „verfügen über Möglichkeiten ihre Entwicklung selbst zu steuern, den aktiven Part im alltäglichen Tun zu übernehmen" *(Zimmer 1988, S. 18)*. Kinder streben von Anfang an nach Selbstständigkeit.

Diese Forschungsergebnisse macht der Situationsansatz zu seiner Grundlage. Er begreift Kinder als Akteure, die ihre eigene Entwicklung mitbeeinflussen und mitgestalten können. Deshalb wird in diesem Konzept davon ausgegangen, dass Kinder von Anfang an mit Kompetenzen ausgestattet sind. Es ist die Aufgabe der Pädagogik, diese Kompetenzen zu fördern, zu fordern und zu unterstützen.

4.2.2 Das Bild vom Lernen

Lernen geschieht im Situationsansatz nicht in vom Alltag losgelösten Situationen, sondern „in für Kinder überschaubaren sozialen Sinnzusammenhängen" *(Heller/Preising 2000, S. 22)*. Alles, was Kinder in der Kita lernen, jeder Wissenserwerb wird in konkreten Situationen vollzogen. „Der Situationsansatz enthält ganz ausdrücklich einen Bildungsanspruch, der, würde man den Ansatz nur auf soziales Lernen reduzieren, verloren ginge. Es ist deshalb wichtig, Situationen darauf zu befragen, welches Bildungspotenzial in ihnen steckt, welche Chance sie im Sinne des forschenden, entdeckenden Lernens enthalten." *(J. Zimmer 1998, S. 42)*

Lernen soll einem ganzheitlichen Ansatz folgen. Die unterschiedlichen Dimensionen, die das Menschsein ausmachen, müssen berücksichtigt werden. Hierzu gehören u. a. die psycho-motorische, die kognitiv-rationale, die sozial-kommunikative und die emotional-affektive Dimension.

Eine Verständnisschwierigkeit liegt in dem ungenauen Begriff **„Situation"**, der zu falschen Interpretationen einlädt. Jeden Tag erleben Erzieherinnen Kinder in vielen verschiedenen Situationen: Ein Kind matscht mit Wasser und Sand, zwei andere tragen einen Konflikt aus, wieder ein anderes erzählt eine Begebenheit vom Wochenende.

Die meisten Situationen nimmt die Erzieherin zur Kenntnis und auf manche geht sie spontan ein. In ihrer pädagogischen Kompetenz liegt es herauszufinden, welche Situation für die Kinder eine so große Bedeutung hat, dass es gerechtfertigt ist, sie zu einem größeren oder kleineren Projekt auszuweiten *(vgl. J. Zimmer 1998, S. 31).*

„Dabei werden unter **bedeutsamen Situationen** (Schlüsselsituationen) solche Erlebniszusammenhänge von Kindern verstanden, aus denen sich wichtige Lerninhalte ableiten lassen, durch deren Bearbeitung Kinder grundlegende Erfahrungen machen" *(Böhm/Böhm 2011, S. 52)* können. Es sollen Erfahrungen sein, in denen sie ihre Fähigkeiten entdecken und erleben und in denen sie Wichtiges für die Gestaltung ihres gegenwärtigen und zukünftigen Lebens erfahren können.

Im Gespräch Wichtiges erfahren

4.2.3 Merkmale des Situationsansatzes

Der Situationsansatz zeichnet sich u.a. durch folgende Merkmale aus:

1. Bildungsinhalte beziehen sich auf die **Lebenssituation** der Kinder.
   „Das bedeutet, dass die Erzieherinnen in Zusammenarbeit mit den Eltern regelmäßig den Alltag und besondere Situationen der Kinder analysieren und die Inhalte ihrer pädagogischen Arbeit darauf abstimmen." *(Böhm/Böhm 2011, S. 53)*
2. **Gestaltete Räume**
   Das Bild vom Raum als „dritten Erzieher" macht deutlich, welche Bedeutung der Raumgestaltung zukommt. Dies wird im Situationsansatz berücksichtigt. Deshalb geht man davon aus, dass eine Tageseinrichtung, die diesen konzeptionellen Ansatz verfolgt, über ein entsprechendes Raumkonzept verfügt. Räume werden so eingerichtet, dass Kinder besonders viele unterschiedliche Erfahrungen machen und möglichst eigenständig (autonom) handeln können.
3. **Interkulturelles Lernen**
   Die Lebenssituation von Kindern ist auch dadurch bestimmt, dass sie mit anderen Kindern aus unterschiedlichen kulturellen Milieus zusammentreffen. Sie müssen sich mit verschiedenen Wertvorstellungen und Lebensweisen auseinandersetzen. Der Situationsansatz greift dies auf und ermöglicht den Kindern eine Auseinandersetzung mit diesen vielfältigen Lebensmöglichkeiten *(vgl. Böhm/Böhm/Deiss-Niethammer 2003).*
4. **Offene Planung**
   Im Situationsansatz werden die Kinder an der Planung beteiligt. Die Erzieherinnen achten darauf, dass die Kinder in den einzelnen Planungsphasen einbezogen sind. Gilt es beispielsweise, das Material für ein Projekt zusammenzusuchen, so übernimmt dies nicht die Erzieherin, sondern überlegt mit den Kindern, wie sie selbst an das Material kommen und welche Schritte sie dafür unternehmen müssen. Angebote und Projekte werden nicht bis in den letzten Teilschritt durchgeplant. Diese Offenheit ist beabsichtigt, damit sich Angebote verändern und neue Ideen eine andere Zielrichtung geben können.
5. **Öffnung nach innen und außen**
   Voneinander lernen und andere Lernorte außerhalb der Tageseinrichtung miteinbeziehen, gehört selbstverständlich zum Situationsansatz. Grundgedanke ist, dass eine Einrichtung von anderen Institutionen und Menschen profitieren kann. Die örtliche Musikschule bietet z.B. im Kindergarten einmal wöchentlich musikalische Früherziehung an; ältere Kinder nutzen die städtische Bibliothek und der Abenteuerspielplatz im Stadtteil ist Treffpunkt für alle Kinder – unabhängig, ob sie im Hort sind oder nicht. Auch innerhalb der Tageseinrichtung sind die Gruppen offen. Kinder besuchen sich gegenseitig oder es gibt Funktionsräume, die allen Kindern zur Verfügung stehen.

6. **Partizipation von Kindern und Eltern**
   Das Kinder- und Jugendhilfe-Gesetz (KJHG) fordert, Kinder und Eltern an allen wesentlichen Belangen der Tageseinrichtung zu beteiligen. Der Situationsansatz setzt dies um, z. B. mit einer Kinderkonferenz, auf der alle Kinder miteinander diskutieren, wie die Räume umgestaltet werden sollen. Eltern werden z. B. bei der Entwicklung der Konzeption eingebunden.

7. **Altersmischung**
   Kinder machen in altersgemischten Gruppen viele unterschiedliche Erfahrungen. Sie erleben sich im Laufe ihrer Kindergartenzeit in unterschiedlichen Rollen. Sie können entdecken, dass sie zunehmend an Autonomie gewinnen, oder sie können ihr Wissen an jüngere Kinder weitergeben.

4.2.4 Planung im Situationsansatz

Die Planung im Situationsansatz folgt den Grundsätzen der **offenen Planung.** Grundlegend dabei ist, sich die Lebenssituationen der Kinder und ihrer Familien zu vergegenwärtigen. Folgende Fragen können hilfreich sein:

→ **Welche Erziehungsvorstellungen haben die Eltern?**
→ **Welche Interessen und Fähigkeiten bringen Eltern und Kinder mit?**
→ **Wie ist das direkte Umfeld der Kinder (Hochhaussiedlung, kleine Wohnung, Verkehr, Spielplätze, Wald, soziale Einrichtungen)?**
→ **Welche Feste und Gebräuche, welche Religionsgemeinschaften gibt es im Umfeld der Kinder?**
→ **Leben Menschen mit unterschiedlichem kulturellen Hintergrund zusammen? In welcher Weise machen sich die unterschiedlichen religiösen Gebräuche und kulturellen Unterschiede im Alltag bemerkbar? Gibt es Einrichtungen (wie z. B. Geschäfte, Kirchen, Moscheen, Treffpunkte etc.), in denen die Menschen ihre Kultur leben und zeigen können? Wie gehen Mehrheit und Minderheit, „Einheimische" und Migranten miteinander um? Wie zeigt sich die multikulturelle Situation in der Tageseinrichtung?**

Je **genauer** und **differenzierter** das Bild ist, das die Erzieherinnen vom Leben der Kinder, ihrer Familien und deren sozialen Umfeld haben, desto einfacher erfolgt die **Situationsanalyse** und die Auswahl der Situationen.

Konkret lässt sich die **Planung** in drei Schritte einteilen:
1. Auswahl der Schlüsselsituationen sowie Situationsanalyse
2. Zielfestlegung und methodische Umsetzung
3. Reflexion

1. Schritt: Auswahl der Schlüsselsituation sowie Situationsanalyse
Im ersten Schritt werden **Situationen gesammelt,** die für die Kinder von wesentlicher Bedeutung sind. Schlüsselsituationen sind damit im Situationsansatz der Ausgangspunkt jeder pädagogischen Arbeit (wie auch bei der Ausbildung zur Erzieherin, in der nach relevanten Situationen gefragt wird, von denen aus sich dann die Inhalte bestimmen).

> Die Erzieherin eines Kindergartens stellt nach vier Wochen im neuen Kindergartenjahr fest, dass sich Elena und Anna immer in die Puppenecke zurückziehen und dass beide noch keinen Anschluss an andere Kinder gefunden haben. Weiterhin beobachtet sie in der Kindergartengruppe bei vielen Kindern zurzeit die Tendenz, in Zweier-Grüppchen zu spielen. Die Kolleginnen nehmen Ähnliches wahr. Sie entscheiden sich, ihre Beobachtungen in der nächsten Teamsitzung ausführlicher zu besprechen.

Analyse der Situation und ihrer Zusammenhänge
Nun gilt es die Situationen **zu analysieren.** Die Erzieherinnen versuchen dabei, die Situationen noch genauer zur verstehen. Hierbei können verschiedene Fragen hilfreich sein, z. B.
→ **nach den Gefühlen, die in dieser Situation vorherrschen,**
→ **nach der Häufigkeit, in der die Situation auftritt,**
→ **oder nach den Gründen, die zu dieser Situation geführt haben.**

Elena und Anna scheinen sich in der Puppenecke wohlzufühlen. Sie kichern viel, sind in das Spiel vertieft und nutzen die unterschiedlichen Möglichkeiten, die dieser Spielbereich bietet. Die Erzieherinnen gewinnen den Eindruck, dass den beiden nichts fehlt, im Gegenteil, es scheint sich um eine für beide höchst befriedigende Situation zu handeln. Bei den anderen Kleingruppen können sie Vergleichbares beobachten. Sie stellen allerdings fest, dass, sobald die ganze Gruppe zusammen ist, die Kinder noch wenig voneinander wissen und nur wenig Kontakt zueinander aufnehmen. So wählen die Kinder bei Kreisspielen immer ihre engsten Spielpartnerinnen und keine anderen Kinder.

Als die Erzieherinnen in der Teamsitzung über diese Beobachtung sprechen, fallen ihnen noch andere Beobachtungen ein: Beim freien Essen vergessen besonders die neuen Kinder, ihr Geschirr abzuräumen, und häufig gibt es Streit zwischen den „alten Hasen“ und den neuen Kindern. Die älteren Jungs zeigen ihren Unmut über die jüngeren Kinder sehr deutlich. Sie fühlen sich durch diese im Spiel gestört, v. a. wenn Hakan, Taifun und Mehmet die Bauecke besetzt haben und sich dort türkisch redend ausbreiten.

Einige der Kleinen - Ayse, Wassili, Robert und Melike - sitzen oft an einem der Tische und beobachten die anderen beim Spielen.

Zurzeit ist es im Vorraum, wo die Eltern auf ihre Kinder warten, immer still. Nur ein paar Mütter und Väter, die sich aus dem letzten Kindergartenjahr kennen, unterhalten sich leise. Viele Eltern warten jedoch alleine darauf, dass die Kinder endlich herauskommen.

Die geschilderten Situationen lassen sich sehr unterschiedlich interpretieren. Die Erzieherinnen in unserem Beispiel kamen nach längeren Diskussionen zu dem Ergebnis, dass die beobachteten Situationen damit zu tun haben, dass sich sowohl Kinder als auch Eltern noch fremd sind. Bei den Kindern stellten die Erzieherinnen aber auch fest, dass sie sich in der Tageseinrichtung schon ganz wohlfühlen. Das Team bemerkte außerdem, dass es selbst auch noch nicht zu allen neuen Kindern und Familien einen guten Kontakt aufgebaut hat und es noch manches nicht weiß.

Auswahl der Situation

Die Erzieherinnen müssen sich nun entscheiden, ob sie die beobachtete Situation aufgreifen und mit den Kindern und ihren Eltern bearbeiten wollen. Dabei sollten sie bei der endgültigen **Auswahl der Situationen** u. a. berücksichtigen, dass es sich um Situationen handelt,

- → die aktuell sind und möglichst viele Kinder betreffen;
- → die einen lebensbezogenen Zusammenhang haben;
- → die vor allem von den Kindern kommen;
- → mit denen die Ziele „Autonomie“, „Solidarität“ und „Kompetenz“ verwirklicht werden können;
- → in denen Kinder erfahren können, dass sie selbst Situationen gestalten und verändern können, diese also beeinflussbar sind;
- → in denen einzelne Kinder einer besonderen Unterstützung bedürfen;
- → die eine lebensgeschichtliche Bedeutung haben oder im zukünftigen Leben der Kinder vermutlich eine zentrale Rolle spielen werden.

2. Schritt: Zielsetzung und Planung des Projekts

Haben sich die Mitarbeiterinnen und die Kinder für eine Situation entschieden, können sie nun zusammen mit den Kindern und Eltern an die **Planung des Projekts** gehen. Die gemeinsame Planung ist ein Merkmal von Projektarbeit, hier können Kinder erste Beteiligungserfahrungen sammeln *(vgl. Stamer-Brandt 2005, S. 4).*

In einem Brainstorming können zunächst Assoziationen gesammelt werden, was die Erzieherinnen mit der ausgewählten Situation alles verbinden. Diese Assoziationen lassen sich bei der Erörterung und Auswahl der Umsetzungsmöglichkeiten als Grundlage nutzen. Dabei müssen die vorhandenen **Ressourcen** (Geld, Räume, Material) genauso berücksichtigt werden wie die **Fähigkeiten** und **Interessen** der Eltern, Kinder und Erzieherinnen. Auch ist darauf zu achten, dass insbesondere solche Ideen ausgewählt werden, an der sich die Kinder besonders aktiv beteiligen können. Bei der Planung handelt es sich, wie schon erwähnt, um eine offene Planung, die immer wieder verändert werden kann. So können aktuelle Befindlichkeiten und Ideen aufgegriffen werden. Schließlich ermöglicht eine offene Planung den Kindern, die Erzieherinnen in einer anderen Rolle zu erleben: Sie sind nicht immer die Allwissenden, sondern begeben sich mit den Kindern auf Lernwege, die ihnen auch noch fremd sind *(vgl. Pausewang 1994, S. 185).*

Sehr schnell fallen den Erzieherinnen unterschiedliche Möglichkeiten ein, wie Kinder, Erzieherinnen und Eltern sich besser kennenlernen und die Fremdheit überwinden können. Innerhalb kurzer Zeit entstehen Ideen zu mehreren Projekten (z. B. „Meine Familie und ich", „Hier bin ich zu Hause", „Weißt du, was meine Mutter, mein Vater arbeiten?"). Die Erzieherinnen beschließen aber, nicht nur mit Projekten auf die aktuelle Situation einzugehen, sondern auch die Freispielzeit zukünftig bewusster dafür zu nutzen, Kinder miteinander ins Spiel zu bringen. An Tagen, an denen im Freispiel Kindern zusammenfinden, die bisher noch nichts miteinander zu tun hatten, soll das Freispiel nicht zur gewohnten Zeit abgebrochen, sondern verlängert werden. Zusätzlich sollen verstärkt solche Spiele und Lieder ausgewählt werden, in denen Kinder ihre Situation ausdrücken können.

Als die Erzieherinnen sich Gedanken über die Zusammenarbeit mit den Eltern machen, wird es schon schwieriger. Im Gespräch entwickeln sie eine ähnliche Vorgehensweise wie bei den Kindern: Aufeinander zugehen, sich kennenlernen, Fremdheit überwinden. Dies lässt sich direkt und indirekt auch für Eltern thematisieren. Einige Veränderungen, die den Eltern signalisieren sollen, dass sie in der Tageseinrichtung willkommen sind, werden innerhalb weniger Tage umgesetzt:

Die Info-Wand für Eltern wird vergrößert und berichtet regelmäßig aus dem aktuellen Geschehen; mit Fotos soll den Eltern der Alltag in der Kita gezeigt werden, zusätzlich werden alle wichtigen Hinweise sowie ein allgemeiner Willkommensgruß in den Landessprachen aller Eltern aufgehängt. Außerdem gehen die Erzieherinnen direkt auf die Eltern zu und bitten sie um Mitarbeit. Sie finden große Unterstützung und Interesse bei ihnen.

Die neuen Eltern werden alle gezielt angesprochen und zu einem Besuchsvormittag oder -nachmittag eingeladen, um noch mehr über den Alltag in der Einrichtung zu erfahren.

Durchführung des Projekts

Bei der gemeinsamen **Durchführung des Projekts** ist auf eine offene und flexible Handhabung zu achten, die den Kindern die Chance bietet, sich an allem zu beteiligen. Eine starre Strukturierung des Tagesablaufs ist dabei so wenig sinnvoll wie bei den einzelnen Projektteilen. Immer wieder müssen die einzelnen Schritte neu überdacht und mit den Kindern besprochen werden. Danach kann entschieden werden, ob man wie geplant fortfahren kann oder neue Schritte planen muss.

3. Schritt: Auswertung des Projekts

Nach Abschluss des Projekts ist eine **differenzierte Auswertung** mit den Kindern, Eltern und Erzieherinnen von besonderer Bedeutung. Dabei sollten die **Ziele** und der **Verlauf** des Projekts überprüft werden. Hilfreich sind hier konkrete Fragen: Welche Vorhaben stießen auf besonderes Interesse der Beteiligten? Sind alle Kinder durch das Projekt angesprochen worden?

Zur Auswertung gehört auch die **Dokumentation** des Projekts. Die einzelnen Schritte werden dargestellt und für Außenstehende nachvollziehbar gemacht. So können sich die Kinder später an das Erlebte erinnern. Die Eltern erkennen, was in der Kita durchgeführt wurde. Und die Erzieherinnen belegen für sich und die Öffentlichkeit (z. B. Träger) ihre zielorientierte Arbeit.

Als die Erzieherinnen mit den Kindern die Bilderwand „Meine Familie und ich" fertiggestellt hatten, konnten die Kinder und ihre Eltern einzelne Schritte des Projekts wiedererkennen, da die meisten Fotos von den Kindern selbst zusammen mit den Erzieherinnen gemacht wurden. An einem offenen Nachmittag, zu dem Eltern und Nachbarn eingeladen waren, erzählten die Kinder, was sie alles auf ihren Spaziergängen durch das Viertel erlebt hatten. Besonders die türkische Brotbäckerei von Tugces Vater hatte es ihnen angetan. Aber auch das Reisebüro, in dem Pias Mutter arbeitete, gefiel den Kindern. Hier durften sie einige Reiseprospekte mitnehmen, um sie später auszuschneiden und zum Basteln zu verwenden. Bei Ivos Vater, der Sportlehrer ist, durften sie in die Schulturnhalle.

In einem ausführlichen Elternbrief stellten die Erzieherinnen das ganze Projekt dar, beschrieben die Schritte des gemeinsamen Kennenlernens und luden zu verschiedenen Veranstaltungen für Eltern ein, die den begonnenen Prozess des Aufeinanderzugehens fortsetzen sollen.

4.2.5 Spielzeugfreier Kindergarten

Die Schlüsselsituationen, die der Entwicklung des Projekts „spielzeugfreier Kindergarten“ zugrunde liegen, beziehen sich auf zwei Beobachtungen. Zum einen sind Kinder durch eine Überfülle an Spielzeug sowohl im Kindergarten als auch zu Hause einer Reizüberflutung ausgesetzt. Es wird fast unmöglich, aus Muße (oder auch aus Langeweile) heraus eigene Spielideen zu entwickeln. Dadurch entgeht ihnen die (lebens)wichtige Erfahrung, dass sie aus eigener Kraft fähig sind, ihre Zeit zu gestalten, Entdeckungen zu machen, Probleme zu lösen und kreativ zu werden. Zum anderen erleben viele Kinder, dass sie sich mit Spielzeug oder Süßigkeiten von Kummer oder Problemen ablenken. Dadurch wird ihnen die Möglichkeit genommen, Situationen, die schwierig, traurig oder spannungsgeladen sind, auszuhalten und durch eigenaktives Handeln so zu verändern, dass sie besser damit umgehen können. Dem soll mit dem Projekt entgegengesteuert werden.

„Spielzeugfrei“ bedeutet dabei nicht, dass die Kinder völlig ohne Material spielen müssten. Decken, Tücher, Kissen, Matratzen und Möbel stehen ihnen zur Verfügung und bieten zahlreiche Spielmöglichkeiten. Auch Naturmaterialien wie Holz können gesammelt und Werkzeuge, Farben usw. in gemeinsamen Aktionen besorgt werden. Entscheidend ist, dass die Kinder durch eine vorbereitete Umgebung aufgefordert sind, eigene Ideen zu entwickeln und umzusetzen und sich dadurch als „Schöpfer“ und „Verursacher“ erleben können. In dieser Situation ist es Aufgabe der Erzieherinnen, gemeinsam mit den Kindern deren Ideen auf ihre Machbarkeit hin zu überprüfen. Dadurch helfen sie dabei, eine möglicherweise auftretende Verunsicherung kreativ zu überwinden.

Nicht in jedem Fall lässt sich der „spielzeugfreie Kindergarten“ sinnvoll umsetzen. Zunächst muss immer geprüft werden, ob das Projekt den Bedingungen und Bedürfnissen in der eigenen Einrichtung entspricht.

Exkurs: Suchtprävention

Können die Erfahrungen, die Kinder bei einem solchen Projekt machen, zu einer geringeren Anfälligkeit für Süchte beitragen? Neuere Konzepte der Suchtprävention setzen darauf, **„Lebenskompetenzen“** schon im Vorschulalter zu stützen und auszubauen. Unter Lebenskompetenzen werden dabei Fähigkeiten in folgenden Bereichen verstanden: „Kommunikation, zwischenmenschliche Beziehungen, Umgang mit Gefühlen, kritisches Denken, Entscheidungsfindung und Handlungskompetenz, Problemlösung, Selbstbehauptung, Selbstwahrnehmung, Widerstand gegenüber Gruppendruck, Umgang mit Stress und Angst, Frustrationstoleranz“ *(Winner in: Becker-Textor u. a. 1997, S. 17)*. Dies sind (Schlüssel)Qualifikationen, die sich direkt auf die Zielsetzungen des Situationsansatzes zurückführen lassen. Das Projekt „spielzeugfreier Kindergarten“ versteht sich zwar ausdrücklich als Methode der Suchtprävention; Erzieherinnen betonen aber darüber hinaus auch die erweiterten Möglichkeiten, sich „durch das Wegräumen der Materialien intensiver mit den Gefühlen, Gedanken und Lebenssituationen der Kinder auseinanderzusetzen“ *(Hepp u. a. in: Becker-Textor 1997, S. 59)* und damit dem Situationsansatz entsprechend arbeiten zu können.

4.2.6 Der Waldkindergarten

„Die Waldkindergärten entstanden unter anderem aus dem Bedürfnis, wieder einen selbstverständlicheren Bezug zur Natur zu gewinnen. Das geht nur, wenn man die Begegnungen mit der Natur nicht durchreglementiert und ihnen kein vorgefasstes Konzept aufzwingt. Man muss sich dem Rhythmus der Natur anvertrauen, um mit ihr vertraut zu werden. [...] Wie im Regelkindergarten auch ist der Bezugspunkt der pädagogischen Arbeit in erster Linie die Erfahrungs- und Erlebniswelt der Kinder. Im Vordergrund stehen deren Ideen, Interessen und Probleme. So kommt im Wald der **situationsbezogene Ansatz** verstärkt zum Tragen.

Gleichzeitig gehört die **Waldkindergartenbewegung** aber auch in eine ideengeschichtliche Tradition, die weit zurückreicht und seit Rousseau den immer rasanteren technischen Fortschritt und gesellschaftlichen Wandel als zivilisationskritische Gegenstimme begleitet. Rousseaus ‚Zurück zur Natur‘ weist auf das Unbehagen der Menschen in Lebensverhältnissen, in denen sie sich selbst immer fremder werden. [...] Im Waldkindergarten begibt man sich nicht nur dann in die Natur, wenn die Sonne scheint. Der Wald wird im Waldkindergarten nicht einseitig als Erholungsraum betrachtet, sondern umfassender als Lebenswelt. Das schließt auch negative Erfahrungen mit ein.

Ohne Wände

Das Bezeichnendste am Waldkindergarten ist, dass er weder Türen noch Wände hat. Es ist schwer zu sagen, wo er beginnt und wo er aufhört. Es gibt keinen Ort im Wald, der nur Kindergarten ist. Im Gegensatz dazu ist der Regelkindergarten allein durch diesen Zweck bestimmt. Der Waldkindergarten ist groß und nach allen Richtungen offen. Er bietet den Kindern Möglichkeiten, sich zurückzuziehen, ohne den Kontakt zur Gruppe zu verlieren. Auch der Lärmpegel im Wald ist in der Regel gering. Zwischen den großen Bäumen und im Unterholz verlieren sich die Kinderstimmen. Hier gibt es keine Möglichkeit, so laut zu werden, dass alles von der eigenen Stimme widerhallt. Die Kinder erfahren sich in anderen Relationen. Das schafft Respekt und gleichzeitig Geborgenheit. Infolgedessen erleben Erzieherinnen und Eltern Kinder, die den Waldkindergarten besuchen, als ausgeglichener, stressfreier und weniger aggressiv als andere Kinder.

Sie scheinen auch Regeln leichter zu akzeptieren und einzuhalten. Das hat unter anderem damit zu tun, dass im Wald immer etwas Unvorhersehbares passieren kann. [...]

Ohne Spielzeug

Der Wald bietet eine unerschöpfliche Fülle von Anregungen, aber kein fertiges Spielzeug. Keine Miniatureisenbahn schlängelt sich um Bäume und durchs Gebüsch. Keine Bälle liegen umher. Keine Kassettenrekorder sind aufgestellt, aus denen Geschichten ertönen; und nirgends ein Computerbildschirm.

Die Materialien, mit denen die Kinder im Wald spielen, sind nicht an sich attraktiv, sondern gewinnen ihren Wert erst dadurch, dass man ihnen eine Bedeutung gibt. Hier bewährt sich die Fähigkeit der Kinder, aus allem etwas zu machen. [...]

Weil die Dinge, die im Wald herumliegen, noch nicht auf einen Zweck festgelegt sind, bieten sie Kindern die Möglichkeit, kreativ zu werden. Sie erhalten so auf beiläufige Weise die Gelegenheit, ihren Reichtum zu entfalten. So selbstverständlich sich das vollzieht, verschafft es Kindern nichtsdestoweniger eine tiefe innere Befriedigung. Sie erleben, wie ihre Fantasie sie auszufüllen vermag und dass sie sich in sie zurückziehen können. Sie stellen fest, dass sie ständig neue Ideen haben, die sich im gemeinsamen Spiel bewähren. Und sie erfahren, dass sie mit wenig Dingen auskommen können, um sich in interessante Spiele zu vertiefen. Solch ein Refugium zu besitzen und damit von anderen Unterhaltungen unabhängig zu sein, macht selbstsicher. Insofern stellen die Erfahrungen, die Kinder beim Spielen im Wald machen, auch einen wichtigen Aspekt der Suchtvorbeugung dar. [...]

Geschicklichkeit und Motorik

Zum Spielen gehört, dass die Kinder die Dinge des Waldes sammeln und weiterverarbeiten. Die meisten Kinder sind große Sammler. Sie halten nicht einen Tannenzapfen in der Hand, sondern so viele, wie sie eben tragen können. Oder sie schleppen Äste herbei, aus denen einmal eine Hütte werden soll. Sind die Äste groß, muss man darüber nachdenken, wie sie sich am besten transportieren lassen. All das erfordert Übung und Geschick. [...]

Der Waldkindergarten bietet Kindern vielfältige Gelegenheiten, ihre motorischen Fähigkeiten zu entwickeln. Da sie immer wieder hinaus in den Wald ziehen, gibt es keinen Grund, vorzeitig zu resignieren, wenn etwas nicht gelingt. Der Wald stellt ein ideales Übungsgelände dar. Damit sich Kinder, die im Wald ihre Beweglichkeit und ihre Körperkräfte erproben, nicht verletzen, bedarf es auch hier einiger klarer Regeln. [...]

Im Wald haben Kinder Platz zum Laufen. Es gibt Anhöhen, die sie erklimmen, und Felsen, auf denen sie herumklettern können, sowie Bäche, die sie überspringen oder überqueren, indem sie von Stein zu Stein balancieren und jeweils prüfen, ob der Stein lose sitzt oder ob er genügend Halt gibt. Niemand bezweifelt, dass der Wald alle Voraussetzungen bietet, um die Grobmotorik zu trainieren. Die Skeptiker fragen aber, ob er auch genügend Anlässe bereithält, feinmotorische Fähigkeiten auszubilden. [...]

Doch ist es beispielsweise gar nicht so leicht, eine Fichtennadel vom Waldboden aufzuheben. Wer Blumen zu einem Kranz flechten will, benötigt ebenfalls viel Geschicklichkeit.

Und mit Materialien des Waldes etwas zu bauen, ist sogar schwieriger als mit regelmäßig geformten Bauklötzchen. [...]

Soziales Lernen

Immer wieder heben Erzieherinnen hervor, dass sich im Wald das Sozialverhalten der Kinder besonders gut entwickle. Auch wenn das Waldstück, in dem sie sich aufhalten, mit seinen gebahnten Wegen und seiner planmäßigen Forstwirtschaft kein undurchdringlicher Urwald fernab jeder Zivilisation ist, so ist die Waldkindergartengruppe doch in vielem auf sich gestellt. In dieser Lage entwickeln die Kinder einen starken Zusammenhalt und großen Eifer, sich gegenseitig zu helfen. Haben sie dann mit eigenen Mitteln gemeinsam etwas erreicht, so empfinden sie innere Befriedigung. Sie übernehmen nicht nur für sich und ihre eigenen Sachen, sondern auch für ihre Spielkameraden Verantwortung, indem sie sie an Regeln erinnern oder ihnen aus einer Patsche helfen. [...]

Positiv auf das Sozialverhalten wirken sich die gegenüber dem Regelkindergarten tendenziell geringeren Gruppengrößen aus. So können die Kinder die Gruppe überschauen, leichter untereinander Kontakt aufnehmen und Konflikte einfacher lösen. Nicht nur die Kinder schenken einander in einer kleineren Gruppe höhere Aufmerksamkeit, sondern auch die Erzieherinnen haben mehr Muße, sich jedem einzelnen Kind zuzuwenden. Gleichzeitig orientieren sich die Kinder - mehr als im Regelkindergarten - in besonderer Weise an ihnen. Daher haben die Erzieherinnen die Möglichkeit, im Wald allein durch ihr Vorbild stark auf die Kinder einzuwirken. So bietet der Wald besonders günstige Bedingungen, gegenseitiges Vertrauen und wechselseitige Verlässlichkeit auszubilden sowie einen festen Zusammenhalt zu entwickeln. [...]

Umweltbildung
Innerhalb der pädagogischen Idee des Waldkindergartens, die in diesem Kapitel in Ansätzen beschrieben wurde, ist natürlich der Gedanke der Umweltbildung besonders wichtig. [...] Seine Pädagogik setzt darauf, dass Kinder schon im Vorschulalter erleben und begreifen, wie der Mensch mit seiner natürlichen Umwelt verbunden und dass er auf die Natur angewiesen ist. Diese Erfahrung ist unter den heutigen Lebensverhältnissen nicht mehr selbstverständlich. [...]

Kindergartenkinder sind für Naturerfahrungen besonders empfänglich. Kein Alter, versichern Psychologen und Umweltpädagogen, sei geeigneter, ein lebenslanges intensives Verhältnis zur Natur aufzubauen. Viele Prognosen sagen voraus, dass der Umgang mit den natürlichen Ressourcen eine Schlüsselfrage des 21. Jahrhunderts sein wird. Kinder, die den Waldkindergarten besucht haben, sind für solche Zukunftsfragen, die mehr und mehr auch eine große wirtschaftliche Bedeutung haben werden, sicherlich gut gerüstet."

(Quelle: Schede, Hans-Georg: Der Waldkindergarten auf einen Blick. Freiburg, 2000, S. 18 ff.)

Alltägliche Naturerfahrungen

4.2.7 Situationsansatz und Bildungspläne

In allen Bundesländern gibt es Bildungspläne für Kindertageseinrichtungen, die entweder verpflichtenden Charakter haben oder zur Orientierung dienen. Einzelne Bildungspläne bauen direkt auf dem Situationsansatz auf, wie zum Beispiel das Berliner Bildungsprogramm. In anderen, wie etwa im Orientierungsplan Baden-Württemberg, können viele Grundannahmen des Situationsansatzes wiedergefunden werden.

Grundsätzlich gilt: Das Bildungs- und Lernverständnis, das allen Bildungsplänen zugrunde liegt, stimmt mit den drei Hauptzielen des Situationsansatzes überein:

1. Förderung der Ich-, Sach- und Sozial-Kompetenz von Kindern,
2. Stärkung der Solidarität unter Kindern und Familien,
3. Unterstützung der Entwicklung zur Selbstständigkeit der Kinder.

„So geben die Bildungspläne auf der einen Seite notwendige Orientierung, lassen auf der anderen Seite aber auch die Freiheit, die der Situationsansatz braucht, um das aufgreifen zu können, was die Kinder für ihre Entwicklung und Förderung brauchen." *(Böhm/Böhm 2011, S. 58)*

↗ FAZIT

- → Zielsetzung des Situationsansatzes: Autonomie, Solidarität, Kompetenz
- → Merkmale: Altersmischung, Interkulturelles Lernen, Öffnung nach innen und außen, Partizipation, Offene Planung
- → Schritte der Planung:
  1. Auswahl der Schlüsselsituationen sowie Situationsanalyse
  2. Zielfestlegung und methodische Umsetzung
  3. Reflexion
- → Weiterentwicklung der Konzeption u. a. durch den Offenen Kindergarten *(vgl. hierzu 4.3)*, den Spielzeugfreien Kindergarten sowie den Waldkindergarten

→·← AUFGABEN UND ANREGUNGEN

1 Begründen Sie, warum es notwendig ist, sich die Lebensbereiche der Kinder zu vergegenwärtigen. Wie müssen Sie mit diesem Schritt im Laufe der Zeit umgehen? Finden Sie hierzu eine eigene Position. Diskutieren Sie Ihre Überlegungen in Ihrer Lerngruppe mit den anderen Studierenden.

2 Überlegen Sie verschiedene Situationen, die für Kinder in Ihrem letzten Praktikum von Bedeutung waren, und begründen Sie Ihre Überlegungen. Halten Sie diese Begründung für sich selbst schriftlich fest.

3 Überprüfen Sie das Beispiel im Text zum Situationsansatz daraufhin, inwieweit es eine bedeutsame Situation darstellt. Begründen Sie Ihre Entscheidung.

4 Jede Studierende Ihrer Lerngruppe sucht sich ein Merkmal des Situationsansatzes aus. Treten Sie nun in Kontakt mit einer Tageseinrichtung, die nach dem Situationsansatz arbeitet. Führen Sie ein Gespräch mit den Erzieherinnen und befragen Sie diese, wie sie das Merkmal in ihrer Einrichtung umgesetzt haben. Dokumentieren Sie dieses Gespräch.

5 Fragen Sie in der Tageseinrichtung, die nach dem Situationsansatz arbeitet, ob eine Hospitation möglich ist. Dokumentieren Sie die Hospitation.

6 Besuchen Sie einen Waldkindergarten in Ihrer Nähe und bearbeiten Sie folgende Fragen:
- → **Wie sieht hier der Tagesablauf aus?**
- → **Wie wird der pädagogische Nutzen beschrieben?**
- → **Was wird bezüglich des sozialen Lernens ausgesagt?**
- → **Was bietet der Waldkindergarten als Schulvorbereitung?**
- → **Welche Voraussetzungen sollten Erzieherinnen haben, die hier arbeiten möchten?**
- → **Welche Übertragungsmöglichkeiten für Regeleinrichtungen sehen Sie?**

TIPPS ZUM WEITERLESEN →→

- → Der Situationsansatz.
  In: Kindergarten heute – Wissen kompakt
  Pädagogische Handlungskonzepte von Fröbel bis zum Situationsansatz. Dietmar Böhm, Regine Böhm, Herder-Verlag, Freiburg 2011, S. 50 ff.
- → Werkstatt Situationsansatz in der Kindergartenpraxis
  Mara Dittmann, (Hrsg), Beltz, Weinheim 2000
- → Kleines Handbuch zum Situationsansatz
  Jürgen Zimmer, Beltz, Weinheim 2006

4.3 Offener Ansatz

Studierende berichten während einer Besprechung in ihrer Praxisbegleitgruppe, dass in ihrem Kindergarten zurzeit auf das offene Konzept umgestellt wird. Sofort entsteht eine Diskussion. Eine Mitstudierende erzählt, dass ihre Praxisanleiterin eine solche Öffnung ablehnt, da sie der Überzeugung ist, dass Kinder bei einem solchen Konzept überfordert sind. Und eine andere Studierende berichtet, dass in ihrem Kindergarten der Wunsch des Teams, die offene Konzeption einzuführen am Widerstand der Eltern gescheitert ist. „Wo liegt das Problem?“, fragt eine Studierende, „bei uns wird seit vielen Jahren mit diesem Konzept und Funktionsräumen gearbeitet und alle sind zufrieden!“

Die Räume öffnen – ein erster Schritt.

↘ FRAGEN

- → *Seit wann und warum gibt es den offenen Ansatz im Kindergarten?*
- → *Welche Grundüberlegungen stecken hinter diesem Ansatz?*
- → *Was sind seine wichtigsten Merkmale?*
- → *Gibt es Kritik bzw. Bedenken gegenüber dem offenen Ansatz?*

4.3.1 Zielsetzung des offenen Ansatzes

Der „offene Kindergarten“ ist dadurch entstanden, dass sich Erzieherinnen zum einen mit der **Lebenssituation** von Kindern und ihren Familien auseinandergesetzt hatten und zum anderen das **Verhalten** von Kindern in der Tageseinrichtung genau beobachtet hatten *(vgl. Regel/Kühne 2001, S. 9)*. Dabei sind ihnen die folgenden Punkte aufgefallen:

- → Dadurch, dass Kinder immer längere Zeit in Tageseinrichtungen verbringen, lassen sich Freundschaften außerhalb der Kita nur schwer realisieren.
- → Kindern wollen andere Kinder von außerhalb der Kita oder dem Hort zum gemeinsamen Spiel in die Tageseinrichtung einladen.
- → Erzieherinnen stellten fest, „dass einzelne Kinder nach ihrer Eingewöhnung immer wieder den Raum verließen, um sich länger in der Garderobe, im Waschraum oder Flur aufzuhalten und dort mit dem Freund oder der Freundin zu spielen. Oder die Kinder wollten nach der Freispielzeit im Außengelände draußen bleiben, spielten einfach weiter oder versteckten sich“ *(Regel/Kühne 2001, S. 10)*.
- → Die Bedeutung des Freispiels und freien Spiels von Kindern ist heute unbestritten. Aber auch die freie Wahl des Spielortes und der Spielpartner ist wichtig.
- → Das Bewegungsbedürfnis von Kindern wird durch die Konzentration der gesamten Gruppe auf den Gruppenraum stark eingeschränkt. Durch die Öffnung wird diesem Bedürfnis mehr Raum gegeben.
- → Auch das Erzieherinnen-Verhalten und das Erziehungsverständnis haben sich verändert. Kindern wird heute viel mehr Selbstständigkeit und Eigenverantwortung zugestanden *(vgl. Regel 2000, S. 7)*.

Das eigenaktive und kompetente Kind

Durch neue wissenschaftliche Erkenntnisse wissen wir heute, dass Kinder von Geburt an ihre Entwicklung aktiv mitgestalten. Von dieser anthropologischen Grundannahme geht auch der offene Kindergarten aus. Kinder werden nicht als defizitäre Wesen angesehen, die den Erwachsenen für ihre Entwicklung benötigen, sondern vielmehr als eingenaktive, lernfähige und lernmotivierte Menschen, denen Erwachsene Anregungen geben sollten, um ihre schon vorhandenen Kompetenzen zu erweitern.

Im offenen Kindergarten können Kinder den ganzen Kindergarten als Spielort nutzen und sind nicht auf bestimmte Spielbereiche begrenzt. „Indem Kindern entsprechende Möglichkeiten gegeben werden, werden sie herausgefordert, ihrem Drang nach Selbstständigkeit und Selbstbestimmung zu folgen und für die Erfüllung ihrer Bedürfnisse schrittweise eigenständig zu sorgen.“ *(vgl. Regel/Kühne 2001, S. 23)*

In diesem Zusammenhang bekommt das **Freispiel** eine besondere Bedeutung *(vgl. HF 1, Kap. 2.6)*. Dass Kinder gerade im Spiel lernen, ist hinlänglich bewiesen. Durch das Spielen stärken Kinder unterschiedlichste Kompetenzen. Sie lernen, sich mit Materialien auseinanderzusetzen, erforschen deren Eigenschaften und entdecken, was sie mit den Gegenständen machen können. Auch soziale Fähigkeiten können durch das freie Spiel vertieft werden. Kinder kooperieren in der Bauecke, sie verteilen Rollen im Rollenspielbereich oder diskutieren aus, was sie als Nächstes spielen wollen.

Weil das freie Spiel für die Entwicklung von Kindern so wichtig ist und weil sie dabei so viel Unterschiedliches lernen können, sollten die Grundregeln des freien Spiels beachtet werden:

1. Die freie Wahl von Spielort, -gegenstand und -thema
2. Die freie Wahl der Spielpartner und der Spieldauer

Im offenen Kindergarten können diese Grundregeln besonders gut berücksichtigt werden. Er trägt in einem besonderen Maße zur Partizipation bei. Die Umsetzung der offenen Konzeption kann nur gelingen, wenn alle, die am Erziehungsprozess beteiligt sind, einbezogen werden *(vgl. S. Zöller 2011, S. 23)*.

Durch die **Öffnung der Räume,** die **Auflösung der Stammgruppen** und durch das **Einbeziehen des Außenspielgeländes** bekommt das Kind die Möglichkeit, die vielfältigsten Erfahrungen zu machen.

4.3.2 Merkmale der offenen Kita

Offene Kindergärten sind nicht überall gleich, weil in jedem Kindergarten aufgrund der gegebenen Bedingungen individuell entschieden werden muss, wie das Konzept umgesetzt werden kann. Die Umsetzung ist abhängig von den äußeren Bedingungen (z. B. Räume und Außenspielgelände), von den Erzieherinnen und von der Beteiligung der Kinder und Eltern. Es gibt nicht nur „eine bestimmte und allgemeingültige pädagogische Konzeption [...] Offene Arbeit kann nicht in jedem Kindergarten nach dem gleichen Muster umgesetzt werden. Es gibt keine Vorschriften, wie Gruppenstrukturen gestaltet werden müssen, wie der Tagesablauf eines Offenen Kindergartens auszusehen hat, wie die verschiedenen Räume eingerichtet sein müssen oder wie die Kooperation mit den Eltern sein muss" *(Struck 2000, S. 13).*

Gerhard Regel und Thomas Kühne haben **zehn Merkmale** entwickelt, die auf jeden offenen Kindergarten zutreffen. Im Folgenden stellen wir beispielhaft einige vor.

1. Freispiel zur Wahrnehmung der vier Freiheiten des Spiels.
Das Freispiel im offenen Kindergarten kann laut Regel/Kühne nicht nach nur einem Rezept erfolgen. Ausgangspunkt für die Erzieherinnen sind immer die Kinder und deren Interessen und Bedürfnisse. Hinzu kommt, dass die Grundsätze des freien Spiels (freie Wahl von *Spielort, -inhalt, -ort und -gruppe)* ermöglicht werden. Für die Erzieherinnen ist es wichtig zu akzeptieren, dass Kinder auch unter sich und ohne Aufsicht spielen wollen. Deshalb sollte im Team besprochen werden, unter welchen Bedingungen Kinder beispielsweise alleine im Turnraum oder im Außengelände spielen können. Hier könnte entschieden werden, dass eine Erzieherin in zeitlich regelmäßigen Abständen in diesen Spielbereichen vorbeischaut. Es ist allerdings wichtig, sich dabei immer bewusst zu machen, dass auch in anderen Konzeptionen Erzieherinnen nicht ständig bei den Kindern sind und alles wahrnehmen können. „Erforderlich sind *Rufnähe* und *regelmäßiger Sichtkontakt." (Regel/Kühne 2001, S. 40)*

2. Räume drinnen und draußen vielfältig gestalten
„Pädagogen schaffen ein Umfeld, in dem Kinder ‚Futter' für ihre Neugier finden, ihren Mut erproben oder in Ruhe zuschauen, vor allem aber sich in ihr Spiel vertiefen können." *(Lill 2011, S. 5)*

Lernort: Freispiel

Deshalb sollten Räume im offenen Kindergarten nach einem klar erkennbaren Konzept gestaltet sein:

- → Räume sollten dem Bewegungsbedürfnis der Kinder Rechnung tragen. Von besonderem Vorteil ist es, wenn Einrichtungen über einen eigenen *Bewegungsraum* verfügen, der durch seine Ausstattung Kinder auffordert, sich auf unterschiedliche Weise zu bewegen. Es ist sinnvoll, das Außengelände einzubeziehen. Auch andere Räumlichkeiten, wie z. B. der Eingangsbereich, können genutzt werden.
- → *Baubereich:* Kinder spielen gerne mit unterschiedlichen Baumaterialien, Figuren, Tieren, Bäumen usw. Kinder lernen dabei, zu konstruieren.
- → Kinder haben den Wunsch nach Ruhe, deshalb gibt es im offenen Kindergarten in der Regel einen *Ruhebereich,* wo z. B. in Ruhe Bilderbücher angeschaut werden können oder Kinder die Gelegenheit zum Träumen und Entspannen haben.
- → In einem Atelier oder *Kreativbereich* stehen unterschiedliche Farbmaterialien und Papiere zur Verfügung. Gut sind auch Staffeleien, die den Kindern eine andere Perspektive ermöglichen.
- → Im *Rollenspielbereich* bekommen die Kinder die Gelegenheit, sich zu verkleiden und verschiedene Rollen zu erproben und zu erleben. Das Verkleidungsmaterial berücksichtigt männliche und weibliche Rollen und unterschiedliche Kulturen.
- → Weitere mögliche Räume: *Cafeteria, Werkraum,* ein Raum für *hauswirtschaftliche* Aktivitäten.

Grundsätzlich gilt im offenen Kindergarten, dass das Raumkonzept nicht statisch verstanden wird.

Da die Erzieherinnen die Kinder in ihrem Spiel und bei ihren Tätigkeiten beobachten, können sie feststellen, wie das Raumangebot von den Kindern angenommen wird, und überlegen, wie dieses verändert werden sollte.

Die einzelnen Räume werden von den Erzieherinnen betreut. Hierbei können die Stärken und Kompetenzen der Erzieherinnen berücksichtigt werden. Die Bildungsprozesse der Kinder können besonders gut gefördert werden, wenn darauf geachtet wird, dass die Räume von „Fachfrauen" begleitet werden *(vgl. Regel/Kühne 2001, S. 42).*

Bei der Gestaltung der Räume muss darauf geachtet werden, dass sie einen hohen **Aufforderungscharakter** haben. Material, Spielsachen, Werkzeuge müssen so angeordnet sein, dass die Kinder sich schnell einen Überblick darüber verschaffen können, was in dem Raum angeboten wird *(vgl. Dehlfing 2011, S. 19).*

3. Geplante Angebote und Projektarbeit

Im Konzept des offenen Kindergartens haben geplante Angebote die Funktion, „Kinder mit Spielmöglichkeiten drinnen und draußen vertraut zu machen und ihnen die Grundlagen im Umgang mit Spielsachen und Materialien zu vermitteln" *(Regel/Kühne 2001, S. 41).* Die Teilnahme an den Angeboten ist **freiwillig.** Sie können in der Kinderkonferenz vorgestellt werden und jedes Kind kann sich ein Angebot aussuchen. Hierbei erleben sie, dass es vorkommen kann, dass die Teilnehmerzahl begrenzt ist und nicht alle an dem Angebot teilnehmen können, das sie sich wünschen.

Im offenen Kindergarten stehen aber gar nicht so sehr die geplanten Angebote im Mittelpunkt als vielmehr das Freispiel. Das Freispiel und die geplanten Angebote werden noch ergänzt durch die Projektarbeit. Entsprechend des Projektverständnisses entstehen Projekte aufgrund von Beobachtungen der Erzieherinnen und der Auseinandersetzung mit den Kindern. Die Kinder sind an der Planung der Projekte beteiligt.

Ein Vorwurf, der gegenüber dem offenen Kindergarten gerne erhoben wird, lautet, dass es immer Kinder geben wird, die sich nie an solchen Projekten oder Angeboten beteiligen wollen und die dann eine Förderung erfahren.

4. Strukturen und Rituale zur Orientierung

Kinder benötigen zur eigenen Orientierung eine sinnvolle Struktur. Deshalb ist es im offenen Kindergarten Aufgabe des Teams, für eine Tages-, Wochen- und Jahresstruktur zu sorgen. Wie diese Struktur aussehen kann, entscheidet jeder Kindergarten selbst, innerhalb der offenen Konzeption gibt es keine konkreten Vorgaben. „Als Grundsatz gilt in diesem Zusammenhang: So viel Struktur wie nötig, so wenig wie möglich." *(Regel/Kühne 2001, S. 43)*

Eine Erzieherin berichtet aus ihrer Praxis: „Der Tagesablauf ist klar strukturiert. Einmal täglich findet ein Treffen der Basisgruppen statt, in denen der Tag organisiert wird. Hier werden die Angebote der Erwachsenen vorgestellt. Die Kinder laden sich auch gegenseitig zu Angeboten ein, um ihr Wissen oder Können an andere Kinder weiterzugeben. [...] Die älteren Kinder können an Arbeitsgruppen teilnehmen, die sich fortlaufend treffen [...]" *(Dehlfing 2011, 19).*

Rituale eignen sich zur Präsentation von Projekten und Angeboten. Das Gespräch im Morgenkreis kann nach bestimmten Regeln und Ritualen organisiert werden.

5. Offene Arbeit bedeutet verstärkte Teamarbeit

Kindergärten, die nach der offenen Konzeption arbeiten, stellen fest, dass eine Besprechungszeit von ein bis zwei Stunden in der Woche nicht ausreicht, um all die Informationen, die die Erzieherinnen in ihren Räumen im Laufe einer Woche erhalten, auszutauschen. Deshalb muss ein Austausch- und Besprechungssystem entwickelt werden, bei dem das einzelne Kind im Mittelpunkt steht. Dabei sollte darauf geachtet werden, organisatorische und pädagogische Themen getrennt voneinander zu besprechen.

Feststehende Besprechungszeiten sind besonders in der Anfangsphase wichtig, wenn es darum geht, auch die Sorgen und Ängste der Erzieherinnen im eigenen Team ernst zu nehmen *(vgl. Giese 2011, S. 37).*

Von besonderer Bedeutung ist die Beobachtungs- und Dokumentationskompetenz der Erzieherin. Erzieherinnen halten ihre Beobachtungen für jedes einzelne Kind fest. Wie nehmen die Kinder das Angebot in den Funktionsräumen an? Was könnte die Ursache dafür sein, dass Kinder bestimmte Räume nicht aufsuchen?

6. Mitwirkung und Mitverantwortung ist gewünscht

Partizipation ist wesentlich für das offene Konzept.

Die Beteiligung der Kinder wird gezielt gefördert und in allen Bereichen unterstützt. Dies beginnt bereits bei der Umstellung auf das Konzept des offenen Kindergartens. Welche Themenräume soll es geben? Wie sollen die Räume gestaltet werden? Das sind Fragen, die selbstverständlich mit den Kindern diskutiert werden können. So erfahren Erzieherinnen schon sehr viel über die Bedürfnisse und Interessen der Kinder.

Nach einer Phase der Erprobung wird nicht nur im Team ausgewertet, wie die einzelnen Räume angenommen werden, sondern auch mit den Kindern besprochen.

Partizipation ist erwünscht

Eine solche Vorgehensweise geht von der Erkenntnis aus, dass Kinder kompetent sind. „Sie sind aktiv, nehmen Kontakt auf, passen sich an, grenzen sich ab, kooperieren. Sie untersuchen und verwandeln die Dinge, die sie vorfinden, sie sind kreativ und voller Ideen." *(vgl. Lill 2011, S. 5)*. Dafür braucht es Orte, an denen Kinder darüber berichten, aber auch Erzieherinnen, die Kindern aufmerksam zuhören und die Überlegungen der Kinder aufgreifen.

Eine solche Vorgehensweise fördert die Kompetenzen der Kinder. „Sich selbst organisieren, erfordert die Fähigkeit, Entscheidungen zu treffen, und unterstützt die Entwicklung von Selbstständigkeit und Eigenverantwortung." *(Dehlfing 2011, S. 19)*

Im offenen Kindergarten entscheiden Kinder über ihren eigenen Lernweg mit. Sie zeigen den Erwachsenen, womit sie sich gerade beschäftigen wollen und worin im Moment für sie die Herausforderungen bestehen. So betont die offenen Kindergartenarbeit „die Eigenständigkeit und Selbsttätigkeit des Kindes" *(Makalowoski 2011, S. 28)*.

7. Gruppe – ja oder nein und wenn ja, wie?

Wie sehr der offene Kindergarten die Arbeit von Erzieherinnen und den Alltag für die Kinder verändert, wird beim Thema „Gruppe" deutlich. Zunächst bedeutet die Einführung der offenen Konzeption nicht zwangsläufig die Auflösung der Stammgruppen für die Kinder. Jeder Kindergarten muss hier seine eigene Entscheidung treffen. Viele Kindergärten, die sich geöffnet haben, behalten die Stammgruppen dennoch bei. Allerdings verändert sich deren Funktion:

- → **„Sie besteht als Liste, weil die Aufnahme von Kindern in genehmigten Gruppen erfolgt.**
- → **Sie besteht aus regelmäßigen Treffen im Morgen- und oder Schlusskreis.**
- → **Sie besteht zur Orientierung für Eltern. Die Stammgruppenleiterin ist deren Ansprechpartnerin.**
- → **Sie dient im Einzelfall bestimmten Gemeinschaftsveranstaltungen wie Geburtstagsfeier, Ausflug, Übernachtung im Kindergarten.**
- → **Sie gewährleistet Betreuung und ist Ausgangspunkt für Kinder bei ihrer Eroberung des Kindergartens."** *(Regel/Kühne 2001, S. 46 f.)*

Kindergärten, die auf die offene Konzeption umstellen wollen, sollten sich immer auch fragen, wie sehr die Diskussion um die Stammgruppen mit ihren eigenen Ängsten und Sorgen, die dieser Veränderungsprozess mit sich bringt, zu tun hat. Gruppen mit 25 und mehr Kindern entsprechen nicht dem Bedürfnis der Kinder. Zunächst sind es Zwangsgruppen. Das Kind hat hierauf keinen Einfluss.

„Das Hauptargument für parallel nebeneinander, aber getrennt voneinander arbeitenden Gruppen war die Vorstellung, durch ein klar definiertes Raum- und Personenangebot dem kleinen Kind mehr Sicherheit außer Haus zu geben und in der fremden Umgebung keine Orientierungslosigkeit aufkommen zu lassen, da das Kind genau wusste, wo es hingehörte." *(Haug-Schnabel 2011, S. 9)*

Grundlage dieser Überlegung ist die **Bindungsforschung.** Sie zeigt, dass für das Kind eine sichere und stabile Bindung notwendig ist, um in die Welt hinausgehen und sie erforschen zu können. Die Bindungsforschung sagt aber nicht, dass ein Kind ständig dieselbe Bezugsperson um sich herum braucht. Neben den eigenen Eltern als emotionale Hauptbezugspersonen ist „der Zugang zu weiteren Personen eines vergrößerten Sozialraumes möglich und wichtig [...]" *(Haug-Schnabel 2011, S. 10)*.

Entscheidend ist, dass die Erzieherin zugewandt und verlässlich ist, dass sie sich im Umgang mit dem Kind als feinfühlig erweist und auf seine Sorgen und Ängste, Wünsche und Bedürfnisse reagiert.

Lässt man Kinder selbst entscheiden, so orientieren sie sich immer eher an Kleingruppen. Hier können sie viel besser ihre Interessen artikulieren. Allerdings gehen sie nicht wahllos Beziehungen ein. Sie wählen ihre Spielpartner bewusst aus. So entstehen „Freundschafts-, Spiel-, Arbeits-, Projekt- und auch Essensgruppen. Entscheidend ist, dass ein gemeinsames Interesse verfolgt wird oder dass die Kinder sich anderweitig verbunden fühlen“ *(Dehlfing 2011, S. 19)*.

Der offene Kindergarten fördert also die Möglichkeit, sich in kleinen Gruppen zu treffen. Er verändert die Tätigkeit der Erzieherinnen von einer „Pädagogik im Gruppenraum zu einer Pädagogik im ganzen Kindergarten“ *(Regel/Kühne 2001, S. 46)*. Trotzdem wird dabei darauf geachtet, dass die Kinder sich auch in Großgruppen treffen können. Hierfür werden Kinderparlamente oder Kinderkonferenzen eingerichtet.

8. Verändertes Rollenverständnis der Erzieherin

Ausgangspunkt für die Entwicklung des offenen Kindergartens war die Erkenntnis, dass Kinder Akteure ihrer eigenen Entwicklung sind und Erwachsene sie bei der Gestaltung ihres Lern- und Lebensweges dabei unterstützen, begleiten und anregen. Diese Erkenntnis verändert das Rollenverständnis von Erzieherinnen. Es wird nicht mehr *für* das Kind gedacht, sondern *mit* ihm. Die Erzieherin versteht sich als Anregerin und schafft deshalb eine herausfordernde Umgebung. Sie sieht ihre Aufgabe besonders darin, die Kinder durch Fragen zum Nachdenken zu bringen. „Zum Selbstverständnis gehört darüber hinaus das Bewusstsein, dass die Kinder hinsichtlich ihrer Entwicklungsmöglichkeiten auf die Erzieherinnen angewiesen sind, denn ihre Entwicklungschancen sind auch davon abhängig, wie einfühlend, gewährend, Grenzen setzend, gewissenhaft, umsichtig, anregend, vielseitig und herausfordernd die pädagogischen Mitarbeiterinnen ihre Arbeit gestalten.“ *(Regel/Kühne 2001, S. 50)*

Hinzu kommt, dass sich das eigene Rollenverständnis auch im Blick auf die Teamkultur erheblich verändert. Die erfolgreiche Arbeit im offenen Kindergarten setzt voraus, dass sich die pädagogischen Mitarbeiterinnen regelmäßig austauschen, dass sie in der Lage sind, für die gesamte Einrichtung zu denken und sich nicht auf ihre Stammgruppe begrenzen. Das offene Konzept verlangt auch eine eigene offene Haltung der Erzieherin.

Ein regelmäßiger Austausch ist wichtig.

4.3.3 Kritik am offenen Konzept

Die Kritik am offenen Ansatz konzentriert sich im Wesentlichen auf drei Aspekte:

→ **Mangelnde Vorbereitung der Kinder auf die Schule.**
Der Vorwurf lautet: Während in vielen Kindergärten im Jahr vor der Einschulung Kinder in gezielten Angeboten darauf vorbereitet werden, findet eine solche Vorbereitung im offenen Kindergarten nicht statt. Hier lässt sich zu Recht fragen, was Vorbereitung auf die Schule beinhaltet: z. B., dass ein Kind Neugier und Interesse hat, Neues kennenlernen möchte und seine Lernbedürfnisse auch noch eigenständig artikulieren kann. Hierzu gehört auch die Erfahrung der Selbstwirksamkeit. Ein Kind, das erleben konnte, dass es etwas bewirken kann, verfügt über Selbstbewusstsein. Im offenen Kindergarten sind Kinder an allen wesentlichen Entscheidungen beteiligt.

→ **Kinder haben zu wenig Großgruppenerfahrung.**
Der Vorwurf lautet: Spätestens in der Schule müssen Kinder in der Lage sein, sich in einer Gruppe mit 25 bis 30 Kindern zurechtzufinden. Wenn sie dies vor-

her nicht gelernt haben, wird der Schulstart unnötig erschwert. Dieser Vorwurf übersieht zweierlei: Zum einen schließt der offenen Kindergarten Erfahrungen mit großen Gruppen nicht aus. Diese Erfahrungen machen die Kinder in der Kinderkonferenz, bei Veranstaltungen zum Jahreslauf usw. Zum anderen verändert sich die Pädagogik und Didaktik in der Grundschule: Freiarbeit, Gruppenarbeit sind Methoden, die genau auf der Erkenntnis beruhen, dass erfolgreiches Lernen viel eher in kleineren Gruppen gelingen kann.

→ **Beobachtung und gezielte Förderung wird erschwert.**

Der Vorwurf lautet: Kinder, die sich ständig in wechselnden Räumen aufhalten, können nicht so gut beobachtet werden. So werden Defizite nicht bemerkt und eine gezielte Förderung kann nicht erfolgen.

Das Konzept des offenen Kindergartens verlangt natürlich, dass die pädagogischen Fachkräfte sich sehr gut austauschen und Methoden entwickeln, ihre Beobachtungen zu den einzelnen Kindern festzuhalten und darüber in einen Dialog zu kommen.

Hierzu gibt es vielfältige Möglichkeiten. Eine Erzieherin berichtet: „Jedes Kind hat einen Portfolio-Ordner. Das Anlegen und Ergänzen eines Portfolios sehen wir als gute Möglichkeit, um mit den Kindern in einen Dialog zu treten und sie an ihrer Entwicklungsdokumentation teilhaben zu lassen. Unser Anspruch, gute Entwicklungsbegleiterinnen zu sein, erfordert von uns als Team intensiven Austausch. Regelmäßige Teambesprechungen bilden darum eine wichtige Säule unserer pädagogischen Arbeit.“ *(Dehlfing 2011, S. 19).*

↗ FAZIT

- → **Bild vom Kind: eigenaktiv und kompetent**
- → **Freie Wahl von Spielort, Spielpartner und Spieldauer**
- → **Differenziertes Raumkonzept für innen und außen. Räume werden nach Bereichen gegliedert.**
- → **Beteiligung der Kinder an allen wesentlichen Entscheidungen**
- → **Verstärkte Kooperation und Teamarbeit**

→·← AUFGABEN UND ANREGUNGEN

1 Untersuchen Sie die Raumkonzepte verschiedener offener Kindergärten. Worin bestehen die Gemeinsamkeiten und wo liegen die Unterschiede?

2 Führen Sie ein Gespräch mit einer Erzieherin, die sich gegen das offene Konzept ausspricht. Halten Sie ihre Überlegungen schriftlich fest. Versuchen Sie die Argumente der Erzieherin mithilfe dieses Textes zu entkräften.

3 Vergleichen Sie die Konzeption des offenen Kindergartens mit der Konzeption des Situationsansatzes. Halten Sie fest, worin Sie die Weiterentwicklung des Situationsansatzes durch das offene Konzept sehen.

TIPPS ZUM WEITERLESEN →→

→ Arbeit im offenen Kindergarten
Gerhard Regel, Thomas Kühne, Herder-Verlag, Freiburg 2001

4.4 Reggio-Pädagogik

Eine Studierende berichtet in Ihrer Klasse von einer Fortbildung zur Reggio-Pädagogik, an der im letzten Praktikum alle Erzieherinnen ihrer Praxisstelle teilgenommen haben. Sie erzählte, wie begeistert die Erzieherinnen von dieser Fortbildung zurückkamen. Nach einem längeren Diskussionsprozess im Team wurde entschieden, zentrale Elemente der Reggio-Pädagogik in die Konzeption der Einrichtung aufzunehmen. Die Studierende konnte sich an diesen konzeptionellen Überlegungen beteiligen. Im Gespräch mit den Mitstudierenden entstand nun die Idee, diesen Kindergarten zu besuchen. Zuvor wurde die Studierende gebeten, die Reggio-Pädagogik an einem Nachmittag ausführlicher vorzustellen. Auf die Frage, was die Mitstudierenden denn alles genau wissen wollten, wurden folgende Punkte genannt:

Sich kreativ ausdrücken – ein Bedürfnis von Kindern

↘ FRAGEN

- → *Von welchem Bild vom Kind geht die Reggio-Pädagogik aus?*
- → *Welches Lernverständnis liegt dem zugrunde?*
- → *Welche Bedeutung spielt die Projektarbeit in der Reggio-Pädagogik?*
- → *Wie werden die Räume gestaltet?*
- → *Gibt es Verbindungen zwischen der Reggio-Pädagogik und anderen Konzeptionen wie zum Beispiel dem Situationsansatz?*

4.4.1 Zielsetzung der Reggio-Pädagogik

Die Reggio-Pädagogik – benannt nach den in den 1960er- und 1970er-Jahren entstandenen kommunalen Kindergärten in der italienischen Region Reggio Emilia – wurde in den letzten 50 Jahren sukzessive entwickelt. Dabei handelt es sich nicht um ein in sich geschlossenes Konzept, sondern um einen sich ständig verändernden Prozess.

„**Loris Malaguzzi,** bis zu seinem Tod im Jahre 1994 unermüdlicher theoretischer Kopf des Projekts, konnte ein solches Werk nicht mehr vorlegen. Vielleicht wollte er das aber auch nicht, hat er sich doch Zeit seines Lebens gegen Festlegungen und Dogmatisierungen gewehrt und sich stattdessen von der Lebendigkeit der Kinder, ihrer Kraft, beständig Neues zu schaffen, inspirieren lassen." *(Ullrich/Brockschnieder 2001, S. 7)*

In der Reggio-Pädagogik wird der Entwicklung der Konzeption keine langwierige theoretische Diskussion vorangestellt. Vielmehr sollen die Erzieherinnen ihre praktischen Erfahrungen zur Theoriebildung nutzen. Damit verändert sich die Rolle der Erzieherin. Während sie bei anderen konzeptionellen Ansätzen Theorien in der Praxis anwenden sollen, sollen sie in der Reggio-Pädagogik die Theorien selbst entwickeln. So werden Erzieherinnen zu Forscherinnen. Dieses Selbstverständnis geht einher mit einem entsprechenden Bild vom Kind *(siehe 4.4.2).*

Loris Malaguzzi (1920–1994)

In der Reggio-Pädagogik spielt die Verbindung von gesellschaftlicher Wirklichkeit und pädagogischer Praxis eine große Rolle. Es wird davon ausgegangen, dass sich gesellschaftliche Realität in der Erziehung widerspiegelt und Erziehung sich gleichzeitig auf die Gesellschaft auswirkt. So gehört es zur Aufgabe einer Tageseinrichtung, gesellschaftliche Veränderungen aufzunehmen und eine entsprechende pädagogische Antwort darauf zu finden. Wenn beispielsweise immer mehr Kinder als Einzelkinder oder nur mit einem Geschwister aufwachsen, müssen Tageseinrichtungen darauf reagieren, indem sie soziale Erfahrungen mit unterschiedlichen Altersgruppen ermöglichen.

Weiterer Ausgangspunkt der Reggio-Pädagogik sind die Interessen und Bedürfnisse der Kinder.

Dazu Malaguzzi: „Wenn zum Beispiel der Kindergarten ein im Hafen vertäutes Schiff ist, werden die Eltern nie begreifen, was wir wollen. Und die Kinder werden auch nie begreifen, was der Kindergarten sein kann. Wir müssen dieses Schiff auf Reisen schicken. Wenn das Schiff überall herumschwimmt, dann schwimmen die Kinder, die Eltern, wir mit.“ *(Malaguzzi 1991, S. 27, zit. n. Ullrich/Brockschnieder 2001, S. 37)*

Der Kindergarten wird als Bestandteil des Gemeinwesens beschrieben. Der Kindergarten „schwimmt“ überall umher, er öffnet sich in den Stadtteil hinein, er erforscht mit den Kindern das Dorf, die Stadt, in der er sich befindet und wo die Kinder wohnen.

Forschend im Gemeinwesen unterwegs

4.4.2 Das Bild vom Kind

In der Reggio-Pädagogik wird das Kind als aktiv und forschend wahrgenommen. Das Bild vom Kind lässt sich in folgenden Punkten zusammenfassen:

- → „Kinder besitzen große Potenziale. Die Reggianer sehen die Kinder sehr optimistisch. Jedes Kind verfügt über eine große Anzahl von Möglichkeiten, die in der Regel nicht ausgeschöpft werden.
- → Kinder sind aktive Konstrukteure ihres Wissens. Sie nehmen nicht passiv, durch Belehrung, fertiges Wissen auf, sondern erstellen aus dem was sie hören und sehen, aktiv eine individuelle Wissensstruktur.
- → Kinder sind Forscher und Entdecker. Kinder sind neugierig, lassen sich von unterschiedlichen Phänomenen ansprechen und versuchen sie zu verstehen.
- → Kinder sind soziale Wesen. Kinder sind von Geburt an auf mitmenschliche Kontakte ausgerichtet und auch auf diese Beziehungen angewiesen.
- → Kinder können sich auf vielfältige Art und Weise ausdrücken. Kinder haben 100 Sprachen, können sich über Spiele, Bilder, Plastiken, Worte etc. artikulieren.
- → Kinder haben andere Zeiten. Kinder handeln nicht nach der Uhr, sondern sie geben sich den Dingen hin, ohne an die Zeit zu denken.
- → Kinder möchten ihre Fähigkeiten erweitern. Kinder streben danach, ihr eigenes Potenzial beständig auszubauen und zur Gestaltung zu bringen.“

(Ullrich/Brockschieder 2001, S. 25)

4.4.3 Das Bild vom Lernen

Lernen in der Reggio-Pädagogik geschieht als forschendes, **entdeckendes** und **experimentierendes Lernen.** Die Erzieherin bietet den Kindern kein fertiges Wissen, sondern begleitet sie aktiv durch ihre Fragen und Anregungen.

„Die hier zu stellende Frage ist einfach: Soll die pädagogische Einrichtung ein Ort sein, wo das Kind forscht, erforscht, hinterfragt, überprüft usw. oder soll der Ort ein statischer sein, wo Wissen übergestülpt, wo die Pädagogik das Vehikel ist, um in Kinderköpfe vorgefertigtes, fertiges Wissen zu übertragen?" *(Malaguzzi 1992, S. 128)*

Ein solches Verständnis von Lernen entspricht ganz den Anforderungen der modernen Wissensgesellschaft, in der es besonders darum geht, zu lernen, wie man Wissen erwerben kann. Dieses „entdeckende Lernen steht damit im Gegensatz zum darbietenden Lernen, bei dem eine lehrende Person bereits fertiges Wissen den Kindern zu vermitteln versucht" *(Ullrich/Brockschnieder 2001, S. 28).*

Wenn Lernen als entdeckendes Lernen verstanden wird, lässt sich dies am besten mithilfe der **Projektmethode** umsetzen. Lernen entwickelt sich im Prozess. Die Projektmethode mit ihrer offenen Planung und der Partizipation aller Beteiligten gewährleistet, dass Kinder sich als Forscher und Entdeckerinnen erleben können. Und sie verhindert, dass Erzieherinnen Kindern fertig konzipierte didaktische Einheiten vorsetzen, die für alle Kinder verbindlich und gleich sind. Diese Vorstellung vom Lernen wird von den theoretischen Überlegungen des US-Amerikaners John Dewey (1859–1952) gestützt, der ebenfalls in der Projektmethode die beste Möglichkeit sieht, erfolgreich mit Kindern zu lernen.

In der Reggio-Pädagogik wird zudem darauf geachtet, dass Lernen **individualisiert** stattfindet. Jedes Kind hat seinen eigenen Zugang zum Lernen. Wie weit es in den einzelnen Lernschritten kommen wird, ist nicht vorhersagbar. Kinder vom Druck zu befreien, dass sie alle gleich weit sein müssen, darauf legt die Reggio-Pädagogik großen Wert. Ein erfolgreicher Lernprozess sollte folgende **Phasen** durchlaufen:

1. Phase: Fragen und Interessen der Kinder und Erwachsenen
2. Phase: Der „Flirt" mit dem Lerngegenstand
3. Phase: Darstellende Auseinandersetzung (Modelle, Bilder, usw.)
4. Phase: Vermutungen anstellen
5. Phase: Lösungsversuche
6. Phase: Umsetzung in die Realität *(Brockschnieder 2011, S. 45)*

Lernen geschieht somit in **konkreten Situationen** und nicht abstrakt. Um erfolgreich lernen zu können, benötigen Kinder aber Erzieherinnen, die sie dabei begleiten. „Die mit Fragen die Kinder in ihrem Tun weiterführen, sie motivieren und sie durch Ideen, attraktive Räume und interessantes Material anregen. Erzieherinnen, die die Kinder in ihrem Forscherdrang ernst nehmen, sie ermutigen, sich die Welt zu erschließen und sie zu entdecken." *(Böhm 2004, S. 7)*

Dieses Lernverständnis lässt sich besonders gut mithilfe der **Projektarbeit** umsetzen. In der Projektarbeit sind die Erzieherinnen als Begleiterinnen wichtig. Mit ihren Fragen und Kommentaren fordern sie die Kinder zu neuen Gedanken heraus. So entwickelt sich das Projekt weiter. Die Themen, mit denen sich Kinder in Projekten intensiv auseinandersetzen, kommen, so die Vorstellung der Reggio-Pädagogik, von den Kindern selbst – oder aufgrund von Beobachtungen der Erzieherinnen. Sie benennen, was sie in ihrem Alltag beschäftigt. Und damit sind es Themen, die dem Alltag entstammen. So wird verhindert, dass Themen völlig losgelöst von der Wirklichkeit der Kinder sind und ihren Interessen übergestülpt werden.

Wenn das Projektthema bekannt ist, ist es Aufgabe der Erzieherinnen, sich selbst mit dem Thema zu beschäftigen und zu überlegen, was alles zu diesem Thema gehören könnte. Diese Vorbereitung soll ihnen ermöglichen, Kinder in ihren Überlegungen gut zu unterstützen.

Sich selbst mit dem Thema auseinandersetzen

4.4.4 Raumgestaltung

Innerhalb der Reggio-Pädagogik spielt die Raumgestaltung eine wesentliche Rolle. Ein Kindergarten, der sich an dieser Konzeption orientiert, sollte Kindern zunächst einen Raum anbieten, in dem sie sich treffen und austauschen können. Dann gehört in jeden Reggio-Kindergarten ein **Atelier,** in dem die Kinder frei gestalten. Dieses Atelier ist mit unterschiedlichsten Materialien ausgestattet, die einen hohen Aufforderungscharakter besitzen. Hierfür eignen sich besonders gut Gebrauchsgegenstände und Naturmaterialien.

Reggio-Kindergärten ermöglichen Kindern auch, sich selbst und die Räume aus unterschiedlichen Perspektiven wahrzunehmen. Deshalb sind die Räume mit vielerlei **Spiegeln** und **Podesten** ausgestattet. So können sich Kinder beobachten, wenn sie sich verkleiden, den Veränderungsprozess an sich selbst wahrnehmen, Grimassen schneiden oder auch sehen, wie sich Licht in einem Spiegel darstellt. In der Reggio-Pädagogik ist man sich bewusst, welche große Bedeutung Räume für das Lernen und die Entwicklung der Kinder haben. Deshalb wird auch vom Raum als **„dritten Erzieher“** gesprochen.

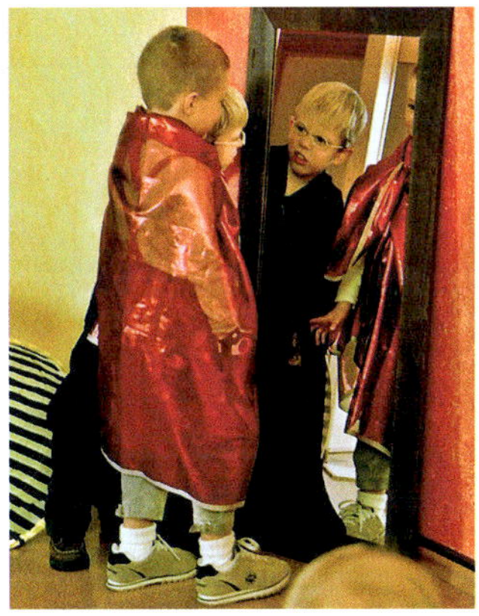

Spiegel erlauben vielfältige Perspektiven.

4.4.5 Die Dokumentation der Arbeit

Längst ist es selbstverständlich geworden, dass die Projekte, Themen und Ereignisse, mit denen sich Kinder und Erzieherinnen beschäftigen, dokumentiert werden. Das **Portfolio-Konzept** gehört zum festen Bestandteil vieler Tageseinrichtungen. So sollen Bildungsfortschritte und die Entwicklung der Kinder sichtbar gemacht werden.

Die Reggio-Pädagogik legt ebenfalls großen Wert auf eine differenzierte Dokumentation. Man unterscheidet zwei Formen:

- → **die Dokumentationsmappe (Diari)**
- → **die Dokumentation in Form von sogenannten „sprechenden Wänden“.**

„In einer Dokumentationsmappe (Diari) wird die Lern- und Entwicklungsgeschichte eines jeden Kindes festgehalten. Diese Mappen enthalten Fotos aus unterschiedlichen Entwicklungsphasen, die vielfach durch kurze Texte der Erzieherinnen erläutert werden. Sie zeigen das Kind bei Aktivitäten im Rahmen von Projekten oder bei Alltagsbeschäftigungen. Die Mappe enthält außerdem eine Fülle von Produkten, die das Kind im Laufe seiner Kindergartenzeit erstellt hat. Sie ermöglicht den Mitarbeiterinnen der Einrichtung, aber auch den Eltern, sich permanent über die Aktivitäten und die Entwicklung der Kinder zu informieren.“ *(Ullrich/Brockschnieder 2001, S. 55).* Diese Form der Dokumentation entspricht einem Lernwegportfolio. Kinder, Eltern und Erzieherinnen können damit nachvollziehen, was das Kind gelernt und wie es sich entwickelt hat.

„Sprechende Wände“

Mit der Idee der „sprechenden Wände“ nutzt die Reggio-Pädagogik die Wände der Räume, um die pädagogische

Arbeit zu dokumentieren. Hierzu gehören Fotos von Projekten, Bilder der Kinder, Plakate mit den Zielen, die die Erzieherinnen verfolgen. Diese „sprechenden Wände" sind in Reggio-Einrichtungen in der Regel mit viel Mühe gestaltet. Sie sollen den Lernweg der Kinder verdeutlichen, zeigen, wie und was die Kinder gelernt und womit sie sich auseinandergesetzt haben. In dieser sorgfältigen Gestaltung drücken sich auch der Respekt und die Achtung vor dem kindlichen Lernen aus. Kinder können so auch für sich selbst erkennen, welche Entwicklung sie gemacht haben. Und Eltern erfahren so, wie Kinder denken, welche Fragen sie beschäftigt, wie sie beim Lösen von Problemen vorgehen.

So zeigt sich nicht nur in der Raumgestaltung, sondern auch in der Art der Dokumentation, dass es der Reggio-Pädagogik ganz besonders auf die Transparenz des Erziehungs- und Bildungsprozesses ankommt.

4.4.6 Die Rolle der Erzieherin

Erzieherinnen haben in der Reggio-Pädagogik die Aufgabe, den Kindern Räume zu schaffen, in denen sie eigenständig ihre Interessen und Bedürfnisse verfolgen können. Es wird davon ausgegangen, dass jedes Kind eigene Potenziale hat. Die Erzieherinnen sollen Kinder dabei unterstützen, diese Potenziale zu entfalten.

Erzieherinnen sollen sich auch selbst als Forschende begreifen. Mit ihren Fragen und Impulsen wecken sie die Neugier der Kinder. Deshalb ist es auch wichtig, dass Erzieherinnen Fragen stellen können, die Ausgangspunkt für neue Entdeckungen werden. Dafür müssen sie zum Beispiel den Unterschied zwischen sogenannten Ja/Nein-Fragen und offenen Fragen kennen und richtig anwenden können.

Ganz entscheidend ist aber vor allem die eigene **Haltung** und **Einstellung** der Erzieherin gegenüber Lernen und Forschen. Sie selbst muss Freude am Lernen haben. Sie selbst muss neugierig sein und sich für vielfältige Themen interessieren. Sie selbst muss sich auf offene Lernprozesse einlassen können.

„Eine ‚vitale Pädagogik', wie Malaguzzi das reggianische Konzept in Abgrenzung zu einer ‚lethargischen Pädagogik' nennt, braucht vitale Erzieherinnen, die [...]

→ **Sensibilität für die ‚Wunder des Alltags' entwickeln,**
→ **noch staunen können, offen sind für neue Erfahrungen,**
→ **Offenheit von Situationen und Prozessen aushalten können. [...]**
→ **Freude haben an der Verschiedenheit, Andersartigkeit, Unvertrautheit, diese nicht als Bedrohung, sondern als Bereicherung erleben,**
→ **Unterschiedliche Meinungen gelten lassen können."**

(Ullrich/Brockschnieder 2001, S. 60)

Und schließlich erhebt die Reggio-Pädagogik den Anspruch, dass Erzieherinnen sich mit aktuellen Entwicklungen in der Gesellschaft auseinandersetzen. Sie sollten sich für Politik und soziale Fragestellungen interessieren, im Bewusstsein, dass diese Themen sich direkt auf das Leben der Kinder und ihrer Familien auswirken.

4.4.7 Bezug zu anderen Konzeptionen

Auffällig ist, dass die Reggio-Pädagogik an mehreren Stellen einen direkten Bezug zum **Situationsansatz** aufweist. Besonders zwei Aspekte seien hier erwähnt:

1. Die offene Planung gehört sowohl im Situationsansatz als auch in der Reggio-Pädagogik zum festen Bestandteil der Didaktik. Beide gehen davon aus, dass offene Lernprozesse das Lernen der Kinder besonders gut unterstützen.
2. Die Erzieherin als Fragende und Unterstützerin. Vergleicht man die Haltung und Aufgabe der Erzieherin in beiden Konzeptionen, so lässt sich auch hier eine hohe Übereinstimmung feststellen. Sowohl im Situationsansatz als auch in der Reggio-Pädagogik sind die Fragen und Impulse der Erzieherin wichtig. Ihre eigene Neugier und Lust am Entdecken ermutigt Kinder, selbst Fragen zu stellen und auch Irrwege einzugehen, sie nicht als problematisch zu erleben, sondern als Ausgangspunkt für neue Fragen und Entdeckungen.

4.4.8 Reggio-Pädagogik und Bildungspläne

Die Reggio-Pädagogik macht keine Aussagen zur Frage nach einem verbindlichen Bildungsplan für alle Kinder. Sie legt großen Wert auf die Frage, wie etwas vermittelt wird und nicht so sehr darauf, welche Inhalte dies betreffen soll.

> **„Die Reggio-Pädagogik hält die Formulierung eines feststehenden Bildungskanons für verzichtbar, da nicht die Inhalte, sondern die Art und die Intensität der Beschäftigung mit dem Gegenstand über die Bildungswirksamkeit entscheiden."** *(Brockschnieder 2011, S. 48).*

Die Grundsätze der Reggio-Pädagogik lassen sich aber mit den Bildungsplänen verbinden. Denn das Bild vom Kind in der Reggio-Pädagogik entspricht dem in der modernen Pädagogik: „Bildung wird als **Selbstbildung** verstanden und geht über die reine Wissensvermittlung hinaus" *(ebenda).*

↗ FAZIT

- → Kinder sind Konstrukteure ihres Wissens
- → Projektarbeit bildet den Kern der Reggio-Pädagogik
- → Der Raum ist „dritter" Erzieher
- → Die Erzieherin ist Fragende und Impulsgeberin
- → Dokumentation spielt eine wesentliche Rolle: Dokumentationsmappe und „sprechende Wände"

→·← AUFGABEN UND ANREGUNGEN

1 Erarbeiten Sie für sich die grundlegenden Überlegungen der Reggio-Pädagogik zur Raumgestaltung. Besuchen Sie dann einen Kindergarten und vergleichen Sie die Raumgestaltung dort mit den Überlegungen der Reggio-Pädagogik.

2 Nehmen Sie den Bildungsplan, der in Ihrem Bundesland gültig ist, und überprüfen Sie, inwieweit die Kernaussagen im Bildungsplan mit den Grundsätzen der Reggio-Pädagogik vereinbar sind.

3 Erstellen Sie einen Vergleich, wie die einzelnen sozialpädagogischen Konzeptionen das Bild vom Kind definieren. Wo gibt es Übereinstimmungen oder Unterschiede zur Reggio-Pädagogik?

4 Lassen Sie sich im nächsten Praktikum von Ihrer Anleiterin beobachten, wenn Sie mit Kindern Gespräche führen. Wie stellen Sie Fragen? So, dass Kinder ermutigt und angeregt werden, weiter zu forschen?

5 Führen Sie 14 Tage ein eigenes Forscher-Tagebuch und halten Sie darin alle Fragen fest, die Sie gerade interessieren oder mit denen Sie sich beschäftigen. Überlegen Sie, wie Sie zu befriedigenden Antworten kommen können.

TIPPS ZUM WEITERLESEN →→

→ Reggio-Pädagogik
In: Sabine Lingenauber, (Hrsg.), Handlexikon der Integrationspädagogik. Band 1: Kindertageseinrichtungen, Projekt Verlag, Bochum, Freiburg 2008, S. 181 ff.

→ Handlexikon der Reggio-Pädagogik
Sabine Lingenauber, (Hrsg.), Projekt Verlag, Bochum, Freiburg 2011

4.5 Waldorf-Pädagogik

Während ihrer Studienfahrt in eine norddeutsche Großstadt besucht eine Kleingruppe einen Waldorfkindergarten. Am Abend berichten die Teilnehmer den anderen Studierenden von ihrem Besuch. Besonderen Schwerpunkt legen die Studierenden darauf, dass zum Beispiel im Waldorfkindergarten keine modernen Medien vorhanden sind und das Spielmaterial sich deutlich von anderen Tageseinrichtungen unterscheidet. Vieles können sich die Studierenden nicht erklären. Deshalb sammeln sie Fragen zur Waldorf-Pädagogik, damit sie diese besser verstehen lernen.

↘ FRAGEN

- → *Wie und wann ist die Waldorf-Pädagogik entstanden?*
- → *Welche Überlegungen liegen der Waldorf-Pädagogik zugrunde?*
- → *Welche Rolle spielt die Erzieherin im pädagogischen Alltag des Waldorfkindergartens?*
- → *Lässt sich die Waldorf-Pädagogik mit den aktuellen Bildungsplänen für den Elementarbereich vereinbaren?*

Der erste Waldorfkindergarten entstand 1919 in Stuttgart.
Weltweit gibt es heute etwa 1500 Waldorfkindergärten. Die Waldorf-Schulbewegung ist ebenso international und in vielen Ländern dieser Erde anzutreffen. Besonders aber in Deutschland findet die Waldorf-Pädagogik großen Anklang.

Rudolf Steiner, ein aus Österreich stammender Philosoph (1861-1925)

4.5.1 Das Menschenbild

Die Waldorf-Pädagogik beruht auf den philosophischen Überlegungen von Rudolf Steiner. Sie wird seit der Gründung der Schulen praktiziert und permanent weiterentwickelt. Der von Steiner entwickelten **Anthroposophie** liegt ein bestimmtes Bild vom Menschen zugrunde.

- → „Der Mensch ist eine unverwechselbare einmalige Individualität, die ein nur ihr eigenes Schicksal und Lebensmotiv besitzt. Dieses persönliche Schicksal offenbart sich in der Beziehung des Menschen zu seinem Umfeld, insbesondere zu seinen Mitmenschen, also in der Begegnung. In seiner Lebensführung und Schicksalsgestaltung besitzt der Mensch die Möglichkeit der Freiheit und Selbstbestimmung. Die Entwicklung des Menschen ist ein Hinarbeiten zu diese Fähigkeit, in freier Weise mit seinem eigenen Lebensmotiv identisch zu werden.
- → Die leiblichen und seelischen Eigenschaften des Menschen sind die Instrumente, mit denen er sich im oben beschriebenen Sinne verwirklichen kann. Ihre Entwicklung vollzieht sich während der Kindheit und Jugend in Gesetzmäßigkeiten, die eine altersspezifische pädagogische Konzeption begründen.
- → Waldorf-Pädagogik ist somit Hilfe der Entwicklung der Instrumente des Leibes und der Seele im Rahmen einer existenziellen, unverwechselbaren Beziehung und Begegnung von einmaligen Menschen, die für einander Schicksal sind. Insofern ist die Pädagogik des Walddorfkindergartens in ihrem Wesen immer **Entwicklung aller Beteiligten,** also auch der Erwachsenen. So liegt in jeder neuen Aufgabe und Herausforderung, in jeder Auffälligkeit, jeder Schwierigkeit immer auch die Frage, welche Entwicklungsaufgabe für die Erzieherinnen intendiert ist. Das Kernmotiv lautet also: Erziehung ist Selbsterziehung."

(Saßmannshausen 2011, S. 27)

4.5.2 Das Bild vom Kind

Die kindliche Entwicklung wird in der Waldorf-Pädagogik in vier **Jahrsiebte** eingeteilt.

1. **Im ersten Jahrsiebt** geht es darum, dass die Umgebung auf das heranwachsende Kleinkind einwirkt. „In den ersten sieben Jahren", so Steiner, „hat das Kind die Aufgabe, seine körperlichen Organe in ihre natürlichen und gesunden Formen zu bringen. Auf diese Grundstrukturierung baut später das eigentliche Wachstum auf. Beim Strukturierungsvorgang kommt der kindlichen Umgebung besondere Bedeutung zu, denn die Grundformen der körperlichen Organe ergeben sich nach Steiner in der Auseinandersetzung des Kindes mit seinem Umfeld. Ähnlich den Muskeln, die durch entsprechende Bewegung allmählich leistungsfähig werden, werden auch andere Organe, zum Beispiel das Gehirn, in einer passenden Umgebung - und nur dort - zur gesunden Entwicklung geführt. [...]"

Bei der Auseinandersetzung des Kindes mit der Umwelt gibt es nach Steiner „zwei Zauberworte, welche angeben, wie das Kind in ein Verhältnis zu seiner Umgebung tritt. Dies sind: **Nachahmung** und **Vorbild**" *(Steiner 1907, S. 38)*. „Alles, was im sozialen Umfeld kleiner Kinder vorgeht, wird von ihnen uneingeschränkt nachgeahmt." *(Lippert 2001, S. 88)*. Damit wird nach der Vorstellung der Waldorf-Pädagogik die Erzieherin zum unbedingten Vorbild. Sie muss ihr gesamtes Handeln stets in Bezug zum anwesenden Kind setzen.

> **„Das kleine Kind ist noch ein Plumpsack, ein Sack, der nicht neugierig ist, auf den man Eindruck machen muss dadurch, dass man selbst etwas ist. Gerade so wenig wie ein Mehlsack neugierig ist auf seine Umgebung, gerade so wenig ist das kleine Kind neugierig. Aber wie alles, was Sie in den Mehlsack an Eindrücken machen, festgehalten wird, insbesondere wenn das Mehl gemahlen ist, so bleibt dem Kind auch alles festgehalten."**
>
> *(R. Steiner, zit. n. Lippert 2001, S. 90)*

Da der Umwelt im ersten Jahrsiebt eine so große Bedeutung zugemessen wird, steht die Vermittlung entsprechender Sinneseindrücke im Vordergrund. So spielt die Raumgestaltung in einem Waldorfkindergarten eine besondere Rolle. Die arrangierte Umwelt soll in wohltuender Weise auf das Kind wirken: runde Formen, keine knalligen Farben, Rhythmik sollen im Kind Freude wecken und zur gesunden Ausbildung der Organe beitragen. Entsprechendes Spielzeug aus Naturmaterialien unterstützt den Erziehungsprozess.

Spielzeug in einem Waldorfkindergarten

2. **Im zweiten Jahrsiebt** steht nach Steiner das Prinzip der **Nachfolge** und **Autorität** im Mittelpunkt. „Das Kind [...] braucht und will in dieser Zeit eine Autorität, an der es sich orientieren, die es uneingeschränkt und bedingungslos achten und verehren kann. Es ist die kindliche Natur, die in diesem Lebensjahren verlangt, hinaufblicken zu können zu dem, was als Offenbarung von der Autorität herkommt." *(Steiner zit. n. Lippert 2001, S. 92)*. Eine solche Autorität ist für das Kind zwischen sieben und vierzehn Jahren notwendig, als „Vermittler zwischen sich und dem Göttlichen" *(Lippert 2001, S. 93)*, denn von diesem Göttlichen ist nach Auffassung der Waldorf-Pädagogik das Kind nun abgeschnitten. So braucht es den Erwachsenen, mit dessen Hilfe es die Welt begreifen lernt und der ihm die wichtigsten moralischen Werte vermittelt. Für die Erzieherin bedeutet dies, dass sie sich als absolute Autorität präsentieren muss. Nur so könne das Kind sich ganz auf die Entdeckung der Welt einlassen.

3. **Im dritten Jahrsiebt** steht die Geschlechtsreife im Mittelpunkt. „Mit der Geschlechtsreife ist die Zeit gekommen, in der der Mensch auch reif dazu ist, sich über Dinge, die er vorher gelernt hat, ein Urteil zu bilden.

Man kann einem Menschen nichts Schlimmeres zufügen, als wenn man zu früh sein eigenes Urteil wachruft. [...] Um reif zum Denken zu sein, muss man sich die Achtung vor dem angeeignet haben, was andere gedacht haben. Es gibt kein gesundes Denken, dem nicht ein auf selbstverständlichen Autoritätsglauben gestütztes Empfinden für die Wahrheit vorangegangen wäre." *(Steiner, zit. n. Lippert 2001, S. 94).* Jetzt kommt ein neues Erziehungsprinzip zum Tragen. Während im zweiten Jahrsiebt die Orientierung an der Autorität das leitende Prinzip war, kommt nun die **Sachlichkeit** ins Spiel, Nicht mehr die Autorität des Lehrers ist wesentlich, sondern die Auseinandersetzung mit sachlichen Überlegungen. Entsprechend wird nun der Unterricht auch mit wissenschaftlichen Überlegungen gestaltet. Aber auch hier sollen den fünfzehnjährigen Jugendlichen noch Grenzen gesetzt werden. Eine kritische Einstellung zu ihrer Umwelt soll nicht gefördert werden. Dies bleibt späteren Lebensphasen vorbehalten.

4. **Im vierten Jahrsiebt** entwickelt der junge Erwachsene seine Identität, entdeckt sein Ich. Es ist die Phase der Gewissensbildung. Jetzt ist der Mensch in der Lage, sich selbst ein Urteil zu bilden.

Die kindliche Entwicklung in drei Jahrsiebte eingeteilt

4.5.3 Der Waldorfkindergarten

In der Waldorf-Pädagogik hat das **freie Spiel** des Kindes eine besonders große Bedeutung. Deshalb ist es Aufgabe der Erzieherin, solche Bedingungen im Kindergarten zu schaffen, dass das Kind sich im freien Spiel entfalten kann. Großer Wert wird auf die Gestaltung der Umgebung, der **Räume** und des **Spielmaterials** gelegt. Sie wirken auf das Kind anregend. Die Erzieherin achtet auf die äußere Ordnung, denn es wird davon ausgegangen, dass das Kind nur so in das Spiel hineinfinden kann: „[...] es benötigt eine gewisse Grundordnung, um aus ihr heraus in das fantasievolle Spiel eintreten zu können" *(Saßmannshausen 2011, S. 28).*

> Ein Grundgedanke der Waldorf-Pädagogik ist, „dass die Kinder keine Spielaufforderung oder ‚Regieanweisung' von außen erfahren, sondern ihr Spiel jeweils aus sich selbst in die Welt setzen" *(Saßmannshausen 2011, S. 28).*

Kinder spielen zweckfrei und die Erwachsenen dürfen das Spiel nicht für einen bestimmten Zweck nutzen. So wenig wie die Erwachsenen das Spiel funktionalisieren sollen, so sehr soll das Spielmaterial **funktionsfrei** sein.

Zu fragen ist, was in der Waldorf-Pädagogik unter „funktionsfrei" verstanden wird. „Funktionsfrei ist alles, was ‚natürlich' ist, was nicht vom Kulturprozess ergriffen ist. Insofern sind einfache Naturmaterialien das freie Spiel anregende Gegenstände" *(Saßmannshausen 2011, S. 28).* Damit scheidet für die Walddorf-Pädagogik das gesamte moderne Spielzeug aus. So wird man in einem Waldorfkindergarten keine Lego-Bausteine, keinen CD-Player, keine Kinderhörspiele und Computer finden.

Zur **gestalteten Umgebung** kommt eine **klare Zeitstruktur** hinzu, die den Tagesrhythmus des Kindes bestimmt. Dieser Tagesrhythmus wird mit bestimmten Ritualen verbunden. Und auch die Woche ist klar gegliedert. So finden bestimmte Aktivitäten an festgelegten Tagen statt.

Kinder brauchen keine Spielaufforderung

Auch der Erwachsene spielt eine große Rolle im freien Spiel des Kindes. Es wird davon ausgegangen, dass das Kind dann besonders gut spielt, wenn es den Erwachsenen bei eigenen sinnvollen Tätigkeiten erlebt. Solche sinnvollen Tätigkeiten können im hauswirtschaftlichen Bereich oder in handwerklichen Aktivitäten liegen. Die Erzieherin wird so zum Vorbild und regt das Kind zur Nachahmung an.

Das Lernen im Kindergartenalter erfolgt über alle Sinne. Kinder müssen das, was sie tun, sinnlich erfahren können, dann prägt sich ihnen alles Wesentliche ein.

4.5.4 Waldorf-Kita und Bildungspläne

In der Regel zeichnen sich Bildungspläne - auch im Bereich der Elementarpädagogik - dadurch aus, dass sie konkrete und nachvollziehbare Ziele verfolgen. Dies steht im direkten Widerspruch zur Waldorf-Pädagogik, die gerade fordert, dass Erwachsene das Spiel nicht mit einem Zweck verbinden dürfen. Der Waldorf-Pädagoge Wolfgang Saßmannshausen schreibt: „Es kennzeichnet gerade die Jahre vor der Schule, dass das Kind nicht dadurch gebildet wird, dass ihm von außen Absichten und Ziele hinsichtlich seiner Lerntätigkeit ‚übergestülpt' werden." *(Saßmannshausen 2011, S. 30)*

Während beispielsweise die Bildungspläne auch das Ziel verfolgen, Kinder auf die Schule, auf das Leben in einer größeren Gemeinschaft, auf eine moderne Medienwelt vorzubereiten, lehnt dies die Waldorf-Pädagogik ausdrücklich ab: „Der Waldorfkindergarten versteht sich nicht als Vorbereitungsort für die Schule, [...]" *(Saßmannshausen 2011, S. 30).*

Ein wesentlicher **Kritikpunkt** an der Waldorf-Pädagogik ist, dass sie ihre Vermutungen, Überlegungen und Thesen nicht wissenschaftlich belegen kann. Wenn zum Beispiel von der „Entwicklungspsychologie" Rudolf Steiners gesprochen wird, dann erweckt dies den Eindruck, als ob ein vollständig wissenschaftlich erforschtes Gedankengebäude dieser Pädagogik zugrunde liegt. Dies ist aber nicht der Fall. Die Überlegungen Rudolf Steiners sind zu einer Zeit entstanden, als die Entwicklungspsychologie noch gar nicht so differenziert vorhanden war. Und aktuelle Forschungen der Entwicklungspsychologie werden nicht gezielt aufgenommen.

Ein weiterer Kritikpunkt bezieht sich darauf, dass die Waldorf-Pädagogik bewusst die aktuelle Lebenswelt von Kindern ausklammert und die Spielwelt des Kindes auf hauswirtschaftliche und handwerkliche Tätigkeiten reduziert. Das Bedürfnis von Kindern, die Welt eben auch zum Beispiel medial zu erfahren, wird abgelehnt.

Der große Verdienst der Waldorf-Pädagogik ist der Hinweis auf die Bedeutung der kindlichen Umgebung und auf die bewusste Gestaltung dieser Umgebung.

Sicher ist es auch richtig, darauf hinzuweisen, dass die Erzieherin Kindern ein Vorbild ist und diese sich an ihr orientieren wollen.

Eine offene Planung, die Beteiligung der Kinder an der Gestaltung der Räume, des Tagesablaufs und der Projekte ist in der Waldorf-Pädagogik nicht vorgesehen. Dahinter steckt ein anderes Bild vom Kind.

↗ FAZIT

- **Die Entwicklung des Kindes wird in Jahrsiebte eingeteilt.**
- **Die gestaltete Umgebung, der Tagesrhythmus und die Vorbildfunktion der Erzieherin sind wesentliche Bestandteile der pädagogischen Konzeption.**
- **Das Spiel des Kindes soll nicht mit einem konkreten Ziel belegt werden.**
- **Kinder sollen sich nur mit natürlichen Spielmaterialen beschäftigen.**

→·← AUFGABEN UND ANREGUNGEN

1 Überprüfen Sie das Bild vom Kind in der Waldorf-Pädagogik anhand neuester entwicklungspsychologischer Forschungen. Nutzen Sie hierzu das Buch von Dornes, M.: Die frühe Kindheit. Entwicklungspsychologie der ersten Lebensjahre, Frankfurt, 1997.

2 Besuchen Sie einen Waldorfkindergarten. Beobachten Sie die Kinder und die Erzieherin während des Freispiels. Wodurch wird die Vorbildfunktion der Erzieherin sichtbar? Halten Sie Ihre Beobachtungen schriftlich fest.

3 Bei Ihrem Besuch im Waldorfkindergarten überprüfen Sie das Raumkonzept. Woran lässt sich das pädagogische Konzept erkennen? Halten Sie die wichtigsten Raumgestaltungselemente mithilfe einer Kamera fest und erstellen Sie eine Dokumentation.

4 Befragen Sie die Erzieherin eines Waldorfkindergartens, wie in der Waldorf-Pädagogik die aktuelle Lebenssituation der Kinder in der pädagogischen Arbeit berücksichtigt wird. Gehen Sie in diesem Gespräch besonders auf die Rolle der elektronischen Medien ein.

TIPPS ZUM WEITERLESEN →→

- Die Waldorf-Pädagogik im 21. Jahrhundert. Eine kritische Diskussion.
  Stephan Geuenich, LiT-Verlag, Berlin 2009
- Die neue Waldorfschule. Ein Erfolgsmodell wird renoviert.
  Rüdiger Iwan, Rowohlt Verlag, Reinbeck 2007

4.6 Montessori-Pädagogik

Die Studierenden erhalten die Möglichkeit, eine viertägige Studienfahrt in eine norddeutsche Großstadt zu planen. Ziel dieser Studienfahrt ist es, sich mit pädagogischen Konzeptionen auseinanderzusetzen und unterschiedliche Konzeptionen kennenzulernen. Eine Gruppe bereitet den Besuch in einem Montessori-Kinderhaus und die Gespräche mit den dortigen Mitarbeiterinnen vor. Dafür studieren sie Konzeptionen verschiedener Tageseinrichtungen, die nach dem Prinzip der Montessori-Pädagogik arbeiten, lesen eine Biografie über Maria Montessori und Texte über ihre Pädagogik. Einige Studierende forschen im Internet, was sie über die weltweite Verbreitung der Montessori-Pädagogik erfahren können. Bei einer Besprechung stellen sie fest, dass Maria Montessoris Pädagogik in der ganzen Welt anzutreffen ist. Auch in Deutschland gibt es zahllose Tageseinrichtungen, die ihre Arbeit an ihrer Pädagogik ausrichten. Um das weitere Vorgehen der Gruppe zu planen, formulieren sie folgende Fragen:

↘ FRAGEN

- → *Wer war Maria Montessori und was sind ihre wesentlichen Grundsätze?*
- → *Warum wirken ihre Ideen noch immer, hundert Jahre nachdem sie ihr erstes Kinderhaus in einem römischen Elendsviertel eröffnet hatte?*
- → *Welches Bild vom Kind vertritt Maria Montessori?*
- → *Sind ihre Überlegungen heute noch aktuell?*

Maria Montessori (1870–1952)

Biografische Notizen

Nach dem Abitur studiert Maria Montessori als erste Frau in Italien Medizin und wird 1896 die erste Ärztin in ihrem Land. Sie arbeitet als Assistenzärztin an der Psychiatrischen Universitätsklinik und kommt dort mit behinderten Kindern in Kontakt. Schnell bemerkt sie, dass diese Kinder einer pädagogischen Betreuung und Förderung bedürfen. Sie entwickelt entsprechende Programme für sie, in denen die Aktivierung der behinderten Kinder einen wesentlicher Baustein bildet. Sie entwickelt ihr pädagogisches Programm, in dessen Mittelpunkt die Überzeugung steht, dass Kinder zu einer außergewöhnlichen Konzentration fähig sind, wenn sie die Möglichkeit erhalten, sich ihrem Alter entsprechend und aus freiem Willen mit interessantem Material auseinanderzusetzen. Montessori entwickelt Spielmaterial, das dieses Interesse des Kindes aufgreifen sollte.

Montessori, inzwischen auch außerhalb ihres Landes bekannt, stellt ihre Gedanken der pädagogischen Öffentlichkeit vor. 1916 zieht sie nach Barcelona und kommt in Kontakt mit der Reformpädagogik. Besonders die Erziehung zum Frieden erhält einen wichtigen Platz. 1936 muss sie Barcelona verlassen und zieht nach Holland, wo sie auch nicht lange bleiben kann. Der Zweite Weltkrieg zwingt sie, nach Indien auszuwandern. Erst 1946 kehrt sie nach Holland zurück, wo sie 1952 stirbt.

(vgl. Schmutzler 2011, S. 18 f.)

4.6.1 Montessoris Bild vom Kind

Montessori vertrat die Auffassung, dass jedes Kind die Möglichkeit erhalten muss, „sich nach seinem eigenen Entwicklungsrhythmus und nach seiner individuellen Wachstumszeit zu entfalten“ *(Onken 1997, S. 33)*. Sie glaubte an die Kraft des Kindes, seine Entwicklung positiv zu beeinflussen, wenn es von Erwachsenen begleitet wird, die es in seiner Entwicklung unterstützen. Montessoris Bild vom Kind ist widersprüchlich. Auf der einen Seite spricht sie vom „macht- und bewegungslos geborenen Geschöpf“ *(Montessori 1998, S. 81)* und zeichnet das Bild von einem Kind, das ohne den Erwachsenen nicht auskommt. Auf der anderen Seite spricht Montessori vom Drang des Kindes nach Freiheit und Unabhängigkeit *(vgl. Schmutzler 2011, S. 19)*.

„Das Kind verfügt über größere Energie, als im Allgemeinen angenommen wird. Psychisch gesehen, ist das Kind bei seiner Geburt nichts; und nicht nur psychisch, da es bei seiner Geburt keine geordneten Bewegungen durchführen kann und ihm die Quasi-Unbeweglichkeit seiner Glieder nicht gestattet, etwas zu tun. Es kann nicht sprechen, auch wenn es sieht, was um es vorgeht. Nach einer bestimmten Zeit spricht das Kind, läuft und macht eine Eroberung nach der anderen, bis es den Menschen in seiner vollen Größe und Intelligenz aufbaut. Somit setzt sich eine Wahrheit durch: Das Kind ist nicht ein leeres Gefäß, das wir mit unserem Wissen angefüllt haben und das uns so alles verdankt. Nein, **das Kind ist der Baumeister des Menschen,** und es gibt niemanden, der nicht von dem Kind, das er selbst einmal war, gebildet wurde.“ *(Montessori 1995, S. 45)*

In diesem Zusammenhang spricht Montessori von den großen **schöpferischen Energien,** die in ihm wohnen.

> Montessori glaubt, dass das Kind sich selbst die Welt erobert: „Es ist also nichts Ererbtes in diesen Eroberungen. Das Kind formt von sich aus den zukünftigen Menschen, indem es seine Umwelt absorbiert.“ *(ebenda)*

Seine Entwicklung aber ist „primär lern-, umwelt- und erfahrungsabhängig. Daher ist entscheidend, wie sich Erfahrung, Wissen und Kompetenzbildung beim Kind mit seinem jeweiligen Umweltkontext organisieren, aber auch pädagogisch ermöglicht und beeinflusst werden können bzw. welche Lern- und Bildungsqualität die Umwelt für das Kind hat oder für eine erfolgreiche Entwicklung haben muss“ *(Schmutzler 2011, S. 19)*.

Maria Montessoris wichtigste Entdeckungen

Montessori beobachtete Kinder sehr genau. Aus diesen Beobachtungen leitete sie folgende Überlegungen ab:

1. Die Polarisation der Aufmerksamkeit
Maria Montessori beobachtete im Kinderhaus erstmals das „Phänomen der Polarisation der Aufmerksamkeit“. Sie versteht darunter die Fähigkeit von Kindern, sich durch nichts stören zu lassen. Es entsteht eine tiefe, von innen kommende Bindung an einen Gegenstand. Dies fördert die Wiederholung einer Tätigkeit und ermöglicht das tiefe Eindringen und Verweilen bei dieser Beschäftigung auf freiwilliger Basis. Diese konzentrierte Tätigkeit hat eine große Wirkung auf das Kind. Es wird gelöster, heiterer und ausgeglichener. Eine solche Konzentration des Kindes kommt am besten zustande in einer didaktisch vorbereiteten Umgebung.

2. Die sensiblen Phasen
Eine weitere wichtige Entdeckung Maria Montessoris sind die sensiblen Phasen. Dies sind bei Kindern Phasen besonderer Bereitschaft für den Erwerb ganz bestimmter Fähigkeiten, Tätigkeiten, Kompetenzen, Haltungen und Einstellungen. In diesen Phasen bedarf es aber auch eines entsprechenden Angebotes der pädagogischen Fachkräfte *(vgl. Schmutzler 2011, S. 20)*. Nur so kann das Kind sein Potenzial in dieser Phase optimal entfalten. So gibt es beispielsweise sensible Phasen für den Spracherwerb. Montessoris Überlegungen wurden später durch die Entwicklungspsychologie bestätigt. So spricht beispielsweise Robert J. Havighurst von Entwicklungsaufgaben, die der Mensch in bestimmten Phasen seines Lebens zu bewältigen hat. Das Konzept der Entwicklungsaufgaben basiert auf der Vorstellung, dass es in jeder Lebensphase bestimmte Aufgaben gibt, die sich genau an dieser Stelle besonders gut bewältigen lassen. Havighurst spricht deshalb von sogenannten sensitiven Perioden des Lernens *(Oerter/Montada 2002, S. 269)*.

3. Der absorbierende Geist
In der frühen Kindheit besitzt das Kind die Fähigkeit, intuitiv Eindrücke seiner Umgebung ganzheitlich in sich aufzunehmen. Dabei wählt es unbewusst jeweils nur den Aspekt aus, den es zum Aufbau seiner Persönlichkeit braucht. Wichtig ist eine geordnete Umgebung, weil die Ordnung dem Kind hilft, seinen Geist zu entfalten.

Aufgrund der vorgenannten Entdeckungen und Erfahrungen kommt Maria Montessori zu ihrem erzieherischen Grundsatz: **„Selbsterziehung des Kindes in einer didaktisch vorbereiteten Umgebung."** *(Everhardt 1997, S. 65 f.)*

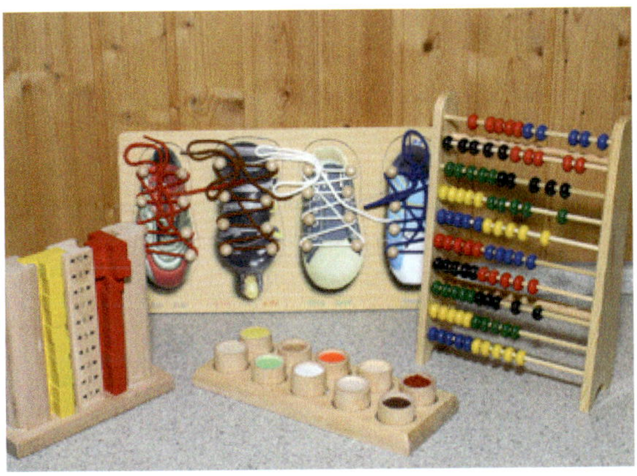

Mathematisches und Sinnesmaterial

In dieser didaktisch vorbereiteten Umgebung soll das Kind entsprechende Materialien vorfinden, die es ihm ermöglichen, die Welt zu entdecken und das Handeln in der Welt einzuüben. Das Material, das Montessori für diesen Zweck entwickelt hat, lässt sich in die folgenden Kategorien einordnen:

- → Materialien für die Übungen des praktischen Lebens,
- → Sinnesmaterial,
- → Schreib- und Lesematerial,
- → mathematisches Material,
- → kosmisches Material *(vgl. Everhardt 1997, S. 67)*

Ein Kindergarten, der nach den Prinzipien Montessoris arbeitet, stellt den Kindern diese Materialien zur Verfügung. Sie werden durch die Erzieherin nach einer ganz bestimmten Vorgehensweise eingeführt.

Das Kind lernt im Wesentlichen durch die Materialien und durch seine eigene Neugier. Es benötigt dafür einen Raum, in dem eine innere Ordnung herrscht und ihm die Materialien zur Verfügung gestellt werden. Indem das Kind entdeckt und ausprobiert und die Vorgänge immer wieder übt, lernt es seine Welt zu begreifen und zu verstehen.

Durch Ausprobieren lernt das Kind seine Welt zu begreifen.

4.6.2 Die Rolle der Erzieherin

Für Maria Montessori liegt in der Art und Weise, wie Erzieherinnen Kinder begleiten und fördern, der Schlüssel zum Erfolg jeder Pädagogik. Der Erwachsene ist zunächst einmal derjenige, der das Kind in seinen Aktivitaten und seiner Freiheit einschränkt. „Eine auf Freiheit gegründete Erziehungsmethode muss darauf abgestellt sein, dem Kind zu helfen, eben diese Freiheit zu erobern, und muss die Loslösung des Kindes von den Bindungen bezwecken, die seine spontanen Äußerungen einschränken. […] Deshalb sollte die erste Form des erzieherischen Eingreifens darauf gerichtet sein, das Kind auf dem Weg zur Unabhängigkeit zu führen. Man kann nicht frei sein, wenn man nicht unabhängig ist; deshalb müssen die *aktiven* Äußerungen von persönlicher Freiheit vom zartesten Kindesalter an gelenkt werden, um zur Unabhängigkeit zu führen. Sowie sie entwöhnt sind, begeben sich unsere Kleinen auf den gefahrvollen Weg der Unabhängigkeit." *(Montessori 1995, S. 93 f.)*

„Die Erzieherin muss sehr gebildet sein und bereit, das Phänomen der Konzentration zu erkennen, sobald es eintritt. Sie muss bereit sein, nicht einzugreifen und nicht zu verbessern. Wenn Korrektur notwendig ist, so muss sie diese indirekt, zu einer anderen Zeit geben, niemals aber im Augenblick der Eroberung, die Zeit, in der das Kind sich selbst unterrichtet gemäß dem Drang der Natur [...].

Die Arbeit der Erzieherin ist es, die Kinder zur Normalisierung, zur Konzentration führen. Sie ist wie der Schäferhund, der hinter den Schafen hergeht, wenn sie sich zerstreuen, und der alle Schafe hereinleitet. Die Erzieherin hat zwei Aufgaben: die Kinder zur Konzentration zu führen und danach ihnen in der Entwicklung zu helfen. Die fundamentale Hilfe in der Entwicklung, besonders bei Kindern von drei Jahren, ist das Nichteingreifen. Einmischung hemmt Aktivität und hemmt die Konzentration [...]" *(Montessori 1995, S. 123)*

4.6.3 Das Bild vom Lernen

Montessoris Vorstellungen, wie ein Kind lernt, und besonders, wie es erfolgreich lernen kann, baut auf folgenden Annahmen auf *(vgl. Ludwig 1997)*:

1. Heterogenität statt Homogenität
Die Unterschiedlichkeit und die Vielfalt in einer Gruppe fördert die Bereitschaft zu lernen. Montessori vertrat deshalb schon sehr früh die Auffassung, dass Kindergruppen **altersgemischt** sein sollten. Die Verschiedenartigkeit von Kindern, ihre unterschiedlichen Begabungen und Fähigkeiten tragen zu einer anregungsreichen Um-gebung bei.

2. Lernen bedeutet, zu lernen, Entscheidungen zu treffen
Kinder treffen in ihrem Leben auf vielfältige Situationen, in denen sie sich entscheiden müssen. Diese Fähigkeit ist eine der Grundqualifikationen, die Kinder in der heutigen Zeit brauchen. Die Montessori-Materialien und die freie Entscheidung des Kindes darüber, welche Materialien es benutzen möchte, fördern diese Fähigkeit.

3. Lernen muss das methodische Prinzip der Individualisierung berücksichtigen
Die neuesten Forschungen der Lernpsychologie belegen diese These Montessoris eindrucksvoll. Lernen gelingt besonders dann gut, wenn jedes Kind nach seinem Tempo vorgeht und nicht alle zur gleichen Zeit das Gleiche tun müssen. So kann das Kind selbst bestimmen, wie lange es an einer Stelle verweilen will, um Dinge zu begreifen. Der Zwang zum Gleichschritt setzt Kinder unter einen unproduktiven Druck.

4. Lernen muss mit Sozialerziehung verschränkt werden
Weil nur eine bestimmte Menge an Material vorhanden ist, lernen Kinder in Montessori-Kinderhäusern zu kooperieren, Rücksicht zu nehmen, aufeinander zu achten, aber auch eigene Interessen einzubringen und zu vertreten. Dieses **soziale Lernen** wird bei Montessori noch verstärkt durch die Integration von Kindern mit Behinderungen.

5. Lernen ist immer verbunden mit dem eigenständigen Handeln des Kindes
Die Materialien fordern das Kind dazu auf, selbst aktiv zu werden. In dem das Kind eigenständig etwas tut, lernt es z. B. Dinge des täglichen Lebens zu verstehen. So kommt das Kind vom Greifen zum Begreifen.

6. Lernen ist immer verbunden mit der Öffnung der Tageseinrichtung
Montessori vertrat die Auffassung, dass eine Schule, die sich vom Gemeinwesen abschottet, Kindern nicht genügen kann. Für sie gehörte zum Lernen auch die Nutzung anderer Lernorte. Den Wald als Lebensraum zu begreifen gelingt besonders gut, wenn Kinder sich selbst im Wald bewegen und ihn erforschen. Keine noch so gute CD-ROM, kein noch so interessant gestaltetes Bilderbuch kann diese direkte Erfahrung ersetzen.

7. Lässt sich Montessoris Pädagogik mit den aktuellen Bildungsplänen vereinbaren?
Der Dozent für Montessori-Pädagogik, Hans-Joachim Schmutzler schreibt, „dass die Montessori-Pädagogik – wenn auch in anderer Sprache – viele Forderungen der neuen Bildungspläne vorwegnimmt und sogar darüber hinausgeht" *(Schmutzler 2011, S. 25)*.
An drei Beispielen sei dies verdeutlicht:

→ **Die Montessori-Pädagogik legt großen Wert auf die „naturwissenschaftliche, technische und ökologische Bildung (im Sinne kosmischer Erziehung)"** *(Schmutzler 2011, S. 25)*. **Ähnliche Überlegungen lassen sich in allen Bildungsplänen finden.**

→ Die moderne Pädagogik fordert, dass Kinder individuell unterstützt und begleitet werden und gleichzeitig die Möglichkeit erhalten, Erfahrungen in der Gruppe zu machen. Montessori legte großen Wert auf die „individuelle Förderung und soziale Erziehung" *(ebenda).*

→ Die Bildungspläne gehen von der Erkenntnis aus, dass in den ersten sechs Lebensjahren enorme Lern- und Bildungsmöglichkeiten vorhanden sind. Für Maria Montessori galt der Grundsatz, dass diese Phase die Grundlage für die gesamte Entwicklung des Menschen legt.

↗ FAZIT

Montessoris wichtigsten Überlegungen:

→ Die Polarisation der Aufmerksamkeit
→ Die sensiblen Phasen
→ Der absorbierende Geist

Bild vom Kind:

→ Kinder verfügen über große schöpferische Energien
→ Das Kind als „Baumeister des Menschen"

Das Bild vom Lernen:

→ Lernen baut auf Heterogenität
→ Entscheidungen selbst treffen können
→ methodisches Prinzip der Individualisierung
→ eigenständiges Handeln des Kindes
→ die Öffnung der Tageseinrichtung.

→·← AUFGABEN UND ANREGUNGEN

1 Besuchen Sie eine Montessori-Tageseinrichtung und hospitieren Sie dort einen Vormittag. Beobachten Sie das Spiel der Kinder und achten Sie darauf, wie die Kinder mit den Materialien umgehen. Halten Sie Ihre Beobachtungen schriftlich fest. Tauschen Sie sich darüber mit einer Erzieherin aus, die in dieser Einrichtung arbeitet.

2 In den Kreismedienzentren oder kirchlichen Medienzentralen finden sich verschiedene audiovisuelle Medien zu Leben und Pädagogik von Maria Montessori. Leihen Sie sich einen dieser Filme aus und schauen Sie ihn gemeinsam mit Ihrer Lerngruppe an. Werten Sie den Film nach folgenden Fragen aus:

→ **Wie wird die Pädagogik Montessoris dargestellt?**
→ **Werden Praxisbeispiele gezeigt? Was können Sie anhand dieser gezeigten Beispiele über Montessoris Pädagogik erfahren?**
→ **Wie beschreiben die Lehrerinnen und Erzieherinnen ihre Rolle? Bei welchen Tätigkeiten werden sie gezeigt?**
→ **Was können Sie über den Einsatz der Materialien erfahren?**

3 Beschreiben Sie die Rolle der Erzieherin in eigenen Worten. Finden Sie Argumente, die für und gegen eine solche Rolle sprechen.

4 Beschäftigen Sie sich mit Montessori-Materialien. Entwickeln Sie dann in einer Kleingruppe eigenes Spielmaterial, das die Sinne fördert (z. B. Geräuschememory).

TIPPS ZUM WEITERLESEN →→

→ Maria Montessori – Mit Kindern das Leben suchen: Antworten auf aktuelle pädagogische Fragen.
Horst Klaus Berg, Herder-Verlag, Freiburg 2002

→ Montessori-Pädagogik im Kindergarten: Profile für Kitas und Kindergärten.
Ulrich Steenberg, Herder-Verlag, Freiburg 2008

4.7 Freinet-Pädagogik

Die Studierenden stehen vor der Bewerbung für das nächste Praktikum. Es soll sechs Wochen in einer Einrichtung für Schulkinder stattfinden. Gemeinsam schauen Sie im Internet nach Tageseinrichtungen für Schulkinder und überprüfen die Homepages der entsprechenden Horte. Dabei stoßen Sie bei zwei Einrichtungen auf den Hinweis, dass diese nach den Prinzipien der Freinet-Pädagogik arbeiten. Unter Ihnen herrscht Ratlosigkeit, da Sie davon noch nie etwas gehört hatten. Sie kennen weder einen Pädagogen namens Freinet noch ist Ihnen bisher eine solche sozialpädagogische Konzeption vorgestellt worden.

Sie entscheiden sich dafür, in beiden Einrichtungen anzurufen und zu fragen, ob Sie zu einem Gespräch kommen dürfen. Nachdem Sie beide Einrichtungen zu einem Hospitationstag einladen, entwickeln Sie gemeinsam Fragen, die Sie besonders interessieren.

Schüler schreiben und veröffentlichen eigene Texte

↘ FRAGEN

- → *Wer war Freinet? Wann hat er gelebt? Wieso hat er eine eigene pädagogische Konzeption entwickelt?*
- → *Von welchem Bild vom Kind ging Freinet aus? Ist dieses Bild heute noch aktuell?*
- → *Welche Grundelemente hat die Freinet-Pädagogik?*
- → *Spielt die Projektarbeit wie im Situationsansatz und in der Reggio-Pädagogik auch eine zentrale Rolle? Wie versteht die Freinet-Pädagogik Projektarbeit?*
- → *Auf welchen Grundsätzen beruht die Teamarbeit?*

4.7.1 Entstehung der Freinet-Pädagogik

Das Konzept der Freinet-Pädagogik wurde im Lauf der 80er- und 90er-Jahre des 20. Jahrhunderts in Deutschland bekannt. Zurückzuführen ist es auf den französischen Lehrer Célestin Freinet und seine Frau Elise.

Freinet unterrichtet zunächst in einer Dorfschule. Hier probiert er bereits 1920 einige seiner Methoden aus: Er verlagert den Unterricht ins Freie, gibt Kindern mehr und mehr die Möglichkeit, sich selbst zu äußern und ihre Interessen zu vertreten. Er fordert sie dazu auf, eigene Geschichten zu schreiben, und beobachtet die Kinder genau bei ihrem Tun. Dabei fällt ihm auf, dass Kinder von sich aus forschen und entdecken wollen. Schließlich verändert er auch die Unterrichtsräume, schafft Raum für Kinderversammlungen und richtet sogenannte „Werkstätten“ ein, in denen die Kinder bestimmten Tätigkeiten nachgehen können.

Célestin Freinet (1896–1966)

Als er 1934 vom Dienst suspendiert wird, weil er verdächtigt wurde, für die Sowjetunion zu spionieren, gründet er eine eigene private Grundschule, in der er bis zu seinem Tod arbeitete *(vgl. Klein 2002, S. 9 ff.)*.

Freinet war von der **Reformpädagogik** beeinflusst, die zu Beginn des 20. Jahrhunderts in vielen Ländern Europas Anhänger fand. Ziel der Reformpädagogik war unter anderem eine veränderte Schule, in der ein handlungsorientierter Unterricht angeboten wurde und die Schülerinnen und Schüler selbst tätig werden konnten. Freinet griff diese Überlegungen auf. Er selbst erkannte sehr schnell, wie wichtig es ist, Kindern keine Lehrpläne überzustülpen, sondern sie an ihrem Lernweg zu beteiligen und herauszufinden, welche Lerninteressen sie haben.

4.7.2 Das Bild vom Kind

Ähnlich wie in der Reggio-Pädagogik oder im Situationsansatz geht auch die Freinet-Pädagogik davon aus, dass Kinder kompetent und in der Lage sind, ihren Lernweg selbst zu gestalten.

> **„Ein moderner Begriff umfasst es vielleicht am besten: Das Kind wird als handelndes Subjekt betrachtet. Dahinter verbirgt sich die Vorstellung, dass Kinder (wie Menschen überhaupt) sich selbst erschaffen. Sie sind Konstrukteure ihres eigenen Lebens, ihres Denkens, ihres Weltbildes, ihrer moralischer Werte, eben allen dessen, was man in der Summe als Persönlichkeit bezeichnet."** *(Klein 2002, S. 17)*

Allerdings nimmt die Freinet-Pädagogik an, dass das Kind seinen Weg nicht alleine geht und nicht alleine lernt, sondern immer gemeinsam mit anderen Kindern und Erwachsenen. Es konstruiert sich die Welt im Dialog, im Austausch mit anderen. Diese Sichtweise entspricht dem **ko-konstruktivistischen** Lernverständnis. Der US-amerikanische Entwicklungspsychologe Youniss entdeckte, dass für diesen sozialkonstruktivistischen Lernprozess besonders Gleichaltrige wichtig sind, da Gleichaltrige symmetrische Beziehungen zueinander gestalten können. Diese Art der Beziehung fördert das Lernen von Kindern besonders gut.

Freinet formulierte viele Jahre davor bereits ähnliche Gedanken. „In Wechselwirkung mit der umgebenden Welt ist das Handeln des Kindes auch eine Reaktion auf das, was der Erwachsene ihm anbietet, von ihm verlangt oder erwartet." *(Klein 2002, S. 18)*

Die Haltung der pädagogischen Fachkraft

Eine solche Sichtweise verlangt eine ganz bestimmte Haltung der Erzieherin. Sie ist bereit, sich auf die subjektive Wirklichkeit des Kindes einzulassen, im Bewusstsein, dass dies der Wahrnehmung des Kindes entspricht. Sie kann dem Kind Vertrauen entgegenbringen und auf die kreativen Gestaltungskräfte des Kindes bauen. Sie gibt dem Kind den Raum, den es benötigt, um seine Bedürfnisse und Interesse zu beschreiben. Sie kann eigene Interessen zurückstellen und geduldig warten. Sie hält es aus, wenn Kinder mehr Zeit benötigen, um zu einem bestimmten Ziel zu kommen. Sie verfügt über entwicklungspsychologisches Wissen, sodass sie auch die aktuelle Entwicklung beurteilen und einschätzen kann und sieht, wo sie und wie sie dem Kind Unterstützung auf seinem Lernweg anbieten sollte.

Eine solche Haltung wird in der Fachliteratur als **kindzentriert** beschrieben.

4.7.3 Grundelemente der Freinet-Pädagogik

1. Die Gesprächskultur
Für die Umsetzung der Freinet-Pädagogik ist eine in der Gesprächsführung geschulte Erzieherin nötig. Erzieherinnen fördern das Gespräch der Kinder untereinander, deshalb werden Formen wie die Kinderkonferenz mit klaren Gesprächsregeln angeboten. Ziel ist es, dass jedes Kind zu Wort kommen kann. Die Erzieherin sucht aber auch selbst den Dialog mit den Kindern. Sie zeigt ihr Interesse an der Gedankenwelt der Kinder auch durch ihre Gesprächshaltung.

Dies setzt voraus, dass die Erzieherinnen sich selbst nicht als allwissend, sondern eben immer auch als Lernende begreifen. Erzieherinnen sind, folgen sie diesem Ansatz, selbst neugierig, zeigen Interesse am eigenen Erforschen und Lernen. Ihre Neugier überträgt sich auf die Kinder, denn diese Neugier schließt auch die Neugier darauf mit ein, zu erfahren, was die Kinder selbst beschäftigt, wie sie denken, wie sie etwas beschreiben, was ihre Fragen sind.

Dies verlangt ein hohes Maß an Offenheit. Diese Offenheit bezieht sich auf die eigene pädagogische Planung, aber auch darauf, Planungsprozesse mit Kindern offen zu gestalten, jederzeit Umwege mit den Kindern zu gehen, wenn dies von den Kindern gewünscht wird.

Das Gespräch - eine Grundlage der Freinet-Pädagogik

2. Eine Kultur des Arbeitens ermöglichen

Kinder wollen produktiv sein. Erzieherinnen sollten darauf achten, die Kinder dabei zu unterstützen, damit sie ihre Ideen umsetzen können. Hierzu gehören Räume und Materialien, die möglichst wenig vorgefertigt sind und den Kindern viel Spielraum im Gestalten lassen.

> So versucht die sechsjährige Svantje ihre Medienerfahrungen in der Werkstatt zu verarbeiten. Sie sägt ein Holz mit 10 cm Länge zurecht. Anschließend schlägt sie an der Spitze mit einem Hammer einen Nagel zur Hälfte in das Holz, sodass es wie die Antenne eines Handys aussieht. Danach bemalt sie die eine Seite des Holzes mit Zahlen und kreist diese ein - so entsteht eine Tastatur. Stolz geht sie damit schließlich zur Erzieherin und fragt sie: „Willst du auch mal mit meinem Handy telefonieren?"

Kinder, die ihre Ideen so umsetzen können, erleben sich als *selbstwirksam.* Sie erfahren, dass sie Einfluss nehmen können: Sie beeinflussen andere Kinder mit ihren Ideen, indem diese mitspielen oder mitarbeiten; sie verändern Materialien und erkennen, dass auch viele Materialien gestaltet und verändert werden können und nicht als unveränderbar hingenommen werden müssen. Solche Erfahrungen sind für Kinder von elementarer Bedeutung. Sie tragen mit dazu bei, Erziehungsziele, die wichtig für die Teilhabe in einem demokratischen Staat sind, zu entwickeln, wie z. B. Verantwortungsbewusstsein für die Gesellschaft.

3. Raumgestaltung

Tageseinrichtungen, die nach den Grundsätzen der Freinet-Pädagogik arbeiten, gestalten ihre Räume so, dass sie einen Werkstatt- und Laborcharakter haben.

Die Werkstatt bietet Raum zum Ausprobieren

„Im Idealfall beginnt eine Freinet-Einrichtung fast leer. Nur das Notwendigste ist vorhanden: Für jeden ein Stuhl, Tische, um die alle Platz haben, noch leere Regale, ein Sofa zum Kuscheln, gemütliche Schlafnischen, die noch mit persönlichen Dingen gefüllt werden können, vielleicht ein paar Spiele und ein wenig Arbeitsmaterial. Die eine oder andere Werkstatt wäre gut, denn so kann die eigene Umgebung selbstständig wohnlich eingerichtet werden: In der Holzwerkstatt kann man etwas reparieren, absägen, zusammenleimen, in der Töpferei kann das eigene Geschirr getöpfert oder in Gießformen gegossen, im Handarbeitsatelier können Gardinen oder Tischdecken genäht, im Künstleratelier Bilder hergestellt werden. Im Büro können Kinder und Erwachsene Kataloge wälzen und die Dinge aussuchen, die sie benötigen. Nach und nach wird sich eine solche Einrichtung mit den Dingen füllen, die im Leben der Kinder und Erwachsenen wichtig sind." *(Klein 2002, S. 50)*

Eine solche Umgebung unterstützt die Kinder in ihrer Entwicklung, sie fördert Kreativität und verlangt von den Kindern, nach eigenen Lösungen zu suchen.

4. Die Bedeutung der Diplome

Da die Freinet-Pädagogik oft auf die Werkstatt-Diplome reduziert und dabei leicht übersehen wird, was damit eigentlich gemeint ist, lohnt es sich, sich mit diesem Prinzip zu beschäftigen: Kinder erhalten z. B. ein Diplom für die Schreiner-Werkstatt, wenn sie die Grundregeln kennen. Sie müssen deshalb noch nicht mit allen in der Werkstatt vorhandenen Werkzeugen sachgerecht umgehen können. Eine Regel könnte zum Beispiel lauten: „Wenn ich das erste Mal ein Werkzeug benutzen möchte, frage ich andere Kinder, auf was ich achten soll."

Das Diplom erlaubt den Kindern, alleine einen solchen Raum aufzusuchen und auch ein anderes Kind mitzunehmen, das noch kein Diplom hat.

Die Diplome sollten keinesfalls zur Sanktionierung von unliebsamen Verhalten eingesetzt werden. Erzieherinnen, die Kindern androhen, dass sie ihr Diplom verlieren, wenn sie bestimmte Dinge nicht tun, missachten die Grundprinzipien der Freinet-Pädagogik.

5. Projektarbeit

Die Entwicklung von Projekten gehört zu den Grundpfeilern der Freinet-Pädagogik. Zunächst wird mit den Kindern ein Projektthema ausgewählt. Die Ideen der Kinder bestimmen dabei das Vorgehen. Die Erwachsenen begleiten die Kinder bei der Entwicklung von Ideen, regen die Kinder an, das eine oder andere vielleicht nochmal zu bedenken. Anschließend geht es darum, dass die Kinder sich auf ein Vorhaben einigen. Im Vollzug des Projekts wird sich sehr schnell herausstellen, dass manches noch neu überdacht oder verändert werden sollte. Die Erzieherin unterstützt die Kinder bei ihrem Vorhaben.

Am Ende eines Projekts steht immer die Präsentation der Projektergebnisse. Dies drückt aus, dass die Arbeitsvorhaben der Kinder wertgeschätzt werden. Eine solche Präsentation kann auf ganz unterschiedliche Weise geschehen: Die Kinder laden die Eltern ein, um ihnen vorzustellen, womit sie sich in den letzten Wochen beschäftigt haben. Oder der gesamte Projektverlauf wird mit Fotos, Protokollen der Kinder und durch das Ausstellen von Gegenständen aus dem Projekt beschrieben.

Spätestens nach der Präsentation des Projekts sollten sich alle Beteiligten noch einmal treffen, um sich darüber auszutauschen. Die Kinder sollen sich noch einmal daran erinnern, wie das Projekt begonnen hat, darüber sprechen, was gut gelaufen ist und was sie beim nächsten Mal verbessern wollen. Danach wird das Projekt offiziell beendet.

6. Dialog nicht nur mit den Kindern

Für die Freinet-Pädagogik ist der Austausch unter den Erzieherinnen sehr wichtig. Sie sollten in einem regelmäßigen Gespräch miteinander sein. Die Gespräche dienen vor allem auch dazu, die eigene Haltung den Kindern und Eltern gegenüber zu überprüfen und zu differenzieren. So entsteht ein Team, das sich in einem ständigen Lernprozess befindet. Damit wird auch deutlich, dass Erzieherinnen immer auch Lernende sind. Lothar Klein formuliert fünf Grundsätze, die den Dialog unter den Erzieherinnen bestimmen sollten:

- → „die Haltung eines Lernenden und eine erkundende Haltung einnehmen,
- → den eigenen Standpunkt und die eigene Absicht in der Schwebe halten und offen sein für scheinbar Undenkbares und Unmögliches (Suspendieren),
- → versuchen den Sachverhalt auch aus der Perspektive eines anderen zu betrachten (Perspektivenwechsel),
- → nicht nur das eigene Denkergebnis mitteilen, sondern auch den eigenen Weg dorthin (produktiv Plädieren),
- → sich innerlich darauf einlassen, dass nicht vorhersagbar ist, was am Ende herauskommt (Offenheit)."

(Klein 2002, S. 75)

Teamgespräche, in denen diese Regeln eingehalten werden, führen dazu, dass die Erzieherinnen sich selbst auch in ihrer dialogischen Haltung dem Kind gegenüber schulen. Diese Form des Gesprächs sollte zeitlich begrenzt sein. Und es ersetzt nicht alle anderen Formen der Teamarbeit.

Auffällig ist, dass es zwischen der Reggio-Pädagogik, dem Situationsansatz und der Freinet-Pädagogik zahlreiche Übereinstimmungen gibt.

- → Alle drei Konzeptionen legen auf das eigenverantwortliche Handeln des Kindes großen Wert. Dies zeigt sich beispielsweise darin, dass die Projektarbeit im Mittelpunkt steht.
- → Der Bezug zur Lebenswirklichkeit der Kinder ist Ausgangspunkt für Planung und Methodik. Im Gegensatz zur Waldorf-Pädagogik, die aktuelle mediale Entwicklungen bewusst ausklammert, beziehen diese drei Konzeptionen mediale Einflüsse ein, machen sie zum Thema und nutzen sie für weitere Erforschungen und Entdeckungen.
- → Das Bild vom Lernen geht davon aus, dass Lernen vor allem dann erfolgreich gelingt, wenn es mit allen Sinnen geschieht, von den Interessen und Fragen der Kinder ausgeht und wenn es selbstbestimmt organisiert ist.
- → Damit wird die Eigenverantwortlichkeit der Kinder – aber auch der Erzieherinnen – für ihren Lernprozess hervorgehoben.

Dass die Freinet-Pädagogik in den letzten 30 Jahren eine solche Renaissance erleben konnte, lässt sich auch mit aktuellen gesellschaftlichen Entwicklungen erklären. So besteht zum Beispiel der Wunsch nach Beteiligung am politischen und gesellschaftlichen Leben. Dies drückt sich in unterschiedlichen Formen der Bürgerbeteiligung aus. Oder die Frage nach der Eigenverantwortlichkeit des Menschen wird auf gesellschaftlicher Ebene in unterschiedlichen Bereichen diskutiert. Für Freinet gehört sie zum Grundgerüst seiner Konzeption.

↗ FAZIT

- → Die Freinet-Pädagogik ist eine **kindzentrierte** Pädagogik.
- → Gespräch und **Dialog** stehen im Mittelpunkt der Beziehung zwischen Kind und Erzieherin.
- → Das **aktive Tun** des Kindes soll gefördert werden. Deshalb gibt es Werkstätten mit Diplomen.
- → Teilweise Übereinstimmung mit Reggio-Pädagogik und Situationsansatz.

→·← AUFGABEN UND ANREGUNGEN

1 Erstellen Sie eine Übersicht zu den Gemeinsamkeiten und Unterschieden von Freinet-, Reggio-Pädagogik und Situationsansatz.

2 Diskutieren Sie, wieweit die Grundsätze der Freinet-Pädagogik mit dem Bildungsplan in Ihrem Bundesland kompatibel sind.

3 Schreiben Sie einen Steckbrief zum Leben Célestin Freinets. Arbeiten Sie besonders heraus, wie die damalige politische Situation in Frankreich seine Pädagogik beeinflusst hat.

TIPPS ZUM WEITERLESEN →→

- → Lieber Célestin Freinet. Was ich Dir schon immer sagen wollte ...
  G. Glück, Rolf Wagner, (Hrsg.), Schneider Verlag, Hohengehren 2006
- → „Freinet-Pädagogik im Kindergarten“
  Lothar Klein, Herder-Verlag, Freiburg 2003
- → Praxishilfen Freinetpädagogik
  Matthias Riemer, Julius Klinkhardt, Verlagsbuchhandlung, Bad Heilbrunn 2005

5 Sprache und Sprachförderung

Sie sitzen am Schreibtisch und denken nach über den Satz: „Sprache ist der Schlüssel zur Welt." Sie haben gerade eine Englischarbeit zurückbekommen, die nicht ganz so gut ausgefallen ist. Wenn Sprache tatsächlich der Schüssel zur Welt ist, wie mag es dann wohl Kindern und deren Eltern gehen, die nach Deutschland gekommen sind und die deutsche Sprache nicht beherrschen?

↘ FRAGEN

→ *Welche Hürden haben diese Menschen zu überwinden?*

→ *Wie würde ich mich ausdrücken, wenn ich die Sprache in einem Land nicht verstehe?*

→ *Was würde ich mir wünschen, wie andere Menschen reagieren?*

5.1 Sprachliche Ausdrucksmöglichkeiten

Die Fähigkeit des Menschen, sich mündlich, schriftlich oder durch Körpersprache auszudrücken, zeigt sich in der Sprache. Die Sprache ist ein System von Zeichen und Lauten sowie von Regeln über die Verbindungen dieser Zeichen. Die Sprache ist ein wichtiges Medium der menschlichen Verständigung. Hierzu zählen auch Mimik, Gestik und Körpersprache. Diese sogenannte nonverbale Kommunikation *(vgl. HF 1, Kap. 1.1)* greift jedoch nicht auf ein System von Zeichen zurück. Unter Körpersprache wird jedes nicht sprachliche Verhalten verstanden, das Auskunft über innere Zustände eines Menschen gibt. Wird dieses Verhalten vom Empfänger dekodiert, also „entschlüsselt", spricht man von „nonverbaler Kommunikation". Durch unsere Gestik, Mimik und Körpersprache drücken wir Emotionen aus, übermitteln Einstellungen und machen Persönlichkeitsmerkmale sichtbar (Temperament). Verbale Nachrichten werden durch nonverbale moduliert, ergänzt, verdeutlicht oder unterstützt. Manchmal zeigen sich auch Widersprüche zwischen verbaler und nonverbaler Kommunikation.

„Was Sprache ausmacht, ist die Möglichkeit, sich etwas nicht Vorhandenes vorzustellen, und die Lust, dem Gegenüber etwas zu erzählen, mit dem Wissen, dass diese andere Person nicht unbedingt das Gleiche denkt wie man selbst. Ein grundlegendes Verständnis für die Zusammenhänge von sprachlicher, kognitiver und psychosozialer Entwicklung ist wichtig, um Sprache zu verstehen. Sprachlaute werden von allen Menschen der Welt gleich analysiert und gebildet, unabhängig davon, welche Sprache sie sprechen. Die biologische Grundlage ist für alle Sprachen gleich. Es gibt etwa 8 000 Sprachen, die insgesamt in 70 kleinsten Lauteinheiten, den Phonemen, auskommen. Jede Sprache braucht weniger als 70 Phoneme, die deutsche Sprache kommt mit 40 aus. Bei der Geburt reagiert der Säugling noch auf alle 70 Phoneme, aber bereits mit sechs Monaten nimmt diese Fähigkeit ab, weil er bereits unterschieden kann zwischen Lauten, die er ständig hört, und denen, die nicht vorkommen." *(Spitzer 2002, S. 69)*

Der italienische Pädagoge Loris Malaguzzi erkannte: „Hundert Sprachen hat das Kind." Er schenkte den kreativen Ausdrucksformen der Kinder besondere Aufmerksamkeit. Kinder drücken sich vielfältig aus, durch Bewegung, Sprache, Singen, im künstlerischen Bereich, beim Bauen und Konstruieren, im Spiel usw. Sie haben sozusagen 100 Möglichkeiten sich auszudrücken, nach Malaguzzi werden ihnen 99 davon jedoch „geraubt".

Die gesprochene Sprache spielt bei der Interaktion von Kindern oft eine große Rolle, manchmal aber auch nur eine Nebenrolle. Aufgabe der Erwachsenen ist es, **alle Ausdrucksformen** des Kindes (seine Zugänge zur Welt) zu sehen, zu würdigen, feinfühlig zu entschlüsseln und achtsam zu begleiten. Denn sie sind Mitteilungen über das Befinden, die Gefühle, den Seelenzustand, die Interessen und Wünsche des Kindes und Jugendlichen, ganz unabhängig von seiner Herkunft und seinem Alter. Bildung und Erziehung sollten diesen Reichtum und diese Stärken bewahren und fördern. Auch die Vorstellung der „multiplen Intelligenzen" bezieht sich auf diese verschiedenen Ausdrucksformen, Stärken und Vorlieben des Menschen, die sehr früh sichtbar werden *(vgl. Laewen/Andres 2002, S. 162)*.

5.1.1 Vorbildhafte Sprach- und Sprechhaltung der Erzieherin

Kinder lernen Sprache im **Dialog,** durch Nachahmung und durch Erfolg. Alleine, ohne die Hilfe von anderen, können sie keine Sprache entwickeln.

Voraussetzungen für eine gute **Sprachentwicklung** *(vgl. HF 2, Kap. 1.4.7)* sind deshalb interessierte, aufmerksame Bezugspersonen, die dem Kind helfen, die Welt zu verstehen, und in interessanten Alltagssituationen sprachlich begleiten. Wenn sich ein Kind geborgen und sicher fühlt, wird die Lust am Sprechen und am Anwenden neu entdeckter Wörter ganz natürlich gefördert. Ermutigung und Anerkennung für sprachliche Äußerungen der Kinder sind wichtig und wecken und erhalten deren Sprechfreude. Besonders wirkungsvoll ist es, wenn sich Erwachsene um eine **sprachliche Begleitung** von Alltagshandlungen bemühen, variationsreich sprechen und einfühlsam Handlungen des Kindes begleiten. Günstig ist es, den Kindern immer sprachlich mitzuteilen, was man gerade tut oder vorhat, z. B.: „Jetzt nehme ich die Zitronenpresse, schneide dann die Zitrone in zwei gleich große Hälften, so, dann ..." Kinder lernen dadurch, Tätigkeiten und Sprache miteinander in Verbindung zu bringen.

Als **gutes sprachliches Vorbild** sollten Erwachsene
- sich klar und deutlich ausdrücken und langsam sprechen.
- Sie sollten korrekte Sprachmuster verwenden und keine komplizierten Schachtelsätze formulieren.
- Die Sprache der Erwachsenen sollte sich nicht an der *Sprechweise* des Kindes orientieren, sondern an seinem *Sprachverständnis.*
- Eine künstliche Babysprache ist nicht sinnvoll, weil das Kind durchaus in der Lage ist, die Sätze und Wörter richtig zu hören, zu verstehen und zu lernen.
- Vorteilhaft ist es auch, wenn Kinder mit unterschiedlichen Menschen in Kontakt kommen. Durch möglichst vielfältige Erfahrungen lernen sie unterschiedliche Sprachqualitäten kennen und können sich in ihrem sprachlichen Umgang erproben.
- Kinder brauchen Wiederholungen von Wörtern und Satzstrukturen, um sich diese einzuprägen.
- Fragen von Erwachsenen sollten „offen gestellt" werden, damit die Kinder nicht nur mit „ja" oder „nein" antworten, sondern Sätze formulieren.
- Kinder sollten nicht belehrt werden, damit ihr Interesse am Fragenstellen, also ihre Neugierde, erhalten bleibt.
- Günstig ist, wenn Erwachsene Kinder zu Tätigkeiten auffordern.
- Sprechen sollte mit Freude und nicht mit Leistungsdruck verbunden sein. Dem Kind Zeit zu lassen und ihm zuzuhören, ist eine wichtige Voraussetzung für den Sprechvorgang. Korrekturen von Seiten der Erwachsenen sollten das Kind bestätigen und weiterbringen, z. B. fragt das Kind: „Is'n Auto?" Die Erzieherin antwortet: „Ja, das ist ein Auto." *(Korrektives Feedback; siehe Kap. 5.3.2)*
- Die Sprechversuche der Kinder sollten positiv angenommen werden, auch wenn sie noch nicht perfekt sind. Kinder spüren, wenn sie als Gesprächspartner ernst genommen werden.

5.1.2 Sprache als Medium und als Prinzip

Eine wichtige **Funktion** der Sprache ist der mündliche und schriftliche Austausch von Informationen, mit dem wir uns anderen mitteilen können. Das besondere Kennzeichen der menschlichen Sprache ist, dass Informationen, Wörter und Sätze losgelöst von inneren und äußeren Gegebenheiten verwendet werden. Durch diese Möglichkeit kann Sprache immer wieder neu zusammengesetzt werden und eine ungeheure Kreativität und Produktivität entfalten. Durch Sprache können Menschen Bedürfnisse, Wünsche und Gefühle gezielt ausdrücken und für ihre Befriedigung sorgen. Sie können ihre (Sinnes-) Erfahrungen mitteilen und Erlebnisse schildern. Sprache befähigt dazu, Kontakte aufzunehmen und Beziehungen einzugehen, Freundschaften zu knüpfen und zu erhalten. Sie ermöglicht, dass sich Menschen informieren, sich selbst Weltwissen aneignen, sich die Welt erschließen und Kultur schaffen können. Mit Sprache können Menschen am gesellschaftlichen Leben teilhaben.

Eine besondere Bedeutung hat die **Schriftkultur,** die es ermöglicht, über ein Medium Nachrichten und Botschaften zu versenden und zu empfangen.

Durch das Sprechen wird die Speicherkapazität des Gedächtnisses trainiert. Das kann besonders beim Erwerb einer Zweitsprache überprüft werden, wenn auf Erfahrungen der Erstsprache zurückgegriffen werden kann.

Sprachliche Ebenen, die ein Kind erlernen muss:
1. Phonetik/Phonologie
Die Phonetik beschreibt die Art, wie wir **Laute** produzieren und wahrnehmen. Sie umfasst Prozesse, die über den einzelnen Laut hinausgehen. Ein Teilbereich ist die Prosodie („Melodie"). Sie beschreibt den Einsatz der Stimme durch Veränderung der Tonhöhe, Lautstärke, Geschwindigkeit, Betonungen, Pausen.

2. Lexikon/Semantik
Das Lexikon ist der **Wortschatz,** also alle Wörter, die wir kennen.
Die Semantik beschreibt die **Bedeutung** eines Wortes, also das abstrakte Konzept, das wir mit einem Begriff verbinden.

3. Morphologie/Syntax
Die Morphologie beschreibt die **Wortbildung,** z.B. die verschiedenen Möglichkeiten, wie Wörter gebildet werden können: einsilbig, zweisilbig, mit Vorsilben, Plural, Singular, Gegenwart, Vergangenheit, Zukunft usw.

Die Syntax beschreibt den **Satzbau,** nämlich, wie einzelne Inhalts- und Funktionswörter zusammengesetzt werden, damit ein Satz entsteht, der der Grammatik korrekt entspricht.

5.1.3 Ganzheitliche Sprachförderung

Im Konzept des **ganzheitlichen Lernens** wird das Zusammenspiel von Körper, Seele und Geist als ein Grundprinzip menschlicher Entwicklung angesehen. Diese Idee ist in allen Bildungsplänen im Elementarbereich zu finden wie auch - daraus abgeleitet - die Vorstellung vom **Lernen mit allen Sinnen.** Der Beschluss der Jugendministerkonferenz bestätigt, dass „das pädagogische Programm in den Kindertageseinrichtungen durch das Prinzip der ganzheitlichen Förderung geprägt und eine Fächerorientierung oder Orientierung an Wissenschaftsdisziplinen dem Elementarbereich fremd ist" *(Jugendministerkonferenz vom 13./14.05.04).*

Die **Selbsttätigkeit des Kindes** wird als weiteres wesentliches Entwicklungsprinzip verstanden. Es handelt sich beim Lernen nicht nur um Wissensaneignung und Übernahme von Regeln, sondern um Wahrnehmungsprozesse, um die Einordnung und Strukturierung von Erfahrungen und um Gedächtnisleistungen. Das Gelernte muss Anwendung finden und für die Bewältigung neuer Situationen sinnvoll sein. Lernen wird also als ein „ganzheitlicher Prozess verstanden, bei dem nicht nur Wissen und Erkenntnisse verändert werden, sondern auch Haltungen, Einstellungen, Gefühle" *(Schneider 2004, S. 11).*

Auch Sprachentwicklung muss deshalb einen individuellen Bezug zum jeweiligen Kind und seine anregungsreiche Umgebung haben. **Ganzheitliche Sprachförderung** umfasst verschiedene Ebenen von Sprache, neben den verbalen Äußerungen auch die Körpersprache und **situative Aspekte** des Kommunikationsprozesses. So wird ein Kind beim Zubereiten seiner Lieblingsspeise nicht nur die Küchengeräte benennen können, es weiß dann auch, was ein Rezept ist, es kennt die Lebensmittel, hilft beim Zubereiten, genießt das Ergebnis mit anderen und wird davon erzählen. Wenn die Erzieherin diesen Prozess fotografiert oder filmt, kann das Kind später anhand der Bilder erzählen, was es erlebt hat. Das Kind kann auch Rückfragen und Verständnisfragen stellen. Fast nebenbei erfährt es dadurch auch, dass das Angebot in der *Vergangenheit* stattfand.

> Sprache soll in all ihren Facetten im **Alltag** von Kindern und Erwachsenen systematisch wahrgenommen, gefördert und verstanden werden und nicht als isolierte Trainingsarbeit betrachtet werden. Es ist dabei unbedingt auf Anschaulichkeit und Sprachbegleitung und geeignetes Material/Medien zu achten.

5.1.4 Jugendsprache als Element der Jugendkultur

Als Jugendsprache werden bestimmte Sprechweisen oder sprachliche Muster bezeichnet, die unterschiedliche Gruppen von Jugendlichen zu verschiedenen Zeiten in verschiedenen Altersstufen und Kommunikationsbedingungen verwenden oder verwendet haben.

Sie ist damit eine Variation der Standardsprache, die sich in der gruppeninternen Kommunikation herausbildet und die nicht einheitlich ist, sondern von verschiedenen geografischen, sozialen und historischen Bedingungen abhängt. Zu den Funktionen der Jugendsprache gehören:

- → Identitätsfindung in der Auseinandersetzung mit Rollen- und Statuszuschreibungen durch die gesellschaftliche Norm,
- → konspirative Funktion,
- → emotional-expressive Funktion,
- → Benennungsfunktion für bestimmte Realitäten von jugendlichen Lebensweisen.

Merkmale der Jugendsprache sind der Wortschatz und bestimmte Stilmittel, wie z. B. Übertreibung, Ironie, Provokation, Spiel, Intensivierung. Die meisten Ausdrucksformen sind kurzlebig, manchmal finden sie auch Eingang in die Alltagssprache, wie z. B. „cool“ oder „chillen“.

↗ FAZIT

- → **Sprachliche Bildungsprozesse** anzuregen, ist eine verantwortungsvolle Querschnittsaufgabe für Pädagogen. Bei allen Bildungsangeboten und im täglichen Zusammensein ist v. a. auf die Individualität des Kindes, auf Anschaulichkeit, Sprachbegleitung und die Beteiligung mehrerer Sinne zu achten.
- → In allen Bildungseinrichtungen gebührt der Familiensprache eines Kindes Respekt. Sprache ist als Prozess mit gegenseitiger Wertschätzung zu begreifen, in dem Kinder und Erwachsene zusammenarbeiten.
- → Die Medienvorliebe von Kindern sollte in der sprachlichen Bildungsarbeit genutzt werden.

→·← AUFGABEN UND ANREGUNGEN

1 Erfassen Sie die Jugendsprache in Ihrem persönlichen Umfeld.

2 Beschreiben Sie, welche Bedeutung die Sprache für Sie im Alltag hat.

TIPPS ZUM WEITERLESEN →→

- → Sprachliche Förderung in der Kita
  Karin Jampert, Kerstin Leuckfeld, Anne Zehnbauer, Petra Best, u. a., Verlag das Netz, Berlin 2006
- → Schlüsselkompetenz Sprache
  Karin Jampert, Petra Best, Angela Guadatiello, Doris Holler, Anne Zehnbauer, Verlag das Netz, Berlin 2005

5.2 Mehrsprachigkeit

Sie lesen in einem Artikel der Sonntagszeitung:

„Mehrsprachigkeit gewinnt weltweit an Bedeutung. Etwa 70 % der Weltbevölkerung spricht täglich mindestens zwei Sprachen und ca. 50 % der Kinder sprechen in der Schule eine andere Sprache als zu Hause. In Deutschland jedoch scheint Mehrsprachigkeit eher als Belastung empfunden zu werden. In einem weitgehend monolingualen Bildungssystem wird der Bereicherung durch kulturelle und sprachliche Vielfalt noch zu wenig Beachtung geschenkt."

Sie stutzen und wundern sich vielleicht angesichts dieser hohen Prozentzahlen von Menschen, die zwei Sprachen sprechen. Vielleicht kommen Sie zu folgendem Schluss: Es ist wichtig, die Muttersprache der Kinder positiv wahrzunehmen. Das ist der erste Schritt zu mehr Akzeptanz. Aber wie geht´s dann weiter?

Wir verstehen uns gut.

↘ FRAGEN

→ *Wie gelingt es pädagogischen Fachkräften, Kinder sprachlich zu integrieren?*

→ *Was bedeutet eigentlich Sprachförderung?*

5.2.1 Sprache als Medium interkultureller Integration

> „Die Grenzen meiner Sprache(n) sind die Grenzen meiner Welt.“ *(Ludwig Wittgenstein)*

Mehrere Studien der letzten Jahre (PISA-Studie, IGLU-Studie 2006 u. a.) belegen, dass im deutschen Schulsystem bei Eintritt in die Bildungsinstitutionen bestehende Chancenungleichheiten später kaum ausgeglichen werden. In den vergangenen Jahren wurden deshalb verschiedene Anstrengungen unternommen, v. a. die **Sprachkompetenz** benachteiligter Kinder zu fördern. Bundesweit wurden zahlreiche Sprachmaterialien, Förderprogramme und Projekte entwickelt. In den aktuellen Bildungsplänen (aller Bundesländer) für den Elementarbereich spielt „Sprache“ deshalb eine herausragende Rolle. Es gibt dazu derzeit folgende Positionen:

1. Grundsätzlich geht es darum, **alle** Kinder zu fördern.
2. Unterschiedlich sind die **Vorgehensweisen,** Kinder in gezielten Gruppen speziell zu fördern
3. Der pädagogische Alltag und die Haltung der Pädagogen stehen stärker im Fokus, um **natürliche Sprachanlässe** zur Förderung zu nutzen.
4. Die Wertschätzung und Zusammenarbeit mit den **Eltern** ist von großer Bedeutung.
5. Die **Kooperationen** mit anderen Menschen und Institutionen (Netzwerke im Stadtteil) wirken anregend und unterstützend.

Kulturelle Integration durch Sprache

Gefördert werden soll freies und zielgruppenorientiertes Sprechen zu verschiedenen Sachverhalten und in verschiedenen Situationen.

Ein mehrsprachiges Aufwachsen muss keine Überforderung für die Kinder bedeuteten, insbesondere dann nicht, wenn **Mehrsprachigkeit** ausdrücklich begrüßt und gefördert wird. Krippen und Kindergärten können die Förderung der Mehrsprachigkeit jedoch nicht alleine schultern. Es ist notwendig, dass die Einrichtungen den Kontakt zu den Eltern suchen und möglichst intensiv die Kooperation mit allen Familienmitgliedern pflegen. Es gilt, der Familiensprache des Kindes unbedingt Respekt zu zollen. Es ist immer zu beachten, dass der Spracherwerb ein Prozess ist, in dem Kinder und Erwachsene zusammenarbeiten. Ein Perspektivwechsel sollte möglich sein und die Bereitschaft, symbolische Mittel miteinander zu vergleichen, sollte gefördert werden. Fördern sollte man aber auch die Bereitschaft, zu übersetzen und dadurch Sprachvielfalt zu ermöglichen. Pädagogische Fachkräfte müssen über sprachliches Fachwissen verfügen, auch in Bezug auf die deutsche Sprache, damit sie die Sprachentwicklung und -fortschritte von Kindern kennen und beachten können.

Beim Erwerb der Lautsysteme und basaler morpho-syntaktischer Regeln der **Erstsprachen** gelten z. B. folgende Besonderheiten:

- → **die Lautsysteme sind zwar in allen Sprachen unterschiedlich,**
- → **überall werden jedoch typische Verkürzungen, Ersetzungen, Vertauschungen beobachtet, die mit der noch geringen Kapazität des Arbeitsgedächtnisses und mit den sich noch entwickelnden organischen Voraussetzungen (Kehlkopfausbildung, Zungenstellung, Zahnstellung) zusammenhängen.**

Die **Entwicklungsmuster** der deutschen Sprache *(vgl. HF 2, Kap. 1.4.7)* müssen den Fachkräften bekannt bzw. verfügbar sein. Sie benötigen Informationen über die Entwicklungsverläufe im natürlichen Erwerb der basalen Grammatik der deutschen Sprache.

Für die Wortstellung in Sätzen und vor allem für morphologische Besonderheiten (mit komplizierten Pluralbildungen und Flexionen) fallen Entwicklungsmuster auf, die „u-förmig“ verlaufen *(vgl. HF 1, Kap. 1.4.7)*. Das heißt, Kinder jüngeren Alters benutzen durchaus korrekte Formen, die sie geläufig imitieren, zu einem späteren Zeitpunkt jedoch – und zwar auf der (nicht bewussten) Suche nach Regeln – können sie so lange **Übergeneralisierungen** produzieren, bis sie im Regelgebrauch sicherer sind (beispielsweise *Schühe* statt Schuhe, *gegesst* statt gegessen). Solche völlig normal verlaufenden Entwicklungen müssen Fachkräfte kennen, damit sie die Kinder mit den nötigen Rückmeldungen versorgen können und nicht als Fehler registrieren, was im Grunde genommen ein Anzeichen für produktives Lernen ist.

Wörter, Formeln und ihre Bedeutungen

Kinder benennen zuerst vertraute Menschen und Gegenstände oder Tätigkeiten, die für sie von Bedeutung sind.

Später lernen sie dann, dass ein „Ding" nicht nur einen Namen hat (Auto, VW, Pkw), sondern dass ein und derselbe Namen für Verschiedenes stehen kann (z. B. Bank, Hof) und dass Wörter willkürliche Vereinbarungen unter Sprachgemeinschaften sind.

Der Spracherwerb muss im Zusammenhang von kognitiver und sozialer Entwicklung gesehen werden. Der Spracherwerb steht in Wechselwirkung mit anderen sich entwickelnden Kompetenzen der Wahrnehmung, Einordnung und dem Bewerten von Gegenständen, Lebewesen und Ereignissen. Es geht hier um das Aushandeln und Ausführen von Intentionen mit anderen Menschen und um das Erkennen der Bedürfnisse und Motive anderer, um Einsichten, Abläufe und Begründungen für Geschehnisse sowie um die Aneignung von Symbolen für Kategorien und Klassen in der wahrgenommenen und vorgestellten Welt.

Entwicklungsfördernde Aktivitäten
Kinder erweitern ihre Sprachfähigkeiten, indem sie Fantasie entwickeln, mit Erwachsenen kooperieren, Pläne schmieden, Probleme erkennen und gemeinsam lösen. Fachkräfte sind dazu aufgerufen, in den Einrichtungen Aktivitäten und Interaktionen anzuregen und zu begleiten, in denen sich diese Entwicklungsprozesse entfalten können. Grundlegende Qualifikationen dafür sind Kommunikations- und Kooperationsfähigkeit.

Inszenierte Sprachlernsituationen können produktiv für Sprachlernsituationen genutzt werden. Organisatorische Abläufe in Einrichtungen sind relativ zeitaufwendig, wiederholen sich und haben im Alltag Bedeutung. Sie regeln das Gruppenleben und können als Sprachförderung sinnvoll genutzt werden. Beispiele dafür sind:

- → verbindliche Rituale wie Abschied nehmen, begrüßen,
- → Essgewohnheiten,
- → Abläufe beim Spielen,
- → Aufräumen und Ausruhen.

In all diesen Situationen wird ein sprachlicher Input geboten. Wichtig ist, dass die Erzieherin alles, was sie tut, **sprachlich begleitet** und beschreibt. Die Erzieherin kann die Kinder sprachlich zum Handeln auffordern, etwas zu tun, bringen oder holen. Dabei kann sie erkennen, ob die Kinder den Inhalt verstehen. Die Kinder können erklären, wofür das Material gedacht ist, das auf dem Tisch steht. Wörter, die die Kinder vermutlich noch nicht kennen, sollten erklärt werden. Die Erzieherin sollte immer darauf achten, dass die Satzstrukturen dem Sprachniveau der Kinder entsprechen.

> Für Vorschulkinder ist das **Spiel** die vorherrschende Tätigkeit. Beim Miteinanderspielen entwickeln sich Kooperation, Fantasie und Sprache im Verbund. Geeignete Angebote wie Symbolspiele, Rollenspiele und Regelspiele, Literacy und Singen, Bewegung und hauswirtschaftliche Betätigung ermöglichen Text- und Sprachkompetenz und regen die Erzählfähigkeit an.

5.2.2 DaZ und Bilingualität

Die Konzepte *Deutsch als Zweitsprache* (DaZ), *Bilingualität* (Zweisprachigkeit) und *Mehrsprachigkeit* nehmen die sprachliche Förderung im Rahmen einer interkulturellen Erziehung in den Blick. Genauer, das sprachliche Wissen der Kinder in ihren Erstsprachen und in der deutschen Sprache – im kognitiven und emotionalen Sinn. Die Konzepte berücksichtigen dabei, dass auf der Ebene des kindlichen Verständnisses die **Sprache** und die **Kultur** ganz eng miteinander verbunden sind. Durch die Gestaltung einer multikulturellen und mehrsprachigen Umgebung sollen die Kinder mit ihren vorhandenen sprachlichen Fähigkeiten ernst genommen werden, sich wohlfühlen und die Möglichkeit haben, von Anfang an am Alltagsgeschehen teilzunehmen. Auch Kinder, die in pädagogischen Einrichtungen zum ersten Mal mit der deutschen Sprache in Kontakt kommen, haben bereits wesentliche Entwicklungsschritte gemeistert. Ihr kognitiver Entwicklungsstand ist ihren Deutschkenntnissen überlegen. Deshalb müssen Erzieherinnen ihre sprachlichen Handlungen an diese Fähigkeiten der Kinder anpassen.

Und ihnen auch Handlungsmöglichkeiten - unabhängig von den Deutschkenntnissen - anbieten. Zwei- oder mehrsprachige Fachkräfte sind besonders dafür geeignet, die Mehrsprachigkeit der Kinder zu fördern. Anzubieten sind geeignete Medien und Materialien in verschiedenen Sprachen und verschiedener Kulturen (Bücher, Spiele usw.).

Eine kolumbianische Puppe

↗ FAZIT

- → **Erzieher und Erzieherinnen müssen wissen, dass Kinder auch dann, wenn sie die deutsche Sprache nicht sprechen, in anderen Bereichen wesentliche Entwicklungsschritte bereits gemeistert haben.**
- → **Absolute Wertschätzung der Kinder und deren Erstsprache sowie Fachkenntnisse sind notwendig, um die Besonderheiten der Sprachstrukturen (der jeweiligen Sprachen) erkennen und um das Sprachverhalten von Kindern einordnen und sie gezielt fördern zu können.**

→·← AUFGABEN UND ANREGUNGEN

1 Finden Sie heraus: Wer spricht in Ihrer Klasse welche Sprachen? Was ist in dieser Sprache anders als in der deutschen Sprache?

2 Leihen Sie ein „Sprachförderprogramm" aus und untersuchen Sie es genau.
- → **Welche Ziele verfolgt das Programm?**
- → **Wie ist die Vorgehensweise? Welche Zielgruppe wird damit angesprochen?**

3 Nehmen Sie an einer Sprachfördereinheit teil.

4 Hospitieren Sie und achten Sie dabei auf das Sprachverhalten der Pädagogin!

5 Lassen Sie sich selbst von einer pädagogischen Fachkraft im Sprachverhalten beobachten. Zu welchen Erkenntnissen kommt sie?

TIPPS ZUM WEITERLESEN →→

→ Sprache fördern im Kindergarten. Umsetzung wissenschaftlicher Erkenntnisse in die Praxis
Werner Knapp, Dietlind Kucharz, u. a., Beltz, Weinheim 2010

5.3 Sprach- und Leseförderung

Sie beschäftigen sich während eines Praktikums zunehmend mit der Situation von Kindern, die im sprachlichen Bereich besonderer Unterstützung bedürfen.

FRAGEN

- *Welche Möglichkeiten gibt es, die Sprache zu fördern?*
- *Worauf müssen Sie während des Praktikums achten?*
- *Welche Rolle spielt eigentlich das Vorlesen?*

5.3.1 Programme zur Sprachförderung

Sprachkompetenz und Bildungschancen
Nach wie vor sind Kinder, denen die Sprachkompetenz im Deutschen fehlt, im Bildungssystem benachteiligt. In Sprachfördereinheiten wird versucht, diese vorhandenen Benachteiligungen auszugleichen, indem gezielt die sprachlichen Kompetenzen dieser Kinder gefördert werden sollen. Die zu fördernden Sprachbereiche sind vor allem die **phonologische Bewusstheit,** der **Wortschatz,** die **Grammatik,** das **Gespräch,** Erklären, Erzählen und Vorlesen *(vgl. Knapp 2008).*

Die Konzepte und Programme zur Sprachförderung unterscheiden sich stark. Sie können nach folgenden Aspekten typisiert werden.

- Zielgruppe
- Herkunft des Konzepts
- Didaktisch-methodischer Ansatz
- Curriculum
- Sozialform

In der nachfolgenden Tabelle sind einige Beispiele aufgeführt:

Konzept	Zielgruppe	Herkunft	Didaktik und Methodik	Curriculum	Sozialform
Würzburger Trainingsprogramm	Kinder, die bei einem Screening zur Früherkennung von LRS auffielen	Linguistik, Psychologie	Übungen	Programm, Linguistische Progression	Teilgruppe
Sprachförderung in Bildungsbereichen (Jampert u. a.)	alle Kinder	Elementarpädagogik	Integration in den Alltag	offen	Gesamtgruppe
Interaktionsorientiert (Beate Kolonko)	alle Kinder, insbesondere Kinder mit Spracherwerbsstörungen	Sprachheilpädagogik	situationsorientiert	offen	Gesamtgruppe Teilgruppe
Schlüsselsituation Sprache (Jampert u. a.)	DaZ, Sprachförderbedarf	Elementarpädagogik	Integration in den Alltag, situationsorientiert	offen	Gesamtgruppe Teilgruppe
Kon-Lab (Zvi Penner)	DaZ, Sprachförderbedarf	Linguistik	Übungen, Spiele, multimedial	Programm, linguistische und thematische Progression	Teilgruppe
Förderung der Literalität Literacykonzept	alle Kinder, Sprachförderbedarf	Literaturdidaktik, Psychologie	Integration in den Alltag, Vorlesen	offen	Gesamtgruppe
Maier, W.	DaZ, Sprachförderbedarf	Fremdsprachendidaktik	situationsorientierte Übungen	Programm, linguistische und thematische Progression	Teilgruppe
Kieler Modell	DaZ, Sprachförderbedarf	Linguistik	situationsorientiert	offen	Teilgruppe
Wir verstehen uns gut (Elke Schlösser)	DaZ, Sprachförderbedarf	Linguistik	Übungen, Spiele, multimedial	Programm, linguistische und thematische Progression	Teilgruppe

Vor der Anwendung eines Programms ist zu klären, welches Ziel mit der Sprachförderung verfolgt werden soll: Geht es um die Förderung der phonologischen Bewusstheit, ist das Würzburger Trainingsprogramm „Hören, lauschen, lernen" bestens geeignet. Für die Förderung von „Deutsch als Zweitsprache" sind Programme wie „Wir verstehen uns gut", „Kon-Lab" und das Programm von Maier gedacht. Für eine türkische Zielgruppe ist der Kieler Modellversuch entwickelt worden.

5.3.2 Sprachförderung im pädagogischen Alltag

Die pädagogischen Fachkräfte müssen sich bewusst sein, dass sie in mehrfacher Hinsicht **Sprachvorbilder** sind: mit ihrem eigenen Sprachgebrauch, ihrer Haltung zu sprachlicher Kommunikation und Sprache und nicht zuletzt mit ihrer Haltung gegenüber anderen Sprachen und Dialekten. Die Grundhaltung ist von besonderer Bedeutung:

Die Sprachentwicklung muss systematisch begleitet und gefördert werden, und zwar von Anfang an und bei allen Kindern. Hierbei spielt eine **sprachanregende Umgebung** die entscheidende Rolle.

Ganz im Sinne Maria Montessoris sollten die Räume für Kinder anregend gestaltet sein und zum Selbsttätigsein einladen. Materialien, Bücher, Medien sollten für Kinder gut sichtbar und gut erreichbar präsentiert werden (Aufforderungscharakter).

Unterschiedliche Räume mit unterschiedlichen Funktionen bieten den Kindern Orientierung und verschiedene Sprachanlässe. Kinder erfahren, wo sich Gegenstände befinden (Struktur). Hilfreich sind Bilder, Symbole und Schrift, um die Materialien zu finden und selbstständig wieder zu verräumen. Kinder lernen, dass es z. B. im Bewegungsraum andere Materialien gibt als im Kinderatelier, im Naturraum lassen sich wieder andere Erfahrungen, andere Materialien und Gegenstände sammeln und finden. Kinder lernen Werkzeuge kennen. Sinnvoll ist es, wenn Begriffe und der Umgang mit Werkzeugen gelernt werden (z. B.: der Hammer, die Tätigkeit: hämmern).

Sprachförderung findet besonders durch Anschauung, selbst tätig sein und Sprachbegleitung statt.

Für alle Altersstufen und in verschiedenen Sprachen müssen ansprechende, sprachanregende und interessante Materialien vorhanden sein, um den unterschiedlichen Entwicklungsstufen der Kinder gerecht zu werden. Kinder verändern sich und so sind auch die sprachlichen Angebote zu verändern, d. h. bewusst an die Fähigkeiten der Kinder anzupassen, um sie nicht zu unterfordern aber auch nicht zu überfordern.

Die Schriftsprache muss bei der Planung immer mitgedacht werden, denn sie ist eine frühe Hinführung zur Schriftkultur. Kinder lernen den Wert der Schrift kennen und nebenbei die formalen Eigenschaften der Sprache. „Die Schriftsprache wird von der Sprechsprache des Kindes her aufgebaut. Bevor Kinder schreiben, sprechen sie. Bevor Kinder lesen, sprechen und schreiben sie. Ganz allmählich baut sich das Kind seine Schriftsprache selbst auf, aber nicht ohne Hilfe." *(Tenta 2002)*. Sprachangebote und Schriftangebote sind nicht als Zusatzangebote zu verstehen, sondern begleiten die Kinder auf Schritt und Tritt im pädagogischen Alltag.

Mit folgenden **Modellierungstechniken** können Erzieherinnen kindliche Äußerungen sinnvoll korrigieren:

1. **Expansion:** Kindliche Äußerungen werden unter Einbau der Zielstruktur vervollständigt.
   Beispiel im Kontext „Unfallspiel":
   Kind: „Jetzt der Feuerwehr abgeschleppt werden."
   Erzieherin: „Ja, die Feuerwehr muss abgeschleppt werden."
2. **Umformung:** Kindliche Äußerungen werden in veränderter Form wiedergegeben, wobei die Zielstruktur eingeführt oder variiert wird.
   Beispiel im Kontext „Autospiel":
   Kind: „Nimm das Lastauto!" oder „Du sollst das Lastauto nehmen!"
   Erzieherin: „Gut, ich soll das Lastauto nehmen."

3. **Korrektives Feedback:** Kindliche Äußerungen mit fehlerhafter Zielstruktur werden berichtigt wiedergegeben.
   Beispiel im Kontext „Unfallspiel":
   Kind: „Der Unfallwagen kommen muss."
   Erzieherin: „Der Unfallwagen muss nicht kommen."
4. **Modellierte Selbstkorrektur:** Fehler des Kindes bei der Zielstruktur werden von der Erzieherin übernommen und sofort bei sich selbst korrigiert.
   Beispiel im Kontext „Piratenspiel":
   Kind: „Wir muss uns beeilen."
   Erzieherin: „Stimmt, wir muss ... ach falsch ... wir müssen uns beeilen."
5. **Extension:** Es wird semantisch an die kindliche Äußerung angeknüpft und unter Verwendung der Zielstruktur logisch weitergeführt.
   Beispiel im Kontext „Unfallspiel":
   Kind: „Tot wer?"
   Erzieherin: „Ja, der Krankenwagen muss kommen."

(Vgl. Hellrung 2006)

5.3.4 Leseförderung

Kinder, denen nicht vorgelesen wird, sind benachteiligt. Auch die Hirnforschung bestätigt, dass neuronale Strukturen ohne Vorlesen nicht ausgebildet werden. Der Einfluss des Vorlesens, so die Auswertung der Studien *(Vorlesestudie 2007),* hat auf die Lesemotivation erheblichen Einfluss. Insgesamt ist festzustellen, dass pädagogische Fachkräfte nicht mehr davon ausgehen können, dass die Kinder, die in sozialpädagogische Einrichtungen kommen, lesesozialisiert sind. Deshalb sind die Kinder in diesem Bereich zunehmend auf die Fachkräfte angewiesen, die vorlesen, um die sprachlichen Kompetenzen zu fördern, damit diese Benachteiligungen ausgeglichen werden.

Seit 2007 erforscht die Vorlesestudie der Deutschen Bahn, der ZEIT und der Stiftung Lesen aus unterschiedlichen Perspektiven empirisch die familiäre Vorlesekultur in Deutschland. Das Ergebnis: Die Vorlesesituation in Deutschland ist defizitär - vielen Kindern fehlt der zentrale Bildungsanreiz „Vorlesen" völlig, bei anderen kommt er zu kurz und erfolgt meist nur durch die Mütter.

Die aktuellste Vorlesestudie von 2011 über „Die Bedeutung des Vorlesens für die Entwicklung von Kindern" wurde in einer repräsentativen Befragung von Zehn- bis Neunzehnjährigen ermittelt. Die Fragestellung lautete: „Was bringt Vorlesen für die Entwicklung von Kindern?" Das Ergebnis der Studie lässt sich wie folgt zusammenfassen:

„Zwischen Vorlesen in der Kindheit und dem späteren Leseverhalten besteht ein positiver Zusammenhang - insbesondere für das Bücherlesen. Je häufiger vorgelesen wird, desto deutlicher ist dieser Zusammenhang auch bei jungen Erwachsenen (17-19 Jahre) nachweisbar. Vorlesen ist damit ein besonders nachhaltiges Investment in die Entwicklung von Kindern. Ein Zusammenhang wurde auch für körperliche Aktivitäten und musisch kreative Tätigkeiten nachgewiesen. Vorlesen ist damit ein zentraler Baustein einer ganzheitlichen Erziehung. Die Studie zeigt empirisch fundiert, Vorlesen ist kein ‚nice to have', sondern ein zentraler Impuls für die Kompetenzentwicklung in ganz unterschiedlichen (Bildungs-) Bereichen."

Was will Leseförderung?
Leseförderung will bei Kindern und Jugendlichen das Interesse und die Freude am Lesen und Literatur wecken. Wenn Leseförderung gelingt, haben Kinder und Jugendliche mehrere Vorteile:
- → die Kulturtechnik Lesen wird besser beherrscht,
- → mehr Hintergrundwissen wird erworben,
- → der Wortschatz wird erweitert.

Leseförderung ist also auch wichtig für Menschen mit Migrationshintergrund zur Förderung des Spracherwerbs, denn die Schriftsprache wird durch Lesen erworben. Sie geschieht am wirkungsvollsten in Familien. Zunehmend wird die Leseförderung in der Kinderkrippe, im Kindergarten und in der Schule geleistet.

Bibliotheken fördern das Lesen durch interessante Angebote, u.a. Lesewettbewerbe, die Anreize bieten sollen, sich mit einem selbst ausgewählten Buch einer Öffentlichkeit zu präsentieren (Schulklasse, Schulgemeinschaft, Stadtbibliothek, Landesentscheid usw.).

Lesepaten sind eine Form des bürgerschaftlichen Engagements. Sie fördern durch ihre ehrenamtliche Tätigkeit die Lesekompetenz der Kinder, indem sie Kindern regelmäßig - z.B. in Kindergärten - vorlesen.

Dadurch schaffen sie eine Vorlesesituation, die den Kindern Vertrautheit und Kommunikation und vor allem auch den Umgang mit dem Buch ermöglicht, ganz im Sinne von **Literacy.**

> Der Begriff **Literacy** bezeichnet nicht nur die Fähigkeiten des Lesens und Schreibens, sondern auch Text- und Sinnverständnis, Erfahrungen mit der Lese- und Erzählkultur der jeweiligen Gesellschaft, Vertrautheit mit Literatur und anderen schriftbezogenen Medien (inkl. Internet) sowie Kompetenzen im Umgang mit der Schriftsprache.

Lange bevor Kinder schreiben und lesen können, machen sie Erfahrungen mit der Erzähl-, Buch-, und Schriftkultur. Diese Grundlagen haben nachhaltige Auswirkungen auf die Sprache, das Wissen, die Einstellungen und das Verhalten von Kindern, und zwar bereits lange vor der Schule. Kinder mit reichhaltigen Literacy-Erfahrungen haben nachgewiesenermaßen Entwicklungsvorteile in den Bereichen Kommunikation, Lesen und Schreiben. Je nach soziokulturellem Hintergrund und Umfeld sind die Erfahrungen der Kinder höchst unterschiedlich. Bei manchen Kindern ist der Umgang sehr gezielt, bei anderen eher zufällig. Die Familie ist für diese frühen Lernanregungen sehr bedeutsam. Hier wird bereits der Zugang zu Literatur und Lesegewohnheiten gelegt. Dabei ist zunächst nicht entscheidend, was dem Kind vorgelesen wird, sondern, dass dem Kind überhaupt vorgelesen wird.

Da viele Kinder diese Erfahrungen zu Hause nicht machen, werden die pädagogischen Fachkräfte kompensatorisch wirken und Buchkultur und Schriftkultur in vielfältiger Form anbieten, werden vorlesen und nacherzählen und freies Erzählen und Schreiben anregen.

↗ FAZIT

→ **Sprachförderung** kann auf unterschiedliche Arten geschehen: Zunächst in alltäglichen (natürlichen) Situationen, durch bewusste Literacy-Erfahrungen, durch gezielte Sprachförderung in Kleingruppen, aber auch durch andere unterstützende Maßnahmen, wie z. B. Leseförderung durch Lesepaten, Lesekoffer usw.

→·← AUFGABEN UND ANREGUNGEN

1 Finden Sie heraus, welche Vorstellung von Sprachförderung in der Einrichtung, in der Sie Ihr Praktikum absolvieren, vorhanden ist und wie Sprachförderung aktiv betrieben wird. Stellen Sie in der Klasse die Konzepte vor, vielleicht im Rahmen einer kleinen Ausstellung. Zu welcher Erkenntnis kommen Sie?

2 Gibt es in der pädagogischen Einrichtung eine Bibliothek? Welche Bücher sind vorhanden? Werden die Bücher, Spiele, Materialien den Eltern ausgeliehen?

3 Gehen die Erzieherinnen mit den Kindern in die Stadtbibliothek, um Medien auszuleihen?

4 Welche Möglichkeiten werden dort für Kinder und Eltern angeboten?

TIPPS ZUM WEITERLESEN →→

→ Programm „Lesestart - Drei Meilensteine für das Lesen“
www.stiftunglesen.de

→ Leseprojekt des Börsenvereins des deutschen Buchhandels
www.vorlesewettbewerb.de

→ Leseförderung Online durch Leseportale wie Antolin und Lepion

5.4 Kinder- und Jugendliteratur

Christopher geht in die dritte Klasse einer hessischen Grundschule. Gemeinsam mit seinen Eltern gibt er Auskunft über seine Leseerfahrungen: „Gerade habe ich ‚Die Zeitdetektive im alten Rom' gelesen. Das ist eine ganz spannende Geschichte von drei Kindern, die im alten Rom helfen, ein Verbrechen aufzuklären. Ich kenne mich gut aus mit dem alten Rom, da habe ich auch eine Was-ist-Was-DVD darüber angesehen und das Buch dazu habe ich schon lange."

Hast du noch andere Lieblingsbücher?
„‚Das magische Baumhaus', da habe ich aber schon alles gelesen. Dann lese ich mit Mama abwechselnd eine Seite in ‚Der kleine Ritter Trenk'. Das machen wir immer am Wochenende nach dem Aufwachen im Bett. Das ist schön und die Geschichte ist cool, aber völlig ausgedacht."

Was hast du denn früher in der ersten Klasse oder als du noch im Kindergarten warst gerne angeschaut?
„Als Erstklässler fand ich ‚Wicki und die starken Männer' ganz toll. Und ‚Ritter Rost', den habe ich auch als CD tausendmal gehört."
... und im Kindergarten?
„Oh, das ist lange her ..."
Die Mutter hilft: „Da hast du ‚Lars der kleine Eisbär' sehr gemocht und dann kam ‚Petterson und Findus' ..."
Sohn lacht: „Oh ja, ‚Eine Geburtstagstorte für die Katze' – da kann ich mich noch immer kaputtlachen!"

Können Sie sich noch erinnern, ob er vor dem Kindergarten schon Bücher angeschaut hat?
Der Vater: „Da lag er mit seiner Schwester oft auf dem Fußboden und sie haben sich gegenseitig gezeigt, was in den Wimmelbüchern zu sehen ist. Er mochte gerne Bücher mit Baustellenfahrzeugen, mit Polizei und Feuerwehr. Die konnte er nach täglichem Vorlesen irgendwann auswendig und hat sie sich dann selbst ‚vorgelesen', wenn mal kein Erwachsener Zeit hatte."

Klingt so, als spielten Bücher in Ihrem Haushalt eine große Rolle?
Die Mutter: „Ich habe beide Kinder schon früh mit in die Stadtbücherei genommen. Da durften sie sich dann Bilderbücher und Hörspiele ausleihen. Auf diese Weise haben wir sicher ein Vermögen für Benjamin-Blümchen- und Bibi-Blocksberg-Kassetten gespart. Auch die Großeltern haben gerne Bücher geschenkt und sich immer Zeit genommen, den Kindern vorzulesen."

Du hast noch eine ältere Schwester, wie alt ist sie und was liest die so?
„Sie ist zwölf und ihr Lieblingsbuch heißt ‚Die schrecklichsten Mütter der Welt' und dann liest sie dauernd so Krimis aus einer Reihe, die heißt ‚Fear Street'. Und Harry Potter hat sie alle sieben Bände schon ganz oft gelesen."

Unterhältst du dich auch mit deinen Freunden über Bücher?
„Mehr über Lego- und Playmobil, aber manchmal leiht sich mein Freund auch meine Bücher oder CDs aus. Der hat nämlich viel weniger Bücher als ich. Ich hab auch schon auf ANTOLIN fast alle Bücher besprochen, die ich so lese, und hab da über tausend Punkte. Am Ende des Schuljahres bekommen wir dann eine Urkunde in der Schule. Da will ich gerne gewinnen."

Lesen ist spannend und sorgt für Gesprächsstoff.

↘ FRAGEN

- → *Beschreiben Sie, was Bücher und Geschichten für Christopher bedeuten.*
- → *Kennen Sie Kinder in Ihrem Umfeld, die ebenso begeisterte Frühleser sind? Was begeistert diese Kinder dabei?*
- → *Wie lassen sich andere Kinder in begeisterte Leser verwandeln?*

Was können gute Kinderbücher leisten?

Kinder, die von klein auf lesen bzw. denen vorgelesen wird, entwickeln eine ganze Reihe wichtiger Kompetenzen. Die Auseinandersetzung mit anfangs noch dicken Pappbilderbüchern bis hin zu Jugendromanen

- → fördert die Sprachentwicklung durch das Üben und Erweitern des Wortschatzes und das Heranführen an den korrekten Gebrauch der Grammatik,
- → fördert die korrekte Aussprache durch das Vorbild des Vorlesers,
- → weckt den Wunsch danach, „selber zu lesen“, und steigert damit die Lesekompetenz,
- → fördert die Kommunikationskompetenz und Fantasie, indem sich Vorleser und Kind darüber austauschen, wie eine Geschichte wohl weitergehen mag,
- → animiert zum Nachmalen oder zum Nachspielen der Handlung und steigert so die Kreativität,
- → fördert die Konzentration,
- → schafft Geborgenheit und Nähe in der Vorlesesituation,
- → weckt das Kunstverständnis über die Illustrationen,
- → entwickelt Humor und Ernsthaftigkeit je nach Situation,
- → hilft, Gefühle zu bewerten und zu verbalisieren,
- → schafft ein Gefühl für Polaritäten wie gut - böse, stark - schwach, richtig - falsch, gerecht - ungerecht, schön - hässlich, usw.
- → bereitet auf das Leben vor, durch altersgerechte Schilderung alltäglicher Probleme und dem Anbieten von Lösungen, die der Protagonist ergreift,
- → dient der Identitätsfindung über Rollenmodelle,
- → gibt dem Kind Orientierung,
- → weckt Sozialkompetenz und Empathie, um sich in andere Menschen einfühlen zu können,
- → fördert Schlüsselqualifikationen für viele Berufe, wie das Verstehen und Interpretieren von Texten.

5.4.1 Die wichtigsten Gattungen der Kinder- und Jugendliteratur

Zu den wichtigsten Gattungen der Kinder- und Jugendliteratur gehören im Einzelnen:

a) Kinderlyrik: Reime - Lieder - Verse
b) Bilderbücher
c) Märchen
d) Kinderbücher
e) Sachbücher
f) Jugendbücher
g) Mädchenbücher
h) Comics und Mangas

a) Kinderlyrik: Reime - Lieder - Verse

Unter dem Begriff Kinderlyrik werden Kinderreime, Verse, Kindergedichte, Kinderlieder, Kinderspielverse und Sprachspiele zusammengefasst.

Zu den **Kinderreimen** und Kinderversen zählen Fingerspiele und Kniereiter für die ersten Lebensmonate und Lebensjahre. Die Texte werden häufig mündlich überliefert, z. B. „Hopp-hopp-hopp, Pferdchen, lauf Galopp“ oder „Hoppe, hoppe Reiter“. Kennzeichnend ist ihre einfache Form, paarweise gereimte Zeilen und der unterstützende, regelmäßige Rhythmus. Kinder freuen sich daran, wenn Reime und Verse aktiv begleitet werden, z. B. bei Abzählversen oder Klatschspielen. Der enge Kontakt zum Erwachsenen ist wichtig und fördert die kindliche Sprechfreude.

Kindergedichte sind überwiegend von Erwachsenen für Kinder geschrieben. In Gedichtsammlungen sind sie häufig thematisch geordnet. Aufgenommen wird, was den Sammlern als geeignet erscheint. Meist sind es sehr einfache Gedichte, es finden sich aber auch solche mit komplexeren Strukturen. Zu den Themen gehört alles, was mit dem Leben von Kindern zu tun hat: die Natur, die Tierwelt, Sachgegenstände aus der Umwelt und Probleme von Kindern. Gedichte regen die Fantasie und das Denk- und Sprachvermögen der Kinder an. Es ist wichtig, bei der Auswahl der Kindergedichte darauf zu achten, dass der Schwierigkeitsgrad Kinder formal und inhaltlich nicht überfordert.

Das Besondere an **Kinder-, Sprach- und Spielliedern** ist die Verbindung von Text und Melodie. Viele beliebte

Kinderlieder sind überliefert, wie z. B. „Fuchs, du hast die Gans gestohlen“ und „Alle meine Entchen“. Daneben gibt es jedoch eine Fülle von neuen Produktionen, die speziell für Kinder geschrieben wurden (z. B. von R. Zuckowski, H. Vahle, L. Edelkötter, D. Kreusch-Jacob).

Spiellieder werden durch Bewegungen ergänzt, was der Bewegungsfreude der Kinder entgegenkommt. Neben der Freude an der Bewegung wird dabei auch das Gemeinschaftsgefühl gefördert. Die klaren Handlungsanweisungen in den Spielliedern ermöglichen es den Kindern, überschaubare Rollen zu übernehmen. Das Selbstwertgefühl der Kinder kann durch das gemeinschaftliche Mittun gestärkt werden. Auch an Sprachspielen haben Kinder große Freude. Sie müssen auch nicht immer sinnvoll sein, ganz im Gegenteil.

Bei Müllers hat's gebrannt, brannt, brannt,
da bin ich hin gerannt, rannt, rannt,
da wollten wir was klaun, klaun, klaun,
da ham se uns verhaun, haun, haun.
Da kam ein Polizist, zist, zist,
der schrieb uns auf die List, List, List,
die List, die fiel in Dreck, Dreck, Dreck,
da war'n die Namen weg, weg, weg.

Die **Themen** der Kinderlyrik, wie z. B. Naturphänomene, Rätsel, Geheimnisse und Familie haben häufig eine pädagogische Bedeutung. Dargestellt werden reale Dinge und Vorgänge, die das Kind umgeben. Durch Reim und Rhythmus werden sie leicht eingängig. Kinderlyrik kann für Kinder durchaus befreiend wirken, wenn sie spüren, dass darin Tabus der Erwachsenen gebrochen werden. Auch das Experimentieren mit Sprache, mit klanglichen und rhythmischen Möglichkeiten sind wesentliche Elemente der Kinderlyrik. Lieder, Reime, Verse und Gedichte bieten ständige Anreize für gemeinsames Spielen, Singen und Sprechen und fördern dadurch die kindliche Lust am Fabulieren. Das Kind erhält Informationen über die Welt, die aktiv aufgenommen und produktiv umgestaltet werden können. Ihre Bewegungsfreude können sie in Hüpf- und Zählspielen ausdrücken. Kinderlyrik sollte situationsgerecht im Alltag der Kinder zum Einsatz kommen, auch bei Bilderbuchbetrachtungen, bei Sing- oder Spielaktivitäten, bei Festen und Feiern. Das Interesse der Erwachsenen an Kinderlyrik und an Sprache überträgt sich häufig auf die Kinder.

Bekannte Gedichtsammlungen:

Josef Guggenmos, „Was denkt die Maus am Donnerstag“, dtv, 2001

Marga Arndt/Waltraud Singer, „Das ist der Daumen Knuddeldick“, Ravensburger Verlag, 2004

Frank Helfrich/Silke Leffler, „Schnipp, Schnapp, Schnorum“, Beltz, 2002

Ilse Walter/Maria Blauejovsky, „Das Jahreszeiten-Reimebuch“, Herder, 2000

b) Bilderbücher

Bilderbücher richten sich vor allem an Kinder zwischen zwei und acht Jahren. Sie können anspruchsvoll unterhalten und künstlerische Ersterfahrungen ermöglichen. Sprache und Denken des Kindes werden angeregt und trainiert. Vor dem Hintergrund sonst eher flüchtiger Bilder bieten Bilderbuchbetrachtungen die Chance, in Ruhe und im selbst gewählten Zeittakt Bilder und Texte wahrzunehmen. **Bilderbuchbetrachtungen** gehören nachweislich zu den wirksamsten Formen der Sprachförderung im frühen Kindesalter. Vor allem, wenn sie im Dialog gestaltet werden, eröffnen sich Kindern vielfältige Bildungschancen. Die Inhalte der Bilderbücher können bei der Bewältigung von Alltagssituationen helfen.

Für die Jüngsten bieten sich Bilderbücher ohne Text an. Sie beschränken sich auf das Bild, um den noch nicht lesekundigen Kindern entgegenzukommen, und vermitteln die Bilderbuchaussage ausschließlich visuell.

In Bilderbüchern mit wenig Text werden die Bilder sprachlich näher erläutert. Die Textbeigaben sollen helfen, die visuellen Eindrücke in Sprache umzusetzen (z. B. Barbara Cratzius, illustriert von Eugen Swoss: „1 2 3 das bunte Zahlenbuch“). Kinder lieben Bücher mit kleinen Begleittexten und fordern den Erwachsenen auf, diese vorzulesen. Meist handelt es sich hier um kleine Handlungsfolgen und kurze einfache Geschichten, die die nächste Stufe des Bildverstehens anbahnen (z. B. Philip Waechter: „Ich“, Beltz & Gelberg).

In Bilderbüchern, in denen Text und Bild gleichbedeutend nebeneinanderstehen, bilden Bild und Text eine Einheit.

Diese ist zum Verstehen des Geschehens oder der Handlungsabläufe von gleichrangiger Bedeutung (z. B. A. Maar, illustriert von Bernd Mölck-Tassel: „Pozor").

Bilderbücher für 1- bis 2-Jährige

Kinder erkennen und benennen Bilder in der Regel im Laufe des zweiten Lebensjahres. In dieser Lebensphase erkennt das Kind vertraute Dinge des täglichen Lebens. Sie werden von ihm wiedererkannt und benannt (Begriffsbildung). In dieser Lebensphase sollten textfreie Bilderbücher angeboten werden, die auf Einzelbildern Dinge des täglichen Lebens (Alltagsgegenstände, Spielzeug, Fahrzeuge, Haustiere) deutlich abbilden. Die Gegenstände sollten in klaren Farben dargestellt sein und sich leicht voneinander unterscheiden lassen, sie sollten einfache, leicht erkennbare Formen ohne Schnörkel und eine dicke Umrisslinie haben. Der aktive Umgang der Kleinkinder mit den ersten Büchern macht erforderlich, dass diese stabil und nicht zerreißbar sind. Für jüngere Kinder haben diese Bücher noch den Charakter von Spielzeug. Leporellos und Aufstellbücher mit Kombinationsmöglichkeiten kommen dem Spieltrieb des Kindes in diesem Alter entgegen. Auch spielerische Elemente interessieren sie (z. B. Bücher zum Aufklappen oder mit ausgestanzten Szenen). Bilderbücher aus Holz, dicker Pappe oder Stoff sind für diese Altersgruppe gut geeignet.

Bilderbücher für 2- bis 3-Jährige

Im Laufe des dritten Lebensjahres beginnen Kinder, inhaltsreichere Bücher zu betrachten und Vorgänge und Veränderungen zu erfassen. Szenenbilderbücher, auch Wimmelbücher genannt, bringen ganz ohne Text einen Bereich der alltäglichen Umwelt – z. B. die Straße, den Spielplatz, den Bauernhof, das Dorf, die Stadt – ins Bild. Kinder in diesem Alter können die Szene erfassen und dabei erzählen und fabulieren. Sie erkennen neben den Einzelheiten schon Zusammenhänge. Für die Arbeit mit größeren Gruppen gibt es großformatige Szenenbilderbücher (z. B. Ali Mitgutsch: „Rundherum in meiner Stadt").

Auch Kinderlyrik und Liederbücher sind in Bilderbuchform erhältlich. Überlieferte Kinderreime, -lieder und -gedichte werden durch Bilder anschaulich gemacht. Sie werden den Kindern dadurch schneller verständlich und vertraut. Reime können Kinder aufmuntern oder trösten.

Bilderbücher für 3- bis 4-Jährige

Etwa mit drei bis vier Jahren interessieren sich Kinder für Bilderbücher mit einfacher Handlung. Hier bieten sich Märchenbilderbücher an. Volksmärchen sind vor allem für Kinder von vier bis sieben Jahren von Interesse. Sie ermöglichen neue Einsichten über das Leben und die Welt. Die Symbol- und Bildsprache in Märchen aktiviert tiefere Bewusstseinsschichten bei Kindern. Um die Märchen zu verstehen, brauchen Kinder jedoch Erwachsene zur Erläuterung. Kunstmärchen hingegen sollten nicht vor dem fünften bis sechsten Lebensjahr eingesetzt werden. Sie haben häufig einen differenzierten Handlungsablauf und sind vielschichtiger. Fabeln erscheinen als Geschichten aus der Tierwelt, doch es geht darin um das Wesen von Menschen. Menschliche Charakterzüge werden in Fabeln auf Tiere übertragen. Die knappe Erzählung gipfelt meist in einer moralischen Belehrung.

Wirklichkeitsnahe Bildergeschichten und Bücher mit problemorientiertem Inhalt setzen sich mit den realen Verhältnissen der Welt auseinander. Sie schließen in der Darstellungsform inhaltlich an die Szenenbilderbücher an. Kinder haben ab etwa **vier Jahren** ein großes Interesse, neben den märchenhaften Bildergeschichten auch Einblicke in die realen Vorgänge ihres Lebens zu bekommen. Markt, Straßen, Kinder, Familie, Dorf, Stadt, Fahrzeuge usw. sind Themen, die Kinder interessieren, weil sie Teil ihrer Erfahrungen sind. Bücher mit problemorientierten Inhalten oder auch gesellschaftskritischen Themen geben den Kindern einen Eindruck über gegenwärtige und zukünftige Themen im Leben und über das Zusammenleben von Menschen und der Gesellschaft. Bereits im Vorschulalter kann hier Bewusstseinsbildung gefördert werden, durch Themen wie z. B. Umweltschutz. Komplexe Themen sind für Kinder nicht einfach zu verstehen und zu interpretieren, deshalb überwiegen Bilderbücher, die Einzelthemen behandeln, z. B. Vorurteile, Einsamkeit, Tod, Angst, Krankheit und deren Bewältigung, Trennung, Scheidung. Diese Themen können Kindern aus eigener Betroffenheit sehr nahe sein und bieten Verarbeitungshilfen (z. B. Jutta Bauer: „Opas Engel").

Auch Anregungen für die kindliche Fantasie dürfen nicht zu kurz kommen. Wunschvorstellungen, Träume und Projektionen in fantastischen Bilderbüchern haben die Funktion, dass Kinder das tun können, was sie möchten. Hierzu gehören auch fantastische Tiergeschichten (z. B. Sam McBratney/Anita Jeram: „Weißt du eigentlich, wie lieb ich dich hab?").

Einen besonderen Stellenwert nehmen in dieser Kategorie die liebevoll ausgestatteten Bücher der Reihe „Briefe von Felix" (von Annette Langen und Constanza Droop) ein. Darin geht es um den Plüschhasen Felix, der dem Mädchen Sophie abhandenkommt und um die Welt und auch mal in die Vergangenheit reist. In seinen Briefen berichtet er über Land und Leute, Sitten und Gebräuche. In allen Bänden wird für ein Miteinander der Kulturen auf der Basis von Kennen, Verstehen und dem Akzeptieren von Besonderheiten geworben. Die Bücher richten sich an Kinder zwischen **fünf und acht Jahren,** die Grenzen sind hier allerdings, wie bei vielen Kinderbüchern, fließend, da Interesse und Entwicklungsstand bei jedem Kind individuell variieren.

In **religiösen Bilderbüchern** werden religiöse Inhalte für Kinder erfassbar gemacht und Geschichten aus der Bibel verständlich nahegebracht (z. B. Norbert Lauda, Dieter Konsek: „Der verlorene Sohn"). Es gibt auch zahlreiche Kinderbibeln mit unterschiedlich anspruchsvollen Texten und Illustrationen. Die Auseinandersetzung mit Bilderbüchern zu religiösen Inhalten eignet sich nicht nur für Kindergärten in kirchlicher Trägerschaft, sondern gerade auch für Kindergärten, die interkulturell arbeiten.

In **Sachbilderbüchern** wird Kindern Wissen anschaulich vermittelt. Kindgerechte Themen, übersichtliche Bilder und grafische Darstellungen vermitteln erstes Fachwissen. Exemplarisch für viele gute Sachbilderbücher sei hier die Reihe „Wieso? Weshalb? Warum?" (Ravensburger Verlag) herausgegriffen. Auf die Interessen der Kindergartenkinder abgestimmte Themen werden hier methodisch leicht nachvollziehbar und aus der Sicht der Kinder entwickelt.

c) Märchen

Märchen haben bei Kindern im Vorschulalter einen festen Platz, auch in den ersten Schuljahren spielen sie noch eine große Rolle. Über ihren pädagogischen Wert wurde schon häufig diskutiert. Insbesondere die Brutalität in manchen Grimm'schen Märchen wurde in den 1970er-Jahren abgelehnt. Der Psychoanalytiker Bruno Bettelheim hat sich jedoch mit seinem Buch „Kinder brauchen Märchen" für das Vorlesen und Erzählen von Märchen eingesetzt und ihre Bedeutung für Kinder erkannt. Inzwischen ist unbestritten, dass Märchen für die kindliche Sozialisation einen hohen Stellenwert haben können. Neben der Auswahl ist vor allem die Begleitung durch Erwachsene wichtig, die auf Fragen der Kinder antworten und unklare Passagen erklären können.

Volksmärchen und Kunstmärchen

Volksmärchen basieren auf mündlich überlieferten Geschichten mit fantastischem Inhalt. Die Gebrüder Grimm haben diese Märchen 1812 gesammelt und aufgeschrieben, um sie der Nachwelt zu erhalten. Der zweite Band erschien bereits 1814, ebenfalls mit großem Erfolg. Die Grimm'schen Märchen setzten sich erfolgreich durch und werden bis heute verlegt. Neben den Grimms gibt es noch andere Märchensammler. Einer der bekanntesten deutschen Volksmärchensammler ist Ludwig Bechstein. Interessant ist, dass sich Inhalte von Märchen in verschiedenen Kulturkreisen wiederfinden (z. B. Rotkäppchen).

Im Unterschied zu den Volksmärchen gibt es auch **Kunstmärchen.** Sie sind nicht überliefert, sondern Schöpfung eines bestimmten Schriftstellers. Wilhelm Hauff (1802–1827) und der Däne Hans Christian Andersen (1805–1875) gehören zu den bekannten Verfassern. Wilhelm Hauffs Märchen sind jedoch eher für Jugendliche geeignet, da die Handlung für Kindergartenkinder zu komplex ist (z. B. „Kalif Storch" und „Der kleine Muck"). Hans Christian Andersen erlangte Weltruhm mit seinen Märchen „Die Prinzessin auf der Erbse", „Das Mädchen mit den Schwefelhölzern" und „Die kleine Meerjungfrau". Biografische Anteile verbergen sich in seinem Märchen „Das hässliche junge Entlein".

Mithilfe des Kriterienkatalogs von Max Lüthi („Es war einmal") lassen sich Volksmärchen – auch schon von Kindergartenkindern – ganz leicht erkennen:

→ **Formelhaftigkeit**
Es gibt eine Eingangsformel: „Es war einmal" und eine Schlussformel: „und wenn sie nicht gestorben sind, dann leben sie noch heute ..." Das gibt Orientierung.

→ **Dreizahl**
Die Zahl „3" hat symbolischen Charakter und ist die wirkungsvollste Form der Wiederholung („Heute back ich. Morgen brau ich. Übermorgen hol ich mir der Königin ihr Kind.").

→ **Bewährungsproben**
Häufig müssen Helden Bewährungsproben bestehen, und zwar oft dreimal.

→ **Der Jüngste oder der Dümmste ist der Held.**
Er bekommt am Ende die Prinzessin oder die Krone.

→ **Flächenhaftigkeit**
Ohne Ortsangabe, ohne Zeitangabe und ohne Angabe von genauen Hintergründen steigt der Leser in die Handlung ein. Das lässt Raum für Fantasie.

→ Isolation
  Der Protagonist (Held) wird verbannt oder isoliert, um am Schluss gestärkt aus dieser Prüfung herauszukommen.

→ Polarisation
  Figuren werden möglichst eindeutig und einseitig beschrieben, z. B. arm oder reich, fleißig oder faul, gut oder böse, und bieten somit klare Orientierung und Identifikation.

Märchen auswählen, erzählen und deuten

Das heutige Angebot an Märchenliteratur ist sehr vielseitig und hat sich auch auf visuelle Medien ausgebreitet. Bei der Auswahl ist darauf zu achten, dass die Struktur des Märchens erkennbar ist, und darauf, dass sie für Kinder entwicklungspsychologisch bedeutsam sind. Hier sind vor allem die Grimm'schen Märchen zu nennen. Weiterhin ist darauf zu achten, dass Kinder durch die Märchen Vertrauen in die Welt gewinnen und mit Ängsten und Aggressionen fertigwerden können. Sie sollen lernen, Böses von Gutem zu unterscheiden.

Um die Fantasie der Kinder nicht einzuschränken, sollten die **Illustrationen** einfühlsam den Text unterstützen. Das Vorlesen ermöglicht den Kindern eine persönliche Nähe zu Erwachsenen und die Möglichkeit, Fragen zu stellen, Ängste zu äußern und Wünsche zu formulieren. Kinder erleben durch die vorgelesenen Geschichten indirekt zentrale, kulturelle Erfahrungen, wie z. B. Einsamkeit, Tod, Armut usw. Wichtig ist, dass Erwachsene durch gutes **Vorlesen** oder Erzählen das Interesse der Kinder wecken und behalten. Zum guten Vorlesen gehört, nicht zu schnell zu sprechen, Pausen zu berücksichtigen, die Stimme zu modulieren und die Lautstärke zu verändern. Gestik und Mimik spielen ebenfalls eine große Rolle, um die Handlung zu unterstreichen. Kinder werden dadurch angeregt, die Handlung nachzuerzählen, die Formeln mitzusprechen und das mögliche Ende des Märchens vorauszusehen. Auch **Blickkontakt** ist wichtig, damit sich die Kinder angesprochen fühlen.

Märchen zu erzählen macht es erforderlich, dass der Erwachsene das Märchen gut kennt. Kinder achten sehr genau darauf, ob das Märchen in derselben Weise erzählt wird wie beim letzten Mal. Es lohnt sich, ein Märchen auswendig zu lernen und frei zu erzählen und dabei zu sehen, wie nah dadurch der Kontakt zu den Zuhörern sein kann, im Vergleich zum Vorlesen. Die Wirkung von erzählten Märchen unterscheidet sich durch die unmittelbare Interaktion zwischen Zuhörer und Erzähler deutlich von denen, die audiovisuell wahrgenommen werden. Denn beim Erzählen kann eine bedrohliche Situation durch Ausschmücken und durch Variieren der Lautstärke, des Tempos, durch Pausen usw. unmittelbar an die Reaktion der Zuhörer angepasst werden. Auch können Unklarheiten oder Verständnisschwierigkeiten sofort ausgeräumt werden.

Beeinflusst von Theorien der Psychologen C. G. Jung und Bruno Bettelheim wurden Märchen zunehmend unter dem Aspekt ihres **Symbolgehalts** betrachtet. Zu den sogenannten Entwicklungsmärchen gehören beispielsweise *Dornröschen, Hänsel und Gretel, Aschenputtel, Schneewittchen* und *Rotkäppchen.* Am Anfang steht in Dornröschen ein Frosch - traditionelles Symbol für Wandlung -, der der Königin im Bad das langersehnte Kind prophezeit, wobei Schwangerschaft und Geburt als Symbole für Veränderung und Neubeginn stehen. Der König ist erfreut, plant ein Fest für viele Gäste und lädt auch zwölf weise Frauen des Landes dazu ein. Sie stehen für das Traditionelle und das Gute und sollen der Prinzessin zu verschiedenen Tugenden verhelfen. Doch die 13. Fee, verärgert darüber, dass sie nicht eingeladen wurde, verflucht Dornröschen. In ihrem 13. Lebensjahr soll die Prinzessin durch den Stich einer Spindel sterben.

Die Zahl 13 ist eine symbolische Zahl und steht in Märchen oft für Unheil und für das Böse. Dieses Alter wird häufig auch mit der Pubertät gleichgesetzt, in manchen Märchenversionen ist es auch der 15. Geburtstag. Die Prinzessin entwickelt sich prächtig und die Eltern tun alles, um die Prinzessin vor dem Fluch zu bewahren, was aber nicht gelingt. Eines Tages ist die Prinzessin allein zu Hause und wandert im Schloss umher. Interpretiert werden kann das als zunehmende Selbstständigkeit des Kindes, das beginnt, sein Leben in die Hand zu nehmen. Sie trifft im Schloss auf eine alte Frau mit einer Spindel, obwohl ihr Vater alle Spindeln im Land vernichten ließ. Die Frau zeigt Dornröschen die Kunst des Spinnens und da passiert es: Das Mädchen sticht sich an der Spindel und blutet, wie es der Fluch der bösen Fee vorhergesagt hat. Die Spindel kann als Symbol für die weibliche Sexualität, das Blut als Monatsblutung interpretiert werden. Dornröschen ist eine fast erwachsene Frau und hat sich selbstständig in diese Situation gebracht, was als Entwicklungsschritt gedeutet werden kann. Die gute Fee kann den bösen Fluch nur durch einen hundertjährigen Schlaf abmildern, der als Reifungsprozess des Kindes zur Frau gesehen werden kann. Eine riesige Dornenhecke wächst um das Schloss, das in tiefen Schlaf versinkt. Die Erlösung daraus lässt neue Entwicklungsschritte zu. Ein Mann, der Prinz, erlöst Dornröschen aus dem Schlaf und ermöglicht ein neues gemeinsames Leben auf einer höheren Entwicklungsstufe *(vgl. Thiele, Handbuch der Kinderliteratur, Freiburg 2001).*

Beispielhaft lässt sich hier zeigen, dass Märchen **zeitlos** sind und auch heute noch Bedeutung haben können. Sie konfrontieren den Zuhörer mit **existenziellen Themen,** die gelöst werden müssen. Kommt es zu einer Bewältigung, spricht man von einem Entwicklungsschritt, manchmal auch von Reife. Entwicklungsschritte spielen bereits im Kindergartenalter eine wichtige Rolle. Ablösungsprozesse kommen in verschiedenen Entwicklungsphasen vor und ebenfalls bereits im Kindergarten. So lässt sich manchmal erst viel später erklären, warum bestimmte Märchen in bestimmten Lebensphasen besonders geliebt wurden. Märchen ermöglichen zentrale kulturelle Erfahrungen. Sie behandeln existenzielle Fragen, enthalten Lebensweisheiten und eine „mythische Weltinterpretation". Die Erzählsituation ist deshalb geeignet, auf kindliche Bedürfnisse und Ängste angemessen einzugehen.

d) Das Kinderbuch

Für Kinderbücher gibt es keine klar umrissene Definition. Der Begriff gilt als **Sammelbezeichnung** für alle Kinderbücher und -erzählungen, die für Kinder vom Erstlesealter bis etwa zum 12. Lebensjahr geschrieben sind.

Realistische Kindergeschichten
Realistische Themen aus dem Lebenskreis von Kindern werden hier aufgegriffen, wie z. B. das Elternhaus, die Schule, Freundschaft. Auch besondere Lebensverhältnisse werden geschildert (Leben von Außenseitern), zunehmend auch sozialkritische und ökologisch orientierte Themen sowie Tiergeschichten.

In realistischen Kindergeschichten treten Kinder als Handelnde auf, die etwas zustande bringen und sich an kleinen Aufgaben bewähren. Kinder erleben in diesen Geschichten, dass sie Ängste und Leid überwinden können. Kinder in Kinderbüchern dienen den Lesern als Identifikationsfiguren und Vorbilder. Gute, realistische Kinderbücher zeigen den Kindern die Welt und bieten ihnen Möglichkeiten, die Welt zu gestalten und zu beeinflussen. Kindergeschichten sollen helfen, die komplexe Welt für Kinder durchschaubarer zu machen. Neben der Unterhaltung geht es vor allem um emanzipatorische Ziele (z. B. J. Modler: „Frieden fängt zu Hause an", 2004).

Fantastische Kindergeschichten
In fantastischen Kindergeschichten spielt neben der Unterhaltung vor allem das Bedürfnis, die Wirklichkeit zu erweitern, eine große Rolle. Fantasie ist eine nicht zu unterschätzende Kraft, vorhandene Wahrnehmungen und Erfahrungen in eigene Vorstellungen umzuwandeln. Diese müssen sich nicht unbedingt an der Realität orientieren. Fantastische Geschichten erscheinen in besonderer Weise geeignet, die Lesefreude der Kinder zu wecken, da sie neben der realen Welt auf Träume, Sehnsüchte, Hoffnungen und Wünsche der Kinder eingehen. Indem Kinder sich mit den Buchhelden identifizieren, können Träume und Wünsche wahrgemacht, befriedigt und ausgelebt werden (z. B. Astrid Lindgren: „Pippi Langstrumpf").

Kreativ, mutig, unkonventionell ist Lindgrens Heldin Pippi Langstrumpf.

e) Sachbücher

In Sachbüchern werden verschiedene Sachgebiete, Dinge, Ereignisse oder Zusammenhänge unterhaltsam, kindgerecht und meist in bebildeter Form dargestellt. Grundsätzlich gibt es zwei Unterschiede in der Gestaltung: eher erlebnishaft gestaltete Illustrationen oder sachlich informierende Darstellungen. Der Autor muss darauf achten, dass die Sache oder der Gegenstand Kindern vermittelt werden kann und sich ihnen beim Lesen und Betrachten erschließt. Das Angebot an Sachbüchern hat in den letzten Jahren stark zugenommen. Es gibt inzwischen kaum mehr ein Sachgebiet, das unberücksichtigt geblieben ist.

Ein gelungenes Beispiel zum Thema gesunde Ernährung ist z. B. das Bilderbuch „Bert, der Gemüsekobold oder Warum man gesunde Sachen essen soll" (Julia Volmert und Susanne Szesny, Albarello Verlag, 2003).

Bert, der Gemüsekobold erklärt Kindern alles über gesunde Ernährung.

Folgende Kriterien können bei der Beurteilung eines Sachbuches berücksichtigt werden:

→ **die Inhalte müssen sachlich richtig sein,**
→ **das zu vermittelnde Wissen soll ausgewählt und akzentuiert dargestellt sein,**
→ **die Informationen sollen strukturiert und erzählerisch aufeinander aufgebaut sein,**
→ **Inhalte sollen eindeutig, einfach, anschaulich sein,**
→ **die Sprache muss klar und verständlich sein,**
→ **das Buch muss immer den Leser als Bezugspunkt im Blick haben.**

Einige lesenswerte Beispiele: Malahy Doyle: „Muh sagt die Kuh"; Burghard Bartos: „Wenn die Natur erwacht"; M. Cuisin/O. von Frisch: „Das geheimnisvolle Leben der Tiere der Urzeit"; Bernd Schuh: „Das visuelle Lexikon der Umwelt", (Deutscher Jugendliteraturpreis 2002). In acht Hauptkapiteln mit auf jeweils einer Doppelseite dargestellten Einzelthemen gibt dieses Lexikon einen umfassenden Überblick über unterschiedlichste Facetten des komplexen Themas „Umwelt".

f) Jugendbücher

Jugendbücher sind für Jungen und Mädchen ab dem **zwölften Lebensjahr** gedacht und umfassen häufig Texte mit problemorientierten Inhalten, die sich aus der spezifischen Situation von Jugendlichen ergeben. Jugendbücher geben Hilfen bei der Bewältigung ihrer konfliktreichen Lebensphase. Durch ihre Inhalte können sie die Integration der Jugendlichen in die Welt unterstützen, sie sollten dabei aber auch spannend und unterhaltend sein. Themen sind z. B. Identitäts- und Rollensuche, Ausreißer und Flucht, erste Liebesbeziehungen, Familienkonflikte, Freundschaften, fremde Kulturen, Kriminalität und Gewalttätigkeit, Politik und Gesellschaft.

Der bekannte Jugendbuchautor Klaus Kordon beschreibt in seinem Roman „Krokodil im Nacken" die bewegende Lebensgeschichte des Manfred Lenz, der nach einem missglückten Fluchtversuch aus der DDR ein Jahr in einem Stasigefängnis verbringt. Er erinnert sich an seine Kindheit und Jugend in Ostberlin und an die Verzweiflung, die ihn eines Tages zur Flucht in den Westen zwingt. Ein authentisches und packendes Zeitpanorama wird ausgebreitet.

Jugendbücher sollen bei der Lösung eigener Konflikte helfen, Entscheidungs- und Lebenshilfen bieten und Jugendliche in Problemsituationen unterstützen. Die Bücher sollen Identifikationsmöglichkeiten bieten, ohne Rezepte vorzugeben. Sie sollten Jugendliche in ihrer konfliktreichen Lebensphase unterstützen, unterhaltsam sein und im idealen Fall Hilfestellung bieten für eine sinn- und wertorientierte Lebensgestaltung (z. B. Kirsten Boie: „Ich ganz cool").

Jugendbücher bieten Identifikation und Denkanstöße für das Erwachsenwerden.

g) Mädchenbücher

Als Mädchenbücher werden alle literarischen Produkte verstanden, die als Instrumente zur Sozialisation von Mädchen zu interpretieren sind. Vor allem in älteren Mädchenbüchern wird ein schutz- und anlehnungsbedürftiger Mädchentyp dargestellt. Ihre Rolle in diesen Büchern ist oft darauf ausgelegt, andere glücklich zu machen. Moderne Mädchenbücher dagegen zeigen selbstbestimmte und emanzipatorische Mädchentypen (z. B. Christine Nöstlinger: „Gretchen Sackmeier“, Oetinger Verlag, 2005; Isolde Heyne: „Der Sommer, der alles veränderte“, Erika Klopp, 1994).

h) Comics und Mangas

Comics zählen zu den populärsten Literaturproduktionen. Sie gehören zum bevorzugten Lesestoff von Kindern und Jugendlichen und haben als eine eigene spezifische Literaturform eine große Lesegemeinde und einen beachtlichen Erfolg. Wichtigstes Gestaltungselement in Comics sind Sprechblasen. Dadurch sind Bild und Text unmittelbar miteinander verbunden. Die Sprechblasen enthalten Dialoge, Gedanken und Gefühlsäußerungen in Alltagssprache und knappster Form (Wut, Schmerz, Trauer), Textbalken geben in kurzer Form Erklärungen zum Verständnis des Handlungsablaufs.

Es gibt verschiedene Comicarten und Motive: Zur Gruppe der „Funnies“ gehören heitere, witzige und ironische Comics, z. B. „Micky Maus“ und „Donald Duck“ sowie „Fix und Foxi“. Auch „Asterix und Obelix“ gehört zu dieser Gruppe. Zu den klassischen Abenteuer- oder Adventure-Comics gehören z. B. „Superman“ und „Die fantastischen Vier“. Kinder empfinden Comics häufig als schön, lustig, spannend oder komisch. Die Buntheit und die vielen Bilder sprechen Kinder an, Comics sind dadurch schneller zu „lesen“ als ein Buch. Auch jüngere Kinder fühlen sich von den bunten Figuren angezogen, auch wenn sie die komplette Handlung noch gar nicht erfassen können. Die Struktur von Comics ist meist überschaubar: Schadenfreude und der Kampf Gut gegen Böse sind stereotype Wiedererkennungsmerkmale.

Japan hat den größten Comicmarkt der Welt. Über ein Drittel der Druckerzeugnisse gehören zu dem Genre **Manga,** das sich zu einer eigenen Form entwickelt hat. Im Manga werden Action, Fantasy, Sport, Romantik und Sex thematisiert. Obwohl Mangas in Japan eine sehr hohe Popularität genießen, konnten sie sich bisher nicht in gleicher Weise in anderen Ländern durchsetzen. Es existieren immer noch Vorurteile, dass japanische Comics gewalttätig und pornografisch seien, und eher jugendgefährdend. Dem ist aber nicht generell so. Viele Trickfilmserien im deutschen Fernsehen sind japanische Manga-Produktionen, z. B. Biene Maja (Maya no Bouken) oder Heidi (Alps no Shojo). Mangas unterscheiden sich grundlegend von westlichen Comics durch ihre äußere Form, die Reihung der Bilder und Textteile, die immer vertikal verlaufen, und zwar entsprechend der japanischen Schreibweise von oben nach unten und von rechts nach links. Einem ungeübten Leser fällt es deshalb oft nicht leicht, sich zurechtzufinden, Orientierung und Zusammenhänge zu erschließen. In kaum einem anderen Comicgenre verläuft die Trennung zwischen männlicher und weiblicher Zielgruppe so stark wie beim Manga.

Mangas: Trash oder Literatur?

Pädagogischer Umgang mit Comics

Im pädagogischen Umgang mit Comics ist es wichtig zu differenzieren. Neben anspruchsvollen Comics gibt es viele banale, triviale Hefte. Es ist wichtig, dass sich Erzieher selbst ein Bild darüber verschaffen, was auf dem Markt angeboten wird. Gemeinsames Lesen und Sprechen über den Inhalt fördert ein kritisches Urteilsvermögen. Fantasie, Spielfreude und Unterhaltung sollten im Umgang mit Comics nicht zu kurz kommen. In Gesprächen kann die Erzieherin dazu beitragen, Kinder zum kritischen Umgang mit Comics zu befähigen. Kinder lernen satirische Passagen kennen, die sie möglicherweise noch nicht verstehen. Dann können sie Fragen stellen und ihren Horizont erweitern. Auch über die verschiedenen Konfliktlösungsstrategien und Verhaltensmuster der Helden kann nachgedacht und kommuniziert werden. Darüber hinaus können Kinder angeregt werden, selbst eigene Comics herzustellen, Bildelemente auszuschneiden und neue Sprechblasen zu gestalten.

5.4.2 Bücher für Altersgruppen

a) Pappbilderbücher für die Jüngsten
Dicke abwaschbare, unzerreißbare Pappbücher sind für Kinder ab 18 Monaten geeignet. Das Erkennen und Benennen der Abbildungen und das Nachsprechen kurzer Reime stehen hier im Vordergrund und dient vor allem der Sprachentwicklung (z. B. Frauke Weldin: „Himpelchen und Pimpelchen").

b) Bilderbücher für das Vorkindergartenalter
Illustrierte und kleinkindgerecht adaptierte Märchen werden in diesem Altern gerne immer und immer wieder gehört (siehe auch Märchen). Fantasievolle Geschichten, in denen Tiere sprechen und handeln können, sind für diese Altersphase typisch. Realistischer sind erste Sachbilderbücher zu Themen wie Bauernhof, Baustelle, Ritter oder Zoo. Eine weitere Kategorie sind Geschichten von Kindern, die alltägliche Herausforderungen bewältigen. Diese Geschichten schaffen Identifikationspotenzial. Sie sind auch noch für Kindergartenkinder interessant, die Altersgrenzen sind hier fließend.

c) Bilderbücher für das Kindergartenalter
Zwischen drei und sechs Jahren entsteht das Bedürfnis, die geheimnisvollen Schriftzeichen selbst entziffern zu können. Die meisten Kinder setzen sich mit etwa fünf Jahren mit dem Lesen auseinander, wobei die Zeitspanne individuell verschieden ist. Inhaltlich stehen auch in dieser Altersgruppe Geschichten mit liebenswerten Helden in Tier- oder Menschengestalt, die lustige oder traurige Abenteuer erleben, im Vordergrund. Kindergartenkinder verfügen aus ersten Sachbüchern zu Themen wie Ritter, Bauernhof oder Fahrzeuge schon über erhebliches Spezialwissen. Sie probieren sich mit ihrem frisch erworbenen Wissen häufig vor anderen Kindern oder Erwachsenen aus und zitieren aus ihren Büchern mit großer Ernsthaftigkeit.

d) Erstlesebücher für Grundschüler
Das Erstlesealter ist die Zeit, in der die noch magischen Vorstellungen des „Erstklässlers" zunehmend durch eine realistische Weltsicht verändert werden. In dieser Lebensphase wandelt sich auch das soziale Beziehungsfeld des Kindes. Neben der Familie werden die Klassengemeinschaft sowie die Beziehung zum Lehrer oder der Lehrerin wichtig. Kinder wetteifern zunehmend mit anderen und zeigen großes Interesse für Gleichaltrige. Zwischen dem Eintritt in die Grundschule und den folgenden drei, vier Jahren entscheidet sich bei den meisten Kindern, ob sie Leseratten werden oder nicht. Lesende Vorbilder und ein leichter Zugang zu Büchern (über Schulbüchereien, Stadtbüchereien, Flohmärkte oder Buchläden) sind in diesem Alter ganz entscheidend. Erziehende können hier durch regelmäßige Angebote Nachfrage schaffen.

Der Markt für Erstlesebücher ist groß. Die Bücher haben meist einen Umfang von 64–112 Seiten, eine große Schrift und zahlreiche Abbildungen. Beliebte Themen sind Pferde, Ritter, Haustiere, Gespenster, Fußball, Ballett, Schule, Freundschaft usw.

Grade das erste selbstgelesene Buch senkt die Hemmschwelle, nach weiteren zu greifen, und es macht ein Kind enorm selbstbewusst, ein ganzes Buch allein gelesen zu haben.

e) Kinderbücher
Grundschülern bieten sich zahlreiche hochwertige Kinderbücher an. Als moderner Klassiker lässt sich hier Kirsten Boies „Der kleine Ritter Trenk" hervorheben. Darin wehrt sich ein mutiger Bauernjunge gegen Konventionen und das Los, lebenslang ein Leibeigener zu bleiben wie sein Vater. Er reißt aus und beschließt, Ritter zu werden. Weil die Figuren lebensnah und liebenswert geschildert werden und die Handlung spannend und witzig erzählt wird, steht dieses Kinderbuch inzwischen in zahlreichen Grundschulen auf der Lektüreliste. Doch auch zum Vorlesen ist es bestens geeignet, da die großartigen Illustrationen der Autorin Anlass für Gespräche bieten.

Das Buch handelt von einem sehr mutigen Jungen und einem sehr klugen, mutigen Mädchen.

Die Kinderbücher „Millie in Moskau“ und „Millie in Ägypten“ von Dagmar Chidaloue sind witzige und kindgerechte Reiseführer rund um die Welt. Darin geht es um die Reisen eines Mädchens mit ihrer Familie, das dabei mehr kleine als große Abenteuer erlebt. „Das magische Baumhaus“ von Mary Pope Osborne verfolgt einen didaktischen Ansatz: Die Leser sollen die Geschwister Anne und Philipp auf ihren Zeitreisen begleiten. Der Wilde Westen, das alte China, das alte Griechenland und andere Ziele werden so lebendig und erfahrbar.

An Grundschüler richten sich auch die Klassiker von Erich Kästner „Emil und die Detektive“, „Das fliegende Klassenzimmer“, „Das doppelte Lottchen“ und „Pünktchen und Anton“. Obwohl diese Bücher bereits vor Jahrzehnten entstanden sind, sind sie noch heute lesens- und vorlesenswert. Kästner schildert realistische Geschichten aus der Perspektive seiner Kinderhelden. Die Situationen sind oft gefährlich und gehen doch dank des Mutes der Helden und der Hilfsbereitschaft ihrer Mitmenschen gut aus. Sie sind auch in Form moderner Verfilmungen empfehlenswert und haben nichts von ihrer Aktualität eingebüßt.

Kate DiCamillos spannende Geschichte der kleinen Maus Desperaux, die eine Prinzessin retten muss, ist ein Beispiel für ein modernes Märchen. Es geht um eine unmögliche Liebe, Leben in Dunkelheit und Verzweiflung und um die Überwindung der Angst. Der Text eignet sich für ältere Grundschüler auch als Anlass, um über Ängste und das Gefühl der Ausweglosigkeit zu sprechen. Dieses Buch ist auch als Hörbuch empfehlenswert. Die Erziehenden stehen auch hier in der Pflicht, mit Kindern über das Gehörte zu sprechen, um Verständnisschwierigkeiten auszuräumen und mit dem Sprechen über die Handlung bei der Bewältigung eigener Gefühle zu helfen.

Spannende Kinderbücher

Kultcharakter bei Mädchen ab zehn Jahren haben Cornelia Funkes „Wilde Hühner“. Sie sind eine zeitgemäße Version der Mädchenbücher und setzen sich kritisch und selbstbewusst mit Jungs- und Mädchenbanden auseinander. Wahre Freundschaft, erste Liebe, Schul- und Familienprobleme werden realistisch, humorvoll und in zeitgemäßer Sprache thematisiert. Lösungsansätze zu den Konflikten sind nachvollziehbar entwickelt.

„Für mich begann es, als ich zum ersten Mal ein Buch zu lesen bekam und da hineinschnupperte. In diesem Augenblick erwachte meine Lesefreude und ein besseres Geschenk hat das Leben mir nicht beschert. Heutzutage wissen ja wohl alle Eltern, dass ihre Kinder Bücher brauchen, oder etwa nicht? Falls es noch welche geben sollte, die das nicht wissen, dann kommt zu mir, liebe Freunde, damit wir darüber reden, denn mir liegt sehr viel daran, euch zu überzeugen. Ich weiß zwar nicht, was ihr euch von eurem Kind erträumt oder erhofft, aber ich weiß, dass es für die Wechselfälle des Lebens besser gerüstet ist, wenn es lesehungrig ist.“

Astrid Lindgren, Das entschwundene Land, Oetinger 1977, S. 79 f.

Astrid Lindgren (1907–1999) inmitten ihrer Bücher

Astrid Lindgren wurde am 14. November 1907 als Astrid Ericson geboren. Sie arbeitete als Sekretärin, heiratete und bekam zwei Kinder. Erst 1944 schrieb sie die Geschichte von Pippi Langstrumpf als Geburtstagsgeschenk für ihre Tochter und schickte ein Exemplar an einen Verlag. Das Manuskript wurde abgewiesen. Im gleichen Jahr erhielt sie für ein Mädchenbuch den zweiten Preis im Wettbewerb des Verlages Raben und Sjögren. 1945 erhielt sie einen weiteren Preis für Kinderbücher für Kinder von sechs bis zehn Jahren. 1949 wurde Pippi erstmals vom Oetinger Verlag in Deutsch herausgebracht. 1956 erhielt Lindgren den Sonderpreis des Deutschen Jugendbuchpreises für „Mio mein Mio". Zunehmend erfuhr sie Ehrungen und öffentliche Anerkennung nicht nur für ihre Bücher. 1978 erhielt sie den Friedenspreis des Deutschen Buchhandels und stiftete die Hälfte der Preissumme für deutsche und schwedische Kinder. Sie setzte sich gleichermaßen für bedrohte Tiere, behinderte Kinder und den Frieden in der Welt ein. 1994 erhielt sie den alternativen Nobelpreis, später die Ehrendoktorwürde verschiedener Universitäten. Astrid Lindgren starb 1999. Sie war laut Umfrage die beliebteste Schwedin des Jahrhunderts *(vgl. Sybil Gräfin Schönfeldt „Astrid Lindgren", Reinbek 2000, S. 141 ff.).*

„Ihr könnt ja einmal die Probe aufs Exempel machen. Nehmt zehn jetzt lebende Menschen, von denen ihr meint, dass sie wirklich etwas für die Menschheit geleistet haben, geht zurück bis in ihre Kindheit, blättert die Jahre um und ich bin davon überzeugt, ihr findet zehn kleine Leseratten. Vielleicht waren es nicht immer sogenannte ‚gute' Bücher, die sie gelesen haben, aber gelesen haben sie, da bin ich mir sicher. Die Bücher gaben ihrer Fantasie Nahrung und Fantasie war genau das, was sie brauchten, als sie sich als Erwachsene anschickten die Welt zu verändern."

Astrid Lindgren, Das entschwundene Land, Oetinger, Hamburg 1997, Übersetzerin: Anna-Liese Kornitzky

f) Jugendliteratur
Jugendbücher sind in der Regel für Kinder ab zwölf Jahren. Aber auch hier sind die Grenzen zwischen den Altersstufen fließend.

Nach der Grundschule gehen die Interessen von Mädchen und Jungen häufig auseinander. Moderne Klassiker der Jugendliteratur wie „Harry Potter" oder „Die Tribute von Panem" werden jedoch geschlechterübergreifend gelesen, moderne Jugendkrimireihen wie „Fear Street" ebenfalls.

Zunehmend wird in dieser Altersgruppe neben jugendgerechter Belletristik auch zu Sachbüchern über individuelle Interessensgebiete wie z. B. Schach, Bionik, Astrologie etc. gegriffen.

5.4.3 Historischer Überblick seit 1945

Nach dem Zweiten Weltkrieg war die deutsche Kinder- und Jugendliteratur noch stark von den herrschenden gesellschaftlichen Verhältnissen geprägt: Armut, Not, Flüchtlingselend und Arbeitslosigkeit. Das Verlagswesen war stark beeinträchtigt und es dauerte noch einige Jahre, bis sich eine eigenständige westdeutsche Kinder- und Jugendliteratur herausbilden konnte. Eine Rückbesinnung auf tradierte Werte und die Sehnsucht nach Frieden, Stabilität, Familienleben und heiler Welt ließen vor allem ältere Klassiker wieder populär werden.

Neubeginn, Restauration und antiautoritärer Aufbruch
Zahlreiche Kinderbücher, die eine heile Welt abbilden, erlebten eine Renaissance. Ganz besonders Mädchenbücher wie „Heidi" (1880), „Trotzkopf" (1885) und die „Nesthäkchen"-Reihe (1932). Die Bücher vermittelten konservative Werte und stellten in einer Zeit, als Deutschland in Schutt und Asche lag und ein „normales" Familienleben kaum noch existierte, Stabilität, Ordnung, Sicherheit und Familienglück in den Vordergrund. Die Heldinnen sind bescheiden und angepasst oder werden es im Lauf des Buches. Sie streben nach Innerlichkeit, nach einer heilen Familienwelt und nach Autoritäten, an die sie sich anlehnen können. Soziale Probleme wurden ausgeblendet, die Mädchenbücher stellten einzig das Eheglück und das Dasein als Hausfrau und Mutter als anzustrebendes Ideal dar.

Auch Erich Kästners Erfolgsbuch der 1920er-Jahre „Emil und die Detektive" (1929) wurde nach 1945 wieder viel gelesen. Kästner ergriff in all seinen Büchern Partei für Kinder. Er wollte die Wirklichkeit der Kinder so beschreiben, wie sie ist, und Möglichkeiten für Veränderungen aufzeigen. Kästner forderte Solidarität mit Kindern und setzte sich für mutiges und kluges Handeln ein. Er war davon überzeugt, dass das Unrecht, das einem Kind angetan wird, es ein Leben lang begleiten wird. Kästners Kinderhelden sind zwar gehorsam, aber keinesfalls unterwürfig. Im Namen der Kinder griff Kästner die Autorität der Erwachsenen an, wichtige Tugenden waren ihm Vertrauen und Verantwortung. Heute gelten Kästners Bücher zu Recht als Klassiker, die auch für den erwachsenen Leser noch ihren Charme haben, wie „Pünktchen und Anton" (1931), „Das fliegende Klassenzimmer" (1933), „Das doppelte Lottchen" (1949). Kennzeichnend für seine Bücher ist die Perspektive auf den „ganz normalen Wahnsinn" der Erwachsenenwelt aus dem Blickwinkel des Kindes. Kästner, der während der Nazizeit nicht veröffentlichen durfte, schrieb auch Drehbücher seiner Kinderromane. Einige wurden in jüngster Zeit hervorragend verfilmt.

Spannende und lehrreiche Verfilmungen für Vor- und Grundschulkinder

Gesellschaftskritik, 1970er-Jahre und „Aufbruch"

Die Bildungsdebatte der 1970er-Jahre war geprägt von der so empfundenen deutschen Bildungskatastrophe („Sputnikschock"). Die Literatur setzte sich qualitativ und quantitativ völlig neue Maßstäbe. Das neue Bewusstsein ließ sich nicht nur an den Publikationsstilen ablesen, es erfasste auch die Autorinnen und Autoren, die aktiv für die Kinderliteratur eintraten. Die Frankfurter Buchmesse 1978 fand unter dem Motto „Buch und Kind" statt. Die Kinderbuchautorin Astrid Lindgren erhielt den Friedenspreis des deutschen Buchhandels.

Michael Ende (1929–1995) hatte bereits zu Beginn seiner schriftstellerischen Tätigkeit mit „Jim Knopf und Lukas, der Lokomotivführer" (1960) einen enormen Erfolg. Zu den weiteren Autoren, die das Gesicht der Kinderliteratur in dieser Zeit prägten, gehören (der frühe) Janosch und Willi Fährmann. Ihr Anliegen war das Aufzeigen von Humanität, sozialer Reformen sowie die Aufarbeitung der Vergangenheit. Sie wollten diese Erfahrungen für Kinder erfahrbar werden lassen. Diese Kinderliteratur stand von Beginn an in Verbindung mit der Studenten- und der Kinderladenbewegung der späten 1960er-Jahre. Als wichtiger Autor ist hier vor allem Friederich Karl Waechter („Anti-Struwwelpeter", 1969) zu nennen, der Freiheit und Klugheit als anzustrebende Ziele der Erziehung gegen Gehorsam, Religion und Unterdrückung setzte. Auch die Literatur sollte dabei helfen, sich jeder Art von Autorität zu widersetzen. Genauso wichtig war die experimentelle Seite der antiautoritären Kinderbücher (z. B. Rollentausch, Verwandlung). Kinder sollten sich von Konsumenten zu bewussten Mitgestaltern ihrer Kinderbücher und ihrer Gedichte emanzipieren. Die Autoren gingen davon aus, dass Kinder das gesellschaftliche Zwangssystem noch nicht verinnerlicht hätten und der Manipulation nicht erlägen. Die antiautoritäre Kinderliteratur hatte Wirkungen in verschiedene Richtungen: Zum einen entwickelte sich daraus eine neue fantastische Literatur für Kinder, hier sind Christine Nöstlinger, Günter Herburger, Heinrich Hannover und Paul Maar hervorzuheben. Zum anderen inspirierte sie zu einer anderen, realistischeren Kinderliteratur, hier sind Peter Härtling, Ursula Wölfel, Gudrun Pausewang, Wolfgang Gabel, Mirjam Pressler und ebenfalls Christine Nöstlinger zu nennen.

Neben der politischen Kinderliteratur, die auf den Ölschock, die Weltwirtschaftskrise und die ökologische Krise reagierte, entwickelte sich in dieser Zeit ein starker Zweig der Fantasyliteratur. Sie setzte nicht mehr allein auf die Kraft des Intellekts, sondern vertraute auf Gefühle, Wünsche und Bedürfnisse und rückte Tiefenschichten des Individuums in den Mittelpunkt. Beispiele sind „Krabat" (1971) von Otfried Preußler, „Momo" (1973) von Michel Ende und „Der kleine Hobbit" (1937) von J. R. R. Tolkien. Der Stoff Tolkiens, besonders der für erwachsene Leser geschriebene „Der Herr der Ringe" (1954), hat gerade in letzter Zeit mit einer Film- und Fernsehfassung unzählige Fans in aller Welt begeistert. Michael Endes „Die unendliche Geschichte" (1979) und sein Märchenroman „Momo" (1973) nehmen in der Kinder- und Jugendliteratur einen hohen Stellenwert ein.

Büchertipps

Zum Thema Nationalsozialismus
Judit Kerr: „Als Hitler das rosa Kaninchen stahl"
Christine Nöstlinger: „Maikäfer flieg"

Zum Thema Dritte Welt
Ursula Wölfel: „Die grauen und die grünen Felder"

Zum Thema Jugendkriminalität und Drogen
Hans Georg Noack: „Rolltreppe abwärts"
Wolfgang Gabel: „Fix und fertig"
Ann Ladiges: „Hau ab, du Flasche"

Zum Thema Alter und Tod
Astrid Lindgren: „Die Brüder Löwenherz"
Peter Härtling: „Oma"

Die 1980er-Jahre: „Literarische Kehrtwende"

Vor allem der Erfolg der Kinderbücher „Die unendliche Geschichte" von Michael Ende (1979) und „Das achte Weltwunder" (5. Jahrbuch von Beltz & Gelberg) dokumentieren den Paradigmenwechsel in der Kinderliteratur der 1980er-Jahre. Individuelles Glück und das Wunderbare rücken in den Mittelpunkt und kündigen eine Wende von der Betrachtung der Außenwelt zur Betrachtung der Innenwelt, vom kritischen Engagement für die Umwelt zum Blick in das eigene Innere an. Die kritischen Stimmen verstummen jedoch nicht ganz. In „Die letzten Kinder von Schewenborn oder ... sieht so unsere Zukunft aus?" (1983) stellt Gudrun Pausewang die verheerenden Folgen eines atomaren Unfalls dar, um die Notwendigkeit der Abrüstung zu unterstreichen. In ihrem vielleicht bekanntesten Werk „Die Wolke" (1984) mahnt sie im Untertitel: „Jetzt werden wir nicht mehr sagen können, wir hätten nichts gewusst."

Große Beachtung finden in dieser Zeit auch Darstellungen des Nationalsozialismus, z. B. die Biografie von Janusz Korczak „Nicht mich will ich retten" (von Monika Pelz, 1985) und das Bilderbuch „Rosa Weiß" (1986) von Roberto Innocenti.

Zunehmend gibt es Untersuchungen über das Leseverhalten von Kindern und Jugendlichen. Ergebnisse bestätigen, dass sich Kinder und Jugendliche annähern, und dass Jugendkulturen entstehen. Studien dokumentieren die Lesegewohnheiten von Kindern und Jugendlichen und stellen fest, dass die Vorlieben stark von Geschlecht, sozialer Herkunft und schulischer Bildung abhängig sind *(Sinus-Studie „Die verunsicherte Generation", 1983 und „Jugend privat", 1985).*

Die 1990er-Jahre, das neue Jahrtausend und der Erfolg von „Harry Potter"

Prägend für diese Zeit war die deutsche Wiedervereinigung 1989, mit all ihren Hoffnungen und Problemen. Nach dem PISA-Schock wurde erkannt, dass das deutsche Schulsystem im Vergleich mit anderen Ländern nicht die erhofften Erfolge brachte, sondern insbesondere Kinder mit Migrationshintergrund benachteiligte. Auch die mangelnde Lesekompetenz deutscher Schüler rückte durch die Studie in den Blick und bewirkte, von Neuem darüber nachzudenken, wie das Interesse an Büchern möglichst früh geweckt werden kann. Die familiäre Sozialisation und der Kindergarten wurden als wichtige Instanzen in den Blick genommen.

Sieben „Harry Potter"-Bände stehen für spannende und werteorientierte Unterhaltung.

Die Engländerin Joanne K. Rowling schaffte mit „Harry Potter und der Stein der Weisen" (1998) und den folgenden Harry-Potter-Bänden etwas, worauf Eltern und Lehrer in Deutschland schon lange gewartet hatten: Kinder griffen freiwillig zum Buch. Eine regelrechte „Pottermanie" brach aus. Teenager harrten stundenlang vor Buchläden aus, nur damit sie um Punkt Mitternacht als Erste den neuesten Band erwerben können. Die Kinofassungen aller sieben Bände verstärkten noch den Ruhm.

Quer durch alle Altersgruppen, alle Schichten und Berufe werden die „Harry Potter"-Romane auch von vielen Erwachsenen sehr gerne gelesen.

Universelle Themen wie Identitätsfindung, Integration eines Außenseiters, Hilfsbereitschaft, Freundschaft werden im Rahmen einer spannenden und temporeichen Handlung dargestellt. Da die Protagonisten der Bücher Magier sind und Drachen, Riesen, Werwölfe und andere sagenhaften Gestalten auftauchen, lässt sich „Harry Potter" dem Genre der Fantasyliteratur zuordnen.

Schließlich hat auch die zunehmende Globalisierung und Internationalisierung vor der Kinderliteratur nicht halt gemacht. Seit den 1980er-Jahren stehen neben deutschen Kinderbuchautoren zunehmend, englische, amerikanische, skandinavische, osteuropäische und asiatische Kinderbücher in deutschen Kinderzimmern.

5.4.4 Auswahlkriterien

Was macht ein Kinderbuch zu einem *guten* Kinderbuch? Kann schon vom Titel oder Illustrationsstil auf die Qualität geschlossen werden oder ist es in jedem Fall besser, gleich nach bewährten Klassikern zu greifen? Noch nie war so viel gute Kinderliteratur zu finden wie heute. Es gibt **Kriterien,** die bei der Auswahl helfen können:

- **Altersgerechte Texte und Abbildungen** Entscheidend ist das Alter des Kindes, für das das Buch gedacht ist. Die Illustration sollte Vorleser und Kind ansprechen und neugierig auf den Inhalt machen. Das Thema sollte sich an der Lebenswelt des Kindes orientieren und der Protagonist sollte ungefähr im gleichen Alter wie das Kind sein, damit es sich damit identifizieren kann. Das Geschlecht des Helden ist dabei zweitrangig, wichtiger ist, dass Sympathie für die Figur und Interesse an ihrer Situation entsteht.
- Die **Sprache** sollte leicht verständlich und altersgerecht sein. Literatur für Kindergartenkinder zeichnet sich z. B. durch kurze Sätze, einfache Wortwahl und das Vermeiden von Fremdwörtern aus.
- **Humor** als Stilmittel ist ein Qualitätskriterium, allerdings nur, wenn nicht auf Kosten Schwächerer gelacht wird.
- **Selbstverantwortung** ist ein weiteres Qualitätsmerkmal: Der Held oder die Heldin lösen ein Problem durch Nachdenken, Mut, Entschlossenheit, Fantasie oder das Vernetzen verschiedener Informationen.
- Das dargestellte **Menschenbild** sollte ein kritisch aufgeklärtes sein. Gerade in der älteren Kinderliteratur aus den 1960er-Jahren gibt es Aussagen und Beschreibungen, die nicht den gängigen gesellschaftlichen Mustern entsprechen und beispielsweise konservative Rollenmuster als Norm abbilden.
- Hochwertige und künstlerisch anspruchsvolle **Illustrationen** (wie z. B. bei Eric Carle) sind ebenfalls ein Indikator für die Qualität. Während Buchformat, Papierstärke, Schriftgröße, Hard- oder Softcover keine Aussage über die Qualität des Kinderbuches zulassen, Letzteres aber Prognosen über die Lebensdauer eines Buches ermöglicht.

Wertevermittlung
Jeder Leser kann selbst leicht erkennen, welches Menschenbild einem Kinderbuch zugrunde liegt. Die zentralen Fragen lauten:

- Welche Werte sollen vermittelt werden?
- Wie realitätsnah ist die Erzählung?
- Welche kindlichen Reaktionen auf das Gelesene bzw. Vorgelesene sind bei dem Kind zu erwarten?

Anspruchsvolle moderne Kinderliteratur wie von Boie, Funke, Chidaloue u. a. bilden das Leben in seinen alltäglichen Facetten ab, ohne etwas zu idealisieren, zu verharmlosen oder zu problematisieren. In Kirsten Boies „Klar, dass Mama Ole lieber hat" wird z. B. der Alltag Alleinerziehender aus Sicht der Kinder beschrieben. Die liebevoll dargestellten Figuren sind realistisch, die Situationen alltäglich und damit glaubwürdig für den Leser.

Kriterien zur Analyse von Kinderfiguren im Bilderbuch
Ob ein Kind ein Buch gerne in die Hand nimmt, liegt häufig nicht nur an der äußeren Gestaltung oder am Thema des Buches, sondern auch an der Darstellung des Kindes im Buch. Sympathie für das dargestellte Kind entscheidet häufig über Sympathie für das Buch.

Hilfreiche Kriterien zur **Analyse** von Bilderbüchern *(in Anlehnung an das empfehlenswerte „Handbuch der Kinderliteratur" von Jens Thiele 2004, S. 86 ff.):*

1. die äußere Erscheinung des Kindes im Buch: sein Alter, seine Kleidung, Attribute, Auffälligkeiten, Körpersprache, Mimik und Gestik;
2. der Illustrationsstil: Ist das Kind realistisch dargestellt oder abstrakt, karikiert, verzerrt, verniedlicht?
3. die Darstellung der Geschlechterrolle: gibt es geschlechtsspezifische Merkmale oder bewusste Uneindeutigkeiten?
4. die Gattung (Tier, Mensch, Zwischenform): In welcher Tradition steht die Darstellung?
5. die Befindlichkeiten und Gefühlslagen der dargestellten Personen
6. die soziale und ökonomische Definition: Welcher Lebensstil, Status, familiärer Bezugsrahmen werden dargestellt?
7. Handlungsorte und ihre Ausstattung: Welches Milieu, welche Lebensräume, welcher Lebensstil werden dargestellt?
8. Tätigkeit/Arbeit: Welche Tätigkeiten werden dargestellt? Was tun Kinder? Sind es zweckfreie oder funktionale Tätigkeiten?
9. die Beziehungen der Kinder untereinander und zu den Erwachsenen: Welche Aussagen werden darüber getroffen?
10. Welche Fragen, Probleme und Konflikte treten auf?
11. Zeigt die Kinderfigur im Text die gleichen Merkmale wie im Bild?
12. Welche Prozesse, Entwicklungen, Konflikte durchlaufen die Kinder im Verlauf der Erzählung?
13. Gibt es erkennbare Zielsetzungen, Botschaften und woran sind sie zu erkennen?

Fragestellungen, um geschlechtsspezifische Rollen in Bild und Text zu entlarven:

→ Welches Geschlecht wird aus dem Titel ersichtlich?
→ Welche Tätigkeiten führen die im Bilderbuch agierenden Personen aus?
→ Mit welchem Spielzeug werden Jungen und Mädchen dargestellt?
→ Sind Geschlechtsunterschiede in Bezug auf die äußere Erscheinung der vorkommenden Figuren festzustellen?
→ In welchen Berufen werden die weiblichen und männlichen Figuren beschrieben?
→ Wer verdient, wer besitzt?
→ Welche Eigenschaften und Gefühlszustände werden den handelnden Personen zugeschrieben?
→ Wer ist älter: Jungen oder Mädchen?
→ Welche Beziehungen haben die handelnden Hauptfiguren mit Einzelnen, mit Gruppen?
→ Wie verhalten sich Mädchen und Jungen zueinander?
→ Wie verhalten sich Erwachsene zu Mädchen und Jungen?
→ Wie verhalten sich Geschwister zueinander?
→ Werden im Bilderbuch Zukunftserwartungen angesprochen?
→ Welche Klischees werden benutzt?

5.4.5 Die Bilderbuchbetrachtung

Beim Vorlesen oder Betrachten von Bilderbüchern mit Kindern unter fünf Jahren ist für eine gemütliche Vorlesesituation zu sorgen. Kleine Kinder können dabei Rituale wie das Einschalten einer bestimmten Lampe, einen bestimmten Platz auf dem Sofa oder einen bestimmten Rückzugsort innerhalb des Gruppenraums einfordern. Die Auswahl der Bücher übernehmen die Kinder, aber auch die Erzieherin darf Vorschläge machen und erklären, warum ihr die Geschichte, die sie vorliest, gefällt.

Wie lange kleineren Kindern vorgelesen werden kann, hängt von ihrer Konzentrationsfähigkeit ab. Aufmerksame Vorleser bemerken, wenn die Konzentration nachlässt und die Zuhörer zappelig werden. In der Regel sind zehn Minuten schon ausreichend für die Altersgruppe der Vierjährigen. Wichtig ist beim Vorlesen die körperliche Nähe zum Vorlesenden und zum Buch, um beim Zuhören einerseits Geborgenheit zu erleben, andererseits die Illustration gründlich betrachten zu können. Diese Nähe begrenzt den Zuhörerkreis und ermöglicht es der Erzieherin, die Reaktionen der Zuhörer beim Vorlesen registrieren und miteinbeziehen zu können.

Die Vorleserin oder der Vorleser haben zahlreiche kreative Möglichkeiten, sich auf die Handlung und die Zuhörer einzulassen, durch die Modulation der Stimme, ihre Höhe und Lautstärke, das Sprechtempo und durch das Imitieren von Geräuschen und Tierstimmen usw.

a) Wie liest man Bilderbücher vor?
Es gibt unterschiedliche Vorgehensweisen für das Vorlesen eines Bilderbuches:

→ Die Erzieherin zeigt zuerst ein Bild. Die Kinder äußern sich spontan dazu. Dann liest sie den Text vor oder gibt ihn mit eigenen Worten wieder.
→ Bilderbuchkino: Die Erzieherin zeigt eine Diareihe, die es inzwischen in großer Auswahl gibt. Dann liest oder erzählt sie den Begleittext. Die Kinder stellen Fragen dazu oder äußern sich zu den gezeigten Dias.
→ Mit Laptop oder PC: Die Erzieherin scannt die ihr wichtigen Bilder und Texte ein. Mithilfe eines PCs oder Laptops kann sie sie dann den Kindern zeigen. Bei größeren Gruppen kann ein Beamer eingesetzt werden. Weiteres Vorgehen wie oben.

b) Die Vorbereitung
Es ist wichtig, dass die vorlesende Person sich gut vorbereitet. Folgende Fragen sollte man sich zur Vorbereitung einer gezielten Bilderbuchbetrachtung stellen *(nach Thiele, a. a. O., S. 89 f.)*:

→ Warum will ich dieses Bilderbuch mit Kindern anschauen?
→ Wo und wie knüpft es an Lebenssituationen von Kindern (und meine eigene) an?
→ Was ist das Besondere an diesem Buch?
→ Worauf lege ich den Schwerpunkt: auf ein Gespräch, auf praktische Arbeit?
→ Mit welcher Begründung wähle ich diesen Schwerpunkt aus?
→ In welcher Form soll auf das Bilderbuch eingegangen werden? (Gespräch, Rollenspiel, bildnerisches Arbeiten mit Kindern?)
→ Wie kann ich die Kinder am Arbeitsprozess beteiligen?
→ Welche Zeit soll für das Vorhaben eingeplant werden?
→ Welche Einsichten, Erkenntnisse und Qualifikationen sollen Kinder in einem solchen Arbeitsvorhaben erlernen?

Eine gute Vorbereitung gewährleistet, dass sich die Erzieherin während der Aktivität auf die jeweilige Kindergruppe einlassen kann. Es hängt wesentlich von der Erzieherin ab, in welcher Form Kinder Sprache aufnehmen, deshalb sollte sie ein gutes Sprachvorbild sein, in ganzen Sätzen sprechen, die Kinder immer wieder dazu ermuntern, ihre Eindrücke zu schildern, und ihnen Impulse und Denkanstöße geben. Sie sollte auch Pausen einlegen, damit Kinder Fragen stellen können. Durch gezielte Fragestellung kann sie erreichen, dass die Kinder tiefer in den Inhalt einsteigen und sogar ins Philosophieren kommen. Voraussetzung hierfür sind geeignete Bilderbücher sowie die Kunst, geeignete Fragen zu stellen. Kinder stellen auch von selbst Fragen und finden eigene Antworten. Falls es zu Fehldeutungen kommt, kann der Erwachsene Impulse geben und weitere Fragen stellen. Manche Deutungen wird auch die Erzieherin selbst geben. Die Vorgehensweise der Erzieherin hängt wesentlich von den Kindern, deren Interesse, der Gruppengröße, dem Alter, der Konzentrationsfähigkeit und deren Verhaltensweisen ab. Es ist günstig, wenn die Erzieherin öfter einen Methodenwechsel vornimmt.

c) Begleitetes Lesen: „Erst ich, dann du“
Sobald ein Kind die ersten Wörter selbstständig lesen kann, ist abwechselndes Vorlesen sinnvoll. Die Nähe zum Vorleser bleibt erhalten und das begleitete Vorlesen übt die neu erworbene Kompetenz ein, stärkt das Selbstwertgefühl und fördert den Spracherwerb. Durch das Besprechen des Textes wird das Textverständnis erhöht und eine Auseinandersetzung mit dem Inhalt kann stattfinden. Die Buchreihe „Erst ich ein Stück, dann du“ ist speziell für ein solches gemeinsames Lesen konzipiert. Abschnitte für erfahrene Vorleser wechseln mit Textpassagen für Leseanfänger ab. Diese Reihe wird von der Stiftung Lesen empfohlen.

d) Selbstständiges Lesen und selbstständige Bilderbuchbetrachtung
Der Schritt vom Vorlesen zum anfangs noch mühsamen Selberlesen ist groß. Kinder werden dabei von Erwachsenen durch Lob angespornt und ermutigt. Die Leistung sollte anerkannt und die Ausdauer durch die Auswahl geeigneter Texte gefördert werden. Wichtig erscheint auch, dass das Kind einen Mix aus Lesen, Hören und Schauen erlebt und die Erfahrung machen kann, dass „Lesen wie fernsehen im eigenen Kopf" ist *(Kindermund)*.

e) Sonderformen: Bilderbuchkino, Hörbuch, Literaturverfilmung
Kindertagesstätten, Kinderhorte und Leihbüchereien bieten häufig ein sogenanntes „Bilderbuchkino“ an.

Diese Sonderform des Zuhörens und Betrachtens von Kinderliteratur erfreut sich großer Beliebtheit unter Kindergartenkindern. Dabei werden die Illustrationen der Kinderbücher als Dia auf eine große Leinwand projiziert und die Geschichte dazu vorgelesen. Ein einfühlsamer Vorleser bindet auch hier die Reaktionen seiner Zuhörer ein, sorgt für einen Dialog und Gedankenaustausch. Die Gefühle, die beim Zuhören der geschilderten Handlung und der gezeigten Abbildung entstehen, werden ebenso besprochen wie die Frage, wie sich der Protagonist nach Meinung der Kinder im Verlauf der Handlung verhalten sollte oder wie die Geschichte wohl weitergehen mag. Das Besprechen hilft schon den Kleinsten, zu reflektieren und auf einer Metaebene über Texte zu sprechen. Eine Kompetenz, die im weiteren Leben für die Interpretation von Texten benötigt wird. Der Vorteil des Bilderbuchkinos ist die besondere Atmosphäre, die durch den abgedunkelten Raum und das langsame Betrachten der Illustrationen, die sich erheblich vom Kinofilm unterscheiden, entsteht.

5.4.6 Lesegewohnheiten im 21. Jahrhundert

Die Stiftung Lesen stellte in einer Erhebung 2004 fest, dass die Zahl der 14–19-Jährigen, die in einem Haushalt mit vielen Büchern aufwuchsen, von 60 % in 1992 auf 41 % in 2000 gesunken ist. Fast ebenso dramatisch sank die Zahl der Jugendlichen, die sich mit Eltern über Bücher unterhielten, zu guter Lektüre angeregt wurden oder dem Deutschunterricht mit Interesse folgen konnten (1992: 54 %, 2000: 32 %).

Das sind alarmierende Zahlen, wenn man bedenkt, dass Lesen und das Interpretieren und Einordnen von Texten im Computerzeitalter die Schlüsselqualifikation schlechthin ist.

Lesen ist in Deutschland nach wie vor häufig von der sozialen Schicht abhängig: Wer schon im Kindergartenalter positive Erfahrungen mit Büchern macht, hat später häufig bessere Bildungschancen. Umgekehrt wird in bildungsfernen Haushalten das Lesen oft als wenig kommunikative Tätigkeit angesehen, zu der die Kinder nicht angeregt werden. Laut einer weiteren Untersuchung der Stiftung Lesen (2008), greifen Menschen mit und ohne Migrationshintergrund im Durchschnitt genauso häufig zum Buch: 36 % lesen einmal pro Woche in einem Buch.

↗ FAZIT

- → **Die Beschäftigung mit Büchern stellt eine hohe Bedeutung für die Entwicklung dar. Lesen und Vorgelesenem zuhören ist kein passives Konsumieren, sondern ein aktiver und kreativer Prozess, der Fantasie und den kontinuierlichen Abgleich mit den eigenen Erfahrungen und der eigenen Umgebung erforderlich macht. Durch altersgemäße Gespräche darüber kann der Prozess begleitet und gefördert werden.**
- → **Kinder lernen, dass es unterschiedliche Blickwinkel gibt und welche Kompetenzen notwendig sind, um unterschiedliche Situationen zu bewältigen. Die Beschäftigung mit grundlegenden menschlichen Gefühlen wie Angst, Wut, Verzweiflung, Sehnsucht nach Liebe, Geborgenheit, Zuwendung werden von den Protagonisten im Buch auf die eigene Gefühlswelt übertragen und können so eher als „normal“, empfunden werden.**
- → **Bilderbücher helfen, in Kategorien zu denken und vermitteln Wissen z. B. über andere Kulturen.**
- → **Das Verstehen und Interpretieren von Texten ist eine Kernkompetenz in unserem Kulturkreis. Bücher fördern die sprachliche, emotionale und geistige Entwicklung nachhaltig.**

→·← AUFGABEN UND ANREGUNGEN

1 Wann beginnt die Beschäftigung mit Büchern bei Kindern in Ihrem Umfeld? Nennen Sie Beispiele, in welchem Alter welche Bücher bevorzugt werden.

2 Machen Sie sich im Internet mit dem Portal ANTOLIN vertraut und besprechen Sie im Klassenverband das Konzept, das dahintersteht.

3 Lesen Sie ein Märchen der Gebrüder Grimm und eines von Hans Christian Andersen. Welcher Stil gefällt Ihnen besser? Warum?

4 Suchen Sie paarweise in einer Bücherei Kinderbücher, bei denen Ihnen die Illustrationen besonders gefallen. Präsentieren Sie sie vor der Klasse und besprechen Sie die unterschiedlichen Vorlieben.

5 Welche Kinderbücher könnten Erwachsene stärker als Kinder ansprechen, bei welchen ist es umgekehrt und warum? Finden Sie Beispiele.

6 Verschaffen Sie sich einen Überblick über neue und ältere Klassiker, indem Sie auch das Kinderprogramm KIKA analysieren. Sie finden dort viele Trickfilme auf Basis bekannter Kinderliteratur wie „Heidi", „Urmel aus dem Eis", „Biene Maja", „Nils Holgerson", „Petterson und Findus", „Jim Knopf" usw.
Finden Sie heraus, wie alt diese Geschichten sind und warum sie bei Kindern noch immer beliebt sind.

7 Bereiten Sie eine Bilderbuchbetrachtung vor wie oben beschrieben.

8 Analysieren Sie eine Kinderfigur in einem Bilderbuch wie oben beschrieben. Wählen Sie dazu ein Kinderbuch aus, dessen Protagonist Sie anspricht.

9 Gibt es eine Leseecke in Ihrer Einrichtung? Wenn ja, lässt sie sich verbessern? Wenn nein, fragen Sie, ob Sie gemeinsam mit den Kindern eine gestalten können.

10 Vergleichen Sie die beiden Bücher von Nikolaus Heidelbach „Das machen die Mädchen" und „Das machen die Buben". Was haben Darstellung und Inhalt mit der Wirklichkeit zu tun?

11 Stellen Sie fest, wie die Autorin des Kinderbuches „Der kleine Ritter Trenk" den jungen Leser fesselt.

12 Besorgen Sie sich ein Hörbuch von Otfried Preußler in Ihrer Bücherei oder Buchhandlung. Beurteilen Sie, für welche Altersgruppe z. B. „Der kleine Wassermann" geeignet ist.

13 Finden Sie Gründe für den Erfolg von „Harry Potter". Unterscheiden Sie nach Kindern, Jugendlichen und Erwachsenen.

14 Konzipieren Sie ein eigenes Bilderbuchkino mit Diashow oder scannen Sie die wichtigsten Bilder und Texte ein und führen Sie sie auf PC oder Laptop vor. Erarbeiten Sie im Vorfeld, wie Sie vorgehen und mit welchen Störungen Sie evtl. rechnen müssen. Überlegen Sie auch, wie Sie auf Ihre Vorstellung aufmerksam machen können.

5.5 Sprachstandserhebungen

5.5.1 Erhebung und Dokumentation des Sprachentwicklungsstandes

Sprachstandserhebungen als Grundlage der Sprachförderung

Als Konsequenz aus der PISA-Studie 2000 hat die Kultusministerkonferenz „Maßnahmen zur Verbesserung der Sprachkompetenz bereits im vorschulischen Bereich" gefordert. Zusätzlich wurde nach der Veröffentlichung von PISA 2003 zwischen Kultusministerkonferenz und Ländern vereinbart, die „Leistungen der Schülerinnen und Schüler mit schwachen Kompetenzen und der Jugendlichen mit Migrationshintergrund zu verbessern, also die Chancengerechtigkeit zu erhöhen". Als eine Maßnahme, um dieses Ziel zu erreichen, wurde im Januar 2005 entschieden, dass „Sprachstandsdiagnosen und Sprachförderung im vorschulischen Bereich" stattfinden sollen *(vgl. Kallmeyer 2007, S. 1)*.

Inzwischen verlangen die Bildungspläne aller Bundesländer, dass Erzieherinnen die kindliche Entwicklung beobachten und dokumentieren, um sie individuell besser fördern zu können. Dazu gehört besonders die sprachliche Entwicklung. Die Umsetzung gestaltet sich in den einzelnen Bundesländern aber unterschiedlich. Nordrhein-Westfalen hat im Kinderbildungsgesetz (KiBiz) § 13 Abs. 6 den Auftrag zur kontinuierlichen Förderung der Sprachentwicklung eines Kindes gesetzlich verankert. Seitdem muss das pädagogische Konzept einer Kindertageseinrichtung Ausführungen zur Sprachförderung enthalten. Man spricht inzwischen auch von „sprachlicher Bildung".

Damit ist es Aufgabe der Erzieherin, den **Sprachentwicklungsstand** jedes Kindes zu ermitteln und daraus Fördermöglichkeiten abzuleiten. Dies geschieht auf der Grundlage von Beobachtung, Dokumentation und Reflexion.

Zum einen erfolgt die Beobachtung automatisch im **Alltag**, z. B. durch die Beobachtung von Gesprächen der Kinder untereinander und mit den Erwachsenen im Freispiel, am Frühstückstisch oder beim Betrachten von Bilderbüchern. Hierbei können schon verschiedene sprachliche Kompetenzen der Kinder wahrgenommen werden. Und die pädagogische Fachkraft kann sich bewusst machen, mit welchen Kindern sie in alltäglichen Situationen viel spricht oder nicht. Ebenso wird durch die Alltagsbeobachtung deutlich, in welchen Situationen viel gesprochen wird und welche ganz besonders für die sprachliche Förderung im Alltag genutzt werden können.

Neben den Alltagsbeobachtungen sind **systematischere Beobachtungen** sinnvoll, um individueller die Fähigkeiten des einzelnen Kindes erkennen zu können. Spätestens aber beim Verdacht, dass der Spracherwerb eines Kindes auffällig ist (unter Beachtung der Individualität eines jeden Kindes), sollten diese Beobachtungen erfolgen, Gespräche mit den Eltern stattfinden und die Zusammenarbeit mit anderen Fachleuten wie Logopäden oder HNO-Ärzten gesucht werden.

Sprachstandserhebungen und sprachliche Bildung stellen eine Ganzheit dar.

Die Erzieherin kann unter vielen Möglichkeiten wählen, um ihre Beobachtungen zu dokumentieren.

Formen der Dokumentation
Beobachtungsheft, Ringbuch
Karteikarten
Formblätter, Protokollbögen (evtl. selbst entworfen)
Tagebuch
Akustische Aufzeichnungen oder Video
Standardisierte Beobachtungs- und Sprachstandserhebungsbögen
(vgl. Kindergarten heute spezial, Sprachentwicklung, 2003, S. 34)

Systematische Beobachtungen

Zu den systematischen Beobachtungen zählen **standardisierte Tests,** mit denen das Sprachverhalten und die Kompetenzen der Kinder nach vergleichbaren Kriterien gemessen werden können. Unterschiedliche Testverfahren stehen dafür zur Verfügung, z. B. „Deutsch plus" (Berlin), „Havas" 4 und 5 (Hamburg), „Fit in Deutsch" (Niedersachsen), „Delfin 4" (Nordrhein-Westfalen), „Sismik" (Bayern) *(vgl. Kallmeyer 2007, S. 3).* Einige davon werden im Kapitel 5.5.2 beispielhaft genauer beschrieben.

Diese Sprachstandserhebungen haben *keinen* sprachtherapeutischen Charakter und können die Diagnostik von sprachheilpädagogischen Fachkräften wie Logopäden nicht ersetzen. Eher soll es um die eigene Bewusstmachung gehen, wie das Lernen von Kindern in Alltagssituationen weiterentwickelt werden kann. Ebenso bilden die Ergebnisse die Grundlage für Gespräche und für die Zusammenarbeit mit den Eltern, um Sprachförderung gezielter angehen zu können – neben der alltäglichen Arbeit.

Sprachstandserhebungen von Erzieherinnen – während ihrer alltäglichen Arbeit geleistet – können auch nicht wissenschaftlichen Kriterien genügen. Trotzdem sind sie notwendig als Voraussetzung und Grundlage für die weitere Bildung *(vgl. Küpelikilinc, S. 234).*

Der Blick auf die Fördermaßnahmen, die tatsächlich in den Einrichtungen stattfinden – ob im Alltag oder gezielt in Angeboten –, zeigt aber, dass oft keine konkreten Verbindungen zwischen Sprachstandserhebung und entsprechender Förderung bestehen. Auch die deutlich werdenden Ziele sind z. T. bedenkenswert. Das Ziel der Sprachstandserhebungen soll die Förderung der Kinder sein – doch verleiten die Testergebnisse leicht dazu, das Sprachverhalten zu bewerten und damit die Kinder nach Kategorien zu ordnen. Es ist problematisch, wenn die Erhebungen nur dazu dienen, die Kinder einzuordnen, auszuwählen und die Tests dazu zu nutzen, z. B. Kinder mit wenig Deutschkenntnissen vom Schulbesuch zurückzustellen *(vgl. Schmerr 2007, S. 24).* Das Ziel muss vielmehr sein, die Ressourcen der Kinder zu dokumentieren und mithilfe der Ergebnisse jedes Kind individuell fördern zu wollen *(vgl. Eibeck 2007, S. 13).*

Kinder freuen sich meist über die Beachtung, die sie während der Beobachtung und durch sie erfahren: Sie nehmen sehr genau wahr, dass sich jemand für sie interessiert und dass sie wichtig sind.

Kriterien einer Sprachstandserhebung

1. Wiederholung: Die sprachliche Entwicklung befindet sich in einem ständigen Fluss bzw. Prozess, der nur durch *eine* Momentaufnahme nicht erfasst werden kann. Es sind also immer mehrere Sprachstandserhebungen über einen längeren Zeitraum zu wiederholen und auszuwerten, um den Entwicklungsprozess erkennen zu können.

> **„Auch sollten die Verfahren als kontinuierliche nachhaltige Maßnahmen konzipiert werden und nicht als singuläre Tests, die für die kleinen Menschen zum ‚Schicksalserlebnis' geraten."**
>
> *(Schmerr 2007, S. 24)*

2. Praktikabel: Die Sprachstandsbögen müssen so handhabbar sein, dass sie in der pädagogischen Praxis einfach anzuwenden sind und zeitlich im Alltag ihren Platz finden können – „nach dem Kriterium des geringsten Aufwandes bei größtmöglicher Effizienz" *(Kindergarten heute spezial, Sprachentwicklung, 2003, S. 34).*

Wird am Ende der Untersuchungsbögen die Verbindung zwischen Sprachstandsbeschreibungen und Sprachförderentscheidungen abgefragt, ist die Wahrscheinlichkeit höher, dass auch darauf abgestimmt weiter gearbeitet wird *(vgl. Sprachstandsbogen von Schlösser).*

3. Berücksichtigung von Mehrsprachigkeit: Bei zwei- oder mehrsprachigen Kindern ist es sinnvoll, Ergebnisse auch zu ihren anderen Sprachen zu erhalten und diese miteinander verbinden zu können.

4. Ergänzungen: Um einem ganzheitlichen Bild vom Kind bei der Beobachtung gerecht zu werden, bietet es sich an, die Sprachstandserhebungen zu ergänzen - durch Beobachtungs- und Dokumentationsinstrumente wie das Bildungsbuch, das Sprachlerntagebuch oder das Portfolio. Diese machen das Kind nicht nur zum Objekt von Beobachtung, sondern beteiligen es an der Dokumentation seines eigenen Entwicklungsprozesses. Dadurch wird auch der Anspruch, Sprachförderung als Bildung zu begreifen, deutlicher. Selbstbildung, Ko-Konstruktion sind nicht nur Worthülsen, sondern werden gelebt.

Dokumentation des Sprachentwicklungsprozesses - gemeinsam mit dem Kind

5. Bezug auf Sprachtheorien: Nach Prof. L. Fried haben Spracherfassungsverfahren eine gute Qualität, wenn im Beiheft solcher Verfahren mindestens folgende Angaben gemacht werden: „Für welche Zwecke taugt es (gut) und für welche (weniger oder) nicht? Welche Sprachentwicklungsaspekte misst es? Warum wurden gerade diese Aspekte ausgewählt? [...] Die gute Qualität eines Instruments zeigt sich schon allein darin, dass präzise angegeben wird, auf welcher Sprachtheorie es basiert und welche Ergebnisse die Prüfung der Messgüte erbracht hat. Wo solche Angaben fehlen, rate ich zur Vorsicht - oder besser noch: zum Verzicht." *(Fried, in: Kindergarten heute, 3/2005)*

Inhalte der Sprachstandserhebung

Das Verständnis, was unter dem Begriff „Sprache" alles zu beobachten ist, muss sehr weit gefasst werden, um der Ganzheit Sprache gerecht zu werden. Dadurch wird auch deutlich, welche Fülle es an Möglichkeiten zur Förderung und Bildung der Sprache gibt: Berücksichtigt werden können sowohl verbale als auch nonverbale Aspekte.

> Mögliche Inhalte:
>
> **Wortschatz, Aussprache, Grammatik, Sprachverstehen, Fähigkeiten des Zuhörens und Erzählens, Sprechmelodie, Stimmgebrauch** *(vgl. Iven 2010, S. 16 ff.),* **Umgang mit Schriftsprache, Mehrsprachigkeit, Literacy**

Die Stadt Köln erklärt z. B. in ihrem vorläufigen Bildungsplan von 2003 *(S. 26):*
Die Erzieherin beobachtet:

- → die Kinder im Sprachverhalten in verschiedenen Spiel-, Lern- und Alltagssituationen,
- → wie die Kinder sich im Dialog mit anderen Kindern unterhalten,
- → wie ihre Sprechweise, ihr Wortschatz und Satzbau ausgeprägt sind,
- → in welchen Situationen die Kinder motiviert sind, aktiv zuzuhören und sich sprachlich zu betätigen,
- → nicht-sprachliche Ausdrucksformen (Gestik/Mimik),
- → wie Kinder anderer Herkunft Kontakt zu den Kindern in ihrer Gruppe aufnehmen, was sie bevorzugt spielen und in welcher Sprache sie sich mitteilen.

Beispiele für den Aufbau von Sprachstandsbögen (Auszüge): unterschiedliche Fragen, unterschiedliche Antwortmöglichkeiten

Sprachstandsbogen	
Sprache	
Spricht das Kind die Erzieherin eigenständig an?	ja nein
Deutet es lieber nonverbal an, was es möchte/wozu es aufgefordert wird?	ja nein
[...]	....
Wie reagiert es darauf, wenn es nicht verstanden wird?	....
[...]	....
Aufträge zum Sprachverständnis	
Die Erzieherin nennt dem Kind Gegenstände, die es holen soll. Die Erzieherin spricht über die Gegenstände:	
Das Kind	
- hat den Auftrag verstanden:	ja nein
- führt den Auftrag aus:	ja nein
- steigt in das Gespräch mit ein:	ja nein
[...]	....
Entwicklung eines Förderplans	....
Welche Unterstützung benötigt das Kind in der nächsten Zeit in sprachlicher Hinsicht (Beziehung, Gruppe, Elternhaus, muttersprachlich, deutsch, fachlich, medizinisch etc.)?	....

Auszüge aus dem Sprachstandsbogen von Schlösser 2007, S. 249 ff.

Beobachtungsebene	*Beispiele/Bemerkungen*
Wortschatz	
Kann das Kind Bilder und Gegenstände benennen?	....
Fragt das Kind nach Benennungen, die es noch nicht kennt?	....
[...]	....
Sprachverständnis	
Versteht das Kind einfache Aufforderungen und handelt entsprechend?	....
Kann es auch schwierige/längere Anweisungen verstehen und umsetzen?	....
[...]	....

Auszüge aus dem Beobachtungsbogen zum Spracherwerb von Iven 2010, S. 182 f.

Voraussetzungen als Erzieherin

Eine Erzieherin, die erstmals eine Sprachstandsbeobachtung durchführen möchte, sollte nicht davon ausgehen, dass sie dies direkt kann. Realistischer ist es, davon auszugehen, dass sie schrittweise lernen muss, angemessen damit umzugehen. Evtl. kann sie sich Hilfe bei Fachberaterinnen holen. Eine mögliche Vorgehensweise wäre:

1. Verschiedene Verfahren durchlesen (können evtl. ausgeliehen werden) und mit Blick auf die Kriterien vergleichen,
2. innerhalb des Teams klären, welche Erhebungsmöglichkeit am ehesten den eigenen Zielen dient,
3. den Umgang mit den Verfahren testen (z. B. aneinander ausprobieren).

(vgl. Fried, in: Kindergarten heute, 3/2005)

Beobachten ist Übungssache. Dabei hilft es, von vornherein Schwierigkeiten als normal einzuplanen. „Dann nicht aufzugeben, sondern weiterzumachen, indem man sich Zeit lässt, sich gegenseitig weiterhilft und sich, wenn es dann immer noch nicht klappt, verzeiht, erhöht die Chance, dass man sich allmählich vom Spracherfassungs-Laien zum Spracherfassungs-Experten entwickelt." (a. a. O.)

Bedeutsam ist bei der Beobachtung vor allem auch die **Haltung** der pädagogischen Fachkraft. Welches Bild vom Kind hat sie? Die Erzieherin, die sich an den Ressourcen eines Kindes orientiert und es ganzheitlich betrachtet, sieht das Kind nicht als defizitäres Wesen, sondern als kompetentes Kind, dem sie Selbstbildung und ko-konstruktives Lernen ermöglicht, im Freispiel Selbstbestimmung und Partizipation fördert. Lernen mit allen Sinnen steht im Vordergrund. Dies gilt auch in Bezug auf sprachliches Lernen. Dadurch berücksichtigt sie als Beobachterin die Erkenntnisse aus Hirnforschung, Entwicklungspsychologie und Frühpädagogik *(vgl. Textor, Erziehungs- und Bildungspläne, 2008).*

Und was nun? – Umgang mit den Ergebnissen

Mit der Beobachtung allein ist es nicht getan: Ein ständiges Erfassen der kindlichen Sprachentwicklung würde nichts bewirken – gemäß dem Sprichwort:

> „Durch ständiges Wiegen wird das Schwein nicht dicker!"

Würden die Ergebnisse einfach abgeheftet und der Alltag oder die sprachliche Bildung der Kinder würde ohne Bezug auf die Ergebnisse erfolgen, könnte man sich jegliche Sprachstandserhebung gleich sparen.

Stattdessen ist nun Zeit für die **Auswertung und Reflexion** der Ergebnisse, um darauf aufbauend neue Handlungsziele zu formulieren. Einige Fragen helfen, diesen Prozess zu strukturieren:

→ **Was habe ich wahrgenommen?**
→ **Was schließe ich daraus? (Interpretation, Hypothesenbildung)**
→ **Ergeben sich neue Fragen und Ziele? (Hypothesenüberprüfung)**
→ **Wie gehe ich damit um?**

(vgl. Kindergarten heute spezial, Sprachentwicklung, 2003, S. 32)

Hier soll noch einmal betont werden, wie wichtig es nun ist, dass sich die Entscheidungen zur Sprachförderung an den Ressourcen des Kindes orientieren. Die Frage lautet *nicht:* „Was macht das Kind falsch?" Sondern: „Was kann das Kind schon?" So erfolgt die Einschätzung anhand der Bedürfnisse, Interessen und Stärken des Kindes. Darauf aufbauend kann die Erzieherin überlegen, welche weitere Unterstützung das Kind noch braucht.

Praktische Umsetzung von Beobachtungsergebnissen

Entsprechend der Zielsetzung werden die aus den Beobachtungen gewonnenen Informationen beispielsweise verwendet für

- den kollegialen Austausch über Entwicklungsprozesse einzelner Kinder,
- das Erstellen eines Förderplans zur Sprachförderung,
- die Gestaltung von Kommunikationsangeboten im Alltag,
- die Zusammenstellung von Kleingruppen (z. B. nach Sprachentwicklungsstand der Kinder),
- die Durchführung gezielter Sprachförderung (mit Schwerpunktsetzung auf bestimmte Bereiche der Sinnesförderung oder auf Themen, die die Kinder eingebracht haben),
- weitere Beobachtungsplanung zur Einschätzung des Erfolgs von durchgeführten Förderungsmaßnahmen und zum Festhalten des Entwicklungsverlaufs.

(Kindergarten heute spezial, Sprachentwicklung, 2003, S. 35)

Alle Unterlagen über Gespräche, Beobachtungen, Protokolle, Reflexionen etc. können systematisch in einem Ordner gesammelt werden und zur weiteren pädagogischen Arbeit und für Elterngespräche genutzt werden. Dieser Ordner (z. B. der Portfolio-Ordner) wäre auch ein mögliches Abschiedsgeschenk für das Kind am Ende seiner Kindergartenzeit, worin es stolz erkennen kann, wie es sich entwickelt hat.

5.5.2 Einsatz und Bewertung von Sprachstandserhebungen

1. Der Beobachtungsbogen *seldak*

Zur systematischen Beobachtung eines Kindes wurde im Staatsinstitut für Frühpädagogik der Beobachtungsbogen **seldak** (Sprachentwicklung und Literacy bei deutschsprachig aufwachsenden Kindern) entwickelt, der seit 2006 auf dem Markt ist. Er richtet sich an Kinder im Alter von vier Jahren bis zum Schuleintritt, die mit Deutsch als Erstsprache (Muttersprache) aufwachsen. *Seldak* ist ein Beobachtungsverfahren, das wissenschaftlichen Qualitätskriterien genügt und empirisch überprüft wurde.

Der Bogen besteht aus zwei Teilen, die jeweils wieder untergliedert sind:

Der 1. Teil (Seite 3–6) lautet „Sprachrelevante Situationen: Aktivität und Kompetenzen". Die Leitfragen sind hier: Wie lässt sich das Kind auf die jeweilige Situation ein? Wie bringt es sich sprachlich ein? Die sprachrelevanten Situationen sind dabei z. B. Gesprächsrunden, Bilderbuchbetrachtung, Vorlesen/Erzählen usw.

Im 2. Teil (Seite 7–10) geht es um „Sprachliche Kompetenzen im engeren Sinn". Beobachtet werden dabei u. a. das Verstehen von Handlungsaufträgen/Aufforderungen, Wortschatz, Grammatik usw.

Bei *seldak* handelt es sich um einen **Ankreuzbogen,** d. h. die Erzieherin entscheidet, ob sie einen bestimmten Punkt sehr oft – oft – manchmal – selten – sehr selten – nie beobachten konnte. Zusätzliche Zahlen sind für eine Zusatzauswertung gedacht. Es gibt auch Platz für eigene Notizen.

Im besten Fall übernimmt die Bezugserzieherin die Beobachtung. *Seldak* ist aber so aufgebaut, dass arbeitsteiliges Vorgehen möglich ist und z. B. auch eine Kollegin die Beobachtung bestimmter Aspekte übernehmen kann. Grundsätzlich handelt es sich bei *seldak* um einen Bogen zur **Langzeitbeobachtung.** In bestimmten Situationen, z. B. der Bilderbuchbetrachtung, sind Wiederholungen sinnvoll; andere Situationen müssen bewusst herbeigeführt werden, z. B. das Nacherzählen einer Geschichte.

Auf der Grundlage der Beobachtungen plant die Erzieherin mögliche Sprachfördermaßnahmen.

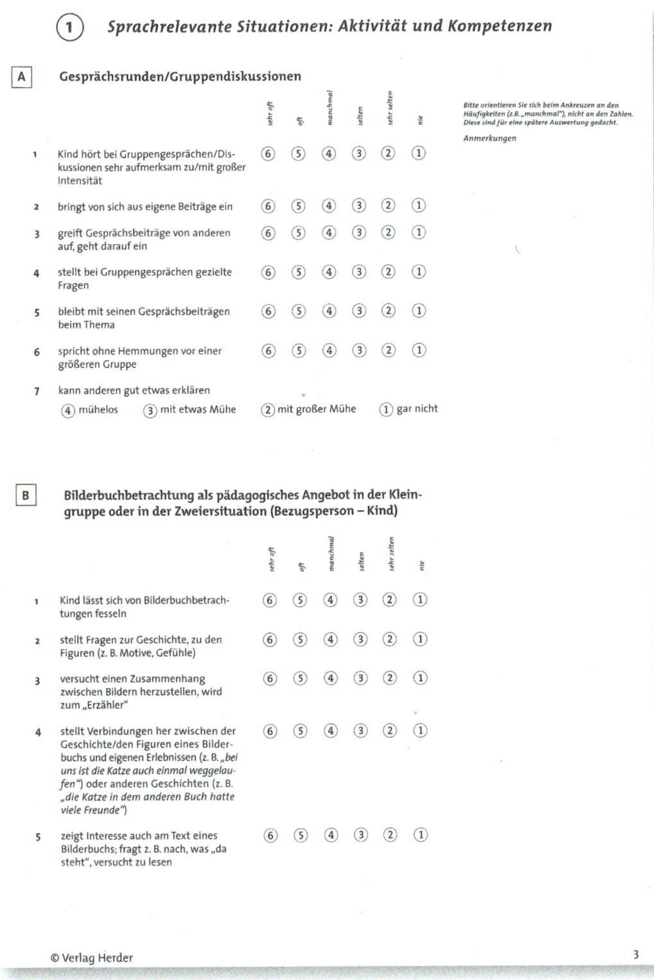

① *Sprachrelevante Situationen: Aktivität und Kompetenzen*

A Gesprächsrunden/Gruppendiskussionen

		sehr oft	oft	manchmal	selten	sehr selten	nie
1	Kind hört bei Gruppengesprächen/Diskussionen sehr aufmerksam zu/mit großer Intensität	⑥	⑤	④	③	②	①
2	bringt von sich aus eigene Beiträge ein	⑥	⑤	④	③	②	①
3	greift Gesprächsbeiträge von anderen auf, geht darauf ein	⑥	⑤	④	③	②	①
4	stellt bei Gruppengesprächen gezielte Fragen	⑥	⑤	④	③	②	①
5	bleibt mit seinen Gesprächsbeiträgen beim Thema	⑥	⑤	④	③	②	①
6	spricht ohne Hemmungen vor einer größeren Gruppe	⑥	⑤	④	③	②	①

Bitte orientieren Sie sich beim Ankreuzen an den Häufigkeiten (z.B. „manchmal"), nicht an den Zahlen. Diese sind für eine spätere Auswertung gedacht.

Anmerkungen

7 kann anderen gut etwas erklären
④ mühelos ③ mit etwas Mühe ② mit großer Mühe ① gar nicht

B Bilderbuchbetrachtung als pädagogisches Angebot in der Kleingruppe oder in der Zweiersituation (Bezugsperson – Kind)

		sehr oft	oft	manchmal	selten	sehr selten	nie
1	Kind lässt sich von Bilderbuchbetrachtungen fesseln	⑥	⑤	④	③	②	①
2	stellt Fragen zur Geschichte, zu den Figuren (z. B. Motive, Gefühle)	⑥	⑤	④	③	②	①
3	versucht einen Zusammenhang zwischen Bildern herzustellen, wird zum „Erzähler"	⑥	⑤	④	③	②	①
4	stellt Verbindungen her zwischen der Geschichte/den Figuren eines Bilderbuchs und eigenen Erlebnissen (z. B. *„bei uns ist die Katze auch einmal weggelaufen"*) oder anderen Geschichten (z. B. *„die Katze in dem anderen Buch hatte viele Freunde"*)	⑥	⑤	④	③	②	①
5	zeigt Interesse auch am Text eines Bilderbuchs; fragt z. B. nach, was „da steht", versucht zu lesen	⑥	⑤	④	③	②	①

© Verlag Herder 3

Eine Seite aus dem Beobachtungsbogen seldak

2. Der Beobachtungsbogen *sismik*

Der Beobachtungsbogen **sismik** (Sprachverhalten und Interesse an Sprache bei Migrantenkindern in Kindertageseinrichtungen) ist für Kinder konzipiert, deren Familien aus einem anderen Sprach- und Kulturkreis nach Deutschland gekommen sind. Er richtet sich ganz speziell an Migrantenkinder, die zu Hause noch mit einer weiteren Sprache aufwachsen. *Sismik* wurde für Kinder im Alter von ca. 3 ½ Jahren bis zum Schuleintritt konzipiert, der Bogen ist für deutschsprachige Erzieherinnen gedacht. Der Bogen besteht aus vier Teilen, die jeweils wieder untergliedert sind:

Im 1. Teil geht es um „Sprachverhalten in verschiedenen Situationen", z. B. am Frühstückstisch, bei Rollenspielen, bei Verständigungsproblemen/Ausdrucksnot.

Der 2. Teil behandelt die „Sprachliche Kompetenz im engeren Sinn (deutsch)", z. B. das Verstehen von Handlungsaufträgen und Aufforderungen, die Sprechweise, den Wortschatz, die Grammatik.

Im 3. Teil wird die „Familiensprache des Kindes" beobachtet, z. B. inwieweit sich das Kind als „Mittler" zwischen den Sprachen betätigt.

Im 4. Teil macht sich die Erzieherin Notizen zu der „Familie des Kindes", z. B. zur Lebenssituation und der Sprachpraxis der Familie.

Auf der letzten Seite des Bogens ist die Erzieherin aufgefordert, Konsequenzen aus ihren Beobachtungen zu ziehen und das weitere Vorgehen zu planen.

Beim Frühstück kann das Sprachverhalten beobachtet werden.

Bewertung von *seldak* und *sismik*

Die Entwicklung der Beobachtungsbögen wurde mit Mitteln des *Bayerischen Staatsministeriums für Arbeit und Sozialordnung, Familie und Frauen* gefördert. Sie genügen wissenschaftlichen Qualitätskriterien und wurden von pädagogischen Fachkräften in der Praxis erprobt. Viele Fachleute gaben hilfreiche Anregungen während der Entwicklungs- und Erprobungsphase.

Die Beobachtungsbögen und Begleithefte sind sehr verständlich. Durch diese gezielte und strukturierte Beobachtung wird die Wahrnehmung des Beobachters sensibilisiert und die Aufmerksamkeit auf das Kind erhöht. Die Bögen sind nicht defizitorientiert, sondern **fokussieren die Stärken des Kindes.** Sie stellen eine gute Basis dar, um pädagogische Angebote optimal auf das Kind und die Gruppe abzustimmen. Sie sind auch eine gute Basis für Elterngespräche.

Viele Erzieherinnen haben gute Erfahrungen mit den Bögen gemacht und empfehlen sie weiter. Grundsätzlich wären aber Praxiserfahrungen und psychologische Grundkenntnisse von Vorteil. Die Vorbereitung (u. a. Einarbeitung in die Handhabung), Durchführung der Beobachtung und die Auswertung nehmen jedoch relativ viel Zeit in Anspruch.

3. Sprachstandsfeststellung zwei Jahre vor der Einschulung (Delfin 4)

In Nordrhein-Westfalen (seit 2007) und Sachsen-Anhalt (seit 2010) werden **alle** Kinder zwei Jahre vor der Einschulung daraufhin untersucht, ob

1. ihre Sprachentwicklung altersgemäß ist,
2. sie die deutsche Sprache so beherrschen, dass sie in Zukunft dem Unterricht folgen und sich daran beteiligen können.

Hintergrund für die Einführung dieser **verpflichtenden** Sprachstandsfeststellung ist die Annahme, dass altersgemäßes Sprechen und Verstehen wichtige Grundvoraussetzungen für den späteren Schulerfolg und den Erfolg im Beruf darstellen. Das Ziel ist dabei, bessere Bildungschancen für jedes Kind unabhängig von seiner sozialen Herkunft zu erreichen. Aus diesem Grund wurde die Technische Universität Dortmund von den zuständigen Ministerien beauftragt, ein geeignetes Testverfahren zu entwickeln. Es entstand der Sprachtest „Delfin 4" (**Diag**nostik, **El**ternarbeit und **F**örderung der Sprachkompetenz **Vier**jähriger **in** NRW). Aufgrund des hohen Stellenwerts der frühzeitigen Sprachförderung wurde die Teilnahme an der Sprachstandsfeststellung im Schulgesetz verankert:

> § 36 Abs. 2 Schulgesetz NRW
>
> „Das Schulamt stellt zwei Jahre vor der Einschulung fest, ob die Sprachentwicklung der Kinder altersgemäß ist und ob sie die deutsche Sprache hinreichend beherrschen. Ist dies nicht der Fall und wird ein Kind nicht in einer Tageseinrichtung für Kinder sprachlich gefördert, soll das Schulamt das Kind verpflichten, an einem vorschulischen Sprachförderkurs teilzunehmen. Hierdurch soll gewährleistet werden, dass jedes Kind vom Beginn des Schulbesuchs an dem Unterricht folgen und sich daran beteiligen kann. Die Schulen sind verpflichtet, das Schulamt bei der Durchführung der Sprachstandsfeststellung zu unterstützen; hierbei ist auch eine Zusammenarbeit mit den Kindertagesstätten und der Jugendhilfe anzustreben."

Damit ist die Sprachstandsfeststellung auch für Kinder verpflichtend, die keine Kindertageseinrichtung besuchen. **Delfin 4** verläuft in maximal zwei Stufen:

Stufe 1: Besuch im Zoo
In der ersten Stufe führen zwei Fachkräfte, im Idealfall eine Erzieherin und eine Lehrerin aus einer nah gelegenen Grundschule, den Test mit in der Regel vier Kindern direkt in der Kindertageseinrichtung durch. Der „Besuch im Zoo" umfasst Aufgaben aus den vier Sprachbereichen, die laut Forschung am präzisesten erkennen lassen, ob bei einem Kind Sprachentwicklungsrisiken gegeben sind:

1. **Handlungsanweisungen ausführen.** Beispiel: Stelle deine Figur auf einen Löwen. Stelle deine Figur neben den Jungen, welcher auf einem Dreirad fährt. Stelle deine Figur zu den Großeltern, die auf einer Parkbank sitzen.
2. **Kunstwörter nachsprechen.** Beispiel: Nabu, Sumapp, Lagupp, Misumo, Talugo, Sabelami, Wamurola, Golasimu.
3. **(Quatsch-)Sätze nachsprechen.** Beispiel: Die Decke wird von Tom ordentlich gefaltet. Anna schießt den Ball kräftig auf das Tor. Der grüne Stuhl hüpft fröhlich über die kalte Sonne. Wenn der Wind regnet, pustet er kleine blaue Schneeflocken.
4. **Bildererzählung:** Was siehst du (auf einem bestimmten Ausschnitt des Spielplans)?

Die vier Aufgaben sind in eine Spielform eingebettet, die einem Brettspiel ähnelt. Dadurch soll die Motivation der Kinder erhöht werden. Die Kinder erfahren nicht, dass sie „getestet" werden.

Der Spielplan stellt einen Zoo mit verschiedenen Tiergehegen (Tiger, Elefanten, Giraffen, Delfine) dar. Ein Weg führt als Rundgang durch den Zoo an den Tiergehegen vorbei. Jedes Kind muss an jeder Station eine Aufgabe bearbeiten.

Während die Erzieherin die Testleitung übernimmt und mit den Kindern spielt, protokolliert die Grundschullehrerin im Hintergrund alle Äußerungen der Kinder. Die Äußerungen werden später in Punktwerte umgerechnet und die Eltern in einem Ergebnisbogen über den Ausgang des Tests informiert.

Im besten Fall stellt sich heraus, dass ein Kind über ausreichende Deutschkenntnisse verfügt und die Sprachentwicklung altersgemäß ist. Dann ist das Testverfahren nach Stufe 1 beendet. Dies gilt auch dann, wenn sich Lehrerin und Erzieherin darüber einig sind, dass ein Kind in jedem Fall Unterstützung bei der Sprachentwicklung benötigt. Es wird dann in den nächsten zwei Jahren in der Kindertageseinrichtung besonders gefördert. Dafür erhalten die Einrichtungen für jedes Kind eine finanzielle Zuwendung (2010: 345,00 €/Jahr). Nur wenn Stufe 1 kein eindeutiges Ergebnis liefert, tritt Stufe 2 in Kraft.

Sprachstandsfeststellung Delfin 4, Stufe 1: Besuch im Zoo

Stufe 2: Besuch im Pfiffikus-Haus

An Stufe 2 nehmen außerdem Kinder teil, die

- → bei der Durchführung der Stufe 1 nicht anwesend waren (Krankheit, Urlaub),
- → bei denen nach Stufe 1 keine Aussagen über den Sprachstand getroffen werden konnten (z. B. weil sie sich nicht geäußert haben)
- → und die keine Kindertageseinrichtung besuchen.

Bei dem „Besuch im Pfiffikus-Haus" handelt es sich um einen etwa halbstündigen **Einzeltest,** der von einer speziell geschulten Grundschulkraft durchgeführt wird. Das eingesetzte Material ist umfangreicher als das der 1. Stufe und liefert deshalb ein differenzierteres und genaueres Ergebnis.

Der wissenschaftliche und testtheoretische Hintergrund ist bei dieser Stufe der gleiche wie bei der Stufe 1. Einige Aufgaben ähneln sich daher. Sie sind in die Rahmenhandlung „Besuch im Pfiffikus-Haus" eingebettet. Die Lehrkraft hält die Ergebnisse während der Durchführung in einem Protokollheft fest und wertet sie nach vorgegebenen Kriterien mit Punkten aus.

Wird nach Stufe 1 oder Stufe 2 festgestellt, dass ein Kind Sprachförderung benötigt, beginnt diese in den Kindertageseinrichtungen zu Beginn des neuen Kindergartenjahres. Eltern von Kindern, die keine Kindertageseinrichtung besuchen, wird empfohlen, diese in einer Kindertageseinrichtung anzumelden. Wollen die Eltern das nicht, werden sie vom Schulamt durch einen förmlichen, begründeten Bescheid zur Teilnahme an einer vorschulischen Sprachfördermaßnahme verpflichtet. Diese Maßnahmen sollen möglichst in Kindertageseinrichtungen oder Familienzentren stattfinden.

Im Rahmen der Anmeldung zur Grundschule, die bis zum 15. November des Jahres vor der Einschulung stattfindet, kann der Sprachstand noch einmal überprüft werden. Der Schule steht dazu seit Herbst 2010 ein neues Testverfahren „Delfin 5" für diese Altersgruppe zur Verfügung. Dabei brauchen Kinder, die bereits nach „Delfin 4" gefördert werden, nicht erneut überprüft zu werden.

Kritik am Sprachtest „Delfin 4"

Seit seiner Einführung stand „Delfin 4" immer wieder in der Kritik. Einer der Hauptkritikpunkte ist, dass hier „getestet" wird, was die Erzieherin eines Kindes schon vorher (z. B. mithilfe von *seldak* oder *sismik*) ermittelt hat: nämlich ob bei einem Kind ein Sprachförderbedarf besteht oder nicht. Warum wird dann getestet? Die Landesregierung will **alle** Kinder zur Teilnahme **verpflichten,** gerade auch diejenigen, die *keine* Kindertagesstätte besuchen. Dabei handelt es sich aber um einen Eingriff ins Elternrecht. Eine Verpflichtung ist nur durch die in zwei Jahren einsetzende Schulpflicht zu begründen, daher auch die Verankerung im Schulgesetz. Die Verantwortung für die Umsetzung tragen die zuständigen Schulämter, die Grundschullehrer mit der Durchführung beauftragen. Die Lehrkräfte und die Fachkräfte in den Kindertageseinrichtungen sollen dabei eng kooperieren.

Alle Vierjährigen (2008: 160 000 in NRW) ein- oder sogar zweimal zu testen, stellt einen enorm hohen zeitlichen und damit finanziellen Aufwand dar. Gleichzeitig steht die Grundschullehrkraft während der Testphase nicht mehr für den Unterricht in der Schule zur Verfügung; dieser muss ausfallen oder vertreten werden.

Auch für die Kinder ist die Situation mitunter schwierig. Da es sich um einen Test und nicht, wie den Kindern suggeriert wird, um ein Spiel handelt, gibt es enge Verhaltensmaßregeln für die Beteiligten: Die Kinder dürfen sich nicht unterhalten und sich auch nicht gegenseitig helfen; Erzieherin und Lehrerin ist es nicht erlaubt, nach einer Antwort Freude zu zeigen, zu loben, zu ermutigen oder bei falscher Ausführung zu missbilligen. Sie müssen mit neutralen Verstärkern wie „hm", „ja" oder Kopfnicken nach der Erledigung einer Aufgabe reagieren. Eine kurze positive Verstärkung erfolgt erst nach der Erledigung einer Karte, unabhängig von der Leistung: „Prima mitgemacht" oder „Hat Spaß gemacht". Diese überhöhten Verhaltensvorschriften, die gestellte Situation, das unbekannte „Spiel" und die Anwesenheit der fremden Grundschullehrerin führen nicht selten dazu, dass sich Kinder komplett verweigern.

Kritiker sagen, Delfin 4 genüge grundlegenden Standards nicht und sei zum Teil zu schwierig für Vierjährige. Aber auch von Sprachtherapeuten kommt Kritik. Sie halten die Form der Diagnostik für ungeeignet, begrüßen aber das Projekt im Grundsatz und loben die Bemühungen, sich der Sprachentwicklung von Kindern anzunehmen.

↗ FAZIT

- Es gibt vielfältige Möglichkeiten der Beobachtung und Dokumentation sprachlicher Entwicklung. Die Wahl erfolgt nach unterschiedlichen Kriterien und je nach Inhalt und Zielsetzung. Die Durchführung bedarf der Übung.
- Die Sprachstandserhebungen müssen reflektiert werden und dienen dann als notwendige Grundlage zur Durchführung von Sprachförderung/sprachlicher Bildung. Zu beachten ist dabei eine Orientierung an den Ressourcen des Kindes.
- Sprachstandsdiagnosen und Sprachförderung im vorschulischen Bereich gehören spätestens seit PISA zum Aufgabenspektrum der Erzieherin. In NRW wurde der Auftrag zur kontinuierlichen Sprachförderung sogar gesetzlich verankert. Der Erzieherin stehen zur Ermittlung des Sprachentwicklungsstandes verschiedene Beobachtungsbögen zur Verfügung, die bekanntesten sind *seldak* und *sismik.*
- In NRW nehmen darüber hinaus alle Kinder, die in zwei Jahren schulpflichtig werden, an der verpflichtenden Sprachstandsfeststellung Delfin 4 teil, denn eine altersgemäße Sprachentwicklung und gute deutsche Sprachkenntnisse sind wesentliche Voraussetzungen für den Schulerfolg eines Kindes.

→·← AUFGABEN UND ANREGUNGEN

1 Fragen Sie in Ihrer Praktikumseinrichtung nach, wie dort der Sprachentwicklungsstand eines Kindes ermittelt wird und wie die Maßnahmen zur Sprachförderung konkret aussehen. Lesen Sie dazu auch in dem pädagogischen Konzept Ihrer Praktikumseinrichtung nach.

2 Lassen Sie sich alle Materialien zeigen, die zur Ermittlung des Sprachentwicklungsstandes und zur Sprachförderung in Ihrer Einrichtung verwendet werden.

3 Wenn es in Ihrer Praktikumseinrichtung ein Exemplar des Tests „Besuch im Zoo“ gibt, lassen Sie es sich ebenfalls zeigen und fragen Sie nach den gemachten Erfahrungen.

4 Besorgen Sie sich die Beobachtungsbögen *seldak* und *sismik* und die dazugehörigen Begleithefte.
Bilden Sie Gruppen und arbeiten Sie sich in die Unterlagen ein. Erläutern Sie die Handhabung der Bögen in der Klasse.

5 Entwickeln Sie zusammen mit Ihrer Praxisanleiterin ein Handlungskonzept für ein Kind mit Sprachförderbedarf.
Stellen Sie Ziele für das Kind auf.
Nennen und begründen Sie Möglichkeiten und Methoden der Sprachförderung.

TIPPS ZUM WEITERLESEN →→

- Feststellung des Sprachstands zwei Jahre vor der Einschulung. Fachinformation zum Verfahren ab dem Jahr 2010
  Ministerium für Schule und Weiterbildung des Landes NRW/Ministerium für Generationen, Familie, Frauen und Integration des Landes NRW
- seldak. Beobachtungsbogen für Kindertageseinrichtungen + Begleitheft
  Michaela Ulich, Toni Mayr, Staatsinstitut für Frühpädagogik, Herder-Verlag, Freiburg 2006
- sismik. Beobachtungsbogen + Begleitheft
  Michaela Ulich, Toni Mayr, Staatsinstitut für Frühpädagogik, Herder-Verlag, Freiburg 2006

5.6 Sprachauffälligkeiten

Sie fragen den Erzieher, der Sie anleitet:
„Welche Ursachen haben eigentlich Sprachauffälligkeiten?“

Der Erzieher antwortet:
„Sprachauffälligkeiten können mehrere Ursachen haben. Fachwissenschaftler können bis heute keine eindeutigen Antworten darauf geben, was genau die Ursachen sind. Wichtig ist es zu wissen, dass die Sprachentwicklung bei Kindern sehr unterschiedlich verläuft.“

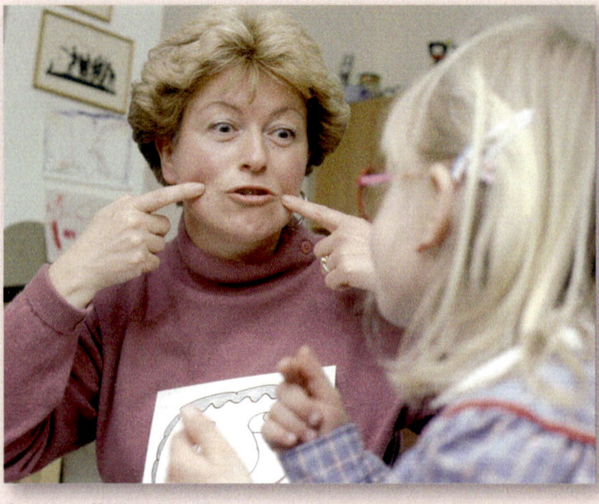
Sprachauffälligkeiten können mehrere Ursachen haben.

5.6.1 Ursachen für Sprachauffälligkeiten

Was Sprache auch ausmacht, ist die Möglichkeit, sich mit ihrer Hilfe etwas nicht Vorhandenes vorzustellen, und die Möglichkeit, seinem Gegenüber etwas zu erzählen, mit dem Wissen, dass diese andere Person nicht unbedingt das Gleiche denkt, wie man selbst. Ein grundlegendes Verständnis für die Zusammenhänge von sprachlicher, kognitiver und psychosozialer Entwicklung ist unabdingbar für das Erkennen von Sprachauffälligkeiten. Es gibt mehrere Ursachen für diese Auffälligkeiten, deshalb spricht man auch von **multifaktoriellen Erklärungen:**

1. Organische Ursachen
Dazu gehören z. B.

- → **Missbildungen bzw. Schäden der Sprechwerkzeuge (z. B. Kiefer-Lippen-Gaumenspalte)**
- → **Hörstörungen zentralnervöser Art. Damit sind Störungen gemeint, die direkt für das Hören verantwortlich sind, z. B. Störungen der Nervenbahnen**
- → **Bewegungsstörungen (z. B. Spastik)**
- → **neurologische Störungen, z. B. vorgeburtliche Störungen verursacht durch: Röteln, Alkohol, Drogen, Sauerstoffmangel während der Geburt oder nach der Geburt, Unfälle u. a.**

2. Vererbte Ursachen
Sprach-, Stimm- und Sprechstörungen werden in der Regel nicht vererbt, aber es gibt durchaus eine Bereitschaft (Disposition) zu Sprachstörungen. Die Erbanlagen des Menschen, seine körperliche und seelische Ausstattung können diese Störungen begünstigen.

3. Soziokulturelle Ursachen
Das soziokulturelle Umfeld hat erhebliche Auswirkungen auf die Sprachentwicklung des Kindes und somit auch auf mögliche Störungen, die sich z. B. durch ungünstige Umstände ergeben können. Hierzu zählen z. B. mangelnde Sprachanregungen in der Familie, hoher Medienkonsum, unterschiedliche Anforderungen an das Sprachniveau der Kinder oder auch eine spezifische Unkenntnis, etwa die Vorstellung, dass sich die Sprache der Kinder von selbst entwickelt. Auch der Erwartungsdruck der Erwachsenen kann sich störend auswirken, wie auch die belastende Wohnsituation der Familie, wirtschaftliche Probleme oder ungünstige Bedingungen bei der mehrsprachigen Erziehung. Sie können Sprech-, Sprach-, und Stimmstörungen bewirken.

4. Psychische Ursachen
Seelische Belastungen können Kinder in ihrer Entwicklung stark beeinträchtigen. Beispiele hierfür können die Trennung oder Partnerschaftskrisen der Eltern sein, Geschwisterrivalitäten, längerer Aufenthalt im Krankenhaus oder in einem Heim. Auch Erziehungsunsicherheiten durch unterschiedliche Erziehungsstile der Erwachsenen können zu Unsicherheiten bei Kindern führen.

Und somit haben sie Auswirkungen auf deren Sprachentwicklung. Das hängt damit zusammen, dass beim Sprechen immer auch die Beziehung zum Gesprächspartner eine Rolle spielt. Das Kind spürt genau, ob es verstanden oder abgelehnt wird oder ob es vertrauen kann. Auch psychische Folgen einer Sprachstörung müssen bedacht werden. Der Druck, richtig zu sprechen, kann belastend für Kinder sein. Hänseleien oder übertriebenes, schroffes Verbessern können negative Auswirkungen auf das Selbstwertgefühl der Kinder und somit auf die Sprechfreude der Kinder haben.

5.6.2 Überblick über Spracherwerbsstörungen

Viele Kinder, die später als **spracherwerbsverzögert** diagnostiziert werden, zeigen bereits im Säuglingsalter Auffälligkeiten in der Regulation psychischer Zustände. Das kann sich z. B. im Schlaf-Wachrhythmus oder in Fütter- und Trinkproblemen äußern. Schwierigkeiten können sich auch in der Motorik oder der Wahrnehmung zeigen, z. B. durch häufigen Wechsel der Spielmaterialien. Kindern fällt es dann schwer zu erkennen, was sie mit ihren Handlungen bewirken. Sie entwickeln keine Symbol- oder Konstruktionsspiele. Wenn ein Kind nicht spielen kann (oder will), ist dies immer ein Hinweis auf Schwierigkeiten in der Motorik, Wahrnehmung, in der Eltern-Kind-Beziehung oder auf seelische Belastungen des Kindes. Erzieherinnen können Situationen wahrnehmen, in denen Kinder ein hyperaktives Verhalten zeigen oder sich zurückziehen.

Wenn ein Kind sich nicht aktiv mit der Sprache bzw. den Sprachen auseinandersetzt, kann es kein Sprachverständnis aufbauen und so die Bedeutung der Wörter innerhalb vertrauter Situationen nur erraten.

Störungen des Sprachverständnisses werden von Fachpersonen und Eltern seltener beschrieben, weil sie schwieriger zu beobachten sind. Oft gehen sie mit Störungen in der Sprachproduktion einher.

Dyslalie/Stammeln (Lautstörung)

Hierbei handelt es sich um eine Lautstörung, die die Artikulation, die Phonetik oder die Phonologie betreffen kann. Es lassen sich zwei Formen unterscheiden:

- → **Artikulationsstörung: Das Sprechen ist gestört, weil die Aussprache nicht angemessen gelingt.**
- → **Lauterwerbsstörung: Der Lauterwerb beim Kind ist im Rahmen seiner Sprachentwicklung noch nicht abgeschlossen.**

Charakteristisch für Dyslalie sind folgende Auffälligkeiten: Laute und Lautverbindungen werden weggelassen, wenn das Kind einen Laut (noch) nicht bilden kann (z. B. statt „Blume“ sagt das Kind „Lume“); Laute werden durch andere in der Muttersprache existierende Laute oder Lautverbindungen ersetzt (statt „Kuh“ „Tuh“) oder durch einen Laut, der in der Muttersprache nicht vorkommt, z. B. durch Lispeln.

Dysgrammatismus

Bezieht sich auf Störungen beim Erwerb und Gebrauch der Grammatik, d. h. in der Wort- und Satzbildung. Hierbei kann es sich um eine zeitliche Abweichung handeln (das Kind bleibt auf einem frühen Entwicklungsstand, seine Entwicklung verzögert sich) oder aber um eine qualitative Abweichung vom normalen Ablauf der Sprachentwicklung (strukturelle Störung).

Charakteristisch sind folgende Auffälligkeiten: Auslassen von Wörtern und Satzteilen (Reden im Telegramm-Stil, z. B. „Mama Tisch“), fehlerhafte Formen bei Artikel und Substantiv („der Mädchen“), mangelnde Übereinstimmung zwischen Subjekt und Verb (z. B. „ich gehen“ oder „du macht“) oder falsche Satzstellung (z. B. „Heute nach Hause gehe ich“) *(vgl. Wendlandt 2000, S. 42).*

Eingeschränktes Sprachverständnis

Das Gehör des Kindes ist intakt, aber die Bedeutung von Wörtern und Sätzen wird von ihm nicht verstanden *(ebd).* Das fällt im Alltag oftmals nicht gleich auf, weil sich die Kinder an Mimik und Gestik des Gegenübers orientieren und dadurch auch wissen, was gemeint ist.

Hinweise können folgende Merkmale sein: Häufiges „Ja-Sagen“, Pseudofragen, unruhiges oder verträumtes Verhalten beim Geschichtenerzählen, undeutliche und „verwaschene“ Sprechweise, große Verunsicherung, vor allem in unbekannten, neuen Situationen.

Verspäteter Sprachbeginn
Etwa 13 % aller Kinder sind sogenannte „Late-Talker“ (spät Sprechende), d. h. sie haben einen verspäteten Sprechbeginn. Im Alter von 24 Monaten beträgt ihr Wortschatz weniger als 50 Worte und sie äußern keine Zwei-Wort-Sätze. Die Hälfte dieser spät sprechenden Kinder holt den Rückstand im Laufe des dritten Lebensjahres wieder auf. Sie zeigen dann keine sprachlichen Probleme mehr und werden als „Late-Bloomer“ (Spät-Erblüher) bezeichnet. Dies ist der Fall, wenn ein Kind im Alter von zwei Jahren nur vereinzelte Wörter spricht, gleichzeitig aber symbolische Handlungen zeigt, „nein“ sagt, sich im Spiegel erkennt und ein gutes Sprachverständnis und ein gutes Spiel- und Individuationsverhalten zeigt.

Kinder, die gefährdet sind, sprechen dagegen im Alter zwischen zwei und drei Jahren nur einzelne Wörter und haben gleichzeitig Schwierigkeiten im Spiel, in der sozialen Interaktion und im Sprachverständnis. Hier sollte unbedingt eine logopädische Abklärung erfolgen.

Eingeschränkter Wortschatz
„Der Wortschatz des Kindes ist zu klein, d. h. es kann viele Dinge nicht altersgemäß benennen“ *(Wendlandt 2000, S. 42)*. Es benennt z. B. unterschiedliche Dinge mit dem gleichen Wort (z. B. „Happa“ für Keks, Brot und Löffel).

Störungen des Sprachverständnisses
werden von Fachkräften und Eltern seltener beschrieben, weil sie schwieriger zu beobachten sind. Oft gehen sie mit Störungen in der Sprachproduktion einher.

Stottern (Balbuties)
Kennzeichen sind Störungen im Redefluss: Wiederholungen von Silben und Lauten, Dehnen von Lauten und Blockaden, die durch mehr oder weniger starke Verspannungen oder Kraftanstrengungen gekennzeichnet sind. Begleiterscheinungen sind Angst, Wut und Schamreaktionen sowie sprachliches und/oder soziales Vermeidungsverhalten. Oft ist auch die gesamte Kommunikation beeinträchtigt. Deshalb wird Stottern auch als Kommunikationsstörung bezeichnet *(vgl. Wendlandt 2000, S. 43)*.

Poltern
ist eine Störung des Sprechablaufs, die durch überhastetes, oft unregelmäßiges Sprechtempo und eine „verwaschene“, undeutliche Sprechweise gekennzeichnet ist. Laute und Silben werden ineinandergezogen (Verschmelzungen), weggelassen oder in der Abfolge umgestellt. Satzteile bleiben häufig unvollständig oder werden wiederholt. Auch bei den Inhalten kann es zu Verwechslungen kommen. Sprechunflüssigkeiten wie Poltern und Stottern können auch kombiniert auftreten.

Mutismus
Hierbei handelt es sich um eine Störung der Kommunikation. Betroffene Kinder können zwar mehr oder weniger gut sprechen, tun dies aber nur in ganz bestimmten Situationen mit ganz bestimmten Personen, in anderen Situationen verweigern sie Sprache und schweigen. Man bezeichnet das als selektiven Mutismus. Gründe für das Schweigen eines Kindes können sehr vielfältig sein und bedürfen einer sorgfältigen Abklärung.

Kindliche Stimmstörungen (Dysphonie)
„Stimmklang und/oder Lautstärke und/oder Tonhöhe sind verändert. Die Stimme klingt heiser, piepsig bis zur Stimmlosigkeit (flüstern).“ *(Wendlandt 2000, S. 43)*

Näseln (Rhinophobie)
Sprechen mit näselndem Stimmklang. Es wird unterschieden zwischen „offenem“ Näseln (Luftentweichung durch die Nase) und geschlossenem Näseln (Luftstrom entweicht überwiegend durch den Mund).

Sprachentwicklungsstörung
Von einer Sprachentwicklungsstörung wird gesprochen, wenn vier Auffälligkeiten gemeinsam auftreten: *Sprachverständnisstörung, Dyslalie, eingeschränkter Wortschatz* und *Dysgrammatismus.* Der Sprachentwicklungsrückstand muss mindestens ein halbes Jahr betragen *(vgl. Wendlandt, S. 42)*.

Bei allen Sprachauffälligkeiten sollte möglichst frühzeitig ein Fachmann zu Rate gezogen werden. Damit können Hörstörungen und andere organische Ursachen ausgeschlossen werden, die die Sprachentwicklung beeinträchtigen können. Je nach Befund kann danach an weitere Spezialisten überwiesen werden, z. B. Logopäden, sozialpädiatrische Zentren, HNO-Ärzte, Heilpädagogen u. a.

↗ FAZIT

- Eltern und Pädagogen müssen die Sprache der Kinder genau beobachten und dokumentieren, um herauszufinden, ob das Kind Probleme im sprachlichen Bereich hat.
- Es gilt hier zu unterschieden zwischen entwicklungsbedingten Auffälligkeiten, die natürlich und vorübergehend auftreten, und Auffälligkeiten, die einer fachmännischen Abklärung bedürfen.
- Wichtig ist, frühzeitig Fachleute zu Rate zu ziehen, um Hörstörungen und andere organische Ursachen auszuschließen, die die Sprachentwicklung beeinträchtigen können.
- Entscheidend ist eine gründliche Diagnostik, die über die Ursachen Auskunft geben kann. Bei frühzeitiger Erkennung und Unterstützung hat ein Kind in der Regel gute Entwicklungsmöglichkeiten im sprachlichen Bereich.

AUFGABEN UND ANREGUNGEN

1 Forschen Sie nach, welche Sprachauffälligkeiten in der Kindergruppe vorhanden sind.

2 Erkunden Sie das Berufsbild des Logopäden.

TIPPS ZUM WEITERLESEN

- Sprachverstehen: Entwicklungsverzögerungen erkennen
  Barbara Zollinger, DJI, München 2010
- wiff Weiterbildungsinitiative für Frühpädagogische Fachkräfte
  www.dji.de
- Frühpädagogik als Sprachförderung
  Gundula List, www.dji.de

6 Spiel als Ausdruck und Erfahrung

6.1 Theorien über das Spiel

Es ist Eltern-Infotag im Kindergarten. Sie führen interessierte Eltern durch die Einrichtung. Es gibt zwei Elementargruppen, die jeweils einen eigenen Gruppenraum haben, und ein Außengelände, ein Atelier sowie einen kleinen Toberaum im Keller, mit einer Tunnelrutsche dorthin. Gearbeitet wird nach einem offenen Konzept: Die Kinder haben im Tagesverlauf zweimal kurze Einheiten in ihrer Gruppe, ansonsten sind die Gruppenräume offen und die Kinder suchen sich ihren Platz selber. Dabei machen die Erzieherinnen der Einrichtung immer verschiedene Angebote, oft auch auf Anregung der Kinder hin: Hier werden Wassergräben von der Pumpe zum Sandkasten hin angelegt, eine Kollegin liest ein Buch vor, auf dem kleinen Bolzplatz spielen drei Schulkinder mit einigen der Elementarkinder Fußball und aus dem Gruppenraum ertönt wildes Geschrei – denn dort wird gerade die Geschichte von den „Wilden Kerlen“ nachgespielt. Auch an diesem Nachmittag ist es so. Die Kinder haben ihren Spiel-Platz gefunden und sind so sehr bei der Sache, dass sie sich auch von den fremden Erwachsenen nicht ablenken lassen. Während die Eltern sich umsehen, beschreiben Sie ihnen den Tagesablauf und berichten begeistert von den vielen eigenständigen Aktivitäten der Kinder. „Na ja“, wird die Frau etwas ungeduldig. „Aber sagen Sie mal, spielen die denn bei Ihnen nur? Die sollen doch was lernen!“

Spielen und Lernen: Ein Widerspruch?

↘ FRAGEN

→ *Was ist eigentlich „Spiel“?*
→ *Und was geschieht beim Spielen?*
→ *Welche Bedeutung hat „Spielen“ für die Entwicklung von Kindern?*
→ *Stehen Spielen und Lernen im Widerspruch zueinander?*

6.1.1 Das Wesen des Spiels

Sehr selbstverständlich wird in pädagogischen Arbeitsfeldern von „Spiel" geredet. Meist beschäftigt man sich mit den **Wirkungen** des Spielens: Spiele können z. B. der Entspannung oder dem Austoben dienen; eine Erzieherin möchte mit Konstruktionsspielen die motorischen Fähigkeiten von Kindern fördern, eine andere möchte durch Rollenspiele das Sozialverhalten der Kinder stärken. Die Frage ist, ob eigentlich alle über das Gleiche sprechen. Wann lässt sich eine Tätigkeit als Spiel definieren? Wodurch grenzt sie sich von anderen Tätigkeiten wie zum Beispiel Arbeiten, Lernen, Forschen ab? Um sich dem Spielbegriff anzunähern, ist es hilfreich, sich zunächst mit seiner Erscheinung, mit der Phänomenologie des Spiels, zu beschäftigen. Im Verlauf des 20. Jahrhunderts haben dies verschiedene Wissenschaftler getan, unter anderem der deutsche Pädagoge **Hans Scheuerl** und der niederländische Historiker **Johan Huizinga.** Zur Beschreibung des Spiels kann man ihm **sechs Merkmale** zuordnen.

1. Merkmal: Spiel ist zweckfrei
Spiel ist nicht notwendig (im Sinne von „Not wendend"), d. h., niemand muss spielen, um beispielsweise Geld zu verdienen, gute Zensuren zu bekommen oder gar sein Leben zu retten. Es ist gekennzeichnet durch die innere Haltung des „Ich muss ja nicht". Scheuerl spricht hier vom „Moment der Freiheit". Kinder spielen von sich aus, sie tun es, ohne einen über das Spiel hinausgehenden Zweck zu verfolgen. Das heißt nicht, dass sie im Spiel selber keine Ziele hätten: Es kann durchaus darum gehen, etwas Bestimmtes zu erreichen, zum Beispiel einen Turm zu bauen, der höher ist als der Tisch, zu gewinnen oder zu beobachten, wie sich Wasser und Sand langsam vermischen. Aber all diese im Spiel gesteckten Ziele sind nur dazu da, das Spiel selber in Gang zu halten. Wenn sie erreicht werden, ist entweder das Spiel beendet oder ein neuer Zweck wird gefunden. Das heißt aber auch, dass niemand zum Spielen gezwungen werden kann und darf, ohne damit das Wesen des Spiels zu zerstören. Menschen spielen freiwillig - oder es ist kein Spiel mehr.

2. Merkmal: Spielen ist ein konkretes, aktives Handeln mit dem Teil der realen Welt, in dem sich die Spielenden gerade befinden. Es bedeutet „tun"
Spiel setzt ein reales Gegenüber voraus. Das bedeutet, „dass immer auch ‚etwas' mit dem Spieler spielt" *(Heckhausen, a. a. O., S. 145).* Der Ball, den das Kind wirft, landet z. B. in einiger Entfernung - er antwortet quasi mit einer neuen Position, auf die das Kind durch hinlaufen, wieder auffangen, weiterschießen usw. reagiert. So entsteht eine Folge von wechselseitiger Aktion und Reaktion, es entsteht nicht nur ein Spiel *mit* dem Ball, sondern ein Spiel *zwischen* Ball und Kind. In diesem „mit etwas Spielen" macht das Kind also sehr konkrete Erfahrungen, gewinnt Erkenntnisse über seine Umwelt und eignet sich die Welt in spielerischer und handelnder Weise an *(vgl. auch HF 2, Kap. 1).*

3. Merkmal: Im Spiel erleben Menschen einen Wechsel von Anspannung und Entspannung
Im Spiel findet eine Bewegung zwischen Polen statt, zwischen Anspannung und Entspannung, Gelingen und Misslingen, Risiko und Sicherheit, Strategie und Intuition, Leichtsinn und Umsicht. Dieses Pendeln zwischen den Polen erzeugt für die Spielenden die Spannung, die das Spiel reizvoll macht. Ausgangspunkt ist, dass etwas - ein Gegenstand, eine Situation - Aufmerksamkeit und Interesse auf sich zieht, d. h. für Spannung sorgt. Gemeint ist eine angenehme Spannung, die Erwartung und Hoffnung, dass etwas gelingt: das Kind, das auf dem Klettergerüst balanciert, der Jugendliche, der nur noch eine Fünf würfeln muss, um zu gewinnen, Erwachsene, die einen Begriff pantomimisch darstellen müssen. Dann verändert sich die Situation plötzlich: Das Ende des Klettergerüsts ist erreicht, die Würfel sind gefallen, der Begriff ist erraten. Entspannung und Erleichterung tritt ein - bis zum nächsten Versuch. Schon bei kleinen Kindern ist dieser Wechsel von Anspannung und Entspannung im Spiel zu beobachten. Lena, 1,5 Jahre alt, zieht sich ein Tuch über den Kopf und wird ganz aufgeregt, als sie die Stimme ihres Vaters hört: „Na, wo ist denn Lena? Das gibt's doch nicht, ich finde sie nicht ...". Lena kann es kaum noch aushalten, zieht das Tuch weg und jauchzt laut auf vor Erleichterung und Freude über die erstaunte Reaktion des Vaters, nur, um sich sofort wieder das Tuch über den Kopf zu ziehen.

Die Pole, zwischen denen sich Spielende befinden, sind Langeweile auf der einen Seite und Affekt auf der anderen Seite - in ihrem Extrem werden beide Zustände als äußerst unangenehm empfunden. Im Spiel findet ein Einpendeln in einen mittleren Spannungszustand statt, der Kurzweil erzeugt. Im Freispiel suchen sich Kinder Spielsituationen, die ihrem Bedürfnis nach einer solchen positiven Spannung im Sinne von Gefordertsein, Anregung, vielleicht auch Aufregung einerseits und Entspannung und Sicherheit andererseits entsprechen. Im angeleiteten Spiel kann es eine Hilfe sein, genau danach zu fragen: Welches Kind oder welche Jugendliche braucht welche Anregungen und Anforderungen, um sich nicht zu langweilen, aber auch, um sich nicht überfordert und damit hilflos oder panisch zu fühlen?

4. Merkmal: Spiel findet „hier und jetzt" statt

Die Aufforderung „Komm, wir spielen!" bedeutet: jetzt und nicht erst in zwei Stunden. Das Spiel „spielt" sich innerhalb bestimmter Grenzen von Zeit und Raum ab. „Sie ist völlig in ihrem Spiel versunken", lautet manchmal die Beschreibung eines spielenden Kindes. Das beschreibt aber gerade nicht ein Entrücktsein, sondern im Gegenteil die völlige Konzentration, das Sich-Einlassen auf diese Tätigkeit in diesem Moment und damit eine große Präsenz. Pausen wie Mahlzeiten oder Nachtruhe kann es in solchem Spiel nicht geben. Scheuerl beschreibt dieses Merkmal als „Moment der Gegenwärtigkeit". „Spiel verlangt, dass man sein ganzes Selbst hineinlegt. Innerhalb der geltenden Regeln wird gefordert, dass man mit ganzem Herzen dabei ist. Das erzeugt das Gefühl von Lebendigkeit." „Das Spiel bindet und löst. Es fesselt. Es bannt, das heißt: es bezaubert." *(Johan Huizinga)*

5. Merkmal: Spiel ist in sich geschlossen

Spiele sind, so beschreibt es Huizinga, ein „abgesondertes, umzäuntes, heiliges Gebiet, in dem besondere Regeln gelten. Sie sind zeitweilige Welten innerhalb der gewöhnlichen Welt, [...]" *(Huizinga, S. 18).* Diese Geschlossenheit des Spiels zeigt sich auf unterschiedliche Weise: Es gibt erstens eine **zeitliche** und **räumliche Begrenzung** und es gibt zweitens **Regeln,** die nur für dieses Spiel gelten oder für die Gruppe der Mitspielenden, die sich gegen andere abgrenzen. Dadurch wird eine Spielwelt aufgebaut, die frei ist von den Verpflichtungen und Regeln des Alltags.

6. Merkmal: Im Spiel erschaffen sich Kinder eine andere Welt, eine „Als-ob"-Realität

Dadurch schaffen Kinder einen Zustand des Erlebens, der sich vom sogenannten „Ernst des Lebens" unterscheidet. Sie tun so, als ob ... Häufig wird dabei die Realität abgebildet und nachgeschaffen. Aus Bauklötzen werden Autos, in der Puppenecke wird der Familienstreit des Vortages nachgespielt. Dieses „So-tun-als-ob" bedeutet aber nicht, dass das Spiel unernst ist - im Gegenteil, gerade Kinder verfolgen ihre Spiele in der Regel mit großem Ernst. Dennoch wissen sie im gleichen Moment, dass sie „bloß so tun", dass es ja nur aus Spaß, „aus Spiel ist".

Johan Huizinga gibt dafür ein wunderbares Beispiel: „Wie tief dies Bewusstsein in der Kinderseele haftet, wird m. E. besonders schlagend deutlich durch den Fall illustriert, den mir seinerzeit der Vater eines Kindes mitgeteilt hat: Er trifft sein vierjähriges Söhnchen an, wie es auf dem vordersten einer Reihe von Stühlen sitzt und ‚Eisenbahn' spielt. Er hätschelt das Kind, dies aber sagt: ‚Vater, du darfst die Lokomotive nicht küssen, sonst denken die Wagen, es wäre nicht echt.'"

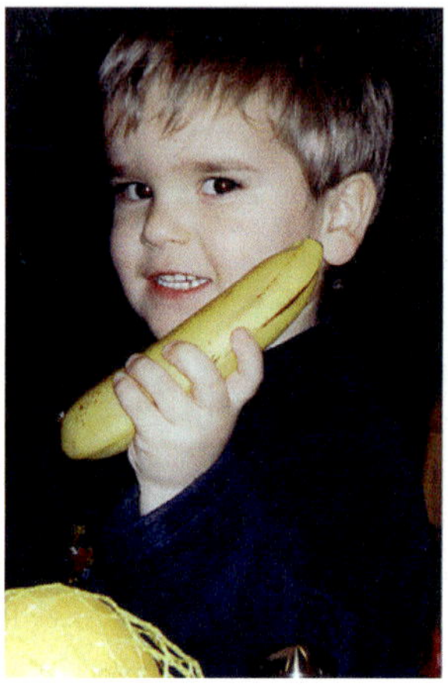

Im So-tun-als-ob-Spiel kann eine Banane auch ein Telefon sein.

Im Spiel haben kämpfende Ritter mehrere Leben, im Spiel tut das Blutabnehmen beim Arzt nicht weh und im Spiel können Drachenkinder fliegen. Spiel bildet die Realität nicht nur ab, sondern geht über die Wirklichkeit hinaus. Kinder spielen nicht (nur) das, was ist, sie erspielen sich auch das, was sein *könnte.* Damit erschaffen sie eine Welt neuer Möglichkeiten. Philosophisch betrachtet, stellen sie damit die bestehenden Wirklichkeitsvorstellungen infrage, bestreiten deren Anspruch auf Allgemeingültigkeit und zeigen Alternativen auf. Zum Erfinden solcher „Als-ob-Realitäten" brauchen Kinder schon eine gehörige Portion Fantasie. Ihr Spiel wird von ihrer Fantasie vorangetrieben, gleichzeitig fördert das Spiel auch die Fantasiefähigkeit der Kinder. Die im Spiel entwickelte Fähigkeit zum schöpferischen Denken ist eine Voraussetzung sowohl für künstlerisch-kreative Prozesse wie auch für konstruktive Problemlösungen, sei es im technischen oder auch im zwischenmenschlichen Bereich. Johan Huizinga sieht im Spiel den Ursprung von Kultur überhaupt. Nach Heckhausen ist der „Als-ob-Charakter" des Spiels das einzige Merkmal, das nicht für alle Spiele gilt, so z. B. nicht für Material prüfende, experimentierende Spiele oder für Bewegungsspiele. Spiel ist, wenn alles Mögliche passiert und das Unmögliche wahr wird.

Alle Merkmale zusammenfassend kann gesagt werden, dass Kinder im Spiel Freude und innere Befriedigung erleben - sie spielen, weil es ihnen Spaß macht; Spiel wird in der Regel nicht als Mühe und Belastung empfunden. Auch wenn bis zur Erschöpfung gespielt wird, wird es als lustvoll erlebt. Für die Arbeit pädagogischer Fachkräfte hat eine solche Beschreibung und Erklärung von Spiel Folgen für ihre Haltung dem Spiel bzw. konkreten Spielsituationen gegenüber. Jeder einzelnen Spielsituation muss mit Respekt begegnet werden und sie sollte möglichst nicht unterbrochen werden - denn dieses Spiel existiert nur in diesem Moment, und für die Spielenden hat es einen tiefen Sinn in sich selbst.

6.1.2 Kommunikation und Sozialverhalten im Spiel

Die Entwicklung des **Sozialverhaltens** von Kindern steht im Fokus mancher psychologischer und soziologischer Studien. In der Entwicklung von Kindern lässt sich eine typische Abfolge erkennen, in der Kinder soziales Spiel ausbilden. Die Entwicklung des sozialen Spielverhaltens hängt dabei nicht nur vom Alter ab, sondern auch davon, wie viele und welche Art von Sozialkontakten ein Kind hat (z. B. Geschwister, Eltern, Kindergartenkinder u. Ä.). Generell lassen sich **drei Stufen des sozialen Spiels** in der Entwicklung von Kindern beschreiben:

1. Bei kleinen Kindern unter zwei Jahren gibt es das **Nebeneinander- oder Parallelspiel,** zum Beispiel beim Spielen im Sandkasten, beim Bauen, Kneten, Malen. Hier sind Kinder beieinander, können einander zusehen, sind aber nicht als Spielpartner aufeinander angewiesen. „Sie können das eigene Spiel nach ihren spontanen Impulsen und Fantasien lenken und die Sozialkontakte nach Belieben aufnehmen und wieder beenden" *(Flitner, a. a. O., S. 98).*

2. Erst später, etwa ab einem Alter von zwei bis drei Jahren, sind Kinder in der Lage zum **Miteinander-Spielen.** In Kreis- und Reigenspielen machen sie die Erfahrung von Gemeinsamkeit und Zugehörigkeit. Sie müssen hier aber auch schon eigene Bedürfnisse zurückstellen. In einer anderen Form der Miteinander-Spiele führen die einzelnen Mitspieler verschiedene Tätigkeiten aus: Neben den größeren Kindern als Hauptakteure spielen auch kleinere Kinder in Rollen „zweiten Ranges" mit: Sie sind das Publikum, die Ballholer, Schafe usw. Diese Spielform eignet sich gut, um Kinder mit unterschiedlichen Fähigkeiten miteinander ins Spiel zu bringen.

3. Schließlich folgen die **organisierten Spiele,** häufig in Form von Wettbewerben oder Konkurrenzspielen, aber auch als Kooperationsspiele *(s. 6.2.1, Spielformen in der Entwicklung von Kindern).* Hier ist ein soziales Spielverhalten notwendig: die Fähigkeit, in einem gemeinsamen Spiel entweder gegensätzliche Interessen zu verfolgen oder die eigenen Interessen dem gemeinsamen Ziel im Kooperationsspiel unterzuordnen.

Vertrauen und genaue Absprachen - Spiele fördern soziales Verhalten.

Viele Untersuchungen haben gezeigt, dass sich Sozialisationsdefizite von Kindern in ihrem sozialen Spielverhalten zeigen. Sie können aber - andersherum - auch durch Förderung der Spielfähigkeit positiv beeinflusst werden. Vor allem in **integrativen Einrichtungen** spielt die Unterstützung sozialer Spielformen eine große Rolle. Um Kinder mit unterschiedlichem Entwicklungsstand, unterschiedlichen Fähigkeiten und Vorlieben (aufgrund ihres Alters, unterschiedlicher sozialer oder ethnischer Herkunft, körperlicher oder geistiger Behinderungen usw.) miteinander ins Spiel zu bringen, können folgende Anregungen helfen:

- → Spielformen anregen, in denen unterschiedliche Rollen erforderlich sind,
- → Kinder im Aufbau von Kontakten fördern,
- → Mitspielerfunktion übernehmen,
- → besonders große Spielmaterialien anbieten (etwas, das ein Kind nicht alleine tragen kann; ein Riesenkarton, in den mehrere hineinpassen usw.),
- → von attraktivem Spielzeug nur wenig anbieten – das erfordert Kontakt, Absprachen usw.,
- → klare Funktionsräume schaffen – hier treffen sich Kinder mit der gleichen Spielvorliebe und bilden schon dadurch eine Gruppe.

6.1.3 Spiel und Rollentheorie

Die **Rollentheorie** ist ein Ansatz aus der Soziologie. Sie beschreibt, wie in der Gesellschaft verschiedene soziale Funktionen festgelegt sind, die als „Rolle" bezeichnet werden. Jeder Mensch übernimmt verschiedene Rollen und muss diese in seinem Leben miteinander in Einklang bringen, z. B. als Mutter, Berufstätige, Partnerin, Freundin, Tochter usw. An jede Rolle sind bestimmte Erwartungen geknüpft – als Berufstätige soll man pünktlich, fleißig, zuverlässig sein, als beste Freundin verständnisvoll, als Nachbarin höflich usw. Abweichungen von diesen Rollenerwartungen werden sanktioniert, das akzeptierte Rollenverhalten hat Grenzen, innerhalb derer der Mensch in seinen Rollen und den damit verknüpften Verhaltensmöglichkeiten festgelegt ist. Gerade die Rollenspiele von Kindern sind deswegen für sozialwissenschaftliche Forschungen interessant. **Rollenspiele** sind eine wesentliche Ausdrucksform von Kindern: Sie übernehmen darin häufig Erwachsenenrollen, imitieren erwachsene Handlungsweisen, kosten etwas von deren Macht und Möglichkeiten. Ihr Spiel ist somit ein Spiegel dessen, was sie an Rollenverteilungen in ihrem direkten Umfeld erleben, und es zeigt auch, welche Werte gesellschaftlich gelten. Während früher im traditionellen Mutter-Vater-Kind-Spiel der Vater zur Arbeit ging und die Mutter sich ausgiebig mit dem Baby beschäftigte, sind heute durch die zunehmend veränderten Aufgabenteilungen zwischen Männern und Frauen auch diese Familienrollenspiele der Kinder vielfältiger geworden.

Durch ihre Identifikation mit bestimmten Rollen erfahren und verstehen Kinder im Rollenspiel etwas über die Möglichkeiten und Anforderungen der Rollenträger: Wer eine Verkäuferin nicht nur bei ihrer Arbeit beobachtet, sondern sich im Spiel mit ihr identifiziert, weiß mehr über sie – sowohl über ihre beruflichen Tätigkeiten wie z. B. Geld zählen und Beträge zusammenrechnen können usw. als auch über die psychischen Anforderungen, die an sie gestellt werden: immer höflich sein, mit schlecht gelaunten Kunden umgehen können usw. Aus der Perspektive der Rollentheorie findet im Rollenspiel der Kinder also die Übernahme künftiger Erwachsenenrollen in der Gesellschaft statt.

Im Rollenspiel imitieren Kinder erwachsene Handlungsweisen.

Neben den Rollenspielen, die Kinder im Freispiel alleine entwickeln, ist die Form des angeleiteten **sozialen Rollenspiels** entstanden. Es wird eingesetzt, um vor allem ältere Kinder oder Jugendliche andere als die für sie üblichen oder von ihnen erwarteten Rollen erspielen zu lassen. Mit diesem emanzipatorischen Anspruch sollen ihnen neue Handlungsmöglichkeiten eröffnet werden. Das Rollenspiel kann dadurch ein Probehandeln in gesellschaftlich erforderlichen Rollen oder Aufgaben wie auch in ganz neuen, alternativen Rollenmöglichkeiten sein. Es bewegt sich damit zwischen der Einübung und Festlegung bestimmter Rollen und dem emanzipatorischen Erproben alternativer Rollen und Handlungsmöglichkeiten.

Beide Seiten bergen, wenn sie von Erzieherinnen gezielt eingesetzt werden, auch die Gefahr einer Manipulation:

→ **Einübung scheinbar notwendiger Rollen (z. B. sollen Mädchen schon mal Hausfrau spielen).**
→ **Übernehmen alternativer Rollen (z. B. sollen Mädchen schon mal eine Technikerin spielen).**

Wer aber um die Gefahr der Manipulation weiß und damit achtsam umgeht, kann durch die Anleitung von Rollenspielen viele persönlichkeitsfördernde Entwicklungsprozesse in Gang setzen und unterstützen *(siehe Kap. 6.3).*

Unabhängig davon, ob der Einsatz des Rollenspiels nun bewusst erfolgt oder im Freispiel von Kindern entsteht – immer hat Rollenspiel eine starke **sprachfördernde Wirkung.** Denn die Spielform des Rollenspiels fordert und fördert das sprachliche Vermögen durch sich selbst, „indem sie immer wieder Situationen hervorbringt, in denen Anlass zur Sprachimitation, zur Verständigung oder Mitteilung über den Fortgang des Spiels hervorgerufen wird, in dem also die Spielspontaneität des Kindes den sprachlichen Ausdruck benötigt und selbst sucht" *(Flitner, a. a. O., S. 111).*

6.1.4 Spiel aus psychoanalytischer Sicht

Während die Rollentheorie davon ausgeht, dass sich im Spiel die äußeren Bedingungen und Erfahrungen eines Kindes widerspiegeln, geht die **Psychoanalyse** davon aus, dass sich im Spiel von Kindern ihr seelisches, inneres Erleben ausdrückt. Sigmund Freud, der Begründer der Psychoanalyse, deutete das Spiel als eine Ausdrucksform des Unbewussten und ordnete es den Fantasieleistungen des Menschen zu. „Man sieht, dass die Kinder alles im Spiele wiederholen, was ihnen im Leben großen Eindruck gemacht [...] hat" *(S. Freud, zit. nach J. Fritz, a. a. O., S. 21).* Während Freud seine Deutungen auf eher zufällige Beobachtungen gründete, vertieften seine Schülerinnen Anna Freud und Melanie Klein die psychoanalytische Spieltheorie und entwickelten sie weiter zu einem Kinderspieltherapieverfahren.

Die psychoanalytische Sicht des Spiels geht davon aus, dass das Kind im Spiel seine Erlebnisse und Gefühle – gerade auch die negativen, schweren oder unverständlichen – bearbeitet und verarbeitet. Diese Ereignisbewältigung und Selbstheilung durch das Spiel vollzieht sich auf unterschiedliche Weise:

1. Kinder erschaffen sich im Spiel eine für sie lustvolle Realität. Dieser Ansatz entspricht Freuds Auffassung, dass das menschliche Verhalten durch das Streben nach individueller Bedürfnis- und Wunschbefriedigung gesteuert wird. Er nennt dies das „Lustprinzip". Im Spiel haben Kinder die Möglichkeit, ihrem Luststreben nachzugehen und Ereignisse, die für sie besonders sind, in Szene zu setzen: Sie spielen z. B. ein großes Fest, bei dem ausschließlich Eis und Pudding serviert wird. Oder sie wählen Rollen, die für sie besonders attraktiv sind, und erhalten als König oder Prinzessin große Bewunderung und Anerkennung. Vielleicht schaffen sie sich im Spiel damit ein Gegengewicht zu einer im „richtigen Leben" als frustrierend erlebten Situation, in der ihnen Aufmerksamkeit und Wertschätzung z. B. durch ihre Eltern fehlt **(Spiel als Trieb oder Ersatzbefriedigung).**
2. Im Rollenspiel von Kindern zeigen sich häufig auch unangenehme oder spannungsgeladene Situationen. Hier hat das Spiel die Funktion, verletzende oder unverständliche Situationen durch Wiederholungen allmählich zu verarbeiten. „Das Kind versucht im Spiel seine übermächtigen Lebenseindrücke psychisch zu bewältigen, indem es das übermächtige Erlebnis durch ‚Neuinszenierungen' in kleine Stücke zerlegt, die es dann nach und nach assimilieren kann. Durch die Tatsache, dass das Kind eine passiv erlebte (und erduldete) Situation in einem Spiel neu inszeniert, schafft es einen Übergang von der Passivität zur Aktivität" *(J. Fritz, Theorie und Pädagogik des Spiels, 1993).* Eine solche Situation kann zum Beispiel ein Zahnarztbesuch sein. Eventuell übernimmt das Kind dann im Spiel sogar die Rolle des Zahnarztes und behandelt eine Puppe. Es macht sich also im Spiel zum „Herrn der Situation", die es in der Realität passiv über sich ergehen lassen und erleiden musste **(Spiel als Angstabwehr und Verarbeitung unbewältigter Erfahrungen).**
3. In manchen Spielen fallen Kinder hinter ihren bereits erreichten Entwicklungsstand zurück. Sie brechen aus den von ihnen erwarteten Verhaltensweisen aus und suchen sich Rollen, in denen sie nicht so groß, vernünftig oder klug sein müssen – und spielen beispielsweise Babys, Kuscheltiere oder auch Clowns.

Erzieher oder Eltern, die das beobachten, sollten sich fragen, ob die Erwartungen an diese Kinder und der damit verbundene, auf ihnen lastende Druck vielleicht zu hoch sind und diese Kinder deshalb in ihrem Spiel den Wunsch nach Verwöhntwerden und Klein-sein-dürfen zeigen. Zunächst ist es aber durchaus positiv zu bewerten, dass die Kinder sich auf diesem Weg im Spiel die liebevolle Aufmerksamkeit holen, die sie brauchen **(Spiel als Regression).**

6.1.5 Spiel als Spiegel der Gesellschaft

Untersuchungen über Spiele in verschiedenen Kulturen haben gezeigt, dass im Spiel nicht nur die individuelle Entwicklung und das direkte familiäre und soziale Umfeld von Bedeutung sind, sondern die „ganze Gesellschaft" Einfluss auf das Spiel hat. Diese kulturvergleichenden Studien zeigen deutliche Unterschiede, die darauf schließen lassen, dass in den in einer Gesellschaft häufig gespielten Spielen oder Spielformen Fähigkeiten erprobt werden, die innerhalb der jeweiligen Gesellschaft erforderlich sind. In Kulturen tropischer Regionen, die ihr Überleben durch Fischen oder Jagen sichern, gibt es auffallend viele **Geschicklichkeitsspiele.** Dagegen finden sich in Kulturen, die starken, nicht beeinflussbaren Naturphänomenen ausgesetzt sind, wie z. B. heftigen Klimaschwankungen, besonders viele **Glücksspiele.** In komplexen Industriegesellschaften kommen dagegen **Strategiespiele** wesentlich häufiger vor als in anderen Kulturen. Ebenso spiegeln sich im Spiel die in einer Gesellschaft herrschenden Werte und Normen wider. So zeigt sich die kapitalistische Wirtschaftsordnung, mit ihrem Konkurrenzprinzip, auch in der großen Zahl von Wettbewerbsspielen in den westlichen Industrienationen. Bei den Inuit und australischen Ureinwohnern dagegen überwiegen auf Zusammenarbeit basierende Spiele. Es handelt sich dabei um Kulturen, deren Überleben stark von der Kooperationsfähigkeit ihrer Mitglieder abhängt.

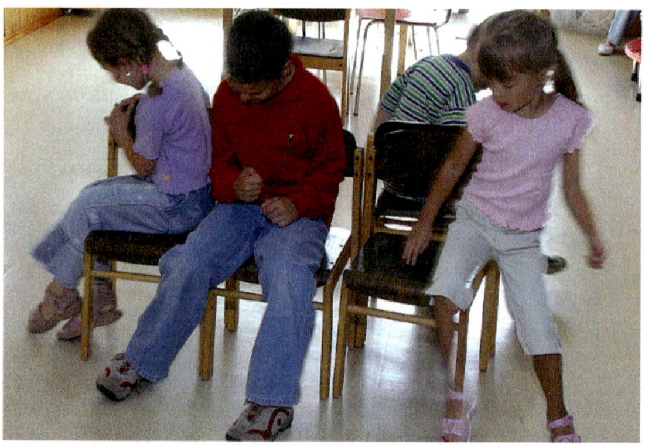

Bei „Reise nach Jerusalem" kann nur einer gewinnen.

Betrachtet man Spiele aus dem westeuropäischen Kulturkreis, kann die Frage gestellt werden, welche Werte in ihnen zum Ausdruck kommen und Kindern schon im Spiel vermittelt werden:

→ **Wer eine Sechs würfelt, darf noch mal. Bedeutet das: Wer schon viel hat, bekommt noch mehr?**
→ **Einer gewinnt, viele verlieren. Bedeutet das: Hier wird auf eine Gesellschaft vorbereitet, in der die Zahl derjenigen, die wenig Chancen haben, ständig steigt, während einige wenige Macht und Reichtum besitzen?**

Auch im **Freispiel** von Kindern spiegelt sich ihre Umwelt und die Kultur, in der sie aufwachsen. Dabei spielt nicht nur das direkte Umfeld mit Eltern und Geschwistern, Nachbarn und Verwandtschaft eine Rolle, sondern alle gesellschaftlichen Werte und Normen, die über Werbung und Medien, über politische und wirtschaftliche Rahmenbedingungen transportiert werden. Deutlich wird dieser Aspekt zum Beispiel am **geschlechtsspezifischen Spielverhalten** von Mädchen und Jungen. Der erste Einfluss geht hier von den Eltern aus: Darf der Sohn mit der Kinderküche spielen, kochen, backen, sich als Prinzessin verkleiden, vor dem Spiegel stehen und sich schminken? Oder versuchen Eltern, ihn davon abzubringen, deutlich oder sanft manipulativ? Freuen sich die Eltern, wenn die Tochter sich Barbiepuppen wünscht und sich hübsch anziehen möchte, oder versuchen sie, das Mädchen schon früh „zu emanzipieren", schenken ihr Matchboxautos oder überreden sie zum Cowboykostüm, obwohl sie sich viel lieber als Fee verkleidet hätte? Aber nicht nur die Eltern nehmen hier Einfluss. Auch die Einflüsse der weiteren Systeme kommen sehr deutlich zum Tragen: Selbst, wenn die Eltern ihren Sohn beim Prinzessinnenspiel unterstützen würden, wird er, je älter er ist, von anderen Kindern oder Erwachsenen wahrscheinlich sehr schnell damit aufgezogen. Und auch die Bilder in der Werbung werden ihn spüren lassen, dass seine Kleider- und Rollenwahl im gesellschaftlichen Ideal von Männlichkeit nicht vorgesehen ist.

In der Spielpädagogik wird der Einfluss, den das soziale und gesellschaftliche Umfeld auf das Spielverhalten von Kindern nimmt, mit der **Ökologie des Spiels** *(vgl. Renner, S. 86, Flitner, S. 121)* erklärt. Mit diesem Begriff wird beschrieben, wie „die Umweltbedingungen das Spielen ermöglichen, verändern, infrage stellen und wieweit sie auch künftig noch die nötigen Voraussetzungen dafür bieten werden“ *(Flitner, a. a. O., S. 121).*

Dabei unterscheidet man unterschiedliche Ebenen bzw. Systeme der Umwelt: Das **Mikrosystem** ist der Kern, also das Spiel des Kindes mit Gegenständen oder Personen. Es umfasst die gewählte Spielform und die Qualität des Spielverlaufs.

Eingebettet ist das Mikrosystem in das **Mesosystem,** das die Familiensituation, den Erziehungsstil, die Wohnung, das Spielzeug usw. umfasst. Hier ist für das Spielverhalten und die Entwicklung der Spielfähigkeit des Kindes vor allem das Verhalten der Eltern maßgeblich: Beachten und anerkennen sie das Spiel? Bieten sie dem Kind die emotionale Sicherheit, die es braucht, um sich auf Neues einzulassen? Welche Spielumwelt bietet sich dem Kind in der Wohnung und mit den Dingen, die ihm zum Spielen zur Verfügung stehen? Was darf es, was darf es nicht?

Das **Makrosystem** bezieht sich auf das Wohnumfeld, die sozialen Verbindungen und die ökonomische Situation der Familie. Konkret beinhaltet dies nicht nur, wie groß die eigene Wohnung ist, sondern auch, wie dünn die Wände zu den Nachbarn sind; nicht nur, wie viel Zeit Eltern mit ihren Kindern im Spiel verbringen wollen, sondern auch, wie viel Zeit sie aufgrund ihrer Arbeitssituation mit ihnen verbringen können.

Nicht nur das, was Eltern denken, erzieht das Kind, auch die Nachbarn, andere Eltern, der Kindergarten und andere Kinder nehmen Einfluss auf das Spielverhalten. Im **Exosystem** machen sich die gesellschaftlich-kulturellen Zusammenhänge bemerkbar. Es drückt sich aus in den kulturellen Formen und gängigen Werten und Normen. Was gesellschaftlich akzeptiert ist, bildet sich in unserer Gesellschaft stark in den Medien und der Werbung ab. Bildet man die genannten vier Systeme mit Personen ab, kann man feststellen, dass Nachbarn und Politiker, Werbefachleute und Großeltern, Erzieher und Stadtplaner, Spielwarenhersteller, Arbeitgeber, Freunde und viele, viele mehr das Spielverhalten von Kindern und Jugendlichen beeinflussen.

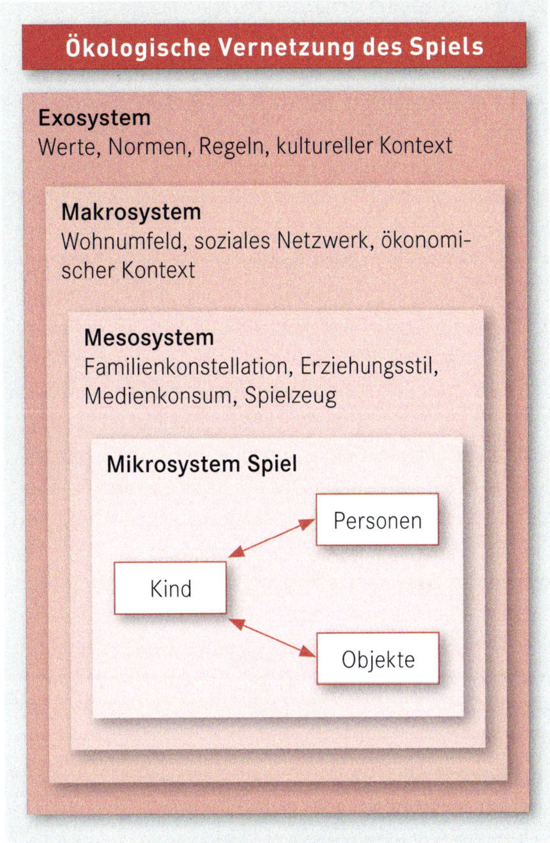

nach: Wolfgang Einsiedler, Das Spiel der Kinder, Klinkhardt, Bad Heilbrunn, 2. Auflage 1994

Im Spiel zeigt sich aber nicht nur, was in der Gesellschaft schon akzeptiert ist. Spiel kann auch ein Gegengewicht bilden und zu Weiterentwicklung und positiver Veränderung der Gesellschaft beitragen. Spiele können den herrschenden Normen etwas entgegensetzen. So wurden in den USA in den 1970er-Jahren die sogenannten **„New Games“** entwickelt, als Gegenbewegung zum starken Konkurrenzdruck und Einzelkämpfertum: Es sind Spiele, die auch mit großen Gruppen gespielt werden können und in denen es keine Sieger gibt. Im Gegenteil: Die Gruppe soll und kann als tragendes Netz erlebt werden, oft im wahrsten Sinne des Wortes.

Bei der Auswahl von Spielen ist also immer auch zu fragen, welche Bewertungen die Spielenden darin erleben: Zählt vor allem Leistung und individuelles Gewinnen oder stehen Fantasie, Sinnlichkeit, Spaß, Aktivität und das Miteinander im Vordergrund? Spiel kann auch Mittler des Neuen in einer Gesellschaft sein.

6.1.6 Spielen und Lernen

Die Frage, ob Spiel für irgendetwas nützlich bzw. nutzbringend einzusetzen sei, ist sehr alt. Schon in der Antike gab es Spielzeug, das bewusst eingesetzt wurde, um Kindern bestimmte Erfahrungen und Kenntnisse zu vermitteln. Im 17. Jahrhundert war dies die herrschende pädagogische Auffassung, vertreten durch den englischen Philosophen **John Locke** (1632–1704). Er sprach sich dafür aus, dass der im Spiel von Kindern auftretende „Eifer auf etwas gelenkt werde, das ihnen nützlich wäre" *(J. Fritz, a. a. O., S. 14)*. So wurde schon damals versucht, das Spiel zum Zweck des Lernens einzusetzen. In der Zeit der Aufklärung wurden diese Ansichten über das Spiel allerdings schon nicht mehr von allen geteilt. Der französische Philosoph **Rousseau** (1712–1778) sah das Spiel als das ureigenste Recht des Kindes an und betonte, dass Spiel Spiel bleiben müsse und sich nicht in Arbeit verkehren dürfe. Er wies allerdings auch schon darauf hin, dass das Spiel bereits eine Fülle an Lernmöglichkeiten bereithält, auch ohne auf festgelegte Ziele und Inhalte ausgerichtet zu sein *(vgl. 6.2.1)*.

> Kinder spielen nicht, um zu lernen.
> Aber sie lernen immer durch ihr Spiel.

Nachdem die erste PISA-Studie im Jahr 2000 deutschen Schülerinnen und Schülern vergleichsweise schlechte Ergebnisse bescheinigt hatte, geriet die pädagogische Haltung zum Spiel in Deutschland wieder einmal unter Beschuss. Nicht selten mussten schon in Elementareinrichtungen Spielzeiten gezielten Bildungsangeboten weichen. Spielen und Lernen wurden als unterschiedliche Dinge betrachtet und dem Spiel höchstens Ablenkung und Entspannung zuerkannt, das Kindern erlaubt wird, damit sie anschließend wieder Konzentration für das Eigentliche, das Lernen, haben. Dies geht allerdings auf ein sehr eng gefasstes Verständnis von „lernen" zurück, bei dem unter „lernen" nur die Aufnahme und Verarbeitung von Informationen verstanden wird. Lernen bedeutet hier so viel wie „die Realität abbilden und verstehen können". Und vor allem: Lernen ist zielgerichtet – es ist ein determinierter Prozess, in dem in der Regel Erwachsene bestimmen, welches Lernziel Kinder erreichen sollen. Bei diesem Verständnis von Lernen kann das Spiel mit seinen unspezifischen, geradezu anarchistischen Wesensmerkmalen tatsächlich keinen Platz finden. Denn Spiel ist nicht (nur) die Verarbeitung von Informationen, sondern ihre Verwandlung. Im Spiel wird nicht hingenommen, wie die Realität ist, sondern sie wird, je nach Wünschen und Bedürfnissen, verändert und benutzt. Und während das beschriebene Lernverständnis zielgerichtete, festgelegte Ergebnisse erwartet, ist das Spiel spontan und offen; es lässt sich nicht vorhersagen, wohin es führen und welche Erfahrungen und Erkenntnisse dem Kind darin begegnen werden. Allerdings ist der hier beschriebene Lernbegriff zwar gesellschaftlich noch immer weit verbreitet, von modernen Lern- und Bildungstheorien aber längst überholt *(s. HF 2, Kap. 2)*. Spielen ist wichtig für die Entwicklung von Kindern und auch von Jugendlichen und Erwachsenen. Im Spiel machen Menschen Erfahrungen, die sie in ihrer geistigen, emotionalen und körperlichen Entwicklung fördern. Spiel eröffnet indirekte Lern- und Erfahrungsmöglichkeiten, deren positive Bedeutung für die Entwicklung von Kindern nicht überschätzt werden kann.

Dennoch hat sich auch eine Kategorie von Spiel gebildet, die klar umrissene Kompetenzen fördern will. Diese sogenannten **Lernspiele** oder didaktischen Spiele entsprechen dem zielgerichteten, schulähnlichen Lernen. Grundgedanke ist, die Intensität des spielerischen Tuns für konkrete Lernziele zu nutzen. In diesem Sinn wurde didaktisches Spielzeug entwickelt, mit dem Kinder spielend lernen sollen, also ohne zu bemerken, dass sie lernen. Klassisches Beispiel für ein solches Spielzeug ist das Puzzle, das etwa 1760 entstanden ist. Lernspiele oder didaktische Spiele werden vor allem im Vorschulalter eingesetzt, um Kinder zur Schulreife zu führen bzw. diese zu überprüfen. „Die Tätigkeit eines Kindes bei diesen Spielen ist direkt oder indirekt auf den Erwerb bestimmter Fähigkeiten, Fertigkeiten oder Erkenntnisse gezielt, die das spätere Erfassen unserer Kulturtechniken ermöglichen:

- → Formen und Gestalten erkennen, sinnvoll aufgliedern und wiedergeben;
- → Farben und Formen kennen und kombinieren;
- → Aneignung von Kenntnissen der Umwelt- und Sachbegegnung;
- → Entwicklung der Sprache und der Denkschulung/Erweiterung des aktiven Wortschatzes/Verbesserung der Ausdrucksmöglichkeiten."

(Ulrich Baer, Wörterbuch der Spielpädagogik, S. 53 f.)

Lernspiele geben Kindern die Möglichkeit, ihre Kenntnisse anzuwenden und zu überprüfen. Auch die Erzieherinnen, die das Spiel beobachten oder begleiten, erhalten Informationen über das Wissen und Können der Kinder. Diese Spiele können außerdem dazu beitragen, bestimmte Fähigkeiten zielstrebiger auszubilden, z. B. Beobachtungsgabe, logisches Denken usw. Lernspiele zeichnen sich durch relativ starre Regeln aus, ein bestimmter Umgang mit Material ist festgelegt, der Verlauf immer gleich, es ist klar vorgegeben, was richtig und falsch ist. Dabei werden alle Spieler auf gleiche Art mit gleichen Regeln und Inhalten in Kontakt gebracht und müssen im besten Falle auch gleich damit umgehen. Lernspiele sind geeignet, Kenntnisse zu wiederholen, sie zu üben und zu sichern - in der Regel geht es nicht darum, neue Kenntnisse zu erwerben. Das birgt die Gefahr, dass die schöpferischen, fantasievollen Initiativen der Kinder unterdrückt werden oder sie sich manipuliert fühlen. Außerdem kann durch didaktische Spiele der Blick für reale, alltagsnahe Lernsituationen verloren gehen: Formen oder Farben werden zwar im Spielkasten erkannt, aber in der Natur nicht wiederentdeckt. Deshalb sollten pädagogische Fachkräfte, wenn sie diese Spiele einsetzen, folgende Aspekte beachten:

- → **Grenzen Sie die Freiheit der Kinder im Umgang mit didaktischen Spielen nicht ein: Wer sagt z. B., dass man aus Farbtafeln keinen Turm bauen darf?**
- → **Respektieren Sie auch, wenn Kinder auf andere als die vorgesehene Lösung stoßen - gerade darin zeigt sich ihre kreative Kraft. Und nur so machen sie daraus, was für sie gerade wichtig und interessant ist. Das bedeutet, dass die Kinder nicht in jedem Fall das lernen, was beabsichtigt war - es bdeutet aber nicht, dass das Spiel schlecht ist oder die Kinder es schlecht gespielt haben.**
- → **Lassen Sie Kinder selbst Regeln aufstellen: Sie machen darin die Erfahrung, dass sie den Leistungsanforderungen nicht hilflos ausgesetzt sind, sondern das Risiko von Erfolg und Misserfolg selber steuern können. Ansonsten besteht die Gefahr, dass Lernspiele Leistungsdruck produzieren und im schlimmsten Fall Angst vor der Schule machen.**

↗ FAZIT

- → **Spiel ist eine freiwillige, zweckfreie Tätigkeit, die zeitlich und räumlich begrenzt ist und ihren Sinn in sich selbst hat.**
- → **Spiel ist aktives, konkretes Handeln, das in einem Wechsel von Anspannung und Entspannung verläuft und den Spielenden Vergnügen bereitet.**
- → **Man kann unterschiedliche Funktionen des Spiels feststellen, z. B.:**
  - **Im Spiel entwickelt sich das Sozialverhalten und kann seinerseits durch Spiel gefördert werden;**
  - **im Spiel erkunden und erproben Kinder verschiedene gesellschaftliche Rollen;**
  - **im Spiel verarbeiten Kinder unbewältigte Eindrücke oder Erlebnisse;**
  - **im Spiel spiegeln sich gesellschaftliche Werte und Normen; es können aber auch neue Werte ausgebildet werden.**
  - **Kinder spielen nicht, um zu lernen - aber sie lernen immer im Spiel.**

→·← AUFGABEN UND ANREGUNGEN

1 Wählen Sie drei typische Spielsituationen oder Spiele von Kindern und beschreiben Sie kurz, was im Spiel geschieht. Erläutern Sie die Wesensmerkmale von Spiel an diesen konkreten Spielsituationen.

2 Beginnen Sie mit Ihren eigenen Assoziationen zu Spiel: Falten Sie dazu ein Din-A4-Blatt zweimal, sodass Sie vier Flächen erhalten. Schreiben Sie in jedes Feld ein Wort, das Ihnen zu „Spiel" einfällt. Vergleichen Sie, welche Begriffe

insgesamt in der Gruppe genannt sind. Fügen Sie nun jeden Ihrer Begriffe in einen Satz über Spiel ein (Beispiel: Begriff „Spaß“: Im Spiel sollen alle Spaß haben), sodass Sie nun vier Sätze über Spiel auf ihrem Zettel stehen haben. Tauschen Sie in Kleingruppen Ihre Sätze aus und versuchen Sie gemeinsam eine Definition des Begriffs Spiel zu formulieren. Setzen Sie Ihre eigene Definition in Bezug zu den Darstellungen dieses Kapitels. Welche Aspekte tauchen mehrfach auf?

3 Bilden Sie Kleingruppen von drei bis fünf Personen. Entscheiden Sie sich für ein typisches Rollenspiel von Kindern und spielen Sie dieses kurz nach. Untersuchen Sie Ihr Rollenspiel unter den verschiedenen Perspektiven der Spieldeutung *(6.1.2 bis 6.1.5)* und erklären Sie Ihrer Studiengruppe, welche Erklärung mit welcher „wissenschaftlichen Brille“ Sie zu diesem Spiel geben würden.

4 Wählen Sie Spiele aus, die Sie für den Einsatz in einer Vorschulgruppe empfehlen würden. Begründen Sie Ihre Entscheidung.

5 Beobachten Sie zwei bis drei Kinder in Bezug auf ihr soziales Spielverhalten. Nehmen Sie folgenden Beobachtungsbogen zur Hilfe.

U. HEIMLICH: SPIELKOOPERATIONSSKALA		**Name, Vorname**		**Alter (J; M)**	**Beobachterin**	
Kooperatives Ziel	**Ausprägungsgrad**					**S**
	1	**2**	**3**	**4**	**5**	
INITIATIVE	passive Kontaktaufnahme ❑	eigene Kontaktversuche misslingen ❑	Kontaktaufnahme nur kurz ❑	nimmt selbst Kontakt auf, Spielfluss aber noch störanfällig ❑	intensiver, dauerhafter Kontakt ❑	
ZIELSETZUNG	nur egoistische Ziele ❑	verfolgt eigene Ziele, toleriert aber gemeinsame Ziele ❑	verzichtet ab und zu auf eigene Ziele ❑	verfolgt gemeinsame Ziele ❑	Identifikation mit gemeinsamer Zielsetzung ❑	
SOZIALE ORIENTIERUNG	Hilfe für andere wird abgelehnt ❑	verbale Hilfe auf Anfrage ❑	demonstriert Problemlösung, aber keine aktive Hilfe ❑	gibt Hilfestellung, achtet auf eigenen Vorteil ❑	aktive Hilfe mit Verzicht auf eigenen Vorteil ❑	
SELBSTKONZEPT	konform, keine eigenen Ideen ❑	passt sich an, äußert aber eigene Ideen ❑	macht Spielvorschläge, aber kein Durchsetzungsvermögen ❑	setzt eigene Ideen durch, lässt sich dann aber wieder umstimmen ❑	setzt eigene Ideen durch, überzeugt auch andere ❑	
KOMPLEXITÄT	nur ein Partner ❑	nur ein Partner, andere werden einbezogen ❑	spielt in Kleingruppen, aber nur an einem Partner orientiert ❑	spielt in Gruppen und nimmt mehrere Kontakte auf ❑	spielt nur in Gruppen, unterhält mehrere intensive Kontakte ❑	
Bemerkungen						

nach: Ulrich Heimlich, Behinderte und nicht behinderte Kinder spielen gemeinsam, Klinkhardt Verlag, Bad Heilbrunn 1995

TIPPS ZUM WEITERLESEN →→

→ Homo Ludens: Vom Ursprung der Kultur im Spiel, Johan Huizinga, Rowohlt, Reinkek bei Hamburg, 1994

6.2 Klassifizierung von Spielen

6.2.1 Spielformen in der kindlichen Entwicklung

Menschen spielen von Anfang an. Und so lernen sie von Anfang an. Spiel ist ihre Form, sich mit sich selbst und der sie umgebenden Welt auf vergnügliche Art zu beschäftigen. Spielen ist ein Lernen mit allen Sinnen, ein ganzheitliches Lernen. In der Entwicklung von Kindern lassen sich verschiedene Spielformen beobachten, die in einem bestimmten Lebensabschnitt überwiegen und eine besondere Funktion für die Entwicklungsthemen in der jeweiligen Phase für das Kind haben. Der folgende Überblick gibt Altersabschnitte an, in denen eine Spielform überwiegt - das kann in der individuellen Entwicklung aber abweichen und bedeutet nicht, dass diese Spielform danach völlig verschwunden wäre.

> „Im Spiel verfügt der Mensch vor allem über sich selbst. Er ist von allem Anfang an sein eigenes Instrument.“ *(Jean-Louis Barrault)*

1. Funktionsspiel

Die erste Spielform des Menschen ist das Funktionsspiel. Säuglinge und Kleinkinder im Alter von 0 bis etwa 2 Jahren spielen mit ihrem eigenen Körper, mit ihren Bewegungsmöglichkeiten und mit Gegenständen. Dabei gewinnen sie Sicherheit in der Koordination ihrer Bewegungen, wie z. B. greifen, festhalten, loslassen usw., und lernen, ihren Körper gezielt zu gebrauchen. Durch unzählige Wiederholungen lernen sie die eigenen Möglichkeiten, das „Funktionieren“ ihres Körpers sowie die Eigenschaften von Gegenständen kennen.

2. Konstruktionsspiele

Aus den Funktionsspielen entwickeln sich die Konstruktionsspiele, die bei den 2- bis 4-Jährigen dominieren, aber auch später noch stark vertreten sind. Das Kind erforscht nicht mehr nur den einzelnen Gegenstand, sondern beginnt planvoll, sachgerecht und schöpferisch damit umzugehen. Kartons werden z. B. gestapelt, zusammengesteckt, aneinandergereiht usw. Probleme, die sich dabei stellen, werden zunächst vor allem praktisch, d. h. durch Ausprobieren, zu lösen versucht. Mehr und mehr spielen aber gezielte Beobachtung, Vorstellung und Überlegung eine Rolle.

3. Fiktions- oder Symbolspiele

Parallel zu den Konstruktionsspielen, ebenfalls im Alter von zwei bis vier Jahren, treten auch die Fiktions- oder Symbolspiele auf. Die Kinder deuten darin Gegenstände oder Material um: Sie „backen einen Kuchen“ aus Sand und essen ihn auf, ohne wirklich den Sand zu essen. Ein Bauklotz vor einer Türmatte ist für sie ein Auto, das zum Parkplatz fährt, und wenn sie es unter einem Stuhl hindurch schieben, ist das Auto eben durch einen Tunnel gefahren. Die Gegenstände bekommen einen Symbolcharakter. Auch hierin zeigt sich die Entwicklung der Vorstellungskraft, die einen wichtigen Schritt auf dem Weg zum abstrakten Denken bedeutet.

4. Rollenspiel

Im Kindergartenalter kommt das Rollenspiel hinzu. In der Regel stammen die übernommenen Rollen aus dem Alltag der Kinder: Eltern, Erzieher oder der Verkäufer im Supermarkt, aber auch Tiere oder Fahrzeuge werden gespielt. Manchmal schaffen sich Kinder aber auch eine Fantasiewelt und spielen mit einer fiktiven Freundin oder einem fremden Wesen. In Rollenspielen können einerseits alltägliche Erlebnisse einfach nachgespielt, das heißt gespiegelt werden; es ist aber auch möglich, darin unbewältigte Eindrücke und Emotionen auszudrücken.

5. Regelspiel

Ab dem 5. oder 6. Lebensjahr gewinnt das Regelspiel an Bedeutung. Hier gelten klare Formen des Miteinander- und Zusammenspiels. Regeln sind Kindern in diesem Alter sehr wichtig - was nicht heißt, dass sie sie immer einhalten. Oft werden sie auch von älteren an jüngere Kinder weitergegeben. Spielregeln einfach zu verändern, stößt in diesem Alter häufig auf starken Widerstand. Es ist für Kinder leichter, sich auf geänderte Regeln einzulassen, wenn das Spiel einen ganz anderen Namen bekommt. Regelspiele sind häufig Wettspiele, in denen das Thema Gewinnen und Verlieren und das Sich-aneinander-Messen eine große Bedeutung bekommen. Erzieher sollten in dieser Phase darauf achten, dass Wettspiele nicht immer die gleichen Kinder zu Gewinnern und Verlierern machen. Sie sollten also Spiele anregen, in denen ganz unterschiedliche Fähigkeiten erforderlich sind *(mehr zu Wettspielen in Kap. 6.2.3)*. Spielregeln sind soziale Vereinbarungen, und Kinder lernen mit dieser Spielform den Umgang mit Verabredungen und erfahren darin Sicherheit („ich weiß, woran ich bin“), aber auch Frustration („die Regel richtet sich nicht nach mir“).

6.2.2 Kategorisierung von Spielen

Bewegungsspiele, Kennenlernspiele, Gesellschaftsspiele, Machtspiele, Puppenspiele, Liebesspiele, Vor- und Nachspiele usw. Bei der Fülle an Spielen und Spielarten ist es nicht leicht aber nötig, eine Ordnung von Spielen zu entwickeln. In Spielebüchern und -sammlungen geschieht die Einteilung häufig nach folgenden Kriterien:

1. nach **sozialer Funktion:** Kennenlernspiele, Vertrauensspiele, Kooperationsspiele, Wettspiele usw.
2. nach **Zielgruppen:** Spiele für Vorschulkinder, Schulkinder, Jugendliche, altersgemischte Gruppen, Menschen mit und ohne Behinderung usw.
3. nach **Aktivität:** Entspannungsspiele, Wahrnehmungsspiele, Tobespiele, Ratespiele usw.
4. nach **Themen:** Zirkusspiele, Friedensspiele, Naturspiele usw.
5. nach **Ort und Zeit:** Spiele für drinnen, für draußen, für Ferienfreizeiten, fürs Krankenbett usw.
6. nach **Gruppenorganisation:** Einzelspiele, Paarspiele, Kreisspiele, Mannschaftsspiele, Großgruppenspiele usw.
7. nach **Spielcharakter:** lebhaft, ruhig, lustig, ernst, spannend usw.
8. nach **Spielform:** Bewegungsspiele, Brettspiele, Planspiele, Theaterspiele usw.

Egal, welcher Einteilung man folgt: Es wird immer Überschneidungen und unklare Zuordnungen geben. In den meisten Spielebüchern ist jedes Spiel mit Hinweisen zu mehreren dieser Kategorien versehen. Auch der Spielname kann variieren: Dasselbe Spiel findet sich unter verschiedenen Namen in unterschiedlichen Spielebüchern. Für das Anlegen einer eigenen Spielkartei empfehlen sich Eselsbrücken für die Namensgebung und eine mehrdimensionale Zuordnung. Hilfreich kann dafür auch eine eigene Bewertung des Spiels sein, wie sie zum Beispiel mit dem „Spieltest" nach Ulrich Baer vorgenommen werden kann.

Spieltest	**Das Spiel heißt:**		**und ist von:**	
Bei diesem Spiel kommt es				
hauptsächlich	auch	nicht	darauf an, dass einer oder eine Partei **gewinnt.**	
hauptsächlich	auch	nicht	darauf an, dass man sich **gegenseitig unterstützt.**	
hauptsächlich	auch	nicht	darauf an, dass man **Glück** hat.	
hauptsächlich	auch	nicht	darauf an, dass man **bestimmte Fähigkeiten** (z. B. Geschicklichkeit) besitzt.	
Dieses Spiel verlangt				
viel	auch	kein(e)	Konzentration, Gedächtnis	
viel	auch	keine	Geduld, Ausdauer	
viel	auch	keine	körperliche Geschicklichkeit	
viel	auch	keine	sprachliche(n) Ausdrucksfähigkeiten	
viel	auch	kein	Wissen über bestimmte Sachgebiete	
viel	auch	kein(e)	taktisches Geschick, Übersicht, Kombinationsfähigkeit	
viel	auch	kein	spontanes, ungewöhnliches Verhalten	
viel	auch	keine	Rücksichtnahme auf andere, Bereitschaft zur Zusammenarbeit	
viel	auch	kein	Nachdenken, über Dinge, die einen selbst betreffen	
Dieses Spiel hat mir	viel	teilweise	wenig	**Spaß gemacht.**
Dieses Spiel würde ich	gerne	unter Umständen	nicht	**häufiger spielen.**
Dieses Spiel ist für	Kinder ab __ Jahren	für Jugendliche und Erwachsene	für die ganze Familie	**geeignet.**
An diesem Spiel ist mir besonders aufgefallen:				
…				
Ich gebe dem Spiel die Gesamtnote:	⚀ ⚁	⚂	⚃	⚄ ⚅

Ulrich Baer, Wörterbuch der Spielpädagogik, Lenoz, Basel, 1981, 1. Auflage, S. 20

6.2.3 Wettkampf und Konkurrenz im Spiel

Kräfte messen, wetteifern, sich vergleichen - das gibt es in den Spielen von Menschen seit jeher. Ein Argument der Befürworter von Wettkampf- und Konkurrenzspielen lautet, dass der Wetteifer beim Spiel und die Liebe zum Siegen natürlich seien und ein allen Menschen innewohnendes Bedürfnis sei. Psychologische Untersuchungen weisen darauf hin, dass Wettkampfspiele für die Entwicklung der Leistungsmotivation von Kindern wichtig seien. Nur eine realistische Selbsteinschätzung, die Einsicht in das „Besser" oder „Schlechter", sei ausschlaggebend für die Entwicklung. Sie bestimme die „Motivation" und führe damit zu vermehrter Anstrengung und zur Verbesserung der eigenen Leistung *(vgl. Flitner, a. a. O., S. 177).* Schließlich wird häufig angeführt, man dürfe Kinder nicht mit Samthandschuhen anfassen, sie müssten auch der Realität ins Auge sehen und Verlieren gehöre dazu. „Kinder müssen auch verlieren lernen", ist die Schlussfolgerung. Die Frage, die sich aus spielpädagogischer Sicht stellt, ist, was das Wettspiel für die Sieger und für die Verlierer bedeutet.

Ich will siegen,

- → weil ich von euch bewundert werden will.
- → weil ich mich dann stark fühle.
- → weil ihr mich sonst gering einschätzt.
- → weil ich mich für vieles rächen muss.
- → weil ich mich dadurch wieder wohler fühle.
- → weil der Sieger immer recht erhält.
- → um nicht verlieren zu müssen.

Wenn ich verliere,

- → fühle ich mich erniedrigt.
- → bin ich schwach.
- → habe ich versagt.
- → mögen mich die anderen nicht.
- → empfinde ich von den anderen Schadenfreude.
- → bin ich sauer, auf den Sieger und auf mich.
- → verliere ich mehr als nur das Spiel.
- → verliere ich etwas von mir.

In traditionellen Wettspielen führt der Vergleich zwischen den Spielern dazu, dass die Leistung des Gewinners nur deswegen besonders ist, weil jemand anderes schlechter ist - Leistung wird hier nur im sozialen Bezugsmaßstab gemessen. Wer also mit Kindern, Jugendlichen oder auch Erwachsenen Wettkampfspiele spielt - und Gruppen wünschen sich häufig diese Spiele -, sollte Folgendes kritisch im Blick behalten und in der Spielplanung berücksichtigen:

- → **In Wettkampfspielen möglichst verschiedene Anforderungen und Fähigkeiten berücksichtigen, sodass möglichst viele Spieler gewinnen können.**
- → **Nicht über einen langen Zeitraum hinweg Punkte sammeln, sondern immer nach kurzen Sequenzen Gewinner bekannt geben und dann für alle neu beginnen.**
- → **Gruppierungen oft wechseln, damit nicht ständige Gewinner- oder Verlierermannschaften entstehen.**
- → **Wettkampfstimmung nicht zusätzlich durch tolle Preise o. Ä. anheizen.**
- → **Rituale für den Umgang der Spielenden miteinander einführen, z. B. verneigt sich der Sieger und bedankt sich für das Spiel.**

Es gibt aber auch Alternativen zu Wettkampfspielen: **Spiele ohne Sieger.** Hier stehen Interaktion und Kooperation der Spielenden im Vordergrund, aus ihnen entsteht die Dynamik des Spielverlaufs und der Spaß am Spiel. Es geht nicht ums Gewinnen, sondern ums Spielen. Wer Sorge hat, die kooperativen Spiele könnten zu langweilig sein, kann sie spannender gestalten. Denn die meisten Wettkampfspiele lassen sich verändern und in ein konkurrenzfreies Spiel entwickeln.

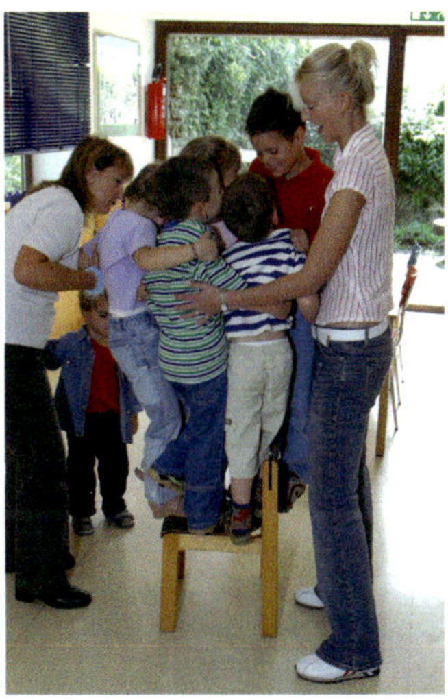

Spiel ohne Sieger: Die rettende Insel

Reise nach Jerusalem

In diesem allseits bekannten Spiel wird nur ein einziger Gewinner ermittelt. Man stellt dafür Stühle mit den Sitzflächen nach außen auf – einer weniger als Spieler mitspielen. Diese laufen zu Musik um die Stühle herum. Stoppt die Musik, versucht jeder, sich auf einen Stuhl zu setzen. Der Spieler, dem das nicht gelingt, scheidet aus. Nun wird ein weiterer Stuhl weggenommen und die nächste Runde beginnt, so lange, bis einer als Sieger übrig bleibt. Um zu gewinnen, muss man reaktionsschnell sein, ein bisschen Glück und auch ein wenig Entschlossenheit haben, einen anderen Spieler wegzudrängen.

Die rettende Insel

Für „Die rettende Insel" braucht man ebenfalls Stühle, auch hier zu Beginn einen weniger als Mitspieler. Die Spieler bewegen sich zur Musik durch den Raum und sollen sich, wenn die Musik stoppt, auf die Stühle setzen oder stellen. Ziel ist es allerdings, dass alle einen Platz auf der Insel bekommen. Auch hier wird nach jedem Musikstopp ein Stuhl weggenommen, das heißt, die rettende Insel wird immer kleiner. Wie lange schafft es die Gruppe, alle Mitspieler auf der Insel unterzubringen?

6.2.4 Spielmittel: alles, womit sich spielen lässt

„Spielzeug ist alles, was man in die Finger bekommen kann und was einem von den Erwachsenen nicht gleich wieder weggenommen wird." *(in Auguste Reichel, Lebendig statt brav, S. 129)*

Oberbegriff für alle Gegenstände, die Menschen für verschiedene Spielformen benutzen, ist der Begriff Spielmittel. Alle Spielmittel übernehmen eine Mitspielerfunktion: Sie fordern zum Spiel auf, sie spielen selber mit. Denn sie haben ihre eigene Qualität, die sie in das Spiel einbringen: Das Wasser fließt und versickert, der Ball rollt und springt, der Klotz steht oder fällt um, die Ente aus Holz und auf Rädern lässt sich schieben, die Ente aus Stoff oder Plüsch streicheln und lieb haben. Spielmittel laden zu einer bestimmten Tätigkeit ein und reagieren auf das, was mit ihnen gemacht wird. Im Spiel erhalten die Spielenden Informationen über die Beschaffenheit und die Eigenarten ihres Spielmittels; mit allen Sinnen vermittelt sich ihnen eine kleine Materialkunde. Aber das geschieht wie nebenbei, es ist nicht der Zweck des Spiels. Um die Spielmittel näher zu beschreiben, kann man drei Kategorien unterscheiden *(vgl. Renner 1995, S. 113 ff.):*

Spielmaterial sind Materialien, die im Alltag vorhanden sind, aber nicht speziell für den Zweck des Spielens hergestellt wurden. Dies sind vor allem Naturmaterialien wie Erde, Pflanzen, Wasser, Ton, Sand, Steine, aber auch Papier, alte Zeitungen, Kartons, Farbe, Wolle, Stoffe usw. Spielmaterial gibt nur seine Beschaffenheit und seine physikalischen Eigenschaften vor – die Freiheit, was und wie es benutzt wird, ist bei Spielmaterial am größten. Sand- oder Wasserspiel ist für viele Kinder auch eine Möglichkeit, sich ein wenig zurückzuziehen und in das eigene Spiel zu versenken. Zunehmend versuchen Kindertageseinrichtungen deshalb, innerhalb ihrer Räume eine Sand- oder Wasserzone einzurichten.

„Sand ist zum Spielen mehr als ‚praktisch': Er kommt der Körperlust entgegen, lässt die Materie auf der Haut spüren und lädt zum Greifen und Formen ein. [...] Angefeuchtet erlaubt der Sand nicht nur zu schmieren, sondern zu formen und zu bauen mit unscharfen und vergänglichen Konturen, die für die Fantasie alles offen lassen: Kuchenbacken, Waren anbieten, einen Brunnen bohren, einen Tunnel wölben, eine Murmelbahn glatt klopfen, auch ein Haus bauen, eine Mauer errichten – das alles steht den Sandspielern zur Verfügung." *(Flitner 1996, S. 151)*

Spieldinge sind Dinge, die für eine bestimmte Alltagsfunktion hergestellt wurden, zum Beispiel Geschirr, Werkzeug, Einrichtungsgegenstände, und die diese Funktion entweder immer noch innehaben oder sie inzwischen verloren haben, wie zum Beispiel ausrangierte Kleider, Hüte, Schirme, aber auch Abfall. Diese Dinge sind ursprünglich nicht zum Zweck des Spielens hergestellt worden. Mit diesen Spieldingen geschehen große Verwandlungen, sie bekommen im Spiel der Kinder einen neuen, anderen Sinn.

So kann der Inhalt einer Besteckschublade zum Inventar des „Puppentheaters“ werden: die Spaghettizange wird zum Krokodil, der Teigschaber zum Polizisten und der Schneebesen zur Prinzessin. Diese Umdeutung von Alltagsgegenständen zeigt die großartige Vorstellungskraft und Fantasie von Kindern. Sie ist gleichzeitig für deren Weiterentwicklung sehr wichtig. Gegenstände werden nicht nur nach ihrer Materialbeschaffenheit, sondern nach ihrem Wesen, ihrem „Charakter“ eingesetzt. Welche Rolle könnten zum Beispiel die Suppenkelle oder der Nussknacker übernehmen? „Der Mensch und die Dinge. Ich berühre etwas und erfahre, wie warm es ist. Ich erfahre, wie rau es ist oder wie glatt. Ob trocken oder feucht. Trocken vor Wärme oder vor Kälte. Pulsierend oder still. Ob es dem Druck meines Fingers nachgibt oder sich mit seiner Oberfläche wehrt. Wie es wirklich ist. Bevor ich es nicht berührt habe, weiß ich nichts.“ *(Magdalena Abakanowicz, Quelle unbekannt)*

Spielzeug sind all die Dinge, die ausdrücklich zum Zweck des Spiels produziert werden, zum Beispiel Bälle, Spielzeugautos, Puppen, Brettspiele, Bauklötze usw. Spielzeug ist auch Teil unserer Kultur. Im Spielzeug bilden sich aktuelle Lebensverhältnisse und der Stand der Technik ab. Lange war die Kasse im Einkaufsladen nur ein Kasten mit Zahlentasten, heute haben die modernen Spielkassen einen Scanner. Die Beurteilung von Spielzeug ist bei dem großen Angebot eine schwierige Aufgabe für Eltern, aber auch für pädagogische Fachkräfte. Eines muss klar sein: Spielzeugproduktion ist ein Wirtschaftszweig, dem es nicht vorrangig darum geht, Kindern etwas Gutes zu tun, sondern mit Produkten Geld zu verdienen. Die Spielzeugindustrie will möglichst viele Bedürfnisse bedienen, beziehungsweise diese Bedürfnisse überhaupt erst wecken, ob sie nun pädagogisch sinnvoll erscheinen oder nicht. Viele Spielzeuge sind zu einem Prestigeobjekt geworden, es ist wichtiger, sie zu besitzen, als mit ihnen spielen zu können. Unabhängig von der Frage, ob sich ein Spielzeug zum Spielen eignet, sollte die Frage gestellt werden, ob es wirklich noch ein neues Spielzeug sein muss *(s. auch Spielzeugfreier Kindergarten).*

Kriterien zur Bewertung: Es ist nicht möglich, einen allgemeingültigen Bewertungskatalog aufzustellen. Bei der Auswahl ist zunächst natürlich wichtig, für wen und welche Situation das Spielzeug gedacht ist.

- → **Spielzeug sollte sicher und haltbar sein; gerade bei kleinen Kindern ist auf mögliche Verletzungs- oder Verschluckungsgefahr zu achten. Allerdings sollte man Kinder auch nicht unterfordern.**
- → **Kinder interessieren sich für das „Innenleben“; deshalb sollte Spielzeug auseinander- und wieder zusammensetzbar sein.**
- → **Lieber von einer Sorte viele Teile als von vielen Sorten nur wenig Teile – das gilt besonders für Bau- und Konstruktionsspielzeug wie Bauklötze, Legosteine, Eisenbahnschienen usw.**
- → **Spielzeug soll dem Entwicklungsstand des Kindes entsprechen. Die Altersangaben der Hersteller sind hier nur begrenzt hilfreich, da sich Kinder in ihrer Entwicklung oft nicht so genau daran halten. Es sollte genug Herausforderung enthalten, aber auch nicht zu kompliziert sein.**
- → **Spielzeug soll möglichst verschiedene Handhabungen ermöglichen und verschiedene Sinne ansprechen.**
- → **Spielzeug soll Kinder nicht nur kurzfristig anregen und genügend Spielraum lassen für ihre Fantasie.**

Neben diesen Kriterien kann Spielzeug natürlich auch nach ethischen Gesichtspunkten bewertet werden. So wie Spiele die Werte einer Gesellschaft mittransportieren, gibt es auch viele Spielzeuge, die „Aussagen über die Welt“ enthalten und zu denen sich Eltern und pädagogische Fachkräfte eine eigene Meinung bilden müssen. Das gilt für Spielzeugwaffen ebenso wie für geschlechtsspezifisches Spielzeug wie Barbiepuppen u. Ä.

Zuweisung von Geschlechterrollen durch Spielzeug

↗ FAZIT

→ In den ersten Lebensjahren treten nacheinander unterschiedliche Spielformen auf, die den jeweiligen Entwicklungsstand spiegeln und die Weiterentwicklung des Kindes fördern. Dominierend im Alter von
- 0–2 Jahren: Funktionsspiele
- ca. 2–4 Jahren: Konstruktionsspiele
- ca. 2–4 Jahren: Fiktions-/Symbolspiele
- ca. 4–6 Jahren: Rollenspiele
- ab ca. 5–6 Jahren: Regelspiele

→ Die Kategorisierung von Spielen ist vielfältig. Pädagogische Fachkräfte sollten die in der Literatur oder in Spielkarteien benutzten Ordnungen anhand der eigenen Erfahrungen und Ziele überprüfen.

→ Alle Spielmittel und Spiele vermitteln Werte, Normen und Gewohnheiten und üben durch häufiges Wiederholen Verhaltensweisen ein. Pädagogische Fachkräfte müssen diese Wirkung von Spielmitteln beobachten und analysieren können und daraus für ihre pädagogische Haltung Konsequenzen ziehen. Wenn Spielmittel oder Spielformen aus fachlichen, ethischen oder persönlichen Gründen abgelehnt werden, sollten attraktive Alternativen entwickelt werden.

→·← AUFGABEN UND ANREGUNGEN

1 Spiel fördert Kinder ganzheitlich. Welche Funktionen kann Spiel für die einzelnen Entwicklungsbereiche von Kindern haben (motorische, kognitive, sprachliche, emotionale, soziale und psychische Entwicklung)? Überprüfen Sie, wie folgende Spiele entwicklungspsychologische Bereiche unterstützen: Fußball, Rollenspiel, Reise nach Jerusalem, Gummitwist. Finden Sie Spiele, die mindestens vier dieser Entwicklungsbereiche gleichzeitig ansprechen.

2 Welche didaktischen Spiele oder Lernspiele kennen Sie? Welche Lernziele haben diese Spiele? Wie könnten die Themen auch in anderen Situationen, erfahren, erprobt und reflektiert werden?

3 Wird nicht das Wesen des Spiels zerstört, wenn es mit Lernzwecken versehen wird? Andererseits: Ist es nicht sinnvoll, Lernsituationen spielerisch zu gestalten, wenn Lernen so Spaß machen kann? Diskutieren Sie und finden Sie eine eigene Position.

4 Erarbeiten Sie ein Konzept für einen Elternabend, an dem Sie Lernen im Spiel präsentieren, die Eltern dies aber auch praktisch erleben lassen.

5 Wie sollte Ihrer Meinung nach 1. in einer Kita, 2. in einer Wohngruppe für Kinder und Jugendliche und 3. in einem Jugendzentrum mit Kriegsspielzeug (auch als Computerspiel) umgegangen werden?

6 Erzählen Sie sich in Zweier- oder Dreiergruppen von Erfahrungen mit Wettkampf- und Konkurrenzspielen. Welche Gefühle haben Sie dabei erlebt? Spielen Sie drei Wettkampfspiele und versuchen Sie, diese in ein Spiel ohne Sieger zu verwandeln. Spielen Sie auch diese Variante und verändern Sie die Regeln so lange, bis es Ihnen Spaß macht.

7 Jeder bringt drei Spielzeuge mit: ein „gutes“, ein „schlechtes“ und ein Lieblingsspielzeug. Stellen Sie es sich gegenseitig vor und begründen Sie Ihre Wahl. Sammeln Sie dabei Argumente für gutes bzw. schlechtes Spielzeug. Beurteilen Sie das mitgebrachte Spielzeug nach folgenden Aspekten:
Wie viel Zusammenspiel ermöglicht es? Wie sehr regt es die Sinne an: Riecht es, ist es hart? Wie natürlich ist das Material? Kann man es halten, tragen, ziehen, seine Kraft erproben? Fordert es zur Bearbeitung auf (Holz sägen, Ton formen usw.)? Überlegen Sie weitere Fragen.

6.3 Darstellendes Spiel und Theater

Während der Adventszeit erfolgt in der Kita die alljährliche Weihnachtstheateraufführung. Die Eltern warten aufgeregt auf den Auftritt ihrer hübsch verkleideten Sprösslinge, nehmen geduldig jede Verzögerung im Ablauf hin und sind entzückt, wenn das eigene Kind „es geschafft hat".

Der emotional nicht ganz so beteiligte Patenonkel ist dagegen peinlich berührt von dem viel zu langen, auswendig gelernten und stockend vorgetragenen Text und fragt sich am Ende, worum es in dem Stück nun eigentlich ging.

Die Erzieherin, die seit 15 Jahren das Theaterstück zur Weihnachtsfeier mit den Kindern einübt, ist zwar erleichtert, schwört sich aber, dass es diesmal wirklich das letzte Mal war.

Theaterspielen – als Ensemble zusammenarbeiten und gemeinsam Erfolg haben.

↘ FRAGEN

→ *Ist es für Kinder eine Überforderung, ein Theaterstück einzuüben?*
→ *Welche Kompetenzen erwerben Kinder und Jugendliche durch das Theaterspielen?*
→ *Wie kann man Theaterarbeit mit verschiedenen Zielgruppen einsetzen?*
→ *Muss es immer zu einer Aufführung kommen?*

6.3.1 Grundgedanken der Theaterpädagogik

Das Theaterspiel ist eine besondere Art des Spielens. Ihm widmet sich sogar ein eigenständiger Bereich, die Theaterpädagogik. Der Einsatz von Theater in pädagogischen Arbeitsfeldern bewegt sich zwischen Theater als Bühnenkunstform und den darstellenden Spielen und Rollenspielen schon kleiner Kinder. Die Spanne theaterpädagogischer Methoden ist dabei äußerst vielfältig. Wenn Theater als Medium in der pädagogischen Arbeit eingesetzt wird, geht es darum, die positiven Möglichkeiten, die in der Erfahrung des Theaterspielens liegen können, zu nutzen. Theater ist die Kunstform, die das Leben am direktesten spiegelt und mit ihm spielt. In den Geschichten, die das Theater erzählt, wird empfunden, gedacht und gehandelt wie im richtigen Leben. Und der Körper mit all seinen Funktionen ist das Instrument, mit dem die Spielenden Stimmungen, Charaktere und Beziehungen ausdrücken. Es braucht ein gewisses Training, um dem Körper diese Vielfalt an Ausdrucksmöglichkeiten zu ermöglichen. Es geht hier nicht in erster Linie um besondere motorische Leistungen, sondern um ungewohnte, merkwürdige, fremde Bewegungsarten, um ein großes Bewegungsrepertoire. Im Schutz der Gruppe und durch die oft lustvollen Übungen werden neue Ausdrucksformen gefunden und genutzt. Und das ist nicht nur für das Schauspielen gut, sondern auch für das „wirkliche Leben".

Improvisation

Improvisation ist schöpferisches, fantasievolles spontanes Spiel ohne vorherige Absprachen oder Proben. Es wird spontan das gemacht, was einem als Erstes einfällt, und auf das reagiert, was einem die Spielpartnerin zuspielt. Je älter Kinder werden, umso mehr machen sie die Erfahrung, dass solche spontanen Reaktionen gefährlich sein können. Wer spontan reagiert, hat nicht lange überlegt, ob das, was er sagt oder tut, den Erwartungen gerecht wird, ob es gut genug ist. Die Freiheit, ganz unmittelbar auf etwas zu reagieren, wird in unserer Gesellschaft durch Erziehung in Familie und Schule häufig eingeschränkt. Es geht um Richtig und Falsch, um das Erlernen von Fakten und darum, das Erlernte - oft unter verschärften Bedingungen - richtig wiederzugeben. Aus einem solchen Konzept erwächst die Angst, Fehler zu machen. Denn Fehler sind in diesem Konzept etwas Schlechtes, sie wirken sich negativ auf Zensuren, eventuell sogar auf Zuwendung aus. Aber auch schon vor der Schulzeit machen Kinder die Erfahrung, bewertet zu werden, für das eine besonders gelobt, für das andere womöglich ausgelacht zu werden. Diese unangenehme Erfahrung macht vorsichtig, im schlimmsten Fall ängstlich oder angepasst. An diesem Punkt setzt das Improvisieren im Theaterspiel an. Es geht darum, die Angst, Fehler zu machen, wieder abzubauen und den eigenen Ideen und Fantasien freien Lauf zu lassen. In der Improvisation wird nichts als gegeben hingenommen, alles ist möglich, egal wie absurd, unvernünftig oder verboten es auch sein mag.

In der Improvisation gibt es kein Richtig und Falsch.

Kommunikation

Theater ist Kommunikation. Im Spiel wird etwas ausgedrückt und dargestellt, das von Zuschauern und von Mitspielern verstanden werden soll. Diese Mitteilungen geschehen verbal, aber auch nonverbal, also über Körperhaltung, Bewegung, Gestik und Mimik. Beide Ebenen sind nicht nur für das Theaterspiel, sondern auch für die Verständigung im „wirklichen Leben" wesentlich. In unserer Kultur ist eine starke Körpersprache jedoch eher verpönt, Sachlichkeit gilt als Kriterium guter Kommunikation. Bei manchen Kindern kann man beobachten, dass mit dem Spracherwerb die Körpersprache in den Hintergrund rückt - sie verlernen sie sogar teilweise. Diese Kinder können sich - wie viele Erwachsene - leicht und klar mit Worten ausdrücken, ihnen fehlt aber die entsprechende Emotionalität, die sich vor allem über die Körpersprache zeigt. „Gestik und Mimik sind, wenn man so will, ‚ehrliche' Ausdrucksmittel, ‚hautnaher', ‚empfindungsvoller' als Worte." *(Rosmarie Metzenthin 1983, S. 92).*

Theaterspiel erfordert und fördert eine lebendige Körpersprache. In Spielen und Übungen, z. B. aus der Pantomime, geht es darum, etwas ohne Worte auszudrücken. Den Zuschauenden erhält dies die Fähigkeit, Körpersprache zu verstehen und zu deuten.

Auch die verbale Ausdrucksfähigkeit ist wichtiger Bestandteil des Theaterspiels. Menschen, denen der sprachliche Ausdruck schwerfällt, beginnen häufig, ihn zu meiden: Sie werden „einsilbig“, still und sprechen oft nur, wenn sie gefragt werden. Das Theaterspiel schafft ständig spielerisch Situationen eines Gesprächs. Weil das Spiel im Vordergrund steht - die Rolle und die Handlung, die man spielt -, können viele Menschen ihre Sprechhemmungen hier „vergessen“. Verbaler Ausdruck wird geübt, ohne dass die Spieler es merken.

Telefonspiel in einer Kindertheatergruppe

Gaby: Trrrrrr. *Sie ahmt das Klingeln nach.*
Isabelle: Hallo. *Sie eilt zu ihrem Apparat und hebt den Hörer ab.*
Gaby: Hier ist Frau Meier.
Isabelle: Aha, Frau Meier, was wollen Sie?
Gaby: Ach, nichts Besonderes ...
Isabelle: Warum rufen Sie mich dann an?
Gaby: Weil ... *Die sprachlich ungewandte Gaby muss sich etwas einfallen lassen.* ... Ihr Hund in meinem Garten Blumen gefressen hat.
Isabelle: So, das stimmt nicht! *Sie ist in die Verteidigung gedrängt worden, obwohl sie Gaby sprachlich überlegen ist.*
Gaby: Doch, es stimmt. Ich habe es gesehen.
Isabelle: Wann denn?
Gaby: Heute Morgen. Ich wollte ihn vertreiben, aber er war böse und bellte mich an.
Isabelle: Wissen Sie was, Frau Meier?
Gaby: Nein.
Isabelle: Ich habe gar keinen Hund. *Sie legt den Hörer auf.* *(aus Metzenthin, a. a. O., S. 93 f.)*

Während die Spielenden durch das Theaterspiel den Ausdruck mit Körper und Sprache üben, stärkt das Theaterspiel beim Publikum die Fähigkeit, genau hinzusehen und hinzuhören. Konzentration, Aufmerksamkeit, Interesse und Wertschätzung sind Haltungen, die die Kinder in ihrer Zuschauerrolle ausbilden. Beim Theaterspielen wird deutlich, dass auch Zuhören eine aktive Tätigkeit ist.

Empathie

Eine Rolle spielen, bedeutet, sich einzufühlen in eine fremde Figur. Ein Spieler identifiziert sich mit der Rolle und versucht, in seiner Körpersprache, seinen Gefühlen und seinem stimmlichen Ausdruck dieser „andere“ zu sein. Diese Empathie ermöglicht es, sich in andere hineinzuversetzen, sich konträre Meinungen, fremde Kulturen, andere Lebenswelten zu erschließen und durch das Spiel Interesse und Verständnis zu entwickeln. Diese Fähigkeit zum Perspektivenwechsel ist nicht nur beim Theaterspielen von Bedeutung. Sie ist eine grundlegende kommunikative Kompetenz, die nötig ist, um sich mit anderen im Dialog auseinandersetzen und nicht nur den eigenen Standpunkt verstehen zu können. Gleichzeitig ist das Theater immer auch die „nur gespielte Welt“, das „So-tun-als-ob“. In diesem Sinn ist es ein Schutzraum, in dem Spieler Eigenschaften und Charakterzüge ausprobieren, die sie nicht haben oder gerne einmal hätten. Hier ist auch Raum für im Alltag „unbeliebte“ Verhaltensweisen oder Gefühle wie Aggression, Albernheit, Bosheit usw. Da es nicht um die eigene Person geht, sondern um die darzustellende Figur, kann unbefangener ausprobiert werden.

Präsentation

Theater ist seinem Wesen nach produktorientiert. Am Ende des Prozesses steht ein Ergebnis, das vor Zuschauern präsentiert wird. Das muss nicht sein und ist nicht Bedingung für das Theaterspielen. Aber es beinhaltet besondere Chancen, denn eine Aufführung fordert und mobilisiert alle Kräfte der Gruppe und jedes Einzelnen. Sie erfordert Durchhaltevermögen, Mut, Zusammenhalt in der Gruppe und Konzentration auf das Eigene und auf das Gesamte. Spieler müssen sich einerseits mutig in den Vordergrund stellen, gleichzeitig aber auch dazu bereit sein, sich für das Gemeinsame der Gruppe zurückzunehmen. Theaterspielen ist praktisches Handeln und nicht theoretische Überlegung. Das bedeutet, dass sich im Spielen selber zeigt, welche Verhaltensmöglichkeiten, Ausdrucksweisen usw. dem Spieler zur Verfügung stehen. Wer im Theater einmal so richtig „mit der Faust auf den Tisch“ gehauen hat, hat erfahren, wie sich das anfühlt, und weiß, wie es geht. In diesem Sinne wirkt das Theaterspiel in den Alltag und die Wirklichkeit. „In der Regel ist mehr möglich, auf der Bühne, aber auch im wirklichen Leben, als wir glauben oder man uns glauben machen will.“ *(Gitta Martens, [Hrsg.], Feministische Theaterpädagogik)*

6.3.2 Goethe und Shakespeare oder „Theater selbst gemacht"

Die Erarbeitung eines existierenden Stückes erscheint vielen pädagogischen Fachkräften leichter als ein eigenes zu schreiben, weil dann schon vieles vorgegeben ist und eine Struktur vorliegt. Gerade das kann aber auch zur Schwierigkeit werden: Zum einen bedeutet ein vorgegebener Text, dass viel auswendig gelernt werden muss - das fällt vielen Kindern und Jugendlichen schwer. Außerdem ist es fast unmöglich, für jeden Mitspieler eine passende Rolle zu finden, da im Stück die Zahl und Art der Rollen vorgegeben ist. Dadurch wirken solche Inszenierungen oft „einstudiert", aber nicht wirklich lebendig. In der Theaterpädagogik haben sich vielfältige andere Formen entwickelt. Spaß und die Erfahrungen in einer Gruppe sollen hier im Vordergrund stehen. Auch die Entwicklung eines Ergebnisses, das präsentiert werden kann, dient diesem Zweck. Theaterspielen ist eine Gemeinschaftsaktion, es geschieht in der Gruppe.

Während in den meisten sozialen Gruppen (Familie, Schulklasse usw.), die sozialen Rollen festgelegt und mit bestimmten Erwartungen belegt sind, ist es gerade Inhalt der Theaterarbeit, möglichst unterschiedliche Rollen auszuprobieren. Bei diesem Ausprobieren wird jeder Spieler von den anderen Gruppenmitgliedern wahrgenommen und unterstützt, gemeinsames Theaterspielen bedeutet sehen und gesehen werden. Es beinhaltet, dass man im Spiel aufeinander eingeht, miteinander etwas schafft und sich gegenseitig Feedback gibt. Dabei werden soziale Verhaltensweisen, der Umgang mit unterschiedlichen, nicht nur angenehmen Gefühlen und das Ausbalancieren von Eigen- und Gruppeninteressen geübt. Diese Förderung sozialer Kompetenzen ist dabei immer ein Nebenprodukt der Theaterarbeit, sie geschieht einfach, weil das gemeinsame Ziel des Theaterspielens es erfordert. Wichtig für eine konstruktive Theaterarbeit ist vor allem eine gute Atmosphäre in der Gruppe, denn die Spieler benötigen oft Mut und Selbstüberwindung. Deswegen müssen die Gruppe und die Spielleiterin einen sicheren Rahmen bieten.

Regeln für die Theaterarbeit

Auch in der Theaterarbeit gelten Regeln, von deren Einhaltung und Umsetzung die Risikobereitschaft und die Spielfreude der Spieler abhängt.

→ **Das Spiel braucht ein Feedback.**
→ **Niemand muss spielen oder eine bestimmte Rolle übernehmen, die er nicht spielen möchte!**
→ **Es gibt kein „Richtig" und kein „Falsch". Alles darf probiert werden und ist eine Möglichkeit des Spiels.**
→ **Niemand wird ausgelacht.**
→ **Jeder Spieler kann jederzeit „Stopp" rufen - dann wird das Spiel sofort unterbrochen (Stopp-Regel).**
→ **Das, was jemand in seiner Rolle tut oder sagt, darf nicht in den Alltag übertragen werden, nach dem Motto: „Siehste, so böse warst du auch schon im Theaterstück!"**

Was im Theaterspiel erlaubt und vielleicht sogar eine besondere Leistung ist, kann im Alltag völlig unangemessen sein. Deshalb ist es wichtig, den Unterschied zwischen Theater und Wirklichkeit sehr deutlich zu machen, z. B.

→ **durch klare räumliche Begrenzungen („hier ist die Bühne"),**
→ **durch einen zeitlichen Rahmen („jetzt spielen wir Theater, dann machen wir ..."),**
→ **durch ein deutliches Ablegen der Rolle als Ritual, z. B. durch Ablegen des Kostüms, durch Begrüßung des Kindes mit seinem richtigen Namen usw.**

Wie und ob diese Regeln in einer Gruppe Geltung haben, kann natürlich besprochen werden. Entscheidend wird aber die Art und Weise sein, wie die Spieler die Spielleitung erleben. Davon hängt es maßgeblich ab, ob sie den Sinn dieser Regeln verstehen und nur deshalb auch selber einhalten werden. Durch eigenes Mitspielen, durch positive Kommentare, durch Anregung und Verstärkung kann die Spielleiterin den Spielern ihr Vertrauen zeigen und sie in ihrem Spiel ermutigen. Das, was die Spieler erfinden, darstellen, improvisieren und ausprobieren, ist ihr individueller Ausdruck und das, was ihnen jetzt möglich ist. Nur, wenn die Spielleiterin das wertschätzt, wird auch in der Gruppe eine annehmende und unterstützende Atmosphäre entstehen.

Wichtig: Feedback geben

Gleichzeitig ist es Aufgabe der Spielleiterin, die Regeln eines guten Feedbacks einzuhalten. In der Nachbesprechung eines Spiels oder einer Szene sollten zuerst die Akteure gefragt werden, wie ihnen ihr Spiel gefallen hat und wie sie sich in ihrer Rolle gefühlt haben. Bei der anschließenden Rückmeldung der Zuschauer muss die Spielleiterin darauf achten, dass alle Kommentare fair und nicht verletzend sind. Alle Präsentationen erhalten einen Applaus und werden gelobt. Auch die Fähigkeit, etwas Gutes in der Leistung anderer zu sehen - und es gibt immer etwas Gutes -, will gelernt sein. Eine ausschließlich positive Kritik macht ältere Kinder und Jugendliche aber auch misstrauisch - niemand möchte nur aus Prinzip gelobt werden. Deswegen ist auch eine konstruktive Kritik wichtig. Beginnen kann man dabei am besten mit der Frage „Was könnte man anders machen?". Spieler und Zuschauer können Ideen sammeln.

Die Spielidee

Jedes Theaterspiel braucht ein Thema oder eine Spielidee. Das gilt sowohl für eine einzelne Theatereinheit wie auch für einen längeren Prozess. Das Thema ist der rote Faden, der die Arbeit zusammenhält und Orientierung gibt. Die Wahl des Themas hängt vom Alter, Wünschen, Vorlieben und der derzeitigen Lebenssituation der Spieler ab. Mögliche Spielideen können sein: Zirkus, Tiere, Märchen, Abenteuer, Familie, Freundschaft, Identität bis hin zu gesellschaftskritischen oder politisch aktuellen Themen. Der Aufbau einer Theatereinheit folgt den gleichen Regeln wie bei einer „normalen" angeleiteten Spieleinheit *(vgl. 6.4.4)*.

Auch Farben oder Requisiten können der „rote Faden" sein.

Da es beim Theater ausdrücklich um Sehen und Gesehenwerden geht, ist es für die Anfangsphase besonders wichtig, einmal eine Kreissituation zu schaffen, zum Beispiel durch einen Begrüßungskreis, in der jeder Spieler ganz bewusst von allen gesehen und wahrgenommen wird. Zu einer lockeren Spielatmosphäre verhelfen danach Übungen, bei denen möglichst der ganze Raum gefüllt und zur Spielfläche wird. Die Spieler sind kreuz und quer im Raum verteilt, bewegen sich und können sich so „warmspielen", ohne gleich im Zentrum der Aufmerksamkeit zu stehen. Es kann hilfreich sein, wenn sich schon diese vorbereitenden Spiele auf das Thema beziehen und über einfache Interaktionsspiele, Körperübungen und theatrale Grundtechniken ein Einstieg und eine Annäherung an das Thema stattfinden kann. Im Hauptteil einer Theatereinheit können zum Beispiel Übungen, Improvisationen oder auch die Entwicklung einer Szene in Zweier-, Dreier- oder Vierergruppen stehen, die die Spieler sich anschließend gegenseitig präsentieren. Während für ältere Kinder und Jugendliche Phasen selbstständiger Arbeit wichtig und aufregend sind, müssen kleinere Kinder darin begleitet und angeleitet werden. Hier bieten sich u. a. Mitspielgeschichten an, bei denen die Spielleiterin die Rahmenhandlung erzählt, innerhalb derer die Kinder Rollen übernehmen und die Möglichkeit haben, aus ihrer Rolle heraus spontan zu agieren. Abschließend wird eine Auswertung oder Nachbesprechung durchgeführt. Der Schluss sollte sich aber nicht darauf beschränken, sondern auch noch einmal die Gruppe als Ganzes zusammenbringen, z. B. durch ein Entspannungsspiel.

Präsentationsformen

Wie wird aber nun ein Theaterstück daraus? Bei dem Wort Theaterstück denkt jeder sofort an eine fertige Geschichte mit einem festgelegten Ablauf und festen Rollen, dies setzt oft vor allem Spielleiter unter Druck. Können wir wirklich ein richtiges Theaterstück schaffen? Es gibt jedoch auch andere Formen, die sich für eine Präsentation eignen und die auch mit kleineren Kindern oder nach relativ kurzer Zeit gezeigt werden können.

1. „Werkstatteinblick"
   Wie in einer Werkstatt sieht man hier Menschen bei der Arbeit und kein fertiges Produkt. Der Werkstatteinblick präsentiert Übungen und Szenen, die die Gruppe erarbeitet hat. Es ist die einfachste Art, etwas vor Publikum zu präsentieren, und hat nicht den Anspruch, perfekt zu sein. Spieler können behutsam an das Aufführen herangeführt werden.
2. „Szenencollage"
   Bei einer Collage werden unterschiedliche Bilder zu einem Bild zusammengefügt. Bei einer Szenencollage werden dementsprechend die erarbeiteten Szenen aneinandergereiht: Das Thema ist der rote Faden, der die Szenen zusammenhält, die Übergänge können durch immer wiederkehrende Bewegungen, durch Musik o. Ä. geschaffen werden.
3. „Mitspielgeschichte"
   Auch Mitspielgeschichten eignen sich als Aufführungsform. Durch die erzählende Spielleiterin gewinnen die Spieler auf der Bühne Sicherheit, da sie nicht

allein sind, und sie können jederzeit mit ihrer Unterstützung rechnen *(vgl. Vortisch 2000).*

Kinder haben großen Spaß daran, sich zu schminken und zu verkleiden. Bei einer Aufführung sorgt dies noch einmal für eine besondere Theateratmosphäre. Aber auch während der Theaterproben kann Verkleidung unterstützend wirken. Bei älteren Kindern und Jugendlichen hingegen ist dies unterschiedlich ausgeprägt. Manche fürchten, in Verkleidung „doof auszusehen“, und sind dadurch verunsichert und im Spiel gehemmt. Niemand sollte sich zum Verkleiden genötigt fühlen. Oft genügt auch ein einziges Requisit, um eine bestimmte Rolle zu kennzeichnen, z. B. eine Krawatte, eine Feder, knallroter Lippenstift, ein Tuch usw.

↗ FAZIT

Ziele theaterpädagogischer Arbeit:

- → **das Erleben von Spiel- und Experimentierfreude,**
- → **das Fördern von Spontaneität und Kreativität,**
- → **das Erweitern des individuellen Ausdruckpotenzials,**
- → **das Ausprobieren ungewöhnlicher Verhaltensweisen im Spiel,**
- → **das Entdecken neuer Seiten an sich und anderen,**
- → **Stärkung des Selbstvertrauens und der Verhaltensmöglichkeiten.**

→·← AUFGABEN UND ANREGUNGEN

1 Sammeln Sie Argumente, die für den Einsatz von Theatermethoden in pädagogischen Einrichtungen sprechen. Versuchen Sie zu begründen, warum Sie für eine solche Arbeit Zeiten und Räume in Anspruch nehmen wollen.

2 Wie würden Sie Eltern gegenüber argumentieren, dass Sie in diesem Jahr mit ihren Kindern ein selbst entwickeltes Theaterstück auf die Bühne bringen wollen? Spielen Sie eine mögliche Diskussion zwischen Eltern und Erzieherin in Ihrer Lerngruppe. Werten Sie hinterher aus, welche Argumente besonders überzeugend waren.

3 Das Thema „Wildsein“ wird häufig eher Jungen zugeordnet. Schreiben Sie die Geschichte von Max und den wilden Kerlen um in eine „Mädchengeschichte“: „Maximiliane und die ...“

4 Wie schätzen Sie Ihren eigenen verbalen und körpersprachlichen Ausdruck ein? Gibt es typische Gesten oder Redewendungen, die Sie häufig benutzen? Fragen Sie Ihre Mitstudierenden danach.

5 In welchen Zusammenhängen haben Sie als Kind Theater erlebt/gespielt? An welche Rollen können Sie sich erinnern? Waren das Wunsch- oder Muss-Rollen? Was hat Spaß gemacht, was war unangenehm oder sogar schlimm? Welche Rolle(n) würden Sie gerne einmal spielen? Warum?

TIPPS ZUM WEITERLESEN →→

→ Improvisationstheater mit Kindern und Jugendlichen
Volkhard Paris, Monika Bunse, Rowolth, Reinkeck bei Hamburg 1994

→ Keine Angst vor dem Theater
Stephanie Vortisch, Luchterhand, Neuwied 2000

→ Wo die wilden Kerle wohnen
Maurice Sendak, Diogenes, Zürich 2008

→ Gefühle sind wie Farben
Aliki, Beltz & Gelberg, Weinheim 1995

→ Die Königin der Farben
Jutta Bauer, Beltz & Gelberg, Weinheim 2009

6.4 Planung und Anleitung von Spielen und Spieleinheiten

Sie wirken genervt oder still. Jedenfalls anders als sonst. „Hey, was ist denn los?", will Susanne in der Pause wissen. Sie sind beide im zweiten Jahr Ihrer Erzieherinnenausbildung und kennen sich inzwischen sehr gut.

„Ach nichts. Ich soll bloß morgen im Kindergarten mit den Kindern spielen." Susanne bricht in schallendes Gelächter aus, sodass sich alle anderen zu Ihnen umdrehen und wissen wollen, was los ist. „Sie soll morgen mit den Kindern spielen", gibt Susanne lachend bekannt und kann sich kaum wieder beruhigen. „Das ist doch der Beruf, den du dir ausgesucht hast."

„Jetzt hör doch mal auf! Natürlich nicht einfach so spielen. Ich soll eine halbe bis Dreiviertelstunde mit zwölf Kindern Spiele machen. Am besten noch zu einem Thema!"

„Ach komm, das machst du doch ganz spontan," wirft Renate ein. „Na eben nicht spontan." Ihre Laune wird nicht gerade besser. „Ich soll mir was überlegen und dann soll ich es morgen früh mit meiner Anleiterin besprechen, und morgen Nachmittag ist sie dabei, wenn ich es mit den Kindern durchführe."

Spiele können Rituale im Tagesverlauf sein.

↘ FRAGEN

- → *Wie kann Spiel in der pädagogischen Arbeit eingesetzt werden?*
- → *Welche Spiele gibt es für welche Zielgruppe?*
- → *Was muss man bei der Planung einer Spieleinheit beachten?*
- → *Wie leitet man Spiele so an, dass alle Lust haben mitzumachen?*

6.4.1 Ziele der Spielpädagogik

„Spiel“ ist in allen pädagogischen Arbeitsfeldern vorhanden, es lässt sich aus der pädagogischen Arbeit nicht ausklammern.

> „Ganz gleich, ob sich Pädagogen oder Psychologen theoretisch mit dem Spiel auseinandersetzten oder nicht, ganz gleich auch, ob sich Lehrer oder Erzieher seiner bedienen und aus welchen Gründen sie dies tun, das Spiel ist immer bereits Bestandteil des tatsächlichen Geschehens, bestimmt die erzieherischen Zustände, Eigenschaften und Prozesse mit.“ *(Kreuzer, in: Fritz, J.: Theorie und Pädagogik des Spiels, S. 93)*

Die Frage ist also nicht, *ob* Spiel in der pädagogischen Arbeit eingesetzt wird, sondern *wie* es beobachtet, bewertet und wie seine vielen Möglichkeiten genutzt werden können. Spiel ist zwar zumindest im Alltag von Kindern eine selbstverständliche Tätigkeit, doch nicht immer sind die Bedingungen (vorhandene Räume, Zeit zum Spielen, Erfahrungen mit Spielen) förderlich. Einige Kinder finden schlechter ins Spiel als andere, einige Kinder können kaum bei einem Spiel bleiben, einige Kinder können nicht in ein Spiel mit anderen integriert werden. Spielfähigkeit ist nicht selbstverständlich. Sie kann behindert, abgewöhnt und unterdrückt werden. Zu den spielpädagogischen Aufgaben gehört es, das Spiel in seinem Wesen zu schützen, Kindern, aber auch Jugendlichen und Erwachsenen Raum und Gelegenheit dafür zu geben und das Spielen in seiner großen Bedeutung für die Entwicklung von Kindern, aber auch in seinen Erlebnismöglichkeiten für Jugendliche und Erwachsene ernst zu nehmen.

Spielpädagogik will

1. die Spielfähigkeit erhalten, wecken und stärken,
2. Spiel durch Schaffung entsprechender Bedingungen ermöglichen,
3. durch Spiel vielfältige positive Erfahrungen initiieren.

Um das leisten zu können, beschäftigt sich die Spielpädagogik mit

- → den Rahmenbedingungen von Spiel, mit Spielräumen, Spielmitteln usw.,
- → den Bedeutungsmöglichkeiten und Funktionen, die Spiel in der Entwicklung von Kindern hat,
- → den Wirkungen des Spiels, sei es die Vermittlung von gesellschaftlichen Werten wie auch gruppendynamische oder emotionale Effekte bei Einzelnen,
- → den Möglichkeiten, Spielfähigkeit und Spielfreude zu fördern,
- → den Anforderungen, die dadurch an Spielleiterinnen gestellt sind.

Vor diesem Hintergrund müssen Spielleiterinnen

- → wissen, welche Spiele es gibt und welche Wirkungen sie haben;
- → wissen, wie man eine Spieleinheit sinnvoll aufbaut;
- → gruppendynamische Prozesse erkennen, aufgreifen und beeinflussen können;
- → Spiele anleiten, motivieren und begeistern können;
- → die eigene Anleitungstätigkeit und den Verlauf von Spieleinheiten reflektieren;
- → Beobachtungskriterien für Kinder in Spielsituationen entwerfen und anwenden.

In Freispielsituationen sollen pädagogischen Fachkräfte, **„Situationsgestalterinnen“** *(U. Heimlich)* sein, das bedeutet:

- → den Raum – drinnen wie draußen – so zu gestalten und bereitzuhalten, dass Spielen hier nicht nur möglich ist, sondern dass er zum Spielen auffordert;
- → Material anzubieten, das Kinder zum Tun einlädt und verschiedene Tätigkeiten ermöglicht (Basteln, Werken, Bewegen, Ruhe, darstellende Spiele, Bauen und Konstruieren usw.);
- → Zeiten zu gewährleisten, in denen Spiele sich entwickeln können und nicht unterbrochen werden;
- → Kontaktaufnahmen zwischen Kindern zu unterstützen, um Kindern den Weg ins gemeinsame Spiel zu bahnen. Das kann zum Beispiel durch eigenes zeitweiliges Mitspielen geschehen, durch die räumlich nahe Platzierung von Kindern, sodass sie sich zunächst nur wahrnehmen können, ohne aufeinander bezogen zu spielen. Funktionsbereiche wie Bauteppich, Kaufmannsladen usw. fördern ebenfalls die Kleingruppenbildung, da sich hier schon die Kinder mit dem gleichen Interesse zusammenfinden;

- das Spiel der Kinder zu beobachten und dabei die Themen der Kinder, Vorlieben, aber auch Konflikte wahrzunehmen und für die Kinder ansprechbar zu sein; diese Anteil nehmende Präsenz von Erzieherinnen gibt den Kindern in ihrem Spiel Sicherheit;
- unbeobachtetes Spiel zu ermöglichen und den Kindern Raum und Zeit zu geben, in denen sie ohne pädagogischen Blick für sich und mit sich spielen können;
- mitzuspielen – das fördert die Beziehung zwischen Kindern und Erzieherinnen, verstärkt soziales Miteinanderspielen der Kinder und lässt sie erleben, dass Spiel eben nicht „Kinderkram" ist, sondern auch Erwachsene mit Begeisterung, Ehrgeiz und Initiative dabei sind.

Spielübergreifende Spielregeln

Damit angeleitete Spiele gelingen und die Spielenden an ihrem Spiel Spaß haben können, müssen Spielleiterinnen einen geeigneten Rahmen schaffen. Dazu gehören einerseits die äußeren Bedingungen, wie Bereitstellen von Raum, Zeit, Material usw., andererseits der „innere Rahmen", also die Atmosphäre, in der Spiel erst möglich wird. Dieser „innere Rahmen" wird durch spielübergreifende Spielregeln gewährleistet, das sind Grundsätze, die prinzipiell für das Miteinanderspielen gelten sollen. Sie geben den Spielenden Sicherheit und nehmen oder vermindern die Angst vor neuen Erfahrungen bzw. stärken die Lust auf neue Erfahrungen.

- Spiel ist freiwillig. Wer nicht spielen mag, muss nicht. Um die Freiwilligkeit deutlich zu machen, gibt es eine Ruhezone, eine „Pausendecke", worauf sich ein Kind, das gerade nicht mitspielen mag, zurückziehen kann. Weil die Pausendecke als eine Möglichkeit miteingeführt wird, gehört sie eigentlich noch zum Spiel, sodass dieses Kind nicht ganz draußen ist. Es bleibt die Möglichkeit bestehen, jederzeit wiedereinzusteigen.

- Niemand soll im Spiel verletzt werden. Das gilt sowohl für körperliche Verletzungen (hauen, schubsen, kratzen, beißen usw. sind verboten.) als auch für emotionale Grenzüberschreitungen (auslachen, hänseln usw.). Das bedeutet für die Auswahl der Spiele, dass keine Spiele gespielt werden, bei denen sich die Gruppe auf Kosten eines Einzelnen amüsiert, wie das bei einigen „Partyspielen" (Blamierspielen) der Fall ist.

- Zum Spiel gehört Risikobereitschaft und die Lust, sich einzulassen. Dies ist eher eine Regel für Jugendliche und Erwachsene, die häufig größere Spielhemmungen haben als Kinder. Ihnen ist bewusst, dass sie im Spiel andere Seiten von sich preisgeben, als die anderen vielleicht kennen und erwarten. Sie ahnen, dass sich im Spiel wichtige Aspekte des menschlichen Zusammenlebens zeigen: Konkurrenz, Macht, Anerkennung und Selbstbestätigung, Leistungsdenken, Niederlage und Erfolge, Ängste und Stärken usw. Aufgabe der Spielleitung ist es deshalb, einen geschützten Rahmen zu gewährleisten. Aber auch jeder Einzelne muss seinen Teil beitragen. Manchmal hilft es, Teilnehmenden das auch zu sagen, ihnen also sowohl den Aspekt der Freiwilligkeit zuzugestehen als auch gleichzeitig an ihren Mut und ihr Verantwortungsgefühl der Gruppe gegenüber zu appellieren.

- Jeder kann jederzeit „STOPP" sagen. Es kann sein, dass sich ein Spieler verletzt und deswegen nicht weiterspielen kann; es kann sein, dass sich jemand unwohl fühlt in einer Spielsituation. Egal aus welchem Grund: Damit das Spiel für alle ein Spiel bleibt, muss es für alle jederzeit möglich sein, es zu unterbrechen. Jeder Spieler darf eigene Grenzen setzen und muss die Grenzen anderer wahren. Es geht bei dieser Regel darum, die eigenen Grenzen wahrzunehmen und sich schützen zu dürfen. Dies kann als Regel angesagt werden. Besser ist jedoch, es auch durch Spiele praktisch erlebbar zu machen. Dazu ein praktischer Vorschlag: „STOPP vom Stuhl". Dieses Spiel wird ähnlich gespielt wie Stopp-Tanz: In der Mitte des Raumes steht ein Stuhl. Alle Spielenden bewegen sich zu Musik durch den Raum, bis ein Spieler auf den Stuhl steigt und laut „Stopp" ruft. Dann frieren alle sofort in der Bewegung ein. Der Stoppsager kann sich die eingefrorenen Spieler von seinem Stuhl aus ansehen, bis er das Signal „weiter" ruft und den Stuhl wieder verlässt. Die Bewegung im Raum geht weiter. Gerade das laute Stopprufen ist für Kinder wie auch für Jugendliche eine wichtige Erfahrung. Die eigene Stimme einsetzen, selber hören und ihre Macht erleben, kann auch in anderen Situationen des Alltags wichtig sein. Man kann diesem Spiel auch einen thematischen Rahmen geben:

Z. B. alle Mitspieler sind Autos und eine Spielerin ist Verkehrspolizistin; alle sind Zirkustiere und einer ist der Dompteur usw. Beobachtungen, die dabei gemacht werden können: Wer steigt gerne und vielleicht auch mehrfach auf den Stuhl, wer gar nicht? Es kann sinnvoll sein, schüchterne Kinder zu unterstützen, indem sie mit einem anderen Kind oder auch der Spielleiterin zusammen auf den Stuhl steigen und gemeinsam rufen. Gut ist es, wenn alle Kinder einmal die Erfahrung gemacht haben, dass sie das Stoppsignal geben und dass die Gruppe darauf reagiert: Wie reagiert die Gruppe auf das STOPP? Halten alle sofort inne oder verzögert sich das „Einfrieren"? Wird auf manche Kinder besser gehört als auf andere? Hier muss der Spielleiter sehr genau darauf achten, dass beim Stoppsignal wirklich alle stehen bleiben und niemand das Spiel mit der Erfahrung verlässt „Ach, ich hab's ja gewusst, auf mich hört sowieso keiner!"

Lautes Stopprufen ist für Kinder eine wichtige Erfahrung.

6.4.2 Spieleinheiten für verschiedene Zielgruppen

Definition der Zielgruppe

Die wichtigste Frage, die bei der Planung einer Spieleinheit zu beachten ist, lautet: „Für wen plane ich?" Die Frage richtet sich gleichzeitig an jeden Einzelnen (Alter, Geschlecht, Herkunft, Interessen, Vorlieben und Abneigungen, Spielerfahrungen) und an die Gruppe als Ganzes (Gruppengröße, Ziel und Dauer der Gruppe, gemeinsame Spielerfahrungen der Gruppe, welche Stimmung herrscht gerade?). Ebenfalls beachtet werden müssen die äußeren Rahmenbedingungen der Gruppe, also ihr institutioneller Zusammenhang (Kindergarten, Sportverein, kirchliche Kinder- und Jugendarbeit usw.), ihre finanzielle Ausstattung usw. Ist die Zielgruppe definiert, müssen für die konkrete Planung weitere Vorüberlegungen getroffen werden. Jede Altersgruppe bringt verschiedene Ausgangsbedingungen für das Spielen in der Gruppe mit:

Kinder haben meist einen großen Bewegungsdrang, auf ruhige Spiele können sich kleinere Kinder daher nur für einen relativ kurzen Zeitraum einlassen. Ruhige Spiele sollten deshalb entweder im Wechsel mit sehr bewegten Spielen oder als Abschluss nach einer intensiven Tobephase eingebaut werden. Spielregeln müssen vor allem für jüngere Kinder in kurzen, einfachen Sätzen erklärt und durch Tun und Vormachen sichtbar gemacht werden können. Kinder lieben Wiederholungen - für sie müssen es also nicht immer wieder neue Spiele sein. Sollen verschiedene Spiele nacheinander gespielt werden, ist es gut, diese in eine Spielgeschichte einzubauen, das schafft einen äußeren Rahmen, der das Ganze zusammenhält und für Spannung sorgt.

Für viele **Jugendliche** sind Spiele „Kinderkram". Häufig haben sie auch schlechte Erfahrungen mit Spielen gemacht. Leider gibt es immer noch viele Gruppenspiele, bei denen „einer der Dumme ist". Das finden im ersten Moment vielleicht alle - bis auf einen - komisch. Bestehen bleibt aber bei allen das Grundgefühl, dass man sich im Spiel blamieren und schlecht dastehen kann. Für Spielleiterinnen sollten solche Spiele deshalb auf alle Fälle tabu sein, außerdem müssen sie dieser Erfahrung etwas entgegensetzen können. Für alle muss ganz klar sein: Hier passiert mir das nicht! Auch Spiele, in denen es um sehr spezielle Fähigkeiten geht, können manche Jugendliche unter Druck setzen und eine ebenfalls schon gemachte schlechte Erfahrung gewesen sein. Bei einem Quizabend in einer Gruppe, die aus Gymnasiasten und aus Hauptschüler besteht, muss dies bei der Auswahl der Fragen unbedingt berücksichtigt werden, da sonst von vornherein eine Gruppe unterlegen sein wird, und - im wahrsten Sinne des Wortes - die Erfahrung macht: „Wir sind hier die Dummen."

Kooperationsspiele für Jugendliche

Jugendliche müssen für ein Spiel gewonnen werden. Dabei spielt die persönliche Beziehung zum Spielleiter und dessen eigene Spiellust und Begeisterungsfähigkeit eine Rolle, ebenso wie die Auswahl der Spiele. Damit Spiele kein „Kinderkram" bleiben, müssen sie für die Jugendlichen eine Herausforderung beinhalten, die aber auch nicht zu hoch sein darf, sodass sie Angst haben, sich dabei zu blamieren oder zu versagen. Deshalb eigenen sich vor allem Kooperationsspiele sehr gut, weil sie das Team herausfordern und nicht einen Einzelnen. Bei den sogenannten „New Games" liegt der Schwerpunkt auf Kooperation statt auf Wettbewerb und Einzelsieg. Es wurden viele Spiele entwickelt, die für große Gruppen geeignet sind und einen hohen Erlebniswert haben. Oft ist es für Jugendliche auch hilfreich, den Sinn eines Spiels zu verstehen (ohne dabei alles vorwegzunehmen, was sie im Spiel erst erleben sollen). Wenn eine Spielleiterin z. B. mit Jugendlichen Theater spielen will, ist es auch wichtig, dass sie den Sinn des Warm-ups verstehen, um sich darauf einlassen zu können.

Erwachsene

Auch viele Erwachsene haben große Hemmungen zu spielen. Wenn sie spielen, bevorzugen sie häufig Spiele mit klaren Regeln und Strukturen wie Skat, Schach, Monopoly, Volleyball usw. Die Regeln schaffen einen Rahmen, innerhalb dessen man sicher sein kann, richtig, also angemessen, zu handeln. Freiere Spiele werden schnell als kindisch und albern abgelehnt.

„Die Fähigkeiten,

→ **sich seinen Ideen und Gefühlen zu überlassen,**
→ **nicht alles durch den Kopf zu ‚filtern',**
→ **spontan und fantasievoll zu handeln,**
→ **nicht immer ängstlich auf die anderen zu schielen,**

sind bei Erwachsenen in unserer ‚Kopfkultur' sehr verschüttet und können nur mühevoll freigelegt werden." *(Bundesjugendwerk der Arbeiterwohlfahrt, Praxismappe: Spiele für Kinder, Jugendliche u. Erwachsene, S. 17)*

Angstfreies Klima

Solche Ängste und Unsicherheiten müssen ernst genommen werden, deshalb ist für Erwachsene und Jugendliche die Herstellung eines angstfreien Klimas besonders wichtig. Folgende Bedingungen können zu einem solchen Klima beitragen:

→ **Es gibt keine Zuschauer, da das Gefühl, beobachtet zu werden, zusätzlich verunsichern kann.**
→ **Die Gruppe ist beim Spielen ungestört – ein Rein- und Rauslaufen in den Raum von anderen Personen hindert viele, sich wirklich einlassen zu können.**
→ **Eine freundliche Atmosphäre des Raumes und evtl. auch Musik unterstützen die Spielfreude – ein Raum, in dem nur die Tische an den Rand geschoben werden und noch andere Gegenstände herumstehen, lenkt ab und zeigt dem Spiel gegenüber keine Wertschätzung.**
→ **Die Spielleiterin spielt möglichst oft mit – sie ist das beste Beispiel dafür, dass Spielen nicht nur Kindern Spaß macht!**

6.4.3 Aufbau von Spieleinheiten

Bei der Planung von Spieleinheiten sind verschiedene Phasen zu berücksichtigen. Was brauchen Menschen, um sich auf ein Spiel in der Gruppe einlassen zu können? Was brauchen sie, um dabeizubleiben? Und was, um das Spiel mit einem guten Gefühl abschließen und sich verabschieden zu können? Was können Spielleiterinnen tun, um die speziellen Phasen eines Gruppenverlaufs konstruktiv nutzen und unterstützen zu können?

1. Phase: Ankommen und Auflockern

Von ganz besonderer Bedeutung ist immer die Anfangssituation. Ausgangspunkt sind die Menschen, die sich zum Spielen versammelt haben. Sie kommen von unterschiedlichen Orten und aus unterschiedlichen Alltagssituationen und sie haben verschiedene Erfahrungen, all das beeinflusst ihre Stimmung. Sie verfügen auch über unterschiedliche Gefühle und Erwartungen bezüglich der Situation, die sie hier nun erwartet. In der ersten Phase geht es deshalb darum, ein gutes Ankommen zu ermöglichen und die vielleicht etwas angespannte Stimmung aufzulockern. Dazu dienen Spiele, die zur Orientierung im Raum und in der Gruppe beitragen und Kontakte Einzelner untereinander herstellen können. Auch Motivation zum Spielen überhaupt soll dadurch gefördert werden. Wie kann ein Anfang so gestaltet werden, dass Teilnehmer ihn spannend und verlockend erleben?

Und ihre Lust gesteigert wird, mitzumachen? Eine Möglichkeit besteht darin, die Spieleinheit in eine Spielgeschichte einzubauen und ihr dadurch einen Rahmen zu geben. Es hilft auch dem ganzen weiteren Verlauf, wenn man einzelne Spiele in einen Sinnzusammenhang bringt.

2. Phase: Sicherheit aufbauen

In dieser Phase geht es nun darum, die gelockerte Atmosphäre weiter so auszubauen, dass sich die einzelnen Teilnehmer in der Gruppe wohlfühlen. Manchmal ist es wichtig, Informationen über die anderen Teilnehmer zu erhalten und Gemeinsamkeiten zu entdecken. Dazu eignen sich besonders Spiele im Kreis, weil dabei jeder jeden sehen kann. Voraussetzung ist, dass dabei niemand herausgerückt wird oder gar in der zweiten Reihe steht.
Die geschlossene Form eines Kreises schafft ein starkes Gemeinschaftsgefühl. Er zeigt keine Unterschiede zwischen den Einzelnen, niemand wird hier vor anderen bevorzugt. Die gegenseitige Wahrnehmung ist im Kreis besonders groß - das gilt gleichermaßen für das Sehen und das Gesehenwerden. Das kann Menschen aber auch stark verunsichern, die sich lieber ein wenig verstecken würden. Deswegen muss die Spielleiterin dafür sorgen, dass der Kreis für alle ein sicherer Raum ist und niemand zu stark unter Druck gerät.

Die Anfangssituation im Kreis kann auch dafür genutzt werden, Spielregeln oder Rahmenbedingungen des Spiels zu erläutern. Der die Gemeinschaft stärkenden Möglichkeit des Kreises sollte möglichst viel Bedeutung zukommen. Dies kann die Spielleiterin durch die Auswahl der Kreisspiele beeinflussen.

Jeder einzelne Teilnehmer soll sich in der Gruppe wohlfühlen.

3. Phase: Vertrauen in der Gruppe stärken

Ist die Grundlage für ein konstruktives Miteinander in der Gruppe gelegt, kann durch Vertrauens- oder Kooperationsspiele der Zusammenhalt der Gruppe gestärkt werden. Dabei sollte berücksichtigt werden, welche Spielerfahrungen die Gruppe schon miteinander hat und wie nah oder vertraut sich die einzelnen Mitspielenden schon sind. Das ist immer besonders dann wichtig, wenn es in Spielen um Körperkontakt oder ein gegenseitiges Aufeinanderangewiesensein geht.

4. Phase: Höhepunkt und Herausforderung

Welche Herausforderung ist für den Einzelnen und das Gruppenklima gut? Was wäre eine Überforderung für den Einzelnen oder die Gruppe? Diese Fragen können bei der Spielplanung noch nicht abschließend beantwortet werden. Es ist wichtig, dies im Spielprozess selbst immer wieder neu einzuschätzen und den Spielverlauf dann gegebenenfalls auch zu verändern. Hat die Gruppe schon einiges miteinander erlebt und die Teilnehmer wissen, dass sie sich aufeinander verlassen und Schwächen zeigen können, ohne dabei ausgelacht zu werden, braucht die Gruppe eine neue Herausforderung, damit das Spiel nicht langweilig wird. Der Spielverlauf braucht einen Höhepunkt. Was für eine Gruppe eine positive Herausforderung darstellt, ist sehr unterschiedlich: Es kann eine weitergehende Kooperationsaufgabe, ein Wettkampfspiel oder auch ein darstellendes Spiel sein. Was eine Spielleiterin in dieser Situation einsetzt, hängt auch ein wenig von ihren Vorlieben und Stärken ab. Dies gilt zwar auch für die gesamte Spieleinheit, gerade an diesem Punkt sollte sich die Anleiterin aber sehr sicher fühlen und ihre Idee mit Überzeugung vertreten können, da die Gruppe oder auch der Einzelne in dieser Situation besonders gefordert wird und vielleicht mehr Mut braucht als zu Beginn.

5. Abschluss und Abschied

Auch diese Phase kann je nach Gruppe und Art der Spieleinheit variieren. Die Abschlussphase kann z. B. ein „Cool-down"-Spiel beinhalten oder eine Reflexion über die durchgeführten Spiele und die dabei gemachten Erfahrungen. Es kann sinnvoll sein, die sozialen Erfahrungen noch einmal abzufragen und zu benennen,

→ **damit niemand mit einer unguten oder unverstandenen Erfahrung nach Hause geht;**
→ **weil es zum besseren Kennenlernen beiträgt, wenn die Spieler voneinander erfahren, wem was gefällt und was nicht;**

- → weil es das individuelle Kommunikationsverhalten stärkt, eigene Erfahrungen und Gefühle zu benennen und in einer Gruppe dazu zu stehen;
- → weil es für die Spielleiterin eine Hilfe für die Planung weiterer Spieleinheiten ist.

Zum Abschluss gehört aber auch, dass sich alle voneinander und dem Spielgeschehen verabschieden, und dass ein klarer Schlusspunkt gesetzt wird - unabhängig davon, ob die Gruppe nach dem Spiel noch länger zusammenbleibt oder sich gleich auflöst.

Zum Abschluss einer Spieleinheit gehört das Verabschieden.

6.4.4 Planung von Spieleinheiten

1. Die Planungsphase

Zur Planung von Spieleinheiten gehört zunächst, die Rahmenbedingungen genau zu kennen: Die Gruppengröße, das Alter und Geschlecht, die Herkunft der Teilnehmenden sind genauso maßgeblich wie ihre Spielerfahrungen, Wünsche, Vorlieben und Abneigungen. Dabei sind Kenntnisse spezifischer Alterseigenschaften *(s. Kap. 6.4)* sowie die Reflexion der eigenen Spielerfahrungen hilfreich für pädagogische Fachkräften, vor allem bei Gruppen, die sich noch nicht kennen. So können mögliche Schwierigkeiten und Widerstände vorab im Kopf „durchgespielt" und schon in der Planung berücksichtigt werden.

Äußere Rahmenbedingungen
Aber auch der äußere Rahmen muss bedacht werden:

- → Welches ist die übergeordnete Institution? Es macht einen Unterschied, ob eine Spieleinheit im Rahmen einer Veranstaltung eines Sportvereins, eines Jugendzentrums oder der Kirchengemeinde durchgeführt wird.
- → Welche Erwartungen haben die Institutionen an Inhalt und Form, welche Werte sind ihnen wichtig?
- → Wie viel Geld stellen sie für die Gruppe zur Verfügung? Kann Material gekauft werden oder muss der Spielleiter dafür auf eigene Rechnung sorgen?
- → Wie ist der Raum ausgestattet, in dem das Angebot stattfindet: Welche Möbel, welches Spielmaterial, welche Bewegungsmöglichkeiten bietet er?
- → Welches ist der zeitliche Rahmen: Haben die Teilnehmenden schon einen anstrengenden Tag hinter sich oder ist es ein Angebot für Menschen, die viel freie Zeit haben?

Neben diesen äußeren Rahmenbedingungen ist die Frage zu klären, was die Teilnehmenden erwarten. Ist das Angebot schon mit einem festen Thema angekündigt, z. B. Theater oder Bewegung, dann ist Bedingung, dass der Spielleiter auch entsprechende Fachkenntnisse mitbringt. Wer mit einer Gruppe ein Theaterstück erarbeiten will, braucht theaterpädagogische Grundkenntnisse über das Warm-up, Rollenarbeit, Improvisation und Stückentwicklung. Wer mit einer Gruppe ein Baumhaus bauen will, muss die nötigen Werkzeuge und Verarbeitungstechniken kennen. Natürlich kann es auch Konzept sein, eine Gruppe das alles selber herausfinden zu lassen. Dann benötigt der Spielleiter die Kompetenz, ein guter „Lernbegleiter" zu sein, also die Gruppe auch durch Krisen und Konflikte begleiten und bei konstruktiven Problemlösungen unterstützen zu können. Die Auswahl der Spiele muss diesen Voraussetzungen entsprechen. Außerdem sollen die Spiele für die Gruppe interessant sein, unterschiedliche Tätigkeiten erfordern, in Bezug auf Komplexität und Regeln dem Niveau der Spieler entsprechen und einen Wechsel von Aktivität und Entspannung ermöglichen.

Spielgeschichte als roter Faden

Wird ein Spiel geplant, bei dem die Art des Spielens nicht festgelegt ist, sondern entsprechend den Bedürfnissen der Gruppe gestaltet werden soll, ist es hilfreich, der Spieleinheit ein eigenes Thema zu geben. So wird verhindert, dass mehrere Spiele bloß aneinandergereiht werden. Der Spielverlauf erhält einen roten Faden und die einzelnen Spiele werden in einer Spielgeschichte zusammengebunden. Das kann z. B. eine Reise nach Venedig, ein Dschungelspaziergang oder aber ein Thema wie z. B. „Freundschaft" o. Ä. sein. Häufig erleichtert ein solches Thema sogar die Vorbereitung, weil es die Spielauswahl begrenzt oder dabei hilft, Spielideen dem Thema entsprechend zu verändern.

„Der Weg der Pferde" oder „Immer schön der Reihe nach ..."

Spielfluss – gute Übergänge schaffen

Innerhalb der Spieleinheiten sollte den Übergängen zwischen den Spielen besondere Aufmerksamkeit gelten. Es lähmt den Spielverlauf, wenn Spiele zu getrennt voneinander „runtergespielt" werden. Für die Übergänge ist einerseits der rote Faden hilfreich, andererseits sollten auch die Spielformen (Kreisspiel, Kleingruppen, Wettkampf usw.) nicht zu abrupt wechseln.

Die Frage, die bei der Spielplanung gestellt werden muss, lautet hier: „Wie kommen wir von diesem Spiel zum nächsten?" Für die Vorbereitung ist es erfahrungsgemäß gut, sie nicht nur sitzend am Schreibtisch zu machen, sondern auch schon in Bewegung und mit Ausprobieren. Ein vorheriges „Durchspielen" sollte möglichst nicht nur im Kopf, sondern auch in „echt" erfolgen.

Auch sich selbst muss die Spielleiterin in ihrer Planung als Person berücksichtigen: Ihre eigenen Möglichkeiten, Vorlieben und auch Grenzen, ihre eigenen Werte und Ziele, aber auch ihre Erfahrungen und ihr Repertoire sind für die Planung einer Spieleinheit maßgeblich. Für Spiele, die eine Erzieherin selbst gerne spielt, wird sie viel leichter andere begeistern können, während sie die Spiele, die sie selbst nicht mag, nicht in Gruppen einsetzen sollte – die eigene Abneigung lässt sich in der Regel nicht verbergen und schwächt die Spielfreude in der ganzen Gruppe. Zur Selbstreflexion gehört neben der Kenntnis der eigenen Vorlieben und Abneigungen auch die Frage der persönlichen ethischen Bewertung von bestimmten Spielarten (Umgang mit Computerspielen, Konkurrenzspiele, ausgeprägt geschlechtspezifisch angelegtes Spielmaterial usw.). Auch hier müssen die eigenen Grenzen wahr- und ernst genommen werden.

2. Die Durchführung

Welche Voraussetzungen braucht eine Spielleiterin, um Menschen für ein Spiel zu begeistern und bei der Stange zu halten?

Eigene Spielfähigkeit

Zunächst einmal sollte sie selber gerne spielen und über die Fähigkeit verfügen, im Spiel versinken, ausgelassen, konzentriert, entspannt, berührt sein zu können – das ist eine wesentliche Voraussetzung dafür, mit Menschen spielen und Spieleinheiten anleiten zu können. Die eigene Spielfähigkeit ist aber auch für pädagogische Fachkräfte keine Selbstverständlichkeit. Auch sie haben als Kinder und Jugendliche Erfahrungen mit Spielen gemacht, die die Freude am Spiel entweder gefördert oder gehemmt haben. Auch sie haben Vorlieben und Abneigungen, Lieblingsspiele und solche, die absolutes Unbehagen und Unlust auslösen. Und genau darüber müssen sich pädagogische Fachkräfte bewusst sein. Die Selbstreflexion der eigenen Spielgeschichte und der eigenen Vorlieben und Abneigungen dient als Erstes dazu, die eigene Spiellust wiederzuentdecken und zu fördern. Nur so ist ein authentisches, ehrliches Auftreten möglich, was eine weitere Anforderung an die Spielleitung ist. Übertriebene Motivationsversuche, nicht ehrlich gemeintes Lob oder übertriebener Aktivismus stehen einem freien Spiel entgegen. Neben einer gründlichen Planung brauchen Spielleiter während ihrer Spieleinheit Einfühlungsvermögen und ein gutes Gespür für das, was in jedem Einzelnen und in der Gruppe gerade vorgeht. Nur so können sie Unsicherheit oder Widerstände wahrnehmen und den Spielverlauf entsprechend verändern.

Eine gründliche Planung ist wichtig für die eigene Sicherheit und ist gleichzeitig eine Wertschätzung der Gruppe gegenüber.

Flexibel bleiben
Für den Spielverlauf ist es aber auch wichtig, von der Planung abweichen und auf Anregungen und Stimmungen reagieren zu können. Spielt eine Gruppe mit großer Begeisterung ein bestimmtes Spiel, sollte vielleicht ein Spiel mit ähnlichem Charakter oder ähnlicher Dynamik eingefügt werden. Zeigt die Gruppe bei einem Spiel offene oder verdeckte Abwehr, kann das entweder thematisiert oder durch ein anderes Spiel aufgefangen werden. Je größer das Repertoire der Spielleiterin an Spielen ist, umso leichter kann sie situationsangemessen reagieren. Die Spielleitung muss bereit sein, Leitung und Verantwortung zu übernehmen – unentschlossenes Verhalten kann zu Unsicherheit in der Gruppe führen und die Spiellust bremsen. Allerdings müssen manchmal solche „Stimmungstäler" auch hingenommen werden.

Spielleiter sind nicht für alles verantwortlich, und in bestimmten Situationen kann es für eine Gruppe wichtiger sein, die eigene Gruppendynamik wahrzunehmen und eigenverantwortlich damit umzugehen, als für jedes Problem immer sofort eine Lösung präsentiert zu bekommen.

Mitspielen oder beobachten
Spielleiterinnen müssen vorab auch klären, in welchen Situationen sie mitspielen und in welchen sie das Spiel von außen anleiten und beobachten sollten. Beides hat seine Bedeutung für Gruppen. Im Falle des Mitspielens stellt sich die Spielleiterin als Modell zur Verfügung, ihre sichtbare Spiellust gibt allen anderen Spielenden Freiraum für das eigene Spielverhalten. Die besondere Anforderung beim eigenen Mitspielen liegt für die Spielleiterin darin, dass sie gleichzeitig die Gruppe und das Spiel im Blick behalten muss.

In anderen Spielsituationen kann es durchaus sinnvoll sein, das Spiel nur zu beobachten und am Rand zu bleiben. In Spielformen, bei denen beispielsweise die Augen geschlossen werden müssen, muss die Spielleiterin ihre Augen offen halten, um für die Sicherheit der Spieler zu sorgen. Auch für die emotionale Sicherheit der Spieler kann es wichtig sein, dass sie sich darauf verlassen können, dass die Spielleiterin brenzlige Situationen sofort registriert. Manche Spieler können sich von einer beobachtenden Spielleitung auch kontrolliert und damit in ihrem Spiel gerade nicht mehr frei fühlen. Hier ist es ratsam, mit Humor und Gelassenheit zu reagieren, um Spielhemmungen abzubauen und eine gute Atmosphäre in der Gruppe zu schaffen.

Kein Spielleiter wird alle diese Voraussetzungen erfüllen – wichtig ist jedoch, dass die Spielleitung die eigenen Stärken und Schwächen kennt.

3. Reflexion von Spieleinheiten

In der Reflexion eines Spielverlaufs nach dessen Abschluss wird die Planung des Spielverlaufs mit der tatsächlichen Durchführung verglichen:

- → **Wie ist die Spieleinheit verlaufen? Wo kam es zu Abweichungen von der Planung und warum?**
- → **Ist das angedachte Ziel erreicht worden? Welche Anzeichen gibt es dafür?**
- → **War der Verlauf für die Mitspieler befriedigend? Was hat ihnen Spaß gemacht, was nicht und was sind jeweils die Gründe?**
- → **Wie war mein Verhalten als Spielleiter? Wie erging es mir mit der Spielleitung? Habe ich mich wohl gefühlt oder war es für mich anstrengend? Hatte ich guten Kontakt zu den Mitspielenden? Welches Bild habe ich ihnen von mir vermittelt? Bin ich damit zufrieden? Möchte ich etwas ändern?**
- → **Was hat sich bewährt? Was will ich beim nächsten Mal anders machen, neu ausprobieren? usw.**

(AWO Praxismappe, Bonn 1990, S. 57)

Gerade wenn eine Spieleinheit nicht gut verlaufen ist, stellen sich die Auswertungsfragen umso drängender. Um in der nächsten Spieleinheit nicht wieder vor den gleichen Problemen oder Fragen zu stehen, ist es wichtig, das eigene Gefühl in der Gruppe und in dieser Situation genau zu betrachten und für sich zu klären. Folgende Fragen können bei der Selbstreflexion helfen:

- → **Wie fühle ich mich als Spielleiterin (Erzieherin, Praktikantin usw.) in der Gruppe (akzeptiert, beobachtet, abgelehnt, gemocht)?**
- → **Was bedeutet es für mich, wenn die Gruppe mein Spielangebot nicht annimmt (Ablehnung, Verunsicherung, das Gefühl, nicht kompetent zu sein)?**

- Wen beachte ich in solchen Situationen am meisten? Um wen kümmere ich mich, nach wem richte ich mich am ehesten (nach denen, die Spaß haben, oder nach denen, denen es nicht gefällt, die stören, sich langweilen)?
- Was steckt dahinter, wenn jemand stört (Wunsch nach Beachtung, Geltungsdrang?) bzw. wenn jemand keine Lust hat (Müdigkeit, Lust auf was anderes, Unsicherheit?) oder wenn jemand nicht mitmachen will (Angst, Scham, Desinteresse?)?
- Sind die Rahmenbedingungen für die Spielsituation geeignet? (Wie viel Ablenkung ist im Raum? Gibt es Störungen von außen?)

Die Fragen können dabei helfen, auch eigene emotionale Fallen zu entdecken, um nicht jedes Mal wieder hineinzutappen. Wer im Team arbeitet, hat mehr Möglichkeiten, diese Fragen – gerade die zum eigenen Anleitungsverhalten – beantworten zu können, weil es noch die Perspektive der anderen gibt. Natürlich ergeben sich bei einer Teamarbeit noch weitere Fragen:

- Bin ich mit unserer Aufgaben- und Rollenverteilung zufrieden?
- Hatte ich in der Teamarbeit Raum, eigenen Impulsen zu folgen?
- Haben wir uns unterstützt oder haben wir uns in der Arbeit behindert oder ausgebremst? usw.

Häufig wird in einer Reflexion vor allem das betrachtet, was nicht oder nicht so gut geklappt hat. Wichtig und unterstützend ist es aber auch, die gelungenen Anteile und Momente näher zu untersuchen. Denn wenn etwas gut geklappt hat, kann daraus positiv gelernt werden. Also sollten Spielleiter immer auch die positiven Aspekte und Höhepunkte einer Spieleinheit benennen und sich fragen, was und warum in diesen Momenten funktioniert hat und wie sie diese Anteile in ihrer künftigen Arbeit weiterentwickeln können.

> „Spiel bleibt Spiel. Nachdem du nun all diese Ratschläge gehört hast, kannst du dich erst mal entspannen. Ich habe schon gesehen, wie Leute so gut wie alles ‚falsch' gemacht haben und das Spiel trotzdem gut gelaufen ist. Und auf die Frage an die Teilnehmer, ob sie das Spiel verstanden hätten, kam die Antwort: ‚Nein, aber es hat Spaß gemacht.'" *(Dale le Fevre)*

↗ FAZIT

Spielpädagogik will

- die Spielfähigkeit von Menschen fördern
- gute Rahmenbedingungen für das Spielen schaffen
- durch Spiel positive Erfahrungen ermöglichen

Grundsätze, damit Spiel gelingen kann:

- Spiel ist freiwillig. Wer nicht spielen mag, muss nicht.
- Niemand soll im Spiel verletzt werden, weder körperlich noch emotional.
- Spiel braucht Risikobereitschaft und die Lust, sich einzulassen.
- Jeder kann jederzeit „STOPP" sagen.

- Wer Spiel in der pädagogischen Arbeit einsetzt, sollte die Bedürfnisse, Fähigkeiten und Grenzen der Spieler sowie die eigenen Vorlieben und Stärken kennen, die Spielplanung daran ausrichten und in der Durchführung flexibel auf die Gruppe und den Spielverlauf reagieren können.

→·← AUFGABEN UND ANREGUNGEN

1 Beschreiben Sie den Aufbau einer Spieleinheit und stellen Sie dar, was Teilnehmende in welcher Phase besonders brauchen.

2 Welche Bedingungen brauchen Sie persönlich, um sich gerne auf ein gemeinsames Spiel einzulassen, und welche Bedingungen hemmen Ihre Spiellust? Tragen Sie diese spielhemmenden und -fördernden Faktoren in der Gruppe zusammen. Stellen Sie sich folgende Frage für verschiedene Zielgruppen: Was sind spielhemmende und spielfördernde Faktoren für eine Gruppe von Vorschulkindern, Schulkindern, Jugendlichen, Erwachsenen, Kindern aus verschiedenen Ländern, Menschen mit körperlicher und/oder geistiger Behinderung?

3 Stöbern Sie in der Bibliothek oder in Einrichtungen nach Spielebüchern. Versuchen Sie eines zu finden, das Sie gut finden, und stellen Sie sich diese Bücher in der Gruppe gegenseitig vor.

4 Erarbeiten Sie eine Checkliste oder ein Gerüst für die Planung von Spieleinheiten: Was muss alles bedacht und getan werden, bevor es losgeht?

5 Erinnern Sie sich an Ihre persönlichen Lieblingsspiele und an Ihre „Horrorspiele". Vergleichen Sie in der Gruppe.

6 Wie schätzen Sie Ihre persönlichen Spielleitungsqualitäten ein? Erstellen Sie eine Liste Ihrer persönlichen Fähigkeiten (mindestens zehn) und berücksichtigen Sie die Bereiche Planung, Durchführung und Reflexion. Tauschen Sie sich mit einem Mitstudierenden Ihrer Wahl darüber aus und geben Sie sich gegenseitig ein Feedback.

TIPPS ZUM WEITERLESEN →→

→ Lebendig statt brav: Handbuch für das Leben und Arbeiten mit Gruppen
Auguste Reichel, Ökotopia, Münster 1995

→ Praxismappe: Spiele für Kinder, Jugendliche und Erwachsene
Bundesjugendwerk der Arbeiterwohlfahrt, Bonn, Neuauflage 2005

→ New Games – Die neuen Spiele
Andrew Fluegelman, Shoshana Tembeck, Ahorn-Verlag, Soyen 1979

→ Der Fuchs geht um ... auch anderswo. Ein multikulturelles Arbeitsbuch
Michaela Ulrich, u. a., Cornelsen Verlag, Berlin 2004

Adolph, Petra: Auszug aus einem Vortrag auf der Interschul/Didacta zur aktuellen Lage der Kindergarten-Diskussion

Ahnert, Lieselotte (Hrsg.): Wie viel Mutter braucht ein Kind? Bindung - Bildung - Betreuung: öffentlich und privat. Spektrum, Heidelberg 2010.

Ahrenholz, Bernt/Oomen-Welke, Ingelore: Deutsch als Zweitsprache. Schneider-Verlag, Baltmannsweiler 2008

Amt für Kinder, Jugend und Familie - Abteilung Tageseinrichtung für Kinder: Vorläufiger Bildungsplan für Kindertagesstätten der Stadt Köln. 2003

Apeltauer, Ernst: Kieler Modellversuch zur sprachlichen Frühförderung von zweisprachig aufwachsenden türkischen Kindern im Vorschulbereich. Universität Flensburg 2004

Argyle, Michael: Körpersprache und Kommunikation. Junfermann, Paderborn 1979

Atteslander, Peter: Methoden der empirischen Sozialforschung. de Gruyter, Berlin 1995

Baer, Ulrich: Spielpraxis. Eine Einführung in die Spielpädagogik. Kallmeyer, Seelze-Velber 1995

Baer, Ulrich: Wörterbuch der Spielpädagogik, Lenos-Verlag, Basel 1981

Bauer, Joachim: Warum ich fühle, was du fühlst. Heyne, München 2006

Bauer, Karl-Oswald/Kopka, Andreas/Brindt, Stefan: Pädagogische Professionalität und Lehrerarbeit. Eine qualitativ empirische Studie über professionelles Handeln und Bewusstsein. Juventa, Weinheim/München, 1996

Bayerisches Staatsministerium f. Arbeit, Sozialordnung, Familie und Frauen, Staatsinstitut f. Frühpädagogik, München: „Der Bayerische Bildungs- und Erziehungsplan für Kinder in Tageseinrichtungen bis zur Einschulung". Beltz, Weinheim, 2003

Becker-Stoll, Fabienne: Feinfühligkeit und Beziehungsqualität. Ergebnisse aus der empirischen Forschung. In: TPS, 3/2009. S. 14-17, Seelze 2009

Becker-Textor, Ingeborg/Schubert, Elke/Strick, Rainer (Hrsg.): Ohne Spielzeug. „Spielzeugfreier Kindergarten" - ein Konzept stellt sich vor. Herder, Freiburg 1997

Bederna, Katrin/König, Hildegard (Hrsg.): Wohnt Gott in der Kita? Religionssensible Erziehung in Kindertagesstätten. Berlin 2009

Beek, von der Angelika: Bildungsräume für Kinder von Null bis Drei. Verlag das netz, Berlin 2006

Beller, Kuno: Entwickklungstabelle. Freie Universität Berlin 2005

Beller, Sieghard: Empirisch forschen lernen. Konzepte, Methoden, Fallbeispiele, Tipps. Hogrefe, Bern 2008

Berne, Eric: Spiele der Erwachsenen. Rowohlt, Reinbek 1970

Bettelheim, Bruno: Kinder brauchen Bücher. DVA, Stuttgart 1982

Bettelheim, Bruno: Kinder brauchen Märchen. DVA, Stuttgart 1977

Blochmann, Elisabeth: Fröbels Theorie des Spiels 1. Der Ball als erstes Spielzeug des Kindes. Julius Beltz, 4. Aufl. Stuttgart 1965

Böhm, Dietmar: Entdeckenden, experimentieren & jonglieren. Wie Kinder lernen. In: mobile, Heft 7-8, Herder, S. 6-8, Freiburg 2004

Böhm, Dietmar/Böhm, Regine: Der Situationsansatz. In: Kindergarten heute - Wissen kompakt: Pädagogische Handlungskonzepte von Fröbel bis zum Situationsansatz. Herder, S. 50-59, Freiburg 2011

Böhm, Dietmar/Böhm, Regine, Deiss-Niethammer, Birgit: Handbuch Interkulturelles Lernen. Herder, Freiburg 2003

Bollenbeck, Georg: Bildung und Kultur. Suhrkamp, Frankfurt, Leipzig 1996

Borchard, Michael/Henry-Huthmacher, Christine/Merkle, Tanja M. A./Wippermann, Carsten/Hoffmann, Elisabeth: Eltern unter Druck - Selbstverständnisse, Befindlichkeiten und Bedürfnisse von Eltern in verschiedenen Lebenswelten, Berlin, 27. Feb. 2008

Bovet, Gislinde: Die klassischen Lerntheorien. In: Bovet, Gislinde/Huwendiek, Volker (Hrsg.): Leitfaden Schulpraxis. Pädagogik und Psychologie für den Lehrberuf. S. 202-220, Berlin 2008

Bowlby, John: Bindung. Eine Analyse der Mutter-Kind-Beziehung. Fischer TB, Frankfurt/ Main 1986

Brandes, Holger: Selbstbildung in Kindergruppen. Die Konstruktion sozialer Beziehungen. Ernst Reinhardt Verlag, München 2008

Brisch, Karl-Heinz/Grossmann, Klaus E./Grossmann, Karin/Köhler, Lotte (Hrsg.): Bindung und seelische Entwicklungswege. Klett-Cotta, Stuttgart 2002

Brockschnieder, Franz-Josef: Reggio-Pädagogik. In: Kindergarten heute - Wissen kompakt: Pädagogische Handlungskonzepte von Fröbel bis zum Situationsansatz. S. 41-49, Herder, Freiburg 2011

Brüning, Ludger/Saum, Tobias: Erfolgreich unterrichten durch Kooperatives Lernen. Strategien zur Schüleraktivierung. Neue Deutsche Verlagsgesellschaft mbH, Essen 2006

Büchin-Wilhelm, Irmgard/Jaszus, Rainer: Fachbegriffe für Erzieherinnen und Erzieher, Holland + Josenhans, Stuttgart 2006

Büchner, Georg: Werke und Briefe. Mit einem Nachwort von Fritz Bergmann, München 1968

Bundesanstalt für Arbeit: Blätter zur Berufskunde. Erzieher/Erzieherin.

Bundesjugendwerk der AWO. Praxismappe. Spiele für Kinder, Jugendliche und Erwachsene: Bonn 1990

Bundesministerium für Familie, Senioren, Frauen und Jugend, Elfter Kinder- und Jugendbericht: Berlin, o. Jahrgang

Bundesministerium für Familie, Senioren, Frauen und Jugend (Hrsg.): Die Rechte der Kinder von logo! einfach erklärt. Berlin 2008

Burtscher, Irmgard Maria: Der Kindergarten – Ein Ort zeitgemäßer Bildung?! Dissertation, Leopold-Franzens-Universität, Innsbruck 2002

Cain, Susan: Still – Die Bedeutung der Introvertierten in einer lauten Welt. Riemann, München 2011

Carr, Margaret: Assessment in Early Childhood Settings: Learning stories. Sage, London 2001

Christiansen, Christiane (Hrsg): Spielerische Sprachförderung in Kindertageseinrichtungen. Ministerium für Bildung und Frauen des Landes Schleswig Holstein, Kiel, 2009

Das Berliner Eingewöhnungsmodell. In: Kinder unter drei. Kindergarten heute spezial, Herder, Freiburg 2006

Dehlfing, Renate: Das Kind zur Rose Machen. In: Theorie und Praxis der Sozialpädagogik (TPS), Heft 7/2011, S. 18–20, Seelze-Velber 2011

De Mause, Lloyd: Hört ihr die Kinder weinen. Suhrkamp, Frankfurt/ Main 1977

de Saint-Exupery, Antoine: Der kleine Prinz. Rauch, Düsseldorf 1983

Deutsches Jugendinstitut (DJI)/Universität Dortmund (Hrsg.): Der Zahlenspiegel 2007. Kinderbetreuung im Spiegel der Statistik, München 2008, Download unter: www.bmfsfj.de/doku/Publikationen/zahlenspiegel2007/root.html (Zugriff vom 20.05.2012)

Deutscher Caritasverband: Benachteiligung von Anfang an. Verfügbar unter www.caritas.de/48007.html Zugriff: 22.5.2011

www.deutscherqualifikationsrahmen.de

Deutsches Kinderhilfswerk (Hrsg.): Kinderreport Deutschland, München 2002

Doubek, Katja: Was uns nicht umbringt, macht uns stark. Rowohlt, Reinbek 2003

Dreier, Annette: Was tut der Wind, wenn er nicht weht? Begegnung mit der Kleinkindpädagogik in Reggio Emilia, FIPP-Verlag, Berlin 1993, S. 36

Edelmann, Walter: Lernpsychologie. Eine Einführung. Beltz, Weinheim 1994

Eibeck, Bernhard: Das Bildungsbuch. Leitsätze zur Beobachtung und Dokumentation von Bildungsprozessen in Tageseinrichtungen für Kinder. In: Gewerkschaft Erziehung und Wissenschaft (Hrsg.): Sprache fördern – Bildung ganzheitliche entfalten. S. 11–15, Frankfurt/Main 2007

Einsiedler, Wolfgang: Das Spiel der Kinder, Klinkhardt, Bad Heilbrunn 1994

Eliot, Lise: Was geht da drinnen vor. Gehirnentwicklung in den ersten fünf Lebensjahren, Berlin Verlag, Berlin 2003

Ellermann, Walter: Bildungsarbeit im Kindergarten erfolgreich planen, Beltz, Weinheim-Basel 2004

Elschenbroich, Donata: Weltwissen der Siebenjährigen. Kunstmann, München 2001

Endres, Wolfgang (Hrsg.): Das Portfolio in der Unterrichtspraxis, Beltz, Weinheim 2008

Erikson, Erik H: Kindheit und Gesellschaft. Klett-Cotta, Stuttgart 1999

Erikson, Erik. H.: Identität und Lebenszyklus. Suhrkamp, Frankfurt/ Main 2001

Erning, Günter: Blick zurück. Zur Geschichte des Kindergartens im 20. Jahrhundert. In: Larass, Petra (Hrsg.): Ausstellungskatalog „Kindsein kein Kinderspiel – Das Jahrhundert des Kindes". Verlag der Franckeschen Stiftungen, Halle 2000

Escher, M.C.: Graphik und Zeichnungen. Benedikt Taschen Verlag GmbH, Köln 1993

Everhardt, Christina: Montessori-Erziehung in Familie und Kinderhaus. In: Ludwig, Harald (Hrsg.).: Erziehen mit Maria Montessori. S. 51–73, Herder, Freiburg 1997

Farrell Erickson, Martha/Egeland, Byron: Die Stärkung der Eltern-Kind-Bindung. Frühe Hilfe für die Arbeit mit Eltern von der Schwangerschaft bis zum zweiten Lebensjahr des Kindes durch das STEEP™ Programm. Klett-Cotta, Stuttgart 2006.

Feinfühligkeit im Umgang mit Kindern. Kindergarten heute spezial: Herder, Freiburg 2008.

Fischer, Ernst Peter: Die andere Bildung. Ullstein, Berlin 2003

Flade, Antje/Kustor, Beatrice (Hrsg.): Raus aus dem Haus – Mädchen erobern die Stadt. Campus, Frankfurt/M. 1996

Flitner, Andreas: Spielen – Lernen. Praxis und Deutung des Kinderspiels. Piper, München 1996

Franz, Kurt: Kinderlyrik. Struktur, Rezeption, Didaktik. UTB, München 1997

Frey, Karl/Schäfer, Ulrich/Knoll, Michael/Frey-Eilnig: Die Projektmethode. Der Weg zum bildenden Tun. Beltz Verlag, Weinheim 2007

Fried, Lilian: Ist keine Spracherfassung besser als eine schlechte? Interview in der Zeitschrift „kindergarten heute", Verlag Herder, Freiburg, 3/2005

Friedrich, Hedi: Auf Kinder hören, mit Kindern reden. Sprachförderung im Kindergarten. Herder, Freiburg 1997

Fritz, Jürgen: Theorie und Pädagogik des Spiels. Juventa, Weinheim 1993

Frey, Karl u. a.: Die Projektmethode. Beltz, Weinheim 1998

Fröbel e. V. (Hrsg.): Friedrich Fröbel wirkt weiter. Berlin, April 2008, S. 12-16; S. 76-84

Fröbel, Hermann/Pfaehler, Dietrich: Kommt, lasst uns unsern Kindern leben. Friedrich Fröbels Mutter- und Koselieder. Mitteldeutsche Verlagsanstalt, Bad Neustadt a. d. Saale 1982

Fröhlich-Gildhoff, Klaus u. a. :Ressourcenfragebogen für Kinder, Eltern, Erzieher/-innen. Herder, Freiburg 2009

Fromm, Erich: Die Kunst des Liebens. Gesamtausgabe. Ullstein, Stuttgart 1981

Fromm, Erich: Der kreative Mensch, Gesamtausgabe. Ullstein, Stuttgart 1981

Fromm, Erich: Siegmund Freuds Psychoanalyse - Größe und Grenzen. München 1979

Fthenakis, Wassilios E.: Wie Eltern Kinder stärken können: Förderung von Selbsteinschätzung und Widerstandsfähigkeit, in: Kluge Gefühle, Barmer, Wuppertal 2005

Fthenakis, Wassilios E. (Hrsg.): Elementarpädagogik nach PISA. Herder, Freiburg 2003

Fuchs, Ragnhild/Siebers, Christiane: Sprachförderung von Anfang an. Düsseldorf 2002

Fuchs-Rechlin, Kirsten: Die berufliche, familiäre und ökonomische Situation von Erzieherinnen und Kinderpflegerinnen. Sonderauswertung des Mikrozensus. Im Auftrag der Max-Traeger-Stiftung der Gewerkschaft Erziehung und Wissenschaft, 2010

Fuhrmann, Manfred: Bildung. Europas kulturelle Identität. Stuttgart 2002

Gay, Peter: Freud. Eine Biographie für unsere Zeit. Fischer TB, Frankfurt/ Main 2006

Gehirn und Geist: Magazin für Psychologie und Hirnforschung, Spektrum der Wissenschaft. 1/2003

Gehres, Walter: Das zweite Zuhause, Opladen, Leske und Budrich, Opladen1997

Gemeinsamer Rahmen der Länder für die frühe Bildung in Kindertageseinrichtungen. Beschluss der Jugendministerkonferenz vom 13./14.05.2004/ Beschluss der Kultusministerkonferenz vom 03./04.06.2004

GEO-Wissen: Denken, Lernen, Schule, 1/1999

GEO-kompakt: Intelligenz, Begabung, Kreativität, Nr. 28/2011

Gerwig, Kurt: Erzieherin: Beruf oder Berufung? Personale Kompetenzen für Beziehung und Bildung in der Elementarpädagogik und der Ausbildung von Erzieherinnen. AV1 Pädagogik Filme, Kaufungen 2010

Geulen, Dieter/Hurrelmann, Klaus: Zur Programmatik einer umfassenden Sozialisationstheorie. In: Hurrelmann, K./Ulrich, D. (Hrsg.): Handbuch der Sozialisationsforschung. Beltz, Weinheim 1980, S. 51-70

Gewerkschaft Erziehung und Wissenschaft (Hrsg.): Rahmenplan frühkindlicher Bildung. Ein Diskussionsentwurf der GEW. 2003

Gewerkschaft Erziehung und Wissenschaft, Hauptvorstand (Hrsg.): Sprache fördern - Bildung ganzheitlich entfalten. Frankfurt/Main 2007

GEW: Das Bildungsbuch - Dokumentieren im Dialog. Verlag Das Netz, Berlin 2008

Geyer, Christian (Hrsg.): Hirnforschung und Willensfreiheit. Suhrkamp, Frankfurt/Main 2004

Gibran, Khalil: Der Prophet. Herder, Freiburg 1984

Giese, Cordula: „Hier soll das Atelier sein?". Individuelle Entfaltung der Kinder in der Offenen Arbeit. In: Theorie und Praxis der Sozialpädagogik (TPS), Heft 7/2011, S.36-38, 2011

Giesecke, Hermann: Die pädagogische Beziehung, Juventa, Weinheim 1999

Gisbert, Kristin: Wie Kinder das Lernen lernen. In: Fthenakis, Wassilios E. (Hrsg.) (2003): Elementarpädagogik nach PISA. Freiburg, S. 78-105

Götte, Rose: Sprache und Spiel im Kindergarten. Beltz, Weinheim 1994

Goleman, Daniel: Emotionale Intelligenz. Hanser, München 1996

Groot-Wilken, Bernd: Bildungsprozesse in Kindergarten und KiTa: beobachten dokumentieren, planen. Herder, Freiburg 2007

Grossmann, Klaus/Grossmann Karin: Bindungen - das Gefüge psychischer Sicherheit. Klett-Cotta, Stuttgart 2004.

Grossmann, Karin/Grossmann, Klaus: Gut gebunden lernt sich's leichter. Warum sichere Bindungen für Kinder so wichtig sind. In: das Leitungsheft. Kindergarten heute 2/2008, S. 5-11, Herder, Freiburg 2008

Gündel, Jürgen: Transaktionsanalyse. PAL Verlag, Mannheim 1990

Gudjons, Herbert: Auf meinen Spuren. Das Entdecken der eigenen Lebensgeschichte. Bergmann + Helbig Verlag, Hamburg 1996

Gudjons, Herbert: Pädagogisches Grundwissen, Klinkhardt, Bad Heilbrunn 2003

Gumin, Heinz/Meier, Heinrich (Hrsg.): Einführung in den Konstruktivismus (Veröffentl. der Carl Friedrich von Siemens Stiftung, Bd. 5, Piper, München 2010

Günther, Sybille: In Projekten spielend lernen. Grundlagen, Konzepte und Methoden für erfolgreiche Projektarbeit in Kindergarten und Grundschule, Ökotopia, Münster 2006

Güntürkün, Onur (Hrsg.): Biopsychologie. Spektrum Akad. Verlag, Heidelberg/Berlin 1998

Gysin, Béatrice (Hr.): Wozu Zeichnen. Niggli, Zürich 2010

Hacke, Axel/Sowa, Michael: Der weiße Neger Wumbaba I–III. Alle Handbücher des Verhörens, München 2011

Hagner, Michael: Homo cerebralis – Der Wandel vom Seelenorgan zum Gehirn. Suhrkamp, Frankfurt 2008

Hanschmann, Alexander Bruno: Friedrich Fröbel. Die Entwicklung seiner Erziehungsidee in seinem Leben. Verlag von F. Bachmeister, Eisenach 1874

Harris, Thomas A.: Ich bin o.k., du bist o.k. Rowohlt, Reinbek 1993

Harten, Hans-Christian: Was für Kinder, Kösel, München 1993

Harz, Frieder: Kinder und Religion. Was Erwachsene wissen sollten, Kallmeyer, Seelze-Velber 2006

Harz, Frieder: Religion in der interkulturellen Erziehung und Bildung. Sinn und Praxis interreligiöser Bildung in Kindertageseinrichtungen; in: M. Hugoth/M. Benedix (Hrg.), Religion und Kindergarten. Begleitung und Unterstützung für Erzieherinnen, München 2008, S. 32–48

Haselbach, Barbara: Improvisation – Tanz –Bewegung. Klett, Stuttgart 1987

Haug-Schnabel, Gabriele/Bensel, Joachim: Grundlagen der Entwicklungspsychologie , Herder, Freiburg 2010

Haug-Schnabel, Gabriele: Meine Gruppe! Welche Gruppe? In: Theorie und Praxis der Sozialpädagogik (TPS), Heft 7/2011, S. 9–11, 2011

Hauke-Thorn: Streitschlichtung in Schule und Jugendarbeit. Matthias-Grünewald-Verlag, Mainz 2002

Heimlich, Ulrich: Behinderte und nicht behinderte Kinder spielen gemeinsam, Klinkhardt, Bad Heilbrunn 1995

Heiner, Maja: Diagnostik und Diagnosen in der Sozialen Arbeit – Ein Handbuch. Deutscher Verein für öffentliche und private Fürsorge, Berlin 2004

Heller/Preising: Der Situationsansatz. In: klein & groß. Heft 6, S. 22–26, 2000

Hellrung, Uta: Sprachentwicklung und Sprachförderung. Herder, Freiburg 2006

Henry-Huthmacher, Christine: Eltern unter Druck, Zusammenfassung der Studie „Eltern unter Druck" www.sociovision.de/uploads/tx_mpdownloadcenter/20080227_Eltern_unter_Druck_PK_Berlin.pdf, 11.11.2011

Hepp, A. in: Becker-Textor, Ingeborg/Schubert, Elke/Strick, Rainer (Hrsg.): Ohne Spielzeug. Spielzeugfreier Kindergarten – ein Konzept stellt sich vor. Herder, Freiburg 1997, S. 57–76,

Herrmann, Christoph/Fiebach, Christian: Gehirn und Sprache. Fischer TB, Frankfurt/Main 2004

Herschkowitz, Norbert/Herschkowitz-Chapman, Elinore: Klug, neugierig und fit für die Welt. Herder, Freiburg 2004

Hock, Beate/Holz, Gerda/Simmedinger, Renate/Wüstendörfer, Werner: Gute Kindheit – schlechte Kindheit? Armut und Zukunftschancen von Kindern und Jugendlichen in Deutschland. Zusammenfassung der Ergebnisse und Schlussfolgerungen für Politik, Wissenschaft und Praxis zur 1. AWO-ISS-Studie von 1997–2000. ISS-Pontifex 4/2000

Höltershinken, Dieter: Von den ersten Kleinkinderschulen, Bewahranstalten und Kindergärten bis zum Rechtsanspruch auf einen Kindergartenplatz. In: Dortmunder Beiträge zur Pädagogik, Band 33, Projekt Verlag, Bochum 2003

Hoffmann, Erika: Friedrich Fröbel. In: Franz, Günther (Hrsg.): Thüringer Erzieher. Böhlau, Köln 1966, S. 153

Hoffmann, Erika: Ausgewählte Schriften Bd. 1. Kleine Schriften und Briefe von 1809–1851. 4. Aufl. Klett-Cotta, Stuttgart 1984

Holz, Gerda: Kommunale Strategien gegen Kinder- und Bildungsarmut. Zeitschrift für Inklusion, Nr. 4, 2010

Hudson 1960 in Gerd Mietzel: Wege in die Psychologie. Klett-Cotta, Stuttgart 2002, S. 149

Huizinga, Johan: Homo Ludens: Vom Ursprung der Kultur im Spiel. Rowohlt, Reinbek 1994

Hundmeyer, Simon: Aufsichtspflicht in Kindertageseinrichtungen. Rechtlich begründete Antworten auf Fragen der Praxis zur Aufsichtspflicht, Haftung und zum Versicherungsschutz. Carl Link, Kronach 1995

Hurrelmann, Klaus: Kindheit in der Leistungsgesellschaft, in: Deutsches Kinderhilfswerk (Hrsg.), Kinderreport Deutschland, München 2002, S. 43–62

Hurrelmann, Klaus/Ulrich, D. (Hrsg.): Handbuch der Sozialisationsforschung. Beltz, Weinheim 2008

Hurrelmann, Klaus: Einführung in die Sozialisationstheorie. Beltz, Weinheim 2006

Ings, Simon: Das Auge – Meisterstück der Evolution. Hoffmann und Campe, Hamburg 2008

Iven, Claudia: Aktivitäten zur Sprachförderung. Bildungsverlag Eins, Troisdorf 2010

Izard, Carroll E.: Die Emotionen des Menschen. Eine Einführung in die Grundlagen. Beltz, Weinheim 1994

Jampert, Karin: Schlüsselsituation Sprache. Spracherwerb im Kindergarten unter besonderer Berücksichtigung des Spracherwerbs bei mehrsprachigen Kindern. Leske und Budrich, Opladen 2002

Jampert, Karin/Best, Petra/Guadatiello, Angela/Holler, Doris/Zehnbauer, Anne: Schlüsselkompetenz Sprache. Sprachliche Bildung und Förderung im Kindergarten. Konzepte, Projekte und Maßnahmen. Verlag das Netz, Weimar/Berlin 2007

Jansen, Frank (Hrsg.): Kindertageseinrichtungen konkret. Strategien für Ihren Erfolg, Don Bosco, München 2001

Jilesen, Martin: Soziologie. Stam, Köln 1982

Johann, Ellen/Michely, Hildegard/Springer, Monika: Interkulturelle Pädagogik. Methodenhandbuch für sozialpädagogische Berufe. Cornelsen, Berlin 1998

Kallmeyer, Kirsten: Sprachstandserhebungen vor Schuleintritt. Deutsche Gesellschaft für Sprachheilpädagogik e. V., 2007, www.dgs-ev.de/fileadmin/bilder/dgs/pdf-dateien/Positionspapier_Sprachstandserhebungen.pdf [aufgerufen am 12.01.2012]

Kant, Immanuel: Kritik der praktischen Vernunft. Klett-cotta, Stuttgart 1980

Kassner, Dieter: Projektkompetenz - Durchführung von Projekten in Schule, Aus- und Weiterbildung. Winklers, Braunschweig 2009

Kasten, Hartmut: 0-3 Jahre. Entwicklungspsychologische Grundlagen. Weinheim, Beltz, Weinheim 2005

Kauffeldt, Silvia/Kühnert, Sabine/Wittrahm, Andreas: Psychologische Grundlagen der Altenarbeit. Dümmler, Bonn 1994

Kazemi-Veisari, Erika: Kinder verstehen lernen: Wie Beobachtung zu Achtung führt, Kallmayr, Seelze 2004

Kinder erziehen, bilden und betreuen: Berlin 2010

Kindergarten heute spezial: Sprachentwicklung und Sprachförderung. Grundlagen für die pädagogische Praxis, Verlag Herder, Freiburg 2003

Kita aktuell NRW: Nr. 7/8/2005, S. 160 ff.

Kittel, Claudia: Kinderrechte. Ein Praxisbuch für Kindertageseinrichtungen. Kösel, München 2008

Klein, Lothar: Freinet-Pädagogik im Kindergarten. Herder, Freiburg 2002

Klein, Lothar: Célestin Freinet. In: Kindergarten heute - Wissen kompakt: Pädagogische Handlungskonzepte von Fröbel bis zum Situationsansatz. Herder, S. 32-40, Freiburg 2011

Kluge, Jürgen: Schluss mit der Bildungsmisere. Suhrkamp, Frankfurt/Main 2003

Knapp, Werner/Kucharz, Diemut/Gasteiger-Klicpera, Barbara: Sprache fördern im Kindergarten, Beltz, Weinheim 2010

Knapp, Werner: Didaktische Konzepte. In: Deutsch als Zweitsprache, von Bernt Ahrenholz/Ingelore Oomen-Welke, Schneider Verlag GmbH, Baltmannsweiler 2008

Koglin, Ute/Petermann, Franz: Sucht- und Gewaltprävention im Kindergarten, in: www.kindergartenpaedagogik.de

Kolonko, Beate: Spracherwerb im Kindergarten. Grundlagen für die sprachpädagogische Arbeit von Erzieherinnen. Cantaurus Verlag & Media, Freiburg 2011

Kompetenzorientiertes Qualifikationsprofil für die Ausbildung von Erzieherinnen und Erziehern an Fachschulen/Fachakademien. Beschluss KMK 1.12.2011

Krappmann, Lothar: Alltag der Schulkinder. Beobachtungen und Analysen von Interaktionen und Sozialbeziehungen. Juventa, Weinheim und München 1995

Krenz, Armin: Kompetenz und Karriere. Für ein neues Selbstverständnis der Erzieherin. Herder, Freiburg 1997

Krüger, Angelika/Zimmer, Jürgen: Die Ausbildung der Erzieherinnen neu erfinden. Luchterhand, Neuwied/Berlin 2001

Küng, Hans: Projekt Weltethos. Piper, München 2010

Küfner, Heinrich/Coenen, Michaela/Indlekofer, Wolfgang: PREDI (Psychosoziale Ressourcenorientierte Diagnostik), Version 3.0, Lengerich, Berlin 2006

Küspert, Petra/Schneider, Wolfgang: Hören, lauschen, lernen. Sprachspiele für Kinder im Vorschulalter. Würzburger Trainingsprogramm zur Vorbereitung auf den Erwerb der Schriftsprache, 6. Auflage, Vandenhoek & Rupprecht, Göttingen 2008

Kunkel, Peter-Christian: Sozialdatenschutz in Kindergärten, www.kindergartenpaedagogik.de/1064.html, (14.01.2012)

Laewen, Hans-Joachim/Andres, Beate (Hrsg.): Bildung und Erziehung in der frühen Kindheit. Bausteine zum Bildungsauftrag von Kindertageseinrichtungen, Beltz, Weinheim-Berlin-Basel 2002; darin: H.-J. Laewen, Bildung und Erziehung in Kindertageseinrichtungen, S. 16 ff.

Laewen, Hans-Joachim/Andres, Beate (Hrsg.): Forscher, Künstler, Konstrukteure. Werkstattbuch zum Bildungsauftrag von Kindertageseinrichtungen. Cornelsen, Berlin 2002

Laewen, Hans-Jochaim: Grenzsteine der Entwicklung, infans, 2003

Lange, Günther (Hrsg.): Taschenbuch der Kinder- und Jugendliteratur, Schneider-Verlag, Hohengehren 1995

Largo, Remo H.: Kinderjahre - Die Individualität des Kindes als erzieherische Herausforderung. Piper, München 2000

Largo, Remo H.: Babyjahre, Entwicklung und Erziehung in den ersten vier Jahren. Piper, München 2010

Largo, Remo H./Beglinger, Martin: Schülerjahre - Wie Kinder besser Lernen. Piper, München 2009

Lebensraum Kindergarten. Pädagogische Anregungen für Ausbildung und Praxis. Ministerium für Kultur und Sport Baden-Württemberg (Hrsg.): Herder, Freiburg 1992.

Lefrancois, Guy R.: Psychologie des Lernens. Springer, Berlin 1994

Leu, Rudolf u. a.: Bildungs- und Lerngeschichten. Verlag das Netz, Berlin 2007

Leuvener Engagiertheits-Skala für Kinder. LESK: Laevers, F., Fachschule für Sozialpädagogik, Erkelenz 1997

Lill, Gerlinde, (Hrsg.): Von Abenteuer bis Zukunftsvision, Qualitätslexikon für Kindergartenprofis, Beltz, Weinheim 2001

Lill, Gerlinde (2011): Was ist gute offene Arbeit. In: Theorie und Praxis der Sozialpädagogik (TPS), Heft 7/2011, S. 4–8

Lindemann, Holger: Konstruktivismus und Pädagogik. Grundlagen, Modelle, Wege zur Praxis, Ernst Reinhardt Verlag, München 2006

Lippert, Susanne: Steiner und die Waldorfpädagogik. Mythos und Wirklichkeit. Beltz, Weinheim 2001

Locke, John: Versuch über den menschlichen Verstand Band 1 Nachdruck der Neubearbeitung der C. Wincklerschen Ausgabe (1911–1913). Felix Meiner Verlag, Hamburg 2000

Lorenz, Gerda: Freispiel im Kindergarten. Chancen seines bewussten Einsatzes. Praxisbuch Kindergarten. Herder, Freiburg 1995

Ludwig, Harald: Maria Montessori – Leben, Werk, Grundgedanken In: Ludwig, Harald: Erziehen mit Maria Montessori. Herder, S. 10–32, Freiburg 1997

Lüthi, Max: Es war einmal. Vom Wesen des Volksmärchens. Sammlung Metzeler, Stuttgart 1962

Materialien für die Berufsbildenden Schulen. Niedersächsisches Kultusministerium 1993, Ernst Martin/Uwe Wawrinowski. Juventa, Weinheim 2006

Madeja, Michael: Das kleine Buch vom Gehirn – Reiseführer in ein unbekanntes Land. C. H. Beck, München 2010

Maier, W.: Neue Wege zur Sprachförderung. München 2001

Makalowski, Jörg: Selbstbestimmtes Lernen!?. In: Theorie und Praxis der Sozialpädagogik (TPS), Heft 7/2011, S. 28–32, Kallmeyer, Seelze-Velber 2011

Malaguzzi, Loris: Eröffnungsbeitrag zur Fachtagung „Hundert Sprachen hat das Kind". In: Senatsverwaltung für Jugend und Familie (Hrsg.), Berlin 1992

Markowitsch, Hans-J.: Das Gedächtnis – Entwicklung, Funktion, Störungen. Beck, München 2009

Maturana, H. R./Varela, F. J.: Der Baum der Erkenntnis. Scherz, Bern/München 1984

Mehr Chancen durch Bildung von Anfang an – Entwurf – Grundsätze zur Förderung für Kinder von 0–10 Jahren in Kindertageseinrichtungen und Schulen im Primarbereich in Nordrhein-Westfalen. Hrsg.: Ministerium für Schule und Weiterbildung des Landes NRW; Ministerium für Familie, Kinder, Jugend, Kultur und Sport des Landes NRW 2011

Meirovitz, Marco/Jacobs, Paul: Visuelles Denken – Spiele und Übungen zur Steigerung der Intelligenz. Dumont, Köln 1990

Merchel, Joachim: Beratung im Sozialraum. Eine neue Akzentsetzung für die Verortung von Beratungsstellen in der Erziehungshilfe?, in: Neue Praxis 4/2001, S. 369–387, 2001

Metz-Becker, Marita (Hrsg.): Schaukelpferd und Schnürkorsett – Kindheit um 1800. Jonas-Verl., Marburg 2002

Metzenthin, Rosmarie: Schöpferisch spielen und Bewegen. Orell Füssli, Zürich 1983

Middendorff, Wilhelm: Die Kindergärten. Bedürfnis der Zeit, Grundlage einigender Volkserziehung. Der deutschen Nationalversammlung zur Würdigung vorgelegt. Blankenburg: Verlagsbuchhandlung der Kindheit- und Jugendbeschäftigungsanstalt 1848

Mietzel, Gerd: Wege in die Psychologie. Klett-Cotta, Stuttgart 2008

Ministerium für Bildung und Kultur des Landes Schleswig-Holstein (Hrsg.): Erfolgreich starten. Leitlinien zum Bildungsauftrag in Kindertagesstätten. Kiel 2004

Ministerium für Kultus, Jugend und Sport Baden-Württemberg: „Orientierungsplan für Bildung und Erziehung für die baden-württembergischen Kindergärten". Weinheim und Basel 2006

Ministerium für Schule und Weiterbildung des Landes NRW/Ministerium für Generationen, Familie, Frauen und Integration des Landes NRW: Feststellung des Sprachstands zwei Jahre vor der Einschulung. Fachinformation zum Verfahren ab dem Jahr 2010

Ministerium für Schule und Weiterbildung des Landes NRW/Ministerium für Generationen, Familie, Frauen und Integration des Landes NRW: Sprachstandsfeststellung zwei Jahre vor der Einschulung 2010. Information für Eltern

Möller, Rainer: Religiöse Bildung im Elementarbereich, in: Theo-Web. Zeitschrift für Religionspädagogik, Heft 1, 10. Jahrgang 2011, S. 14–34 (Online Publikation: www.theo-web.de/zeitschrift/ausgabe-2011-01/04.pdf)

Montessori, Maria: Erziehung für eine neue Welt. Herder, Freiburg 1998

Montessori, Maria: Kinder lernen schöpferisch. Herder, Freiburg 1995

Nagel, Bernhard: Der Erzieherberuf in seiner historischen Entwicklung. Aus: Textor, Martin R. (Hrsg.): Kindergartenpädagogik – Online Handbuch. www.kindergarten-paedagogik.de/95.html

Neumeyer, Annalisa: Fall nicht. Warum Kinder vom Klettergerüst fallen, obwohl wir ihnen immer wieder sagen, dass sie nicht herunterfallen sollen, in: Kindergarten heute 11–12/1995, Herder, Freiburg 1995

Neuß, Norbert: Bildung und Lerngeschichten im Kindergarten. Konzepte – Methoden – Beispiele. Cornelsen, Berlin 2007

Niedersächsisches Ministerium für Frauen, Arbeit und Soziales: Wie Kinder sprechen lernen, Hannover 2002

Oerter, Rolf/Montada, Leo (Hrsg.) Entwicklungspsychologie: Beltz, Weinheim-Basel-Berlin 2002, 5. Aufl.

Onken, Annette: Die Erziehung des Kindes im frühen Kindesalter. In: Ludwig, Harald: Erziehen mit Maria Montessori. Herder, S. 33–50, Freiburg 1997

Orban, Rainer/Wiegel, Gabi: Ein Pfirsich ist ein Apfel mit Teppich drauf. Systemisch arbeiten im Kindergarten. Carl Auer Verlag, Heidelberg 2009

Papousek, Mechthild: Ein guter Start ins Leben. Neue Antworten auf neue Herausforderungen. Vortrag von Mechthild Papoušek, Interdisziplinärer Kongress der Deutschen Liga für das Kind, Bertelsmann Stiftung und BZgA 30. Mai 2006

Pausewang, Freya: Ziele suchen – Wege finden. Berlin, Cornelsen, Berlin 1994

Penner, Zvi: Auf dem Weg zur Sprachkompetenz. Frauenfeld 2005

Perik. Positive Entwicklung und Resilienz im Kindergartenalltag, Beobachtungsbogen, Staatsinstitut für Frühpädagogik IFP, Mayr, Toni und Ulich, Michaela, Freiburg Br. 2006 (mit Begleitheft)

Petermann, Franz/Petermann, Ulrike: Training mit aggressiven Kindern, Beltz, Weinheim 1991

Petermann, Ulrike/Petermann, Franz/Koglin, Ute: Entwicklungsbeobachtung und Dokumentation. Eine Arbeitshilfe für pädagogische Fachkräfte, Cornelsen, Berlin 2008

Petermann, Franz/Wiedebusch, Silvia: Emotionale Kompetenz bei Kindern. Hogrefe, Göttingen 2003

Piaget, Jean: Das Weltbild des Kindes. Dtv, München 1988

Pinker, Steven: Gewalt. Eine neue Geschichte der Menschheit. Fischer, Frankfurt/Main 2011

Postmann, Neil: Das Verschwinden der Kindheit. Fischer, Frankfurt/Main 1982

www.praxis-jugendarbeit.de

Rau, Johannes: Den ganzen Menschen bilden – wider den Nützlichkeitszwang. Beltz, Weinheim und Basel 2004

Rauschenbach, Thomas/Beher, Karin/Knauer, Detlef: Die Erzieherin. Ausbildung und Arbeitsmarkt. Juventa, Weinheim und München 1995

Renner, Michael: Spieltheorie und Spielpraxis. Lambertus Verlag, Freiburg 1995

Reichel, Auguste: Lebendig statt brav, Handbuch für das Leben und Arbeiten mit Gruppen. Ökotopia, Münster 1988, 1995

Regel, Gerhard: Impulse für eine kindzentrierte Pädagogik. In: Theorie und Praxis der Sozialpädagogik (TPS), Heft 2, S. 6–11, 2000, Kallmeyer, Seelze 2000

Regel, Gerhard/Kühne, Thomas: Arbeit im offenen Kindergarten. Herder, Freiburg 2001

Renner, Michael: Spieltheorie und Spielpraxis. Lambertus, Freiburg 1995

Rieger, Marlo/Schubert, Herbert (Hrsg.): Sozialraumanalyse, Verlag Sozial-Raum-Management, Wiesbaden 2012

Rock, Irvin: Wahrnehmung: vom visuellen Reiz zum Sehen und Erkennen. Spektrum Verlag, Heidelberg 1998

Rogers, Carl: Entwicklung der Persönlichkeit. Klett-Cotta, Stuttgart 1992

Rogers, Carl: Die klientenzentrierte Gesprächspsychotherapie. Fischer, Frankfurt/Main 1989

Rosemann, Bernhard/Bielski, Sven: Pädagogische Psychologie. Beltz, Weinheim 2001

Roßbach, Hans-Günther/Riedel, Birgit: Mehr Plätze alleine reichen nicht, in: DJI Impulse 1/2011 S, 10 ff.

Roth, Gerhard: Bildung braucht Persönlichkeit. Wie Lernen gelingt. Klett-Cotta, Stuttgart 2011

Saarni, Carolin: Die Entwicklung von emotionaler Kompetenz in Beziehungen. In: M. von Salisch (Hrsg): Emotionale Kompetenz entwickeln. Grundlagen in Kindheit und Jugend. (S. 3–30), Kohlhammer, Stuttgart 2002

Sacks, Oliver: Die Insel der Farbenblinden. Hamburg, 2008

Salisch von, Maria (Hrsg): Emotionale Kompetenz entwickeln. Grundlagen in Kindheit und Jugend, Kohlhammer, Stuttgart 2002

Sander, Uwe: Kinder und Medien. In: Deutsches Kinderhilfswerk (Hrsg.), Kinderreport Deutschland, S. 157–164, München 2002

Saßmannshausen, Wolfgang (2011): Waldorfpädagogik. In: Kindergarten heute – Wissen kompakt: Pädagogische Handlungskonzepte von Fröbel bis zum Situationsansatz. Herder, S. 26–31, Freiburg 2011

Satir, Virginia: Selbstwert und kommunikation. Klett-Cotta, München 1992

Satir, Virginia: Mein Weg zu dir. Kösel, München 1989

Satir, Virginia, in: Die Welt des Kindes, Heft 3/89

Schäfer, Gerd E., in: klein & groß 04/04, Beltz Verlag, Weinheim, 2004

Schäfer, Gerd E. (Hrsg.): Bildung beginnt mit der Geburt. Beltz, Weinheim, Basel, Berlin 2003

Schäfer, Gerd E.: Bildungsprozesse im Kindergarten. Juventa, Weinheim 2003

Schede, Hans Georg: Der Waldkindergarten. Herder, Freiburg 2000

Schilling, Johannes: Didaktik, Methodik der Sozialpädagogik, Luchterhand, Neuwied 1995

Schlicht, Hermann-Josef: Das Praktikum in der Ausbildung. Tipps und Hilfen für angehende Erzieherinnen. In: Jansen, Frank (Hrsg.): Kindertageseinrichtungen konkret. Strategien für Ihren Erfolg, Don Bosco, München 2001

Schlösser, Elke: Wir verstehen uns gut. Spielerisch Deutsch lernen. Methoden und Bausteine zur Sprachförderung für deutsche und zugewanderte Kinder als Integrationsbeitrag in Kindergarten und Grundschule. Ökotopia Verlag, Münster, 2. Aufl. 2007

Schmerr, Martina: Sprachförderung in Kindertagesstätte und Grundschule. In: Gewerkschaft Erziehung und Wissenschaft (Hrsg.): Sprache fördern – Bildung ganzheitliche entfalten. Frankfurt/Main, 2007, S. 17–28

Schmutzler, Hans-Joachim: Fröbel und Montessori. Zwei geniale Erzieher. Was sie unterscheidet, was sie verbindet. Praxishilfen Kindergarten, Hort, Schule, Herder, Freiburg 1991, S. 122 ff., 3. Aufl.

Schmutzler, Hans-Joachim: Maria Montessori. In: Kindergarten heute – Wissen kompakt: Pädagogische Handlungskonzepte von Fröbel bis zum Situationsansatz. Herder, S. 16–25, Freiburg 2011

Schneider, Wolfgang/Sodian, Beate: Kognitive Entwicklung in der Kindheit. Kohlhammer, Stuttgart 2007

Schulz von Thun, Friedemann: Miteinander reden. Band 1 und 2. Rowohlt, Reinbek 1994

Schwanitz, Dietrich: Bildung. Eichborn, Frankfurt 2000

Schweitzer, Friedrich: Das Recht des Kindes auf Religion. Ermutigung für Eltern und Erzieher, Gütersloher Verlagshaus, Gütersloh 2000 (2. Aufl.)

Schweitzer, Friedrich: Die Suche nach eigenem Glauben. Einführung in die Religionspädagogik des Jugendalters, Gütersloher Verlagshaus, Gütersloh 1998 (2. Aufl.)

Seele, Ida: Meine Erinnerungen an Friedrich Fröbel. In: Fröbel, Hermann/Pfaehler, Dietrich: Kommt, laßt uns unsern Kindern leben. Friedrich Fröbels Mutter- und Koselieder. Mitteldeutsche Verlagsanstalt, Bad Neustadt a. d. Saale 1982

Singer, Wolf: Der Beobachter im Gehirn. Suhrkamp, Frankfurt/Main 2002

Sozialpädagogische Diagnose-Arbeitshilfen zur Feststellung des erzieherischen Bedarfs zu beziehen: Zentrum Bayern Familie und Soziales, Bayerisches Landesjugendamt 80335 München, Marsstr. 46, überarbeitete Auflage 2009

Spitzer, Manfred: Geist im Netz. Spektrum, Heidelberg, Berlin 2000

Spitzer, Manfred: Lernen – Gehirnforschung und die Schule des Lebens. Spektrum, Heidelberg,Berlin 2002

Spektrum der Wissenschaft: Die Grenzern der Intelligenz – Wie klug können wir noch werden, 5/12

Stamer-Brandt: Projektarbeit in KiTa und Kindergarten. Herder, Freiburg 2005

Steiner, Rudolf: Die Erziehung des Kindes vom Gesichtspunkt der Geisteswissenschaft. In: Lucifer-Gnosis, Nr. 33, 1907

Stewart, Ian/Joines, Vann: Die Transaktionsanalyse, Herder, Freiburg 2000

Strohdiek, Frank, Mouna, in: Deutsches Kinderhilfswerk (Hrsg.), Kinderreport Deutschland, München 2002, S. 34 ff.

Struck, Jörn: Gemeinsam forschend lernen. Die Praxisreflexion im Offenen Kindergarten. In: Theorie und Praxis der Sozialpädagogik (TPS), Heft 2, S. 12–15, Kallmeyer, Seelze-Velber 2000

Stübe-Kirchhof, Sabine: Kinderalltag 1800 bis 1850, in: Metz-Becker (2002), S. 15–23

Suess, G.: Sicherer Halt für den Aufbruch ins Leben. Neueste Erkenntnisse der Bindungsforschung. In: Kindergarten heute, 11–12/2005, S. 6–12.

Sullivan, Harry Stack: Die interpersonale Theorie der Psychiatrie, Fischer, Frankfurt/Main 1980

Szagun, Gisela: Sprachentwicklung beim Kind. Beltz, Weinheim 2000

Tausch, Reinhard/Tausch, Anne-Marie: Erziehungspsychologie. Hogrefe Verlag, Göttingen 1991

Textor, Martin R.: Projektarbeit im Kindergarten. Planung, Durchführung, Nachbereitung, Bod, Norderstedt 2009

Textor, Martin R.: Kindergartenpädagogik – Online-Handbuch, darin: Der konstruktivistische Ansatz, URL: www.kindergartenpaedagogik.de/145.html

Textor, Martin R.: Erziehungs- und Bildungspläne. (2008) In: Textor, M. (Hrsg.): Kindergartenpädagogik, Online-Handbuch: www.kindergartenpädagogik.de/1951.html [aufgerufen am 12.01.2012]

Textor, Martin R.: Projektarbeit im Kindergarten. Herder, Freiburg 1998

Textor, Martin R.: Scheidungszyklus und Scheidungsberatung. Vandenhoeck und Ruprecht, Göttingen 1991

Thiele, Jens: Handbuch Kinderliteratur. Herder, Freiburg 2003

Thiersch, Renate: Kindergarten im Wandel, in: Kindergarten heute 11–12/2000, Herder, Freiburg 2000

Tietze, Wolfgang/Viernickel, Susanne (Hrsg.): Pädagogische Qualität in Tageseinrichtungen für Kinder. Ein nationaler Kriterienkatalog, Cornelsen Scriptor, Berlin 2007

Tillmann, Klaus-Jürgen: Sozialisationstheorien. Rowohlt, Reinbek 2010

Tippelt, Rudolf (Hrsg.): Handbuch Bildungsforschung. Leske und Budrich, Opladen 2002

Tenta, Heike: Schrift- und Zeichenforscher, Don Bosco Verlag, München 2002

Tophinke, Doris: Sprachförderung im Kindergarten. Beltz, Weinheim 2003

Traub, A.: Die Welt der Gleichaltrigen, DJI, München 2008

www.troesken.eu: Fragebogen zur Erfassung der aktuellen Ressourcenrealisierung www.troesken.eu/RES.pdf

Ulich, Michaela/Mayr, Toni/Staatsinstitut für Frühpädagogik: seldak. Beobachtungsbogen für Kindertageseinrichtungen. Herder, Freiburg 2007

Ulich, Michaela, Mayr, Toni/Staatsinstitut für Frühpädagogik: seldak. Begleitheft zum Beobachtungsbogen sismik. Herder, Freiburg 2007

Ulich, Michaela/Mayr, Toni/Staatsinstitut für Frühpädagogik: sismik. Beobachtungsbogen. Herder, Freiburg 2007

Ulich, Michaela/Mayr, Toni: Literacy Sprachliche Bildung im Elementarbereich, in: Sprachliche Bildung im Elementarbereich. In: Kindergarten Heute, Herder, Freiburg, Heft 3, S. 6-18

Ullrich, Wolfgang/Brockschnieder, Franz-J.: Reggio-Pädagogik im Kindergarten. Herder, Freiburg 2001

Urban, Michael/Weiser, Ulrich (Hrsg.): Kleinräumige Sozialraumanalyse, Saxonia-Verlag für Recht, Wirtschaft und Kultur, Dresden 2006

van de Rijt, Hetty, Ploij, Frans X.: Oje, ich wachse! Goldmann, München 2005

Vester, Frederic: Unsere Welt - ein vernetztes System. Dtv, München 1987

Viernickel, Susanne/Sechtig, Jutta: Krippenkinder aufnehmen (1). Aufbau und Entwicklung von Bindungen. In: Kindergarten heute, 1/2003, S. 14-20.

Viernickel, Susanne/Völkel, Petra: Beobachten und Dokumentieren im pädagogischen Alltag. Herder, Freiburg 2007

Volk, Bianca: Dorfkirchliche Sozialarbeit der Caritas um 1900. Selbstverlag 1995

von Glasersfeld, Ernst: Konstruktion der Wirklichkeit und des Begriffs der Objektivität, in: Einführung in den Konstruktivismus, München 1992 (10. Auflage 2010)

Vorlesestudie der Deutschen Bahn, der Zeit und Stiftung Lesen, 2007 und 2011 (www.stiftunglesen.de/vorlesestudie2007)

Vortisch, Stephanie: Keine Angst vor dem Theater. Werkstattbuch mit 100 Spielideen und mehr. Luchterhand, Neuwied 2000

Wagner, Rudi F./Hinz, Arnold/Rausch, Adly/Becker, Brigitte: Modul Pädagogische Psychologie. Bad Heilbrunn 2009

Walter, Gisela: Sprache, der Schlüssel zur Welt. Herder, Freiburg 2003

Watzlawick, Paul/Beavin, Janet/Jackson, Don: Menschliche Kommunikation. Huber, Bern 1996

Watzlawick, Paul: Anleitung zum Unglücklichsein. Piper, München 2009

Watzlawick, Paul: Wie wirklich ist die Wirklichkeit? - Wahn, Täuschung, Verstehen. Piper, München 2005

Watzlawick, Paul: Jeder Mensch kommuniziert - auch wenn er gar nichts sagt. In: P.M. Perspektive Kommunikation, 89/112, S. 53 f.

Weber, Erich (Hrsg.): Pädagogik - eine Einführung. Auer, Donauwörth, 1982

Weiguny, Bettina: Es herrscht Bildungspanik. Frankfurter Sonntagszeitung, 13.11.2011

www.weiterbildungsinitiative.de

Welzer, Harald/Markowitsch Hans-J. (Hrsg.): Warum Menschen sich erinnern können. Klett-Cotta, Stuttgart 2006

Wendlandt, Wolfgang: Sprachstörungen im Kindesalter. Thieme Verlag, Stuttgart 2000

Weyrich, Karl-Heinz: Die sozialpädagogische Diagnose. Rahmenvereinbarung des Deutschen Vereins. 2005

Wertfein, Monika: Emotionale Entwicklung von Anfang an - wie lernen Kinder den Umgang mit Gefühlen, www.familienhandbuch.de

Wild, Reiner (Hrsg.): Geschichte der deutschen Kinder- und Jugendliteratur, Metzeler, Stuttgart 2002

Wolf, Michael E. (Hrsg.): Karfunkel Codex 9. Wald-Michelbach 2011

Wüstenberg, W.: Gleichaltrige im Krippenalter. Kindergartenpädagogik, Online-Handbuch

Youniss, James: Die Entwicklung und Funktion von Freundschaftsbeziehungen. In: Edelstein/Keller (Hrsg.): Perspektivität und Interpretation, Frankfurt/Main 1982

Youniss, James: Soziale Konstruktion und psychische Entwicklung. Herausgegeben von Lothar Krappmann und Hans Oswald, Suhrkamp, Frankfurt/Main 1994

Zimbardo, Philipp G.: Psychologie. Springer Verlag, Berlin 1992

Zimmer, Jürgen u. a.: Kindergärten auf dem Prüfstand. Dem Situationsansatz auf der Spur. Kallmeyer, Seelze-Velber 1998

Zimmer, Renate: Psychomotorik für Kinder unter 3 Jahren. Entwicklungsförderung durch Bewegung. Herder, Freiburg 2011

Zimmer, Renate: Handbuch der Bewegungserziehung. Herder, Freiburg 1993

Zimmer, Renate: Handbuch der Psychomotorik. Herder, Freiburg 2002

Zimmer, Renate: Toben macht schlau. Herder, Freiburg 2004

Zöller, Sylvia: Wie beginnen? In: Welt des Kindes, Heft 5/2011, S. 22-24

Zweyer, Karen: Bindung im Kindergartenalter. In: Das Familienhandbuch des Staatsinstituts für Frühpädagogik, www.familienhandbuch.de, 17.11.2010.

A

Affekt Der Affekt entsteht rasch, verläuft heftig und klingt schnell wieder ab. Auslöser sind meist Ereignisse, die eine Person in ihren persönlichen Bedürfnissen berühren. Beispiele für Affekte: Wut, Schreck, Entsetzen.

Aktives Zuhören Die gefühlsbetonte (affektive) Reaktion eines Gesprächspartners auf die Botschaft eines Sprechers. Der Psychotherapeut Carl Rogers hat das aktive Zuhören als Werkzeug für die Gesprächspsychotherapie beschrieben. Es soll auf der Beziehungsebene Vertrauen aufbauen und helfen, Missverständnisse zu vermeiden.

Ambiguitätstoleranz Fähigkeit des Individuums, Mehrdeutigkeiten des normativen Systems und der Verhaltens- und Rollenerwartungen auszuhalten und zu bewältigen, ohne komplexe Wahrnehmungen und Erfahrungen, die im Widerspruch zur eigenen Bedürfnisstruktur stehen, zu ignorieren. Die Ambiguitätstoleranz ist eine wesentliche Voraussetzung zur Entwicklung von Identität.

Antiautoritäre Erziehung Mit antiautoritärer Erziehung wollte man eigentlich die Ablehnung der Unterdrückung, des blinden Gehorsams, der Willkür und persönlichen Machtausübung zum Ausdruck bringen, doch schon bald wurde mit diesem Begriff die Ablehnung jeglicher Autorität und Disziplin sowie die Befürwortung grenzenloser Freiheit des Kindes verbunden.

Antroposophie Eine von Rudolf Steiner (1861–1925) begründete spirituelle Weltanschauung. Ihr Ziel ist es, den Menschen in seiner Beziehung zum Übersinnlichen zu betrachten. Die Impulse, die von der Anthroposophie ausgehen, wirken auf so unterschiedliche Lebensbereiche wie Pädagogik/Heilpädagogik (Waldorfschule), Medizin (anthroposophische Medizin), Bewegungskunst (Eurythmie) oder auch Landwirtschaft (biologisch-dynamische Landwirtschaft).

Anwerbeländer Aufgrund des wachsenden Arbeitskräftebedarfs wurden in den Jahren 1955–1968 mit acht verschiedenen Staaten (Italien, Spanien, Griechenland, Türkei, Portugal, Marokko, Tunesien und dem ehemaligen Jugoslawien) Anwerbevereinbarungen getroffen.

Assoziation Verknüpfung von verschiedenen Bewusstseinsinhalten (Gedanken, Erinnerungen, Bilder, Ideen, Faktenwissen etc.) in der Weise, dass das Auftreten einer Vorstellung, eines Begriffs usw. das Bewusstsein der mit ihnen assoziierten Vorstellungen, Begriffe usw. hervorruft.

Assoziationsfelder Areale der Hirnrinde. Ihre Aufgaben sind z. B. Gedächtnis und höhere Denkvorgänge.

Ausländer Ausländer ist jeder, der nicht Deutscher im Sinne des Art. 116 Abs. 1 des Grundgesetzes ist, d. h. nicht die deutsche Staatsangehörigkeit besitzt. Ausländer genießen grundsätzlich Meinungs-, Versammlungs- und Vereinigungsfreiheit. Sie können in politischen Parteien und kommunalen Ausschüssen (soweit das Landesrecht dies vorsieht) mitwirken. Das Grundgesetz lässt jedoch mit Ausnahme des Kommunalwahlrechts für Unionsbürger kein Wahlrecht für Ausländer bei Bundestags-, Landtags- und Kommunalwahlen zu.

Autoritativer Erziehungsstil Dieser Erziehungsstil entspringt einer hohen Fachkompetenz und professionellen Identität der Erziehungs- bzw. Lehrperson. Die Lehrperson nimmt eine dominierende Funktion im Bildungs- und Erziehungsprozess ein.

B

Behaviorismus Eine Richtung der Psychologie, die von dem Amerikaner J. B. Watson begründet wurde und sich intensiv mit lernpsychologischen Fragen beschäftigt hat. Versuche wurden überwiegend an Tieren vorgenommen.

Beobachtung Die wissenschaftliche Beobachtung ist die aufmerksame, planmäßige und zielgerichtete Wahrnehmung von Vorgängen an Gegenständen, Ereignissen, Verhaltensweisen von Menschen und Tieren in Abhängigkeit von bestimmten Situationen. Ziel der Beobachtung ist es, den Gegenstand des jeweiligen Interesses möglichst genau zu erfassen.

Biografie Bewusste und unbewusste Erfahrungen vor dem Hintergrund geschichtlicher und gesellschaftlicher Ereignisse, die die Persönlichkeitsentwicklung entscheidend beeinflussen. Die eigene Biografie hat Einfluss auf das eigene pädagogische Handeln.

Bindung Bindung wird oft als „emotionales Band" beschrieben, das, wenn es einmal gewachsen ist, über Ort und Zeit hinweg bestehen bleibt. Bindungsbeziehungen sind durch tiefe Verankerung, Stabilität, Emotionalität, Verbundenheit, gemeinsame Erlebnisse gekennzeichnet. Das Besondere ist, dass sie dem Menschen Halt, Sicherheit, Unterstützung und Geborgenheit bieten. Diese sicherheitsspendende Beziehung hilft, schwierige Situationen zu meistern, zu lernen und zu wachsen.

D

Demografie Beschreibung der wirtschafts- und sozialpolitischen Bevölkerungsbewegung

Determiniertheit Auf eine bestimmte Lösung, auf ein bestimmtes Vorgehen alternativlos hin festgelegt

Disstress Eine Situation, die zu einem erhöhten Adrenalinspiegel im Blut führt und als belastend, beängstigend oder unangenehm empfunden wird. Disstress ist alltäglich und gesunde Menschen können mit den meisten solcher Situationen umgehen und sie bewältigen, zum Beispiel im Straßenverkehr oder bei einer Prüfungssituation. Anhaltender Disstress kann krank machen. (Gegenteil: Eustress, positiver Stress)

Divergieren auseinander gehen, unterscheiden

Diversität Ganz allgemein bedeutet der Begriff Vielfalt und meint die Anwesenheit von Unterschieden zwischen Mitgliedern einer sozialen Einheit. Sie zeigt sich vor allem in den Dimensionen Kultur, Geschlecht, Alter, Behinderung, sexuelle Orientierung und Religion. Entscheidend ist, immer auch die verbindende Klammer im Sinne von Inklusion zu beachten.

Dokumentation Das gezielte Beobachten und anschließende schriftliche Verfassen dieser Beobachtung. Das Ziel von Bildungsdokumentationen ist es, aus den gemachten Beobachtungen pädagogisches Handeln abzuleiten und möglich zu machen.

E

Echolalie Das Kind hört sich erstmals bewusst sprechen und ahmt sich selbst nach.

Emotionalität Das innere, gefühlsmäßige Beteiligtsein an etwas.

Empathie (Griech. = Mitfühlen) Die Fähigkeit eines Menschen, sich in andere hineinzuversetzen und sich über ihr Handeln, Verstehen und Fühlen klar zu werden. Wesentlich dabei ist, dass der eigene Affektzustand dem Gefühlszustand der anderen Person entspricht. Dies wird dadurch ausgelöst, dass man die Perspektive der anderen Person einnimmt und ihre Gefühle versteht.

Empirische Studien Wissenschaftliche Untersuchungen, bei denen die Ergebnisse aus Beobachtungen und Erfahrungen gewonnen werden.

Entwicklungsaufgaben Aufgaben im Rahmen der Entwicklung und Reifung des Menschen, die mit ihrer Bewältigung zu einer Veränderung führen. Der Begriff bezieht sich auf die Vorstellung, dass in jedem Alter bestimmte Aufgaben gelöst werden müssen. Das Ergebnis kann von Person zu Person, aber auch beim Einzelnen von Entwicklungsstufe zu Entwicklungsstufe sehr unterschiedlich ausfallen. Das Konzept der Entwicklungsaufgaben wurde erstmals von Robert J. Havighurst (1948) definiert. Er geht davon aus, dass der Mensch im Verlauf seines Lebens immer wieder Problemen gegenübersteht, die es zu bewältigen gilt. Dabei stellen sich in den jeweiligen Lebensabschnitten altersentsprechende Aufgaben, deren Bewältigung durch verschiedene Faktoren beeinflusst wird.

Eustress Positiver Stress. Auch Eustress führt zu einer höheren Adrenalinausschüttung. In diesem Fall wird der Stress allerdings als angenehm und anregend empfunden.

Evaluation Bewertung, Beurteilung; hier besonders: die Überprüfung im Hinblick auf die geleistete pädagogische Arbeit oder die Umsetzung eines pädagogischen Konzeptes.

Explorativ Forscherhaltung, experimentierend erkunden

Extrovertiert So bezeichnet man Menschen, deren Verhalten nach außen gerichtet ist.

F

Fachkompetenz Wissen und Fertigkeiten. Sie ist die Fähigkeit und Bereitschaft, Aufgaben- und Problemstellungen selbstständig, fachlich angemessen, methodengeleitet zu bearbeiten und das Ergebnis zu beurteilen.

Fachwissen Fakten, Regel- und/oder Begründungswissen.

Fähigkeit Beinhaltet auch eine Reihe von Fertigkeiten. Die Fähigkeit bedeutet darüber hinaus, dass jemand von seiner Persönlichkeit her zu den entsprechenden Aktionen auch imstande und bereit ist.

Feedback Rückmeldung

Fertigkeiten Die Fähigkeit, Wissen anzuwenden und prozessorientiert einzusetzen, um Aufgaben auszuführen und Probleme zu lösen; können unterteilt werden in kognitive Fertigkeiten (logisches, intuitives und kreatives Denken) und praktische Fertigkeiten (Geschicklichkeit und Verwendung von Methoden, Materialien, Werkzeugen und Instrumenten).

Fokus Brennpunkt. Etwas in den Fokus nehmen: etwas genau betrachten.

Fokussieren Etwas eingehend in den Blick nehmen

Fovea Auf der Netzhaut die Stelle des schärfsten Sehens

G

Geburtenrate Anzahl der geborenen Kinder pro Jahr

Gestaltpsychologie Die Gestaltpsychologie ist eine Richtung der Psychologie, deren Anfänge bis vor den Ersten Weltkrieg zurückreichen. Zu den Hauptvertretern im deutschsprachigen Raum gehören Max Wertheimer, Wolfgang Köhler und Kurt Koffka. Sie betonten, dass ein Ganzes mehr sei als die Summe seiner Teile und versuchten zu erklären, wie die elementaren optischen Reize in unserem Gehirn zu dem Bild eines Objektes zusammengesetzt werden, welches wir dann bewusst wahrnehmen.

Graphem Kleinste bedeutungsunterscheidende Einheit der geschriebenen Sprache: Rose-Hose, Tor-Ton usw.

Gretchenfrage Nach der Frage Gretchens an Faust: „Wie hast du's mit der Religion?" aus Goethes Faust I. Gemeint ist damit die Frage nach dem eigenen Verhältnis zur Religion, übertragen auch nach der politischen Überzeugung. Allgemein ist damit auch „Gewissensfrage" oder die Frage nach dem persönlichen Standpunkt gemeint.

H

Hemisphäre Hier: Gehirnhälfte

Hierarchie Rangfolge, Rangordnung (griech.). In einer hierarchisch geordneten Aufzählung werden die genannten Punkte einander über- oder untergeordnet. Auch die über Rangstufen auf Über- und Unterordnung aufgebaute Organisation in allen sozialen Bereichen.

Hellenismus Von der Geschichtswissenschaft geprägter Begriff für die Zeit, in der das Griechentum Weltgeltung errang. Die griechische Kultur des klassischen Hellas (Griechenland), die durch die Eigenart der Stadtstaaten (Polis) geprägt und nur auf diese bezogen war, drang in der Epoche Alexanders des Großen und seiner Nachfolger weit über die eigenen Grenzen hinaus. Als typische Merkmale des Hellenismus gelten die Wendung zu kosmopolitischem Denken und eine hochentwickelte Zivilisation. Vermehrung von Produktion und Wohlstand, Ausweitung von Handel, Bank- und Börsengeschäft und Pflege des Kriegswesens standen neben Proletarisierungstendenzen und sozialen Spannungen.

Hospitalismus Bezeichnet leibseelische Störungs- und Verkümmerungserscheinungen im Säuglings- und Kleinkindalter, die auf mangelnde emotionale Zuwendung und Reizvermittlung zurückzuführen sind.

Hospitieren Als Gast zuhören, Besuch mit z. T. aktiver Teilnahme.

I

Ich-Botschaft Ich-Botschaften, auch Selbstoffenbarungen, sind Äußerungen, die die eigene Meinung und die eigenen Gefühle mitteilen. Sie finden einen Kontext im Vier-Seiten-Modell von Schulz von Thun. Die eigenen Gefühle werden in der Ich-Form zum Ausdruck gebracht. Was die Gefühle verursacht hat, wird im sachlichen Informationsteil der Botschaft mitgeteilt.

Ideenflüssigkeit Die Fähigkeit, schnell und sicher viele Ideen und Gedanken zu einem bestimmten Problem zu produzieren.

Identifikation Hineinversetzen, Gleichsetzen, Übernahme von Einstellungen anderer

Implementierung Einführung, Einrichtung

Individualisierung Vereinzelung, auf jede Persönlichkeit einzeln zugeschnitten. Der Mensch hat heute die Wahlfreiheit unter verschiedenen Lebensstilen. Er ist nicht mehr in ein Milieu eingebunden und von diesem kontrolliert. Er bekommt weniger Vorschriften gemacht.

Industrielle Revolution
Erste industrielle Revolution: Die Erfindung der Dampfmaschine durch James Watt 1769 führte zu einer starken Umstellung der Produktionsmethoden. Ein Schienennetz wurde entwickelt und damit ein leistungsfähiges Transportsystem. Vor allem in der Textilindustrie wurde nun mit großen Maschinen gefertigt, Fabriken entstanden. In der Folge kam es zur fast vollständigen Auflösung des Zunft- und Handwerkswesens mit allen sozialen Folgen.
Zweite industrielle Revolution: In der Weiterentwicklung der ersten industriellen Revolution wurde nun die Massenfertigung ausgebaut. Henry Ford entwickelte die erste Fabrik mit Fließbandfertigung. Als Energiequelle bekommt Strom eine zunehmend bedeutende Rolle.
Dritte industrielle Revolution: Seit den 70er Jahren des letzten Jahrhunderts lässt sich eine zunehmende Nutzlosigkeit menschlicher Arbeitskraft beobachten. Die Produktionsprozesse werden zunehmend automatisiert. Gleichzeitig spielen die Informationstechnologie und der Computer eine immer bedeutendere Rolle.

Information In engerem Sinne eine Auskunft, Nachricht, Unterweisung. In weiterem Sinne ein Ereignis oder eine Zeichenfolge. Eine Information ist eine Mitteilung über einen Sachverhalt.

Inklusion Verschiedenheit ist selbstverständlich und Chance; berücksichtigt geistige und körperliche Möglichkeiten und Einschränkungen, soziale Herkunft, Geschlechterrollen, kulturelle, sprachliche und ethnische Hintergründe, sexuelle Orientierung, politische oder religiöse Überzeugung,

Instruktion Anweisung

Intelligenzquotient (IQ)
IQ = Intelligenzalter : Lebensalter · 100.

Intelligenzalter wird in Tests ermittelt, bei denen die Leistungen in verschiedenen Bereichen mit denen einer vergleichbaren Altersgruppe verglichen werden. Damit beträgt der durchschnittliche IQ immer 100. Im Laufe der Zeit scheinen die Menschen allerdings immer intelligenter geworden zu sein, was bedeutet, dass heute 15-jährige bei einem 30 Jahre alten Intelligenztest wesentlich besser abschneiden, als die damaligen Jugendlichen (Flynn-Effekt). Daher müssen Intelligenztests immer weiterentwickelt und neu „geeicht" werden.

Interaktion Soziale Interaktion gilt als Bezeichnung für das wechselseitig aufeinander bezogene Verhalten zwischen

Menschen, für das Geschehen zwischen Personen, die wechselseitig aufeinander reagieren, sich gegenseitig beeinflussen und steuern.

Interdisziplinär Mehrere Fachbereiche umfassend.

Intrapsychisch Psychisches Geschehen oder Erleben im Innern einer Person; Gegenteil interpsychisch = das psychische Erleben, das zwei oder mehrere Personen miteinander teilen.

Introvertiert So bezeichnet man Menschen, deren Verhalten nach innen gerichtet ist.

Invarianz Aufrechterhaltung einer Wahrnehmungs- oder Denkstruktur trotz äußerer Veränderungen bestimmter Aspekte.

Irreversibel Nicht mehr rückgängig zu machen.

K

Kategorisch Unbedingt gültig, keinen Widerspruch duldend.

Kausalität Der angenommene gesetzmäßige Zusammenhang zwischen zwei aufeinander folgenden Ereignissen, von denen das eine (frühere) die Ursache und das andere (spätere) die Wirkung genannt wird. Nach dem Kausalitätsprinzip kann es keine Wirkung ohne Ursache geben.

Kindergartengesetz Jedes Bundesland hat eigene gesetzliche Regelungen. In NRW gibt es z. B. seit 2008 das Kibiz (Kinderbildungsgesetz), in Bayern das BayKiBiG (Bayerisches Kinderbildungs- und Betreuungsgesetz).

In diesen Gesetzen sind u. a. Aufgaben, Ziele, Eltern- und Kindermitwirkung, Öffnungszeiten, Finanzierung geregelt.

Kodierung Darstellung einer Nachricht in anderer Form. Das bedeutet die Umsetzung einer Information in eine „andere Sprache".

Kognitive Entwicklung Unter kognitiver Entwicklung versteht man die Entwicklung all jener Funktionen, die für eine erfolgreiche Auseinandersetzung mit der Umwelt von Bedeutung sind. Sie umfasst die Wahrnehmung, Sprache, Denken, Gedächtnis, Urteilen und Erkennen.

Kompetenz Fähigkeit und Bereitschaft des Einzelnen, Kenntnisse und Fertigkeiten sowie persönliche, soziale und methodische Fähigkeiten zu nutzen und sich durchdacht sowie individuell und sozial verantwortlich zu verhalten. Man unterteilt die Dimensionen Fachkompetenz, personale Kompetenz, Methodenkompetenz.

Komplementäre Interaktion Sich ergänzendes Zusammenspiel von Gesprächspartnern unterschiedlicher Ebenen (z. B. Lehrer - Schüler).

Konsolidierung Verbindungen zwischen Nervenzellen werden stabilisiert. Die Synapsen vergrößern sich dabei und können Reize schneller und sicherer übertragen.

Konstruktivismus Der Konstruktivismus ist vor allem eine Erkenntnistheorie, die sich damit beschäftigt, wie man zu einem „Wissen über das Gelingen von Handlungs- und Denkweisen kommt" (vgl. Lindemann, S. 15). Die Grundannahme konstruktivistischer Theorien beruht auf der Überzeugung, dass wir die Realität, die uns umgibt, nicht wahrnehmen können, wie sie „an sich" ist, sondern dass wir darüber Modelle entwerfen, und dass wir unser Erleben aktiv konstruieren.

Kontext Der Sinnzusammenhang, in dem etwas wahrgenommen wird, z. B. die Umgebung und Situation, in der eine Handlung stattfindet.

Konzeption In einer Konzeption werden die pädagogischen Grundvorstellungen und Leitideen dargestellt, auf denen die konkrete Arbeit einer Tageseinrichtung beruht.

Kooperatives Lernen Strukturierte Arbeitsform mit dem Prinzip Denken - Austauschen - Vorstellen. Es erfolgt immer erst eine Phase der Einzelarbeit, dann der Austausch in Gruppen und dann die Präsentation. Wichtig ist die Aktivierung aller Beteiligten, angemessen soziales Gruppenverhalten und ein effektives Lernen.

Kortex Großhirnrinde

Korrelation Wechselbeziehung, Zusammenhang

Kumulativ Sich anhäufend

L

Längsschnittuntersuchung Im Rahmen einer Längsschnittuntersuchung wird eine Stichprobe von Individuen zu verschiedenen Zeitpunkten mit demselben oder einem vergleichbaren Messinstrument mehrmals untersucht.

Literacy Einführung in die Erzähl-, Lese- und Schriftkultur. Es geht hierbei um Lese- und Schreibkompetenz, um Text- und Sinnverständnis, sprachliche Abstraktionsfähigkeit, Lesefreude, Vertrautheit mit Büchern und die Fähigkeit, sich schriftlich auszudrücken, bis hin zu Medienkompetenz, dem sicheren Umgang mit verschiedenen Medien. Literacy wird als ganzheitliche Sprachförderung verstanden. Dabei ist entscheidend, dass diese Erfahrungen sehr früh beginnen, lange bevor das Kind aktiv spricht. Gewohnheiten werden von Kindern früh übernommen, das Kind sieht, dass die Eltern lesen, und will diese nachahmen.

Logopädie Sprachheilkunde

M

Maxime Oberste Regel, Richtschnur; zuerst in der Logik als oberster Grundsatz, dann als Grundsatz einer ethischen Haltung.

Metakommunikation Meint hier: das Nachdenken über die Art und Weise, wie man sich miteinander verständigt und einigt.

Methodenkompetenz Die Fähigkeit, an Regeln orientiert zu handeln, die reflektierte Auswahl und Entwicklung von Methoden. Fachkompetenz und personale Kompetenz schließen Methodenkompetenz jeweils mit ein.

Migration Bedeutet Wanderung oder Umzug (von lat. migratio: Wanderung, Auszug). Man bezeichnet im engeren Sinn den Wechsel der Heimat mit Überschreitung einer Ländergrenze als Migration. Dies erfolgt in der Regel in der Hoffnung auf eine Verbesserung der Lebenssituation. Migration findet in Form von Völkerwanderungen seit Jahrtausenden statt. Sie war zumeist mit Kriegen zur Eroberung des neuen Heimatlandes verbunden. Das Einwandern in die neue Heimat wird als Immigration bezeichnet. Das Auswandern aus der alten Heimat als Emigration.

Myelin Gemisch aus fettähnlichen Stoffen; wesentlicher Bestandteil des Nervenmarks, das die Isolierschicht um die Nervenzellen des Rückenmarks bildet.

Motopädie Begleitet und unterstützt die Entwicklung des behinderten Menschen. Sie hat die Aufgabe, sensomotorisch entwicklungsgestörte, in ihrer psychomotorischen Entfaltung behinderte Kinder über das Mittel der Bewegung in ihrer Gesamtentwicklung zu fördern.

Multifunktionalität Vielen Funktionen gerecht werden

N

Neuron Nervenzelle

Non-direktiv Therapeuten- oder Erzieherverhalten, das dem Patienten/Klienten weitgehend die Führung überlässt.

Nonverbal Nichtsprachlich, körpersprachlich

Normen Bezeichnung für Verhaltensregeln, die sich aus Gewohnheit, Sitte, Mode u.a. ergeben, die aber nicht in Gesetzen oder anderen rechtlichen Vorschriften verfestigt sind. Normen können bezeichnen, was als „normal" empfunden wird, sie können auch bezeichnen, was oder wie etwas sein sollte.

O

Objektivität Allgemeine Bezeichnung für die Tendenz, die Wirklichkeit sachlich zu beurteilen und sich an vorhandenen Daten oder Fakten zu orientieren. In der Testpsychologie versteht man unter Objektivität das Ausmaß, in dem ein Testergebnis in Durchführung, Auswertung und Interpretation vom Testleiter nicht beeinflusst werden kann bzw. wenn mehrere Testauswerter zu übereinstimmenden Ergebnissen kommen. Objektivität ist eines der drei Gütekriterien für psychologische Tests.

Ödipuskomplex In Anlehnung an die griechische Sage von König Ödipus, der unwissend seine Mutter heiratete und seinen Vater erschlug, führte Freud diese Bezeichnung in die Psychoanalyse ein. Der Begriff kennzeichnet bestimmte frühkindliche Beziehungen zu den Eltern.

Operationalisierung (von Lernzielen) Meint hier: alle pädagogischen Formulierungen, die sich auf die Möglichkeit der Umsetzung von (theoretischen) Lernzielen in aktives (praktisches) Handeln beziehen.

P

Pädagogik Der Begriff Pädagoge stammt aus dem Griechischen und bedeutet ursprünglich Knabenführer (pais: Knabe, agein: führen; agogos: Führer, Geleiter). Der Pädagoge war zu dieser Zeit Sklave, der die Söhne seines Herrn aus dem elterlichen Haus zum Privatlehrer oder ins Gymnasium begleitete und ihnen die Sachen trug. In der Bedeutung als Erziehungskunst wird das Wort ab dem 18. Jahrhundert gebräuchlich.

Pädagogische Maßnahmen/Erziehungsmittel Darunter versteht man alle Maßnahmen, die ein Erziehender ergreift, um beim zu Erziehenden (Kind oder Jugendlicher) erwünschte Wirkungen hervorzurufen. In allen erzieherischen Fragen muss beachtet werden, dass der zu Erziehende eine eigenständige Person ist. Erziehungsmaßnahmen sind so zu wählen, dass die Person des anderen respektiert wird und ihm ein Freiraum möglicher, selbstständig auszuwählender Reaktionen bleibt.

Partizipation Die Beteiligung der am Erziehungsprozess Beteiligten (Kinder, Eltern, Erzieherinnen und Träger). Kinder und Jugendliche an Entscheidungen beteiligen mit dem Ziel der demokratischen Teilhabe an der Gesellschaft.

Peergroup Die Gruppe der Gleichaltrigen, in der sich jemand aufhält.

Peripher am Rande befindlich

Personale Kompetenz (auch Personal-/Humankompetenz) umfasst Sozial- und Selbstständigkeit. Sie bezeichnet die Fähigkeit und Bereitschaft, sich weiterzuentwickeln und das eigene Leben selbstständig und verantwortlich im sozialen, kulturellen bzw. beruflichen Kontext zu gestalten.

Perspektivenwechsel Eine Sache nicht nur von einem, in der Regel dem eigenen, sondern auch von unterschiedlichen Standpunkten aus betrachten.

Phonem Laut; kleinste bedeutungsdifferenzierende sprachliche Einheit.

Phonologische Bewusstheit Die Fähigkeit, Sprache losgelöst von ihrem Inhalt zu betrachten, ihre lautlichen Einheiten wahrzunehmen und damit analytisch und synthetisch umzugehen. Diese Fähigkeit kann unterstützt werden, z. B. durch rhythmisches Sprechen, Reimen, Silbenklatschen. Sie ist eine wichtige Voraussetzung für das Schreibenlernen. Es ist sinnvoll, wenn die Kinder möglichst anschaulich Begriffe lernen (Fisch - Tisch, Topf - Zopf). Gegenstände und Bilder ermöglichen, bestimmte Dinge wiederzuerkennen und zu benennen. Ein kleiner Unterschied verändert den Wortsinn. Erst dann ist es sinnvoll, Zeichen und Buchstaben einzuführen.

PISA Programm für International´ Student Assessment (PISA) der OECD, besteht seit 2000. OECD ist die Abkürzung für Organization for Economic Co-Operation and Development: Organisation für wirtschaftliche Zusammenarbeit und Entwicklung (seit 30.09.1961).

Pluralisierung Es gibt eine breite Palette von allgemein akzeptierten Verhaltensweisen und Verhaltensmustern, vor allem in der Freizeit. Ob jemand z.B. die Wochenenden bei der Formel 1, beim Angeln, in der Kirche oder bei Schalke 04 verbringt, ist für seine gesellschaftliche Anerkennung weitgehend egal. Die Lebensstile haben sich vervielfältigt, sind plural geworden.

Potenzial Möglichkeit, Vermögen

Prädestiniert Für etwas besonders gut geeignet, veranlagt sein.

Prävention Ressourcenorientierung (Resilienz), um Kinder und Jugendliche bei der Bewältigung von Lebensphasen und Übergängen zu unterstützen.

Professionalität Beschreibt die Fachlichkeit der Mitarbeiterinnen und Mitarbeiter

Projektion Bezeichnung für das Abbilden bzw. Verlagern von Empfindungen, Gefühlen, Wünschen, Interessen (inneren Vorgängen) in die Außenwelt. So verlagern nach dieser Auffassung z. B. Kinder, die unentwegt „petzen", in Wirklichkeit ihren eigenen Wunsch, Verbotenes zu tun, auf andere Kinder. In der Psychoanalyse versteht man unter Projektion einen Abwehrmechanismus, bei dem eigene, unerträgliche Gefühle und Wünsche einem anderen Menschen (oder Gegenstand) zugeschrieben werden.

Prosodik Lehre von der Behandlung der Sprache im Vers; Verhältnis zwischen Ton und Wort, Betonung mithilfe von Musik und Rhythmus.

Prosodische Muster Unterschiede in der Sprachmelodie und Intonation gesprochener Sprache, die es Neugeborenen ermöglicht, verschiedene Stimmen auseinanderzuhalten (Modulation, Rhythmus).

Q

Qualifikation Bezeichnet das formale Ergebnis eines Beurteilungs- und Bewertungsprozesses, bei dem eine dafür zuständige Institution festgestellt hat, dass die individuellen Lernergebnisse vorgegebenen Standards entsprechen.

R

Raumdominante Wahrnehmung Das Sehen verlangt vorwiegend eine räumliche Situation. Über die Augen nehmen wir in der Regel etwas in einem „Augenblick" war. Beispielsweise im Verkehr. Mitunter kann es aber auch eine ganze Weile dauern, bis man dann plötzlich etwas sieht. Und obgleich man ein Bild sofort sieht, ist es sinnvoll und macht oft auch Freude, sich die Zeit zu nehmen, es für sich zu erschließen.

Reggio-Pädagogik Konzeption und Praxis der kommunalen Kindertagesstätten in Reggio Emilia (Italien). Grundlage ist die Kommunikation aller am Erziehungsprozess beteiligten Personen.

Regression Das Wiederauftreten eigentlich schon vergangener oder dem derzeitigen Entwicklungsstand nicht mehr angemessener Erlebnis- oder Handlungsweisen.

Reizüberflutung Überfülle an Einflüssen einer hoch industrialisierten Gesellschaft auf den Einzelnen durch Radio, Fernsehen, Film, Zeitung und tägliche Erlebnisse. Die Überflutung setzt uns außerstande, Reize (das heißt Anstöße, die etwas in uns auslösen) richtig wahrzunehmen und bewusst darauf zu antworten. Besonders für die Kindererziehung gilt die Reizüberflutung als schädlich, da sie die Aufnahme- und Wiedergabefähigkeit schwächt.

Resilienz Der Begriff leitet sich von dem englischen Wort „resilience" (Spannkraft, Elastizität, Strapazierfähigkeit; lat. resilere = abprallen) ab. Resilienzforscher verstehen darunter die Fähigkeit von Systemen, z. B. Familien, erfolgreich mit belastenden Situationen umzugehen, wie z. B. Arbeitslosigkeit, Armut etc. Gemeint ist also die Widerstandsfähigkeit bzw. die Fähigkeit, auch mit schwierigen Lebenssituationen konstruktiv umgehen zu können.

Rudimentär Rückgebildet, verkümmert

S

Säkularisierung Verweltlichung. Im Rahmen der Säkularisierung kam es zur Enteignung von Kircheneigentum in großem Stil.

Selbstständigkeit Die Fähigkeit und Bereitschaft, eigenständig und verantwortlich zu handeln, eigenes und das

Handeln anderer zu reflektieren und die eigene Handlungsfähigkeit weiterzuentwickeln.

Sensomotorik Gesamtheit der Nervenprozesse, bei denen sowohl sensorische, das heißt „aufnehmende", wie auch motorische, also „bewirkende" Fasern aktiviert sind. Begriff für eine Lernform des Kindes mit Koppelung von Sinneswahrnehmung und Bewegung.

Sensomotorische Entwicklung/sensomotorische Intelligenz Die Entwicklung der Sinne beginnt bereits im Mutterleib. Der Sinn, der sich als Erster herausbildet, ist der Tastsinn. Auch der Gleichgewichtssinn und das Hören funktionieren schon in den ersten Monaten der Schwangerschaft. Das Sehen entwickelt sich zuletzt, sodass nach der Geburt alle Sinne „arbeitsfähig" sind. Ebenso wichtig wie die Funktionsfähigkeit der Sinne ist ihre Zusammenarbeit. Hier gibt es unterschiedliche Auffassungen darüber, wann die Koordination mehrerer Sinneseindrücke möglich ist. Der Entwicklungspsychologe Piaget vertritt die Auffassung, dass die Welt des Säuglings, der noch nicht nach dem „Gesehenen" greifen kann, aus getrennten „Seh-, Hör- Tast- und Schmeckerfahrungen" besteht. Erst im Laufe der Auseinandersetzung mit der Umwelt werden einzelne Wahrnehmungen miteinander koordiniert. So bilden sich „kognitive Strukturen" heraus, die die Grundlage für die geistige Entwicklung des Kindes bilden. Piaget nennt die Art der Bewältigung von Problemen in den ersten beiden Lebensjahren „sensomotorische Intelligenz". Sie basiert ausschließlich auf Handlung und Wahrnehmung der Dinge im Umgang mit ihnen, nicht aber auf der Vorstellung und dem Denken.

Sensomotorische Integration Der Prozess des Ordnens und Verarbeitens sinnlicher Eindrücke (sensorischer Impulse), sodass das Gehirn eine brauchbare Körperreaktion und sinnvolle Wahrnehmungen, Gefühlsreaktionen und Gedanken erzeugen kann (A. Jean Ayres). Durch sensomotorische Integration wird erreicht, dass alle Regionen des Zentralnervensystems zusammenarbeiten und damit eine sinnvolle Auseinandersetzung des Menschen mit seiner Umwelt möglich ist.

Sensorisch Die Aufnahme von Sinneswahrnehmungen und -empfindungen betreffend.

Signifikant Begriff aus der Statistik, mit dem die Sicherheit einer statistischen Aussage charakterisiert wird. Testet man z. B. eine Hypothese über die Wahrscheinlichkeit eines bestimmten Ereignisses aufgrund einer Stichprobe, so will man wissen, ob die Abweichungen der Ergebnisse in der Stichprobe signifikant dafür sind, die Hypothese zu verwerfen. Dabei spricht man genau dann von Signifikanz, wenn die Wahrscheinlichkeit dafür, eine richtige Hypothese fälschlicherweise abzulehnen, kleiner ist als eine vorgegebene Irrtumswahrscheinlichkeit, die üblicherweise unter 5% liegt. Die maximale Irrtumswahrscheinlichkeit, die man zu akzeptieren bereit ist, wird auch als Signifikanzniveau bezeichnet.

Snoezelen-Raum Das Wort Snoezelen wurde aus dem Niederländischen übernommen, da in den Niederlanden 1978 das erste „Aktivitätenzelt" eingerichtet wurde. Snoezelen ist ein Raum, der durch aufeinander abgestimmte Reize eine Atmosphäre zum Wohlfühlen auslöst. Diese Räume bieten die Möglichkeit für vielfältige Wahrnehmungsangebote. Er wird genutzt, um die Entspannungsfähigkeit, Konzentration und Motivation zu verbessern.

Soziale Integration
a) Eingliederung eines Individuums in eine soziale Gruppe bei gleichzeitiger Anerkennung als Mitglied.
b) Ein funktionsfähiges gegliedertes Ganzes (z. B. Gruppe, Gesellschaft, Staat) bei aller Verschiedenartigkeit der Teile.

Sozialisation Mit Sozialisation wird der Prozess bezeichnet, in welchem der Mensch in der Gesellschaft handlungsfähig wird.

Sozialisationsinstanzen Alle gesellschaftlichen Einrichtungen, die die Lernprozesse von Kindern und Erwachsenen steuern und die in der Gesellschaft geltenden Werte, Normen, Ziele und Wissensbestände vermitteln (Familie, Kindergarten, Schule, Beruf, Freundesgruppe, Massenmedien usw.). Auch Kirchen, Parteien und Verbände sind mit ihren unterschiedlichen Ansprüchen im Sozialisationsprozess wirksam.

Sozialkompetenz Bezeichnet die Fähigkeit und Bereitschaft, zielorientiert mit anderen zusammenzuarbeiten, ihre Interessen und sozialen Situationen zu erfassen, sich mit ihnen rational und verantwortungsbewusst auseinanderzusetzen und zu verständigen sowie die Arbeits- und Lebenswelt mitzugestalten.

Sozialmanagement Die Fähigkeit soziale Aspekte (eigene und fremde) zu erkennen, darauf einzuwirken und ggf. unterstützend zu fördern.

Sozialraum Als Sozialraum wird der Raum definiert, in dem sich der Mensch üblicherweise bewegt.

Stereotyp Feststehender Ausdruck, eingebürgertes Vorurteil innerhalb einer Gruppe.

Stimulation Anregung

Subjektivität Bezeichnung für das Vorhandensein bzw. die Gültigkeit eines Inhalts in einem individuellen (persönlichen) Bewusstsein. Alle Erlebnisinhalte eines Menschen (z. B. Wahrnehmung, Gedanken, Gefühle usw.) sind insofern subjektiv, als dass sie nur dieser Person direkt zugänglich sind und nicht von außen (z. B. durch andere Personen) beobachtet werden können. Die Subjektivität ist ein wichtiges Kennzeichen psychologischer Vorgänge in einem Menschen.

Supervision Kommt vom lateinischen *supervidere* (super = über, videre = sehen) und bedeutet ursprünglich etwas von oben überblicken. Allgemein handelt es sich bei der Supervision um ein spezifisches Beratungsverständnis. Es zielt auf die Reflexion der beruflichen Interaktionen.

Symbiotische Mutter-Kind-Beziehung In der Psychoanalyse bezeichnet man als Symbiose einen Zustand der normalen Entwicklungsphase des Kindes, in der dieses von der Mutter körperlich und seelisch abhängig ist. Diese psychische Entwicklung findet in der oralen Phase statt, in der das Kind die Mutter noch als Teil seiner Person erlebt.

Symmetrische Interaktion Sich ergänzendes Zusammenspiel von Gesprächspartnern auf gleicher Beziehungsebene.

Synapse Die Stelle, an der ein Reiz von einer Nervenfaser auf die Nervenzelle übertragen wird.

Synaptogenese Entwicklung der Synapsen

Synergie Durch gemeinsames Zusammenwirken Kraft oder Vorteile schöpfen.

Synopse (gr.-lat.) Zusammenschau, Zusammenfassung

T

Transaktionsanalyse Bezeichnung für ein aus der Psychoanalyse abgeleitetes psychotherapeutisches Verfahren. Das Erleben und Verhalten des Menschen wird als Ausdruck wechselnder Ich-Zustände aufgefasst und führt die Beziehungen zwischen verschiedenen Personen auf Transaktionen zwischen diesen Ich-Zuständen zurück.

U

Über-Ich Begriff aus der Psychoanalyse, der neben dem Ich und dem Es als dritte Persönlichkeitsinstanz des psychischen Apparats des Menschen angenommen wird. Das Über-Ich vertritt die moralischen Maßstäbe, Werte und Einstellungen in der Persönlichkeit, die aus der Familie und Gesellschaft übernommen wurden. Gegenüber dem Ich hat das Über-Ich die Rolle des Richters, gegenüber dem Es wehrt es wie ein Zensor alle Triebregungen ab. Aus Konflikten zwischen dem Über- Ich, Ich und Es entstehen Verdrängungen, Depressionen, Phobien, Neurosen usw.

Übertragung von Freud geprägte Bezeichnung für ein von ihm entdecktes Phänomen während der Psychoanalyse, das sich in einer affektiven (s. Affekt) Bindung des Patienten an den Analytiker äußert. Der Patient überträgt alle seine neurotischen Gefühle und Reaktionen von den veranlassenden und gegen diese gerichteten Personen auf den Psychotherapeuten.

Utilitarismus Bezeichnung für eine Denkrichtung, die den Zweck alles menschlichen Handelns in dem Nutzen sieht, der dadurch für den einzelnen oder die Gemeinschaft gestiftet wird.

V

Vestibulärapparat Gleichgewichtsorgan im Ohr

W

Wahrnehmung Verhalten, mit dem wir Eindrücke von unserer Umwelt und von uns selbst aufnehmen und als „wahr", als wirklich erleben.

Wahrnehmungsvorgang Ein physikalischer Reiz wird von einem Sinnesorgan aufgenommen. Das Aufgenommene wird jeweils nach Erfahrung, Übung, Einstellung, Vorwissen usw. von Person zu Person unterschiedlich interpretiert.

Werte In der Erziehungswissenschaft allgemeiner Begriff für etwas Gewünschtes, als gut und richtig Empfundenes. Werte sind der Maßstab, an dem sich das Handeln am Einzelnen bewusst oder unbewusst orientiert. Sie ermöglichen es ihm, sein Handeln und das anderer Menschen zu bewerten, gedanklich zu ordnen und danach Entscheidungen zu treffen.

Wissen Bezeichnet die Gesamtheit der Fakten, Grundsätze, Theorien und Praxis in einem Lern- oder Arbeitsbereich als Ergebnis der Aufnahme und Verarbeitung von Information durch Lernen.

Win-win-Situation Konfliktsituation, aus der alle Beteiligten zufrieden oder als Gewinner hervorgehen.

Z

Zeitdominantes Wahrnehmen Wenn wir etwas hören sind wir in der Regel darauf angewiesen, dass wir für die Wahrnehmung Zeit haben. Um ein Musikstück ganz wahrzunehmen muss man sich auch die entsprechende Zeit nehmen es anzuhören.

Zivilcourage Mut, die eigene Überzeugung zu vertreten.